KB271130

지리산 쌍계사 진감선사대공탑비명(眞鑑禪師大空塔碑銘)(경남 하동)

지리산 쌍계사 진감선사대공탑비명 이수(螭首)

만수산 성주사 낭혜화상(朗慧和尙) 백월보광탑비명(白月葆光塔碑銘)(충남 남포)

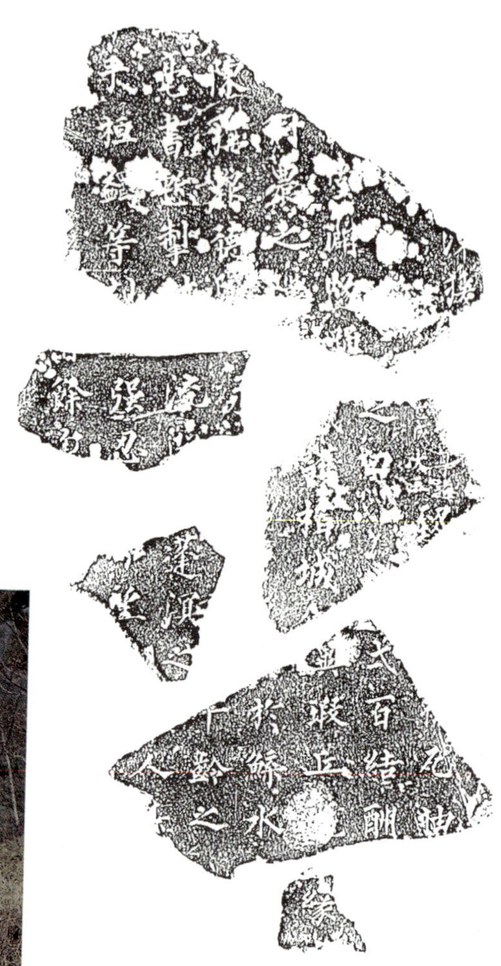

초월산 대숭복사비명편(大崇福寺碑銘片)(경북 경주)

희양산 봉암사 지증대사적조탑비명(智證大師寂照塔碑銘)(경북 문경)

李佑成 著作集 7

新羅四山碑銘 校譯

李佑成 著作集 7

창비

李佑成 著作集을 펴내며

처음으로 서고정사(西皐精舍)를 방문했던 기억이 난다. 서고정사는 퇴로(退老)마을, 벽사 선생님의 생가(生家)에서 멀지 않은 산자락에 위치한 아담한 정자이다. 이곳에서 선생님은 6세부터 성장기에 이르기까지 전통적인 한문(漢文)을 수학(修學)하셨다고 한다. 선생님의 큰 학문을 배태(胚胎)한 바로 그 요람(搖籃)에 내가 와 있다는 생각에 감회가 새로웠다. 그러나 감회에 젖었다가 곧 또다른 생각이 일어났다. '선생님이 만일 끝까지 한문에만 전념하셨더라면 지금의 학문적 업적을 이룰 수 있었을까?'

그렇다. 선생님은 한문으로 출발하셨지만 결코 한문에 매몰되지 않으셨다. 선생님은 20세 무렵부터 대학에서 신학문을 공부하면서 광범위한 서양지식을 독학으로 답파(踏破)하셨다. 그리하여 젊은 학자들도 따라갈 수 없는 진보적인 사상을 기반으로 학술사(學術史)에 길이 남을 논문을 계속 발표하셨는데 여기에는 젊은 시절에 익힌 한문에 대한 조예(造詣)가 일정한 기여를 했으리라 생각된다. 이렇게 볼 때 선생님의 학문자세를 '법고창신(法古創新)'이라는 말 이외에는 달리 표현할 길이 없다.

이른바 문사철(文史哲)이 극도로 세분화된 이 시대에 선생님은 드물게도 이 세 가지를 겸비한 분이다. 한국한문학회, 역사학회, 한국실학학회 등의 회장을 역임하신 사실이 이를 말해준다. 그렇기 때문에 남들이 지니지 못한 폭넓은 시야를 가지고 한국학 전체를 통섭(統攝)하는 학문적 업적을 이룰 수 있었던 것이다.

선생님은 또한 결단을 내려야 할 역사적 순간에는 몸을 던져 행동하는

데에 망설임이 없으셨다. 1961년 4·19 직후에는 학원민주화운동에 적극 가담한 이유로 동아대학교 교수직에서 물러나야 했으며, 1980년에는 군부독재에 맞서 '361교수성명'을 주도하고 이어 지식인선언에 참여한 이유로 치안당국에 구속수감되고 성균관대학교 교수직을 4년간 박탈당했다.

1990년 성균관대학교에서 정년퇴직하실 때까지 선생님은 후학들에게 참으로 많은 것을 깨우쳐주셨다. 아니 그후로도 실시학사(實是學舍)에서 젊은 학자들과 함께 한국고전 강독을 지금까지 계속하신다. 이 강독회의 결과, 선생님의 지도가 아니면 나올 수 없었을 귀중한 역주서(譯註書)들이 수없이 출간되었다.

그러나 이제 선생님의 연세(年歲)가 80대 중반에 이르러 전과 같은 창조적 학문활동을 계속하기가 어렵게 되었다. 이에 후학들이 뜻을 모아 그동안 산발적으로 간행되었던 선생님의 저서를 한 질의 저작집(著作集)으로 묶게 된 것이다. 이 저작집은 선생님 개인적으로는 일생의 업적을 정리하는 계기가 될 것이고, 후학들에게는 앞으로 공부하는 데에 더없이 좋은 나침반이 될 것이다. 그리고 무엇보다 이 저작집은 한국 학술사의 한 시대를 획(劃)하는 기념비적인 성과물이 될 것이라 생각한다.

선생님이 주도하셨거나 공편(共編)한 책들 그리고 실시학사에서 강독을 통하여 번역된 책들은 이 저작집에 수록하지 못하였다. 그 서목(書目)들은 별도로 권말에 부기(附記)해둔다.

끝으로 선생님과는 오랜 인연을 맺어온 창비의 식구들, 특히 백낙청 선생님의 후의(厚誼)와 고세현 사장의 지원, 염종선, 부수영씨의 노고에 진심으로 감사한다. 그리고 전재(轉載)를 흔쾌히 허락해준 한길사, 일조각, 경인문화사, 아세아문화사에도 고마운 마음을 전한다. 저작집 간행의 실무를 총괄한 김용태 교수와 교정위원 제군의 노고 또한 잊을 수 없다.

2009년 12월

不肖弟子 宋載邵 삼가 씀

일러두기

1. 이 저작집은 벽사 이우성 선생의 저작 8권으로 구성하였으며, 고전국역서는 제외하였다.
2. 제2권 『한국중세사회연구』는 원 저작에 한자가 노출되고 한문이 직접 인용되어 있으나, 독자들의 이해를 돕기 위해 한자를 괄호 안에 넣어 한글과 병기하고 한문 인용문은 번역문을 함께 실었다.
3. 제3권 『실시학사산고』는 2부에 2편, 3부에 1편의 글을 추가하였다.
4. 제5, 6권 『벽사관문존』은 기존의 『벽사관문존』을 상(시)·하(산문)로 분책한 것으로, 상권에 '몽송집(夢松集)'과 '제오차 중국기행시초(第五次中國紀行詩抄)', 하권에 산문 9편을 추가하였다.
5. 제7권 『신라사산비명 교역』은 1부와 2부는 원 저작을 영인하고, 3부 역문은 번역을 다듬고 각주와 색인을 첨가하였다.
6. 제8권 『고양만록』은 3부에 2편, 5부에 1편, 7부에 2편의 글을 추가하고, 권말에 저작집 간행 후기와 2종의 저자 연보(自撰年譜 포함)를 실었다.
7. 명백한 오탈자는 바로잡았고, 인명 표기 및 문장은 가급적 원본대로 두는 것을 원칙으로 하였다.

序

　　신라 최치원(崔致遠)이 지은 사산비명(四山碑銘)은 우리나라 금석학 (金石學)의 최고의 보전(寶典)이다. 역사연구에 있어서 금석학이 보조 과학으로 중요한 의미를 가지고 있는 것은 새삼 이야기할 필요가 없거 니와 사산비명은 문헌적으로도 『삼국사기(三國史記)』『삼국유사(三國 遺事)』에 비해 시대가 훨씬 앞서는 귀중한 자료이다. 뿐만 아니라『사기』 와『유사』에 볼 수 없는 역사사실이 여러가지로 나타나, 일반 역사연구자 특히 불교사·문학사·사상사 등 전문분야의 학도들 사이에 널리 필요하 게 되어 있다.

　　최치원은 신라 육두품(六頭品) 출신으로 유학(儒學)의 기본 소양 위에 불교와 노장(老莊)에 두루 섭렵하여 그야말로 삼교(三敎)에 달통(達通)하 였다. 9세기말 동아시아 역사의 전환기에 있어서 그는 신라사람으로 당시 동방(東方)의 지성(知性)을 대표하는 탁월한 인사(人士)였다. 그는 당 (唐)나라에서 활동하면서 이미 「계원필경(桂苑筆耕)」등 많은 시문(詩文) 을 남겼고 신라로 돌아온 뒤에도 문한(文翰)의 직(職)을 맡아 외교사명 (外交辭命)을 위시한 여러 종류의 글을 썼지만 그 가장 값진 것이 이 사산 비명이었다고 할 만하다.

　　사산비명은 신라말엽 역대 왕의 명령을 받아 당대 고승(高僧)의 행적을 다루어놓은 ① 지리산 쌍계사 진감선사대공탑비명(智異山雙溪寺眞鑑禪 師大空塔碑銘, 慶尙南道 河東) ② 만수산 성주사 낭혜화상 백월보광탑비명

(萬壽山聖住寺朗慧和尙白月葆光塔碑銘, 忠淸南道 藍浦) ③ 희양산 봉암사 지증대사적조탑비명(曦陽山鳳巖寺智證大師寂照塔碑銘, 慶尙北道 聞慶) 3편(篇)과 신라 왕가(王家)의 능원(陵園) 및 거기 따른 사찰(寺刹)에 대한 것을 다루어놓은 ④ 초월산 대숭복사비명(初月山大崇福寺碑銘, 慶尙北道 慶州) 1편을 말한다.

이 비명들은 각기 이름난 문장으로, 진작부터 승·속(僧俗)에 관계없이 읽고 외우고 했겠지만 고려 일대(一代)를 거쳐 이조에 들어오면서 불교가 현실사회로부터 소외당하고 최치원이 영불(佞佛, 불교에 영합함)의 인사로 사림(士林)의 배척을 받는 동시에 승려 중에 또한 식자인(識字人)이 줄어들어, 이 비명들은 아예 난해한 옛글로 고각(高閣)에 묶어둔 채 일컫는 이조차 별로 없었던 것 같다.

그러다가 이것이 한데 엮여 '사산비명'이란 명칭으로 세상에 유행하게 된 것은 대략 16세기말 17세기초(宣祖·光海年間)에 철면노인(鐵面老人)으로 알려진 중관자(中觀子) 해안(海眼, 西山大師의 弟子로서 壬辰倭亂에 嶺南에서 僧侶들을 규합하여 義兵을 일으킴)에게서 비롯된 것이라고 전해온다. 그는 최치원의 『고운집(孤雲集)』에서 이 비명들을 따로 뽑아내어, 약간의 주석(註釋)을 붙여 불교학인(佛敎學人)에게 송습(誦習)케 함으로써 드디어 불교학인의 과외독본(課外讀本)이 되다시피한 것이라고 한다. 그 뒤 1782년(正祖 6년)에 화엄사(華嚴寺)에서 몽암(蒙庵)이라는 스님이 주석을 보완하여 송습에 좀더 편리하게 해두었으나 원문(原文)에 워낙 전고(典故)가 많아 웬만한 학승(學僧)으로서는 뜻풀이가 매우 어려웠다. 여기에 결정적으로 주석을 대성(大成)한 이는 거사(居士) 홍경모(洪景謨)였다. 홍경모는 19세기 전반기(純祖·憲宗年間)에 서울에서 호남(湖南)쪽으로 낙향(落鄕)한 사람으로 승려가 아니면서 불교경전에 조예가 깊었고 백파장로(白坡長老)와도 친교(親交)가 있었는데 그는 이 비명들에서 문단(文段)을 가르고 비해(批解)를 가(加)하여 누구나 알기 쉽게 해놓았던 것이다.

　이리하여 사산비명은 사찰에서 송습교재로 더욱 보급되면서 수없는 필사본(筆寫本)들이 이곳저곳에서 나오게 되었고 효용가치가 높아짐에 따라 주석에 대한 관심도 또한 높아져서 근대로 내려오면서 더욱 상세한 주석이 뒤이어 나왔다. 석전(石顚) 박한영(朴漢永, 1870~1948)의 이른바 『상교사산비명주해(詳校四山碑銘註解)』가 그 예이다.

　이러한 필사본들은 '사산비명'이란 명칭 외에 갖가지 이름들로 표제(表題)를 삼아, 사산비록(四山碑錄)·해운비명(海雲碑銘)·해운집(海雲集)·문창집(文昌集)·사갈(四碣)·계원유향(桂苑遺香) 등등으로 산만하기 짝이 없고 거기 실린 주석들도 각기 상략(詳略)이 다르고 설명의 방식도 대동소이(大同小異)한 것이 많아 일견(一見)에 복잡하게 여겨진다.

　이와같이 필사본의 유행과 더불어 최치원의 후예(後裔)인 경주 최씨들에 의해 최치원의 문집이 발간되고 거기에 사산비명이 다 수록되게 되었다. 1926년 최국술(崔國述) 등이 목판(木版)으로 펴낸 『고운선생문집(孤雲先生文集)』이 그것이다. 원래 철면노인(鐵面老人)이 『고운집』에서 사산비명을 뽑아냈다고 했는데 이 『고운집』이 간본(刊本)인지 사본인지는 확실치 않다. 오늘날 현존한 간본은 최국술 등의 것이 유일본이다.

　나는 일찍부터 사산비명의 가치를 중시해왔다. 1963년경에 우리나라 고대(古代) 토지소유(土地所有)에 관심을 가지면서 이 비명들에서 발견한 자료를 가지고 「신라시대의 왕토사상(王土思想)과 공전(公田)」이라는 논문을 발표한 바 있었는데 이로부터 사산비명은 항상 나의 책상 위에 놓여 있게 되었고 차차 관심은 토지소유에서 벗어나 널리 문화사적 시야로 확대되었다. 1969년 성균관대학교 대동문화연구원의 책임을 맡고 있으면서 최국술 등의 간본을 중심으로 『최문창후전집(崔文昌侯全集)』을 편집하여 영인(影印)할 때에 사산비명을 그대로 수록하였고 1980년에서 81년에 걸쳐 무려 4학기 동안 대학원에서 학생들과 함께 사산비명을 강독하였다. 강독은 원문의 뜻을 깊이있게 파악하고 여러 주석들을 하나하나 대조하면서 장단점을 검증하기에 주력하였다. 일단 강독을 끝낸 다음 나는 그대로 덮어두기가 아쉽게 여겨져서 그동안 새로 깨닫고 느낀 것을 토대로 한번 정리를 해보고자 하여 시작한 것이 이 책이다.

이 책은 다음과 같이 3부의 분편(分編)으로 구성되어 있다. 제1부 원문, 제2부 주석, 제3부 역문이 그것이다.

제1부 원문(原文): 원문을 교감(校勘)한 것이다. 원문은 탑본(搨本)과 함께 간본(刊本) 사본(寫本)의 원문을 가리키는 것인데 이 원문에 문제가 있다. 간본·사본에 오자(誤字)·탈자(脫字) 등 잘못된 점이 있는 것은 이해할 수 있지만 탑본 즉 비면(碑面)에 새겨진 원문에 잘못이 있다는 것은 놀라운 일이다. 특히 연자(衍字), 즉 불필요한 글자가 끼어 있어 문장을 그르쳐놓은 것이다. 다 알다시피 이 비명들은 사륙변려체(四六駢儷體)로서 대구(對句)로 엮어나가는 문장인데 대구는 양쪽의 자수(字數)가 서로 같아야 한다. 그런데 비면에 새겨진 글에 한쪽의 자수(字數)가 많거나 모자라는 경우가 종종 나온다. 이것은 분명히 잘못된 것이다. 한문 문장을 제대로 읽는 사람이라면 곧 그것을 알게 된다. 원작자가 그렇게 했을 리는 만무하고 다만 비면에 새기는 과정에 착오가 생긴 것이다. 이런 경우에 대하여 간본·사본에서는 대체로 모두 시정되어 있다. 그것은 간본·사본의 작성자들이 모두 한문 문장을 읽을 줄 아는 분들이기 때문이다.

금석학에 있어서는 일자일획도 소중히 다루어야 하지만 이미 그것을 하나의 문헌으로 정리할 때에 문장을 바로잡아야 하는 것이다. 물론 원문은 우선적으로 탑본을 따라야 하지만 이와같이 잘못된 경우에는 탑본을 따르지 않고 간본·사본을 취하지 않을 수 없었다. 다만 주석에서 그것을 밝혀놓았다.

제2부 주석(註釋): 주석을 산정(刪整)한 것이다. 주석은 간본과 함께 사본 10여 종에 들어있는 것으로, 위에서 말한 바와 같이 각기 상략(詳略)이 다르고 설명의 방식이 또한 일치하지 않은 데가 많지만 어쨌든 우리의 원문해독에 크게 도움을 준다. 그런데 시대가 내려올수록 주석의 양이 늘어나고 내용도 다양해지고 있다. 그중에는 다분히 현학적이거나 견강부회한 것이 있다. 그리고 불필요한, 지저분한 설명들이 곁들여 있다. 이리하여 원문을 이해하는 데에 도리어 혼란을 일으키는가 하면 어떤 것은 아주 틀리게 말해놓은 곳도 적지 않다.

이에 그중에서 간명하고 정확한 것만을 골라서 제2부 주석에서 원문 속에 넣기로 하였다. 그러나 생각해보면 이 주석들은 우리 선인(先人)들, 특히 승려사회에서 오랫동안 축적되고 사용되어온 것이므로 단칼에 베어 없앨 수 없다. 그리하여 원문 속에 넣지 못한 주석들도 그 정도를 참작하여 '참고' 또는 '비고(備考)' 난에 실어두기로 하였다. 하지만 독자들은 원문 속에 들어 있는 주석만을 살펴보면 그것으로 족할 것으로 여긴다. 다만 특수한 경우에 한하여 신주(新註)를 끼워넣었다. 특수한 경우라 한 것은 기존 주석들이 모두 분명치 못하거나 아주 틀렸을 것으로 생각되는 것을 말한다. 이러한 경우에 나의 의견으로 신주를 만들어넣었다. 신주를 만들어넣는 것은 외람된 일이기에 되도록 자제, 근소한 범위에 그쳤지만 부득이한 일이었다.

제3부 역문(譯文): 역문은 되도록 평이한 기술(記述)로써 독자에게 쉽게 접근이 가능토록 하였다. 우리말 우리글의 생리를 따르면서 원문의 뜻을 충실히 옮기기에 노력하였다. 경우에 따라 의역(意譯)하기도 했지만 원문의 용어를 되도록 많이 살려서 당시의 분위기를 그대로 전달해보려 하였다.

맨 처음 나의 강의(講義)를 바탕으로 1차 원고를 작성한 사람은 유영봉(劉永奉, 현 성균관대 강사) 김병국(金炳國, 현 건양대 조교수) 박영주(朴英柱, 현 강릉대 조교수) 황의열(黃義洌, 경상대 조교수) 네 명이었다. 유영봉이 진감선사비, 김병국이 낭혜화상비, 박영주가 지증대사비, 황의열이 대숭복사비를 각각 분담하여 해를 넘기면서 교감(校勘)과 주해(註解), 그리고 번역에 힘을 기울였다. 그동안 두 차례에 걸쳐 하동(河東)·남포(藍浦) 등지에서 비(碑)의 실물을 조사하였고 그 뒤 또한 여러 날을 밀양(密陽) 서고정사(西皐精舍)에서 합숙하면서 원고를 검토하기도 하였다. 모두들 많이 애를 썼지만 그 성과를 놓고 보면 나는 항상 만족을 얻을 수 없었다. 그러나 일단 마무리를 지어두었다.

그런데 이 무렵 성균관대학 유학과 출신 최영성(崔英成)씨의 『주해 사산비명(註解 四山碑銘)』이 출판되어 나왔다. 최씨는 젊고 의욕적인 학도로서 그의 주해는 상당한 업적으로 평가해도 좋은 것이었다. 나는 최씨의 책을 본 뒤에 그동안 서둘러오던 출판 준비를 당분간 중지하기로 하였다. 같은 종류의 책을 뒤미처 낸다는 것이 바람직스럽지 않기 때문이었다.

그러나 그 뒤 적지 않은 세월이 흘렀고 또 이 낡은 적발을 무한정 방치할 수도 없어서 이제 상재(上梓)하기로 한 것이다. 뿐만 아니라 최씨의 것과 비교하면 교감과 주해 그리고 번역에 다른 점이 적지 않아, 이 책이 지닌 나름대로의 특성을 몰각(沒却)시킬 수도 없는 것이었다.

이에 실시학사(實是學舍)의 한구석에 쌓아두었던 원고를 다시 끄집어내어 마지막 퇴고(推敲)를 가(加)하였다. 실은 이 기회에 나는 다시 손을 대어 상당 부분을 깁고 고쳤다. 그리고 김시업(金時鄴) 교수에게 부탁하여 일일이 교열(校閱)을 보는 한편 체재를 정돈하고 또 색인(索引)을 만들어 뒤에 붙이게 하였다.

털면 털수록 먼지가 나는 법이라, 이 책의 원고가 원래 진선진미(盡善盡美)할 수 없는데다가 나의 현재의 사정이 이 일에 전적으로 매달릴 수 없어서 곳에 따라 소루(疎漏)함이 있음을 면치 못할지 모른다. 그러나 오늘날 우리나라 고전의 현대화작업이 다방면으로 진행되는 과정에서 이 책이 하나의 조그만 보탬이 될 수 있을 것임을 믿어 의심치 않는다.

끝으로, 까다롭고 어려운 점이 많은 이 고전의 출판을 쾌락해주신 아세아문화사 이창세(李昌世) 사장과 편집 및 교정에 갖은 수고를 다해주신 권계영(權桂榮) 상무에게 감사를 드린다.

1995년 上元節

實是學舍에서 李佑成

| 차례 |

제3부 譯文

일러두기

1. 이 책에서 대조한 異本들과 그 略稱은 다음과 같다.
　　崔文昌侯全集(成大大東文化硏究院刊) → 全
　　海雲集(成大中央圖書館所藏本) → 成
　　海雲碑銘註(國立中央圖書館所藏本) → 國
　　海雲碑銘(延大中央圖書館所藏本) → 延Ⅰ
　　海雲集(延大中央圖書館所藏本) → 延Ⅱ
　　四山碑(高大中央圖書館所藏本) → 高Ⅰ
　　四碣(高大中央圖書館所藏本) → 高Ⅱ
　　四山碑錄(東大中央圖書館所藏本) → 東
　　四山碑銘(芝谷書堂所藏本) → 芝
　　桂苑遺香(崔完秀氏所藏本) → 桂
　　文昌集(奎章閣所藏本) → 奎
　　原碑搨本 → 搨
　　朝鮮金石總覽 → 金
2. 原文의 확정은 대체로 原碑 搨本을 위주로 하였다. 다만 탑본이 남아 있지 않은 大崇福寺碑의 경우나, 탑본의 해독이 불가능한 경우, 또는 탑본의 문맥상 誤·脫·衍字임이 분명하다고 판단되는 경우에는 다른 여러 臺本들을 참고하여 바로잡았다. 또 眞鑑禪師碑의 경우에는 雙溪寺에서 1725년 6월에 찍어낸 「眞鑑禪師碑銘」의 雙溪寺所藏 木版本을 참고하였다.
3. 최종 확정된 원문의 글자와 차이가 있는 다른 대본의 글자는 誤·脫·衍字 외에 古字·俗字·異體字까지도 빠짐없이 대조하여, 글자의 모양이 현저히 다르거나 誤讀의 소지가 있는 경우에는 註에 밝혀두었다.

智異山雙谿寺眞鑑禪師大空塔碑

夫 道 不 遠[1] 人。人 無 異 國。是 以 東 人 之
子。爲 釋[2] 爲[3] 儒。[4] 必 也[5] 西 浮 大 洋。重 譯 從
學。命 寄 刳 木。心 懸[6] 寶 洲。[7] 虛 往 實[8] 歸。先
難 後 獲。亦 猶 采[9] 玉 者。不 憚 崐 丘 之 峻。探
珠 者。不 辭 驪 壑 之 深。遂 得 慧 炬 則 光 融[10]
五 乘。嘉 肴 則 味 飫[11] 六 籍。競 使 千 門 入 善。[12]
能 令 一 國 興[13] 仁。而 學 者 或 謂 身 毒[14] 與 闕

---

1) 远(高Ⅱ)
2) 儒(奎)
3) 氣(東)
4) 釋(奎)
5) 搨本에는 '必也' 두 글자의 판독
   이 불가능한데, 다른 寫本과 더
   불어 雙溪寺藏木板本에는 '必也'
   두 글자가 분명하다. (雙溪寺藏木
   板本은 1725(英祖 1)年 乙巳 六
   月, 雙溪寺에서 眞鑑禪師碑의 搨
   本을 木板에 새겨 印出한 것이다.
   표지에「眞鑑禪師碑銘」이라는 제
   목아래「雙磎寺藏板」이라고 附記
   되어 있다. 이 板本은 碑가 마모
   되기 이전에 搨印한 것으로, 지

금의 搨本에서 판독되지 않는 부
분을 살피는데 유용하다.)
6) 顯(延Ⅰ)
7) 州(延Ⅰ)
8) 宋(成·延Ⅰ·延Ⅱ·高Ⅱ·東)
9) 採(成·高Ⅰ·高Ⅱ) 菜(芝)
10) 螭(東)
11) 飯(成·延Ⅰ·延Ⅱ·高Ⅰ·高Ⅱ·
    芝·桂)
12) 譱(東)
13) 搨本에 '國興' 두 글자의 판독이
    불가능한데, 다른 寫本과 더불어
    雙溪寺藏木板本에는 '國興'두 글
    자가 분명하다.
14) 篤(國·延Ⅰ·延Ⅱ·東·奎·桂)

里 之 設15) 敎16) 也。分 流 異 體。圜17) 鑿 方 枘。
互 相 矛18) 楯。19) 守 滯 一 隅。嘗 試 論 之。說 詩
者。不 以 文 害 辭。不 以 辭 害 志。禮 所 謂 言
豈 一 端 而 已。夫 各 有 所 當。故 盧 峰 慧20) 遠
著21) 論。謂 如22) 來 之 與23) 周 孔。24) 發 致 雖 殊。
所 歸 一 揆。體 極 不 兼 應25) 者。物 不 能 兼 受
故 也。沈 約 有 云。26) 孔 發 其 端。釋 窮 其 致。
眞 可27) 謂 識 其 大 者。始 可 與 言 至 道 矣。至
若 佛 語 心 法。玄 之 又 玄。名 不 可 名。說 無28)
可 說。29) 雖30) 云 得 月。指 或 坐 忘。終 類 係 風。

---

15) 說(全・高Ⅱ)
16) 諱(東)
17) 圓(全・成・國・延Ⅰ・延Ⅱ・高Ⅰ・高Ⅱ・東・芝・奎・桂)
18) 茅(高Ⅱ)
19) 盾(全・成・國・延Ⅰ・延Ⅱ・高Ⅰ・高Ⅱ・東・芝・奎・桂)
20) 惠(成・國・延Ⅰ・延Ⅱ・高Ⅱ・東・奎・桂)
21) 奎章本에는 '遠著'가 '遠者著'로 되어 있다.
22) 揚本에 '論謂如' 세 글자의 판독이 불가능한데, 다른 寫本과 아울러 雙溪寺藏木板本에는 '論謂如' 세 글자가 분명하다.
23) 於(東)

24) 公(國)
25) 全集本에는 '兼應'이 '能兼'으로 되어 있다.
26) 成大・國立・延大Ⅰ・延大Ⅱ・東大・奎章・桂苑本은 '有云'이 '有言'으로 되어 있고, 高大Ⅰ・芝谷本에는 '有云'이 '有言云'으로 되어 있다.
27) 所(高Ⅱ・東・芝・奎)
28) 不(成・國・延Ⅰ・延Ⅱ・高Ⅱ・東・芝・奎・桂)
29) 揚本에 '可說' 두 글자의 판독이 불가능한데, 다른 寫本과 아울러 雙溪寺藏木板本에는 '可說' 두 글자가 분명하다.
30) 雖(國)

影難行捕。然陟遐自邇。取譬何傷。且[31]尼
父謂門弟子曰。予欲無言。天何言哉。則
彼淨名之默對文殊。善逝之密傳迦葉。不
勞鼓舌。能[32]叶印心。言天不言。捨[33]此[34]
奚適。而得遠傳妙道。廣耀[35]吾鄕。豈[36]異
人乎。[37]禪師是也。禪師法諱慧昭。[38]俗姓
崔氏。其先漢[39]族。冠盖山東。隋[40]師征遼。
多沒驪[41]貊。[42]有降志[43]而爲退岷[44]者。爰[45]
及[46]聖唐。囊括四郡。今[47]爲全州金[48]馬人

---

31) 昔(全)
32) 奎章本에는 '舌能'이 '舌而能'으로 되어 있다.
33) 揚本에는 '言捨' 두 글자의 판독이 불가능한데, 다른 寫本과 아울러 雙溪寺藏木板本에는 '言捨' 두 글자가 분명하다.
34) 全集本에는 '捨此' 두 글자가 없고 그 자리에 '二字缺'이라는 註가 달려 있다.
35) 暉(國) 曜(高Ⅱ)
36) 全集·東大·芝谷本에는 '鄕豈'가 '鄕亦豈'로 되어 있고, 成大本에는 '豈'가 古字인 '㞷'로 되어 있다.
37) 哉(全·成·國·延Ⅰ·延Ⅱ·高Ⅱ·東·奎·桂)
38) 全集·延大Ⅰ·延大Ⅱ·東大·奎章·桂苑本에는 '照'로 되어 있으나, 고유명사인 까닭에 揚本의 '昭'를 취했다.
39) 沃(高Ⅰ)
40) 陏(國) 隨(延Ⅱ)
41) 穢(國·延Ⅰ)
42) 貊(成·國) 狠(高Ⅱ)
43) 旨(國)
44) 眠(全·成·延Ⅰ·延Ⅱ·) 岷(國·東·奎·桂)
45) 奚(東)
46) 有(芝)
47) 令(芝)
48) 揚本에는 '州金' 두 글자의 판독이 불가능한데, 다른 寫本과 아울러 雙溪寺藏木板本에는 '州金' 두 글자가 분명하다.

也。父曰昌[49]元。在家有出家之行。母顧氏。
嘗晝假寐。夢一梵僧謂之曰。吾願爲阿㜷
之子。因[50]以瑠[51]璃甖[52]爲寄。未幾娠禪師
焉。生而不啼。迺[53]夙[54]挺銷聲息言之勝芽[55]
也。旣[56]齔[57]從戲。必燌葉爲[58]香。采[59]花[60]
爲供。或西嚮[61]危坐。移晷[62]未嘗動容。是
知善本。固百千劫前[63]所栽[64]植。非[65]可
跂[66]而及者。自丱泉[67]弁。志切反哺。跬步
不忘。而家無斗儲。又無尺壤。可盜天時
者。口腹之養。[68]惟[69]力是視。乃[70]裨販[71]

---

49) 唱(高II)

50) 全集·成大·國立·延大I·延大
II本에는 ‘因’字가 없다.

51) 琉(全·成·國·延I·延II·高
I·東·芝·奎·桂)

52) 甖(全·桂) 甇(成·國·延I·延
II·高II·東·奎)

53) 乃(全·成·國·高I·芝)

54) 宿(東)

55) 搨本에만 ‘芽’와 통용되는 글자
인 ‘牙’로 되어 있으나, 바른 字
인 ‘芽’를 취했다.

56) 甃(全·國·延I·延II·高I·
高II·東·芝·奎·桂)

57) 齓(高I)

58) 搨本에는 ‘爲’字의 판독이 불가능
한데, 다른 寫本과 아울러 雙溪寺
藏木板本에는 ‘爲’가 분명하다.

59) 採(高I·高II·東·芝·奎·桂)

60) 蘤(東)

61) 向(全·國·高I·高II·奎·桂)

62) 智(國)

63) 奎章本에는 ‘前’字가 없음.

64) 裁(全·成·延I·延II·高I·
奎)

65) 高大I本에는 ‘植非’가 ‘植焉非’
로 되어 있다.

66) 岐(東)

67) 泊(國·延I)

68) 羑(延I)

69) 唯(東)

70) 迺(高II·東)

71) 貶(東)

媧72) 隅。爲 瞻 滑 甘 之 業。手 非 勞 於 結 網。心
已 契 於 忘 筌。能 豐 啜 菽 之 資。允 叶 采73) 蘭
之 詠。74) 暨75) 鍾 罹76) 棘。負 土 成 墳。迺77) 曰 鞠
育 之 恩。聊 將 力 報。希 微 之 旨。盍 以 心 求。78)
吾 豈 匏 瓜。壯 齡 滯 跡。逮 於 貞 元 卄79) 年。詣
歲 貢 使。求 爲 榜80) 人。寓 足 西 泛。多 能 鄙
事。視 險 如 夷。揮 楫81) 慈 航。超 截82) 苦83) 海。
及 達 彼84) 岸。告 國 使 曰。人 各 有 志。請 從 此
辭。遂 行 至 滄 州。85) 謁 神86) 鑑 大 師。投 體 方
半。大 師 怡 然87) 曰。戲 別 匪88) 遙。喜 再 相 遇。
遽 令 削89) 染。頓 受 印 契。90) 若 火 𤋆91) 燥 艾。

---

72) 阪(全·成·國·延Ⅰ·延Ⅱ·東·桂)

73) 採(東·奎)

74) 榮(全) 咏(國)

75) 泊(全·成·國·延Ⅰ·延Ⅱ·高Ⅰ·高Ⅱ·東·芝·奎·桂)

76) 艱(全·成·國·延Ⅰ·高Ⅰ·高Ⅱ·奎·桂) 難(延Ⅱ)

77) 乃(全·成·國·延Ⅰ·延Ⅱ·高Ⅰ·芝·奎·桂)

78) 宋(東)

79) 全集·高大Ⅱ本은 '二十'으로 풀어썼으며, 東大·奎章·桂苑本은 '元'으로 달리 표기되어 있다.

80) 枋(全·成·國)

81) 撒(國·東·桂) 撤(延Ⅱ) 橄(奎)

82) 絕(東)

83) 奎章本에는 '截苦'가 '截彼苦'로 되어 있음.

84) 奎章本에는 '彼'字가 없음.

85) 洲(全·成·延Ⅱ·高Ⅱ·東·芝·奎·桂)

86) 禪(芝)

87) 狀(延Ⅰ)

88) 非(全·成·國·延Ⅰ·延Ⅱ·高Ⅱ·東·奎·桂)

89) 剃(全)

90) 戒(全·成·國·高Ⅰ·高Ⅱ)

91) 添(全·國)

水 注[92] 卑 原[93] 然。[94] 徒 中 相 謂 曰。東 方 聖 人。
於 此 復 見。禪 師 形 貌 黯 然。[95] 衆 不 名 而 目
爲[96] 黑 頭 陁。[97] 斯 則 探[98] 玄 處 默。眞 爲 漆[99]
道 人 [100] 後 身。[101] 豈 比 夫 邑 中 之 黔。能[102] 慰
衆 心 而 已 哉。[103] 永 可 與 赤 鼉[104] 靑 眼。以 色
相 顯[105] 示 矣。元 和 五 年。受 具[106] 於 嵩[107] 山
少[108] 林 寺 瑠[109] 璃 壇。則[110] 聖 善 前 夢。宛[111]
若 合 符。既 瑩 戒 珠。復 歸 橫[112] 海。[113] 聞[114] 一

---

92) 走(全)
93) 搨本 및 全集・國立・延大Ⅱ・高大Ⅱ・東大・奎章・桂苑本은 모두가 '原'의 古字인 '邍'으로 되어 있는데, 여기서는 今字인 '原'을 취했다. 芝谷本은 '源'으로 되어 있음.
94) 肰(延Ⅰ)
95) 肰(延Ⅰ)
96) 芝谷本에는 '爲'가 두 번 쓰여 '爲爲'로 되어있음.
97) 陀(全)
98) 染(奎)
99) 漆(國・延Ⅰ・東) 柒(延Ⅱ・奎・桂)
100) 奎章本에는 '人'字가 없음
101) 高大Ⅰ本에는 '身' 뒤에 '也' 한 글자가 더 들어 있다.
102) 芝谷本에는 '能'字가 없음.

103) 國立本에는 '哉'字가 없음.
104) 鼉(全・成・國・延Ⅰ・延Ⅱ・高Ⅰ・高Ⅱ・東・奎・桂)
105) 現(成・延Ⅰ・延Ⅱ・東・奎・桂)
106) 且(奎)
107) 崇(高Ⅱ)
108) 小(東)
109) 琉(全・成・國・延Ⅰ・延Ⅱ・高Ⅰ・東・芝・奎・桂)
110) 側(全・成・國・延Ⅰ・延Ⅱ・高Ⅱ・東・奎・桂)
111) 完(全・成・國・延Ⅰ・延Ⅱ・東)
112) 全集・成大・國立・延大Ⅰ・延大Ⅱ・高大Ⅰ・高大Ⅱ・東大・奎章・桂苑本에는 '橫'과 통용되는 글자인 '黌'으로 되어있으나, 여기서는 탑본을 따랐다.
113) 堂(高Ⅱ)
114) 問(成)

知十。茜絳藍青。雖止水澄心。而斷雲浪跡。[115] 粵有鄉僧道義。先訪道於華夏。[116] 邂逅適願。西南得朋。四遠參尋。證佛知見。義公前[117]歸故國。禪師即[118]入終南。登萬仞之峰。餌松實而止觀。寂寂者三年。後[119]出紫閣。當四達之道。[120]織芒屩而廣施。憧憧[121]者又三年。於是苦行既已修。[122]他方亦已遊。雖曰觀空。豈[123]能忘本。乃[124]於太[125]和四年來歸。大覺上乘。照[126]我仁域。興德大王。飛鳳筆迎勞曰。道義先師。曏[127]已歸止。上人繼至。爲二[128]菩薩。昔聞黑衣之傑。今見縷褐之英。彌天慈威。擧國

---

115) 迹(高Ⅱ)

116) 奎章本과 桂苑本은 '華夏' 대신에 '中華'로 되어있음.

117) 先(全・成・國・延Ⅰ・延Ⅱ・高Ⅱ・東・奎・桂)

118) 則(高Ⅱ)

119) 復(成・國・延Ⅰ・延Ⅱ・東・奎・桂) 后(高Ⅱ)

120) 路(芝)

121) 薫(東)

122) 受(高Ⅱ)

123) 皆(高Ⅰ)

124) 迺(高Ⅱ・東)

125) 搨本 및 全集・奎章・桂苑本에는 '太'와 통용되는 '大'로 되어 있으나, 唐文宗의 年號(827~835)가 太和이므로 '太'를 취하였다.

126) 炤(高Ⅱ)

127) 向(成・延Ⅰ・延Ⅱ・東・奎・桂)

128) 貳(東)

欣賴。寡人行當以東雞[129]林之境。成吉[130]
祥之宅也。始懸錫於[131]尙[132]州露[133]岳[134]
長栢[135]寺。醫[136]門多病。[137]來者如雲。方丈
雖寬。物情自隘。遂[138]步至康州智異山。[139]
有數於菟。[140]哮吼前導。避危從坦。不殊
兪騎。從者無所怖畏。[141]象犬如也。則與
善无[142]畏三藏。結夏靈山。猛獸前路。深
入山穴。[143]見牟尼立像。宛[144]同[145]事跡。[146]
彼竺曇猷[147]之扣睡虎頭。令聽經。亦未[148]

---

129) 鷄(國·延Ⅰ·延Ⅱ·高Ⅰ·東·
芝·奎)

130) 成大·國立·延大Ⅰ·延大Ⅱ·
東大·奎章·桂苑本에는 '成吉'
이 '成妙吉'로 되어있다.

131) 于(成·延Ⅰ·延Ⅱ·東·奎)

132) 商(高Ⅱ)

133) 雪(延Ⅰ·延Ⅱ·東·奎·桂)

134) 嶽(全·國·東) 成大·延大Ⅰ·
延大Ⅱ·高大Ⅰ·高大Ⅱ·奎章·
桂苑本에는 '岳'다음에 '山'한
글자가 더 있고, 國立·東大本
에는 '嶽'다음에 '山'한 글자
가 더 있다.

135) 柏(全·高Ⅰ·東)

136) 揚本에만 '毉'로 되어 있는데,
今字인 '醫'로 바로 잡았다.

137) 疾(奎·桂)

138) 乃(高Ⅱ)

139) 揚本에만 '知異山'으로 되어있
는데, '智異山'으로 바로 잡았
다.

140) 兎(高Ⅱ)

141) 高大Ⅰ本은 '怖畏'가 '畏怖'로
도치되어 있음.

142) 無(全·成·國·延Ⅰ·延Ⅱ·高
Ⅰ·高Ⅱ·東·芝·奎·桂)

143) 延大Ⅰ·延大Ⅱ本은 '穴'字가
없음.

144) 完(成·國·延Ⅰ·延Ⅱ)

145) 奎章本에는 '同'字가 없음.

146) 蹟(高Ⅱ·東·芝·奎·桂)

147) 猶(國)

148) 不(奎·桂)

專[149] 孏[150] 於僧史也。因於花開谷。故三法
和尙蘭若遺基。纂修堂宇。儼若化城。[151]
洎開成[152] 三年。愍哀大王。驟登寶位。深
託[153] 玄慈。降璽書餽齋費。而別求見願。
禪師曰。[154] 在[155] 勤修善政。何用願爲。使
復于王。聞[156] 之愧悟。以禪師色空雙泯。
定惠[157] 俱[158] 圓。降使賜號[159] 爲慧[160] 昭。[161]
昭[162] 字避聖祖廟諱。易之也。[163] 仍貫籍于
大皇龍[164] 寺。徵詣京邑。星使往復者。交
轡于路。而岳[165] 立不移其志。昔[166] 僧稱。

---

149) 全(國)
150) 美(成・高Ⅱ) 孏(國・芝)
151) 揚本에 '成'으로 되어 있으나,
     문맥상 절(寺刹)을 의미하는 化
     城임으로 '城'으로 바꾸었다.
152) 城(國)
153) 記(延Ⅰ) 詑(東) 托(芝)
154) 奎章本에는 '曰'字가 없음.
155) 東大本과 桂苑本에는 '曰在'가
     '曰正在'로 되어있다.
156) 高大Ⅱ・奎章・桂苑本에는 '王'
     과 '聞' 사이에 '王' 한 글자가
     더 있다.
157) 慧(成・國・延Ⅰ・延Ⅱ・高Ⅰ・
     高Ⅱ・東・芝・奎・桂)

158) 具(國)
159) 揚本에는 '号'로 되어있으나, 바
     른 字로 바꾸었다.
160) 惠(全・國)
161) 照(全・成・國・延Ⅰ・延Ⅱ・高
     Ⅰ・東・奎・桂)
162) 炤(延Ⅰ・延Ⅱ) 照(高Ⅱ)
163) 芝谷本에는 '昭字避聖祖廟諱易
     之也'에 해당하는 10글자가 없
     다.
164) 黃(成・國・延Ⅰ・延Ⅱ・東・奎・
     桂)
165) 嶽(全・國・桂)
166) 延大Ⅰ・延大Ⅱ本에는 '昔'字가
     없음.

拒167) 元魏之三召云。168) 在山行道。不爽大通。樓169) 幽養高。異代170) 同趣。居數年。171) 請益者。稻麻172) 成173) 列。殆無錐地。遂歷174) 銓175) 奇境。得南嶺之麓。爽176) 塏177) 居最。178) 經始禪廬。却179) 倚霞岑。俯壓雲澗。180) 清眼界181) 者。隔江遠岳。182) 爽183) 耳根者。迸石飛湍。至如184) 春谿185) 花。夏徑松。秋186) 壑月。冬187) 嶠雪。四時變態。萬象188) 交光。百籟和唫。189) 千巖190) 競秀。嘗遊191) 西土者。至

---

167) 非(全・東)
168) 曰(延Ⅰ・延Ⅱ)
169) 栖(全・高Ⅱ・芝) 捿(成・國・延Ⅰ・延Ⅱ・高Ⅰ・奎・桂)
170) 伐(國)
171) 高大Ⅰ本에는 '年'이 '年間'으로 되어 있다.
172) 高大Ⅱ本에는 '稻麻'가 '竹葦'로 되어 있다.
173) 城(全) 星(成・國・延Ⅰ・延Ⅱ・東・奎・桂)
174) 曆(成・延Ⅰ・延Ⅱ・高Ⅱ)
175) 詮(芝)
176) 塽(全・國)
177) 嵦(延Ⅰ・芝)
178) 揚本 및 東大・芝谷本에는 '最'의 古字인 '寂'로 되어 있으나,

今字를 취하였다.
179) 仰(國)
180) 間(成)
181) 畀(東)
182) 嶽(國・東)
183) 次(東)
184) 於(成・延Ⅰ・延Ⅱ・高Ⅱ・東・奎)
185) 溪(全・成・國・延Ⅰ・延Ⅱ・高Ⅰ・奎・桂) 磎(高Ⅱ・東)
186) 窺(東)
187) 各(東)
188) 像(成・延Ⅰ・延Ⅱ・高Ⅰ・高Ⅱ・東・奎・桂)
189) 吟(全)
190) 嵒(成) 岩(延Ⅱ)
191) 遟(東)

此¹⁹²⁾咸愕視。謂遠公東林。移歸海表。蓮¹⁹³⁾
花世界。¹⁹⁴⁾非凡想可擬。壺中別有天地則
信¹⁹⁵⁾也。架¹⁹⁶⁾竹¹⁹⁷⁾引流。環階四注。始用玉
泉爲牓。¹⁹⁸⁾屈指法胤。則禪師乃¹⁹⁹⁾曹²⁰⁰⁾溪
之玄孫。是用²⁰¹⁾建六祖影堂。彩²⁰²⁾飾²⁰³⁾粉
墉。廣資導誘。經所謂爲悅²⁰⁴⁾衆生。故綺
錯繪²⁰⁵⁾衆²⁰⁶⁾像²⁰⁷⁾者也。²⁰⁸⁾大²⁰⁹⁾中四年。正月
九日詰²¹⁰⁾旦。告門人曰。萬法皆空。吾將
行矣。一心爲本。汝等勉之。無以塔藏形。
無以銘紀²¹¹⁾跡。言竟坐滅。²¹²⁾報年七十七。

---

192) 搨本 및 全集·高大Ⅱ·芝谷本
에는 '止'로 되어 있으나, 문맥
상 成大·國立·延大Ⅰ·延大
Ⅱ·高大Ⅰ·東大·桂苑本의
'此'가 옳다고 여겨져서 이를 취
하였다. 奎章本에는 '至此'에 해
당하는 두 글자가 아예 없다.

193) 殿(東)

194) 邑(東)

195) 桂苑本에는 '信也'가 '可信也'
로 되어있음.

196) 加(芝)

197) 行(全)

198) 榜(國·高Ⅱ·芝)

199) 迺(全·國·高Ⅰ·東·奎)

200) 曺(國·延Ⅰ·延Ⅱ·高Ⅰ·高

Ⅱ·東·芝·奎·桂)

201) 庸(全)

202) 綵(成·延Ⅰ·延Ⅱ)

203) 餙(全·成·國·延Ⅰ·延Ⅱ·高
Ⅰ·高Ⅱ·東·芝·奎·桂)

204) 說(全)

205) 績(高Ⅰ·高Ⅱ)

206) 成大本과 國立本에는 '衆'이 '模
衆'으로 되어 있다.

207) 象(國)

208) 高大Ⅱ本에는 '也'字가 없음.

209) 太(國)

210) 朝(全·成·延Ⅰ·延Ⅱ·奎·
桂)

211) 記(全·成·國·延Ⅰ·延Ⅱ·高
Ⅰ·東·芝·奎·桂)

積夏四十一。于時。天無纖雲。風雷欻起。
虎狼號咽。杉栝變衰。俄而紫雲翳空。空
中有彈指213)聲。會葬者。無不入耳。則梁
史。載褚214)侍中翔。嘗請沙門。爲母疾215)
祈216)福。聞空中彈指。217)聖感冥應。豈218)誣
也哉。凡志219)於道者。寄聲相220)吊。未忘221)
情者。銜222)悲以泣。天人223)痛悼。斷可知
矣。靈函幽隧。預使備具。弟子法諒等。號
奉色身。不踰日而空于東峰之冢。224)遵遺
命也。禪師性不散225)樸。226)言不由機。服
煖227)緼黂。食甘糠麧。茅228)菽雜229)糅。蔬佐

---

212) 氷(成)
213) 脂(芝)
214) 稸(成)
215) 病(國)
216) 求(國·延Ⅰ·延Ⅱ)
217) 成大·國立·延大Ⅰ·延大Ⅱ·高大Ⅰ·高大Ⅱ·東大·芝谷·桂苑本은 '彈指'가 '彈指聲'으로 되어 있으나, '聲'字가 없어도 문맥이 순탄하므로 揚本 및 全集·奎章本을 따랐다.
218) 豈(成)
219) 國立本은 '志'가 '旨'로 되어 있으며, 高大Ⅰ本은 '有志'로 되어 있다.
220) 遠(奎·桂)
221) 亡(桂)
222) 含(全·國·高Ⅰ) 唧(成·延Ⅰ·延Ⅱ·高Ⅱ·東·芝·奎·桂)
223) 東大·奎章·桂苑本에는 '天人'이 '人天'으로 도치되어 있다.
224) 塚(芝)
225) 散(全)
226) 撲(高Ⅱ·芝·奎)
227) 腰(全) 暖(成·國·延Ⅰ·延Ⅱ·高Ⅰ·東·奎·桂)
228) 苧(成)

無二。貴達時至。曾不230)異饌。門人以墋
腹進難。231)則曰232)有心至此。雖糲233)何害。
尊卑耊穉。234)接之如一。235)每有王人。乘馹
傳命。遙祈法力。則曰凡居王土而戴236)佛
日者。孰不傾心護念。爲君貯福。237)亦何
必遠汚238)綸言於枯木朽239)株。240)傳乘之241)
飢不得齕。渴不得飲。吁可念也。或有以胡
香242)爲贈者。則243)以瓦載糖灰。不爲丸而
焫之曰。244)吾不識是何臭。245)虔246)心而已。

---

229) 褋(高Ⅱ)
230) 無(全·成·國·延Ⅰ·延Ⅱ·奎·桂) 煞(東)
231) 延大Ⅰ·延大Ⅱ·奎章·桂苑本에는 '進難'이 '難進'으로 도치되어 있다.
232) 奎章本은 '則曰'이 '曰則'으로 도치되어 있다.
233) 糲(成·國)
234) 稚(成·延Ⅰ·延Ⅱ·高Ⅰ·高Ⅱ·芝)
235) 東大本과 奎章本은 '如一'이 '一如'로 도치되어 있다.
236) 載(全·國·高Ⅱ)
237) 積(奎)
238) 紆(成·延Ⅰ·延Ⅱ·高Ⅱ·桂) 汗(東) 紉(奎)

239) 朽(成·國·延Ⅰ·延Ⅱ·高Ⅰ·高Ⅱ·芝·奎·桂)
240) 芝谷本은 '株'가 '株也'로 되어 있다.
241) 成大·延大Ⅰ·延大Ⅱ·高大Ⅰ·高大Ⅱ·芝谷·奎章·桂苑本에는 '之'다음에 '輩' 한 글자가 더 있고, 國立本과 東大本에는 '之'다음에 '使' 한 글자가 더 있다.
242) 東大本에는 '胡香'이 '昏'한 글자로 되어 있다.
243) 桂苑本에는 '則'字가 없음.
244) 東大本에는 '曰'字가 없음.
245) 齅(高Ⅱ)
246) 處(高Ⅰ)

復[247] 有[248] 以漢茗爲[249] 供者。則以薪爨石
釜。不爲屑而羹之曰。吾不識是何味。濡
腹[250] 而已。守眞忤俗。皆此類也。雅善梵
唄。金玉其音。側調飛聲。爽快哀婉。能使
諸天歡喜。永於遠地流傳。學者滿堂。誨
之不倦。[251] 至今東國。習魚山之妙者。[252] 競
如掩[253] 鼻。效玉泉餘響。[254] 豈非以聲聞。度
之之化乎。禪師泥洹。當文聖大[255] 王之朝。
上惻[256] 僊[257] 襟。[258] 將寵淨謚。及聞遺戒。[259]
愧而寢之。越三紀。[260] 門人以陵谷爲慮。
扣不朽[261] 之緣於慕法弟子。內供奉一吉
干[262] 楊晋[263] 方。崇[264] 文臺[265] 鄭詢一。斷金

---

247) 或(高Ⅱ)

248) 延大Ⅰ・延大Ⅱ本에는 '有'字
　　가 없음.

249) 怠(東)

250) 服(全)

251) 倦(東)

252) 高大Ⅰ本은 '妙者'가 '妙音者'
　　로 되어 있다.

253) 搚(東・奎・桂)

254) 香(國)

255) 芝谷本에는 '大'字가 없음.

256) 側(全・高Ⅰ)

257) 仙(全・成・國・東・奎・桂)

258) 衿(全・高Ⅱ)

259) 誠(東)

260) 期(國)

261) 朽(成・延Ⅰ・延Ⅱ・高Ⅰ・芝・
　　奎)

262) 于(高Ⅰ)

263) 進(全・國)

264) 嵩(全・國・東・芝・桂)

265) 全集・成大・高大Ⅰ・高大Ⅱ・
　　東大・奎章・桂苑本은 '臺' 다
　　음에 '郞'이란 글자가 하나 더

爲 心。勒 石 是 請。獻 康 大 王。恢 弘 至 化。欽
仰 眞 宗。追 諡 眞 鑑266) 禪 師。267) 大 空 靈 塔。268)
仍 許 篆 刻。以 永 終 譽。269) 懿 乎 日 出 暘 谷。
無 幽 不 燭。海 岸 植 香。270) 久 而 彌 芳。或 曰
禪 師 垂 不 銘 不 塔 之 戒。而 降 及 西 河 之 徒。
不 能 確 奉 先 志。求 之 歟。271) 抑 與272) 之 歟。適
足 爲 白 珪273) 之 玷。嘻274) 非 之 者。亦 非 也。不
近 名 而 名 彰。275) 盖 定 力 之 餘 報。與 其 灰 滅276)
電 絶。曷 若 爲 可 爲 於277) 可278) 爲 之 時。使 聲
震279) 大 千 之 界。而 龜 未 戴280) 石。龍 遽 昇 天。

있다.

266) 監(全)

267) 士(高大Ⅱ)

268) 墖(高大Ⅰ)

269) 訔(成)

270) 東大本에서는 '海岸植香'이 '香植海岸'으로 뒤바뀌어 있다.

271) 搨本에는 '歟'의 판독이 불가능한데, 다른 寫本과 아울러 雙溪寺藏木板本에는 '歟'가 분명하다.

272) 奎章本에는 '與'字가 없음.

273) 圭(全·成·國·延Ⅰ·延Ⅱ·奎·桂)

274) 噫(全·成·國·延Ⅰ·延Ⅱ·高Ⅰ·高Ⅱ·東·奎·桂)

275) 成大·國立·延大Ⅰ·延大Ⅱ·高大Ⅰ·高大Ⅱ·東大·奎章本은 '彰'이 '自彰'으로 되어 있다.

276) 氷(成·高Ⅱ)

277) 之(芝)

278) 芝谷本에는 '於'字가 없음.

279) 振(成·延Ⅰ·延Ⅱ·東·芝·桂) 盡(奎)

280) 載(奎)

今 上 繼 興。塡 簾[281] 相 應。義[282] 諧 付 囑。善 者
從 之。以 隣[283] 岳[284] 招 提。有 玉 泉 之 號。爲 名
所 累。衆 耳 致 惑。[285] 將 俾 棄[286] 同 卽 異。則[287]
宜 捨 舊 從 新。使 視[288] 其 寺 之 所 枕 倚。則[289]
以 門 臨 複 澗。爲 對。乃 錫[290] 題 爲 雙 溪[291] 焉。
申 命 下 臣 曰。師 以[292] 行[293] 顯。汝 以 文 進。宜
爲 銘。致 遠 拜[294] 手[295] 曰。唯 唯。[296] 退 而 思 之。
頃 捕 名 中 州。[297] 嚼 腴[298] 咀 雋 于 章 句 間。未
能 盡 醉 衢 罇。唯[299] 愧[300] 深 跧 泥 甃。況 法 離

---

281) 搨本에는 '塡簾' 두 글자의 판
　　독이 불가능한데, 다른 寫本과
　　아울러 雙溪寺藏木板本에는 '塡
　　簾'가 분명하다.

282) 意(全・國)

283) 阾(國)

284) 嶽(東)

285) 惑(芝)

286) 搨本에 '弃'로 되어있는데 쉬운
　　字로 바꾸었다.

287) 成大・國立・延大Ⅰ・延大Ⅱ・
　　高大Ⅰ・高大Ⅱ本에는 '則'이
　　'誠'으로 되어 있고, 東大・奎
　　章・桂苑本에는 '則'이 '則誠'
　　으로 되어 있다.

288) 搨本을 비롯해서 東大・芝谷・奎
　　章・桂苑本에 '眎'로 되어 있는
　　데, 바른 字인 '視'로 바꾸었다.

289) 芝谷本은 '則'字가 없음.

290) 賜(國)

291) 東大本에는 '雙溪'가 '霅磎'로
　　되어 있다.

292) 已(奎)

293) 搨本에는 '師以行'의 판독이 불
　　가능한데, 雙溪寺藏木板本에는
　　'師以行'이 분명하다.

294) 拜(東)

295) 奎章本은 '手'字가 없음.

296) 東大本은 '唯唯'에서 뒤의 '唯'
　　가 '惟'로 되어 있다.

297) 洲(成)

298) 奎章本에는 '嚼腴' 두 글자가 없
　　음.

299) 惟(全・高Ⅱ・芝・奎)

300) 媿(全・成)

文字。301) 無 地 措 言。苟 或 言 之。北 轅 適 鄢。
第 以 國 主302) 之 外 護。門 人 之 大303) 願。非 文
字。不 能 昭 昭 乎 羣 目。遂 敢 身 從 兩 役。力 效
五 能。雖 石 或 憑304) 焉。305) 可 憗306) 可 懼。307) 而
道 强 名 也。何 是 何308) 非。掘 筆309) 藏310) 鋒。則
臣 豈311) 敢。

重 宣 前 義。謹 札 銘 云。杜 口 禪 那。歸 心 佛
陁。312) 根 熟 菩313) 薩。弘 之314) 靡 他。315) 猛 探 虎
窟。遠 泛316) 鯨 波。去 傳 秘317) 印。來 化 斯 羅。
尋 幽 選 勝。卜 築 巖318) 礎。水 月 澄 懷。雲 泉

---

301) 字(東)

302) 王(全·成)

303) 搨本에서는 '護門人之大願' 여섯 글자의 판독이 불가능하나, 다른 寫本과 아울러 雙溪寺藏木板本에는 위의 여섯 글자가 분명하다.

304) 凭(高Ⅰ)

305) 言(全·成·高Ⅰ·東·奎·桂)

306) 憗(全·成·國·延Ⅰ·延Ⅱ·高Ⅰ·高Ⅱ·東·芝·奎·桂)

307) 惧(成·國·延Ⅰ·延Ⅱ) 愧(高Ⅱ)

308) 芝谷本에는 '何'字가 없음.

309) 搨本과 東大本은 '笔'로 되어 있는데, 여기서는 바른 字인 '筆'로 바꾸었다.

310) 莊(延Ⅰ)

311) 豈(高Ⅰ)

312) 陀(全)

313) 搨本에는 '歸心佛陁根熟菩'의 판독이 불가능하지만, 雙溪寺藏木板本에는 이 일곱글자가 분명하다.

314) 道(國)

315) 搨本 및 高大Ⅰ·芝谷本은 '它'로 되어 있는데, 正字인 '他'로 바꾸었다. 東大本은 '陁'로 되어 있다.

316) 汎(高Ⅰ)

317) 密(國)

318) 喦(成) 岩(國)

寄[319] 興。山 與 性 寂。谷 與 梵 應。觸 境 無 硋。[320]
息 機 是 證。[321] 道 贊 五 朝。威 摧[322] 衆 妖。默 垂
慈 蔭。顯 拒 嘉[323] 招。海 自 颺 蕩。山 何 動 搖。[324]
無 思 無[325] 慮。匪[326] 斲 匪[327] 雕。食 不 兼 味。[328]
服 不 必 備。風 雨 如 晦。始 終 一 致。慧 柯 方
秀。法 棟 俄 墜。洞 壑 淒[329] 涼。煙[330] 蘿 憔 悴。
人 亡 道 存。終 不 可 諼。上 士 陳 願。大 君 流
恩。燈 傳[331] 海 裔。塔[332] 聳 雲 根。天 衣 拂 石。[333]
永 耀[334] 松 門[335]

---

319) 奇(全) 起(高Ⅰ)
320) 閡(全·國) 碍(成·延Ⅰ·延Ⅱ·
　　高Ⅰ·高Ⅱ·芝·奎·桂) 礙(東)
321) 澄(國)
322) 推(奎)
323) 佳(東·奎·桂)
324) 撓(國)
325) 无(東)
326) 非(國·高Ⅱ·奎)
327) 非(國·高Ⅱ·奎)
328) 搨本에는 '慈蔭顯拒嘉招海自颺
　　蕩山何動搖無思無慮匪斲匪雕食
　　不兼味' 26글자의 판독이 불가
　　능하지만, 雙溪寺藏木板本에는

이 26글자가 분명하다.
329) 悽(東·芝)
330) 烟(全·成·國·延Ⅰ··延Ⅱ·
　　高Ⅰ·高Ⅱ·東·芝·奎·桂)
331) 前(奎)
332) 墖(東·奎·桂)
333) 奎章本에는 '石'字가 없음
334) 曜(成·延Ⅰ·延Ⅱ·桂)
335) 搨本에는 '燈傳海裔塔聳雲根天
　　衣拂石永耀松門' 16글자의 판
　　독이 불가능하지만, 雙溪寺藏木
　　板本에는 이 16글자가 분명하
　　다.

萬壽山聖住寺朗慧和尙白月葆光塔碑

帝唐揃[1]亂以武功。[2]易元以文德之年。暢月。月缺[3]之七日。日醮咸池[4]時。海東兩朝國師禪和尙。盥[5]浴[6]已。趺坐[7]示滅。[8]國中人如喪[9]左右目。矧門下諸弟子乎。嗚呼。應東身者八十九春。服西戒者六十五夏。去世三日。倚繩[10]座[11]儼然面如生。門人詢乂等。號奉遺[12]體。[13]假殯禪室中。上聞之震悼。使馹。[14]弔[15]以書。賻以穀。所[16]以資淨供。而贍玄福。[17]越[18]二年。攻石封層

---

1) 揃(東)
2) 奎章本에는 '功'字가 없음
3) 霺(揚)
4) 國立・東大本에는 '咸池' 다음에 '之'字가 있음.
5) 澳(成・國・延Ⅰ・延Ⅱ・高Ⅰ・高Ⅱ・東・芝)
6) 俗(東)
7) 跰(延Ⅰ)
8) 泑(高Ⅱ)
9) 㘣(全)
10) 繩(成・國・延Ⅰ・延Ⅱ・高Ⅰ・高Ⅱ・東・芝・奎・桂)
11) 痤(高Ⅱ)
12) 遺(揚)
13) 躰(揚・奎)
14) 馼(高Ⅰ)
15) 吊(揚・全・成・國・延Ⅰ・延Ⅱ・高Ⅰ・高Ⅱ・東・芝・奎・桂)
16) 朩(揚)
17) 高大Ⅰ本에는 '玄福' 다음에 '也'字가 있음
18) 粤(東)

冡。[19] 聲[20] 聞王京。[21] 菩薩戒弟子武州都
督蘇[22] 判鎰。執事侍郎寬柔。湏[23] 江都護
咸雄。全州別駕英雄。皆王孫也。維城[24]
輔[25] 君德。險道賴師恩。何必出家然[26] 後[27]
入室。遂與門人昭玄大德釋[28] 通賢。[29] 四
天王寺上座[30] 釋[31] 愼符。議曰。師云亡。君
爲慟。[32] 奈[33]·何吾儕[34] 忍灰心木舌。缺[35] 緣
飾[36] 在三[37] 之義乎。迺[38] 白黑[39] 相應。[40] 請
贈諡[41] 曁[42] 銘塔。敎曰可。旋命[43] 王孫夏官

---

19) 塚(全·成·國·延Ⅰ·延Ⅱ·高Ⅱ·東·芝·奎·桂) 冡(高Ⅰ)

20) 拌(高Ⅱ·成)

21) 揚本을 비롯한 諸異本에는 '玉京'으로 되어 있고, 金總에만 王京으로 되어 있으나, '王京'으로 해야 文意가 분명해진다.

22) 蘓(揚·成·高Ⅰ·芝·桂)

23) 貝(揚) '貝'는 마땅히 '湏'라야 함.

24) 成(東)

25) 補(國·高Ⅰ) 報(芝)

26) 狀(成)

27) 后(國·高Ⅱ)

28) 释(高Ⅱ)

29) 玄(全·成·國·延Ⅰ·延Ⅱ·東·奎·桂) 夭(高Ⅱ)。奎章本에서는 '釋通玄'을 '通玄釋'으로 적었음

30) 痤(高Ⅱ) 佐(東·桂)

31) 释(高Ⅱ)

32) 痛(高Ⅱ)

33) 奈(全)

34) 佮(東)

35) 毀(揚)

36) 餙(全·成·國·延Ⅰ·延Ⅱ·高Ⅰ·高Ⅱ·東·芝·奎·桂)

37) 弍(揚·國·延Ⅰ·延Ⅱ·高Ⅱ·東·桂) 式(奎) 叁(高Ⅰ)

38) 乃(全·國·高Ⅰ·芝)

39) 全集·成大·國立·延Ⅰ·延Ⅱ·奎章本에는 '白黑'이 '黑白'으로 되어 있음

40) 応(國)

41) 諡(揚·成·國·延Ⅰ·延Ⅱ·高Ⅰ·高Ⅱ·東·芝·奎·桂)

42) 洎(芝) 槩(東)

二卿禹珪。44) 召桂苑行人侍御史45) 崔致遠。
至蓬萊46) 宮。因得竝47) 琪樹。48) 上瑤墀。踞
俟49) 命50) 珠箔51) 外。上曰。故聖住大師。眞
一佛出世。昔52) 文考康王53) 咸師事。54) 福國
家爲日久。余始克纘55) 承。願繼餘(余) 先志。56)
而天不憖57) 遺。58) 益用悼厥心。余以有大

---

43) 令(成·高Ⅰ·東)
44) 珪(成·延Ⅱ·高Ⅱ·芝)
45) 使(成·國·延Ⅰ·延Ⅱ)
46) 萊(延Ⅱ)
47) 並(國·延Ⅰ·高Ⅰ·芝) 并(東)
48) 樹(成·延Ⅰ·延Ⅱ·高Ⅰ·高Ⅱ·東·奎·桂)
49) 竢(揚·全·成·延Ⅰ·延Ⅱ·高Ⅰ·高Ⅱ·芝)
50) 令(成·延Ⅰ·高Ⅰ·東)
51) 泊(高Ⅰ)
52) 昝(高Ⅰ)
53) '文考康王'이 成大本에는 '景文考獻康王'으로, 高大Ⅱ本에는 '景文考康王'으로 되어 있다.
54) 國立本에는 '師事'가 '事師'로되어 있음
55) 纘(揚·國·東·芝·成·延Ⅰ·延Ⅱ·高Ⅰ·高Ⅱ·奎·桂)
56) '繼餘先志'가 全集本에는 '繼餘□□先志'로, 成大·國立·延大Ⅰ·延大Ⅱ·高大Ⅰ·高大Ⅱ·東大·芝谷·奎章·桂苑本에는 '繼餘同先志'로 되어 있다. 이러한 견해는 揚本에 '繼餘 冂先志'라고 되어 있기 때문에 발생한 것 같은데, 이는 '繼餘(余)'와 '先志' 사이에 두 字가 빠진 것으로 볼 이유가 없으며, 또한 '冂'을 '同'字로 볼 근거도 없다. 碑를 새길 때, 임금을 나타내는 말이나 높이고자 하는 對象 앞에서는 몇칸씩 비우는데, 여기서도 '先'이 '景文王'과 '獻康王'을 가리키는 말이므로 '先志' 앞에 두 칸을 비웠다고 보아야겠다. '朗慧和尙碑文'에서 임금을 나타내는 말이나 높이고자 하는 對象 앞에서 두 칸 내지 네 칸 정도 비웠다는 것이 그 근거가 될 수 있다.
57) 憖(揚·成·國·延Ⅰ·延Ⅱ·高Ⅱ) 憖(東·奎·桂) 憖(芝)
58) 遺(揚)

行者。授大名。[59] 故追諡[60] 曰大朗[61] 慧。塔曰白月葆光。乃嘗西宦。[62] 絲染錦歸。[63] 顧文考[64] 選[65] 國子。命[66] 學之。康王視國士。[67] 禮待之。若宜銘國師以報之。謝曰。主臣。殿下恕粟饒浮秕。[68] 念[69] 桂飽餘馨。[70] 俾報德以文。固多天幸。第大師於有爲澆世。演無爲秘[71] 宗。小臣以有限[72] 麼[73] 才。紀無限[74] 景行。弱轅載重。短綆[75] 汲[76] 深。[77] 其或石有異言。龜無善顧。決叵使山輝川媚。[78]

---

59) 成大本에는 '大名'이 '名大'로되어 있음.
60) 謚(揚·成·國·延Ⅰ·延Ⅱ·高Ⅰ·高Ⅱ·東·芝·奎·桂)
61) 郞(東)
62) 宧(揚·延Ⅰ·延Ⅱ·高Ⅰ·高Ⅱ·東·芝·桂) 宜(國)
63) 故(成·國·高Ⅱ·奎)
64) 老(奎)
65) �(國·東)
66) 侖(成·延Ⅰ·高Ⅰ·高Ⅱ·東)
67) 師(東)
68) 枇(成)
69) '念'字는 全集本에만 있고 다른 諸異本에는 없으나, '念'字는 '恕粟饒浮秕'의 '恕'字와 對句를 이루고 있으며, 文脈上 반드시 있어야 한다.
70) 香(全·國·延Ⅰ·延Ⅱ·高Ⅰ·東·奎·桂)
71) 秡(延Ⅱ)
72) 成大·國立·延大Ⅰ·延大Ⅱ本에는 '有限' 다음에 '之'字가 있음
73) 麻(延Ⅱ) 広(高Ⅱ)
74) 國立·延大Ⅱ本에는 '無限' 다음에 '之'字가 있음
75) 緶(全·高Ⅰ)
76) 級(高Ⅰ)
77) 湥(全)
78) 媚(全)

反 贏79) 得 林 慙 澗 愧。80) 請 筆81) 路 斯 避。上 曰。

好 讓 也。蓋 吾 國82) 風。83) 善 則 善 已。84) 然 苟

不 能 是。惡85) 用 黃 金 牓86) 爲。爾87) 勉 之。遽

出 書 一 編88) 大 如 椽89) 者。俾 中 涓 授 受。乃90)

門91) 弟 子 所92) 獻 狀 也。復 惟93) 之。西 學 也。

彼 此 俱 爲 之。而 爲 師 者 何 人。爲 役94) 者 何

人。豈95) 心 學 者 高。口 學 者 勞 耶。故 古 之 君

子 愼 所 學。抑96) 心 學 者 立 德。口 學 者 立 言。

則 彼 德 也。或 憑 言 而 可 稱。97) 是 言 也。或

倚98) 德99) 而 不 朽。100) 可 稱。101) 則 心 能 遠 示 乎

---

79) 贏(全) 贏(成·國·延Ⅰ·延Ⅱ·東·高Ⅰ·高Ⅱ) 贏(芝) 贏(桂)

80) 媿(全·國)

81) 笔(揚·東)

82) 高大Ⅰ·東大·芝谷·奎章本에는 '吾國' 다음에 '之'字가 있음

83) 凨(芝)

84) 矣(高Ⅰ·高Ⅱ·東·奎·桂)

85) 惡(成·國·延Ⅰ·延Ⅱ·高Ⅱ·芝)

86) 牓(全·奎) 榜(成·國·延Ⅰ·延Ⅱ·高Ⅰ·高Ⅱ·東·桂)

87) 尒(揚)

88) 篇(國)

89) 椓(揚)

90) 迺(東)

91) 全集本에는 '門' 다음에 '人'字가 있음

92) 尓(揚)

93) 唯(東·芝)

94) 役(揚)

95) 東大本에는 '豈' 다음에 '非'字가 있음.

96) 抒(延Ⅰ)

97) 称(成·國·延Ⅰ·高Ⅰ·東) 稱(延Ⅱ·高Ⅱ·芝·奎·桂)

98) 依(國)

99) 意(揚) 意(成)

100) 朽(揚·成·國·延Ⅰ·延Ⅱ·高Ⅰ·高Ⅱ·芝·奎·桂)

101) 稱(揚·成·國·延Ⅱ·高Ⅰ·高Ⅱ·芝·奎·桂) 称(延Ⅰ·

來 者。不 朽。[102] 則 口 亦 無[103] 慙 乎 昔[104] 人。爲
可 爲 於 可 爲 之 時。復 焉[105] 敢 膠[106] 讓 乎 篆
刻。始 繹[107] 如 椽[108] 狀。則 見 大 師 西 遊[109] 東
返 之 歲 年。[110] 禀 戒 悟 禪 之 因 緣。公 卿 守 宰
之 歸[111] 仰。[112] 像 殿 影 堂 之 開 創。[113] 故 翰 林
郎[114] 金 立 之 所 撰[115] 聖 住 寺 碑。叙[116] 之 詳
矣。爲 佛[117] 爲 孫 之 德[118] 化。爲 君 爲 師 之 聲[119]
價。鎭 俗 降[120] 魔 之 威 力。鵬 顯 鶴 歸[121] 之 動
息。贈 太 傅 獻 康 大 王 親 製[122] 深[123] 妙[124] 寺
碑。錄 之 備 矣。顧 腐 儒 之 今 作 也。止 宜 標

東)

102) 朽(揚·成·國·延Ⅰ·延Ⅱ·高
　　Ⅰ·高Ⅱ·芝·奎·桂)

103) 不(國)

104) 昝(東)

105) 爲(東)

106) 膠(成)

107) 奎章本에는 '篆刻始繹'이 '篆繹
　　刻始'로 되어 있음.

108) 梂(揚)

109) 游(高Ⅱ·桂)

110) 秊(高Ⅰ)

111) 敀(成·國·高Ⅱ·桂)

112) 佇(延Ⅰ)

113) 刱(揚) 剏(高Ⅱ·東·芝)

114) 朗(成)

115) 撰(成·延Ⅰ·延Ⅱ·東)

116) 序(奎)

117) 佛(成)

118) 愿(東)

119) 拼(成·高Ⅱ·桂)

120) 唪(國) 降(延Ⅰ)

121) 敀(成·國·延Ⅰ·延Ⅱ·高Ⅱ·
　　東)

122) 制(國)

123) 潒(全·芝)

124) 竗(成·延Ⅱ·高Ⅱ·芝·奎)

我 師¹²⁵⁾ 就 般 涅 槃¹²⁶⁾ 之 期。¹²⁷⁾ 與 吾 君 崇 崒
堵¹²⁸⁾ 婆¹²⁹⁾ 之 號¹³⁰⁾ 而 已。口 將 手 議。役¹³¹⁾ 將
自 適 其 適。這 有 上 足 苾 蒭¹³²⁾ 來 趣 蘁¹³³⁾ 曰。
語 及 斯 意。則 曰。立 之 碑 立 之 久 矣。尙 闕
數¹³⁴⁾ 十 年 遺¹³⁵⁾ 美。太 傅¹³⁶⁾ 王 神 筆¹³⁷⁾ 所 紀。¹³⁸⁾
蓋 顯¹³⁹⁾ 示 殊 遇 云 爾。¹⁴⁰⁾ 吾 子 口 嚼 古 賢¹⁴¹⁾

---

125) '我師'가 全集本에는 '大師'로, 成大·國立·延大Ⅰ·延大Ⅱ·東大·芝谷·奎章·桂苑本에는 '我大師'로 되어 있다.

126) 盤(揚) 般(高Ⅱ)

127) 全集·成大·國立·延大Ⅰ·延大Ⅱ·東大·芝谷·奎章·桂苑本에는 '期' 다음에 '及'字가 있음.

128) 覩(全·成·國·延Ⅰ·延Ⅱ·高Ⅰ·高Ⅱ·東·芝·奎·桂)

129) 波(全·成·國·延Ⅰ·延Ⅱ·高Ⅰ·東·芝·奎·桂)

130) 号(揚) 騠(國·延Ⅱ) 騠(高Ⅰ·東) 名(奎)

131) 伇(揚)

132) 蒭(揚) 蒭(成)。揚本의 '蒭'字는 '蒭'字를 간략히 적은 것으로 보인다. 揚本은 陰刻을 하므로 가능하면 획수를 줄이려는 경향이 있는데 '蒭'字도 이 경우에

해당한다고 생각한다.

133) 揚本과 高大Ⅱ本에 '蘁'字로 적혀 있는데, 揚本의 '蘁'字는 碑에 새길 때 '蘁'字를 간략히 적은 것으로 생각한다. 비록 蘁로 새긴다 하더라도 보는 이가 '蘁'字임을 알 것으로 판단될 때 이렇게 간략히 적은 것으로 보인다.

134) 數(揚·國) 殺(成·延Ⅰ·高Ⅰ·高Ⅱ) 數(延Ⅱ·東·芝·桂) 數(奎)

135) 遺(揚)

136) 賻(國)

137) 笔(東)

138) 記(全·成·國·延Ⅰ·延Ⅱ·東·芝·奎·桂)

139) 显(國)

140) 尔(揚)

141) 돗(高Ⅱ)

書。面飮今君命。[142] 耳飫[143] 國師行。目醉門
生狀。宜廣記而備言之。殆貽厥可畏。俾
原[144] 始要終。脫西笑者或袖之。脫西人[145]
笑則幸甚。吾敢求益。子無憚煩。狂奴餘
態。[146] 率[147] 爾[148] 應[149] 曰。僕[150] 編苦者。師買
菜[151] 乎。遂絆[152] 猨[153] 心。强搖兎翰。憶得西
漢書留[154] 侯傳。尾云。良所[155] 與上從容言
天下事。甚衆。[156] 非天下所以存亡。故不
著。則[157] 大師時順間事蹟。[158] 犖犖者星繁。

---

142) 숤(成·延Ⅰ·東)
143) 飯(高Ⅰ)
144) 元(國)
145) 高大Ⅱ本에는 '西人' 다음에
  '之'字가 있음.
146) 揚·成大·國立·延大Ⅰ·延大
  Ⅱ·高大Ⅰ·高大Ⅱ·東大·芝
  谷·奎章·桂苑本 등 諸異本이
  '態餘'를 취하고 있으나 '餘態'
  라고 해야 文意가 쉽게 통한다.
147) 舉(成·延Ⅱ·高Ⅱ·芝·桂) 卒
  (高Ⅰ)
148) 尔(揚)
149) '率爾應'이 高大Ⅰ·芝谷本에는
  '率爾應之'로, 東大·奎章·桂
  苑本에는 '率爾而應之'로 되어

있음.
150) 僕(揚·延Ⅰ·延Ⅱ·芝)
151) 采(揚·高Ⅱ) 彩(高Ⅰ)。國立本
  에는 '菜' 다음에 '者'字가 있
  다. 그리고 揚本에 '采'字로 되
  어 있는 것은 碑에 새길때 '菜'
  字를 간략히 적은 것으로 보인
  다.
152) 伴(國)
153) 猖(東)
154) 畱(全)
155) 尒(揚)
156) 重(奎)
157) 卽(高Ⅰ)
158) 跡(成·國·延Ⅰ·延Ⅱ·高Ⅰ)

非所以警後159)學。亦不書。自許窺一斑160)
於班161)史然。於是乎。管述曰。光盛且實。162)
而有暉163)八164)紘之質者。莫均乎曉日。氣
和165)且融。而有孚萬物之功者。莫溥乎春
風。惟166)俊風167)與旭日。俱東方自出也。則
天鍾斯二餘慶。嶽168)降169)于170)一靈171)性。
俾挺生君子國。特172)立梵王家者。我173)大
師其人也。法號174)無染。於圓覺祖師爲
十世孫。俗姓金氏。以武烈大王爲八代祖。
大父周川。品眞骨。位韓粲。175)高曾出入
皆將相。戶知之。父範176)清。177)族178)降179)眞

---

159) 后(成·國)
160) 揚·全集·成大·延大Ⅰ·延大Ⅱ·高大Ⅰ·高大Ⅱ·東大·芝谷本에는 '班'字로 적혀 있다. 그러나 '班'字가 '斑'字와 通用되기는 하지만 '斑'字로 적음이 옳다.
161) 班(芝·奎·桂)
162) 寔(成·國·延Ⅰ·高Ⅱ·東)
163) 輝(高Ⅱ·芝)
164) 入(奎)
165) 咊(東)
166) 唯(東·芝·桂)
167) 鳳(東)
168) 岳(全·成·延Ⅰ·延Ⅱ·高Ⅱ·奎·桂)
169) 唅(國)
170) 乎(高Ⅱ·芝)
171) 灵(東·桂)
172) 牧(國)
173) 全集本에는 '我'字가 없음
174) 猍(揚)讋(全·成·國·延Ⅰ·延Ⅱ·高Ⅰ·東·芝·奎·桂)
175) 粲(成·國·延Ⅰ·延Ⅱ·高Ⅱ·東·桂)
176) 範(全·國·高Ⅰ)
177) 奎章本에는 '範清'이 '清範'으로 되어 있음

骨一等曰得難。180)晚節追蹤趙文業。母華
氏魂交。覩脩臂天垂授殼181)花。182)因有娠。
幾踰時。183)申夢184)胡道人自稱185)法藏。授十
護充胎敎。過朞186)而誕大師。阿孩時。行
坐必187)合掌趺對。至與188)群兒戱。189)畫壇
聚沙。必190)模樣像塔。而不忍一日違191)膝192)
下。九歲始鼓193)篋。目所194)覽口必誦。人
稱195)曰海東196)神童。跨一星終。有陋九流
意。入道。先白母。母念已前夢。197)泣曰
誇。198)後199)謁父。父200)悔已201)晚悟。喜曰

---

178) 放(奎)
179) 唏(國)
180) 高大Ⅰ・高大Ⅱ・東大本에는 '得難'이 '難得'으로 되어 있음.
181) 殼(高Ⅰ)
182) 蕐(東)
183) 旹(芝)
184) 梦(芝)
185) 稱(成・國・延Ⅱ・高Ⅰ・高Ⅱ・芝・奎・桂) 稱(延Ⅰ・東)
186) 期(全・成・國・延Ⅰ・延Ⅱ・高Ⅰ・東・芝・奎・桂)
187) み(成)
188) 扵(國)
189) 戱(成・延Ⅰ・延Ⅱ・高Ⅰ・高Ⅱ・東・芝) 戲(國) 戲(奎・桂)
190) み(成)
191) 離(全)
192) 膝(延Ⅰ・延Ⅱ・東) 膝(成・高Ⅰ・高Ⅱ・芝・奎・桂)
193) 皷(揚・國・高Ⅰ) 扣(成・延Ⅰ・延Ⅱ・東・芝・奎・桂)
194) 禾(揚)
195) 稱(揚・成・國・延Ⅱ・高Ⅰ・高Ⅱ・芝・奎・桂) 稱(延Ⅰ・東)
196) 高大Ⅱ本에는 '海東'이 '東海'로 되어 있음.
197) 梦(芝)
198) 誘(成) 誇(延Ⅱ)
199) 徦(高Ⅱ)
200) 芝谷本에는 '父'字가 없음.
201) 其(奎)

善。[202] 遂零染雪山五色[203]石寺。口精嘗藥。
力銳補天。有法性禪師。嘗扣瞹伽門于中
夏[204]者。大師師事數[205]年。[206]撣[207]索無子[208]
遺。[209]性歎[210]曰。迅足駸駸。後[211]發前[212]至。
吾於子驗之。[213]吾俠[214]矣。無餘勇可賈[215]
於子矣。如子者宜西也。大師曰唯。[216]夜
繩[217]易惑。空縷[218]難分。魚[219]非緣木可求。
兔非守株可待。故師所教己所悟。互有
所[220]長。苟珠火斯來。則[221]蚌[222]燧可棄。[223]

---

202) 譱(揭·高Ⅰ·高Ⅱ)

203) 全集本에는 '色'字가 없음

204) 華(高Ⅱ)

205) 毀(揭) 毇(成·延Ⅰ) 轂(國) 數
(延Ⅱ·高Ⅰ·芝·桂) 数(高Ⅱ
·東·奎)

206) 秊(揭)

207) 探(芝)

208) 了(東)

209) 遺(揭)

210) 嘆(全·東·奎·桂)

211) 後(揭)

212) 先(芝)

213) '驗之'가 全集本에는 '驗之矣'
로, 高大Ⅰ·奎章本에는 '驗矣'
로 되어 있음

214) 愜(高Ⅰ) 俠(高Ⅱ) 狹(芝)

215) 賣(國·芝)

216) 揭·全集·國立·高大Ⅰ·芝谷·
奎章本에는 '惟'字로 되어 있으
나, 대답하는 말이므로 마땅히
'唯'字를 써야 한다.

217) 繩(揭·成·國·延Ⅰ·延Ⅱ·高
Ⅰ·高Ⅱ·東·芝·奎·桂)

218) 縷(揭·成·延Ⅰ·延Ⅱ·高Ⅱ·
奎·桂) 縷(高Ⅰ·東) 縷(芝)

219) 貞(東)

220) 仒(揭)

221) 成大·國立·延大Ⅰ·延大Ⅱ·
東大·桂苑本에는 '則'字가 없
음.

222) 蛑(揭·芝)

223) 弃(揭·國) 期(奎)

凡 志 於 道 者。何 常 師 之 有。尋 移[224] 去。問
驃 訶 健[225] 挐[226] 于 浮 石 山 釋 燈[227] 大 德。日 敵
三 十 夫。藍 茜 沮 本 色。顧 坳 盃[228] 之 譬 曰。
東 面 而 望。不 見 西 牆。[229] 彼 岸[230] 不 遙。何
必[231] 懷[232] 土。遽 出 山 並[233] 海。覗[234] 西 泛 之
緣。會 國 使 歸[235] 瑞 節 象 魏[236] 下。仾[237] 足 而
西。[238] 及 大 洋 中。風 濤 炎[239] 顚[240] 怒。巨 艑
壞[241] 人。不 可 復 振。大 師 與 心 友 道 亮。[242] 跨
隻 板 忩[243] 業 風。通 星 半 月 餘。飄 至 劒[244] 山
島。郅[245] 行 之 碕 上。悵 然 甚 久 曰。魚 腹 中

---

224) 迻(揭·高Ⅰ·高Ⅱ·芝)
225) 健(揭·成·國·延Ⅰ·延Ⅱ·高Ⅱ·東·奎) 緁(高Ⅰ) 犍(芝)
226) 挐(國)
227) 澄(全·成·國·延Ⅰ·高Ⅰ·高Ⅱ·東·芝·奎·桂) 證(延Ⅱ)
228) 杯(東大)
229) 墻(揭·成·國·延Ⅰ·延Ⅱ·高Ⅰ·高Ⅱ·東·芝·奎·桂)
230) 岸(揭)
231) み(成)
232) 怀(成)
233) 并(東·桂) 併(奎)
234) 覘(東)
235) 故(成·國·高Ⅱ)
236) 巍(國)

237) 伍(高Ⅰ)
238) 奎章本에는 '而西'가 '西而'로 되어 있음.
239) 燚(高Ⅱ·奎)。奎章本에는 '燚' 字가 뒷 문장인 '忩業風' 다음에 긱혀 있음
240) 顚(揭)
241) 歡(全·揭·成·國·高Ⅰ·高Ⅱ·延Ⅰ·延Ⅱ·芝)
242) 良(芝)
243) 姿(東)
244) 釰(成·國·延Ⅰ·延Ⅱ·高Ⅱ·東·芝·奎·桂)
245) 紀(揭·全·成·延Ⅰ·延Ⅱ·高Ⅰ·高Ⅱ·芝·奎·桂) 滕(東)

幸 得 脫 身。龍 領 下 庶 幾 攙 手。我 心 匪[246] 石。

其[247] 退[248] 轉 乎。洎 長 慶 初。朝 正 使[249] 王 子

昕。艤[250] 舟 唐 恩 浦。請 寓 載。許 焉。既 達 之

罘[251] 山 麓。[252] 顧 先 難 後[253] 易。土 揖 海 若 曰。

珍[254] 重 鯨 波。好 戰 風 魔。行 至 大 興 城 南 山

至 相 寺。遇 說 雜[255] 花[256] 者。猶[257] 在 浮 石 時。

有 一 礜[258] 顏 者 年。言 提 之 曰。遠 欲 取 諸 物。

孰 與 認 而 佛。大 師 舌 底 大[259] 悟。自 是。置

翰 墨。遊[260] 歷[261] 佛[262] 光 寺。問 道 如 滿。滿[263]

佩 江 西[264] 印。 為 香 山 白 尙 書[265] 樂 天 空 門

---

246) 非(全·成·國·延Ⅰ·延Ⅱ·高Ⅰ·高Ⅱ·東·奎·桂)

247) 全集·成大·國立·延大Ⅰ·延大Ⅱ·東大·芝谷·奎章·桂苑本에는 '其' 다음에 '可'字가있음.

248) 退(東)

249) 揭本에는 '使'字가 없으나, 文脈上 王子昕이 中國에 使臣으로 가는 것이 분명하므로 '使'字를 취함.

250) 艤(國)

251) 罘(全) 罘(國) 閝(延Ⅰ·延Ⅱ·成) 閣(奎·桂)

252) 蔡(揭·全·芝·成·延Ⅰ·延Ⅱ) 麓(國·奎)

253) 后(國)

254) 珎(揭) 珎(成·國·延Ⅰ·延Ⅱ·高Ⅱ·東·芝·奎·桂)

255) 襍(高大Ⅱ)

256) 華(高Ⅰ·高Ⅱ·東·芝)

257) 如(高Ⅰ)

258) 磬(國)

259) 高大Ⅱ本에는 '大'字가 없음.

260) 游(全) 游(高Ⅱ·芝)

261) 慂(國·桂)

262) 伏(成)

263) 國立本에는 '滿'이 '如滿'으로 되어 있음.

264) 全集本에는 '江西'가 '西江'으로 되어 있음.

265) 畫(國)

友 者。而 應 對。有 慙 色 曰。吾 閱 人 多 矣。罕
有 如 是 新 羅[266] 子。[267] 他 日 中 國[268] 失 禪。將
問 之[269] 東 夷[270] 耶。去 謁 麻 谷 寶 徹[271] 和 尙。
服 勤[272] 無 所 擇。[273] 人 所 難 己 必[274] 易。衆 目
曰。禪 門 庾[275] 異 行。徹[276] 公 賢 苦 節。嘗 一 日
告 之 曰。昔[277] 吾 師 馬 和 尙 訣 我 曰。春 蘤[278]
繁。秋 實[279] 寡。攀[280] 道 樹[281] 者。所[282] 悲 吒。今
授[283] 若 印。異 日 徒 中 有 奇 功 可 封 者。封
之。無 使[284] 刓。[285] 復 云。東 流 之 說。蓋 出 鉤
讖。則[286] 彼 日 出 處。善 男 子 根 殆 熟 矣。若

---

266) 罖(國)
267) 者(奎)。東大·奎章·桂苑本에는
　　 '新羅子' 다음에 '矣'字가 있음
268) 芝谷本에는 '中國'이 '國中'으
　　 로 되어 있음.
269) 國立本에는 '問之' 다음에 '於'
　　 字가 있음.
270) 尼(東)
271) 揚本과 國立本에는 '澈'로 적혀
　　 있는데, '徹'字를 筆寫할 때 '澈'
　　 로 적기도 한다.
272) 全集·東大·奎章·桂苑本에는
　　 '勤' 다음에 '勞'字가 있음.
273) 擇(高Ⅱ)
274) み(成)
275) 全集本에는 '庾'가 '庾黔婁'로

되어 있음.
276) 澈(揚·國)
277) 㕹(東)
278) 葩(國) 花(東)
279) 寔(成·國·延Ⅰ·高Ⅱ·東)
280) 樊(桂)
281) 樹(成·延Ⅰ·延Ⅱ·高Ⅰ·高
　　 Ⅱ·東·奎·桂)
282) 爪(揚)
283) 受(東)
284) 高大Ⅰ本에는 '無使'가 '使無'
　　 로 되어 있음.
285) 剋(延Ⅰ·延Ⅱ·東·奎·桂·
　　 成) 頑(高Ⅱ)
286) 全集本에는 '則'字가 없음.

若得東人可目語者。畎287) 導288) 之。俾惠289) 水丕冒290) 於海隅。爲德非291) 淺。師言在耳。吾喜若徠。今授292) 印焉。293) 俾冠禪侯于東土。往欽哉。則我當年294) 作江295) 西大兒。後296) 世爲海東297) 大父。其無慙298) 先師矣乎。299) 居300) 無何。師化去。墨301) 巾離首乃曰。筏旣捨矣。舟何繫302) 焉。自爾。303) 浪遊304) 飄飄然。勢不可遏。志不可奪。於是。305) 渡306)

---

287) 畎(全)

288) 道(揭·全·國·延Ⅰ·延Ⅱ·高Ⅰ·東·奎·桂)

289) 慧(全·成·國·延Ⅰ·延Ⅱ·高Ⅱ·東·芝·奎·桂)

290) 冐(成·國·延Ⅰ·延Ⅱ·高Ⅰ·高Ⅱ·東·芝·奎·桂)

291) 不(國·芝)

292) 揭·成大·國立·延大Ⅰ·延大Ⅱ·高大Ⅰ·高大Ⅱ·東大·芝谷·奎章·桂苑本 등 諸異本에는 '授'字가 없고 全集本에만 있으나, '授'字가 있으면 文意가 더욱 분명해짐으로 '授'字를 취함.

293) 馬(東)

294) 季(揭)

295) 洒(東)

296) 后(成·國) 俆(高Ⅱ)

297) 高大Ⅱ本에는 '海東'이 '東海'로 되어 있음.

298) 媿(全)

299) '先師矣乎'가 全集·成大·國立·延大Ⅰ·延大Ⅱ·東大·奎章本에는 '先師乎'로, 高大Ⅱ本에는 '先師矣'로 되어 있음

300) 屆(揭·東·芝)

301) 黑(芝)

302) 係(國·高Ⅰ·東)

303) 尒(揭)

304) 游(高Ⅱ)

305) 揭·成大·國立·高大Ⅰ·東大本에는 '是'字가 없으나 文章構成上 '是'字가 있어야 한다.

306) 度(奎)

汾 水 登 崞 山。跡307) 之 古 必308) 尋。僧 之 眞 必
詣。凡 所309) 止 舍。遠310) 人 煙。311) 大 要 在 安 其
危。甘 其 苦。役 四 體 爲 奴 虜。奉 一 心 爲 君
主。就 是 中。顓312) 以 視 篤 癃。恤 孤 獨。313) 爲
己 任。至 祁314) 寒 酷 暑。且 煩 暍315) 或 皴316) 瘃
侵。曾 無 勌 容。耳 名 者。不 覺 遙 禮。囂317) 作
東 方 大 菩 薩。其 三 十 餘 年 行 事 也。如 是。318)
會 昌319) 五 年。320) 來 歸。321) 帝 命322) 也。國 人 相
慶 曰。連 城 璧 復 還。323) 天 實324) 爲 之。地 有 幸
也。自 是。請 益 者。所 至 稻 麻 矣。入 王 城。省
母 社。大 歡325) 喜 曰。顧 吾 疇 昔326) 夢。327) 乃 非

---

307) 跡(國)

308) み(成)

309) 尒(揚)

310) 远(高Ⅱ)

311) 烟(全·高Ⅰ·奎·國·高Ⅱ·
桂)

312) 專(國)

313) 芝谷本에는 '恤孤獨'이 '恤獨
孤'로, 奎章本에는 '恤孤'로 되
어 있음.

314) 邘(國)

315) 渴(全)

316) 皸(奎)

317) 躂(芝)

318) 揚·高大Ⅰ·高大Ⅱ·芝谷·奎
章本에는 '如是'가 '其如是'로
되어 있는데, 文章構成上 '其'
字가 없어야 함.

319) 唱(高Ⅱ)

320) 秊(揚)

321) 故(成·國·延Ⅰ·延Ⅱ·東·
桂)

322) 僉(延Ⅰ·東)

323) 还(成)

324) 寔(成·國·延Ⅰ·高Ⅱ·東)

325) 欤(國)

326) 㫺(東)

327) 梦(芝)

優 曇 之 一 顯 耶。願 度 來 世。吾 不 復 撓 倚 門
之 念328) 也。已 矣。逎329) 北 行。擬 目 選330) 終 焉
之 所。331) 會 王 子 昕 懸 車。爲 山 中 宰 相。邂
逅 適 願。謂 曰。師 與 吾 俱 祖 龍 樹332) 乙 粲。333)
則 師 內 外 爲 龍 樹334) 令 孫。眞335) 瞠 若 不 可
及 者。而 滄 海 外。躡 瀟336) 湘 故 事。則 親337) 舊
緣 固 不 淺。有 一 寺。在 熊338) 川 州339) 坤 隅。是
吾 祖 臨 海 公 受 封 之 所。340) 間。刔341) 羕342) 流343)
裁。344) 金 田 半 灰。匪345) 慈 哲。孰346) 能 與347)

---

328) 望(全・成・國・延Ⅰ・延Ⅱ・
　　東・奎・桂)
329) 乃(高Ⅰ・高Ⅱ・東・芝)
330) 遜(高Ⅱ・東)
331) 示(揚)
332) 樹(成・延Ⅰ・延Ⅱ・高Ⅰ・高
　　Ⅱ・東・奎・桂)
333) 粲(揚・成・國・延Ⅰ・延Ⅱ・高
　　Ⅱ・東・芝・奎・桂)
334) 樹(成・延Ⅰ・延Ⅱ・高Ⅰ・高
　　Ⅱ・東・奎・桂)
335) 直(全・延Ⅰ・延Ⅱ)
336) 蕭(揚・國・高Ⅰ)
337) 新(高Ⅰ・芝・奎)
338) 能(全)
339) '熊川州'는 全集本에는 '能州'

로, 成大・國立・延大Ⅰ・延大
Ⅱ・高大Ⅱ・東大・芝谷・奎章・
桂苑本에는 '熊川'으로 되어 있
다.
340) 示(揚)。高大Ⅰ本에는 '受封之
所' 다음에 '也'字가 있음.
341) 劫(全) 刦(成・國・延Ⅰ・延Ⅱ・
　　高Ⅰ・高Ⅱ・東・奎・桂)
342) 爁(成・高Ⅱ・東)
343) 沜(揚・高Ⅱ)
344) 薔(揚・延Ⅰ・延Ⅱ・高Ⅰ・高
　　Ⅱ) 蘠(成・東・奎) 灾(芝) 䕷
　　(桂)
345) 非(高Ⅰ・東)
346) 熟(奎)
347) 奐(成・東)

滅348) 繼絶。可强爲杇349) 夫住持乎。大師答350)
曰。有緣則住。大351) 中初。始352) 就居。353) 且
胗354) 飾355) 之。俄而。道大行。寺大成。繇356)
是。四遠357) 問津輩。358) 視千里猶跬359) 步。其
歡360) 不億。寔繁有徒。大師猶鍾待扣。而
鏡忘罷。至者。靡不以慧361) 炤導其目。法
喜娛其腹。362) 誘憧憧之躅。變蚩蚩之俗。
文聖大王聆其運363) 爲。364) 莫非裨王化。甚365)
恕之。飛手敎。優勞。且多大師答366) 山相
之四言。易寺牓367) 爲聖住。仍368) 編錄大興369)

---

348) 冰(成·高Ⅰ)

349) 杇(揚·成·國·延Ⅰ·延Ⅱ·高Ⅰ·高Ⅱ·芝·桂) 朽(奎)

350) 畣(全·成·延Ⅰ·延Ⅱ·高Ⅱ)

351) 太(成·國·東·芝·奎·桂)

352) 如(奎)

353) 屈(成)

354) 昐(成·東·桂) 肸(國)。奎章本에는 '胗'이 '響肸'로 되어 있음.

355) 餙(揚·奎) 餝(全·國·延Ⅰ·高Ⅰ·東·芝) 餙(成·延Ⅱ·桂) 飾(高Ⅱ)

356) 由(成·高Ⅱ) 繇(國)

357) 远(高Ⅱ)

358) 輩(揚·成·國·延Ⅰ·延Ⅱ·高Ⅰ·高Ⅱ·東·芝·奎·桂)

359) 赴(揚·芝)

360) 儺(國)

361) 惠(全·成·延Ⅰ·延Ⅱ·奎·桂)

362) 誷(奎)

363) 蠲(東)

364) 氣(東)

365) 其(延Ⅱ)

366) 畣(全·國·東)

367) 榜(全·奎) 牓(成·國·延Ⅰ·延Ⅱ·芝·桂)

368) 迺(芝)

369) 奐(成)

輪寺。大師酬370)使者曰。寺以聖住爲名。
招371)提固所爲榮。至寵庸372)僧。濫吹高
籍。373)寔避風374)斯媿。375)而隱霧可慙矣。時
憲376)安大王。與檀越377)季378)舒發韓魏昕。
爲南北相。遙展攝齊379)禮。贄以茗荈。380)使
無虛381)月。至使名霞382)東國。士流不識大
師383)門。爲一世羞。得禮足者。退384)必385)喑
曰。面謁百倍386)乎耳聞。口未出而心已入。
抑有猴虎387)而冠者。亦熄其趫。謹388)其
疏。389)而傆390)犇391)馳善392)道。曁393)憲394)安

---

370) 醻(揚·東) 酧(高Ⅰ·高Ⅱ)
371) 拓(延Ⅰ)
372) 慵(高Ⅰ)
373) 笛(全·國)
374) 凬(東)
375) 媿(國·芝·東)
376) 献(國·高Ⅰ)
377) 李(東)
378) 序(高Ⅰ)
379) 齋(全) 齋(成·高Ⅱ·芝) 齋(國·延Ⅰ·延Ⅱ·高Ⅰ·東·奎·桂)
380) 荈(高Ⅱ)
381) 虛(高Ⅰ·東·奎·桂)。奎章本에는 '無虛月'이 '虛無月'로 되어 있음.
382) 霺(高Ⅰ)

383) 古(高Ⅰ)。全集本에는 '大師' 다음에 '之'字가 있음.
384) 偄(揚·高Ⅰ) 退(高Ⅱ·東)
385) み(成·延Ⅰ)。國立本에는 '退必'이 '必退'로 되어 있음
386) 揚·成大·高大Ⅰ·高大Ⅱ本에는 '百倍'가 '倍百'으로 되어 있으나, 마땅히 '百倍'를 취함이 옳다.
387) 乕(國)
388) 謓(成) 謹(高Ⅰ) 謹(奎)
389) 疏(揚·成·延Ⅰ·延Ⅱ·高Ⅰ·高Ⅱ·東·奎·桂)
390) 覥(國) 猿(芝)
391) 奔(國·高Ⅰ)

王[395] 嗣位。[396] 賜書乞言。大師答[397]曰。周禮[398] 對魯公之語。有旨哉。著在禮經。請銘座[399] 側。逮贈太[400]師[401] 先大[402]王卽位。欽重[403] 如先朝志。而日加厚焉。㽵[404] 所[405] 施爲。必[406] 馳問然[407]後[408]擧。[409] 咸通十二年秋。飛鵠頭書。以傳[410]召曰。山林何親。城邑[411] 何疎。大師謂生徒曰。遽[412]命[413]伯宗。深[414]憝遠公。然[415] 道之將行也。時乎[416] 不

---

392) 䚡(東)

393) 洎(芝)

394) 獻(高Ⅰ)

395) 揚·全集·成大·延大Ⅰ·延大Ⅱ本에는 '憲安王'이 '憲王'으로, 奎章本에는 '憲憲安王'으로 되어 있으나, 本來의 號稱인 '憲安王'을 취한다.

396) 立(揚)

397) 畣(揚·全·國·高Ⅱ·東·奎)

398) 揚本에는 '豊'字로 되어 있으나 마땅히 '禮'字라야 한다. '周禮'라는 것을 누구나 알 수 있으므로, 碑에 새길 때 '禮'字를 간략히 한 것으로 보인다.

399) 左(國) 坐(高Ⅰ) 痤(高Ⅱ)

400) 大(國)

401) 傅(成·國·延Ⅰ·延Ⅱ·高Ⅰ·芝) 尉(東·奎·桂)

402) 太(桂)

403) 高大Ⅰ·芝谷本에는 '欽重' 다음에 '一'字가 있음.

404) 㽵(全·國) 凡(芝)

405) 爪(揚)

406) み(成·延Ⅰ)

407) 狀(延Ⅰ)

408) 復(高Ⅱ) 后(成)

409) 禹(成·延Ⅰ·延Ⅱ)

410) 傅(國·延Ⅰ·延Ⅱ·芝)

411) 市(全)

412) 逃(全)

413) 禽(成·延Ⅰ·延Ⅱ·高Ⅱ·東)

414) 溗(全·延Ⅰ)

415) 狀(延Ⅰ)。奎章本에는 '然道之將行也. 時乎不可失. 念付囑故吾'가 누락되었음.

416) 虖(東)

可失。[417] 念付囑。[418] 故吾其往矣。欸[419] 爾。[420] 至轂下及見。先大王冕服。拜[421] 爲師。君夫人世子曁[422] 太[423] 弟相國。群公子公孫。環仰如一。一如古伽藍績壁面寫[424] 出西方諸國長侍勃㐌[425] 樣式。上曰弟子不佞。小[426] 好屬文。嘗覽[427] 劉[428] 勰[429] 文心。有語云。滯有守無。徒銳偏解。欲詣眞源。其般若之絕境。則境之絕者。或可聞[430] 乎。大師對曰。境既絕矣。理亦[431] 無矣。斯印也默行爾。[432] 上曰。寡人[433] 固請少[434] 進。爰

417) 矣(延Ⅱ) 國立本에는 '不可失' 다음에 '矣'字가 있음.
418) 屬(芝)
419) 欻(全·國·高Ⅱ·奎)
420) 尔(搨)
421) 拜(東·奎)
422) 旣(搨) 洎(東·芝) 搨本의 '旣'字는 마땅히 '曁'字라야 함. 역시 碑에 새길 때 간략히 한 것으로 생각한다.
423) 大(全·高Ⅱ·芝)
424) 㝍(成·延Ⅰ·延Ⅱ·高Ⅰ·高Ⅱ·東·芝·奎·桂) 寫(國)
425) 陁(東)
426) 少(全·成·國·延Ⅰ·延Ⅱ·高Ⅰ·高Ⅱ·東·奎·桂)
427) 國立本에는 '嘗覽'이 '嘗觀覽'으로 되어 있음.
428) 刘(國)
429) 勰(國)
430) 聞(成·延Ⅰ·延Ⅱ·桂) 聞(國) 聞(東)
431) 搨本에는 '亦'字가 없으나 文章構成上 '亦'字가 있어야 함으로 이를 취함.
432) 尔(搨)
433) 奎章本에는 '上曰寡人'이 '上人寡曰'로 되어 있음.
434) 小(東·芝)

命[435] 徒 中 鈴 鈴 者。更 手 撞 擊。舂 容 盡 聲。[436]

剖[437] 滯[438] 祛[439] 煩。若 商[440] 颷[441] 之 劃 陰 靄[442]

然。[443] 於 是。上 大 喜。懊 見 大 師 晚 曰。恭 己

南 面。司 南[444] 南 宗。舜 何 人 哉。余 何 人 也。

既 出。卿[445] 相 延 迓。[446] 與 謀 不 暇。士 庶 趨[447]

承。欲 去 不[448] 能。自 是。國 人 皆 認 衣 珠。[449]

鄰[450] 叟 罷 窺 廡 玉 焉。俄 苦[451] 樊 笯[452] 中。卽

亡 去。上 知 不 可 强。迺[453] 降[454] 芝 檢。[455] 以 尙

州 深[456] 妙[457] 寺 不 遠[458] 京。請 禪 那[459] 別 舘。[460]

---

435) 佘(成・延Ⅰ・延Ⅱ・高Ⅱ・東)

436) 拌(國・延Ⅱ・成)

437) 部(東)

438) 渧(東)

439) 去(國)

440) 商(成・國・延Ⅱ・高Ⅰ・高Ⅱ・東・芝・奎・桂)

441) 颷(全・成・國・延Ⅰ・延Ⅱ・高Ⅰ・東・芝・奎・桂)

442) 藹(奎)

443) 狀(延Ⅰ)

444) 馬(東)

445) 鄉(奎)

446) 迎(高Ⅱ)

447) 趍(揭・高Ⅰ・奎)　趂(高Ⅱ)　趍(東)　趍(桂)

448) 未(延Ⅱ)

449) 眛(東)

450) 隣(揭・全・成・國・延Ⅰ・延Ⅱ・高Ⅰ・東・芝・奎・桂)

451) 若(全・東)

452) 籠(成・國・延Ⅰ・延Ⅱ・東・奎・桂)

453) 乃(全・成・國・高Ⅱ・東・芝)

454) 唅(國)

455) 裧(全)　撿(成・國・延Ⅰ・延Ⅱ・高Ⅰ・高Ⅱ)

456) 湥(全・芝)

457) 玅(延Ⅱ・高Ⅰ・東)

458) 远(高Ⅱ)

459) 郍(揭・東)

460) 館(國)

辭461) 不 獲。462) 往 居463) 之。一 日 必 葺。464) 儼 若
化 城。乾465) 符 三 年 春。先 大 王 不 預。466) 命467)
近 侍 曰。亟468) 迎 我 大 醫469) 王 來。使 至。大 師
曰。山 僧 足 及 王 門。一 之 謂470) 甚。知 我 者。
謂471) 聖 住 爲 無 住。不 知 我 者。謂 無472) 染 爲
有 染473) 乎。然474) 顧 與 吾 君。475) 有 香 火476) 因
緣。忉 利 之 行 有 期 矣。盍 就 一 訣。復 步 至
王 居。477) 設 藥 言。施 箴478) 戒。覺479) 中480) 愈。
擧481) 國 異 之。既 踰482) 月。獻 康483) 大 王 居484)

---

461) 觧(揭·全·東) 辝(成) 辞(國·延Ⅰ·延Ⅱ·高Ⅱ·奎)

462) 國立本에는 '辭不獲'다음에'已'字가 있음.

463) 屈(揭)

464) 葺(國)

465) 揭本에는 '乹'으로 되어 있으나 마땅히 '乾'이라야 함. 碑에 새길 때 간략히 한 것으로 보임

466) 豫(高Ⅰ·高Ⅱ·成·國·延Ⅰ·延Ⅱ·東·芝·奎·桂)

467) 숂(成·延Ⅰ·延Ⅱ·高Ⅱ·東)

468) 函(東)

469) 毉(揭)

470) 爲(東)。成大·國立·延Ⅱ·高大Ⅱ本에는 '之謂'가 '謂之'로,延大Ⅰ本에는 '誚之'로 되어 있다

471) 誚(延Ⅰ)。奎章本에는 '謂'字가
없음

472) 无(揭)

473) 奎章本에는 '爲有染'이 없음

474) 狀(延Ⅰ)

475) 奎章本에는 '顧與吾君'이 '吾顧與君'로 되어 있음

476) 花(全)

477) 屈(揭·延Ⅱ·芝)

478) 鍼(東)

479) 全集本에는 '覺'이 '不覺'으로 되어 있음.

480) 疾(全)

481) 昪(延Ⅰ·延Ⅱ)

482) 逾(全·成·國·延Ⅰ·延Ⅱ·高Ⅰ·東·奎·桂)

483) 奎章本에는 '康'字가 없음

484) 屈(高Ⅱ·芝)

翼485) 室。泣 命486) 王 孫 勛 榮。諭 旨 曰。孤 幼487)

遭 閔488) 凶。未 能 知 政。致 君 奉 佛。489) 誧 濟490)

海 人。與 獨491) 善 其 身。不 同 言 也。幸492) 大 師

無 遠 適。所 居493) 唯494) 所495) 擇。496) 對 曰。古 之

師 則 六 籍 存。497) 今 之 輔 則 三 卿 在。老 山 僧

何 爲 者。坐 蝗 蠹498) 桂 玉 哉。就 有 三 言。庸499)

可 留 獻 曰 能 官 人。翌 日 挈 山 裝500) 鳥 逝。自

爾。501) 騎 置 傳502) 訊。503) 影 綴 嚴504) 溪。505) 遽 人

知 往506) 抵 聖 住。則 皆 雀 躍。叢 手 易 轡。慮

---

485) 揭本에는 '翌'으로 되어 있는데 이는 분명한 잘못으로, 마땅히 **'翼'**字라야 함

486) 俞(成・延Ⅰ・延Ⅱ・高Ⅱ・東)

487) 紉(高Ⅰ)

488) 悶(全・國)

489) 伕(延Ⅰ)

490) 済(延Ⅰ)

491) 狒(延Ⅰ)

492) 延大Ⅰ本에는 '幸'字가 없음

493) 屈(揭・延Ⅱ)

494) 惟(全・國・芝・奎)

495) 兲(揭)。高大Ⅱ本에는 '所'字가 없음.

496) 擇(成・高Ⅱ)

497) 揭・延大Ⅰ・高大Ⅰ・高大Ⅱ・ 芝谷本에는 '在'로 되어 있으나 이는 '今之輔則三卿在'의 '在'字와 對句를 이루는 말이므로, '在'字가 반복되어 쓰이는 것보다는 반복을 피하는 것이 좋으므로 '存'字를 취하였다.

498) 蠧(高Ⅱ)

499) 用(國)

500) 裝(芝)

501) 尓(揭)

502) 傅(成・國・延Ⅰ・延Ⅱ・高Ⅰ・高Ⅱ・東・芝・奎・桂)

503) 諷(東)

504) 岩(成・高Ⅰ)

505) 磎(東)

506) 遑(東)

滯王程507)猶508)尺寸地。由509)是。騎常侍倫伍。510)得急宣。爲輕擧。511)乾512)符帝錫513)命514)之歲。令515)國內舌杪。516)有可道者。貢興利除害策。別用蠻牋。517)書。言荷天寵有所自。因垂益國之問。大師引出何尙之獻替宋文帝心聲。518)爲對。太519)傅王覽。謂介520)弟南宮相曰。三畏比三歸。521)五常均五戒。能踐王道。是符佛522)心。大師之言至矣哉。吾與汝宜惓惓。523)中和西狩之年524)秋。上謂525)侍人曰。國有大526)寶珠。畢世韞527)而藏之。其可耶。528)曰。不可。不若時

---

507) 逞(東)
508) 揚本에는 '猶'字가 없으나 文章 構成上 '猶'字가 있는 것이 文意가 더 잘 통함.
509) 繇(東)
510) 俉(延Ⅰ·延Ⅱ·高Ⅰ·東·芝·奎·桂)
511) 車(高Ⅰ)
512) 乹(揚·高Ⅱ) 註465) 參照.
513) 賜(東)
514) 俞(成·延Ⅰ·延Ⅱ·高Ⅱ·東)
515) 命(芝)
516) 抄(全·成·國·延Ⅰ·延Ⅱ·高Ⅰ·高Ⅱ·東·芝·奎·桂)

517) 錢(奎)
518) 羋(高Ⅱ·國)
519) 大(芝)
520) 犴(揚)
521) 故(成·國·延Ⅰ·延Ⅱ·高Ⅱ·東·奎·桂)
522) 伏(成·延Ⅰ·高Ⅰ)
523) 惓(東)
524) 秊(成)
525) 詢(延Ⅰ)
526) 天(東)
527) 韞(國·芝) 韞(高Ⅰ·東)
528) 乎(全·成·國·延Ⅰ·延Ⅱ·高

一 出。俾 醒 萬 戶 眼。醉529) 四 鄰 心。曰。530) 我
有 末531) 尼532) 上533) 珍。534) 匿 曜535) 在 嵩536) 巖537)
山。脫 關 秘 藏。宜 照 透 三 千 界。何 十 二 乘
之 足538) 道 哉。我539) 文 考 懇540) 迎。嘗541) 再 顯542)
矣。昔543) 酇544) 侯 譏 漢545) 王 拜546) 大 將547) 如548)
召549) 小550) 兒。不 能 致 商551) 山552) 四 老 人 以 此。

Ⅱ・東・芝・奎・桂)

529) 醉(揚)

530) 高大Ⅱ・奎章本에는 '曰'이 '上曰'로 되어 있음.

531) 摩(全・成・國・延Ⅰ・延Ⅱ・東芝・桂) 广(高Ⅱ)

532) 芝谷本에는 '末尼'가 '大摩尼'로 되어 있음.

533) 芝谷本에는 '上'字가 없음.

534) 珎(揚) 珎(成・延Ⅰ・延Ⅱ・高Ⅰ・高Ⅱ・東・芝・奎・桂)

535) 曜(國) 耀(高Ⅱ)

536) 崇(全・成・國・延Ⅰ・延Ⅱ・高Ⅰ・奎・桂)

537) 巖(揚) 嵩(成・延Ⅰ) 岩(延Ⅱ・高Ⅰ・東)。揚本의 巖'字는 '巖'字를 碑에 새길 때 간략히 한 것으로 보임.

538) 揚本에는 '之足'이 '足之'로 되어 있는데, 이는 마땅히 '之足'이라야 文脈에 맞음

539) 奎章本에는 '我'字가 없음

540) 邏(國・延Ⅰ・東・桂) 邂(芝・奎)

541) 旵(成・高Ⅱ)

542) 縣(全)

543) 延大Ⅱ本에는 '昔'字가 없음.

544) 贊(高Ⅰ)

545) 沃(高Ⅰ)

546) 操(東)

547) 延大Ⅰ本에는 '大將'이 '大將軍'으로 되어 있음

548) 揚・高大Ⅰ・高大Ⅱ本에는 '如'字가 없는데, 이는 文脈으로 보아 마땅히 '如'字가 있어야함

549) 東大・奎章本에는 '召'字가 없음

550) 少(全)

551) 商(成・國・延Ⅰ・延Ⅱ・高Ⅰ・高Ⅱ・東・芝・奎・桂)

552) 揚・高大Ⅰ・東大・奎章・桂苑本에는 '山'字가 '於'字로 되어 있는데, 이는 분명한 잘못임

今 聞 天 子 蒙 塵。553) 趣 令 奔554) 問 官 守。勤 王 加 厚。歸555) 佛556) 居 先。將 邀557) 大 師。必 叶 外 議。558) 吾 豈 敢 倚 其 一。慢 其 二 哉。乃559) 重 其 使。卑 其 辭。560) 徵561) 之。大 師 云。孤 雲 出 岫。寧 有 心 哉。有 緣 乎 大 王 之 風。562) 無 固 乃 上 士 之 道。遂 來 見。見 如 先 朝563) 禮。禮 之 加。焯 然564) 可 屈565) 指 者。面 供 饌。566) 一 也。手 傳567) 香。二 也。三 禮 者 三。568) 三 也。秉 鵲 尾 爐。569) 締 生 生 世 世 緣。570) 四 也。加 法 稱571) 曰 廣572) 宗。五 也。翌 日 命573) 振 鷺。趨574) 鳳 樹。575)

---

553) 坌(成)
554) 犇(高Ⅱ·東)
555) 敀(成·國·延Ⅰ·延Ⅱ·高Ⅱ·奎)
556) 伏(成·延Ⅰ·高Ⅰ·高Ⅱ)
557) 邀(東)
558) 議(國)
559) 迺(東)
560) 辞(揚·國·延Ⅰ·延Ⅱ·高Ⅰ·高Ⅱ·奎·桂) 辝(全·成) 舜(東)
561) 呈(延Ⅰ)
562) 廸(全) 凬(東)
563) 全集本에는 '先朝' 다음에 '之'字가 있음.
564) 灼(全)

565) 掘(延Ⅰ)
566) 饒(國·東·芝·奎·桂)
567) 傅(國·延Ⅰ·延Ⅱ·高Ⅰ·高Ⅱ·芝·桂)
568) 東大本에는 '三'字가 없음.
569) 炉(延Ⅰ) 鑪(東)
570) 奎章本에는 '緣'이 '因緣'으로 되어 있음.
571) 稱(成·國·延Ⅱ·高Ⅱ·東·芝·奎·桂) 称(延Ⅰ·高Ⅰ)
572) 庀(延Ⅰ)
573) 令(成·延Ⅰ·延Ⅱ·東)
574) 趍(揚·高Ⅰ·芝) 趂(高Ⅱ) 趍(東)
575) 樹(成·延Ⅰ·延Ⅱ·高Ⅰ·高Ⅱ·東·奎·桂)

鴈[576]列賀。六也。敎[577]國中磋磨[578]六義者。賦送歸[579]之什。在家弟子王孫蘇[580]判巖榮。首唱[581]歛[582]成軸。[583]侍讀翰林才子朴邕爲引。[584]而贈行。七也。申命[585]掌次。張淨室。要叙[586]別。八也。臨告別。求妙[587]訣。乃[588]昫從者。學眞要。有若詢[589]乂圓藏虛[590]源玄影四禪中。得淸淨者。緒抽[591]其慧。表纖其[592]旨。[593]注意無怠。沃心有餘。上甚[594]悅。擅[595]拜[596]曰。昔文考爲捨瑟[597]之賢。[598]今寡人忝避席之子。繼體。得崆峒

---

576) 雁(全·奎)

577) 諦(東)

578) 礦(全·國·桂) 磑(成)

579) 故(成·國·延Ⅰ·延Ⅱ·高Ⅱ·桂)

580) 蘓(揚·延Ⅰ·延Ⅱ·高Ⅰ·桂)

581) 倡(成) 昌(延Ⅰ·延Ⅱ)

582) 斂(揚)

583) 軥(成·國·延Ⅱ·東·芝·奎)

584) 東大·奎章·桂苑本에는 '爲引' 이 '爲序引'으로 되어 있음

585) 斂(延Ⅰ·延Ⅱ·高Ⅱ·東)

586) 舒(高Ⅰ)

587) 竗(成·延Ⅱ·高Ⅱ·芝)

588) 迺(東)

589) 昫(成)

590) 靈(全·成·國·延Ⅰ·延Ⅱ· 芝·奎) 灵(高Ⅰ·高Ⅱ·桂) 霛 (東)

591) 柚(全)

592) 揚·全集·成大·國立·延大Ⅱ· 高大Ⅰ·高大Ⅱ·芝谷本에는 '其' 字가 없는데, '表纖其旨'가 앞 의 '緒抽其慧'와 對句를 이루는 文章이므로 마땅히 '其'字가 있 어야 한다.

593) 志(芝)

594) 大(芝)

595) 擡(全·成·國·延Ⅰ·延Ⅱ·高 Ⅰ·高Ⅱ·東·芝·奎·桂)

596) 拜(東·芝·奎)

597) 琴(芝)

之請。服膺。開混沌之源。則彼渭濱老翁。
眞釣名者。坥599)上孺子。蓋履迹600)焉。雖爲
王者601)師。徒弄三寸舌也。曷若吾師語。密
傳一片心乎。奉602)以周旋。不敢失墜。太
傅王雅善華言。金玉其音。603)不患衆咻604)
聒。而能出口成儷語。605) 如宿606)構607)云。
大師旣608)退。609)且往610)應王孫蘇611)判鎰。
共言數612)返。卽歎613)曰。昔614)人主有615)有
遠體。616)而無617)遠618)神者。而吾君備。人臣
有619)有公才。而無620)公望者。而吾子621)全。

598) 贊(高Ⅱ)

599) 地(奎)

600) 跡(全・成・國・延Ⅰ・延Ⅱ・高
Ⅰ・高Ⅱ・東・芝・奎・桂)

601) 芝谷本에는 '者'字가 없음.

602) 袌(東)

603) 揚・成大・國立・延大Ⅱ・高大
Ⅱ本에는 '金玉音'으로 全集本
에는 '金玉之音'으로 되어 있는
데, 文脈으로 보아 '金玉其音'
으로 해야 함.

604) 咻(高Ⅱ)

605) 言(芝)

606) 宿(全)

607) 搆(成・國・延Ⅰ・延Ⅱ・高Ⅰ・
高Ⅱ・東・芝)

608) 卽(東・奎・桂)

609) 退(揚・全・成・延Ⅰ・高Ⅱ・
東・延Ⅱ・高Ⅰ・奎・桂)

610) 遑(高Ⅱ・東)

611) 蘓(揚・高Ⅰ・桂)

612) 數(揚) 毅(成・高Ⅰ・東・芝・
桂) 數(國・延Ⅱ) 毇(延Ⅰ) 数
(高Ⅱ・奎)

613) 嘆(全・東・桂)

614) 昝(東)

615) 全集・成大・國立・延大Ⅱ本에
는 '有'字가 없음

616) 躰(揚・高Ⅱ)

617) 无(東)

618) 远(高Ⅱ)

619) 全集・成大・國立・延大Ⅱ本에

國 其 庶 乎。宜 好 德 自 愛。622) 及 歸623) 謝 絕。於
是。遣 輶 軒。標 放 生 場624) 界。則 鳥 獸 悅。紐
銀 鉤。扎625) 聖 住 寺 題。則 龍 蛇626) 活。盛 事 畢
矣。昌 期 忽 兮。定 康 大 王 莅 阼。627) 兩 朝 寵
遇。帥628) 而 行 之。使 緇629) 素。重 使 迎 之。辭630)
以 老 且 病。太 尉 大 王631) 流 恩 表 海。632) 仰 德
高 山。嗣 位 九 旬。馳 訊633) 十 返。俄 聞 臗634) 腰
之 苦。遽635) 命636) 國 醫 往637) 爲 之。至 則 請 苦
狀。大 師 微 破 顏 曰。老 病 耳。638) 無 煩 治。糜639)

는 '有'字가 없음

620) 蘇(東)

621) 揭本에는 '子'字가 없는데, '吾子全'이 앞에 있는 '吾君備'와 對句를 이루는 文章이므로 마땅혀 '子'字가 있어야 함.

622) 恐(揭)

623) 故(延Ⅰ·延Ⅱ·高Ⅱ·東·桂)

624) 暘(東)

625) 札(全·成·國·延Ⅰ·延Ⅱ·高Ⅰ·高Ⅱ·東·芝·奎·桂)

626) 虵(揭·高Ⅱ)

627) 祚(成·國·延Ⅰ·延Ⅱ·東·芝·奎·桂)

628) 師(東·桂)

629) 緇(東)

630) 辝(揭) 辤(全·東) 辞(成·國·延Ⅰ·延Ⅱ·高Ⅱ·桂)

631) 全集·國立·延大Ⅰ·延大Ⅱ·高大Ⅰ·東大·奎章·桂苑本에는 '太尉大王'이 '太尉王'으로 되어 있음.

632) 全集·延大Ⅰ本에는 '表海'가 '海表'로 되어 있음.

633) 諷(東)

634) 臗(芝)

635) 迲(國·延Ⅰ)

636) 숤(延Ⅱ·高Ⅱ·東)

637) 逞(東)

638) 全集·國立·延大Ⅰ·延大Ⅱ本에는 '耳'字가 없음.

639) 糜(高Ⅱ)

殕[640] 二 時。必[641] 聞 鍾 後[642] 進。其 徒 憂 食 力

虧[643]。陰 戒 掌 枹[644] 者。陽 密 擊。乃[645] 目 牖 而

命[646] 撤。[647] 將 化 往。[648] 命[649] 旁[650] 侍。警 遺[651]

訓 于 介 衆 曰。已 過 中 壽。難 逃[652] 大 期。我

儂 遠[653] 遊。[654] 爾[655] 曹 好 住。講 若 畫 一。守 而

勿 失。古 之 吏 尙 如 是。今 之 禪 宜 勉 旃。告

訣 裁[656] 罷。爇[657] 然[658] 而 化。大 師 性 恭 謹。語

不 傷 和 氣。禮 所[659] 云。中 退 然[660] 言[661] 吶 吶

然[662] 者 乎。[663] 黌 侶 必[664] 目 以 禪 師。接 賓 客。[665]

---

640) 飡(成·國·延Ⅰ·延Ⅱ·高Ⅰ·
　　奎·桂)
641) み(延Ⅰ)
642) 復(高Ⅱ)
643) 虧(成) 虧(延Ⅰ·延Ⅱ·高Ⅰ·
　　高Ⅱ·東·芝)
644) 抱(成·國·延Ⅰ·延Ⅱ·高Ⅰ·
　　奎·桂)
645) 酒(東)
646) 佘(成·延Ⅱ·高Ⅱ·東)
647) 掇(高Ⅰ)
648) 逞(東)
649) 佘(成·延Ⅱ·東)
650) 傍(全·奎) 傍(成·國·延Ⅰ·
　　延Ⅱ·東·芝·桂)
651) 遺(揚)。高大Ⅰ·奎章本에는 '警
　　遺'가 '遺警'으로 되어 있음

652) 逋(延Ⅰ·延Ⅱ·高Ⅱ)
653) 远(高Ⅱ)
654) 逝(芝)
655) 尒(揚·高Ⅰ)
656) 戋(全·延Ⅰ·延Ⅱ·東·奎·
　　桂·成)
657) 炪(高Ⅱ)
658) 狀(延Ⅰ)
659) 示(揚)
660) 狀(延Ⅰ)
661) 語(高Ⅰ)。高大Ⅱ本에는 '言'字
　　가 없음.
662) 狀(延Ⅰ)
663) 芝谷本에는 '乎'字가 없음.
664) み(延Ⅰ)
665) 東大本에는 '接賓客'이 없음

未嘗殊敬乎尊卑。故滿室慈[666]悲。烝[667]徒
悅隨。[668]五日爲期。俾來求者質疑。諭生
徒則曰。心雖是[669]身主。身要作心師。[670]
患不爾[671]思。道豈遠[672]而。設是田舍兒。
能[673]擺脫塵[674]羈。[675]我馳則心[676]馳矣。道[677]
師敎[678]父寧有種乎。又曰。彼所啜。不濟[679]
我渴。彼所噉。不救我餒。盍努[680]力自飮
且[681]食。或謂敎禪[682]爲無同。[683]吾未見其
宗。語本夥頤。[684]非吾[685]所知。大較同弗[686]
與。異弗[687]非。晏[688]坐息機。斯近[689]縷[690]褐

---

666) 玆(高Ⅰ)

667) 蒸(高Ⅱ)

668) 陏(揚·成·國·高Ⅱ·東·芝·奎·桂)

669) 全集本에는 '是'字가 없음

670) 帥(東)

671) 尔(揚)

672) 远(高Ⅱ)

673) 桂苑本에는 '能'字가 없음

674) 坌(成)

675) 羈(成·國·延Ⅰ·延Ⅱ·高Ⅰ·高Ⅱ·東·芝·奎·桂)

676) 揚本에는 '必'字로 되어 있는데, 이는 분명한 잘못임.

677) 導(全·成·延Ⅰ·延Ⅱ·芝·國)

678) 敎(高Ⅱ) 敔(東)

679) 泲(東)

680) 揚本에는 '怒'字로 되어 있으나, 이는 분명한 잘못임

681) 自(全·東·芝·奎·桂)

682) 奎章本에는 '敎禪'이 '禪敎'로 되어 있음.

683) 東大·奎章·桂苑本에는 '無同' 다음에 '異'字가 있음.

684) 國立本에는 '頤'字가 없음

685) 芝谷本에는 '非吾'가 '吾非'로 되어 있음

686) 不(國·高Ⅰ·芝·奎)

687) 不(國·高Ⅰ·芝·奎)

688) 宴(全·國)

689) 迮(成·高Ⅱ)

690) 縷(揚·芝·奎·桂)

被 者 歟。其 言 顯[691] 而[692] 順。[693] 其 旨 奧[694] 而
信。故 能 使 尋 相 爲 無 相。道[695] 者 勤 而 行 之。
不 見 有 岐 中 之 岐。始 壯[696] 及 衰。自 貶 爲 基。
食 不 異 糧。[697] 衣 必 均 服。凡 所[698] 營 葺。[699]
役[700] 先 衆 人。[701] 每 言 祖 師[702] 嘗 踏 泥。吾 豈[703]
蹔[704] 安 栖。[705] 至[706] 捷[707] 水 負 薪。或 躬[708] 親。
且 曰。山 爲 我 爲 塵。[709] 我 安[710] 得 安 身。 其
克[711] 己 勵 物。皆 是 類。大 師 少[712] 讀 儒 家 書。
餘 味 在 脣[713] 吻。故 酬[714] 對 多 韻[715] 語。門 弟

691) 縣(全)

692) 且(東)

693) 愼(高Ⅰ)

694) 粤(國·高Ⅱ)

695) 東大·桂苑本에는 '道'字가 없
음

696) 壮(延Ⅱ)

697) 粮(全·成·延Ⅰ·延Ⅱ·高Ⅱ·
東·奎·桂)

698) 尓(揚)

699) 葺(國)

700) 役(揚) 亦(高Ⅱ)

701) 揚本에는 '入'字로 되어 있는
데, 이는 분명한 잘못임.

702) 桂苑本에는 '祖師'가 '佛祖'로
되어 있음.

703) 高大Ⅰ本에는 '豈' 다음에 '敢'
字가 있음.

704) 暫(成·國·延Ⅰ·延Ⅱ·高Ⅰ·
高Ⅱ·東·芝·奎·桂)

705) 㹷(國·延Ⅰ·延Ⅱ·高Ⅱ) 棲
高Ⅰ·東·桂

706) 奎章本에는 '至'字가 없음.

707) 揵(高Ⅱ)

708) 躳(全·國)

709) 尘(成)

710) 揚本에는 '我安'이 '安我'로 되
어 있으나, '我安得安身'이 '山
爲我爲塵'과 對句를 이루는 文
章이므로 마땅히 '我安'이어야
한다.

711) 尅(揚·成·國·延Ⅰ·延Ⅱ·
奎) 㞜(高Ⅰ·高Ⅱ·東·桂) 勀
(芝)

712) 小(東)

713) 脣(全·成·國·延Ⅰ·延Ⅱ·高

子 名 可 名 者。廑716) 二 千 人。索 居 而 稱717) 坐
道 場718) 者。曰 僧 亮。曰 普 愼。曰 詢 乂。曰
心719) 光。諸 孫 詵 詵。厥 衆 濟720) 濟。721) 實722) 可
謂723) 馬 祖 毓 龍 子。東 海 掩 西 河 焉。724) 論 曰。
麟725) 史 不 云 乎。公 侯 之 子 孫 必726) 復 其 始。
則 昔 武 烈 大 王 爲 乙 粲727) 時。爲 屠 獩728) 貊。
乞 師 計。將 眞 德 女 君 命。729) 階 覲 昭 陵 皇 帝。
面 陳 願 奉 正 朔 易 服 章。天 子 嘉 許。庭 賜
華 裝。授730) 位 特 進。一 日 召 諸 藩731) 王 子 宴。

Ⅰ·高Ⅱ·東·芝·奎·桂)

714) 醹(揚·東·芝) 酎(高Ⅱ)

715) 韵(成·國·延Ⅰ·延Ⅱ·高Ⅰ·高Ⅱ)

716) 僅(國·高Ⅰ·芝·奎)

717) 稱(成·國·延Ⅱ·高Ⅱ·芝·奎·桂) 称(延Ⅰ·高Ⅰ·東)

718) 埁(揚) 場(成·國·延Ⅰ·延Ⅱ·高Ⅰ·高Ⅱ·東·芝)

719) 僧(全·成·國·延Ⅰ·延Ⅱ·高Ⅰ·東·芝·奎·桂)

720) 洺(成·延Ⅰ)

721) 洺(成·延Ⅰ)。揚本에는 '厥衆濟'이나 앞 문장인 '諸孫詵詵'에 맞추어 '厥衆濟濟'로 하는 것이 옳을 것 같다.

722) 宲(國·延Ⅰ·高Ⅱ·東·芝·奎)

723) 詯(延Ⅰ)

724) 芝谷本에는 '焉'字가 없음.

725) 獜(成·國·延Ⅰ·延Ⅱ·高Ⅰ·東·芝)

726) 又(延Ⅰ·延Ⅱ)

727) 粲(成·國·延Ⅰ·延Ⅱ·高Ⅱ·東·奎·桂)

728) 穢(全·成·國·桂·延Ⅰ·東·延Ⅱ·高Ⅰ·高Ⅱ·芝·奎)

729) 兪(成·延Ⅰ·延Ⅱ·高Ⅰ·東)

730) 揚·成大·國立·延大Ⅰ·延大Ⅱ·高大Ⅰ·高大Ⅱ·東大·芝谷·奎章·桂苑本에는 '受'字로 되어 있고, 全集本에만 '授'字로 되어 있으나, 文脈으로 보아 特進의 位를 준 主體가 天子이므로 마땅히 '授'字이어야 한다

731) 畨(揚) 蕃(全·國·延Ⅰ·延Ⅱ·

大置酒。堆寶貨。俾恣滿所欲。王乃杯732)
觴733) 則禮以防亂。繪綵則智以獲多。734)
臬735) 辭736) 出。文皇目送而歎737) 曰。國器。738)
及其行也。739) 以御製并書溫陽740) 晋祠741)
二碑。暨742) 御撰743) 晋書一部。賚之。時蓬
閣744) 寫745) 是書。裁竟二本。上一錫746) 儲君。
一爲我賜。復命747) 華資官。祖道青門外。
則寵之優。禮之厚。設聾盲乎智者。亦足
駭耳目。自玆。吾土一變至於魯。八世之
後。748) 大師西學而東化。加一變至於道。
則莫之與京。捨我謂誰。749) 偉矣哉。先祖

東・芝・奎・桂)
732) 柸(成) 盃(高Ⅱ)
733) 觴(東)
734) 彡(成)
735) 臬(國) 洎(東・芝)
736) 辤(揚・國・延Ⅰ・延Ⅱ・高Ⅰ・
　　高Ⅱ・桂) 舜(全・東) 辝(成)
737) 嘆(全・東)
738) 罡(成・國・延Ⅰ・延Ⅱ・高Ⅰ・
　　高Ⅱ・東・芝・桂) 噐(奎)
739) 芝谷本에는 '也'字가 없음.
740) 揚・成大・高大Ⅰ・高大Ⅱ・東
　　大・芝谷・奎章・桂苑本에는 '溫
　　湯'으로 되어 있으나 地名이므로

'溫陽'으로 봄이 옳을 듯하다.
741) 祀(東) 陽(奎・桂)
742) 洎(高Ⅱ・東)
743) 撰(成・國・延Ⅰ・延Ⅱ・高Ⅰ・
　　高Ⅱ・東・桂) 奎章本에는 '御
　　撰'이라는 말이 없음.
744) 昈(高Ⅰ)
745) 寫(成・延Ⅰ・高Ⅱ・東・芝) 寫
　　(國・延Ⅱ)
746) 賜(全・成・國・延Ⅰ・延Ⅱ・
　　東・芝・奎・桂)
747) 僉(成・延Ⅱ・高Ⅰ・東)
748) 復(揚)
749) 揚・成大・國立・延大Ⅰ・延大

平 二 敵 國。俾 人 變 外 飾。750) 大 師 降751) 六 魔
賊。俾 人 修 內 德。故 得 千 乘 主。兩 朝 拜752)
起。四 方 民 萬 里 奔 趣。753) 動 必 頤 使 之。靜
無 腹 非 者。庸 詎 非 應 半 千 而 顯 大 千 者 歟。
復 其 始 之 說。亦 何754) 慊 乎 哉。彼 文 成 侯 爲
師 漢 祖。大 誇 封 萬 戶 位 列 侯。755) 爲 韓 相 子
孫 之 極。則 侐 矣。假 學 仙 有 終 始。756) 果 能
白 日 上 昇757) 去。於 中 止 得。爲 鶴 背758) 上 一
幻 軀759) 爾。760) 又 焉 珽 我761) 大 師 拔762) 俗 於
始。濟763) 衆 於 中。潔 己 於 終 矣 乎。美 盛 德
之 形 容。古 尙 乎764) 頌。頌 偈765) 類 也。扣 寂

Ⅱ·高大Ⅰ·高大Ⅱ·東大·芝
谷·奎章·桂苑本에는 '謂誰'가
'誰謂'로 되어 있는데, 文章構
成으로 보아 '謂誰'라고 해야한
다.

750) 餝(揚) 餙(全·成·國·延Ⅰ·
延Ⅱ·高Ⅰ·高Ⅱ·東·芝·奎·
桂)

751) 唅(國·延Ⅱ)

752) 拜(東)

753) 趍(揚·高Ⅰ·芝·奎·桂) 趌
(高Ⅱ) 趏(東)

754) 可(高Ⅱ·東)

755) 高大Ⅰ本에는 '位列侯'가 '侯列

位'로 되어 있음.

756) '終始'가 全集·高大Ⅰ·高大Ⅱ
本에는 '始終'으로 되어 있음.

757) 升(全·成·延Ⅱ)。延大Ⅰ本에
는 '昇' 다음에 '天'字가 있음.

758) 輩(成·延Ⅰ·延Ⅱ)

759) 軀(成·國·延Ⅰ·延Ⅱ·高Ⅰ·
高Ⅱ)

760) 尒(揚) 尒(高Ⅰ)

761) 全集本에는 '我'字가 없음

762) 拔(揚·成·延Ⅰ·延Ⅱ·高Ⅰ·
高Ⅱ·東·芝·奎·桂)

763) 濟(東)

764) 于(芝)

爲 銘。

其 詞 曰。可 道 爲 常 道。如 穿 草[766] 上 露。卽
佛[767] 爲 眞 佛。如 攬 水 中 月。道 常 得 佛 眞。[768]
海 東 金 上 人。本 枝 根 聖 骨。瑞 蓮 資 報 身。[769]
五 百 年 擇[770] 地。十 三[771] 歲 離 塵。[772] 雜[773] 花[774]
引 鵬 路。爇 木 浮 鯨[775] 津。觀 光 堯 日 下。巨
筏 悉 能 捨。先 達 皆 歎[776] 云。苦 行 無 及 者。
沙 之 復 汰 之。東 流 是 天 假。心 珠 瑩 麻 谷。
目 境 燭 桃[777] 野。旣 得 鳳 來 儀。[778] 衆 翼 爭 追
隨。[779] 試 覰[780] 龍 變 化。凡 情 那[781] 測[782] 知。仁
方 是 方 便。聖 住 强 住 持。松 門 遍[783] 掛 錫。

---

765) 揚本에는 ‘頌偈’가 ‘偈頌’으로
되어 있는데, 文脈으로 보아 ‘頌
偈’라고 해야 함.

766) 艸(全·東)

767) 伏(成)

768) ‘佛眞’이 成大·國立·延大Ⅱ本
에는 ‘眞佛’로, 延大Ⅰ本에는
‘眞伏’로 되어 있음.

769) 舅(東)

770) 择(成·高Ⅱ)

771) 二(奎)

772) 坌(成)

773) 樶(東)

774) 華(東·芝)

775) 京(高Ⅱ)

776) 歁(成)

777) 桯(國·高Ⅱ) 兏(奎·桂)

778) 謙(國)

779) 随(成·國·延Ⅰ·高Ⅱ·東·
芝·奎·桂)

780) 觀(全·國·奎) 覡(成·桂) 観
(延Ⅰ·延Ⅱ·東) 覷(高Ⅰ·高
Ⅱ·芝)

781) 郍(揚)

782) 側(高Ⅱ)

783) 徧(國)

巖[784] 徑難容錐。我非待三顧。我非迎七步。時行則[785] 且行。爲緣付囑[786] 故。二王拜[787] 下風。[788] 一國滋甘露。鶴出洞天秋。雲歸[789] 海山暮。[790] 來[791] 貴乎葉[792] 龍。去高乎冥[793] 鴻。渡水陿[794] 巢父。入谷超朗公。一從歸[795] 島外。[796] 三返遊[797] 壺中。群迷漫臧[798] 否。至極何異同。[799] 是道澹[800] 無味。然須[801] 强飮食。他酌不吾醉。[802] 他殥[803] 不吾飽。誡衆黜[804] 心何。糠名復粃利。勸[805] 俗飾[806] 身何。甲仁復冑義。汲引無棄[807] 遺。[808] 其實[809] 天

---

784) 岩(成·國)
785) 即(高Ⅰ)
786) 屬(成·延Ⅰ·延Ⅱ)
787) 拝(東)
788) 鳳(延Ⅱ)
789) 故(成·國·延Ⅰ·延Ⅱ·高Ⅱ·東·桂)
790) 暯(東)
791) 徠(東)
792) 業(全·國·延Ⅰ·延Ⅱ·高Ⅰ·東·芝)
793) 溟(高Ⅰ·高Ⅱ·東)
794) 陜(國) 悏(東)
795) 故(成·國·延Ⅰ·延Ⅱ·高Ⅱ·桂)
796) 後(高Ⅰ·奎)
797) 逕(高Ⅰ)
798) 藏(高Ⅰ)
799) 奎章·桂苑本에는 '異同'이 '同異'로 되어 있음.
800) 淡(高Ⅰ)
801) 須(延Ⅰ)
802) 醉(高Ⅰ·桂·東)
803) 飡(延Ⅰ)
804) 點(全·國·東)
805) 劝(國)
806) 餙(全·國·延Ⅰ·延Ⅱ·高Ⅰ·高Ⅱ·東·芝) 飭(奎·桂)
807) 弃(揭)
808) 遣(揭)
809) 寀(成·國·延Ⅰ·高Ⅰ·高Ⅱ·奎·桂)

人[810] 師。昔 在 世 間 時。擧[811] 國 成 琉 璃。自
寂 滅[812] 歸[813] 後。[814] 觸[815] 地 生 蒺 藜。[816] 泥 洹
一 何 早。今 古 所 共 悲。甃 石 復 刊[817] 石。藏
形 且[818] 顯[819] 跡。[820] 鵠 塔 點 靑 山。龜 碑[821] 撑
翠 壁。是 豈 向 來 心。徒 勞 文 字 覰。[822] 欲 使
後 知 今。猶 如 今 示[823] 昔。君 恩 千 載 深。[824]
師 化 萬 代[825] 欽。誰 持 有[826] 柯 斧。誰 倚 無
絃[827] 琴。禪 境 雖 沒 守。客 塵[828] 寧[829] 許 侵。
鷄[830] 峯 待 彌[831] 勒。將[832] 在 東 鷄[833] 林。

---

810) 東大・奎章・桂苑本에는 '天人'
　　이 '人天'으로 되어 있음.

811) 東(延Ⅰ)

812) 沈(成・延Ⅰ・高Ⅱ)

813) 故(成・國・延Ⅰ・延Ⅱ・高Ⅱ・
　　東・桂)。'寂滅歸'가 高大Ⅰ本
　　에는 '滅寂歸'로, 東大本에는
　　'故寂滅'로, 奎章本에는 '寂歸
　　滅'로, 桂苑本에는 '寂故滅'로
　　되어 있다.

814) 復(延Ⅱ)

815) 舳(延Ⅰ)

816) 莉(全・高Ⅱ)

817) 刻(高Ⅰ・芝)

818) 復(東)

819) 現(國) 显(延Ⅰ)

820) 迹(高Ⅰ)

821) 㦸(東)

822) 覘(揚) 覷(成・國・延Ⅰ・高Ⅱ・
　　東・奎・桂・延Ⅱ) 視(高Ⅰ) 覔
　　(芝)

823) 視(全・成・國・延Ⅰ・延Ⅱ・高
　　Ⅰ・高Ⅱ・東・芝・奎・桂)

824) 潃(全・芝)

825) 人(全) 伐(延Ⅱ)

826) 沒(高Ⅰ)

827) 絲(高Ⅱ)

828) 坌(成・延Ⅰ)

829) 宇(延Ⅰ)

830) 雞(揚)

831) 弥(揚)

832) 長(全・成・國・延Ⅰ・延Ⅱ・高
　　Ⅱ・東・奎・桂)

833) 雞(揚・高Ⅰ)

曦陽山鳳巖寺智證大師寂照塔碑

叙[1] 曰。[2] 五 常 分 位。配 動 方 者 曰 仁。[3] 三 敎
立 名。顯[4] 淨 域 者 曰 佛。仁 心 卽[5] 佛。佛 目 能
仁。則 也。導[6] 郁 夷 柔 順[7] 性 源。達 迦 衛 慈 悲
敎 海。寔 猶 石 投 水 雨 聚 沙 然。矧 東 諸 矦 之
外 守 者。莫 我 大 也。[8] 而 地 靈 旣 好 生 爲 本。
風 俗 亦 交 讓 爲 先。[9] 熙 熙[10] 太 平[11] 之 春。隱[12]

---

1) 序(全·成·國·延Ⅰ·高Ⅰ·高
   Ⅱ·芝·奎·桂)
2) 東大本에는 '叙曰'이 없음.
3) 搨本에는 '仁心'으로 되어 있으
   나, 對句에 어긋나고 내용·표현
   의 면에서 적절하지 못한 것으로
   생각되며, 또 다른 모든 臺本들
   도 취하고 있지 않으므로 '心'을
   原文에서 제외시킨다. 國立本에
   는 '者曰仁'이 '曰仁者'로 도치
   되어 있음.
4) 現(全·成·國·延Ⅰ·高Ⅰ·高
   Ⅱ·東·奎·桂)
5) 則(全·國·高Ⅱ)
6) 搨本에는 '道'로 되어 있으나, 다
   른 모든 臺本들이 '導'를 따르고
   있고, 또 보다 명확한 의미이해

에 '導'가 적절하므로 이를 취한
다.
7) 愼(高Ⅰ·高Ⅱ·芝)
8) 搨本에는 '也'가 없으나, 다른 모
   든 臺本들이 이를 취하고 있고,
   또 문장 표현상 있는 것이 적절
   하므로 이에 따른다.
9) 搨本에서는 마멸이 심하여 판독
   하기 어려우며, 金總에는 '主'로
   되어 있지만, 다른 모든 臺本들
   이 '先'을 취하고 있고 또 문장
   표현상 적절하므로 이에 따른다.
10) 搨本에서는 마멸이 심하여 '熙
    熙'가 모두 판독하기 어려우나,
    다른 모든 臺本들이 이를 취하고
    있고, 또 내용상 적절하므로 이
    에 따른다.

隱上古之化。加以[13] 性[14] 參釋種。遍[15] 頭居[16] 寐錦之臀。語襲[17] 梵音。彈舌足多羅之字。是[18] 乃[19] 天彰西顧。海印[20] 東流。宜君子之鄉。染[21] 法王之道。日日[22] 深又日深矣。且自魯紀[23] 隕星。漢徵佩日。像跡[24] 則百川含月。法音則萬籟[25] 號[26] 風。或緝懿[27] 縑緗。或鑴[28] 華[29] 琬琰。故濫[30] 觴[31] 洛[32]

---

11) 金總에는 '太平'이 '大地'로 되어 있음.

12) 搨本에서는 마멸이 심하여 판독하기 어려우나, 다른 모든 臺本들이 이를 취하고 있고, 또 내용상 적절하므로 이에 따른다.

13) 搨本에는 '以'가 없으나, 다른 모든 臺本들이 이를 취하고 있고, 또 문장 표현상 있는 것이 적절하므로 이에 따른다.

14) 搨本에 '姓으로 되어 있으나 다른 臺本들이 '性'이어서 이에 따른다.

15) 祝(芝)

16) 屈(成·東)

17) 習(國)

18) 寔(全·成·國·延I·高I·高II·東·芝·奎·桂)

19) 迺(全·國·奎)

20) 搨本에는 '引'으로 되어 있으나, 다른 모든 臺本들이 '印'을 취하고 있고, 또 일반적으로 통용되는 용어가 '海印'이므로 '印'을

취한다.

21) 也(金)

22) 全集·國立·高大I·高大II·東大·芝谷本에는 '日日'이 '日'로 되어 있다.

23) 記(全·成·國·奎·桂)

24) 蹟(高II)

25) 桂苑本에는 萬籟가 '籟萬'으로 도치되어 있음.

26) 呼(高II)

27) 搨本에서는 마멸이 심하여 '緝懿' 두 글자 모두 판독하기 어려우나, 다른 모든 臺本들이 이를 취하고 있고, 또 의미상 적절하므로 이에 따른다.

28) 搨本에서는 마멸이 심하여 판독하기 어려우며, 金總에는 '粽'로 되어 있으나, 다른 모든 臺本들이 '鑴'를 취하고 있고, 또 의미상 '鑴'가 적절한 것으로 생각되어 이에 따른다.

29) 花(全·成·國·延I·高I·高II·

宅。懸33) 鏡秦宮之事跡。34) 昭昭35) 焉如揭
合璧。苟非三尺喙36) 五色毫。焉能措辭37)
其間。駕說于後。就以國38) 觀國。考從鄉至
鄉。39) 則風傳沙嶺而來。波及海隅之40) 始。41)
昔當東表鼎峙42) 之秋。43) 有百濟 44) 蘇45) 塗
之儀。若甘泉金人46) 之祀。厥後西晉曇47)

東·芝)

30) 監(金)

31) 揚本에는 '觴'이 없으나, 다른 모든 臺本들이 이를 취하고 있고, 또 문장표현상 있는 것이 적절하므로 이에 따른다.

32) 揚本·高大Ⅱ本에는 '雒'으로 되어 있다. 雒은 洛으로 同이다.

33) 揚本에는 '懸'이 없으나, 다른 모든 臺本들이 이를 취하고 있고, 또 있는 것이 적절하므로 이에 따른다.

34) 蹟(成·延Ⅰ·高Ⅰ·高Ⅱ·東·桂)

35) 揚本에는 '照照'로 되어 있으나, 다른 모든 臺本들이 '昭昭'를 취하고 있고, 또 문장 표현상 '昭昭'가 보다 적절하므로 이를 취한다.

36) 啄(國)

37) 辤(揚)·辝(全)

38) 囻(揚). 이하 '國'은 揚本의 경

우 모두 古字인 '囻'으로 되어 있다. 거듭 밝히지 않는다.

39) 成大本에는 '鄉' 다음에 '考'가 더 있다.

40) 而(東)

41) 時(芝)

42) 峙(高Ⅰ·高Ⅱ)

43) 烋(揚)

44) 湋(東)

45) 蘓(揚)

46) 揚本에는 '人'이 없으나, 다른 모든 臺本들이 이를 취하고 있고, 또 내용·표현의 면에서 있는 것이 적절하므로 이에 따른다.

47) 雲(高Ⅱ)

48) '厥後西晉曇始始之貇'의 아홉글자는 揚本에서는 마멸이 심하여 판독하기 어려운 부분이다. 그 가운데 '西晉曇'의 세 글자와 두번째 '始'의 위치에 '于'가 있음을 가까스로 확인할 수 있지만 모호하기는 마찬가지이다. 金總에는

始。始 之 貃。48) 如49) 攝50) 騰51) 東 入。句 驪52) 阿
度。度 于 我。53) 如 康 會 南 行。時 迺54) 梁 菩 薩
帝。反55) 同56) 泰 一 春。我 法 興 王。剏57) 律 條
八 載58) 也。亦 旣 海 岸 植 與59) 樂 之 根。日 鄕
耀60) 增 長 之 寶。天 融 善 願。地 聳 勝 因。爰 有
中 貴 捐 軀。61) 上 仙 剔 髮。苾62) 蒭63) 西 學。羅
漢 東 遊。64) 因 爾65) 混 沌 能 開。娑 婆 遍 化。莫
不 選 山 川 勝 槩。窮 土 木 奇 功。藻 宴 坐 之
宮。燭 修66) 行 之 路。信 心 泉 涌。67) 慧 力 風68)

'西'와 '于' 두 글자 외에는 판독이 불가능하거나 끝의 두 글자가 없는 것으로 되어 있다. 그러나 다른 모든 臺本들이 이 아홉 글자를 취하고 있고, 또 내용·표현의 면에서 크게 잘못이 없는 것으로 생각되어 이에 따른다.

49) 揚本에는 '如'가 없으나, 다른 모든 臺本들이 이를 취하고 있고, 또 내용·對句의 면에서 있는 것이 적절하므로 이에 따른다.
50) 葉(成)
51) 騾(揚)·騰(全)
52) 麗(延Ⅰ·高Ⅰ)
53) 羅(延Ⅰ·東·奎·桂)
54) 乃(全·成·國·延Ⅰ·高Ⅰ·高Ⅱ·芝·奎·桂)
55) 返(成·延Ⅰ·高Ⅱ·芝·奎·桂)
56) 東(全·國)
57) 制(全·成·國·延Ⅰ·高Ⅰ·高Ⅱ·東·芝·奎·桂)
58) 禩(東)
59) 与(揚)
60) 曜(全·國)
61) 軀(揚·延Ⅰ)·骺(芝)
62) 芘(全·國·芝·奎)
63) 蒭(高Ⅰ)
64) 游(國)
65) 伱(揚·高Ⅰ·東)·甮(延Ⅰ·桂)·以(奎)
66) 脩(高Ⅱ)·徐(金)
67) 湧(延Ⅰ·桂)
68) 逓(芝)

揚。果使漂[69] 杵䰗灾。[70] 鍵[71] 橐[72] 騰慶。昔[73]
之㝡[74] 爾[75] 三國。今也壯哉一[76] 家。雁[77] 刹
雲排。將無隙[78] 地。[79] 鯨桴[80] 雷振。不遠諸
天。漸染有餘。幽求不斁。其敎之興也。[81]
毘婆娑先至。則四郡驅[82] 四諦之輪。摩訶
衍後來。[83] 則一國耀[84] 一乘之鏡。然能[85] 令
義[86] 龍[87] 雲[88] 躍。律虎風[89] 騰。洶學海之波
濤。蔚戒[90] 林之柯葉。道咸融乎無[91] 外。情

---

69) 揭本에는 '漸'로 되어 있으나, 다른 모든 臺本들이 '漂'를 취하고 있고, 또 보다 정확한 표현이 '漂'이므로 이를 취한다.

70) 灾(高Ⅱ·奎)

71) 鞬(全·國·延Ⅰ·高Ⅰ·高Ⅱ·東·芝·奎·桂)·韃(成)

72) 橐(國)

73) 旹(東)

74) 蕞(揭)

75) 尒(揭·高Ⅰ·東)·甭(延Ⅰ·桂)

76) 弍(東)

77) 鴈(揭·延Ⅰ)

78) 隟(金)

79) 坴(東)

80) 揭本에는 '枹'로 되어 있으나, 다른 모든 臺本들이 '桴'를 취하고 있고, 또 명확한 의미이해에 '桴'가 보다 적절한 것으로 생각되어

이를 취한다.

81) 奎章本에는 '之興也'가 '也興之'로 도치되어 있음.

82) 駈(揭·延Ⅰ·芝)·馳(奎·桂)

83) 主(奎)

84) 曜(國)

85) 高大Ⅱ本에는 '能'이 없음.

86) 揭本에는 '令義' 두 글자가 없으나, 문장의 의미·표현의 면에서 있는 것이 적절한 것으로 생각되어 이를 취한다. 臺本들 가운데 '令'은 延大Ⅰ·東大·桂苑本에만 있고, '義'는 모든 臺本들이 다 취하고 있으나 東大本에만 '䇂'으로 되어 있다.

87) 誾(東)

88) 雯(東)

89) 迺(芝)

90) 鷄(全·國)

或涉乎[92]有中。抑[93]止水停漪。高山佩旭者。盖有之矣。世未之知。[94]洎長慶初。有僧道義。[95]西泛睹西堂之奧。智光佯智藏而還。[96]始語玄契者。縛猿[97]心護奔[98]北之短。[99]矜鵬翼詗圖南之高。[100]既醉於誦言。競[101]嗤爲魔語。是用韜[102]光廡下。斂[103]迹[104]壺中。罷思[105]東海東。終遁[106]北山北。[107]豈太[108]易之無[109]悶。[110]中庸之不悔者邪。[111]

---

91) 舞(東)

92) 於(全·國·奎)

93) 抑(芝)

94) 芝谷本에는 '之知'가 '知之'로 도치되어 있음.

95) 美(金)

96) 搨本에는 '還'과 '始' 사이에 '智'가 있으나, 다른 모든 臺本들이 이를 취하지 않고 있으며, 또 문장표현과 내용의 측면에서 없는 것이 보다 적절한 것으로 생각되어 취하지 않는다.

97) 狷(東)

98) 犇(高Ⅱ)

99) 智(國)

100) 奎章本에는 '縛~高'의 두 句가 바뀌고 또 각 句마다 '而'가 더 들어가 '矜鵬翼而詗圖南之高. 縛猿心而護奔北之短'으로 되어 있다.

101) 竟(延Ⅰ)

102) 韜(全·成·國·高Ⅰ·高Ⅱ·東·芝·奎·桂)

103) 歛(全)·斂(成·國·延Ⅰ·高Ⅰ·高Ⅱ·東·芝·奎·桂·金)

104) 跡(全·成·國·延Ⅰ·高Ⅰ·高Ⅱ·芝·奎·桂)

105) 奎章本에는 '罷思'가 '思罷'로 도치되어 있음.

106) 道(奎)

107) 搨本에는 '北'이 없으나, 문장의 내용과 對句의 면에서 있는 것이 적절하므로 이를 취한다.

108) 大(全·成·國·延Ⅰ·高Ⅰ·東·芝·奎·桂)

109) 无(全·成·國·延Ⅰ·高Ⅰ·高Ⅱ·東·芝·奎·桂)

110) 憫(成·國·延Ⅰ·奎·桂)·閔(高Ⅰ)

然[112] 秀 多 嶺。芳 定 林。螘[113] 慕 者 彌[114] 山。鷹[115] 化 者 出[116] 谷。道 不 可 廢。時 然 後[117] 行 及 興 德 大 王 纂 戎。[118] 宣 康 太 子 監 撫。去 邪 醫[119] 國。樂 善 肥 家。有 洪 陟 大 師。去[120] 西 堂 證[121] 心。來 南[122] 岳[123] 休 足。驚 晁 陳 順 風[124] 之 請。龍 樓[125] 慶 開 霧 之 期。顯 示 密[126] 傳。朝 凡 暮[127] 聖。變 非 蔚 也。興 且 勃[128] 焉。試 覘[129]

---

111) 耶(全・成・國・延Ⅰ・高Ⅰ・
　　高Ⅱ・東・芝・奎・桂)

112) 華(金)

113) 蟻(全・成・國・延Ⅰ・高Ⅰ・
　　高Ⅱ・東・芝・奎・桂)

114) 弥(揚)・如(奎)

115) 揚本에는 '鴈'으로 되어 있으나
　　다른 모든 臺本들이 '鷹'을 취
　　하고 있고, 또 의미상 '鷹'이
　　적절한 것으로 생각되어 이를 취
　　한다. 金總에는 '雁'.

116) 幽(全・成・國・延Ⅰ・高Ⅰ・
　　高Ⅱ・東・芝・奎・桂)

117) 揚本에는 '後'가 없으나, 다른
　　모든 臺本들이 이를 취하고 있고
　　또 의미・표현의 면에서 있는 것
　　이 적절하므로 이에 따른다.

118) 砏(東)

119) 醫(全・成・國・延Ⅰ・高Ⅰ・
　　高Ⅱ・東・芝・奎・桂)

120) 揚本・高大Ⅰ本에는 '亦'으로
　　되어 있으나, 여타의 모든 臺本

들이 '去'를 취하고 있고, 또
문장의 의미・표현의 면에서
'去'가 보다 적절하므로 이를
취한다.

121) 澄(奎)

122) 奎章本에는 '南'이 없음.

123) 嶽(國)

124) 迊(芝)

125) 德(金)

126) 揚本・國立本에는 '蜜'로 되어
　　있으나, 여타의 모든 臺本들이
　　'密'을 취하고 있고, 또 의미상
　　'密'이 적절하므로 이를 취한
　　다.

127) 慕(奎)

128) 敎(東)

129) '覘'는 揚本에만 있고 다른 모
　　든 臺本들에는 없는 글자로서,
　　내용상 요긴한 것은 아니지만
　　原文이해에 도움이 되는 것으로
　　생각되어 그대로 둔다.

較 其 宗 趣。則 修 乎 修 沒[130] 修。證[131] 乎 證[132]
沒[133] 證。[134] 其 靜[135] 也 山 立。其 動[136] 也 谷 應。
無 爲 之 益。不 爭 而 勝。於 是 乎。東 人 方 寸
地 靈[137] 矣。能 以 彰[138] 利。利[139] 海 外。不 言 其
所 利。[140] 大 矣 哉。爾[141] 後 觴[142] 騫 河。筌 融 道。
無 念 爾[143] 祖。寔 繁[144] 有 徒。或 劍[145] 化 延 津。
或[146] 珠 還 合[147] 浦。爲 巨 擘 者。可 屈 指 焉。西
化 則 靜[148] 衆 無 相。常 山 慧 覺。禪 譜[149] 益 州
金。鎭 州 金 者 是。[150] 東 歸[151] 則 前 所 叙 北 山

---

130) 設(金)

131) 訂(奎)

132) 訂(高Ⅱ·奎)

133) 設(金)

134) 訂(奎)

135) 彰(奎·桂)

136) 芝谷本에는 '山立其動'이 '其動山立'으로 도치되어 있음.

137) 揚本에는 '虛'로 되어 있으나, 다른 모든 臺本들이 '靈'을 취하고 있고, 또 의미·표현의 면에서 '靈'이 보다 적절하므로 이를 취한다.

138) 靜(奎·桂)

139) 利(東)

140) 高大Ⅱ本에는 '所利'가 '利所'로 도치되어 있음.

141) 尒(揚)·尒(東)·甬(延Ⅰ)

142) 觸(金)

143) 尒(揚)

144) 煩(奎·桂)

145) 釰(成·國·延Ⅰ·高Ⅱ·東·芝·奎·桂)·欽(金)

146) 奎章·桂苑本에는 '或'이 없다.

147) 國立本에는 '珠還合'이 '合珠還'으로 도치되어 있음.

148) 彰(高Ⅰ)

149) '禪譜' 두 글자는 揚本에만 있고 다른 모든 臺本에는 없으나, 原文이해에 도움이 되는 것으로 생각되어 그대로 둔다.

150) 全集本에만 '是' 다음에 '也'가 더 있음.

151) 攺(成·國·延Ⅰ·桂)

義。南岳陟。而降[152]太[153]安[154]徹。國師慧[155]
目育。智力聞。[156]雙溪[157]照。[158]新興彦。涌[159]
巖[160]體。[161]珍[162]丘休。雙峰雲。孤山日。[163]
兩朝國師聖住[164]染。[165]菩提[166]宗。德之厚
爲父衆生。道之尊爲師王者。古所[167]謂
逃[168]名名我隨。避聲[169]聲[170]我追者。故得[171]
皆化被恒沙。蹟[172]傳豊石。有令兄弟。宜
爾[173]子孫。俾定林標秀於鷄[174]林。慧[175]水

---

152) 東大·奎章·桂苑本에는 '降'과
　　 '太' 사이에 '及'이 더 있음.
153) 大(成·國)·泰(東·芝·奎·
　　 桂)·夫(金)
154) 大(金)
155) 惠(高Ⅰ·高Ⅱ·芝)
156) 門(全·國·延Ⅰ·高Ⅰ·東·
　　 奎·桂)
157) 磎(高Ⅱ)
158) 昭(全·國)·炤(成·延Ⅰ·高Ⅰ·
　　 高Ⅱ·東·芝·奎·桂)
　　 ※ 眞鑑碑文에 의하면 '降使賜
　　 號爲慧昭 昭字避聖祖廟諱 易之
　　 也'라 하여 원래 慧照였는데 聖
　　 祖(孝照)의 廟諱를 피하여 '昭'
　　 로 바꾼 것으로 되어 있음.
159) 湧(成)
160) 嵒(揚·成)
161) 躰(揚)·体(成)
162) 珎(揚·成·延Ⅰ·高Ⅱ·東·

奎·芝·高Ⅰ)·珠(全·桂)
163) 曰(金)
164) 延大Ⅰ·高大Ⅰ·東大·奎章本
　　 에는 '住'와 '染' 사이에 '無'
　　 가 더 있음.
165) 全集·國立·高大Ⅰ·桂苑本에
　　 는 '染'과 '菩' 사이에 '爲'가
　　 더 있음.
166) 東大·奎章本에는 '提'와 '宗'
　　 사이에 '之'가 더 있음.
167) 桂苑本에는 '古所'가 '所古'로
　　 도치되어 있음.
168) 迯(全)
169) 羋(國·高Ⅱ)
170) 羋(國·高Ⅱ)·聲(東)
171) 揚本에는 '得'이 없으나 다른 모
　　 든 臺本들이 이를 취하고 있고,
　　 또 문장 표현상 있는 것이 보다
　　 적절하여 이에 따른다.
172) 跡(東·奎·桂)

安 流[176] 於 鰈[177] 水 矣。別 有 不 戶 不 牖 而 見
大 道。不 山 不 海 而 得 上 寶。恬 然 息 意。澹
乎 忘 味。彼 岸 也 不 行 而 至。此 土 也 不 嚴 而
治。七 賢 孰 取 譬。十 住 難 定 位 者。賢[178] 溪[179]
山 智 證 大 師 其 人 也。始 大 成 也。發 蒙[180] 于
梵 體[181] 大 德。稟[182] 具 于 瓊 儀 律 師。終 上 達
也。探 玄 于 慧[183] 隱 嚴 君。[184] 授[185] 默 于[186] 楊[187]
孚 令 子。[188] 法 胤[189] 唐 四 祖 爲 五 世 父。東 漸

---

173) 尒(揚)・糸(成)・甫(延Ⅰ・東)

174) 雞(成・高Ⅱ). 또 芝谷本에는 '於
鷄'가 '鷄於'로 도치되어 있음.

175) 惠(成)

176) 汧(高Ⅰ)

177) 揚本에서는 마멸이 심하여 판독
하기 어려우나, 다른 모든 臺本
들에 '鰈'으로 되어 있고, 또 의
미상 적절한 것으로 생각되어 이
에 따른다.

178) 夹(高Ⅱ)・賢(東)

179) 揚本・芝谷本에는 '鷄'로 되어
있으나, 高大Ⅱ本의 '磎'를 제
외한 여타의 다른 臺本들에 '溪'
로 되어 있고, 또 본래 '溪'가
바른 글자이므로 이를 취한다.

180) 國立本에는 '發蒙'이 '蒙發'로
도치되어 있음.

181) 躰(揚)・体(成)

182) 揚本에는 '禀'으로 되어 있으나

다른 모든 臺本에 '稟'으로 되
어 있고, 또 '稟'이 적절하므로
이를 취한다.

183) 惠(高Ⅰ・高Ⅱ)

184) 金總에는 '嚴君'이 '嚴居'로 되
어 있음.

185) 揚本에는 '乎'로 되어 있고, 全
集・成大・延大Ⅰ・高大Ⅰ・高
大Ⅱ・芝谷本에는 '受'로 되어
있으며, 國立・東大・奎章・桂
苑本에 '授'로 되어 있는 바, 문
장의 내용상 '授'가 적절한 것
이므로 이를 취한다.

186) 乎(成)

187) 揚(全・高Ⅰ・高Ⅱ・奎)

188) 金總에는 '令子'가 '合于'로 되
어 있음.

189) 全集本에만 '法胤' 두 글자가
없음.

于 海。[190] 遡 游[191] 數[192] 之。雙 峰[193] 子 法 朗。孫
愼[194] 行。曾 孫 遵 範。玄 孫 慧[195] 隱。來[196] 孫 大
師 也。朗 大 師。從 大 醫[197] 之 大 證。按[198] 杜
中 書 正 倫 纂[199] 銘。叙[200] 云。遠 方 奇 士。異
域 高 人。無 憚 嶮[201] 途。[202] 來[203] 至 珍[204] 所。則
掬 賮 歸[205] 止。非 師 而 誰。第 知 者 不 言。復
藏[206] 于[207] 密。能 撢[208] 秘[209] 藏。[210] 唯[211] 行 大
師。然[212] 時 不 利 兮。道 未 亨[213] 也。乃 浮 于

---

190) 高大Ⅱ本에는 '海'와 '遡' 사이에 '之外'가 더 있음.

191) 流(全·成·國·延Ⅰ·高Ⅰ·東·奎·桂)

192) 歔(成·奎·桂)·歐(延Ⅰ·東)

193) 東大本에는 '峰'과 '子' 사이에 '之'가 더 있고, 奎章本에는 '字'가 더 있음.

194) 信(成·延Ⅰ·東·奎·桂)

195) 惠(高Ⅰ·高Ⅱ·芝)

196) 来(揚)·末(全·成·國·延Ⅰ·高Ⅰ·高Ⅱ·東·芝·奎·桂)

197) 醫(全·成·國·延Ⅰ·高Ⅰ·高Ⅱ·東·芝·奎·桂)

198) 案(奎)

199) 篹(揚)

200) 揚本에만 '敍'로 되어 있고 다른 모든 臺本에는 없음.

201) 險(國·東·奎·桂·金)

202) 道(國·芝)

203) 来(揚)

204) 揚本에서는 마멸이 심하여 판독하기 어려우나, 成大·高大Ⅱ·東大本의 '寶'를 제외한 여타의 모든 臺本들이 '珍'을 취하고 있고, 또 문장의 의미·표현의 면에서 보다 적절하므로 '珍'을 취한다.

205) 故(國·延Ⅰ·高Ⅰ·高Ⅱ·芝·桂)

206) 藏(延Ⅰ)

207) 乎(高Ⅰ·芝)

208) 撲(全)

209) 密(成)

210) 藏(延Ⅰ)

211) 惟(全·高Ⅰ·高Ⅱ·芝)

212) 狀(延Ⅰ)

213) 揚本·延大Ⅰ本에는 '享'으로되어 있으나, 다른 모든 臺本들에 '亨'으로 되어 있고, 또 보다 명

海。聞 于 天。肅 宗 皇 帝。寵214) 貽 天 什215) 曰。
龍 兒 渡 海 不 憑 筏。鳳 子 冲 虛216) 無 認 月。師
以217) 山 鳥218) 海 龍 二 句 爲 對。有 深 旨 哉。東
還219) 三 傳 至220) 大 師。畢 萬 之 後。221) 斯 驗222)
矣。其 世 緣 則 王 都223) 人 金 姓 子。號 道 憲。
字 智 詵。父 贊 瓌。224) 母 伊225) 氏。長 慶 甲 辰
歲。現 乎226) 世。中 和 壬 寅 曆。歸227) 乎228) 寂。
恋229) 坐 也 四 十 三 夏。歸230) 全 也 五 十 九 年。

확한 의미의 면에서 '亨'이 적
하므로 이를 취한다.

214) 躬(全・芝)・躬(成・國・延Ⅰ・
高Ⅰ・高Ⅱ・東・奎・桂)

215) 仕(成・國・延Ⅰ・高Ⅰ・東)

216) 虛(揭)

217) 目(成・延Ⅰ)

218) 高大Ⅱ本에는 '山鳥'가 '鳥山'
으로 도치되어 있음.

219) 还(成・高Ⅱ)

220) 揭本에서는 '傳至' 두 글자가 마
멸이 심하여 판독하기 어려우나
다른 모든 臺本들이 이를 취하
고 있고, 또 내용상 적절하여 이
에 따른다.

221) 全集本에만 '後'와 '斯' 사이에
'於'가 더 있음.

222) 諺(揭)

223) 齠(成・延Ⅰ)

224) '瓌'는 揭本의 경우 마멸이 심
하여 판독하기 어려우나, 金總
을 위시한 高大Ⅰ・高大Ⅱ・東
大・芝谷・奎章・桂苑本에서 이
를 취하고 있으므로 여기에 따른
다. 여타 臺本의 경우 '環'(全)
'瑍'(成・國)・'瑔'(延Ⅰ)으로
되어 있다.

225) 仲(奎)

226) 于(全・成・國・延Ⅰ・高Ⅰ・
高Ⅱ・東・芝・奎・桂)

227) 故(成・國・延Ⅰ・桂)

228) 于(全・國・延Ⅰ・高Ⅰ・奎・
桂)

229) 宴(全・成・國・延Ⅰ・高Ⅰ・
高Ⅱ・東・芝・奎・桂)

230) 故(國・高Ⅱ・桂)・趲(成・
延Ⅰ)

其 具[231) 體[232) 則 身 仞 餘。面 尺 所。儀 狀[233) 魁
岸。語 言 雄 亮。眞[234) 所 謂 威 而 不 猛 者。[235) 始
孕[236) 洎 減。[237) 奇 蹤 秘 說。神 出 鬼 沒。筆[238) 不
可 紀。[239) 今 撮[240) 其 感 應 聳 人 耳 者 六 異。操
履 警 人 心 者 六 是。而 分 表 之。初 母 夢 一 巨
人 告[241) 曰。僕 昔[242) 勝 見[243) 佛。季 世 爲 桑 門。
以 諛[244) 恚 故。久 墮[245) 龍 報。報[246) 旣 旣[247) 矣。
當 爲 法 孫。故 侂[248) 妙[249) 緣。願 弘[250) 慈 化。因
有 娠 幾 四 百 日 灌 佛 之 旦。誕 焉。事 驗 蠄

---

231) 且(奎)
232) 体(成)・體(延Ⅰ)・躰(高Ⅱ)
233) 像(東・奎・桂)
234) 真(揚)
235) 也(奎). 또한 高大Ⅰ・芝谷・奎
　　章本에는 ‘者’와 ‘始’ 사이에
　　‘也’가 더 있음.
236) ‘始孕’ 두 글자는 揚本의 경우
　　그 부분이 인멸되어 판독하기 어
　　려우나, 다른 모든 臺本들이 이
　　를 취하고 있고, 또 내용상 적
　　절하므로 이를 따른다.
237) 汰(高Ⅱ)
238) 笔(揚)
239) 記(成・延Ⅰ・芝・奎・桂)
240) 探(金)
241) 芝谷本에만 ‘告’와 ‘曰’ 사이에
　　‘之’가 더 있음.

242) 高大Ⅱ本에는 ‘僕昔’이 ‘昔僕’
　　으로 도치되어 있음.
243) 覡(桂)
244) 嗔(全・國・高Ⅰ・東・芝)・瞋
　　(成・延Ⅰ・高Ⅱ・奎・桂)
245) 隨(金)
246) 奇(奎)
247) 揚本을 제외한 다른 모든 臺本
　　들에는 이 두번째의 ‘旣’가 없
　　으나, 의미・표현의 면에서 특
　　별히 제외시킬 필요가 없기에
　　(‘다하다’의 뜻으로 보아) 그대
　　로 둔다.
248) 托(全・國)・佗(延Ⅰ・東・奎・
　　桂)
249) 竗(成)
250) 洪(芝)

亭。夢符象[251]室。使佩韋者益誡。[252]擁毳[253]者精修。降生之異一也。生數夕不噈乳。敎[254]之則號[255]欲嗄。欻有道人。過門誨曰。欲兒無聲。忍絶焄[256]腥。母從之。竟無恙。[257]使乳育者加愼。肉食[258]者懷[259]慚。宿習之異二也。九歲喪父。殆[260]毁滅。有追福僧。憐之諭[261]曰。幻[262]軀[263]易滅。壯志難成。昔佛報恩。有大方便。子勉之。因[264]感悟輟[265]哭。白所生。[266]請歸道。母慈其幼。復念保家無主。確不許。耳蹹城故[267]事。則[268]亡去。就學浮石山。[269]忽一日心驚。坐屢遷。

251) 搨本・高大Ⅱ・芝谷本에는 '像'으로 되어 있으나, 여타의 臺本에 '象'으로 되어 있고, 또 본래 명확한 의미이해에 '象'이 적절한 까닭에 이를 취한다.
252) 戒(國・東・芝・奎・桂)・試(金)
253) 毛(高Ⅰ)
254) 穀(金)
255) 啼(全・成・高Ⅱ)
256) 葷(全・成・國・延Ⅰ・高Ⅰ・高Ⅱ・東・芝・奎・桂)
257) 蟋(東・奎・桂)
258) 飧(全)・飱(國)・喰(成・高Ⅱ)・湌(延Ⅰ・東・芝・奎・桂)
259) 忺(東)
260) 國立本에만 '殆'와 '毁' 사이에 '有'가 더 있다.
261) 喩(成・延Ⅰ・高Ⅰ・高Ⅱ・東・芝・奎・桂)・論(金)
262) 幼(奎)
263) 躬(東・芝)
264) 仍(東・奎・桂)
265) 轍(全・國)
266) 主(金)
267) 古(全・國・延Ⅰ)
268) 即(芝)
269) 寺(芝). 高大Ⅰ本에는 '石山'이 '山石'으로 도치되어 있음.

俄 聞 倚[270] 閭 成[271] 疾。遽[272] 歸 省 而 病 隨 愈。
時 人 方 之[273] 阮 孝 緒。居 無 何。染 沈 疴。[274] 謁
醫[275] 無 效。枚 卜 之。僉 曰 宜 名 隸 大 神。母
追[276] 惟 曩 夢。試[277] 覆 以 方 袍 而 泣。誓 言 斯
疾 若 起。乞 佛 爲 子。信 宿 果 大 瘳。仰 悟 慈
親。[278] 終 成 素 志。使 舐 犢 者 割 愛。[279] 飮 蛇 者
釋[280] 疑。孝 感 之 異 三 也。至 十 七 受 具。始
就 壇。覺[281] 袖 中[282] 光 熠 熠 然。探 之 得 一 珠。
豈 有 心 而 求。乃[283] 無 脛 而 至。眞 六 度 經 所
喩 矣。使 飢 嘷[284] 者 自 飽。醉 偃 者 能 醒。[285]

---

270) 依(國)

271) 有(芝)

272) 去(芝)

273) 揭本에는 '之'가 없으나, 다른 모든 臺本들이 이를 취하고 있고, 또 문장 표현상 있는 것이 적절하므로 이에 따른다.

274) 痾(成·國·延Ⅰ·高Ⅰ·高Ⅱ·東·芝·奎·桂)

275) 醫(全·成·國·延Ⅰ·高Ⅰ·高Ⅱ·東·芝·奎·桂)

276) 推(高Ⅱ)

277) 揭本에서는 인멸이 심하여 '試'인지 '誠'인지 판독하기 어려우나, 다른 모든 臺本들에 '試'로 되어 있고, 또 의미상 적절하므

로 이를 따른다. 金總에는 '誠'.

278) 念(全)

279) 揭本에는 '受'로 되어 있으나, 다른 모든 臺本들에 '愛'로 되어 있고, 또 의미상 '愛'가 적절하므로 이를 취한다.

280) 擇(金)

281) 奎章本에는 '覺'이 없음.

282) 成大·國立·延大Ⅰ·高大Ⅰ·高大Ⅱ·東大·芝谷·奎章·桂苑本에는 '中'과 '光' 사이에 '神'이 더 있음.

283) 迺(高Ⅱ)

284) 呼(全·成·國·延Ⅰ·高Ⅰ·高Ⅱ·東·芝·奎·桂)

285) 揭本·高大Ⅰ本·金總에는 '腥'

勵²⁸⁶⁾ 心 之 異 四 也。坐 雨 竟。將 他²⁸⁷⁾ 適。夜 夢
遍 吉 菩 薩 撫 頂 提 耳 曰。苦²⁸⁸⁾ 行 難 行。行 之
必 成。形 開 痒²⁸⁹⁾ 然。默 篆 肌²⁹⁰⁾ 骨。自 是 不
復 服 繒 絮 焉。修²⁹¹⁾ 綫 之 須。取²⁹²⁾ 必 麻 楮。
不 穿 達²⁹³⁾ 履。²⁹⁴⁾ 矧 羽 翣 毛 茵²⁹⁵⁾ 餘 用 乎。²⁹⁶⁾
使 緼 黂 者 開 眼。衣 蟲²⁹⁷⁾ 者 厚 顏。律 身 之 異
五 也。自 綺 年。飽²⁹⁸⁾ 老 成²⁹⁹⁾ 之 德。加 瑩 戒

으로 되어 있으나, 여타의 모든
臺本들이 '醒'을 취하고 있고,
또 보다 명확한 의미 표현의 면
에서 '醒'이 적절하므로 이를 취
한다. 東大本에는 '惺'.

286) 厲(成)
287) 它(揚)
288) 昔(全·成·國·延Ⅰ·高Ⅰ·
高Ⅱ·東·芝·奎·桂)
289) 痒(成·國·延Ⅰ·高Ⅰ·高Ⅱ·
東·芝·奎·桂·金)
290) 肥(全)·飢(成·國·高Ⅱ)·肥
(芝)
291) 條(全·成·國·延Ⅰ·高Ⅰ·
高Ⅱ·東·芝·奎·桂)
292) 揚本에는 所의 古字인 '戶'로 되
어 있고, 成大·延大Ⅰ·高大
Ⅰ·高大Ⅱ·東大·芝谷·奎章·
桂苑本에는 '用'으로 되어 있으
며, 全集·國立本은 다음 글자

와 순서를 바꾼 '必用'으로 되
어 있으나, '所'·'用' 모두 문
장구성이 곤란하다. 揚本을 자
세히 검토하면 오히려 '取'에 가
깝다고 할 수 있고, 또 문장표
현상 '取'가 보다 적절하므로
'取'로 고친다.

293) 韃(全·成·國·延Ⅰ·東)
294) 揚本에서는 '履'인지 '屐'인지
명확히 판독해 내기 어려우나,
다른 모든 臺本에서 '履'를 취
하고 있고, 또 의미상 큰 차이
가 없으므로 '履'를 취한다. 金
總에는 '屐'.
295) 茵(高Ⅰ·東·奎·桂)
296) 矣(金)
297) 虫(高Ⅰ·東·芝·奎·桂)
298) 抱(芝)
299) 盛(芝)

珠。可 畏 者 競[300] 相 從 求 盆。大 師 拒 之 曰。人
之[301] 大 患。好 爲 人[302] 師。強[303] 欲 惠[304] 不 惠。
模[305] 不 模[306] 邪。[307] 況 浮 芥 海 鄉。自 濟 未
暇。[308] 無 影 逐 爲 必 笑 之 態。後 山 行。有 樵
叟[309] 礙[310] 前 路 曰。先 覺 覺 後 覺。何 須 悋[311]
空 殼。就 之 則 無 見 焉。爰 媿[312] 且 悟。不 阻
來 求。森 竹 葦 于 鷄[313] 籃 山 水 石 寺。俄 卜 築
他 所 曰。不 繫 爲 懷。[314] 能 遷 是 貴。使 佔 畢

---

300) 競(高Ⅰ)

301) 搨本을 위시하여 高大Ⅰ·高大Ⅱ·東大·奎章·桂苑本에는 '之'가 없으나, 여타의 臺本인 全集·成大·國立·延大Ⅰ·芝谷本에 '之'가 있으며, 또 문장표현상 있는 것이 보다 적절하므로 이에 따른다.

302) '人'의 경우도 위와 같음(臺本別 특징 및 이를 취하는 이유도 일치함).

303) 更(國)

304) 搨本에는 '慧'로 되어 있으나, 다른 모든 臺本들이 '惠'를 취하고 있고, 또 문장표현의 면에서 '惠'가 보다 적절하므로 이에 따른다.

305) 搨本에는 '摸'로 되어 있으나, 다른 모든 臺本들이 '模'를 취하고 있고, 또 보다 명확한 의미이해에 '模'가 적절하므로 이에 따른다.

306) 위와 같음.

307) 何(全·延Ⅰ·東·奎·桂)·耶(成·國·高Ⅰ·高Ⅱ) 芝谷本에는 '邪'와 '況' 사이에 '也'가 더 있음.

308) 暇(成)·假(芝)

309) 搨本을 제외한 다른 모든 臺本에는 '叟'와 '礙' 사이에 '假'가 더 있으나, 原文 이해에 특별한 도움을 주지 않으므로 이를 취하지 않는다.

310) 碍(全·成·國·延Ⅰ·高Ⅰ·高Ⅱ·芝)·硋(東)

311) 悋(全·國)·怪(奎)·拾(金)

312) 愧(全·成·國·延Ⅰ·高Ⅰ·東·芝·奎·桂)

313) 溪(全)·雞(國)

314) 忲(成)

者 三 省。營 巢 者 九 思。垂 訓 之 異 六 也。贈
太315) 師316) 景 文 大 王。心 融 鼎 敎。面 渴317) 輪
工。遙 深 爾318) 思。覬 俾319) 我 卽。320) 乃321) 寓 書
曰。伊 尹 大 通。宋 纖 小 見。以 儒 譬322) 釋。自
邇 陟 遠。323) 甸 邑 巖324) 居。頗 有 佳 所。木 可
擇325) 矣。無 惜 鳳 儀。妙 選 近 侍 中 可 人。鵠
陵326) 昆 孫327) 立 言 爲 使。旣 傳 敎 已。因 攝
齊328) 焉。答 曰。修 身 化 人。捨 靜 奚 趣。329) 烏
能 之 命。善 爲 我 辭。幸 許 安 塗330) 中。無 令

---

315) 搨本을 위시한 東大·芝谷本에는 '大'로 되어 있으나, 여타의 모든 臺本에 '太'로 되어 있고, 또 보다 분명한 표현의 면에서 '太'가 적절하므로 이를 취한다.

316) 傳(國·芝)

317) 調(高Ⅰ·高Ⅱ·東·奎·桂·金總)

318) 尒(搨·高Ⅰ)

319) 裨(全·高Ⅱ)

320) 則(全·成·延Ⅰ·高Ⅰ·高Ⅱ·東·芝·奎·桂)·側(國)

321) 迺(東)

322) 搨本에는 '辟'로 되어 있으나, 國立·高大Ⅱ本의 '比'를 제외한 여타의 모든 臺本들이 '譬'를 취하고 있고, 또 의미·표현의 면에서 '譬'가 적절하므로

이를 따른다. '辟'는 '譬'와 통용되기도 하지만, 搨本의 경우에는 刻石時 가급적 劃을 줄여 새기므로 이같은 결과에 이른 것이라 할 수 있겠다.

323) 邇(國·芝)

324) 嵒(成·延Ⅰ)

325) 擇(成)

326) 能(高Ⅱ)

327) 全集·成大·國立·延大Ⅰ·東大·芝谷本에는 '孫'과 '立' 사이에 '金'이 더 있음.

328) 齊(成·國·延Ⅰ·高Ⅰ·高Ⅱ·東·芝·奎·桂)

329) 適(高Ⅰ). 또 國立本에는 '奚趣'가 '趣奚'로 도치되어 있음.

330) 道(國)·途(東)

在 汝 上。上 聞 之。益 珍 重。自 是[331] 譽 四 飛
於 無 翼。衆 一 變 於 不 言。咸 通 五 年 冬。端
儀 長[332] 翁 主。未 亡 人 爲 稱。當 來 佛 是 歸。
敬 謂[333] 下 生。厚 資 上 供。以 邑 司 所 領 賢
溪[334] 山 安 樂 寺。富 有 泉 石 之 美。請 爲 猿 鶴
主 人。大 師[335] 乃[336] 告 其 徒 曰。山 號 賢 溪。[337]
地 殊 愚 谷。寺 名 安 樂。僧 盍[338] 住 持。從 之[339]
徒[340] 焉。居 則 化 矣。使 樂 山 者 益 靜。[341] 擇
地[342] 者 愼 思。行 藏 之 是 一 焉。他[343] 日 告 門
人 曰。故 韓[344] 粲 金 公 嶷 勳 度 我 爲 僧。報 公
以 佛。乃 鑄 丈 六 玄 金 像。傅 之 以 銑。爰 用
鎮 仁 宇。導 冥 路。使 行[345] 恩 者 日 篤。重[346]

---

331) 搨本에는 '是'가 없으나, 다른
모든 臺本들이 '是'를 취하고
있고, 또 문장의 의미·표현의
면에서 있는 것이 적절하므로 이
에 따른다.

332) 張(國)

333) 爲(東·奎·桂)

334) 磎(高Ⅱ)

335) 搨本에는 '大師' 두 字가 없으
나, 다른 모든 臺本들에 있고,
또 있는 것이 보다 명확한 의미
이해에 도움이 되므로 이에 따

른다.

336) 逎(東)

337) 磎(高Ⅱ)

338) 無(金)

339) 而(芝)

340) 徒(高Ⅱ·奎)

341) 精(芝)

342) 坴(東)

343) 佗(全)

344) 輔(全·成·延Ⅰ·高Ⅰ·高Ⅱ·
東·芝·奎·桂)·補(國)

345) 市(全·成·國·高Ⅰ·高Ⅱ·東·

義347) 者 風 從。348) 知 報 之 是 二 焉。至 八 年 丁
亥。檀 越 翁 主。使 茹 金 等。持 伽 藍 南 畝。曁
臧349) 獲350) 本 籍 授 之。爲 壞351) 袍 傳 舍。俾 永
永352) 不 易。大 師 因353) 念 言。王 女 資 法 喜。354)
尙 如 是 矣。佛 孫 味 禪 悅。豈355) 徒 然 乎。356) 我
家 匪357) 貧。親 黨358) 皆 歿。359) 與 落 路 行 人360)
之 手。寧 充361) 門 弟 子 之 腸。362) 遂 於 乾 符 六
年。捨 莊363) 十 二 區 田 五 百 結。隸 寺 焉。364) 飯
孰 譏 囊。粥 能 銘 鼎。民 天 是 賴。佛 土 可 期。
雖 曰 我 田。且 居 王 土。365) 始 資366) 疑 於367) 王

芝·奎·桂)·施(延Ⅰ)

346) 儥(全·成·國·延Ⅰ·高Ⅰ·高Ⅱ·東·芝·奎·桂)

347) 儀(東)

348) 國立本에는 '風從'이 '從風'으로 도치되어 있음.

349) 臟(全·成·國·延Ⅰ·高Ⅰ·高Ⅱ·東·桂)

350) 穫(東·奎·桂)

351) 懷(國·金)

352) 搨本을 제외한 다른 모든 臺本들에는 두번째의 '永'이 없으나 문장 구성상 잘못이 없으므로 그대로 둔다.

353) 曰(奎)

354) 奎章本에는 '喜'와 '尙' 사이에

'和'가 더 있음.

355) 岂(高Ⅰ)

356) 哉(全·成·國·延Ⅰ·東·芝·奎·桂)

357) 非(全·成·國·延Ⅰ·高Ⅱ·芝)

358) 儻(芝)

359) 沒(全·成·國·延Ⅰ·高Ⅰ·高Ⅱ·東·芝·奎·桂)

360) 芝谷本에는 '人'이 없음.

361) 炗(搨)

362) 腹(全·成·國·延Ⅰ·高Ⅰ·高Ⅱ·東·芝·奎·桂)

363) 庄(全·國)

364) 爲(金)

365) 搨本에는 '云'으로 되어 있으나,

孫[368] 韓[369] 粲 繼 宗 執 事 侍 郞 金 八 元[370] 金[371] 咸 熙 及 正 法[372] 大 統 釋 玄 亮。聲 九 皐。應 千 里。贈 太[373] 傅 獻[374] 康 大 王。忩[375] 而 允 之。其 年 九 月。敎 南 川 郡 統 僧[376] 訓 弼。標[377] 別[378] 墅[379] 劃[380] 正[381] 場。斯 盖[382] 外 佐[383] 君 臣 益 地。內 資 父 母 生[384] 天。使 續 命 者 興[385] 仁。

다른 모든 臺本에 '土'로 되어 있고, 또 의미·표현의 면에서 '云'은 부적절하며 '土'가 적절하므로 이를 취한다.

366) 質(全·成·國·延Ⅰ·高Ⅰ·高Ⅱ·東·芝·奎·桂)

367) 芝谷本에는 '疑於'가 '於疑'로 도치되어 있음.

368) 高大Ⅰ本에는 '王孫' 두 글자가 없음.

369) 輔(全·成·延Ⅰ·高Ⅰ·高Ⅱ·東·芝·奎·桂)·補(國)

370) 全集本에는 '八元'이 '元八'로 도치되어 있음.

371) 全集·國立本에는 '金'이 없음.

372) 全集·國立本에는 '法'과 '大' 사이에 '司'가 있음.

373) 大(東·奎)

374) 憲(全·成·國·延Ⅰ·芝). 본래 '憲'이 옳으나, 搨本에 분명하게 '獻'으로 새겨져 있으므로 일단 이를 중시한다.

375) 忩(成·延Ⅰ·高Ⅰ·東·奎·

桂·金)

376) 成大·延大Ⅰ·東大·奎章·桂苑本에는 '統僧'이 '僧統'으로 도치되어 있음.

377) 搨本에서는 '標'인지 '擇'인지 잘 판독이 되지 않으나, 다른 모든 臺本에 '標'로 되어 있고, 또 의미상 '標'가 적절한 것으로 생각되어 이를 취한다. 金總에는 '擇'.

378) 全集本에는 '別'이 없음.

379) 墊(東)

380) 畫(全·國)

381) 生(全·成·國·延Ⅰ·高Ⅰ·高Ⅱ·東·芝·奎·桂)

382) 皆(全)

383) 佑(東·奎·桂)

384) 奎章本에는 '生'이 없음.

385) 搨本을 위시하여 國立·東大本에는 '與'로 되어 있으나, 여타의 모든 臺本들에 '興'으로 되어 있고, 또 의미의 측면에서 '興'이 보다 적절한 것으로 생각되어 이

賞386) 歌 者 悛 過。 檀 捨 之 是 三 焉。 有 居 乾
慧387) 地388) 者。曰 沈 忠。聞 大 師 刃389) 餘 定 慧。390)
鑑391) 透 乾 坤。志 確 曇 蘭。術 精 安 廩。禮 足
巳。白 言。弟 子 有 剩 地。在392) 曦393) 陽 山 腹。
鳳 巖 龍 谷。境 駭 橫 目。幸 構394) 禪 宮。徐395)
答 曰。吾 未 能 分 身。惡 用 是。忠 請 膠 固。加
以396) 山 靈。有 甲 騎397) 爲398) 前 驅 之 異。乃399)
錫 挺 樵400) 蹊401) 而 歷 相402) 焉。且 見 山 屏 四
迾。403) 則 鷲404) 翅 掀 雲。水 帶 百 圍 則 虬 腰405)

를 취한다. 桂苑本에는 '與者'
로 순서가 바뀌어져 있다.

386) 賓(金)

387) 惠(全)

388) 顗(東). 國立本에는 '居乾慧地'
가 '乾惠地居'로 도치되어 있음.

389) 忍(國)

390) 惠(國)

391) 國立本에는 '鑑'과 '透' 사이에
'遠'이 더 있음.

392) 有(高Ⅱ)

393) 搨本에는 '羲'로 되어 있으나,
다른 모든 臺本들에 '曦'로 되
어 있는 바, 본래 '曦'가 옳은
글자이다. 金石에 새길 때 가급
적 劃을 줄여 새기므로 이러한
결과에 이른 듯하다.

394) 搆(成·國·延Ⅰ·東·奎)

395) 東大·奎章·桂苑本에는 '徐'가
없음.

396) 搨本에는 '以'가 없으나, 다른
모든 臺本들이 이를 취하고 있
고, 또 문장구성상 있는 것이 적
절하므로 이에 따른다.

397) 芝谷本에는 '騎'와 '爲' 사이에
'氣'가 더 있음.

398) 爲(延Ⅰ)

399) 迺(高Ⅱ·東)·仍(金)

400) 撨(延Ⅰ)

401) 磎(全·國·東)

402) 全集·成大·國立·延大Ⅰ·高
大Ⅰ·高大Ⅱ·東大·芝谷·奎
章·桂苑本에는 '歷相'이 '相歷'
으로 도치되어 있음.

403) 列(全·成·國·延Ⅰ·高Ⅰ·
高Ⅱ·東·芝·奎·桂)

偃 石。既⁴⁰⁶⁾ 愕 且 唶⁴⁰⁷⁾ 曰。獲 是 地 也。庸 非
天 乎。不 爲 靑 衲 之 居。其⁴⁰⁸⁾ 作 黃 巾 之 窟。
遂 率 先⁴⁰⁹⁾ 於 衆。防 後 爲 基。起 瓦 簷 四 柱⁴¹⁰⁾
以 壓⁴¹¹⁾ 之。鑄 鐵 像 二 軀⁴¹²⁾ 以 衛 之。至 中 和
辛 丑 年。⁴¹³⁾ 敎 遣 前 安 輪 寺 僧 統⁴¹⁴⁾ 俊 恭。⁴¹⁵⁾
肅⁴¹⁶⁾ 正 史⁴¹⁷⁾ 裵 聿⁴¹⁸⁾ 文。標 定 疆⁴¹⁹⁾ 域。⁴²⁰⁾ 芳⁴²¹⁾
賜⁴²²⁾ 牓⁴²³⁾ 爲 鳳 巖 焉。及 大 師⁴²⁴⁾ 徃 化⁴²⁵⁾ 數

---

404) 搨本에서는 '鶯'을 두 글자로 보
아 '獄鳥'의 형태를 취하고 있
다.

405) 腹(國)

406) 卽(全)

407) 全集本에는 '愕且唶'이 '且唶
愕'으로 도치되어 있음.

408) 只(高Ⅰ)

409) 桂苑本에는 '先'이 없음.

410) 全集本의 '柱'와 國立本의 '註'
를 제외한, 搨本 이하 여타의 모
든 臺本들에 '注'로 되어 있으
나, 먼저 '註'는 적절치 못하고
'注'보다는 '柱'가 문장의 의미·
표현의 면에서 보다 적절한 것
으로 생각되어 이를 취한다. 또
원래 '柱'가 옳으나 刻石時 가
급적 劃을 줄여 새기게 된 결과
'注'로 된 것이 아닌가도 생각
된다.

411) 搨本에는 '厭'으로 되어 있으
나, 다른 모든 臺本들에 '壓'으

로 되어 있고, 의미상 적절하므
로 '壓'을 취한다. '厭'은 '壓'
과 통용되기도 하지만, 搨本의
경우 刻石時 가급적 劃을 줄여
새기므로 이같은 결과에 이른 것
으로 보인다.

412) 躬(東)

413) 高大Ⅰ本에는 '年'이 없음.

414) 全集本에는 '僧統'이 '統僧'으
로 도치되어 있음.

415) 共(奎)

416) 司(全·成·國·延Ⅰ·高Ⅰ·
高Ⅱ·東·芝·奎·桂)

417) 吏(高Ⅱ)

418) 律(國)

419) 疆(成·延Ⅰ·高Ⅰ·高Ⅱ·桂)·
强(國)

420) 邑(東)·界(奎·桂)

421) 仍(全·國)

422) 全集本에는 '賜'가 없음.

423) 榜(全·國·高Ⅰ·芝)

424) 士(高Ⅰ)

年。有 山 叺426) 爲 野 冠427) 者。始 敢 拒 輪。終 能
食 甚。428) 得 非 深 齁429) 定 水。預 沃430) 魔 山 之
巨 力 歟。使 折 臂 者 標431) 義。掘 尾 者 制 狂。432)
開 發 之 是 四 焉。太 傅 大 王。以 華433) 風 掃 弊。
慧 海 濡 枯。434) 素 欽435) 靈436) 育437) 之 名。渴 聽438)
法 深 之 論。乃439) 注 心 鷄440) 足。灑441) 翰 鶴442)
頭 以 徵 之 曰。外 護 小 緣。念 踰 三 際。內 修
大 惠。443) 幸 許 一 來。大 師 感 動 琅 函 言 及。
勝 因 通 世。同 塵444) 率 土。懷 玉 出 山。彎 織

---

425) 延大Ⅰ·東大·奎章·桂苑本外
　　에는 '往化'가 '化往'으로 도치
　　되어 있음.

426) 叺(高Ⅰ·東·奎·桂)

427) 冠(國·金)

428) 椹(全·奎)·菓(金)

429) 鄭(成)·鄭(延Ⅰ)·齁(金)

430) 汲(金)

431) 操(奎·桂)·探(金)

432) 枉(奎·桂)

433) 揚本에는 '花'로 되어 있으나,
　　다른 모든 臺本들에 '華'로 되
　　어 있고, 또 '花'는 문장의 표
　　현·의미의 면에서 적절치 못하
　　며 '華'가 적절한 것으로 생각
　　되어 이를 취한다. 이는 아마도
　　刻石時 가급적 劃을 줄여 간략
　　히 새기게 된 결과가 아닌가 생

각된다.

434) 沽(奎)

435) 飮(高Ⅰ)

436) 灵(國·高Ⅰ·高Ⅱ·桂)·飒(東

437) 骨(高Ⅱ)

438) 听(東)

439) 迺(東)

440) 揚本·國立本에는 '雜'로 되어
　　있으나, 여타의 모든 臺本들에
　　'鷄'로 되어 있고, 또 본래 '鷄'
　　가 옳으므로 이를 취한다. 金總
　　에도 '鷄'.

441) 洒(國)

442) 鵠(全·成·國·延Ⅰ·高Ⅰ·
　　高Ⅱ·東·芝·奎·桂)

443) 慧(全·成·國·延Ⅰ·東·芝·
　　桂)

444) 璧(金)

迎途。至憩[445]足于禪院寺。錫安信宿。引
問心于月池宮。時[446]屬纖蘿不風。溫樹方
夜。適覩金波之影。端[447]臨玉沼之心。大
師俯而覿。仰而告曰。是卽[448]是。[449]餘無
所[450]言。上洗然忻[451]契曰。[452]金仙[453]花目。
所傳風流。固協[454]於此。遂拜爲忘言師。
及出。俾蓋臣譬旨。幸宜小停。答曰。謂牛
戴牛。所直無[455]幾。以[456]鳥養鳥。爲惠不
貲。[457]請從此辭。[458]枉之則折。上聞之喟
然。以韻[459]語歎[460]曰。挽[461]旣不留。[462]空門

---

[445] 醯(芝)

[446] 畠(東)

[447] 惏(國)

[448] 則(成・國・延Ⅰ・高Ⅰ・高Ⅱ・
芝・奎・桂)

[449] 東大・芝谷本에는 '是'와 '餘'
사이에 '矣'가 더 있음.

[450] 揚本에는 '所'가 없으나, 다른
모든 臺本들이 이를 취하고 있
고, 또 있는 것이 문장구성상 적
절하므로 이에 따른다.

[451] 欣(東・奎・桂)

[452] 仚(延Ⅰ)

[453] 揚本에서는 마멸이 심하여 판독
하기 어려우나, 다른 모든 臺本
들에 '契曰'로 되어 있고, 또 의

미상 적절하므로 이에 따른다.

[454] 揚本에서는 마멸이 심하여 판독
하기 어려우나, 대다수의 臺本
들에 '協'으로 되어 있고, 또 의
미상 적절하므로 이를 따른다.
成大・國立・芝谷本에는 '叶'.

[455] 焏(成)

[456] 目(東)

[457] 些(國・高Ⅰ)

[458] 辝(全・成)・辞(國・高Ⅰ・高Ⅱ・
東)

[459] 韵(高Ⅰ)

[460] 嘆(全)

[461] 揚本에는 '施'로 되어 있으나,
다른 모든 臺本들에 '挽'으로 되
어 있고, 또 문장구성상 '挽'이

鄧[463] 侯。師 是 支 鶴。吾 非 趙[464] 鷗。[465] 乃[466] 命
十 戒 弟 子。宣 敎 省 副 使 馮 恕 行。援[467] 送
歸[468] 山。使 待 兎 者 離 株。[469] 羨 魚 者[470] 學 網。
出 處 之 是 五 焉。在 世 行。無[471] 遠 近 夷 險。[472]
未 嘗 代 勞 以 蹄 角。及 還 山。氷 雪[473] 梗[474] 跋
涉。[475] 乃[476] 以 栟 櫚 步 輦[478] 寵[479] 行。謝 使
者 曰。是 豈 非[480] 井 大 春 所 云[481] 人 車 耶。顧
英[482] 君 所 不 須。[483] 矧 形 毀 者 乎。然[484] 命[485]

보다 적절하므로 이를 취한다.

462) 畾(揚·全)·繇(東)

463) 劉(國·高Ⅱ)

464) 揚本에는 '超'로 되어 있으나, 다른 모든 臺本들에 '趙'로 되어 있고, 또 문장구성상 '趙'가 보다 적절하므로 이를 취한다.

465) 鶌(東)

466) 迺(東)

467) 投(全·延Ⅰ)

468) 趨(成·延Ⅰ)·故(國·高Ⅱ·桂)

469) 林(高Ⅰ)

470) 奎章本에는 '者'가 없음.

471) 僉(成)

472) 嶮(延Ⅰ). 또 東大·奎章·桂苑本에는 '夷險'이 '險夷'로 도치되어 있음.

473) 揚本에는 '霓'로 되어 있으나, 다른 모든 臺本들에 '雪'로 되어 있고, 또 의미상 '雪'이 적절하므로 이를 취한다.

474) 便(金)

475) 跰(金)

476) 國立本에는 '乃'와 '以' 사이에 '賜'가 더 있음.

477) 輿(奎)

478) 奎章本에는 '步輦' 두 글자가 없음.

479) 躳(全·成·國·延Ⅰ·高Ⅱ·東·奎·桂)·窮(高Ⅰ·芝)

480) 揚本·高大Ⅱ本에는 '非'가 없으나, 여타의 臺本들이 '非'를 취하고 있고, 또 있는 것이 문장의 의미·표현의 면에서 보다 적절하므로 이에 따른다.

481) 謂(東·奎·桂)

482) 榮(高Ⅰ)

483) 預(奎)·須(桂)

484) 然(延Ⅰ)

既 至 矣。[486] 受 之 爲 濟[487] 苦 具。及 移[488] 疾 于
安[489] 樂 練[490] 若。[491] 扶[492] 錫[493] 不 能 起。始 乘
之。使 病 病 者 了 空。賢 賢[494] 者 離 執。用 捨
之 是 六 焉。至 冬 抄[495] 旣 望 之 二 日。跌 坐
晤[496] 言 之 際。泊 然[497] 無[498] 常。嗚 呼。星 廻[499]
上 天。月 落 大 海。[500] 終 風 吼 谷。則 聲[501] 咽
虎 溪。積 雪 摧 松。則 色 侔 鵠[502] 樹。物 感 斯
極。人 悲 可 量。[503] 信 而 假 殯 于 賢 溪。碁[504]

---

485) 僉(延Ⅰ·高Ⅰ)

486) 搨本을 위시하여 高大Ⅰ·高大
Ⅱ·東大·奎章·桂苑本에는
'矣'가 없으나, 여타의 臺本들
이 이를 취하고 있고, 또 있는
것이 문장구성의 면에서 보다 적
절하므로이에 따른다.

487) 淯(東)

488) 迻(全·成·國·延Ⅰ·高Ⅰ·
高Ⅱ·東·芝·奎·桂)

489) 汝(全·成·國·延Ⅰ·高Ⅱ·
東·芝·奎·桂)

490) 蘭(成·延Ⅰ·東·奎·桂)

491) 居(金)

492) 杖(全·成·國·延Ⅰ·高Ⅰ·
高Ⅱ·東·芝·奎·桂·金)

493) 搨本에는 '錫'이 없으나, 다른
모든 臺本들이 이를 취하고 있
고, 또 보다 명확한 의미와 표

현의 면에서 있는 것이 적절하
므로 이에 따른다.

494) 旲旲(高Ⅱ)

495) 杪(全)

496) 搨本에는 '悟'로 되어 있으나,
다른 모든 臺本들에 '晤'로 되
어 있고, 또 문장구성·표현의
면에서 '晤'가 보다 적절한 것
으로 생각되어 이를 취한다.

497) 欻(延Ⅰ)

498) 歛(成)

499) 回(國)

500) 奎章本에는 '大海'가 '海大'로
도치되어 있음.

501) 拜(成·國·高Ⅱ)

502) 鶴(全·高Ⅰ·芝·奎·桂)

503) 奎章本에는 '量'과 '信' 사이에
'信'이 더 있음.

504) 搨本에는 '其月'로 되어 있으나,

而 遷505) 窆 于 曦506) 野。507) 太508) 傅509) 王 馳 醫510)

問 疾。 降 駛511) 營 齊。512) 不 暇513) 無514) 偏 無515)

頗。 能 諧 有516) 始 有 卒。517) 特 敎 菩 薩 戒 弟 子

建 功 鄉518) 令 金 立 言。 慰 勉 諸519) 孤。 賜 諡 智

대다수의 臺本에 '朞'로 되어 있고, 또 '其月'은 '朞'를 잘못 나누어 새긴 것으로 보이므로'朞'를 취한다. 全集・國立・高大 I・芝谷本에는 '期', 高大II本에는 '基', 金總에는 '其日'.

505) 高大II本에는 '遷'이 없고, 金總에는 '逡'.

506) 拓本・國立本에는 '羲'로 되어 있으나, 다른 모든 臺本들에 '曦'로 되어 있는 바, 본래'曦'가 옳은 글자이다. 金石에 새길 때 가급적 劃을 줄여 새기므로 이러한 결과에 이른 듯하다.

507) 陽(高 I)

508) 拓本에는 銘에 해당하는 詞가 '曦野' 다음인 이곳 '太傅王…'의 자리에 위치하여 서술문장의 중간에 들어있으나, 이것은 碑 製作의 편의에 의한 것일 뿐 碑 文의 서술순서와는 별 관계가 없는 것이므로, 다른 모든 臺本들에서와 마찬가지로 詞를 맨 뒤로 돌렸다.

또 '太'는 拓本에 '大'로 되어 있으나, 다른 모든 臺本들에 '太'로 되어 있고, 또 보다 분명한 표현의 면에서 '太'가 적절하므로 이를 취한다.

509) 芝谷・奎章本에는 '傅'와 '王' 사이에 '大'가 더 있음.

510) 拓本에서는 이 부분 碑가 깨어져 글자를 확인하기 어려우나, 다른 모든 臺本에 '醫'로 되어 있고, 또 의미상 적절하므로 이를 따른다. 字體의 통일을 기하기 위해 '醫'를 原文으로 하였다.

511) 拓本을 제외한 다른 모든 臺本에는 '駛'로 되어 있다. 原文의 '駛'는 '駛'의 잘못이 아닌가 생각된다.

512) 拓本을 제외한 다른 모든 臺本에는 '齊'로 되어 있으나 '齊'와 통용되므로 그대로 둔다.

513) 假(國・延I・高I・芝)

514) 兪(成)

515) 위와 같음.

516) '能諧有' 세 글자는 拓本에서는 碑가 깨어져 알 수 없으나, 다른 모든 臺本에 이렇게 되어 있고, 또 의미상 적절하므로 이를 따른다.

517) 終(全・芝)

證禪師。[520] 塔號寂照。[521] 仍許勒石。俾錄
狀聞。門[522]人性蠲敏[523]休楊孚[524]繼徽等。
咸[525]得鳳毛[526]者。斂陳迹[527]以[528]獻。[529]至
乙巳歲。有國民媒儒道。嫁帝鄉。而[530]名
掛輪中。職攀桂下者。曰崔致遠。[531]捧漢
后龍緘。齎[532]淮王鵠幣。雖慙鳳擧。頗類
鶴[533]歸。[534]上命[535]信臣清信者[536]陶竹陽。[537]
授門人狀。賜[538]手敎曰。縷褐東師。始悲
西[539]化。繡衣西使。深喜東還。不朽之爲。

---

518) 卿(高Ⅱ·金)
519) '慰勉論' 세 글자 역시 주516)
　　과 같음.
520) 全集·國立本에는 '禪師' 두 글
　　자가 없음.
521) 炤(高Ⅱ)
522) '狀門人' 세 글자 역시 주516)
　　과 같음.
523) 役(金)
524) 浮(高Ⅱ)
525) 感(東)
526) 尾(全·成·國·延Ⅰ·高Ⅱ·
　　東·芝·奎·桂)
527) 跡(成·國·延Ⅰ·高Ⅰ·芝)·
　　蹟(東·奎·桂)
528) 目(東)
529) '迹以獻' 세 글자 역시 碑가 깨
　　어져 알 수 없으나, 다소 字體
가 다를 뿐 다른 모든 臺本에 비
슷하게 되어 있고, 또 의미상 적
절하므로 이를 따른다.
530) 迺(國)
531) 雲(奎)
532) 賷(全·成·國·延Ⅰ·高Ⅰ·
　　高Ⅱ·東·芝·奎·桂)
533) 嶋(東)
534) 趩(成·延Ⅰ)·故(國·高Ⅱ·
　　東·奎·桂)
535) 令(高Ⅱ)
536) 全集·國立本에는 '信者' 두 글
　　자가 '愼'으로 되어 있음.
537) 楊(全·國·芝)
538) 錫(全·國·延Ⅰ)
539) 搨本에는 '遷'으로 되어 있으나,
　　다른 모든 臺本에 '西'로 되어
　　있고, 또 문장의 對句 면에서

有緣而至。無悋[540]外孫之作。將酬[541]大
士[542]之慈。[543]臣也雖東箭非材。[544]而南冠
多幸。方思運斧。[545]遽值號弓。况復國重
佛書。[546]家蔵[547]僧史。法碣相望。禪碑最[548]
多。遍覽色絲。試搜殘錦。[549]則見無去無
來之說。競把[550]斗量。不生不滅[551]之譚。[552]
動論車載。曾無魯史新意。或[553]用周[554]公
舊章。是知石[555]不能言。益驗道之云[556]遠。

'西'가 적절하므로 이를 취한
다.

540) 悋(全)

541) 酧(全·高Ⅰ·高Ⅱ)

542) 師(全·成·國·延Ⅰ·高Ⅱ·
東·芝·奎·桂)

543) 德(全)

544) 才(全·成·國·延Ⅰ·高Ⅰ·
高Ⅱ·東·芝·奎·桂)

545) 斤(延Ⅰ)

546) '書'는 搨本에 없는 글자이나,
다른 모든 臺本에서 이를 취하
고 있고, 또 문장구성상 다음句
인 '家蔵僧史'와 對를 이루기 위
해서는 있는 것이 적절하므로
이에 따른다.

547) 蔵(全)

548) 敢(搨·東)

549) 搨本을 제외한 다른 모든 臺本
에는 '殘錦'이 '錦頌'으로 되어
있으나, 특별한 잘못이 없는 듯
하여 搨本의 것을 그대로 따른
다. '殘錦'의 뜻은 분명히 알 수
없으나 여기 저기 잔존한 文字
라는 뜻이 아닌가 생각된다.

550) 抱(全·成·國·延Ⅰ·高Ⅰ·
高Ⅱ·東·芝·奎·桂)

551) 泯(成·高Ⅰ)

552) 談(全·國)

553) 不(全)·惑(成·高Ⅰ·高Ⅱ·
東·芝·奎·桂)

554) 搨本에는 '同'으로 되어 있으
나, 다른 모든 臺本에 '周'로 되
어 있고, 또 '同'은 '周'의 잘
못이므로 이를 바로 잡는다.

555) '石' 역시 주 516)과 같음.

556) 玄(國·延Ⅰ·高Ⅱ·芝·奎·
桂)

唯[557] 懷 師 化 去 早。臣 歸[558] 來 遲。爨 爨 字 誰 告 前 因。[559] 逍 遙 義[560] 不 問 眞 訣。[561] 每 憂 傷 手。莫 悟 伸[562] 拳。歎[563] 時 則 露 往 霜 來。遽 涸[564] 愁 鬢。[565] 談 道 則 天 高 地 厚。廑[566] 腐 頑 毫。將 諧 汗 漫 之 遊。始 述 崆 峒 之 美。有 門 人 英[567] 爽。[568] 來 趣 受 辛。金 口 是 資。石 心 彌[569] 固。忍 踰 刮 骨。求 甚 刻 身。影 伴[570] 八 冬。言 資 三 復。抑 六 異 六 是 之 屬 辭[571] 無 媿。[572] 賈 勇 有 餘 者。實[573] 乃 大 師 內 蕩 六 魔。外 除 六 蔽。行 苞[574] 六 度。坐 證[575] 六 通 故 也。

---

557) 惟(全·國·高Ⅰ·高Ⅱ)

558) '歸' 역시 주516)과 같음. 敀(成·國·延Ⅰ·高Ⅱ·東·桂)

559) 揚本에는 '日'로 되어 있으나, 다른 모든 臺本들에 '因'으로 되어 있고, 또 '因'이 의미·표현의 면에서 보다 적절하므로 이를 취한다. 金總에는 '曰'.

560) 議(高Ⅱ)

561) 揚本에는 '決'로 되어 있으나, 다른 모든 臺本들에 '訣'로 되어 있고, 또 '訣'이 보다 적절하므로 이를 취한다.

562) 申(全·成·國·延Ⅰ·高Ⅰ·高Ⅱ·東·芝·奎·桂)

563) 嘆(全)

564) 凋(全·國·高Ⅱ)·彫(成·延Ⅰ·高Ⅰ·東·芝·奎·桂)

565) 鬖(芝)

566) 僅(全)

567) 榮(東)

568) 全集·國立本에는 '英爽'이 '爽英'으로 도치되어 있음

569) 弥(揚)

570) 絆(高Ⅱ)

571) 辞(揚·奎)·辤(延Ⅰ)

572) 愧(芝·奎·桂) 奎章本에는 '媿'와 '賈' 사이에 '可'가 더 있음.

573) 寔(國·延Ⅰ·高Ⅰ·高Ⅱ·東·奎·桂)

事 譬 採 花。文 難 削[576] 藁。[577] 遂[578] 同 榛[579] 楛[580]
勿 翦。[581] 有 黦 糠 秕[582] 在 前。跡[583] 追 蘭 殿 之
遊。誰 不 仰 月 池 佳 對。偈 効[584] 栢[585] 梁[586] 之
作。庶 幾 騰[587] 日 域 高 譚。[588]

　其 詞 曰。麟[589] 聖 依 仁 乃[590] 據 德。鹿 仙[591]
知 白 能 守 黑。二 敎[592] 徒[593] 稱[594] 天 下 式。螺
髻 眞[595] 人 難 确[596] 力。十 萬 里 外 鏡 西 域。一
千 年 後 燭 東 國。雞[597] 林 地 在 鼇[598] 山 側。

---

574) 包(東)

575) 訂(奎)

576) 消(全・成・國・延Ⅰ・高Ⅰ・
高Ⅱ・芝・奎・桂)・銷(東)

577) 藁(成・延Ⅰ・高Ⅰ)・菁(國)

578) 雖(奎)

579) 秦(芝)

580) 枯(延Ⅰ・高Ⅰ)

581) 剪(全・成・國・延Ⅰ・高Ⅰ・
高Ⅱ・東・芝・奎・桂)

582) 秕(國)

583) 蹟(成・延Ⅰ)・迹(國・東)

584) 效(全・成・國・高Ⅰ・高Ⅱ・
東・芝・奎・桂)

585) 柏(全・高Ⅱ・東)

586) 樑(奎・桂)

587) 騰(芝)

588) 談(高Ⅰ・芝)
　※ 다음에 이어지는 ‘其詞曰’이

후가 곧 銘에 해당하는 부분이
다.

589) 獜(國・桂)

590) 迺(東)

591) 仚(延Ⅰ)・僊(高Ⅰ)

592) 諔(高Ⅰ)

593) 從(全・成・國・高Ⅰ・高Ⅱ・
東・芝・奎・桂)

594) 称(國・延Ⅰ)

595) 真(揚・延Ⅰ)

596) 角(東・奎・桂)

597) 揚本・高大Ⅱ本의 ‘雞’를 제외
한 여타의 모든 臺本들에는 ‘鷄’
로 되어 있는데, 본래 ‘鷄’가
옳을 듯하나 ‘雞’와 통용되기도
하기에 原文을 그대로 살리어
‘雞’로 둔다.

598) 鼇(全・國・高Ⅰ・東・奎・桂)・
鼈(延Ⅰ)

仙599) 儒600) 自 古 多 奇 特。可 憐601) 羲602) 仲 不
曠 職。603) 更 迎 佛 日 辨604) 空 色。605) 敎 門 從 此
分 階606) 域。言 路 因 之 理 溝 洫。身 依 兔 窟 心
難 息。足 躡 羊 歧 眼 還 惑。法 海 安 流607) 眞 叵
測。心 傳 眼608) 訣609) 苞610) 眞611) 極。得 之 得 類
罔 象 得。默612) 之 默613) 異 寒 蟬 默。614) 北 山 義
與 南 岳 陟。615) 垂 鵠 翅616) 與 展 鵬 翼。617) 海 外
時 來 道 難 抑。遠 派618) 禪 河 無 雍619) 塞。蓬

---

599) 仚(延Ⅰ)

600) 全集本에는 '仙儒'가 '儒仙'으
로 도치되어 있음.

601) 怜(國)

602) 曦(全·成·國·延Ⅰ·高Ⅰ·
高Ⅱ·東·芝·奎·桂)

603) '曠職' 두 글자는 搨本에서 마
멸이 심하여 판독하기 어려우
나, 다른 모든 臺本들에 이렇게
되어 있고, 또 의미상 적절하므
로 이를 따른다.

604) 見(奎)

605) 奎章本에는 '空色'이 '色空'으
로 도치되어 있음.

606) 堦(芝·奎·桂)

607) 淋(奎)

608) '傳眼' 두 글자는 搨本의 경우
마멸이 심하여 판독하기 어려우
나, 다른 모든 臺本들에 '傳眼'
으로 되어 있고, 또 의미상 적

절하므로 이를 따른다. 金總은
'傳'을 '得'으로, 다음 字는 불
명으로 되어 있다.

609) 詼(全·成·國·延Ⅰ·高Ⅰ·
高Ⅱ·東芝·奎·桂)

610) 包(全·成·國·延Ⅰ·高Ⅰ·
高Ⅱ·東·芝·奎·桂)

611) 眞(搨·延Ⅰ)

612) 嘿(全·國)

613) 위와 같음.

614) 위와 같음.

615) 涉(高Ⅰ)

616) 翅(國·高Ⅰ·高Ⅱ·東·芝)

617) 高大Ⅱ本에는 '翼'이 없음.

618) 搨本에서는 마멸이 심하여 '派'
인지 '流'인지 잘 판명이 되지
않으나, 다른 모든 臺本들에
'派'로 되어 있고, 또 의미상 적
절하므로 이를 따른다. 金總에
는 '流'.

託⁶²⁰⁾ 麻 中 能 自 直。珠 探 衣 內 休⁶²¹⁾ 傍⁶²²⁾ 貸。⁶²³⁾
湛 若 賢⁶²⁴⁾ 溪⁶²⁵⁾ 善 知 識。十 二 因 緣 非⁶²⁶⁾ 虛
飾。何 用 攀 紙⁶²⁷⁾ 兼⁶²⁸⁾ 拊 杅。⁶²⁹⁾ 何 用 砥⁶³⁰⁾ 筆
及 含 墨。彼 或⁶³¹⁾ 遠 學 來 匍 匐。我 能 靜 坐 降
魔 賊。莫 把⁶³²⁾ 意 樹 誤⁶³³⁾ 栽 植。莫 把⁶³⁴⁾ 情⁶³⁵⁾
田 枉 稼 穡。⁶³⁶⁾ 莫 把⁶³⁷⁾ 恒 沙 論 萬⁶³⁸⁾ 億。莫 把⁶³⁹⁾
孤⁶⁴⁰⁾ 雲 定 南 北。德 馨 四 遠⁶⁴¹⁾ 聞 薝⁶⁴²⁾ 蔔。惠⁶⁴³⁾

---

619) 擁(全)・壅(成・國・延Ⅰ・高Ⅰ
　　・高Ⅱ・東・芝・奎・桂)

620) 揭本에서는 마멸이 심하여 '托'
　　인지 '託'인지 잘 판명이 되지
　　않는다. 다른 臺本들에 '托'으
　　로 되어 있으나, 의미상 '託'이
　　적절함으로 金總에 따라 '託'으
　　로 함.

621) 體(全)

622) 傍(奎)

623) 貣(全・成・國・高Ⅰ・高Ⅱ・
　　東・桂)

624) 뭊(高Ⅱ)

625) 磎(高Ⅱ)

626) 匪(成・高Ⅱ・奎)

627) 緟(高Ⅱ)

628) 燕(揭・國・延Ⅰ・芝・奎)

629) 杙(延Ⅰ・芝・奎・桂)・我(東)

630) 揭本에는 '紙'로 되어 있으나,
　　다른 모든 臺本들이 '砥'를 취
　　하고 있고, 또 문장표현상 '砥'
　　가 보다 적절한 것으로 각생되
어 이를 취한다.

631) 旣(全)

632) 抱(全)

633) 設(全・成・國・延Ⅰ・高Ⅰ・
　　高Ⅱ・芝)・謾(東・奎・桂)

634) 苞(全・國)

635) 揭本에서는 마멸이 심하여 판독
　　하기 어려우나, 다른 모든 臺本
　　에 '情'으로 되어 있고, 또 의
　　미・표현의 면에서 적절하므로
　　이를 따른다. 金總에는 '檀'.

636) 揭本에서는 '田枉稼穡'의 네 글
　　자 중 '枉'만이 판독가능할 뿐
　　이나, 다른 모든 臺本들에 이렇
　　게 되어 있고, 또 의미상 적절
　　하므로 이를 따른다.

637) 抱(全)

638) 万(揭・奎)
　　※ 이하 揭本을 통해서는 字體
　　解讀이 불가능하므로 金總을 참
　　고하여 原文을 확정짓는다.

639) 抱(全・國)

化 一 方 安 社 稷。面 奉 天 花⁶⁴⁴⁾ 飄 縷 祇。心
憑⁶⁴⁵⁾ 水 月⁶⁴⁶⁾ 呈 禪 拭。⁶⁴⁷⁾ 寯 嗣 佳 綿⁶⁴⁸⁾ 誰 入
棘。腐 儒 玄 杖⁶⁴⁹⁾ 慙 摘⁶⁵⁰⁾ 埴。跡 耀⁶⁵¹⁾ 寶⁶⁵²⁾ 幢
名 可 勒。才 輸⁶⁵³⁾ 錦 頌 文 難 織。⁶⁵⁴⁾ 囂 腹 欲 飫
禪 悅⁶⁵⁵⁾ 食。來 向 山 中 看 篆 刻。

---

640) 閒(全・國)

641) 远(高Ⅱ)

642) 金總・桂苑本에는 '詹'으로 되어 있으나, 다른 모든 臺本들에 '舊'으로 되어 있고, 또 문장표현의 면에서 '舊'이 보다 적절한 것으로 생각되어 이를 취한다.

643) 慧(全・成・國・延Ⅰ・高Ⅰ・高Ⅱ・東・芝・奎・桂)

644) 金總에는 '化'로 되어 있으나, 다른 모든 臺本들에 '花'로 되어 있고, 또 '花'가 적절한 표현이므로 이를 취한다.

645) 奎章本에는 '心憑'이 '憑心'으로 도치되어 있음.

646) 國立本에는 '水月'이 '月水'로 도치되어 있음.

647) 杖(全・成・國・高Ⅰ・芝・奎)

648) '寯嗣佳綿' 네 글자는 金總의 것을 따른 것이다. '훌륭한 후계자'의 뜻을 지닌 말로 생각되나 자세한 것은 알 수 없다. 이 네 字는 臺本에 따라 몇몇 글자가 다를 뿐 거의 모든 本에 '霍副往綿'로 되어 있으나, 이는 의미상 적절치 못한 것으로 생각된다. 몇몇 다른 글자는 '霍'의 경우 '崔'(成), '綿'의 경우 '錦'(全・國)이 여기에 해당된다.

649) 金總에는 '狀'으로 되어 있으나, 다른 모든 臺本에 '杖'으로 되어 있고, 또 의미상 '杖'이 적절하므로 이를 취한다.

650) 摘(全・成・國・延Ⅰ・高Ⅰ・高Ⅱ・東・芝・奎・桂)

651) 輝(奎)

652) 宝(高Ⅱ)

653) 翰(奎)

654) 裁(金)

655) '囂腹欲飫禪悅'의 여섯자는 金總의 경우 '飫' 이외에는 판독 불능으로 되어 있으나, 다른 모든 臺本에 이렇게 되어 있고, 또 의미・표현의 면에서 적절한 것으로 생각되어 이를 따른다.

初月山大崇福寺碑

臣聞 王者之基祖德[1]而峻孫謀也。政以仁爲[2]本。禮以孝爲[3]先。仁以推済衆之誠。孝以擧尊親[4]之典。莫不體[5]無[6]偏於夏範。遵不匱於周詩。聿修芟秕稗之譏。克祀潔蘋蘩之薦。俾惠[7]渥均濡於庶彙。德[8]馨高達於穹[9]旻。[10]然[11]勞心而扇喝[12]泣辜。豈若[13]拯[14]羣品於大迷之域。[15]竭力而配天饗[16]帝。豈若[17]奉尊靈[18]於常樂之鄉。是知敦睦九親。實[19]在[20]紹隆三寶。[21]矧乃[22]

---

1) 業(國), 悳(東)
2) 豖(成)
3) 以(國)
4) 靈(國)
5) 禮(金)
6) 不(芝), 无(東)
7) 慧(成·延Ⅰ·高Ⅰ·高Ⅱ·東·芝·桂·金), 慧德(奎)
8) 悳(成·延Ⅰ)
9) 窮(成·金)
10) 昊(奎)
11) 全集本에는 '然'字가 없음.

12) 暘(成)
13) 全集本에는 '豈若'이 '莫非'로 되어 있다.
14) 極(國·延Ⅰ·高Ⅰ·高Ⅱ·東·芝)
15) 域(延Ⅰ)
16) 饗(國), 享(東·奎·桂·金)
17) 全集本에는 '豈若'이 '莫非'로 되어 있다.
18) 灵(成·國·高Ⅱ)·霛(延Ⅰ)
19) 寔(成·國·高Ⅱ)
20) 惟(全)

玉 毫 光 所 燭 照。23) 金 口 偈 所 流 傳。靡 私 於
西 土 生 靈。24) 爰25) 及 於 東 方 世 界。則 我 太
平 勝 地 也。性 玆26) 柔 順。27) 氣28) 合 發29) 生。山
林 多 靜 默 之 徒。以 仁 會 友。江 海 協 朝30) 宗
之 勢。31) 從 善 如 流。是32) 故 激 揚33) 君 子 之
風。34) 薰 漬 梵 王 之 道。猶 若 泥 從 璽。金 在
鎔。而 得 君 臣 鏡35) 志36) 於 三 歸。37) 士 庶 翹 誠
於 六 度。至 乃38) 國 城 無 惜。39) 能 令40) 塔41) 廟42)
相 望。雖 在 瞻 部 洲43) 海 邊。44) 寧 慚 都45) 史 多
天 上。衆 妙46) 之 妙。47) 何 名 可 名。金 城 之 离。

---

21) 宝(成·國·高Ⅱ)
22) 廼(東)
23) 成大·國立·延大Ⅰ·高大Ⅰ·高大Ⅱ·東大·芝谷·奎章·桂苑·金總本에는 '燭照'가 '照燭'으로 되어 있다.
24) 霷(成·延Ⅰ), 灵(高Ⅰ·奎)
25) 先(成·國·延Ⅰ·高Ⅰ·高Ⅱ·東·芝·奎·桂), 光(金)
26) 滋(成·國·延Ⅰ·高Ⅰ·高Ⅱ·東·芝·奎·桂·金)
27) 慎(奎)
28) 氘(高Ⅱ)
29) 弢(國·高Ⅱ)
30) 祖(奎)
31) 欲(成·延Ⅰ·高Ⅰ·高Ⅱ·東·芝·奎·桂·金), 敬(國)
32) 全集本에는 '是'字가 없음.
33) 楊(高Ⅱ)
34) 奎章本에는 '風'字가 없음.
35) 競(成)
36) 智(東)
37) 攺(成·國·延Ⅰ·高Ⅱ·桂)
38) 廼(東)
39) 憎(東)
40) 奎章本에는 '令'字가 없음.
41) 堉(東·奎·桂)
42) 庙(高Ⅱ)
43) 州(高Ⅰ)
44) 过(成·高Ⅱ)
45) 覩(成·高Ⅰ·高Ⅱ)

日 觀[48] 之 麓。有 伽 藍 號 崇[49] 福 者。乃 先 朝[50]
嗣 位 之 初[51] 載。[52] 奉 爲 烈[53] 祖 元 聖 大 王 園
陵 追 福 之 所 修 建 也。 粤 若 稽 古 寺 之 濫
觴。審 新 刹 之 覆[54] 簀。則 昔[55] 波 珍 飧 金 元
良 者。昭[56] 文 王 后 之 元 舅。肅 貞 王 后 之 外[57]
祖 也。身 雖[58] 貴 公 子。心 實[59] 眞 古 人。始 則
謝 安 縱 賞 於[60] 東 山。儼 作 歌 堂 舞 館。終 乃
慧[61] 遠[62] 同 期 於 西 境。捨 爲 像 殿 經 臺。[63] 當
年 之 鳳 管 鷗[64] 絃。此 日 之 金 鍾 玉 磬。[65] 隨
時 變 改。出 世 因 緣。寺 之 所 枕 倚 也。巖[66] 有
鵲 狀。仍 爲 戶 榜。[67] 能 使[68] 鴦 廬 長 價。永 令

---

46) 岹(高Ⅱ・芝)

47) 岹(成・高Ⅱ・芝)

48) 覞(成・高Ⅰ)

49) 嵩(全・高Ⅱ)

50) 祖(國)

51) 奎章本에는 '之初'가 '初之'로
되어 있다.

52) 禩(東)

53) 列(延Ⅰ・高Ⅰ・東・芝・桂)

54) 覈(延Ⅰ)

55) 芝谷本에는 '昔'字가 없음.

56) 炤(成・延Ⅰ・東・奎・桂・金)
※「三國史記」에는 '昭文王后'로
되어 있다.

57) 高大Ⅰ本에는 '外'字 다음에 '叔'
字가 있다.

58) 惟(高Ⅱ)

59) 寀(成・國・延Ⅰ・高Ⅱ)

60) 高大Ⅱ本에는 '於'字가 없음.

61) 惠(國・芝)

62) 远(高Ⅱ)

63) 坮(國)

64) 鸞(成・高Ⅱ)

65) 磬(金)

66) 嵒(成), 岩(國・芝)

67) 牓(成・延Ⅰ・高Ⅰ・高Ⅱ・東・
奎・桂・金), 牏(全)

68) 彼(奎)

鵝殿增輝。則彼波羅越之標形。[69] 崛[70] 恀[71]
遮之紀號。詎若飛千里以[72] 取[73] 譬。變雙
林以[74] 刱題者哉。但玆地也。威卑鷲頭。德
峻龍耳。與畫金界。宜開[75] 玉田。洎貞元戊
寅年冬。遺敎宅夽[76] 之事。因山是命。擇[77]
地尤難。乃指淨居。[78] 將安秘殿。時獻疑者
有言。[79] 昔[80] 游[81] 氏之廟。孔子之宅。[82] 皆不
忍終毀。人到[83] 于今稱[84] 之。則欲請奪金
地。無乃負須達多[85] 大捨之心乎。冥葬[86]
者。地所祐[87] 天所[88] 咎。不相補矣。而苲政

---

69) 芝谷本에는 '標形'이 '得名'으로 되어 있다.
70) 堀(延Ⅰ·金)
71) 恀(奎)
72) 而(芝)
73) 高大Ⅱ本에는 '取'字가 없음.
74) 而(全·高Ⅱ·芝)
75) 闓(成·延Ⅰ·高Ⅰ·高Ⅱ·東·芝·奎·桂·金)
76) 空(國)
77) 择(高Ⅱ)
78) 屈(延Ⅰ·東)
79) 高大Ⅱ本에는 '言'字 다음에 '曰'字가 있다.
80) 睿(東)
81) 遊(成·國·延Ⅰ·奎·桂·金)

82) 成大·國立·延大Ⅰ·高大Ⅰ·高大Ⅱ·東大·芝谷·奎章·桂苑·金總本에는 '宅'字 다음에 '猶'字가 있다.
83) 致(奎)
84) 称(成·高Ⅰ)
85) 阤(成·延Ⅰ·奎·桂·金), 陀(東)
86) 裝(全·成·國·延Ⅰ·高Ⅰ·高Ⅱ·芝·桂)
87) 佑(國·東·桂), 祐(高Ⅱ)
88) 金總에는 '所'字 다음에 '隱也' 두 글자가 있다. 이것은 이 뒤의 '靈隱也者顚砼坤脈'에서 '隱也' 두 글자가 탈락되어 이쪽으로 誤植된 것으로 보인다.

者。讖曰梵廟也者。所居必化。無徙[89] 不
諧。故能轉禍[90] 基爲福場。百億劫濟其危
俗。靈[91] 隧也[92]者。順[93] 砼[94] 坤脈。仰揆[95] 乾[96]
心。必在苞[97] 四象于九原。千萬代保其餘
慶。則也法無住相。禮有成[98] 期。易地而
居。[99] 順天之理。但得靑烏善視。豈令白馬
悲嘶。且驗是仁祠。本隷戚里。誠宜去卑
就峻。捨舊[100] 謀新。使幽[101] 庭據[102] 海域之
雄。淨刹擅[103] 雲泉之嫩。[104] 則我[105] 王室之
福山高崎。彼侯門之德海安流。斯可謂知
無不爲。各得其所。豈與[106] 夫鄭子產之小
惠。魯恭[107] 王之中輟。[108] 同日而是非哉。

---

89) 逞(成・延Ⅰ・東・奎・桂・金)
90) 禍(國)
91) 霛(全)，灵(高Ⅱ・奎・桂)
92) 金總에는 '隧也' 두 글자가 없다.
　　위의 註 88) 참조.
93) 頹(成・高Ⅱ・奎)
94) 硂(國)
95) 揆(高Ⅱ)
96) 坤(國)
97) 包(國)
98) 盛(全・國・延Ⅰ・東・奎・桂・
　　金)
99) 屆(東)
100) 旧(高Ⅰ)
101) 㘤(成・延Ⅰ)
102) 拟(東・奎)
103) 擅(國)
104) 嫩(全・成・國・延Ⅰ・高Ⅱ)
105) 俄(奎)
106) 与(東大)
107) 公(高Ⅰ・高Ⅱ)
108) 輟(全・高Ⅰ・金)

宜開龜筮協從。可見龍[109]神歡[110]喜。遂遷
精舍。爰創[111]玄宮。兩役庀徒。百工蕆[112]
事。其改創[113]紺宇。則[114]有緣之衆。相率[115]
而來。張袂不風。植錐無地。霧市奔趨[116]
於五里。雪山和會[117]於一時。至於撤[118]瓦
抽椽。[119]奉經戴[120]像。迭相授受。競以誠
成。役夫之跬[121]步未[122]移。釋子之宴居[123]
已[124]就。其成九原。則雖云王土。且非[125]
公田。於是。括以[126]邇封。求之善價。盒丘
隴[127]餘式[128]百結。酹[129]稻穀合二千苦。[130]

---

109) 竜(成)
110) 懽(高Ⅱ)
111) 刱(高Ⅱ)
112) 藏(全)
113) 刱(高Ⅰ・高Ⅱ・芝)
114) 延大Ⅰ本에는 '則'字가 없음.
115) 舉(成・延Ⅰ・高Ⅰ・高Ⅱ・芝・桂)
116) 趍(高Ⅰ・高Ⅱ・東・芝・奎・桂・金)
117) 合(成)
118) 掇(高Ⅰ)
119) 緣(奎)
120) 載(奎・金)
121) 走(成・延Ⅰ・高Ⅰ・高Ⅱ・奎・桂・金),趌(東)
122) 不(全・成・國・延Ⅰ・高Ⅰ・高Ⅱ・芝)
123) 屈(東)
124) 己(金)
125) 匪(高Ⅱ)
126) 其(奎)
127) 壟(成・高Ⅰ・高Ⅱ・芝・奎・桂・金),壠(延Ⅰ・東)
128) 二(全・成・國・延Ⅰ・高Ⅰ・高Ⅱ・東・芝・奎・桂・金). 모든 版本과 寫本에는 '二'字로 되어 있으나, 崔南柱氏가 발견한 碑片에는 '式'字로 되어 있다. '式'은 '一'과 같은 글자이다.
129) 酹(成),酬(芝)
130) 苦(高Ⅰ)

旋 命131) 所132) 司。與 王 官 之 邑。共 芟 榛 徑。分
蒔 松 埏。故 得 蕭 蕭 多 悲 風。激 舞 鳳 歌 鸞 之
思。鬱133) 鬱134) 見 白 日。助 盤 龍 踞 虎 之 威。
且 觀135) 其 地。136) 壤 異 瑕 丘。境137) 連 暘138) 谷。
祇139) 樹 之 餘 香 未 泯。穀 林 之 佳 氣140) 增 濃。
繡 峰 則 四 遠141) 相 朝。142) 練 浦 則 一143) 條 在
望。實144) 謂 喬145) 山 孕 秀。畢146) 陌 標 奇。而 使
金 枝 益 茂 於 鷄 林。玉 派 增 深147) 於 鰈 水 者
矣。初 寺 宇148) 之 徙149) 也。雖 同 聳150) 出。未 若
化 城。哉151) 得 劉 荊 棘152) 而 認 岡 巒 雜153) 茅

---

131) 尒(延Ⅰ·高Ⅰ·東)
132) 有(高Ⅰ·芝)
133) 欝(成·國·延Ⅰ·高Ⅰ·高Ⅱ·東·芝·奎·桂·金)
134) 欝(成·國·延Ⅰ·高Ⅰ·高Ⅱ·芝·奎·桂), 盃(東)
135) 覩(成·桂)
136) 成大·國立·高大Ⅰ·高大Ⅱ·芝谷本에는 '地'字가 없다.
137) 塲(奎)
138) 陽(芝)
139) 祇(全·成·國·延Ⅰ·高Ⅱ·東·芝·奎·桂)
140) 気(高Ⅱ)
141) 远(高Ⅱ), 國立本에는 글자가 있을 자리는 있으나 보이지 않음.

142) 照(國)
143) 臺(芝)
144) 宲(成·國·高Ⅰ·高Ⅱ·奎)
145) 橋(全·成·延Ⅰ·高Ⅰ·高Ⅱ·芝)
146) 卑(東·奎), 異(金)
147) 潨(全·芝·奎)
148) 奎章·金總本에는 '字'字가 없음.
149) 徒(高Ⅱ)
150) 湧(成·高Ⅰ·東·奎·桂·金), 涌(國·延Ⅰ·芝), 踴(高Ⅱ)
151) 裁(國)
152) 棘(高Ⅱ)
153) 襍(高Ⅱ)

茨而避風雨。僅[154] 踰六紀。驟歷九朝。而屢[155] 値顚覆。[156] 未遑崇[157] 餝。三利之勝緣有待。千齡之寶[158] 運無虧。[159] 伏惟[160] 先大王。[161] 虹渚騰輝。[162] 鰲[163] 岑降[164] 跡。[165] 始[166] 馳名於[167] 玉鹿。別振[168] 風流。[169] 俄縉職於金貂。肅淸海俗。據[170] 龍田而種德。棲[171] 鳳沼而[172] 沃心。發[173] 言則仁者安人。謀政乃導[174] 之以道。八柄之重權咸擧。四維之墜緒斯張。[175] 歷[176] 試諸難。利有攸往。[177] 旋屬憂侵杞國。位曠搖[178] 山。雖非逐鹿之原。

---

154) 厪(高Ⅱ)

155) 累(奎·金)

156) 覈(成·延Ⅰ)

157) 嵩(全·國)

158) 宝(成·高Ⅱ)

159) 虧(成·延Ⅰ·高Ⅰ·高Ⅱ·東·桂)

160) 唯(國·東·芝)

161) 奎章本에는 '先大王'이 '大王先'으로 되어 있다.

162) 暉(高Ⅰ)

163) 鼇(成·延Ⅰ·高Ⅱ·奎·桂·金)

164) 陊(國)

165) 迹(成·延·高Ⅰ), 跡(芝)

166) 如(金)

167) 奎章本에는 '於'字가 없음.

168) 陳(芝)

169) 東大·奎章·桂苑·金總本에는 '風流'가 '玄風'으로 되어 있다.

170) 拟(奎)

171) 栖(延Ⅰ·高Ⅰ)

172) 以(成·延Ⅰ·高Ⅰ·高Ⅱ·東·奎·桂·金)

173) 弦(國·高Ⅰ·高Ⅱ)

174) 遵(延Ⅰ), 晉(國·高Ⅰ·東)

175) 長(芝)

176) 曆(國·高Ⅱ)

177) 逞(成·延Ⅰ·東·桂·金)

178) 瑤(成)

亦 有 集 烏 之 苑。然179) 以 賢180) 以 順。181) 且 長
且 仁。爲 民 所 推。捨182) 我 奚 適。乃183) 安 身
代 邸。注 意 慈 門。慮 致 祖184) 羞。願 與185) 佛186)
事。因 請 芬 皇 寺 僧 崇187) 唱。188) 以 修 奉 梵 居189)
之 旨。白 于 佛。190) 復 遣 金 純 行。以 隆 宣 祖
業 之 誠。告 于 廟。191) 詩 所 謂 愷 悌 君 子。求
福 不 回。書 所 謂 上 帝 時 歆。下 民 祇192) 協。
故 能 至 誠 冥 應。善 欲 克 從。193) 卿194) 士 大 夫
與 守195) 龜 協。赫 赫 東 國 而 君 臨 之。爰 遣
陪196) 臣。告 終 稱197) 嗣。198) 遂 於 咸 通 六 年。天
子 使 攝 御 史199) 中 丞200) 胡 歸201) 厚。以 我 鄉202)

179) 狀(延Ⅰ)
180) 吳(高Ⅱ)
181) 愼(高Ⅰ)
182) 舍(東)
183) 廼(高Ⅱ・東)
184) 租(國)
185) 奐(高Ⅱ・東)
186) 伏(國)
187) 嵩(全・國)
188) 昌(成・國・延Ⅰ・東・奎・桂・金)
189) 屈(成), 宮(東)
190) 伏(成)
191) 庙(高Ⅱ)

192) 秪(成・東), 祇(高Ⅰ・金)
193) 終(金)
194) 鄉(延Ⅰ・高Ⅱ)
195) 全集本에는 '守'字 다음에 '同心' 두 글자가 있다.
196) 倍(芝)
197) 称(延Ⅰ)
198) 奎章本에는 '嗣'字가 없음.
199) 使(高Ⅰ・高Ⅱ)
200) 芝谷本에는 '丞'字 다음에 '相'字가 있다.
201) 皈(成・國・延・高Ⅱ・桂)
202) 卿(國)
203) 娿(東)

人 前 進 士 裵 匡。腰²⁰³⁾ 魚 頂 豸。²⁰⁴⁾ 爲 輔 行。與
王 人 田 獻 銛。來 錫 命。²⁰⁵⁾ 曰 自²⁰⁶⁾ 光 膺 嗣²⁰⁷⁾
續。克 奉 聲²⁰⁸⁾ 猷。俾 彰 善 繼 之 命。允 協 至
公 之 擧。是 用 命²⁰⁹⁾ 爾 爲 新 羅 國²¹⁰⁾ 王。仍 授
檢 校 太 尉 兼 持 節 充²¹¹⁾ 寧 海 軍²¹²⁾ 使。向 非
變 齊 標 秀。至 魯 騰 芬。²¹³⁾ 何 以 致 飛 鳳 筆²¹⁴⁾
而 寵 外 諸 侯。降²¹⁵⁾ 龍 旌 而 假 大 司 馬 之 如
是 矣。亦 旣 榮 沾 聖²¹⁶⁾ 澤。必 將 親 拜 靈²¹⁷⁾ 丘。
肆 以 備 千 乘 之 行。奚 翅²¹⁸⁾ 耗 十 家 之 産。遂
命²¹⁹⁾ 大 弟 相 國。致 齊²²⁰⁾ 清 廟。代 謁 玄 扃。
懿²²¹⁾ 乎 鷄 樹 揚²²²⁾ 蕤。鴒 原 挺 茂。歲 久 而 永

---

204) 豙(成·高Ⅱ·東·奎·桂)
205) 俞(延Ⅰ·高Ⅱ·東)
206) 奎章本에는 '曰自' 두 글자가 있을 자리에 '胃' 한 글자로 되어 있다.
207) 嗣(奎)
208) 拜(國·高Ⅰ·高Ⅱ)
209) 俞(成·延Ⅰ)
210) 東大·奎章·桂苑·金總本에는 '國'字가 없다.
211) 充(國)
212) 運(成·高Ⅰ·高Ⅱ·芝)
213) 芳(東·奎·桂·金). 成大·國立·延大Ⅰ·高大Ⅰ·高大Ⅱ·東大·芝谷·奎章·桂苑·金總本에는 '芬'字 다음에 '則'字가 있다.
214) 笔(東)
215) 陊(國)
216) 霑(成)
217) 霝(全·延Ⅰ), 灵(成·高Ⅱ)
218) 翅(成·國·延Ⅰ·高Ⅰ·東), 啻(高Ⅱ)
219) 俞(成·延Ⅰ·東)
220) 齋(成·國·延Ⅰ·高Ⅰ·高Ⅱ·東·芝·奎·桂·金)
221) 懿(國)
222) 楊(成·芝)

懷 耕223) 象。時 和224) 而 罷 問225) 喘 牛。226) 藻 野
耨227) 川。觀228) 者 如 雲。 乃229) 有230) 鮐231) 背 之
叟 鵠 眉232) 之 僧。抃 手 相 慶。大 相 賀233) 曰。貴
介 弟 之 是 行 也。聖 帝 之 恩 光 著 矣。吾 君 之
孝 理 成 焉。禮 義 鄉 風。綽 有 餘 裕。遂 使 海
波 晏。234) 塞 塵235) 清。天 吏 均。地 財 羨。則 乃236)
踵 修 蓮 宇。威 護 柏237) 城。 今 也 其 時。捨 之
何238) 俟。於 是239) 孝 誠 旁240) 達。思 夢 相 符。
乃241) 見 聖 祖242) 大 王。撫 而 告 曰。余 而 祖
也。243) 而 欲 建 佛244) 像。餙 護 予 陵 域。245) 小 心

---

223) 秜(東)

224) 味(東)

225) 奎章本에는 '而罷問'이 '罷問而'로 되어 있다.

226) 國立本에는 '喘牛'가 '牛喘'으로 되어 있다.

227) 耮(芝)

228) 覾(成·桂)

229) 廼(成·延Ⅰ·高Ⅱ·東·芝·奎·桂·金)

230) 成大·延大Ⅰ本에는 '有'字가 없다.

231) 鮉(成·高Ⅱ)

232) 脋(全)

233) 語(高Ⅱ)

234) 宴(成·國)

235) 坔(成)

236) 廼(東)

237) 栢(成·國·延Ⅰ·高Ⅰ·高Ⅱ·芝·奎·桂·金)

238) 奚(芝)

239) 成大·國立·延大Ⅰ·高大Ⅰ·高大Ⅱ本에는 '是'字 다음에 '乎'字가 있다.

240) 旁(全)

241) 廼(成·延Ⅰ·高Ⅰ·高Ⅱ·芝·奎·桂·金)

242) 東大本에는 '祖'字가 없음.

243) 奎章本에는 '而祖也' 석字가 없음.

244) 伏(成·高Ⅱ)

245) 成(成·高Ⅱ)

翼翼。經[246] 始勿亟。佛[247] 之德。予[248] 之力。庇
爾[249] 躬。允執厥中。天祿永終。既而[250] 韻[251]
耿銅壺。[252] 形開玉枕。[253] 不占十煇。若佩
九齡。遽[254] 命[255] 有司。虔修法會。華嚴大
德釋決言。承旨。於當寺。講經五日。所以
申孝思而薦冥福也。仍[256] 下敎曰。不愛其
親。經所戒也。無念爾祖。詩寧[257] 忘乎。[258]
睠言在藩。有欲修寺。魂交致感。痒[259] 慄[260]
衿[261] 靈。[262] 既愧[263] 三年不蜚。[264] 深[265] 思一
日必葺。[266] 百尹御史。[267] 謂利害何。雖[268] 保

---

246) 營(奎·金)
247) 伕(成·高Ⅱ)
248) 余(高Ⅱ)
249) 尒(成·延Ⅰ), 而(芝)
250) 以(奎·金)
251) 韻(高Ⅰ·芝)
252) 壼(延Ⅰ)
253) 寢(成·延Ⅰ·高Ⅰ·高Ⅱ·東·
芝·奎·桂·金)
254) 迯(東)
255) 龠(成·延Ⅰ·東)
256) 因(全·國)
257) 亦(東)
258) 東大本에는 '乎'字가 없다.
259) 庠(高Ⅰ), 痒(東·奎·桂)
260) 慓(全·成·延Ⅰ·高Ⅱ·東·奎
·桂), 慄(國·高Ⅰ). 金總에는
'痒慄' 두 글자가 空欄으로 되
어 있다.
261) 襟(成·國·延Ⅰ·高Ⅰ·高Ⅱ·
芝·奎·桂·金), 禁(東)
262) 灵(成·高Ⅰ·高Ⅱ·奎), 霻(延
Ⅰ)
263) 媿(全)
264) 飛(成·延Ⅰ·高Ⅰ·高Ⅱ·東·
芝·奎·桂·金)
265) 濮(全·芝)
266) 茸(國)
267) 事(高Ⅱ)
268) 國立本에는 '雖'字 다음에 '能'
字가 있다.

無 賣 兒 貼²⁶⁹⁾ 婦 之 譏。或 慮 有 鬼 怨 人 勞 之
說。獻 可 替 否。 爾²⁷⁰⁾ 無 忽 諸。宗 臣 繼 宗 勛
榮 以²⁷¹⁾ 下 協 議 上 言 曰。妙²⁷²⁾ 願 感 神。慈
靈²⁷³⁾ 現 夢。誠 因 君 志 先 定。果 見 衆 議²⁷⁴⁾ 僉
同。是 寺 也 成。九 族 多 慶。幸 值 農 隙。請 興
杍²⁷⁵⁾ 工。爰 用 擇²⁷⁶⁾ 人 龍 於 建 禮 仙 門。擧 僧
象²⁷⁷⁾ 於 昭 玄 精 署。²⁷⁸⁾ 乃²⁷⁹⁾ 命²⁸⁰⁾ 宗 室 三 良。
曰 端²⁸¹⁾ 元。²⁸²⁾ 毓 榮。裕 榮。與 釋 門 二 傑。曰
賢²⁸³⁾ 諒。神 解。及 贊 導 僧 崇²⁸⁴⁾ 唱²⁸⁵⁾ 等。²⁸⁶⁾ 督
其 事。且 國 君 爲 檀 越。邦 彦 爲 司 存。力 旣
有 餘。心 能 匪²⁸⁷⁾ 懈。²⁸⁸⁾ 將 俾 小 加 大。豈 宜²⁸⁹⁾
新 間 舊。²⁹⁰⁾ 然 恐 沮 檀 溪 宿 願。不 瑕²⁹¹⁾ 傷

---

269) 帖(奎)
270) 厼(成)
271) 而(成·延Ⅰ·高Ⅰ·高Ⅱ·芝)
272) 玅(國·高Ⅰ·高Ⅱ)
273) 灵(成·高Ⅰ·高Ⅱ·東·奎), 霻(延Ⅰ)
274) 謀(成·國·延Ⅰ·高Ⅰ·高Ⅱ·東·芝·奎·桂·金)
275) 杍(金)
276) 择(成·高Ⅱ)
277) 衆(金)
278) 舍(國)
279) 廼(高Ⅱ)
280) 僉(延Ⅰ·東)
281) 瑞(東)
282) 云(成)
283) 吳(高Ⅱ)
284) 嵩(全·國)
285) 昌(成·延Ⅰ·東·奎·桂·金)
286) 東大·奎章·桂苑·金總本에는 '等'字가 없다.
287) 非(東)
288) 解(東·桂)
289) 依(國)

榛[292] 苑 前 功。選 掇 故[293] 材。就 遷[294] 高 壚。於
是 占 星 揆[295] 日。[296] 廣 拓[297] 宏[298] 規。合 土[299]
範 金。爭 呈 妙[300] 技。[301] 雪 梯 而 偃 材 架 險。
霜 塗 而 懷[302] 堊 黏 香。斸[303] 巖[304] 麓 而[305] 培
垣。壓 溪 流 而[306] 敞 戶。易 荒 階[307] 以[308] 釦[309]
砌。變 卑 廡 以[310] 琱[311] 廊。複[312] 殿 龍 盤。中 以
盧 舍[313] 那[314] 爲 主。層 樓 鳳 跱。[315] 上 以 修 多
羅[316] 爲 名。高 設 鯨 桴。對[317] 標 鸞 檻。綺 井
華 攢[318] 而 鞾[319] 鞢。繡 栭 枝 擁 而[320] 杈 枒。聳

---

290) 旧(成·高Ⅰ)
291) 暇(東)
292) 捈(成·芝·奎·桂)
293) 高(國)
294) 迁(高Ⅱ)
295) 揆(東)
296) 奎章本에는 '於是占星揆日' 여섯 글자가 없고, 金總에는 '日'字가 없다.
297) 撫(國)
298) 宄(成·國·延Ⅰ)
299) 金總에는 '土'字 다음에 '地'字가 있다.
300) 竗(成)
301) 枝(高Ⅰ)
302) 㦓(東)
303) 劚(高Ⅰ), 劉(芝)
304) 嵓(高Ⅱ), 嵒(全·成·國·延

Ⅰ·高Ⅰ·奎·桂·金)
305) 以(成·延Ⅰ·高Ⅰ·高Ⅱ·芝·奎·桂·金), 目(東)
306) 以(高Ⅱ)
307) 堦(東·奎·桂·金)
308) 而(東·桂·金)
309) 鉛(高Ⅰ·芝·桂)
310) 而(芝)
311) 雕(高Ⅱ)
312) 復(金)
313) 遮(高Ⅱ)
314) 郍(東)
315) 峙(高Ⅰ·芝)
316) 罖(奎)
317) 髙(奎)
318) 欑(芝)
319) 靽(全·高Ⅰ)
320) 以(成·延Ⅰ·高Ⅱ·東·奎·

翼 如 飛。回[321] 眸 心 眩。其 以 增 崇[322] 而[323] 改[324]
作 者。有 若 眸 容 別 室。圓 頂 蓮[325] 房。揣 食
臑 堂。晨 炊 庌 屋。[326] 加 以 雕 䲩[327] 罄 巧。彩 䆫
窮 精。巖 洞 共 清。烟 霞 相 煥。玉 刹 掛 蓬 溟[328]
之 月。兩 朶 霜 蓮。金 鈴 激 松 澗[329] 之 風。四
時 天 樂。就 觀[330] 勝 槩。傑 出 遏 阺。左 峰 巒
則 鷄 足 挐[331] 雲。右 原 隰[332] 則 龍 鱗 閃 日。前
臨 則 黛[333] 列 鯷 嶠。後 睇 則 鈎 連 鳳 岡。[334] 故
得 遠[335] 而 望 也。峭 而 奇。迫 而 察 也。爽 而
麗。則 可 謂 樂 浪 仙[336] 境。眞 是 樂 邦。初 月
名 山。便[337] 爲[338] 初 地。[339] 善 建 而 事[340] 能 周
匝。勤 修 而 福 不 虛 捐。必 謂[341] 大 庇 仁 方。

桂·金)
321) 廻(成·延Ⅰ·高Ⅰ·高Ⅱ·東·
　　芝·奎·桂·金)
322) 嵩(全·國)
323) 東大·奎章·桂苑·金總本에는
　　'而'字가 없다.
324) 張(金)
325) 連(高Ⅰ)
326) 舍(全)
327) 龍(東)
328) 暝(芝)
329) 間(成·國·延Ⅰ·高Ⅰ·芝)

330) 覎(成·桂)
331) 挐(成·國·延Ⅰ·高Ⅰ·高Ⅱ·
　　東·芝·奎·桂)
332) 濕(國·芝)
333) 黛(東)
334) 崗(成·國·延Ⅰ·東·桂·金)
335) 远(高Ⅱ)
336) 仚(成·延Ⅰ)
337) 偯(全)
338) 彖(成·延Ⅰ·奎·桂)，氖(東)
339) 龥(東)
340) 叀(成)

上 資 寶342) 壽。罩 三 千 界343) 爲 四 境。籌 五 百
歲 爲 一 春。豈 期 獵 豹 樊344) 岑。方 歡 竪345)
尾。346) 跨 龍 荆 甾。遽347) 泣 墮 鬚。348) 獻349) 康 大
王 德 峻 妙350) 齡。神 淸 遠351) 體。仰 痛 於 寢 門
問 竪。俯 遵 於 翼352) 室 宅 宗。滕 文 公 盡353) 禮
居 憂。終 能 克354) 己。355) 楚 莊 王 俟 時 修 政。其
實356) 驚 人。矧 復 性 襲 華 風。躬 滋 慧357) 露。
抗358) 尊 祖 之 義。激 歸359) 佛360) 之 誠。中 和 乙
巳 年 秋。敎 曰。善 繼 其 志。善 述 其 事。永 錫
爾361) 類。在 我 而 已。先 朝362) 所 建 鵠 寺。宜363
易 榜。爲 大 崇364) 福 寺。365) 其 持 經 開 士。提 綱

---

341) 爲(全). 芝谷本에는 '謂'字가
　　　없음.
342) 宝(高Ⅱ)
343) 畀(東)
344) 攀(延Ⅰ·芝)
345) 豎(全)
346) 毛(高Ⅱ)
347) 逬(東)
348) 髥(成·延Ⅰ·高Ⅱ·東·芝·
　　　奎·桂·金)
349) 憲(芝)
350) 玅(全·芝)
351) 远(高Ⅱ)
352) 翌(成·延Ⅰ·高Ⅰ·芝·奎·

桂·金)
353) 盁(成)
354) 剋(全·成·延Ⅰ·高Ⅱ)
355) 巳(全)
356) 寔(成·延Ⅰ·高Ⅱ·奎)
357) 惠(金)
358) 杭(成)
359) 攺(成·國·延Ⅰ·高Ⅱ)
360) 仸(成·桂)
361) 仚(高Ⅰ)
362) 祖(延Ⅰ·高Ⅰ·東)
363) 國立·東大本에는 '宜'字가 없
　　　음.
364) 嵩(全·國)

淨吏。南畝以資供施。一依奉恩故事。366)
其故波珍飡金元良所捨367)地利。368)輸轉
非輕。宜委正法司。別選二宿德。編籍爲
常住。薦祉于冥路。則有以見居上位者。
無369)幽370)不察。結大緣者。有感必通。自
是鼋鍾吼沇寥。371)龍鉢飫372)香積。唱導則
六時玉振。修持則萬刧373)珠聯。偉矣哉。
得非尼父所謂無憂者其惟374)文王。375)父
作之。子述之376)者耶。慶377)曆378)景午年春。
顧謂下臣曰。禮不云乎。銘者自名也。以
稱379)其先祖之德。而明380)著之後世。此孝
子孝孫之心也。先朝381)締構382)之初。發383)

365) 成大·國立·延大Ⅰ·高大Ⅰ·高大Ⅱ·東大·芝谷·奎章·桂苑·金總本에는 '寺'字가 없다.
366) 金總에는 '故事'가 '事故'로 되어 있다.
367) 施(東)
368) 東大本에는 '地利' 두 글자가 없다.
369) 无(奎·金)
370) 㘭(成)
371) 滲(成·高Ⅱ)
372) 餕(高Ⅰ)
373) 却(金)
374) 唯(國·東)
375) 高大Ⅰ·東大·芝谷·奎章·桂苑·金總本에는 '乎'字가 있다.
376) 東大本에는 '之'字가 없음.
377) 唐(高Ⅰ·芝)
378) 高大Ⅱ本에는 '慶曆' 두 글자가 없다.
379) 称(高Ⅰ)
380) 東大本에는 '明'字가 없음.
381) 祖(國)
382) 搆(成·國·延Ⅰ·高Ⅰ·東·

大 誓 願。金 純 行 與384) 若 父 肩 逸。嘗385) 從 事
於 斯 矣。銘 一386) 稱387) 而 上 下 皆 得。爾388) 宜
譔389) 銘。臣 也 浪 跡390) 星 槎。391) 偸 香392) 月 桂。
虞 丘 永 慟。393) 季 路 徒 榮。承 命394) 震 驚。撫
躬 悲 咽。竊395) 思 西 宦396) 日。嘗397) 覽 柳 氏 子
珪。錄 東 國398) 事399) 之 筆。400) 所 述 政 條。莫 非
王 道。今 讀 鄕 史。完401) 是 聖 祖 大 王 朝 事
蹟。402) 抑 又 流 聞 漢403) 使 胡 公 歸404) 厚 之405)
復 命406) 也。飽 探407) 風408) 謠。白 時 相 曰。自 愚

芝·桂·金)

383) 發(成·國·高Ⅱ)
384) 与(成)
385) 常(成), 旹(高Ⅱ)
386) 壹(成·延Ⅰ·奎·桂·金)
387) 称(東). 奎章本에는 '稱'字가 없음.
388) 佘(高Ⅰ)
389) 撰(國)
390) 迹(高Ⅱ), 蹟(東)
391) 搓(成)
392) 呑(東)
393) 痛(高Ⅰ·高Ⅱ·芝)
394) 佘(成·延Ⅰ·高Ⅱ·東)
395) 窃(全·成·延Ⅰ·高Ⅱ·東·奎·桂)
396) 窅(成·國·延Ⅰ·高Ⅰ·高Ⅱ·

東·芝·桂)

397) 全集·高大Ⅰ·高大Ⅱ·芝谷本에는 '嘗'字가 없다.
398) 旺(高Ⅱ)
399) 金總에는 '事'字가 없음.
400) 笔(東)
401) 宛(成·延Ⅰ·高Ⅰ·東·芝·奎·桂·金)
402) 迹(全), 跡(成·國·延Ⅰ·高Ⅱ)
403) 沃(高Ⅰ)
404) 敀(成·國·延Ⅰ·高Ⅱ·桂)
405) 奎章本에는 '之'字가 없음.
406) 佘(成·延Ⅰ·東)
407) 東大本에는 '探'字가 없음.
408) 遥(東)

已409) 徙。410) 出 山 西 者。不 宜 使 海 東411) 矣。何
則。鷄 林 多 佳 山 水。東 王 詩 以 印 之 而 爲 贈。
賴 愚 嘗412) 學 爲413) 綴 韻414) 語。强 忍 愧415)
酳416) 之。不 爾417) 爲 海 外 笑 必 矣。君 子 以 爲
知 言。是 惟418) 烈 祖 以 四 術 開 基。先 王 以 六
經 化 俗。豈 非 貽 厥 之 力。能 得 煥419) 乎 其 文。
則 銘 無 愧420) 辭。筆421) 有 餘 勇。遂 敢 窺 天 酌
海。始 緝422) 凡 詞。誰 知 墜 月423) 摧 峰。俄 興424)
永 恨。旋 遇 定 康 大 王。功 成 遺 礪。韻425) 叶
吹 籟。旣 嗣 守 丕 圖。將 繼 成 遺 績。426) 無 安
厥 位。未 喪 其 文。而 遠 逐 日 弟 兄。427) 遽428) 值

---

409) 以(國·東·奎)

410) 逞(東)

411) 奎章本에는 '使海東'이 '海東使'로 되어 있다.

412) 晿(高Ⅰ)

413) 氜(東). 高大Ⅰ·高大Ⅱ·芝谷本에는 '爲'字가 없다.

414) 顗(國), 韵(高Ⅰ). 成大·高大Ⅰ·高大Ⅱ·芝谷本에는 '韻'字 다음에 '言'字가 있다.

415) 媿(全·高Ⅰ). 芝谷本에는 '愧'字가 없다.

416) 醻(東)

417) 尒(延Ⅰ·高Ⅰ)

418) 唯(國·東)

419) 煌(國)

420) 媿(全)

421) 笔(東)

422) 緝(國)

423) 奎章本에는 '墜月'이 '月墜'로 되어 있다.

424) 臾(東)

425) 塤(延Ⅰ·高Ⅰ·芝), 韻(桂)

426) 跡(高Ⅱ)

427) 高大Ⅱ·芝谷本에는 '弟兄'이 '兄弟'로 되어 있다.

428) 遜(延Ⅰ)

西山之影。高憑月妹姊。429) 永流東海430)之光。伏惟431)大王殿下。瓊432)蕚聯芳。璇433)源激爽。體英坤德。續懿天倫。諒所謂懷434)神珠。鍊彩石。有虧435)皆補。無善不修。故得寶436)雨金言。焯然437)授記。大雲玉偈。完438)若合符。且以文考成佛439)宮。康王440)施僧供。已峻琉441)璃之界。未刊琬442)琰之詞。申命443)瑣才。俾搖444)柔翰。445)臣雖池慚446)變墨。而筆447)忝夢椽。竊448)比張融不恨無二王之法。庶幾曹449)操或450)解有451)

---

429) 娣(成·國·高Ⅰ·高Ⅱ·芝). 延大Ⅰ·東大·奎章·桂苑本은 '妹姊'가 '娣妹'로 되어 있고, 金總은 '妹姊'가 '姊妹'로 되어 있다.

430) 芝谷本은 '東海'가 '海東'으로 되어 있다.

431) 唯(國·東)

432) 瑓(成·國·高Ⅰ·高Ⅱ·東·芝·奎·桂)

433) 琁(延Ⅰ·高Ⅱ·芝)

434) 恢(成)

435) 虧(國·延Ⅰ·高Ⅰ·高Ⅱ·東·芝)

436) 宝(成)

437) 肰(延Ⅰ)

438) 宛(成·延Ⅰ·高Ⅰ·高Ⅱ·東·芝·奎·桂·金)

439) 佉(成·高Ⅰ)

440) 獻(奎·金)

441) 瑠(高Ⅱ)

442) 琓(國)

443) 侖(成·國·高Ⅱ·東)

444) 材(成·延Ⅰ·高Ⅰ·高Ⅱ·東·奎·桂·金)

445) 輪(奎)

446) 慙(高Ⅱ·東·芝)

447) 笔(東)

448) 窃(全·成·國·延Ⅰ·高Ⅱ·東·奎·桂·金)

449) 曺(東·芝·奎·桂)

450) 全集·成大·高大Ⅰ·高大Ⅱ·

八字之襃。452) 設使灰撲453) 塡454) 地。塵455) 飛
漲海。本枝蔚矣。齊若木而456) 長榮。豐石
䃣457) 然。458) 對沃焦459) 而卓立。齋460) 誠461) 拜
手。扠涕援毫。追蹤華而獻銘曰。迦462) 衛
慈463) 王。崵夷464) 太陽。現465) 于西土。出自東
方。無遠466) 不467) 照。有緣者昌。468) 功崇469) 淨
利。福蔭470) 冥藏。471) 烈472) 烈473) 英祖。德符
命474) 禹。納于大麓。奄有下土。保我子孫。
爲民父母。根深475) 桃476) 野。派遠477) 桑浦。

芝谷本에는 '或'字 다음에 '能'
字가 있다.

451) 全集·高大Ⅰ·高大Ⅱ·芝谷本
에는 '解'字 다음에 '有'字가
없다.

452) 廌(成·延Ⅰ)

453) 撲(國·延Ⅰ)

454) 塡(高Ⅱ)

455) 尘(成)

456) 以(成·延Ⅰ·高Ⅰ·東·芝·
奎·桂·金)

457) 故(延Ⅰ)

458) 肰(延Ⅰ)

459) 熊(東). 全集·成大·國立·延
大Ⅰ·高大Ⅰ·高大Ⅱ·芝谷本
에는 '沃焦'가 '焦壚'로 되어
있다.

460) 齋(成·國·延Ⅰ·高Ⅰ·高Ⅱ·

芝·桂), 齊(東·奎·金)

461) 聲(奎)

462) 加(桂)

463) 玆(高Ⅰ)

464) 峓(高Ⅰ·芝)

465) 顯(成·延Ⅰ·高Ⅰ·高Ⅱ·東·
芝·奎·桂·金)

466) 远(高Ⅱ)

467) 芝谷本에는 '遠不'이 '不遠'으
로 되어 있다.

468) 唱(東)

469) 嵩(全·國)

470) 陰(芝)

471) 裝(成·國·延Ⅰ·高Ⅰ·高Ⅱ·
東·芝·奎·桂·金)

472) 列(國)

473) 列(國)

474) 俞(成·國·延Ⅰ·高Ⅰ·高Ⅱ·

蠹[478] 緋 龍 輴。山 園[479] 保 眞。幽[480] 堂 關 隧。聳[481] 塔 遷[482] 隣。萬 歲 哀 禮。千 生 淨 因。金 田 厚 利。玉 葉 長 春。孝 孫 淵 懿。昭 感 天 地。鳳 翥 龍[483] 躍。金 圭 合 瑞。乞[484] 靈[485] 不 昧。徼 福 斯 至。欲 報 之 德。克[486] 隆[487] 法 事。妙[488] 選 邦 傑。嚴 敦 國[489] 工。伺 農 之 隙。成 佛[490] 之 宮。彩 檻 攢[491] 鳳。雕[492] 樑[493] 架 虹。繚 堵 雲 罍。繢 壁 霞 融。盤[494] 基 爽 塏。[495] 觸 境 蕭 灑。[496] 藍 峀 交 聳。蘭 泉 迸[497] 瀉。花 娓[498] 春 巖。月 高 秋 野。[499] 雛 居 海 外。獨 秀 天 下。陳 稱[500] 報

　　　東)
475) 淙(全·國·奎)
476) 尭(桂)
477) 远(高Ⅱ)
478) 唇(高Ⅱ)
479) 园(延Ⅰ)
480) 凼(成)
481) 踴(成·延Ⅰ·高Ⅰ·高Ⅱ·東·芝·奎·桂·金)
482) 迁(高Ⅱ)
483) 竜(成)
484) 包(全)
485) 灵(成·高Ⅰ·高Ⅱ·芝)
486) 尅(延Ⅰ·奎·桂), 尅(東)
487) 崇(東)
488) 玅(成·國)
489) 吘(高Ⅱ)
490) 佅(成)
491) 欑(芝)
492) 彫(芝·奎)
493) 梁(延Ⅰ·高Ⅱ·芝)
494) 盘(延Ⅰ)
495) 塪(芝)
496) 洒(成·延Ⅰ·高Ⅰ·高Ⅱ·東·芝)
497) 送(高Ⅰ), 逆(芝)
498) 媚(全)
499) 夜(全·成·國·延Ⅰ·東·芝·奎·桂·金)
500) 称(延Ⅰ·高Ⅰ·東)

德。隋 號 興[501] 國。[502] 孰 與 家 福。興[503] 之 國[504]
力。堂 聒 妙[505] 音。厨 豐 淨 食。[506] 嗣[507] 君 遺
化。[508] 萬 刼 無 極。於 鑠 娲 后。情 敦 孝 友。致
嬿[509] 雁 行。慎 徽 龍[510] 首。詞 惡 腐 毫。書 慚[511]
掣 肘。鰌[512] 壑[513] 雖 渴。[514] 龜 珉 不 朽。[515]

501) 臾(成)
502) 哐(高Ⅱ)
503) 崇(成・國・延Ⅰ・高Ⅰ・高Ⅱ・東・芝・奎・桂・金)
504) 哐(成)
505) 竗(國・芝)
506) 飡(延Ⅰ・芝)
507) 刪(奎)
508) 風(芝)
509) 嬿(全・高Ⅰ・高Ⅱ・東・芝)
510) 竜(成)
511) 慙(高Ⅱ)
512) 鰌(高Ⅰ)，鰍(成)
513) 壑(金)
514) 竭(成・延Ⅰ)
515) 朽(成・國・高Ⅰ・高Ⅱ・芝・奎・桂)

제2부 註釋

일러두기

1. 11종의 異本을 대조하여 많은 註解 가운데 가장 합당하고 간명한 것만을 채택, 原文 속의 註로 삼았다.
2. 원문에 원래 주가 전혀 없거나, 있더라도 타당한 것이 없을 경우에는 새로 주를 삽입하고 '新註'라고 표시하였다.
3. 기존의 주 가운데 탈자나 오자가 분명한 경우에는 자세히 검토하여 적합한 글자를 끼워 넣거나 바로잡았다.
4. 脚註의 요령

각주에는 원문에 채택된 주 외에도 모든 기존의 註釋을 아래와 같이 몇가지 형태로 나누어 총망라하였다.

① 원문에 채택된 주는 그 출전을 제일 앞에 쓴다.

例: 419) 成·國·奎·桂

② 원문에 채택된 주와 일치하거나 거의 비슷한 주는 그 출전을 '·'으로 표시하여 나열한다.

③ 원문에 채택된 주와 비교하여 내용상 별반 차이가 없으나 그 문구가 소략한 것은 출전을 '/' 뒤에 밝힌다. (例: 419) 成·國·奎·桂/芝·東)

④ 원문에 채택된 주와 기본적인 견해는 같으나 설명방법이 다른 것, 또는 원문 이해에 도움이 되는 내용을 가진 것들은 '참고'로 표시하고 그 문구를 수록한 다음, ( ) 속에 출전을 밝힌다.

⑤ 원문에 채택된 주와는 기본적으로 방향을 달리하는 것과, 기본적인 방향은 다르지 않으나 꼭 참고하지 않아도 될 성질의 것들은 '비고'로 표시하고 그 문구를 수록한 다음, ( ) 속에 출전을 밝힌다.

⑥ 비고에 이미 소개된 것과 내용상 차이는 없으나, 그 문구가 소략한 것은 출전을 다시 '/' 뒤에 밝힌다.

⑦ 참고·비고의 내용 소개 중 이미 원문에서 채택·소개된 것과 중복되는 부분은 '……'로 표시, 생략한다.

智異山雙谿寺眞鑑禪師大空塔碑

夫道不遠人。人無異國。 是以東人之子 。爲釋爲儒。

人不以國土而異其性. 故新羅人之子.
可以爲天竺之佛. 又可以爲中國之儒 1)　必也西浮大洋。重譯從學。

重譯者. 通兩蕃之語曰重譯. 盖所去遐
遠. 不可以一譯人通之. 故云重譯也 2)　命寄刳木。黃帝. 刳木爲舟 3)　心懸寶

洲。中國多寶. 故寶洲也 4)　虛往實歸。莊子云. 立不敎. 坐不議. 虛而往. 實而歸 5)　先難後獲。

亦猶采玉者。不憚崐丘之峻。治水經云. 崑崙山. 高五萬里. 河源出其東. 日月相碍而隱. 其中多寶玉 6)

探珠者。不辭驪壑之深。說文云. 河上翁. 家貧. 緯葛而食. 其子沒川. 得千金之珠. 翁曰. 珠在驪龍頷下. 汝

遭其睡也. 使其寤了. 當爲盭粉 7)　遂得慧炬。慧炬. 佛慧之炬 8)　則光融五乘。五乘. 聲聞·緣覺·菩薩·人乘

---

1) 新註 참고 ‘此人爲釋. 與我之儒. 同其勞’(全)

2) 國·東·奎·桂· 참고 ‘通語不一’(全)

3) 全／成·國·延Ⅰ·高Ⅰ·高Ⅱ·奎·桂· 참고 ‘黃帝時. 共皷. 見轉蓬.
　　作車. 見落葉. 作舟. 舟. 刳木爲之’(延Ⅱ·東·芝)

4) 東·芝· 비고 ‘洲亦作主. 西域記云. 南瞻部洲地有四主. 南象主. 則宜象.
　　躁烈篤學. 特閑異術. 服則橫巾左袵. 西寶主. 鄕乃臨海. 盈寶玉之鄕. 無禮
　　義. 重財賄. 短製左袵. 北馬主. 寒勁宜馬. 國俗. 天資獷暴. 情忍殺戮. 東
　　人主. 和暢多人. 故國俗. 機惠仁義. 昭明冠帶. 安土重遷云云. 然寶洲西
　　域. 人洲震旦. 象洲交趾. 馬洲匈奴地也’(成·延Ⅰ·延Ⅱ·奎·桂／全·
　　國)

5) 東·奎·桂

6) 全／成·國·延Ⅰ·延Ⅱ·奎· 비고 ‘十洲記云. 山有三角. 其一角正于北
　　辰. 名閬風巓. 其一角正西. 名玄圃臺. 其一角正東. 名崑崙宮. 有五城十
　　二樓. 張揖曰. 崑崙. 天帝下都. 廣袤百里. 高八萬仞. 增城九重. 面有九
　　井. 以玉爲欄. 旁有五門. 明獸守之也’(東·芝)

7) 成·全·國·延Ⅰ·延Ⅱ／東·芝·奎·桂· 비고 ‘驪壑. 海也. 海有珠故’

嘉肴則味飫六籍。⁹⁾ ·天乘 ⁹⁾ 禮記云. 雖有嘉肴. 不食. 不知其旨. 雖有至道. 弗學. 不知其善. 嘉肴. 美饌也. 六籍.

競使千門入善。¹¹⁾ 能令一國興仁。 指六經也 10) 大學曰. 一家仁. 一國興仁. 一家讓. 一國

而學者或謂身¹³⁾毒 興讓 12) 身毒. 印度別名. 佛所生地 14) 與闕里 孔子所居里 15) 之

設敎也。分流異體。圜鑿方枘。 鑿枘. 本相入之物. 惟方枘圓鑿. 則不相入 16) 互相矛

楯。 韓子曰. 有賣矛與盾者. 譽其矛曰. 犀革無所不入. 譽其盾曰. 矢戟不能入. 傍人曰. 以子之矛. 刺子之盾. 入耶. 不入耶 17) 守滯一

隅。¹⁸⁾ 嘗試論之。說詩者。不以文害辭。不以辭害志。¹⁹⁾

（高Ⅱ）

8) 成・國・延Ⅰ・延Ⅱ・東・芝・奎・桂

9) 全・成・國・延Ⅰ・延Ⅱ・東・芝・奎・桂

10) 東・奎・桂・참고 '說文云. 肴. 啖也. 饌也. 詩云又有嘉肴. 言美饌也. 六籍. 六經也'（成・國・延Ⅰ・延Ⅱ／全）

11) 비고 '明成祖華嚴經序曰. 雖一路一門之可入. 而千殊萬變之無窮'（東・芝）

12) 成・國・延Ⅰ・延Ⅱ・高Ⅱ・東・芝・奎・桂

13) 비고 '身音干'（全・高Ⅱ）

14) 全・國・高Ⅱ・芝・비고 '或云賢豆. 正法印. 特伽羅. 此云月邦. 日沒後. 月出照臨. 如佛滅後. 賢聖相生照臨故. 身. 音干也'（成・延Ⅰ・延Ⅱ・東・奎・桂）

15) 全・國・高Ⅱ・東・芝

16) 全・國・참고 '鑿音析, 孔也. 枘音芮. 入孔之木也. 楊信云. 夫鑿枘. 本相入之物. 惟方枘圓鑿. 則不可以相入也. 今若去方圓字. 但用鑿枘不相入. 字義不通也'（成・延Ⅰ・延Ⅱ・東・奎・桂）・'屈平離搔曰. 不量鑿而正枘兮. 固前修以菹醢. 宋玉九辨曰. 圓枘而方鑿兮. 吾固知鉏鋙而難入. 楊升庵曰. 今人作文. 襲用枘鑿不相入. 今去方圓字. 而曰枘鑿不相入. 字義不通. 文義大謬. 甚者. 枘作柄. 尤可笑'（芝）

17) 全／成・國・延Ⅰ・延Ⅱ・東・奎・桂・芝

18) 참고 '一隅者. 士守孔. 僧守佛. 未達同歸也'（東）

19) 참고 '孟子曰. 咸丘蒙問曰. 舜之不臣堯. 則吾旣得聞命矣. 詩云普天之下. 莫非王土. 率土之濱. 莫非王臣. 而舜旣爲天子矣. 敢問瞽瞍之非臣. 何也. 曰是詩者. 非是之謂也. 勞於王事. 不得養父母也. 此莫非王事. 我獨賢勞也. 故說詩者. 不以文害辭. 不以辭害志. 以意逆志. 是爲得之. 註云. 乃

禮所謂　言豈一端而已。夫各有所當。故廬峰慧遠（東晉人. 鴈門賈氏. 與弟慧持. 造道安法師席下. 聞出世法. 大衆數千. 遠居第一. 抵潯陽匡山之陰廬峯. 居之 20）著論。（桓玄. 下書. 令僧拜俗. 遠公. 著沙門不敬王者論五篇. 一在家. 二出家. 三求宗不順下. 四體極不兼應. 五形盡神不滅. 此中引彼第四篇文 21）謂如來之與周孔。（本文. 堯孔 22）發致雖殊。所歸一揆。（揆. 理也 23）體極（體達至極之理 24）不兼應者。（釋不兼孔. 孔不兼釋 25）物不能兼受故也。沈約有云。孔發其端。26）釋窮其致。（案孔發其端. 儒論福善禍淫之事. 只發其端而已. 佛窮其致. 佛明三世因果. 窮盡這間理致也. 有云孔發其端. 儒明形而下者故也. 釋窮其致. 釋主形而上者故也 27）眞可謂識其大者。始可與言至道矣。（孤雲許沈約之言也 28）至若佛語心法。玄之又玄。名不可名。說無可

作詩者. 自言天下. 皆王臣. 何爲獨使我以賢才. 而勞苦乎. 非謂天子可臣
其父也. 言說詩之法. 不可以一字. 害一句之義. 不可以一句. 害一辭之志.
當以己意. 逆取作者之志. 乃可得也’（成・國・延Ⅰ・延Ⅱ・高Ⅰ・高Ⅱ・
東・芝・奎）・【비고】‘……案. 說詩者. 若引莫非王臣之文. 以證舜臣瞽瞍之
事. 則反害自己之實辭. 即以文害辭也. 若執自己. 舜臣瞽瞍之偏事, 以爲
詩人作文之本懷. 則反害詩人之實志. 即以辭害志也. 配看法喩. 評敎者.
偏聚兩聖相違之文. 以證自己儒佛不同之論. 則此亦以文害辭也. 若執自己
儒佛不同之偏辭. 以爲兩聖立敎之本懷. 則此亦以辭害志也’（桂）

20）東・芝

21）東・芝

22）東・芝

23）國・成・延Ⅰ・延Ⅱ・【비고】‘案發致. 發端理致也. 指二敎初頭事也. 所歸
　　一揆. 畢竟歸宿處也. 論二敎末後事也’（東・奎・桂）

24）全・國・【비고】‘體. 敎體也極. 至極也’（奎・桂）

25）全・成・國・延Ⅰ・延Ⅱ・東・芝・奎・桂

26）【참고】‘孟子曰. 惻隱之心. 仁之端也. 羞惡之心. 義之端也. 辭讓之心. 禮
　　之端也. 是非之心. 智之端也’（成・國・延Ⅰ・延Ⅱ・高Ⅰ・高Ⅱ）

27）奎・桂・／東【참고】‘致也. 本即奧理也’（國／成・延Ⅰ・延Ⅱ）

28）新註

說。雖云得月。　指或坐忘。^{見月休觀指. 歸}　　終類係風。影

難行捕。^{言道體難見也 30)}　　然陟遐自邇。^{遐喻佛法. 邇喻儒道 31)}　　取譬何傷。³²⁾

且尼父謂門弟子曰。予欲無言。天何言哉。^{子曰. 予欲無言. 子貢曰. 子如不言.}

則小子何述焉. 子曰. 天何言哉. 四時行焉. 萬物生焉. 天何言哉 33)　　則彼淨名之默對文殊。^{淨名經云. 文殊問維摩}

曰. 何等是不二法門. 淨名默然不應. 文殊讚曰. 善哉善哉. 乃至無有言語文字. 是直入不二法門也 34)　　善逝^{善逝. 佛之十號之一也. 善往涅槃之}

義³⁵⁾　之密傳迦葉。^{世尊. 在靈山會上. 拈花示衆. 獨迦葉. 微笑破顏 36)}　不勞鼓舌。能叶³⁷⁾

---

29) 全・成・國・延Ⅰ・延Ⅱ・東・芝・비고 ‘……莊子云. 顏回曰. 回. 益矣.
回忘仁義矣. 曰. 可矣. 猶未也. 他日. 復見曰. 回. 益矣. 回忘禮樂矣.
曰猶未也. 復見曰. 回. 益矣. 回. 坐忘矣. 仲尼蹵然曰. 何謂坐忘. 曰墮
肢體. 黜聰明. 離形去知. 同於大同. 此謂坐忘. 仲尼曰. 而. 果其賢乎.
丘也. 請從而後也’(奎・桂)

30) 成・國・延Ⅰ・延Ⅱ・비고 ‘明道先生. 與荊公中書. 議事. 安石怒. 先生
徐曰. 天下事. 非一家私意. 安石謂公曰. 公之學. 如上壁難行也. 先生曰.
參政之學. 如係風捕影也’(東・芝)・‘馬史云. 係風捕影. 終不可得. 班史
云. 人有畏影而惡跡者. 欲背而走. 跡愈多. 影愈疾. 就陰而止. 影滅跡絶’
(奎・桂)・‘言佛說虛無也’(全)・‘道字. 比道體者. 係風捕影’(高Ⅰ)

31) 國／東・芝・奎・桂

32) 비고 ‘案雖云. 至坐忘. 反前設喻. 略提方便. 指示之分. 非月則不能明道.
非指則不能說道. 終類至行捕. 順前引喻. 重明擬議不得之義. 道不可明.
如風不可係. 道不可說. 如影不可捕. 然陟至何傷. 重顯方便. 不可不取
之義. 取譬譬字. 指上月與指也. 道體極微. 無喻. 不可顯故也’(奎・桂／
東)

33) 全・成・國・延Ⅰ・延Ⅱ・高Ⅰ・東・芝 奎・桂

34) 全・成・國・延Ⅰ・延Ⅱ・高Ⅰ・奎・桂・비고 ‘維摩經云……’(東・芝)

35) 新註・참고 ‘涅槃也. 即佛之十號中一數也’(全・成・國・延Ⅰ・延Ⅱ・奎
・桂)

36) 全・國・奎・桂／成・延Ⅰ・延Ⅱ・東・芝

37) 비고 ‘叶音. 抋恊也’(高Ⅱ)

印心。言天不言。捨此奚適。[38] 而得[39] 遠傳妙道。廣耀吾鄉。豈異人乎。禪師是也。禪師法諱慧昭。[40] 俗姓崔氏。其先漢族。冠盖山東。（山東. 指中國之山東半島 41）之 隋師征遼。多沒驪貊。（驪貊. 指吾邦 42） 有降志而爲遲佪者。爰及聖唐。[43] 囊括四郡。（指羅唐合力. 平麗濟事也 44） 今爲全州金馬人也。（金馬. 今益山. 舊屬全州 45） 父曰昌元。在家有出家之行。母顧氏。嘗晝假寐。（不脫衣冠而眠 46） 夢一梵僧謂之曰。吾願爲阿㜷之子。（阿㜷. 方言謂母 47） 因以瑠璃甖（甖音罌. 瓶之總名 48）

---

38) 〔비고〕 '此上二句. 指尼父言'（芝）

39) 〔비고〕 '案. 宣聖垂訓. 只爲標月指. 即孔發其端. 兩師所示. 眞名說不到處. 即釋窮其致. 不勞. 至而得. 即所歸一揆. 盧峰沈崔三人. 可謂善說詩者也'（奎・桂／東）

40) 〔비고〕 '惠照. 本惠昭. 諱改也'（東）

41) 新註・〔비고〕 '即華山之東. 六國在焉'（全・成・國・延Ⅰ・延Ⅱ・奎・桂）・ '遼東. 有山東山南也'（高Ⅰ・東・芝）

42) 新註・〔비고〕 '隋煬帝征遼東. 爲乙支文德所敗. 卒百二十萬. 沒薩水以死. 有遼浪死歌也. 驪. 江陵也. 貊. 春川也'（東・芝／全・成・國・延Ⅰ・延Ⅱ・奎・桂・高Ⅱ）

43) 〔비고〕 '太宗'（高Ⅱ）

44) 新註・〔비고〕 '唐高宗. 遣蘇定方. 與新羅. 合攻百濟滅之. 又遣李勣等. 合攻高麗滅之. 置安東都護府. 以薛仁貴. 爲統官'（全・成・國・延Ⅰ・延Ⅱ・奎・桂／東・芝）

45) 全・成・國・延Ⅰ・延Ⅱ・高Ⅱ・奎・桂・〔비고〕 '……三韓之時. 馬韓也. 箕準之都也'（東・芝）

46) 全・成・國・延Ⅰ・延Ⅱ・東・芝・奎・桂

47) 搨本・高Ⅰ・〔비고〕 '㜷音彌. 楚人呼母曰. 阿㜷. 江南人. 稱母曰阿嫗'（全東／成・國・延Ⅰ・延Ⅱ・高Ⅱ・芝・奎・桂）

48) 國／高Ⅱ・芝・〔비고〕 '音義云. 此云靑色寶. 亦翻不遠山. 謂西國有山. 去波羅奈城不遠. 山出此寶. 因以名焉. 或言毘頭梨. 從山爲名. 乃遠山寶也. 遠山. 即須彌山. 此寶. 靑色及一切寶. 烟炎. 所不能壞. 又金翅鳥殼. 鬼神

爲寄。未幾娠禪師焉。 生而不啼。 迺夙挺[49] 銷聲息言之勝芽也。 既齔（齔音櫬. 改齒也. 男子八月生齒. 八歲而齔. 女子七月生齒. 七歲而齔 50）從戲。 必煩葉爲香。 采花爲供。 或西嚮危坐。（危坐. 跪也 51）跪 移晷未嘗動容。 是知善本。 固百千劫前所栽植。 非可跂（跂. 舉足望也 52）而及者。 自丱泉弁。（丱音貫. 束髮在後也. 冠也. 男二十而冠 53）弁. 志切反哺。（烏哺其雛. 後. 五十日而雛還哺其母 54）跬步不忘。（跬音圭. 步徐行也. 一舉足爲跬. 再舉足爲步. 兩步曰武. 跬三尺. 步六尺也 55）而家無斗儲。 又無尺壤。 可盜天時者。（列子云. 齊之國氏. 大富. 宋之向氏. 大貧. 自宋至齊. 請其術. 國氏告之曰. 吾善爲盜也. 一年而給. 三年而足. 五年而大壤. 自此以往. 施及州閭. 向氏大喜. 喩其爲盜之言. 不喩其爲盜之道. 遂踰墻鑿室. 手目所及. 無不探之. 未及時. 以臟獲罪. 沒其先居之財. 向氏. 以國氏謬已也. 往而怨之. 國氏曰. 若爲盜何若. 向氏言其狀. 國氏曰. 噫. 若失爲盜之道. 至此. 于今將告若矣. 吾聞天有時. 地有利. 吾盜天地之時利. 雲雨之滂潤. 山澤之產育. 以生吾禾. 植吾稼. 築吾垣. 建吾舍. 陸盜禽獸. 水盜魚鼈. 亡非盜也. 夫禾稼土木禽獸魚鼈. 皆天之所生. 豈吾之所有. 然吾盜天而亡殃也 56）口腹之養。 惟力是視。 乃裨販媐隅。（媐隅. 即東海所謂青魚也. 郝隆爲南蠻校尉詩曰. 媐隅躍清池. 裨. 補也. 販. 賣也. 販媐隅以補親 57）爲贍滑甘之業。（以苦澁者自養. 滑甘者奉親. 乃孝子之事 58）手

得之. 出賣與人. 甖音英. 瓶之總名也'（成・延Ⅰ・延Ⅱ・奎・桂／東）

49）〔비고〕 '挺. 拔也'（高Ⅱ）

50）成・國・延Ⅰ・延Ⅱ・東・芝・奎・桂・高Ⅰ／全・高Ⅱ

51）全・成・國・延Ⅰ・延Ⅱ・東・芝・奎・桂

52）全・國・高Ⅰ・〔참고〕 '跂音棄. 舉足望也, 禮檀弓云, 子思曰. 先生之制禮也. 過者. 俯而就之. 不至者. 跂而及之也'（成・延Ⅰ・延Ⅱ・東・奎・桂）

53）全・成・國／延Ⅰ・延Ⅱ・高Ⅰ・高Ⅱ・東・芝・奎・桂

54）全／國・〔참고〕 '哺音步. 含餐也. 易林曰. 烏鵲食鵝. 張口受哺. 及飛成. 父母反受其哺'（成・延Ⅰ・延Ⅱ・奎・桂／東・芝）

55）成・延Ⅰ・延Ⅱ・奎・桂／高Ⅰ・高Ⅱ・東・芝

56）成・延Ⅰ・延Ⅱ・東・芝・奎・桂／全・國

57）成・延Ⅰ・延Ⅱ・奎・桂／全・國・高Ⅰ・高Ⅱ・東・芝

58）全・成・國・延Ⅰ・延Ⅱ・東・芝・奎・桂

非勞於結網。 心已契於忘筌。網. 捉兔具. 筌. 捕魚器. 網筌. 喻能詮. 兔魚. 喻所詮. 言不假文字而得旨之意 59) 能豐啜菽之資。菽. 豆太之摠名. 禮檀弓. 啜菽飲水. 能盡其歡. 註. 煮豆而食. 但飲水. 不違其志. 故能令親歡也 60) 允叶 61) 采蘭之詠。詩云. 循彼南山. 言采其蘭. 此是孝子養親之事 62) 暨鍾艱棘。暨. 及也. 鍾. 聚也. 艱. 難也. 棘. 居喪也. 詩云. 庶見素冠兮. 棘人欒欒兮. 註云. 棘. 急也. 欒欒. 瘠貌也. 言喪事. 欲其忽忽爾. 哀遽之狀 63) 負土成墳。 迺曰鞠育之恩。詩云. 父兮生我. 母兮育我. 欲報其德. 昊天罔極 64) 聊將力報。 希微之旨。道經云. 目之不見. 曰希. 搏之不得. 曰微. 言至道玄玄 65) 盍以心求。 吾豈匏瓜。論語曰. 吾豈匏瓜也哉. 焉能係而不食 66) 壯齡滯跡。 逖於貞元廿年。唐德宗年號. 新羅元聖王元年 67) 詣歲貢

---

59) 全·成·國·延Ⅰ·延Ⅱ／高Ⅰ·［비고］ ‘……○董子云. 臨淵羨魚. 不如退而結網. ○案爲供甘旨. 雖販婀隅. 不謀機事. 索取魚肆. 不違五淨之義. 眞得忘筌之道也’（奎·桂）·‘家將豐得魚之物. 心已契忘筌之言. 網筌二句. 皆影略之文法. 上禆販爲業二句. 已辦財物. 此結網忘筌二句. 顯示虛名. 隱若財物. 下能豐允叶二句. 始顯功能. 先哲之註曰. 能筌所詮. 不假文字. 忘言得旨之說. 恐有得理失義之恨’（東·芝）

60) 成·國·延Ⅰ·延Ⅱ·桂／全·高Ⅰ·東·芝·奎

61) ［비고］ ‘叶. 與協同也’（高Ⅱ）

62) 全·國·高Ⅰ·高Ⅱ／東·芝·［참고］ ‘……山谷曰. 一幹一花而香有餘者. 蘭. 一幹數花而香不足者. 蕙也’（成·延Ⅰ·延Ⅱ·奎·桂）

63) 國·成·延Ⅰ·延Ⅱ／全·高Ⅰ·高Ⅱ·東·芝·［비고］ ‘……莊子云. 曾子曰. 吾及親仕. 三釜而心樂. 後仕三千鍾. 不洎. 吾心悲. ○案洎. 及也. 鍾. 一鍾也. 一鍾. 爲三釜也. 師則雖無祿養所供. 與三釜之仕人. 不異也’（奎·桂）

64) 成·國·延Ⅰ·延Ⅱ·桂／東

65) 全／成·國·延Ⅰ·延Ⅱ·高Ⅰ·東·芝·［참고］ ‘老子云. 視而不見. 名曰希. 聽而不聞. 名曰夷. 搏之不可得. 名曰微. 此三者. 不可致語. 同謂之玄. 言至道之體也’（奎·桂）

66) 全·國·高Ⅰ·高Ⅱ·東·芝／成·延Ⅰ·延Ⅱ·［비고］ ‘……言滯一邊而不自在也’（奎·桂）

67) 全·國／成·延Ⅰ·延Ⅱ·東·芝·奎·桂

使。〔多至使也〕68) 求爲榜人。〔榜人即篙工，主倡聲進船者．亡命註．榜人．奏采菱之歌也〕69) 寓足西泛。

多能鄙事。〔子曰吾少也賤．多能鄙事也〕70) 故 視險如夷。〔夷．平也〕71) 揮楫72) 慈航。

超截苦海。及達彼岸。告國使73) 曰。人各有志。請從

此辭。遂行至滄洲。謁神鑑大師。〔馬祖傍傳．即八十員中之一也〕74) 投體方

半。大師怡然曰。戲別匪遙。喜再相遇。〔通載云．杯度在彭城．聞羅什入關中．歎曰．吾與此子戲別．三百餘年也．相見杳然．未期遲來世耳〕75) 相 遽令削染。76) 頓受印契。77) 若火

沾燥艾。78) 水注卑原然。徒〔徒．神鑑大師追從之人〕79) 中相謂曰。東方聖

人。於此復見。〔初見道義．今見禪師．故云復也〕80) 禪師形貌黯然。81) 衆不名而

目爲黑頭陁。斯則探玄處默。眞爲漆道人後身。〔通載云．道安法師貌黑．

---

68) 全·成·國·延Ⅰ·延Ⅱ·高Ⅰ·高Ⅱ·奎·桂·[비고] '正朝使也'(東·芝)

69) 成·延Ⅰ·延Ⅱ·奎·桂／全·國·高Ⅰ·東·芝·[비고] '榜人．舟中役軍'(高Ⅱ)

70) 國·高Ⅰ·高Ⅱ

71) 全·國·東

72) [비고] '楫．揖也'(東)

73) [참고] '國使．本國之使也'(東)

74) 成·延Ⅰ·延Ⅱ·奎·桂／高Ⅱ·[비고] '馬祖傍傳．鹽官齊安之嗣'(全·國／高Ⅰ)

75) 成·延Ⅰ·延Ⅱ·東·芝·奎·桂／全·[비고] '……三百餘年也．今則先別道義．而再逢禪師也'(國)

76) [참고] '削染．削髮染衣'(高Ⅱ)

77) [비고] '五戒'(高Ⅱ)

78) [참고] '沾音含．焚也．火上行貌'(高Ⅱ)

79) 新註

80) 成·延Ⅰ·延Ⅱ·東·芝·奎·桂／全·國

81) [참고] '黯．黑也'(成·延Ⅰ·延Ⅱ·奎·桂)

人謂之黑頭陁. 亦曰漆道人. 亦曰印手菩薩也 82) 　豈比夫邑中之黔。　能慰衆心而已哉。

左傳云. 宋皇國父. 爲平公築臺. 子罕. 請俟農工之隙. 築者謳曰. 澤門之白. 實興我役. 邑中之黔. 能慰我心. 盖子罕黑色. 居邑中. 國父白色. 居澤門也 83)

永可與赤髭青眼。以色相顯示矣。佛陀耶舍.赤髭. 達麼. 青眼 84) 　元和五年。

唐憲宗年號 85) 　受具於嵩山少林寺 嵩山. 即中岳也. 少林窟之前. 有二株桂樹. 故因謂之少林. 應聖讖云. 二株嫩桂久昌昌.

密記. 曹洞臨濟二宗. 聯芳不絕云 86) 　瑠璃壇。　則 87) 　聖善 聖善. 母也. 詩云. 母氏聖善. 我無令人 88) 　前

夢。宛若合符。既瑩戒珠。復歸橫海。橫. 學舍也 89) 　聞一知十。

茜絳藍青。淮南子曰. 絳生於茜而絳於茜. 青生於藍而青於藍. 茜. 一名地血. 又名茹蘆. 葉似棗而銳. 四五葉對生節間. 根. 紫色. 可染絳. 藍者.

通志曰. 藍有三種. 蓼藍染綠. 大藍. 如芥. 染碧. 槐藍. 染青. 三藍. 皆可爲激也 90) 　雖止水澄心。莊子云. 人莫鑑於流水. 而鑑於止水也 91)

而斷雲浪跡。92) 　粤有鄉僧 93) 　道義。先訪道於華

夏。邂逅 94) 適願。西南得朋。易. 坤卦. 東北喪朋. 西南得朋. 邂逅相遇. 適我願兮 95) 　四

---

82) 奎・桂／全・成・國・延Ⅰ・延Ⅱ・東・芝

83) 成・國・延Ⅰ・延Ⅱ・奎・桂／全・高Ⅰ・高Ⅱ・東・芝

84) 全・高Ⅱ／成・國・延Ⅰ・延Ⅱ・高Ⅰ・東・芝・奎・桂

85) 全・國・東

86) 成・延Ⅰ・延大Ⅱ・奎・桂／全・國・[비고] '嵩山. 即中岳也. 少林. 達麼 所居也'(東)

87) [비고] '側作則'(東)

88) 東／全・成・國・延Ⅰ・延Ⅱ・高Ⅰ・高Ⅱ・芝・奎・桂

89) 成・延Ⅰ・延Ⅱ・奎・桂／高Ⅱ・東・芝

90) 成・延Ⅰ・延Ⅱ・奎・桂／全・國・高Ⅰ・東・芝

91) 奎／全・成・國・延Ⅰ・延Ⅱ・東・[비고] '……○案止水. 指上霅海也'(桂)

92) [비고] '詩云. 水鳥浮還沒. 山雲斷復連'(東・芝)

93) [비고] '粤. 說文. 於也. 審察之事也. 徐曰. 凡言粤者. 皆在事端句首. 未便言之. 駐其言而審思之. 故以�. �. 審字也. 其聲氣舒久. 故以兮'(成・延Ⅰ・延Ⅱ・奎・桂／全・國)

94) [참고] '邂逅. 不期而會'(延Ⅰ・延Ⅱ)・'詩云. 有美一人. 清揚婉兮. 邂逅

遠參尋。證佛知見。義公前歸故國。禪師即入終南。^{山名.在長安也 96)} 登萬仞之峰。餌松實而止觀。寂寂者三年。後出紫閣。^{終南山之一名 97)} 當四達之道。 織芒屩^{芒屩.芒色如茅.花將放時.剝其擇皮，皮可爲繩.穗可爲箒.分黃白二芒.而白之柔軟.不及黃.又稻之有芒刺者.柔軟可織履也.黃帝時.於則作履.後倣之 98)} 而廣施。 憧憧者^{憧憧.往來不絕之貌 99)} 又三年。於是苦行旣已修。他方亦已遊。雖曰觀空。豈能忘本。乃於太和四年^{唐文宗年號 100)} 來歸。 大覺上乘。照我仁域。^{仁域與仁方.同指吾邦 101)} 興德大王。飛鳳筆¹⁰²⁾ 迎勞曰。道義禪師。曩已歸止。上人繼至。爲二菩薩。昔聞黑衣之傑。^{通載曰.南朝.齊武帝.勅沙門法獻玄暢.爲天下僧主.會于帝前.肩輿入殿.時稱黑衣二傑 103)} 今見縷褐之英^{縷音呂.絲麻之縷.可經緯者.即敝衣也.褐音曷.即毛布.織之而禦寒者也 104)} 彌天慈威。¹⁰⁵⁾ 擧國欣賴。寡人行

<hr>

相遇. 適我願兮也’(東・芝)

95) 全・成・國・延Ⅰ・延Ⅱ・奎・桂／高Ⅰ・高Ⅱ・東・芝

96) 國・東／全・成・延Ⅰ・延Ⅱ・芝・奎・桂

97) 新註・‘[비고] ‘函谷關外地名’(全・東・奎・桂／成・國・延Ⅰ・延Ⅱ・高Ⅱ・芝)

98) 成・延Ⅰ・延Ⅱ・[비고] ‘……增韻. 麻曰屩. 木曰履也’(高Ⅱ・芝・奎・桂)

99) 全・成・國・延Ⅰ・延Ⅱ・高Ⅱ・芝・奎・桂

100) 全・成・國・延Ⅰ・延Ⅱ・東・奎・桂

101) 新註・[비고] ‘應上光融五乘節’(奎・桂)

102) [비고] ‘筆. 一本躍. 是君馬日躍’(高Ⅱ)

103) 全・國・成・延Ⅰ・延Ⅱ・高Ⅰ・高Ⅱ・東・芝・[비고] ‘見初月記’(奎・桂)

104) 成・國・延Ⅰ・延Ⅱ・奎・桂／全・東

105) [비고] ‘比道安師. 故稱彌天’(奎・桂)

^{將也 106)} 當以東雞林之境。成吉祥之宅也。¹⁰⁷⁾ 始懸錫於尙州露岳長栢寺。^{長栢寺遺址. 今在尙州 108)} 醫門多病。¹⁰⁹⁾ 來者如雲。 方丈雖寬。¹¹⁰⁾ 物情自隘。逐步至康州^{康州. 今 晋州 111)} 智異山。有數於菟。^{於菟. 楚人稱 虎之名 112)} 哮吼前導。 避危從坦。 不殊俞騎。^{俞騎. 引 路人 113)} 從者無所怖畏。豢¹¹⁴⁾ 犬如也。 則與善无畏三藏。^{善無畏. 三藏. 僧 名 115)} 結夏靈山。猛獸前路。深入山穴。見牟尼立像。宛同事跡。彼竺曇猷之扣睡虎頭。令聽經。亦未專媺於僧史也。^{晋沙門竺曇猷. 一名法獻. 康居國人. 在豊城赤石山. 石室誦經. 有猛虎數十蹲在猷前. 一虎獨睡. 猷以如意杖. 扣睡虎頭. 呵曰. 何不聽經. 俄而}

---

106) 全・成・國・高Ⅰ・東・芝・桂・[비고] ‘與幸同也’（高Ⅱ）

107) [참고] ‘吉祥. 即薄伽梵六義之一也. 意云佛陀也’（奎・桂／全・成・國・延Ⅰ・延Ⅱ・東）

108) 新註・[비고] ‘長栢寺. 今南長寺’（全・成・國・延Ⅰ・延Ⅱ・東・芝・奎・桂）

109) [비고] ‘四字出南華經’（奎・桂）

110) [비고] ‘長老所居. 曰方丈室. 唐顯慶中. 王玄策. 使西域. 至毘耶城. 有維摩居士石室. 以手板. 縱黃量之. 得十笏. 故方丈也. ○案在昔維摩室中. 容得萬文珠. 恢恢有餘. 故擬彼. 云寬也’（奎・桂）

111) 全・成・國・延Ⅰ・延Ⅱ・高Ⅱ・東・芝・奎・桂

112) 全／成・國・延Ⅰ・延Ⅱ・高Ⅰ・高Ⅱ・東・芝・奎・桂

113) 高Ⅱ・[비고] ‘俞. 仁他. 如仁順馬在前去. 書. 帝曰俞之先行騎. 註. 俞者. 與後相應之騎’（全・國／成・延Ⅰ・延Ⅱ・東・芝・奎・桂）

114) [참고] ‘豢音窟. 以穀食獸于圈中. 牛馬曰芻. 犬豕曰豢’（奎・桂／成・國・延Ⅰ・延Ⅱ・東・芝）

115) 新註・[비고] ‘佛名’（全）

116) 全・[비고] ‘法苑珠林云……’（國）・‘……一名法獻. 燉皇人. ……’（成・延Ⅰ・延Ⅱ・高Ⅰ・東／芝）・‘……一名法獻. 燉皇人. 或云康居國人……’（奎・桂）

群虎皆去116) 因於花開谷。故三法和尙蘭若遺基。纂117) 修堂宇。

儼若化城。118) 洎開成 開成宗年號119) 唐文 三年。 愍哀大王。 驟120)

登寶位。開成三年戊午. 金明弑僖康王. 自立. 四年己未. 金陽等. 討 金明. 誅之. 立古徵爲王. 即神武王也. 追諡金明曰愍哀 121) 深託

玄慈。降璽書餽122) 齋費。而別求見願。禪師曰。在勤

修善政。何用願爲。使復于王。聞之愧悟。以禪師色空

雙泯。定惠俱圓。降使賜號爲慧昭。昭字避聖祖廟諱。易

之也。廟諱.似指孝昭大王. 孝昭 本是孝照123) 仍貫籍于大皇龍寺。編入於皇龍寺僧籍124) 徵詣京

邑。星使漢書. 李郃善天文. 和帝. 遣使觀風. 郃見使. 問京中消息. 使曰. 君何以知吾爲使也. 郃曰. 見有二使星. 來向益州. 故知之125)

往復者。交彎于路。而岳立不移其志。昔僧稠。拒元魏

之三召云。通載曰. 齊鄴西龍山雲門寺僧稠.拒元魏孝明帝之前後三召也127) 在山行道。不爽大通。

爽. 差也.忒也126) 棲幽養高。異代同趣。居數年。請益者。稻麻

---

117) 비고 '治也'(高Ⅱ)

118) 참고 法花云. 引火宅. 子弟往至寶所. 欲其不退. 中設化城. 一如寶所而 漸次進也(東)

119) 全·成·國·延Ⅰ·延Ⅱ·高Ⅰ·高Ⅱ·東·芝·奎·桂

120) 비고 '殺王自立. 故云'(高Ⅱ)

121) 全·成·國·延Ⅰ·延Ⅱ·奎·桂

122) 참고 '餽. 給也'(東)

123) 新註

124) 新註·비고 '貫籍. 如無染碑中. 因編錄興輪寺之意也. 籍. 文籍. 即寺位 奴婢田地也'(國/全) '本貫. 譜籍也. 欲使姓譜攸久. 故藏黃龍寺'(成· 延Ⅰ·延Ⅱ·奎·桂) '論語云. 閔子騫. 仍貫如何. 何必改作耶'(高Ⅰ· 高Ⅱ·東·芝)

125) 全·國/成·延Ⅰ·延Ⅱ·東·芝·奎·桂

126) 全·成·國·延Ⅰ·延Ⅱ·東·奎·桂/芝·高Ⅰ·高Ⅱ

成列。[128] 殆無錐地。逐歷銓^{銓音全.}（선택하는 의미）^{言選擇也}[129] 奇境。得南嶺之麓。爽塏^{爽音桑.地高明.塏音凱.亦高明也.言其地爽快也}[130] 居最。經始禪廬。 却[131] 倚霞岑。俯[132] 壓雲澗。 清眼界者。隔江遠岳。 爽耳[133] 根者。迸石飛湍。 至如春谿[134] 花。夏徑松。 秋壑月。冬嶠雪。四時變態。萬象交光。百籟^{凡有孔竅.皆曰籟.人籟則比竹是已.地籟則衆竅是已.天籟則人心自動者是已.見莊子齊物}[135] 和唫。[136] 千巖競秀。[137] 嘗遊西土者。至此咸愕視。謂遠公東林。^{晉慧遠.於廬山.創東林寺}[138] 移歸海表。蓮花[139] 世界。[140] 非凡想可擬。 壺中別有天地則信也。^{列仙傳云.費長房.爲汝南市掾.市中一老翁賣藥.掛一壺於肆頭.市罷.輒入壺中.惟長房.睹之.因再奉酒脯.翁乃與俱入壺中.見玉堂嚴麗.旨酒甘肴.俱飮畢而出.乃俱入深山.于群虎中.使獨處.長房不恐.及臥于空室.以朽索.懸巨石.石上.衆蛇嚙其索.長房亦不恐.翁曰.子可敎也.後令食糞中虫.長房惡其穢.翁曰.子幾得道.恨于此不成.}

---

127) 全・成・國・延Ⅰ・延Ⅱ・東・奎・桂／高Ⅱ

128) 비고 '星或作成'(奎・桂)

129) 全／成・國・延Ⅰ・延Ⅱ・芝・奎・桂・高Ⅱ

130) 國／全・高Ⅱ

131) 비고 '却. 后也'(東)

132) 비고 '俯. 菁也'(東)

133) 비고 '又明也'(國／成・延Ⅰ・延Ⅱ)

134) 비고 '一本谿. 古溪字'(高Ⅱ)

135) 全／成・國・延Ⅰ・延Ⅱ・東・芝・奎・桂

136) 참고 '唫. 吟同'(國／高Ⅱ)

137) 비고 '世說云. 顧愷之. 從會稽還曰. 千巖競秀. 萬壑爭流'(奎・桂／東・芝)

138) 全／成・國・延Ⅰ・延Ⅱ・東・芝・奎・桂

139) 비고 '他有藏字'(奎・桂)

140) 비고 '極樂世界'(東・芝)

逐令歸. 翁與以竹杖. 任所之自至. 後捉于葛陂. 化爲龍而去 141) 架竹引流。環階四注。始用玉泉爲牓。屈指法胤。則禪師乃曹溪之玄孫。是用建六祖影堂。(今雙溪寺也 142) 彩飾粉墉。143) 廣資導誘。經所謂(法華經偈 144) 爲悅衆生。故綺錯145) 繪衆像者也。大中四年。(唐宣宗年號 146) 正月九日詰旦。(平明 147) 告門人曰。萬法皆空。吾將行矣。一心爲本。汝等勉之。無以塔藏形。無以銘紀跡。言竟坐滅。報年(俗世之享年 148) 七十七。積夏(夏. 謂夏安居. 積夏. 即出家受戒以後之年條 149) 四十一。于時。天無纖雲。風雷欻起。虎狼號咽。杉150) 栝151) 變衰。

141) 奎・桂／東・[참고] ‘方術傳云. 漢壺公賣樂. 懸空壺于肆頭. 日入後. 輒飛入壺中. 費長房. 於樓上見之. 知其非常人. 乃日進餅餌. 公語曰. 隨我跳入. 崔孤雲. 題智異山詩曰. 東國花開洞. 壺中別有天. 仙人推玉枕. 身世倏百年’(芝)・[비고] ‘註見無染銘也’(成・延Ⅰ・延Ⅱ)

142) 全・[비고] ‘六祖・南岳・馬祖・鹽官・滄洲・雙溪. 爲六師. 或云. 上註南岳等. 謂之六祖. 誤也. 焉有七影. 生前預建乎. 只是第六祖. 以雙溪. 是六祖所居堂故’(奎・桂／國)・‘六祖. 慧能大師影堂也. 今青嵓樓上方丈臺. 是也’(東／芝)・‘六祖・南岳・馬祖・鹽官・滄洲・雙溪. 六也’(成・延Ⅰ・延Ⅱ／高Ⅰ・高Ⅱ)

143) [비고] ‘飾音釋. 文飾也. 墉. 築土壘壁曰墉’(成・延Ⅰ／國・延Ⅱ・高Ⅱ・東・奎・桂)

144) 全・成・國・東・奎・桂・[비고] ‘即楞伽經偈也’(延Ⅰ・延Ⅱ)

145) [비고] ‘錯. 互也. 交也. 綺文. 互相交錯’(成・延Ⅰ・延Ⅱ・奎・桂／東)

146) 全・國／東・芝・[비고] ‘大中十一年. 即文聖王子. 憲安王九年. 逆數則大中丁卯. 是宣宗即位元年也’(成・延Ⅰ・延Ⅱ・奎・桂)

147) 全・東・芝／成・延Ⅰ・延Ⅱ・高Ⅰ・高Ⅱ・國・奎・桂

148) 新註

149) 新註

150) [비고] ‘杉. 音三也. 木名. 似松也’(高Ⅱ／東)

151) [비고] ‘栝. 枇也. 松栢等也’(東／高Ⅱ)

俄而紫雲翳空。空中有彈指聲。會葬者。無不入耳。則梁史。載褚侍中翔。[152] 嘗請沙門。爲母疾祈福。聞空中彈指。聖感冥應。豈誣也哉。凡志於道者。寄聲[153] 相吊。未忘情者。銜悲以泣。天人痛悼。斷可知矣。靈函幽隧。（函.棺也.隧.墓道也 [154]） 預使備具。弟子法諒等。號奉色身。（色身.佛僧之肉身 [155]） 不踰日而窆[156] 于東峰之冢。（冢.山頂也 [157]） 遵遺命也。禪師性不散樸。（不亂不質而得其中 [158]） 言不由機。（機.心思而巧餙者也 [159]） 服煗縕黂。（列子曰.父衣縕黂.縕久絮.黂雄麻也.言挾纊弊麻衣 [160]） 食甘糠麩。（麩音屹.漢書.晋灼註.米屑也.又音劾.說文云堅麥 [161]） 茅（茅音序.山栗.）

152）[참고] ‘褚姓. 侍中官. 翔名也’（東）

153）[비고] ‘寄聲. 成禮而已’（東）

154）全／芝・[비고] ‘函. 棺也. 隧. 天子之葬. 墓下道也. 今此臣民之葬. 云隧者. 盖當時無禮法之所致’（國／奎・桂）・‘函音含. 容也. 即棺槨也. 隧. 墓道反竂以度爲丘. 隧. 註掘地通道以葬. 天子有隧. 諸侯有羨道也’（成・延Ⅰ・延Ⅱ）. ‘隧. 墓道. 盖天子之葬. 掘地通道. 故云隧. 今非謂其事也. 函. 內棺. 隧. 外棺.’（東／高Ⅱ）

155）新註

156）[참고] ‘窆音貶. 葬下棺也’（成・國・延Ⅰ・延Ⅱ・奎・桂／東）

157）全／成・國・延Ⅰ・延Ⅱ・東・芝・奎・桂

158）全／國・成・延Ⅰ・延Ⅱ・芝・[비고] ‘老子云. 樸散而爲哭. 聖人用之. 則爲官長. 故大制. 不割. 註云. 樸者. 道之天體. 散而爲哭. 則道隱於小成矣’（奎・桂／東）

159）國／全・[비고] ‘莊子云. 漢陰丈人. 謂子貢曰. 有機械者. 必有機事. 有機事者. 必有機心. 故吾羞而不爲也云云. ○案大師. 以質樸爲性. 故言不隨機更端也.’（奎・桂／成・延Ⅰ・延Ⅱ・東）

160）全／成・國・延Ⅰ・延Ⅱ・芝・奎・桂

161）全・國／成・延Ⅰ・延Ⅱ・高Ⅱ・東・芝・奎・桂

即橡子也 162） 菽 163）雜糅。蔬佐 （蔬佐.佐飯也 蔬菜與 164） 無二。貴達時至。曾不異饌。門人以墋腹 （墋音.澄清之意 參.不 165） 進難。 則曰有心至此。 雖糯 （糯米.糯 166） 何害。尊卑耋 167） 稚。接之如一。每有王人 （王使 168） 乘馹 169） 傳命。遙祈法力。 則曰凡居王土 170） 而戴佛日者。 孰不傾心護念。 爲君貯 171） 福。 亦何必遠污綸言 （綸言.王之傳旨 172） 於枯木朽株。 173） 傳乘之飢不得齕。 174） 渴不得飮。吁可念也。或有以胡香爲贈者。則以瓦載糖灰。（糖灰.盆中

162） 全／國・成・延Ⅰ・延Ⅱ・高Ⅱ・東・芝・奎・桂

163） 참고 ‘菽. 豆太之摠名也’（成・延Ⅰ・延Ⅱ・奎・桂）

164） 奎・桂

165） 全／國・成・延Ⅰ・延Ⅱ・東・芝・奎・桂

166） 全・비고 ‘糯. 與糯同. 音汝. 麤糯也. 司馬遷傳. 糯粱之食’（成・延Ⅰ・延Ⅱ・奎・桂／國・東・芝）

167） 참고 ‘八十曰耋也’（芝／高Ⅱ・東）

168） 全／成・國・延Ⅰ・延Ⅱ・東・芝・奎・桂

169） 참고 ‘驛傳’（成・國・延Ⅰ・延Ⅱ・奎・桂／高Ⅱ・東・芝）

170） 비고 ‘王土者. 詩云. 普天之下. 莫非王土. 率土之濱. 莫非王臣. 佛日者. 李士謙. 善論玄理. 有客問三敎優劣. 士謙曰. 佛. 日也. 道. 月也. 儒. 五星也. 客不能難’（芝・東）

171） 참고 ‘貯. 增也. 盛也. 積也’（成・國・延Ⅰ・延Ⅱ・芝・奎・桂／高Ⅱ）

172） 新註・참고 ‘書云. 王言如絲. 其出如綸. 王言如綸. 其出如綍. 綸. 緩也. 言王言始出之小如絲. 然旣而群下擧之如緩之大也. 綍. 引棺索. 言王言始出如綸. 旣出則如綍之大者也’（成・延Ⅰ・延Ⅱ・奎・桂／全・國・東・芝・高Ⅱ）

173） 참고 ‘自謙之辭’（全・國）・비고 ‘范史云. 翟陽. 隱潯陽. 庾亮. 聞其風. 束帶躡履而詣. 其禮甚恭. 陽曰. 使君. 直敬枯木朽株也.’（奎・桂／東）

174） 참고 ‘音紇. 嚙也. 曲禮. 削爪庶人齕之. 註云. 齕不橫斷也’（成・延Ⅰ・延Ⅱ・奎・桂／國・高Ⅱ）

之火175) 不爲丸176) 而烱炳同也與熱177) 之曰。吾不識是何臭。虔心而已。復有以漢茗爲供者。則以薪爨178) 石釜。不爲屑而羹之曰。吾不識是何味。濡腹而已。守眞忤俗。皆此類也。雅善梵唄。唄. 短偈而流聲. 雄而不猛. 諸天聞唄. 則無不歡喜 179) 金玉其音。 側180) 調飛聲。爽快哀婉。181) 能使諸天歡喜。永於遠地流傳。學者滿堂。誨之不倦。至今東國。習魚山之妙者。通載云. 魏陳思王曹植. 字子建. 武帝中子. 每讀佛經. 留連嗟玩. 以爲至道之宗極. 轉讀七聲. 升降曲折之響. 世皆諷而則之. 遊魚山. 聞有聲特異. 淸麗哀婉. 因倣其聲. 爲梵唄. 今法事中. 魚山梵. 即其遺奏 182) 競如掩鼻。晋書云. 謝安能作洛下諸生詠. 有鼻疾. 故音濁. 名流愛其詠. 或掩鼻效之. 其見慕如此183) 效玉泉餘響。184) 豈非以聲聞。度之之化乎。禪師泥洹。本出黃庭經. 經云. 腦神精氣. 字泥洹. 註云丹中眞火. 自尾閭上升. 過夾脊玉京隨海骨. 入泥洹宮. 則脫殼升天. 如佛之涅槃也 185) 當文聖

---

175) 高Ⅰ／高Ⅱ・東・芝

176) 참고 ‘丸藥’(國)

177) 成・國・延Ⅰ・延Ⅱ・高Ⅱ・東・芝・奎・桂

178) 비고 ‘取其進火謂之爨. 取其氣上謂之炊’(高Ⅱ)

179) 成・國・延Ⅰ・延Ⅱ・奎・桂・비고 ‘長聲偈’(全)・‘唐書. 王縉. 佐代宗.
作內道場. 晝夜梵唄. 西域. 謂誦曰唄. 唄. 梵歌也. 要覽云. 梵語. 唄
匿. 華言. 止斷. 由外事已止已斷. 爾時寂靜. 住爲法事. 法苑云. 夫唄者.
讚詠之音也. 當使淸而不弱. 雄而不猛. 流而不越. 凝而不滯. 遠聽則汪洋
以峻雅. 近矚則從容以和肅.’(芝／東)

180) 비고 ‘側. 傾也’(高Ⅱ)

181) 비고 ‘婉音演. 美也. 順也’(高Ⅱ)

182) 成・延Ⅰ・延Ⅱ・高Ⅰ・奎・桂／全・國・비고 ‘……綱目. 朱全忠. 大破
兗鄆兵於魚山. 註云. 魚山. 在鄆州須昌東阿兩縣之間也’(芝)

183) 成・延Ⅰ・延Ⅱ・東・芝・奎・桂／全・國・비고 ‘有掩鼻偸香. 故掩鼻
也’(高Ⅰ)

184) 비고 ‘玉泉. 河東雙溪寺. 餘響. 梵音之餘響. 今之引導聲也’(芝)

大王之朝。上惻偃襟。[儈襟.心 186)] 王 將寵淨謚。及聞遺戒。[坐滅時語 187)]
愧而寢之。188) 越三紀。189) 門人以陵谷[陵變爲谷.變爲陵 190)] 爲慮。
扣不朽之緣於慕法弟子。內共奉一吉干[干音.汗也.一品爵 191)] 楊晉方。
崇文臺192) 鄭詢一。斷金爲心。[易曰二人同心.其利斷金 193)] 勒石是請。獻
康大王。恢弘至化。欽仰眞宗。追謚眞鑑禪師。 大空靈
塔。仍許篆刻。 以永終譽。194) 懿乎日出暘谷。 無幽不
燭。海岸植香。 久而彌芳。 或曰禪師垂不銘不塔之戒。
而降及西河之徒。[弟子 195)] 不能確奉先志。 求之歟。 抑與之
歟。[案.求之.自下求請也.抑者.不定之辭也 196)] 適足爲白珪之玷。[詩大雅.抑篇文云.白珪之玷.尚可磨也.斯言之玷.不可爲也.南容讀詩.此文.反復三讀.孔子聞之.以兄女.妻之 197)] 嘻非之者。亦非也。不
近名而名彰。盖定力之餘報。與其灰滅電絕。曷若爲可

185）成·延Ⅰ·延Ⅱ·東·奎·桂
186）高Ⅱ·참고 ‘王心.仙襟.凡人心.則塵襟’(全·國)
187）全
188）참고 ‘止也’(高Ⅰ)
189）참고 ‘他以十二年.爲一紀.而此紀即年.可也’(東)
190）國·비고 ‘陵夷也’(東)
191）全·成·國·비고 ‘一與乙同.劃數韻同及故’(延Ⅰ·延Ⅱ／奎·桂)
192）비고 ‘一本無郞字也’(高Ⅱ)
193）全·成·國·延Ⅰ·延Ⅱ·高Ⅰ·東·芝·奎·桂
194）비고 ‘以永終譽.詩周頌文.上句云.庶幾宿夜’(國)
195）全·비고 ‘孔子弟子. 或云仲尼弟子受學之處也’(高Ⅱ／高Ⅰ)·‘見無染
　　註’(成·延Ⅰ·延Ⅱ·芝·奎·桂
196）奎·桂／東·비고 ‘求.師之求也.與.資之許與(高Ⅱ)·‘論語全句’(芝)
197）國／成·延Ⅰ·延Ⅱ·東·芝·奎·桂

爲於可爲之時。使聲震大千之界。而龜未戴石。龍遽昇
天。[獻康王甍 198)] 今上[定康王也 199)] 繼興。塤篪相應。[小雅. 伯氏吹塤仲氏吹篪 200)] 義諧
付囑。善者從之。以隣岳招提。有玉泉之號。[即今之晋州玉泉寺 201)] 爲
名所累。衆耳致惑。將俾棄同即異。則宜捨舊從新。使
視[202)] 其寺之所枕倚。[203)] 則以門臨複澗。[204)] 爲對。乃
錫題爲雙溪焉。[改玉泉爲雙溪 205)] 申[206)] 命下臣曰。師以行顯。汝
以文進。宜爲銘。致遠拜手曰。唯唯。退而思之。頃捕
名中州。[先生. 十二入唐. 十八登第. 文名大振. 二十八東還. 乃僖宗光啓元年. 而定康王嗣位之初載也. 至翌年. 僖宗遣使. 特命先生. 撰中興功德頌一卷 207)] 嚼腴咀雋于章句間。[腴. 肥魚臠. 雋. 肥鳥肉. 比古人典籍深奧有味也 208)] 未能盡醉
衢罇。[淮南子云. 聖人之道. 猶中衢而致樽. 飮者. 斟酌多少. 各得其宜 209)] 唯愧深跧泥毸[跧. 就. 泥. 淤泥. 毸. 井]

---

198) 全・成・國・延Ⅰ・延Ⅱ・東・芝・奎・桂

199) 全・成・國・延Ⅰ・延Ⅱ・東・芝・奎・桂

200) 全・[참고] ‘……註曰. 伯仲. 兄弟也. 俱爲王臣. 則有兄弟之義矣. 樂器. 土曰塤. 大如鵝子. 銳上平底. 似稱鍾. 六孔作塤. 燒土爲之. 竹曰篪. 長尺四寸. 圍三寸. 七孔. 橫吹之’(奎・桂／成・國・延Ⅰ・延Ⅱ・東)・‘兄弟繼興’(芝)

201) 全・國・[비고] ‘康州南. 更有玉泉寺故也’(成・延Ⅰ・延Ⅱ・東・奎・桂)

202) [비고] ‘一本眎字’(高Ⅱ)

203) [참고] ‘枕倚. 枕前. 倚後’(國)

204) [참고] ‘複澗. 雙澗也’(東)

205) 全

206) [참고] ‘申. 重也’(高Ⅱ)

207) 全・成・國・延Ⅰ・延Ⅱ・奎・桂／東

208) 全／國・東・高Ⅱ・[참고] ‘嚼. 咀嚼也. 腴. 魚肥臠也. 小禮儀云. 進魚. 多右腴. 凡魚. 特肥在腹也. 咀音沮. 說文云. 含味也. 雋音俊. 鳥肥肉也’(成・延Ⅰ・延Ⅱ・奎・桂)

也．言蛙盡其勇．只就泥甃間 210) 况法離文字。無地措言。先生自言．北學中州．未能盡得聖人之道．則況於佛家文字．無所措言 211) 苟或言之。北轅適郢。北向車之誤向南郢 212) 第213) 以國主之外護。門人之大願。非文字。不能昭昭乎群目。遂敢身從兩役。兩役．口呷手寫也．或云中興詩與碑文．是兩役．非也 214) 力效五能。鼺鼠．一名夷由．有五能．五不能．一能飛不能過屋．二能緣不能穿木．三能逾不能渡谷．四能穴不能掩身．五能走不能先人．喩述作之能．反不能也 215) 雖石或憑焉。可慙可懼。慙於心而懼於人也 216) 而道强名也。何是何非。字解曰．强．自是也．自是以道爲名．何必是非 217)

---

209) 東·芝·【참고】‘衢罇．比聖人之道．杜詩註云．聖人之道．猶中衢而致罇者．斟酌多少得其宜’(全·國／成·延Ⅰ·延Ⅱ·高Ⅱ·奎·桂)

210) 全·成·國·延Ⅰ·延Ⅱ／東·芝·高Ⅱ·【비고】‘……○莊子云．埳井之䵷謂東海之鼈曰．吾樂歟．跳梁乎井幹之上．入休乎缺甃之涯．赴水則接腋支頤．蹶泥則沒足滅跗．還蚌蟹與科斗．莫吾能若也○案嚼腴云云．釋上嘉肴六籍節．腴雋．即嘉肴也．章句．六籍章句也．咀嚼章句．摘取文字之緊用處也．醉者．如詩云誦言如醉之醉字．即眼醉心醉之意也．衢罇．比古聖六籍．言經籍之博聚中國．如罇酒之廣貯通衢也．未能盡醉．言墳典極博．才器狹小．未盡涉獵也．唯愧云云．言自家出於涯涘．如井底伏蛙也．跧．伏也．泥甃．即井字意．深字．即底字意．跧字．即伏字意’(奎·桂)

211) 全／成·國·延Ⅰ·延Ⅱ·奎·桂

212) 芝／東·【비고】‘郢．楚都．莊子云．南行者．至於郢．北面而不見冥山．去之遠’(奎·桂)·‘道之相違也’(全)

213) 【비고】‘唯也’(成·國·延Ⅰ·延Ⅱ)

214) 國／芝·【비고】‘中興詩碑銘兩役也’(成·延Ⅰ·延Ⅱ)·‘兩．二也．以儒而役於佛．爲二役’(全)·‘中興詩碑銘．兩役．有云口呷手寫之兩役○案．兩役者．蝙蝠之兩役也．以蝙蝠之爲鳥爲鼠．比自家之或作或書也．看下五能．是鼺鼠之喩．則此兩役．必取蝙蝠之事也(奎·桂／東)

215) 全·國／高Ⅰ·高Ⅱ·東·芝·【참고】‘鼺鼠．一名夷由．兩翅聯四足．似蝙蝠．翅尾項脊毛．紫赤色．背上蒼艾．腹下黃．喙上雜色．好暗夜飛行．且乳聲如人呼．然有五能五不能……’(成·延Ⅰ·延Ⅱ·奎·桂)

216) 全

217) 全

掘^{掘音凡．莊子．掘若}^{枯木．不動之貌218)}　筆藏鋒。^{掘．與楬同．發也．吳語云．狐埋之．狐楬}^{之．是以無成功．言發筆欲書．而更藏其筆}
鋒也²¹⁹⁾　則臣豈敢。^{王命也．不}^{敢不作220)}

重宣前義。謹札^{札．櫛也．編之}^{如櫛齒相比221)}　銘云。²²²⁾　杜口禪那。^{禪那．}^{此云靜}
慮²²³⁾　歸心佛陁。^{佛陀．}^{也224)}^覺　根熟菩薩。弘之靡他。猛探虎窟。

^{不入虎穴．不得虎子．}^{入中原．得妙法225)}^比　遠泛鯨波。去傳秘印。　來化斯羅。^{新羅}^{之一}
^稱²²⁶⁾　尋幽選勝。卜築巖磴。水月澄懷。雲泉寄興。²²⁷⁾山

與性寂。谷與梵²²⁸⁾　應。觸境無硋。²²⁹⁾　息機²³⁰⁾　是　證。

---

218) 全／成・國・延Ⅰ・延Ⅱ・東・芝・回교 ‘石書鑿故’(奎・桂)

219) 成・延Ⅰ・延Ⅱ／國・回교 ‘……唐書云．楮河南曰．用筆藏鋒．當如印泥
　　　錐畫沙’(奎・桂)

220) 全

221) 全・國／成・延Ⅰ・延Ⅱ・奎・桂・回교 ‘書也’(東・芝) ‘札．牒也．又
　　　拔也’(高Ⅰ)

222) 回교 ‘○案雖石云云．至銘云．反覆設義．相效五能之所以．以自家兩役凌
　　　合鼯鼠喩也．雖石云云．至可懼．文之不能．而道云云．至何非文之能．握乎
　　　云云．至豈敢．筆之不能．重宣云云．至銘云．筆之能也．言以渠庸文．作
　　　之鐫石．或有鬼物來憑．則必有異言．是實慚愧．此．言不能作之宜也．大
　　　道．依此文字强名．則彼雖不若．焉能是非．此．言能作之宜也．掘．或作
　　　握．藏鋒．言藏其筆鋒也．善書鋒稜．自然不露也．善書．六藝中難事．故
　　　云豈敢．此言不能之宜也．只云札銘者．舉後該前故．此．言能書之宜也．重
　　　宣句．若以偈宣長行義．見之．於此文．不合．思之．兩役．五能．豈敢．’
　　　(奎・桂／東)

223) 國／全・芝・東回교 ‘……也．靜名．杜口毘那耶城中’(奎・桂／成・延Ⅰ・
　　　延Ⅱ)

224) 全・國・回교 ‘比云覺者’(國・東・奎・桂)

225) 國・奎・桂／東・芝

226) 全・國／成・延Ⅰ・延Ⅱ・奎・桂・東・芝

227) 回교 ‘水月．應上淸眼界．雲泉．應上爽耳根’(奎・桂)

道贊五朝。[五朝. 憲德・興德・僖康・神武・文聖231)] 威摧衆妖。默垂慈蔭。 顯拒嘉招。 海自䬃蕩。 山何動搖。 無思無慮。 匪斲232) 匪雕。233) 食不兼味。 服不必備。 風雨如晦。 始終一致。234) 慧柯方秀。 法棟俄墜。 洞壑淒涼。 烟蘿憔悴。 人亡道存。 終不可諼。[爾雅云. 忘也. 詩. 衛風. 終不可諼兮235)] 上士陳願。 大君流恩。 燈傳海裔。 塔聳雲根。[雲根. 石也236)] 石 天衣拂石。[天衣拂石. 取久遠之意. 大劫頌云. 有石長廣四萬里. 長壽天人過百年. 六銖袈裟磨鍊盡. 是則名爲一大劫237)] 永耀松門[松門. 即寺刹238)]

228) 비고 '梵應梵音'(東・高Ⅱ)

229) 참고 '閾. 與碍同'(國)

230) 비고 '息幾. 息幾心也. 解見序中'(奎・桂)・'如世巧幻師. 幻作諸男女. 息幾歸寂然. 諸幻. 成無性'(成・延Ⅰ・延Ⅱ)

231) 全・成・國・延Ⅰ・延Ⅱ・芝・奎・桂

232) 비고 '塔'(東・芝)

233) 비고 '碑'(東・芝)

234) 비고 '致. 標致也. 詩云. 風雨如晦. 鷄聲不已. 註. 亂世君子. 不改度'(奎・桂／芝)

235) 成・延Ⅰ・延Ⅱ／國・高Ⅱ・東・芝・奎・桂

236) 成・延Ⅰ・延Ⅱ・奎・桂

237) 全・國／成・延Ⅰ・延Ⅱ・高Ⅰ・高Ⅱ・東・芝・奎・桂

238) 新註

聖住山聖住寺朗慧和尙白月葆光塔碑

帝唐[呂氏春秋云. 帝者. 天下之所適. 王者. 天下之所往. 即僖宗皇帝也 1)] 揃亂以武功。[揃. 音前. 滅也. 左傳云. 揃賊而後朝食. 言乾符戊戌. 濮賊王仙芝作亂. 黃巢應之. 高駢李克用等滅之 2)] 易元以文德之年。[景文王女子眞聖王. 諱曼之二年. 戊申 3)] 暢月。[暢月. 即十一月. 禮月令曰仲冬. 命之曰. 暢月言萬物皆充於內. 註. 暢. 充也 4)] 月缺之七日。日醮咸池時。[醮. 古潛字. 咸池. 日入處也 5)] 海東兩朝[景文王. 康王 6)] 獻國師禪和尙。[此云親敎 7)] 盥浴已。跌坐示滅。[年譜云. 大師滅度. 即唐僖宗. 文德元年 當新羅景文王女子眞聖王. 諱曼之二年. 戊申十一月十七日也. 自十六日爲月缺之日. 即月缺之七日當爲二十一日. 而此云十七日不可詳也. 8)] 國中人如喪左右

---

1) 東／成・國・延Ⅰ・延Ⅱ・奎・桂・[비고] '僖宗'(高Ⅱ)

2) 成・延Ⅰ・延Ⅱ・奎・桂／國・芝・高Ⅱ・全 [참고] '僖宗乾符五年戊戌黃巢作亂. 使高駢破滅. 崔公亦爲謀士. 凡表壯文告. 皆出此手. 武功. 兵法也.'(東)

3) 高Ⅰ・高Ⅱ・[비고] '文德元年戊申'(芝・東)

4) 成・國・延Ⅰ・延Ⅱ・芝・奎・桂・高Ⅰ・東／全・高Ⅱ・[비고] '……於天地之內……'(東)

5) 芝・高Ⅱ・東 [비고] '醮. 音暫. 說文. 以物沒水也. 淮南子云. 日出于暘谷. 拂于扶桑. 轉于禺中. 浴于減池. 即朝食時. 見天文圖. 咸池星在紫微內垣西天潢星傍則未時'(成・國／全)・'醮. 音暫. 說文. 以物沒水也. ○淮南子云. 日出于暘谷. 拂于扶桑. 轉于禺中. 浴于咸池. 即脯食時. 見盖天圖. 咸池星在紫微內垣西天潢星傍則申時也(延Ⅰ・延Ⅱ)・'醮. 音暫. 說文. 以物沒水也. 淮南子云. 日出于陽谷. 浴于咸池. 拂于扶桑. 是謂晨明. 登于扶桑. 爰始將行. 是謂聰明. 至于曲阿. 是謂旦明. 至于曾桑. 是謂早食云云. 梅聖兪日蝕歌云. 赫赫初出咸池中. 浴光洗跡生天東. 東坡詩云. 東遊咸池曙扶桑.'(桂・奎)

6) 東・芝・奎・桂

7) 成・延Ⅰ・延Ⅱ・奎・桂

8) 延Ⅰ・國・奎・桂・成・新註(自十六日以下)／全 [비고] '…曼之三年…十七日也.'(延Ⅱ)

目。9) 矧門下諸弟子乎。嗚呼。應東身者八十九春。（師生於唐德宗貞元十七年辛巳十二月二十八日午時. 即新羅哀莊王二年. 自德宗辛巳. 至僖宗戊申. 年八十九年也. 出家於憲宗元和八年. 即新羅宣德王五年. 年十二也. 文宗太和元年丁未三月十五日. 於京都慧善寺惠照太師處. 受具足戒. 年二十四也. 二十四. 當改以二十七 10)） 服西戒者六十五夏。（譜又云. 唐文宗太和元年丁未三月十五日. 東京慧善寺律師惠照處. 受具足戒. 年二十七歲. 以此計之. 則報年八十八也. 又大師沒年 即唐僖宗文德元年. 故服戒者當六二年也 11)） 去世三日。倚繩座儼然面如生。門人詢乂等。號奉遺體。假殯（殯. 音異. 殯坎也. 釋名假葬于道側曰殯. 禮喪大記曰. 士殯見袵塗上. 註. 掘殯以容棺. 殯猶坎也. 棺在殯中. 不沒其盖云云也 12)） 禪室中。上（眞聖圭. 文考女. 康王妹 13)） 聞之震悼。使駛（馬行疾也. 驛使也 14)） 即弔以書。賻以穀。所以資淨供。而贍玄福。15) 越二年。攻（治也 16)） 石。17) 封層冢（塔也 18)） 聲聞王京（慶州也 19)）。菩薩戒弟子。武州（今之光州 20)） 都督蘇判（新羅官儀云. 爵凡十七數. 大角干冢宰一. 吉干二級爵. 波珍殖三級爵. 遏粲四級爵. 蘇判五級爵）

---

9) 〔비고〕 ‘案. 如喪云云. 大師在時. 爲一世眼目. 大師入滅. 擧國曚暗故云. 如喪兩目. 且歸寂. 適値日醮月缺之際. 天時人事必有相應而然也.’（奎・桂）

10) 東・新註（二十四. 當改以下）／延Ⅰ・延Ⅱ・成・全 〔비고〕 ‘…於東京慧善寺…受具足戒. 年二十’（芝）

11) 成・國・延Ⅰ・延Ⅱ・奎・桂・東・新註（又大師沒年以下） 〔비고〕 ‘西戒則具足戒也’（東）

12) 成・延Ⅰ・延Ⅱ・奎・桂／國・高Ⅱ・東・芝・全

13) 全・國・高Ⅰ・高Ⅱ

14) 成・國・延Ⅰ・延Ⅱ・奎・桂／全・高Ⅱ・東・芝

15) 〔비고〕 ‘自修冥福也’（奎・桂）

16) 高Ⅱ・東・芝

17) 〔비고〕 ‘詩云. 他山之石可以攻玉.’（奎・桂）

18) 成・國・延Ⅰ・延Ⅱ・高Ⅰ・高Ⅱ・東・芝・奎・桂

19) 新註 〔비고〕 ‘玉京. 中國’（成・延Ⅰ・延Ⅱ・高Ⅱ）・‘玉京. 皇城’（東・芝）・‘玉京. 人云中國. 非也. 詩云. 聲聞于天. 李白詩云. 天上白玉京. 取遠聞意.’（國）・‘玉京. 詩云. 聲聞于天. 玉京即天也.’（奎・桂）

20) 成・國・延Ⅰ・延Ⅱ・高Ⅰ・高Ⅱ・東・芝・奎・桂

也 21) 鎰。執事侍郎 即今參議 22) 寬柔。浿江 平壤大同江也 23) 都護 咸雄。

全州別駕 漢制. 別駕從事吏一人. 刺史行部. 別乘一乘傳車. 故稱曰別駕. 亦判官也 24) 英雄。皆王孫也。

此四人皆金姓 25) 維城輔君德。 左傳曰. 懷德維寧. 宗子維城. 君修德而固宗子. 何城如之此. 師曠對晋侯之言. 詩云. 介人維藩. 大師維垣. 大邦維屏. 大宗維翰. 懷德維寧. 宗子維城. 無俾懷城. 無獨斯畏也. 宗子同姓也 26) 險道 即惡道也. 以受戒力免三途也 27) 賴師恩。智度論云. 諸險道中戒爲橋梁. 案. 四人依師受戒故云. 賴師恩而度險道也 28) 何必出家然後入室。升堂入室之義也. 雖未僧而可以爲朗慧弟子 29) 遂與門人昭玄 即昭玄精署. 律法之司也 30) 住持 大德31) 釋通賢。 四天王寺 在慶州狼山南麓 32) 上座 五分律云. 上更無人名上座. 毘尼母論云. 從無夏至九夏是下座. 自十夏至十九夏是中座. 自二十夏至四十夏是上座. 五十夏已上. 一切沙門之所尊敬故名耆宿也 33) 釋愼符。議曰。師云亡。

君爲慟。奈何吾儕忍灰心木舌。 韻府群玉云. 鐸大鈴也. 軍法司馬執鐸金口木舌. 文事振木鐸. 武事振金鐸. 案. 灰心. 莊子云. 心如死灰. 言不起心也. 木舌. 群玉云. 金口木舌. 雖未見制度. 以木爲舌則其無屈申作用可知. 抑取此義而引用耶. 盖木字猶木強木訥

21）成・延Ⅰ・延Ⅱ・奎・桂／全・國

22）成・國延Ⅰ・延Ⅱ・東・奎・桂

23）延Ⅰ・成・國・延Ⅱ・高Ⅰ・高Ⅱ・東・芝・奎・桂

24）延Ⅰ・延Ⅱ／成・國・奎・桂・高Ⅰ・高Ⅱ

25）高Ⅱ

26）延Ⅱ・成・國・延Ⅰ・奎・桂／高Ⅰ・高Ⅱ 참고 '詩云 懷德維寧. 宗子維城. 言四人如維如城. 補御德政也.'（東／芝）

27）芝・東 비고 '生死之道. 比之於民'（高Ⅱ）

28）奎・桂

29）新註 참고 '孔子曰. 由也升堂未入室.'（延Ⅰ・延Ⅱ・成・國・奎・桂）

30）成・國・延Ⅰ・延Ⅱ・奎・桂／高Ⅱ・'寺也'（東・芝）

31）비고 '荊楚歲時記云. 吳王權有疾. 道士葛玄往省之. 權家人聞空中聲曰. 旣有大德道士. 宜爲除申. 大德之目起于玆也.'（延Ⅱ・奎・桂・成・國・延Ⅰ）

32）全・成・國・延Ⅰ・延Ⅱ・奎・桂／高Ⅱ

33）成・延Ⅰ・延Ⅱ・奎・桂

(之類. 應取剛不柔之義. 言不開口也) [34]

缺緣飾在三之義乎。(君師父三也. 禮記曰. 生三事之如一. 父生之. 師敎之. 君食之. ○崔鴻後秦錄姚泓曰. 在三之義. 不可不重) [35] 洒白黑相應。請贈諡曁銘塔。敎曰可。旋命王孫夏官(說文. 天官今吏部. 地官今戶部. 春官今禮部. 夏官今兵部. 秋官今刑部. 多官今工部. 若以次言之. 則吏部立於東班之首. 兵部立於西班之首. 先東後西. 爲第二也) [36] 二卿(第二卿. 即兵部之二卿. 如今參判爲判書之亞卿故也) [37] 禹珪。(姓. 金也) [38] 召桂苑(翰林苑也) [39] 行人(行人. 周禮. 大行人小行人. 即今通事舍人) [40] 侍御史崔致遠。至蓬萊宮。(眞聖王所居宮) [41] 因得竝(竝與傍通) [42] 琪樹。(宮廷列植之華樹) [43] 上瑤墀。踞 [44] 俟命珠箔外。 [45] 上 [46] 曰。故聖住大師。眞一佛出世。(事文云. 唐太宗撥亂. 行仁德. 人謂之. 一佛出世也) [47] 昔文考(景文王也) [48] 康王(獻康

---

34) 奎·桂

35) 東·芝 [참고] '文選云. 亦有秉心矯跡. 以敦在三之節. 註. 三者. 君師父也'(奎·桂／全·國·延Ⅰ·延Ⅱ·高Ⅰ)·[비고] '君師父一體.'(高Ⅱ)

36) 成·延Ⅰ·延Ⅱ·奎·桂 [비고] '…又天官. 即吏曹文班之首. 夏官即禮曹武班之首. 故即第二卿也.'(國／全·東·芝·高Ⅰ)·'禮部'(高Ⅱ)

37) 桂·奎 [비고] 九卿之第二. 光祿.'(芝·東／高Ⅱ)

38) 高Ⅱ

39) 全·成·國·延Ⅰ·延Ⅱ·東·芝 [비고] '桂苑. 今弘文館也'(高Ⅱ·高Ⅰ)

40) 成·國·延Ⅰ·延Ⅱ·東·芝·奎·桂·高Ⅱ／高Ⅰ

41) 高Ⅱ·高Ⅰ

42) 新註 [비고] '竝. 音傍. 倚也.'(全·國·高Ⅰ·東·芝)·'竝. 音平. 去聲. 併也. 比也. 偕也. 又音蚌. 義同. 今俗用偕也.'(奎·桂·成·延Ⅰ·延Ⅱ)

43) 新註

44) [비고] '莊子云. 擎踞曲拳. 人臣之禮也. 人皆爲之. 吾敢不爲耶.'(奎·桂)

45) [비고] '事文云. 漢武帝起神屋. 白珠爲簾箔. 昭陽殿. 織珠爲簾. 風至則鳴 ○案眞聖是女君. 故垂簾聽政也.'(奎·桂／全·成·國·延Ⅰ·延Ⅱ·東)

46) [비고] '上者. 眞聖王. 乃景文之女. 獻康王之妹.'(芝／東)

47) 成·延Ⅰ·延Ⅱ·奎·桂·全

48) 高Ⅱ·東

王也
49) 咸師事。 福國家爲日久。 余始克纘承。50) 願繼餘

當改以余字 51) 先志。 而天不憖遺。憖.音銀.强也.詩小雅.天不憖遺一老.俾守我王.註.憖者.心不欲.自能强之.

辭倦而勉强也.言皇天不自强留一人.而輔天子也 52) 益用悼厥心。 余以有大行者。 授大

名。故追謚曰大朗慧。塔曰白月葆光。莊子齊物論曰.注焉而不滿.酌焉而不竭而不知其

所由來.此之謂葆光 53) 乃汝也 54) 嘗西宦。 絲染錦歸。孤雲傳云.巫峽重峰之年.絲入中原.銀河列宿之歲.

錦還東國.言巫峽有十二峰.比十二入.銀河有二十八宿.比二十八還.中孚子謂予曰.茶山翁云.年歲二字相換.則腰簾末簾.始合.如此覺非.當代無雙.贊之

不已 55) 顧文考選國子。 命學之。選入國學以受學 56) 康王視國士。 禮

待之。若汝也 57) 宜銘國師以報之。報先王待汝之德也 58) 謝曰。主臣。主擊臣伏.惶

恐之貌.見史記注 59) 殿下恕粟饒浮秕。 念桂飽餘馨。粟桂二句.皆孤雲自謙辭也 60) 俾

---

49) 高Ⅱ・東

50) 〔비고〕 '王位'（高Ⅰ）

51) 新註

52) 成・國・延Ⅰ・延Ⅱ・〔비고〕 '…○左傳云. 壬戌四月己丑. 孔子卒. 哀公誄
　　之曰. 昊天不吊. 不憖遺一老. 俾屛余一人以在位. 煢煢. 余在疚. 嗚呼.
　　尼父無自律. 子貢曰. 生不用. 死而誄之. 非禮也.'（奎・桂／東・芝）・
　　'强也. 傷也. 詩小雅……'（高Ⅰ）・'憖. 音殷. 宥也. 天不句. 出詩小雅
　　也.'（高Ⅱ）

53) 新註 〔참고〕 '葆. 藏也. 藏光不露.'（高Ⅰ）

54) 全・成・國・延Ⅰ・延Ⅱ・高Ⅱ・東・芝・奎・桂

55) 芝・東／成・國・延Ⅰ・延Ⅱ・高Ⅰ・奎・桂

56) 新註 〔비고〕 '先生嘗爲國子監學士.'（全／國）・'孤雲爲國子監博士也.'（成・
　　延Ⅰ・延Ⅱ・東・奎・桂）・'太學博士'（高Ⅰ・高Ⅱ）

57) 全・國・延Ⅱ・高Ⅱ・東・芝

58) 全・成・延Ⅰ・延Ⅱ・高Ⅰ・高Ⅱ・東・芝・奎・桂

59) 國／全・成・延Ⅰ・延Ⅱ・奎・桂・高Ⅱ・東・芝

60) 新註 〔비고〕 '秕. 音彼. 粟之不成實者也. 書仲虺之誥. 若苗之有莠. 若粟
　　之有秕. 盖浮秕句自謙. 餘香句指大師. 古詩云. 桂苑飽餘香也. 或云. 桂

報德以文。固多天幸。 第大師於有爲澆[61] 世。 演無爲秘宗。小臣以有限麼才。(麼. 即幺麼. 細小也 62) 紀無限景行。(景. 大也 63) 弱轅載重。[64] 短綆汲深。(莊子云. 褚小者. 不可以懷大. 綆短者. 不可以汲深. 褚者布袋. 言小不任大 65) 不 其或石有異言。(左傳. 昭公八年. 石言于晋魏榆. 晋侯問於師曠曰. 石何故言. 對曰. 石不能言. 或憑焉. 不然. 民聽濫也. 抑臣又聞之. 曰. 作事不時. 怨讟動于民. 則非言之物言. 而今宮室崇侈. 民力彫盡. 怨讟並作. 莫保其性. 石言不亦宜乎 66) 龜無善顧。(世說云. 孔愉嘗至吳興縣餘干亭. 見人籠龜於道. 愉求買. 放之於溪中. 龜行至水. 反顧愉. 及封此亭侯. 而鑄印. 龜首回顧. 三鑄不正. 有似昔龜之顧. 靈德之感如此. 愉悟. 乃取而佩焉 67) 決巨使山輝川媚。(陸機文賦云. 石蘊玉而山輝. 水懷珠而川媚也 68) 反贏得林壑澗

飽者致遠. 爲桂苑行人故也. 案. 粟饒云云. 自謙. 文之不美. 如粟饒浮秕也. 桂者. 月中桂也. 孤雲弱齡西遊. 寬捷桂榜. 此云. 餘香者. 盖亦謙辭. 與初月之偸香月桂. 智證之名掛輪中. 皆是一義. 彼之偸香與此之飽餘亦不異也.'(桂・奎)／東・全・成・國・延Ⅰ・延Ⅱ・芝・高Ⅱ

61) 비고 '滓也.'(高Ⅰ)

62) 成・延Ⅰ・延Ⅱ・高Ⅱ・東・芝・奎・桂

63) 高Ⅱ・東・芝

64) 비고 '言薄也'(高Ⅰ)

65) 成・延Ⅰ・延Ⅱ・奎・桂／東・芝・全・高Ⅰ

66) 芝・東／國・高Ⅰ・高Ⅱ 참고 '春秋. 石言于晋師曠. 以作事. 怨讟動于小民. 進諫. 我恐此碑或有異言.'(全)・'…民聽濫也…非言之物而言. 又劉曜攻石勤. 石言勿東.'(桂／成・延Ⅰ・延Ⅱ・奎)

67) 奎・桂／國・全・成・延Ⅰ・延Ⅱ・東・芝 비고 '…○案. 石者. 碑之體石也. 龜者. 碑之足趺也. 即初月之龜珉. 眞鑑之龜載. 是也. 異言者. 恠異之言. 即誹謗等說也. 石有句. 言自家述文失實. 不能鎮以正氣. 則神物來憑. 能致恠徵. 如晋石之爲也. 龜無句. 言彼印龜. 則深感前恩. 以善心. 顧視. 今此碑龜. 則以巨石劣文. 重載背上. 於龜. 反爲累德而已. 必無善心之顧也.'(奎・桂)

68) 成・國・延Ⅰ・延Ⅱ・高Ⅰ・奎・桂・全・東・芝 비고 '…川媚. 媚與美同也.'(高Ⅱ)

愧。（北山移文云. 林慚無盡. 澗愧不歇. 註云非林澗之愧是乃周彦倫之愧也. 69)） 請筆路斯避。上曰。好讓也。 蓋吾國風。 善則善已。 然苟不能是。（碑也 70)） 惡用黃 71) 金牓爲。（古制. 龍榜. 餙以金. 虎榜. 餙以銀. 先生. 以文登第故曰金榜 72)） 爾勉之。（縱欲辭避. 可得也 73)） 不 遽出書一編。大如椽者。俾中涓（官名. 宦官 74)） 授受。 乃門弟子所獻狀也。復惟 75)之。 西學也。 彼此俱爲之。（入中國受學謂西學. 不必指佛法也. 心口. 亦不必配禪敎 76)） 而爲師者何人。 爲役者（爲師執筆者. 孤雲自身也 77)） 即 何人。 豈心學者高。 口學者勞耶。78) 故古之君子愼所學。79) 抑心學者立德。口學者立言。（任安書. 太上立德. 其次立功. 其次立言 80)） 則彼德也。 或憑言而可稱。是言也。或倚德而不朽。81) 可稱。則心能

---

69) 成·國·延Ⅰ·延Ⅱ·奎·桂／全·高Ⅱ·東·芝

70) 高Ⅰ

71) 비고 ‘十九壯元’(高 Ⅱ)

72) 全／高Ⅱ 비고 ‘唐書云. 崔昭暴卒復生. 見冥間列榜. 書人生姓名. 將相金榜. 次銀榜. 州縣小官鐵榜. 言無文章何登將相云云. 以孤雲職二品故稱金榜. ○龍虎榜以金銀餙之.’(成·延Ⅰ·延Ⅱ·國)·‘西京雜記曰. 崔紹暴卒復生. 見冥間列牓. 書人姓名. 將相金榜. 其次銀榜. 州縣小官並是鐵榜. 注. 登科謂之金榜掛名.’(芝·東)·‘…○案. 筆耕集. 孤雲文云. 金名榜尾. 意者. 登科人名. 以金泥. 書之榜中也.’(奎·桂)

73) 全

74) 芝·東·高Ⅰ·高Ⅱ 비고 ‘說文云. 官名. 漢萬石君爲中涓. 受書謁之也. 或云. 閹官也.’(桂·奎·成·國·延Ⅰ·延Ⅱ·全)

75) 비고 ‘惟. 思也’(芝)

76) 成·國·延Ⅰ·延Ⅱ·奎·桂／全·東·芝

77) 新註 비고 ‘弟子. 上皆言無師弟也.’(高Ⅰ／高Ⅱ)

78) 비고 ‘致遠自稱也. 心口. 禪敎之稱也.’(高Ⅰ／高Ⅱ)

79) 비고 ‘禪敎不相通知. 故愼之也.’(高Ⅰ)

80) 全·成·國·高Ⅱ

81) 비고 ‘左傳云. 叔孫豹如晋. 范宣子逆之. 問焉曰. 古人有言曰. 死而不朽

遠示乎來者。 不朽。 則□亦無斁乎昔人。立德者. 太史公與任安書云. 太上立德.

其次立功. 其次立言. 案. 昔人者. 非謂國師也. 通指聖賢以下著書之人. 廣載任安書中. 古人著書. 不過傳其不朽也. 今吾著. 亦得傳其不朽也. 推此. 則無愧昔人也 82)

爲可爲於可爲之時。 復焉敢膠83)讓乎篆刻。84) 始

繹. 音亦. 繙閱尋究. 又尋度也 85)

如椽狀。 則見86)大師西遊東返之歲年。 禀戒悟禪之因緣。 公卿守宰之歸仰。 像殿法堂87) 影堂祖堂88) 之開創。 故翰林郎金立之所撰聖住寺碑。 叙之詳矣。 爲佛爲孫之德化。 爲君爲師之聲價。 鎮俗降魔有賊亂. 師能降之也 89) 之威力。 鵬顯莊子云. 北溟有魚. 其名曰鯤. 化而爲鵬. 齊諧志曰. 鵬之徙南溟. 水擊三千里. 搏扶搖. 而上九萬里云云. 比大師求法中國 90) 鶴歸杜詩註云. 遼東人丁令威仙去後千載. 化爲鶴. 止華表柱上. 人欲射之. 以喙畫地云. 有鳥有鳥丁令威. 去家千載今始歸. 白骨如山陵谷變. 何不學仙塚累累. 比大師歸東土 91) 之動息。 贈太傅獻康大王親製深妙寺在今尙州 92)碑

何謂也. 叔孫豹曰. 豹聞之. 太上有立德. 其次有立功. 其次有立言. 雖久不廢. 此之謂不朽.'(芝／東)

82) 奎・桂 [비고] '大師'(高Ⅰ)
83) [비고] '固也'(高Ⅰ・高Ⅱ)
84) [비고] '盤曲貌'(芝)
85) 奎・桂・成・延Ⅰ・延Ⅱ／東・芝・高Ⅱ・全
86) [비고] '則見字. 什於備矣下.'(東)
87) 高Ⅱ・奎・桂 [비고] '佛'(成・國・延Ⅰ・延Ⅱ・東)
88) 高Ⅱ [비고] '祖師'(成・延Ⅰ・延Ⅱ・奎・桂)・'祖師體室'(東)・'祖'(國)
89) 高Ⅰ
90) 延Ⅱ・成・延Ⅰ／全・國・高. Ⅱ・東・芝・奎・桂.
91) 延Ⅰ・成・國・延Ⅱ／全・高Ⅱ・芝・東. [비고] '…今始歸　城郭如故人民非. 何不…○案. 鵬顯. 取大顯義. 比大師入王宮也. 鶴歸. 取輕歸義. 比師還山中也. 若以鵬顯視師西遊. 則鵬乃圖南之鳥也. 不合取此. 且鶴歸. 非但用於歸國. 引據. 亦可用於還山. 僧之以寺爲家. 猶俗之以家爲鄉. 何必歸國爲還鄉. 入山不爲還家也. 與下智證碑中. 頗類歸鶴之文. 用意不同. 觀者詳之. 且有動息二字. 動者出世警動之意. 息者入山休息之意. 若以東

錄之備矣。顧腐儒[自謙之辭 93)]之今作也。 止宜標我師就般涅槃之期。[音義具云. 般利涅槃那. 謂般利. 普也. 究竟也. 涅. 出離也. 槃那. 煩惱結. 言諸煩惱結. 普究竟出離 94)] 與吾君崇宰堵婆[宰堵婆. 西域記云 浮圖. 又云偸婆. 又曰私偸簸. 皆訛也. 此飜方墳. 亦飜圓墳. 亦飜高顯. 義飜靈廟. 劉熙釋名云. 廟者貌也. 先祖形貌奉安故也 95)]之號而已。口將96)手議。役97)將自適其適。[莊子云 是適人之適. 而不自適其適也 98)]這有上足苾蒭[五義見法數. 苾蒭曰香草. 有五種味. 故諭比丘. 亦具此德也. 一體性柔軟. 二傳法度人. 三德行遠聞. 四能斷煩惱五不背佛日也 99)]來趣礱曰。[蔡邕. 題曹娥碑曰. 黃絹幼婦外孫虀臼. 乃絕妙好辭. 而楊修見知. 曹操行三十里方知 100)]

還爲休息. 則於掛錫諸處. 三遊王宮之義不合. 且二碑雖殊. 錄聚一處則西遊東返. 即師最初事. 故叙之在首. 鵬顯鶴歸. 爲師最後事. 故結之居尾也(桂/奎)·'師求法於中原. 如鵬之徙於南溟. 得法歸東. 如鶴之歸故巢也. 鵬謂莊子大道.(高Ⅰ)

92) 全·成·國·延Ⅰ·延Ⅱ·高Ⅱ·東·芝·奎·桂

93) 芝/東 비고 '叙佛浩漫之間. 恒不忘自家儒字.'(全)

94) 成·延Ⅰ·延Ⅱ/國·奎·桂, 비고 '般. 返也. 言返始…'(全)·'般. 入也. 涅槃. 寂滅也.'(東/芝)

95) 奎·桂 비고 '此云高顯. 即歸宗之所.'(成·延Ⅰ·延Ⅱ)·'此云高顯. 義云靈廟. 塔也'(東/芝·全·高Ⅱ)

96) 비고 '與也'(奎·桂)

97) 비고 '碑'(高Ⅰ)

98) 東·奎·桂

99) 桂·奎/東·國·芝·成·延Ⅰ·延Ⅱ

100) 全/成·國·延Ⅰ·延Ⅱ·高Ⅰ·高Ⅱ·奎·桂 비고 '語云. 孝女曹娥者. 會稽上虞人也. 其父肝能絃歌爲巫祝. 桓帝元嘉二年五月五日. 沂江濤. 迎婆娑神. 爲水所淹. 不得其屍. 娥年十四. 臨流啼哭. 晝夜不絕聲. 旬有七日. 遂自投江死. 經五日抱父屍而出. 吏爲之立碑. 邯鄲淳作曹娥碑云. 孝順第一曹家女者. 蔡邕題其後陰曰. 黃絹幼婦外孫虀臼八字. 楊修與曹操至江南. 讀曹娥碑陰. 曹操不解問修. 修曰. 知之. 操曰. 卿勿言. 待孤思之. 行三十里. 令修解之. 修曰. 黃絹爲色絲. 絕字. 幼婦爲少女. 妙字也. 外孫爲女之子. 好字也. 虀臼爲受辛之器. 辤字也. 委曲言之. 乃絕妙好辤四字. 操曰. 一如孤意. 歎曰. 有智無智較三十里. (芝/東)

語及斯意。[指就般涅槃. 與崇寧親婆二意 101)] 則曰。立之[指故翰林郎金立之 102)] 碑 立之久矣。尚闕數十年遺美。太傅王神筆所紀。蓋顯示殊遇云爾。吾子口嚼古賢書。面飲今君命。耳飫國師行。目醉門生狀。 宜廣記[上二碑未盡之. 言廣記 103)] 而備言之。殆貽厥可畏。[論語子曰.] 後生可畏 104) 俾原始要終。[原. 察也. 要. 求也. 易云. 原始要終. 故知生死之說 105)] 脫[脫. 音太. 若也 106)] 西笑者[說文云. 關東人聞長安樂. 則西向而笑. 古詩云. 還如齎老望長安. 長安在西向東笑. 西笑. 往中原也 107)] 或袖之。脫西人[西人. 中原人也 108)] 笑則幸甚。吾敢求益。子無憚煩。109) 狂奴餘態。[侯霸傳云. 嚴光與侯霸書曰. 懷仁輔德天子悅. 阿諛順旨腰領絕. 霸奏之. 光武讖曰. 狂奴舊態. 竟不回. 註云. 狂奴. 子陵少時字也 110)] 率爾應曰。僕編苦者。師買榮乎[傳又云. 侯霸遣侯子道. 奉書徵光. 光曰. 君房素癡. 今小差否. 天子三徵. 我不見. 況大臣乎. 光口授使臣書. 霸嫌其太小. 光曰. 買榮乎求益也. 註云. 編苦者. 常以編索. 比前欲其短也. 買榮者. 常求益其小分. 編苦. 孤雲欲略述之比也. 買榮上足求廣述之比也. 諸本或作彩. 非是 111)] 遂絆猿心。強搖兔翰。[筆也 112)] 憶得西漢書

---

101) 芝・東

102) 新註

103) 高Ⅰ

104) 高Ⅱ／國・全・高Ⅰ [참고] '子曰. 後生可畏. ○前輩說後生才性過人. 不足畏. 唯讀書深思推求者. 爲可畏. 後生可畏. 非以其才之難. 旣能學而又思者爲難.'(成・延Ⅰ・延Ⅱ・奎・桂)・'論語曰. 後生可畏. 焉知來者之不如今也. 四十五十而无聞焉. 斯亦不足畏也已.(芝／東)

105) 奎／成・延Ⅰ・延Ⅱ・東・芝・桂 [비고] '原. 推也. 要. 截也.'(高Ⅱ／高Ⅰ)

106) 全・成・延Ⅰ・延Ⅱ・高Ⅱ・芝・奎・桂／國・東

107) 奎・桂／延Ⅰ・延Ⅱ・成・全・國・高Ⅰ・高Ⅱ・芝

108) 奎・桂

109) [비고] '請也.'(高Ⅱ)

110) 奎・桂・延Ⅰ・延Ⅱ・芝・東／成・國・全・高Ⅰ・高Ⅱ

111) 桂・奎／延Ⅰ・延Ⅱ・成・全・國・芝・東

留侯傳。尻^{尾也}₁₁₃₎ 云。良所與上從容言天下事。甚衆。非

天下所以存亡。故不著。¹¹⁴⁾ 則大師時順^{莊子云．適來．夫子時}_{也．適去．夫子順也．}

^{安時而處順．哀樂不能入也．註云．夫子．有道者之尊稱也．言天地之}_{間有道之士．其來．適然而來．其去．適然而去．言時順間即生死間 115)} 間事

蹟。举举者^{举．音洛．史天官書此．其举举者．}_{大者．註云．事之明也．又超絕 116)} 星繁。非所以警後

學。亦不書。自許窺一斑於班史然。^{黃帝始立史官．蒼頡沮誦}_{居其職．爰及漢世．馬遷}

^{班彪班固．皆得其職之正．故后之作者．皆祖二班之史．然皆窺一}_{班．未得全豹．玉篇云．管中窺豹．只見一斑云云．出字彙也 117)} 於是乎。

管述曰。光盛且實。而有暉八紘^{四方四維也．淮南子曰．九州之外}_{有八寅．八寅之外有八紘．東方之}

^{紘曰桑野．南方之紘曰反戶．西方之紘曰沃野．北方之紘曰委羽．東北方之紘曰黃}_{土．東南方之紘曰衆安．西南方之紘曰火正．西北方之紘曰沙所也．紘．音橫．即}

^{網之有綱}_{也 118)} 之質者。莫均乎曉日。氣和且融。而有孚¹¹⁹⁾ 萬物

---

112) 高Ⅱ 〔비고〕 '古詩云．筆鋒殺盡山中兔．'（成·國·延Ⅰ·延Ⅱ）·'不得已
　　也．'（全）

113) 全·成·延Ⅰ·延Ⅱ·高Ⅱ·東·奎·桂 〔비고〕 '尻．音考．脽也．'（芝）

114) 〔비고〕 '良從擊伐．出奇計．下馬邑．及蕭相國所與從容言云云也．'（高Ⅰ）

115) 奎·桂／成·延Ⅰ·延Ⅱ·全·國·高Ⅰ·高Ⅱ·芝·東

116) 延Ⅰ·延Ⅱ·成·奎·桂／東·芝·國 〔비고〕 '举．音落．明也．星列貌．
　　又不覊貌．'（高Ⅱ）

117) 成·延Ⅰ·延Ⅱ／國·全·高Ⅰ·高Ⅱ 〔비고〕 '…未得全豹．彙語云．管中
　　窺豹．只得一斑．言雲之作文體式．只窺班固作史之一斑體式也．或云．司
　　馬遷作史記．班固又因而作之．以比雲此作碑文．亦因康王金生碑而作也．'
　　（奎·桂）．'一斑．晉書．王獻之．年數歲．觀門生樗蒲曰．南風不競．門
　　生曰．此即亦管中窺豹．只見一斑．獻之．拂袖而去．班史．班固述漢書．
　　削煩存略．後作史者．祖班史．只窺一斑．未得全斑也．'（東／芝）

118) '國·延Ⅰ·延Ⅱ·奎·桂／成·高Ⅰ·東·芝·全·高Ⅱ

119) 〔비고〕 '信也．'（成·延Ⅰ·延Ⅱ·高Ⅱ·奎·桂）

之功者。莫溥[120] 乎春風。惟俊風（東風也 [121]） 與旭日。（日初出貌 [122]） 俱東方自出也。則天鍾（聚也・注也 [123]） 斯二餘慶。（春風與曉日也 [124]） 嶽降于一靈性。（詩云. 崧高維岳. 駿極于天. 維岳降神. 生甫及申. 註. 崧岳. 山之尊者. 駿. 大也. 甫. 甫侯. 申. 申伯 [125]） 俾挺生君子國。特立梵王家者。[126] 我大師其人也。法號[127] 無染。於圓覺祖師（唐代宗追諡達摩曰圓覺. 塔曰空觀 [128]） 爲十世孫。（達摩・慧可・僧燦・道信・弘忍・惠能・南岳・馬祖・麻谷・無染 [129]） 俗姓金氏。 以武烈大王（武烈者. 新羅第二九太宗武烈王. 名春秋即第二十五眞智王龍春之子 [130]） 爲八代祖。 大父（祖父也 [131]） 周川。 品眞骨。[132] 位韓粲。高曾出入皆將相（出將入相 [133]）。 戶知之。 父範淸。 族降眞骨一等曰得難。（國有五品. 曰聖而. 曰眞骨. 曰得難. 言貴姓之難得. 文賦云. 或求易而得難. 從言六頭品數多. 爲貴猶一命至九. 其四五品不足言. [134]） 晚節追蹤趙文業。（莊子云. 趙文王喜釼. 釼士來門而至者三千人. 範淸晚而喜釼. 見憲章公謀反而被

---

120) 비고 '溥. 音與義. 與普同. 廣也. 大也.'（高Ⅱ・成・延Ⅰ・延Ⅱ）

121) 東 비고 '俊. 當作浚. 東風.'（奎・桂）・'俊風. 應春風也.'（芝）

122) 成・國・延Ⅰ・延Ⅱ・奎・桂 비고 '旭日. 應曉日也.'（東・芝）

123) 奎・桂／全・成・國・延Ⅰ・延Ⅱ・東・芝

124) 芝・東

125) 桂・奎・成・國・延Ⅰ・延Ⅱ／東・芝・全

126) 비고 '寺也'（高Ⅰ）

127) 비고 '號. 一本諱字也.'（高Ⅰ）

128) 芝・成・國・延Ⅰ・延Ⅱ・高Ⅰ・高Ⅱ・東・奎・桂・全

129) 芝 비고 '自達摩至六祖. 南岳・馬祖・麻谷・無染. 爲十世祖也.'（成・國・延Ⅰ・延Ⅱ・高Ⅰ・東・奎・桂）

130) 芝／東

131) 高Ⅱ・東

132) '其骨有五品. 一曰聖骨. 二曰眞骨. 三曰得難. 四曰王族. 五曰金骨. 今則第二也'（奎・桂／芝・東）

133) 成・國・延Ⅰ・延Ⅱ・奎・桂

134) 揭 비고 新羅爵有五. 曰聖骨. 曰眞骨. 曰得難. 曰王族. 曰金骨. 言貴

誅. 即落髮入道. 勅加任. 號骨品大德. 任漢川僧統 135) 母華氏魂交。[莊子曰. 其寐也魂交. 其寤也形開. 註. 魂交. 言夜則神集於其心也. 形開. 言晝則四體動用也. 136)] 覩脩[長也 137)] 臂天垂授殼[殼. 蓮也 138)] 花。因有娠。幾踰時。[三月 139)] 申 140) 夢胡道人自稱法藏。[彌陀佛. 因地時. 號也 141)] 授十護[十戒 142)] 充胎教。143) 過朞[懷十三月生也. 144)] 而誕大師。[唐德宗貞元十七年辛巳歲十二月二八日午時生. 哀莊王二年也 145)] 阿孩[方言謂兒. 與華无異 146)] 時。行坐必合掌趺對。至與群兒戲。

姓之難得. (成／國・全・高Ⅰ)・'始祖赫居世至眞德. 二十八王. 謂之聖骨. 自武烈至永王. 謂之眞骨. 其國俗. 王族謂第一骨. 餘貴族謂第二骨. 難得者降於王故言貴姓得也.'(奎・桂／延Ⅰ・延Ⅱ)

135) 奎・桂／全・國・成・延Ⅰ・延Ⅱ・東・高Ⅰ・高Ⅱ・ [참고] '趙文王喜釰. 釰士日夜相擊. 死傷者多.'(芝)

136) 奎・桂／成・延Ⅰ・延Ⅱ・高Ⅰ・芝 [비고] '莊子. 寤也. 其神開. 寐也. 其魂交.'(全)

137) 高Ⅱ・東

138) 成・國・延Ⅰ・延Ⅱ・奎・桂 [비고] '蓮花.'(全)・'殼. 蓮古.'(高Ⅱ)

139) 全・國・東・奎・桂・高Ⅱ

140) [비고] '申. 重也.'(成・國・延Ⅰ・延Ⅱ・東・桂)・'申. 更也.'(高Ⅱ)

141) 全／國・成・延Ⅰ・延Ⅱ・高Ⅰ [비고] '阿彌陀佛. 因地法. 名.'(奎／桂・東・芝)

142) 全・國・高Ⅰ・東・成・延Ⅰ・延Ⅱ・奎・桂 [비고] '十. 十戒. 文王入胎時. 梵僧授十護戒.'(高Ⅱ)

143) [비고] '胎者. 淮南子云. 三月而胎. 增韻. 凡孕而未生. 皆謂胎. 胎教者. 如太任懷文王時. 席不正不坐. 割不正不食等事. 又東齋記云. 二鵲擲卵. 相上下接之. 盖習飛也. 其胎教意乎. 又童子長壽經云. 懷孕也. 不食五辛之類. 可也. 案. 十護充胎教. 華氏夢中. 授彌陀十戒充實聖胎之教. 非以十護. 比對於文母胎教而授之也.'(桂・奎／成・延Ⅰ・延Ⅱ・國・全)・'小學云. 母胎中教也.'(東・芝・高Ⅰ／高Ⅱ)

144) 東・高Ⅱ・全・國

145) 奎 [비고] '唐德宗貞元十七年辛巳歲生. 哀莊王元年也. 入懷十三月矣.'(成・延Ⅰ・延Ⅱ)・'懷十三月. 以唐德宗貞元十七年辛巳歲十二月二十八日午時生. 哀莊王六年也.'(高Ⅰ・桂)・'誕辰見上.'(東)

畫墁孟子云. 毀瓦畫墁. 其志將以求食. 註. 墁. 墻壁之餙也 147) 聚沙。必模樣像塔。畫墁. 爲佛像. 聚沙. 作佛塔也 148) 而不忍一日違膝下。父母膝下 149) 九歲始鼓150)簁。學記云. 入學鼓簁. 簁. 遜其志也. 註. 入學時. 大胥之官擊鼓. 以召學士. 學士至則發簁. 以出其書籍等物. 警之以鼓舞聲. 使之遜順其心. 進其業也 151) 目所覽。口必誦。人稱曰海東神童。跨一星終。左傳. 魯侯曰. 十二年是爲一終. 一星終也. 歲星十二年一周天. 歲星. 東方木星也. ○大師十二歲出家. 即唐憲宗元和八年. 宣德王五年也 152) 有隘九流漢書云. 九流有儒家流. 道家流. 陰陽流. 法家流. 名家流. 墨家流. 縱橫家流. 雜家流. 農家流 153) 意。入道。先白母。母念已前夢。泣曰詝。方言許諾 154) 後謁父。父悔已晚悟。喜曰善。遂零髮也 155) 染衣也 156) 雪山157) 五色石寺。即雪岳南麓. 襄陽五色洞. 洞多五色石. 而寺則昔有今無 158) 口精嘗藥。善解經義 159)

---

146) 搗 비고 ‘方言.’(高Ⅱ)

147) 奎・桂・東／國・高Ⅱ

148) 東／奎・桂

149) 成・延Ⅰ・延Ⅱ・奎・桂

150) 비고 ‘鼓. 一本扣字.’(高Ⅱ)

151) 桂・奎／國・東・芝・全 비고 ‘簁. 音怯. 說文. 槭藏也. 初學記云. 鼓簁遜其業.’(成・延Ⅰ・延Ⅱ)・‘入學’(高Ⅱ)

152) 成・國・延Ⅰ・延Ⅱ・奎・桂／全・東・芝 비고 ‘十二年也. 傳說曰. 死后跨星上天. 星一日十二地路過行. 言大師十二出家云云也.’(高Ⅱ／高Ⅰ)

153) 奎・桂／國・全・芝 비고 ‘九流. 見通載.’(成・Ⅰ・延Ⅱ)

154) 搗 비고 ‘詝. 音倚. 諾辭.’(全・國／高Ⅰ)・‘詝. 音倚. 又音醫. 麞聲. 又音伊. 誠也.’(成・延Ⅰ・延Ⅱ／東・芝・奎・桂)・‘詝. 音倚. 又兮. 應聲. 方言故云云也.’(高Ⅱ)

155) 全・成・國・延Ⅰ・延Ⅱ・高Ⅱ・東・奎・桂

156) 全・成・國・延Ⅰ・延Ⅱ・高Ⅱ・東・奎・桂

157) 비고 ‘太白山.’(全・成・國・延Ⅰ・延Ⅱ)

158) 奎・桂 비고 ‘有五色石. 故名也. 即今順興浮石寺.’(全／國・高Ⅱ・東・芝)・‘浮石即五色石. 山有五色石. 故名也.’(成・延Ⅰ・延Ⅱ)

159) 全・成・國・延Ⅰ・延Ⅱ・東・桂／高Ⅰ・高Ⅱ・奎

力銳補天。^{女媧氏. 錬五色石. 補天/比大師架空說法之意 160)} 有法性禪師。^{此亦國師 161)} 嘗扣䮫^{䮫音宗 162)} 伽門^{䮫伽門. 小乘法也. 性於中夏黃屋山. 學看心法 163)} 于中夏者。大師師事數年。

撢^{撢. 與探同. 周禮. 撢人掌誦王志. 道國政事. 以巡天下之邦國而道之 164)} 索無子^{小也 165)} 遺。^{餘也 166)} 性^{性. 乃獻康太子所重. 即閔哀大王父. 大阿飧金忠公之號也 167)} 歟曰。迅足駸駸。^{駸駸者. 詩云. 載驟駸駸. 駸. 馬疾行也 168)} 後發前至。吾於子驗之。吾恢矣。^{恢. 音怯. 心恨也/應昭曰志滿 169)} 無餘勇可賈^{賈. 音枯. 以利爲業者也 170)} 於子矣。如子者宜西也。大師曰唯。^{唯. 應對之辭/尊對曰唯. 野對曰阿 171)} 夜繩易惑。^{惑夜繩而爲實蛇. 是偏計之情/執. 指小乘法. 執有之言也 172)} 空縷難分。^{羅什法師傳云. 什之師. 盤頭達多. 與什共論大小乘優劣. 達多謂什曰. 汝所謂大乘者. 豈非空裏之縷耶. 古有至愚者. 詣織師家. 求布之至細者. 織師以上品細妙之縷. 示之. 愚人}

---

160) 全／高Ⅱ 〔참고〕 '此比天也. 昔女媧氏天傾西北. 以采石撑天也.'(高Ⅰ) 〔비고〕 '歷代記云. 昔女媧氏天傾西北. 錬五色石以補之. 比大師助佛化揚也.'(國／成·延Ⅰ·延Ⅱ)·'女媧事.'(東)·'補天者. 共工與祝融戰. 不勝. 頭觸. 不周山崩. 天柱折. 地維缺. 女媧錬五色石. 補天也.'(芝)

161) 成·國·延Ⅰ·延Ⅱ·高Ⅰ·奎·桂

162) 全·成·國·延Ⅰ·延Ⅱ·高Ⅰ·奎·桂 〔비고〕 '䮫. 音宗. 馬驁.'(高Ⅱ)

163) 成·延Ⅰ·延Ⅱ·國·奎·桂／全·高Ⅰ·高Ⅱ·東·芝

164) 成·延Ⅰ·延Ⅱ·奎·桂／全·東 〔비고〕 '撢. 古探字.'(高Ⅱ)

165) 高Ⅱ·奎·桂

166) 國·成·延Ⅰ·延Ⅱ 〔비고〕 '孑遺者. 詩云. 靡有孑遺. 遺. 餘也.'(芝)·'了遺. 詩云. 靡有了遺. 言无小餘也.'(東)·'即無遺餘'(奎·桂)

167) 成·延Ⅰ·延Ⅱ 〔비고〕 '性. 中夏黃山人也.'(高Ⅱ)

168) 芝·東／全·成·國·延Ⅰ·延Ⅱ·高Ⅱ·奎·桂

169) 延Ⅱ·成Ⅰ·延Ⅰ·奎·桂／全 〔비고〕 '恢. 與悏同. 又音刧. 心恨'(國)

170) 國 〔비고〕 '賈. 音古. 賣也.'(高Ⅱ)·'賈. 音沽'(奎·桂)

171) 桂·奎／東·高Ⅱ

172) 全·成·延Ⅰ·延Ⅱ·奎·桂·國／高Ⅱ·東 〔비고〕 '依言信解.'(高Ⅰ)

猶以爲蠡. 織師不分指空曰. 此縷如何. 愚人曰. 何以無見. 織師曰. 極
細. 故無見. 若見則是蠡. 非細云云. 愚人大喜. 汝大乘. 類是云也 173) 魚非

緣木可求。魚. 比道也. 孟子曰. 以若所爲. 求若所欲. 猶緣木而求魚也 174) 冤非守株可待。言得道忘言也. 韓
子. 五蠹曰. 宋有田父. 見冤觸田中株而死. 捨耕守株. 冀其復得. 冤未得而身爲宋國笑 175) 故師所敎已所悟。 互
有所長。 苟珠火比理 176) 斯來。 則蚌燧比言 177) 可棄。珠在蚌中. 火藏燧中. 若得珠火. 蚌燧
可棄也 178) 凡志於道者。何常師之有。179) 尋移去。問驃訶健拏華嚴
180) 于浮石山釋燈大德。 日敵三十夫。 藍茜沮本色。淮南子.

---

173) 奎·桂·成·國·延Ⅰ·延Ⅱ [비고] '古有至愚者…則是蠡. 此指大乘法之
玄空也.'(全)·'大乘所詮.'(高Ⅱ)·'難. 文字意.'(高Ⅰ)

174) 桂·奎·成·延Ⅰ·延Ⅱ／全·東·芝·高Ⅱ·國

175) 成·延Ⅰ·延Ⅱ／高Ⅰ·高Ⅱ·東·芝 [참고] '盖喩不可執一而學也.'(全)
[비고] '…皆喩不可堅在一處. 學法之意也.'(國)·'…以先王政. 治當世之
民守株之類. ○案. 夜繩易惑. 比小乘微細. 故易惑. 空縷難分. 比大乘玄
遠. 故難分. 魚非云云. 言求大道者. 不可攀緣小敎也. 冤非云云. 言學眞
法者. 不可膠守一方也.'(桂·奎)

176) 高Ⅰ·高Ⅱ

177) 高Ⅰ [비고] '文也'(高Ⅱ)

178) 奎·桂／成·延Ⅰ·延Ⅱ·國·全·高Ⅱ·東 [비고] '…○淮南子云. 陽燧
火. 方諸水也. 論衡曰. 五月丙午日. 銷鍊南方五色石. 銅圓如鏡. 中央
窪. 天晴向日. 出火. 應法師云. 五色. 銅之精也崔豹古今註云. 照物影
倒. 向日出火. ○淮南子云. 方諸見月. 則流而爲津. 高秀曰. 方諸. 陰燧
大蛤也. 熟拭令熱. 以向月. 則水生. 許愼曰. 諸. 珠也. 方. 石也. 論衡
曰. 十一月壬子日. 鍊北方五色石銅. 爲之. 狀如盃盂. 向月得津. 盖喩得
意忘詮也.'(奎·桂)

179) [비고] '案. 師所云云至所長. 善敎善解. 小乘法也. 珠火云云至可棄. 喩中
之喩. 言大乘時緣. 到來. 方便可棄. 以喩志道者不難捨師從勝也.'(奎·
桂)

180) 全·成·國·延Ⅰ·延Ⅱ·東·芝 [비고] '華嚴. 凡語.'(高Ⅱ)·'驃訶健
拏. 此云華嚴經也.'(奎·桂)

青出於藍而青於藍. 絳生於茜而絳於茜. 喩弟子過於師也 181) 顧坳盃之譬 莊子云. 覆盃水於坳堂之上. 則芥爲之舟. 置盃焉則膠. 水淺而舟大也. 坳. 音凹. 地凹下不平. 向中原之意故 182) 曰。東面 本國 183) 而望。不見西牆 中原。184) 彼岸不遙。何必懷土。遽出山並 並. 倚也 音方. 185) 海。覗 覗. 窺也 186) 西泛之緣。187) 會國使歸瑞節 即王誕辰. 使發行於多初. ○案. 瑞. 信玉. 節. 符節也. 言國使授王信節. 歸觀天子也 188) 象魏 天子之闕. 謂之象魏. 象. 治象也. 魏者. 狀魏然高大. 令民觀之. 故亦謂之觀. 周禮月令之吉. 太宰懸治象之法于象魏. 使萬民觀治. 魯人因謂敎令之書. 爲象魏 189) 下。任 托同 190) 足而西。及大洋中。風濤欻顚怒。

---

181) 全·國·芝/高Ⅰ·高Ⅱ· 비고 '荀子云. 學不可已. 青出于藍而青于藍. 氷生于水而寒于水. 註云. 弟子學不已而過于師. (奎·桂/成·延Ⅰ·延Ⅱ·東)

182) 奎·桂/全·成·延Ⅰ·延Ⅱ·國·高Ⅰ·高Ⅱ·芝

183) 成·國·延Ⅰ·延Ⅱ·高Ⅰ

184) 成·全·延Ⅰ·延Ⅱ·高Ⅰ·高Ⅱ 비고 '論語云. 叔孫武叔語大夫於朝曰. 子貢賢於仲尼. 子服景伯以告子貢. 子貢曰. 譬之宮牆. 賜之牆也. 及肩窺見室家之好. 夫子之牆. 數仞. 不得其門而入. 不見宗廟之美. 百官之富. 得其門者或寡矣.'(奎·桂)·'論語云. 夫子之牆. 數仞. 不得其門而入. 不見宗廟之美. 得其門者或寡矣. 比中國.'(東/國·芝)

185) 全·國·延Ⅰ·高Ⅱ/東·奎·桂 비고 '並. 音平. 比也. 即沾也.'(成·延Ⅱ)

186) 東 비고 '視也.'(高Ⅱ)

187) 비고 '案. 顧者. 反顧自己爲喩也. 坳盃. 小坳之水. 以盃爲舟也. 坳. 比國小. 盃. 比器大也. 東面云云. 面東則背西故云. 不見西牆. 比中國大道也. 猶法華之寶所也. 彼岸不遙. 言渡海甚易也. 不必以道崇觀文也. 何必懷土. 不欲守株也. 出山. 言辭出山中也. 並海. 言滯留海邊也. 此在本國時而言之也.'(桂·奎)·'上在本國而言. 下入中國之辭也.'(東)

188) 奎·桂/全·成·國·延Ⅰ·延Ⅱ·東·芝 비고 '…多初. ○周禮云. 十一歲. 達瑞節. 同度量. 成牢禮. 國語云. 爲瑞節以鎭之. 書云. 輯五瑞. 旣月. 乃日覲四岳. 群牧. 班瑞于群後. 又見初月碑銘註. ○案. 瑞. 信玉…'(奎·桂)·'多至使'(高Ⅰ·高Ⅱ)

189) 桂·奎·成·延Ⅱ 비고 '…象魏. 象. 若象也. 魏者. …'(延Ⅰ)·'象者. 法象也. 魏者. 高魏也. …'(芝/高Ⅱ·東·高Ⅰ)

巨艑壞[191]人。不可復振。大師與心友道亮。（道亮雖未知爲何人．其爲大師同心之友．即無疑．乃實者其人而非俗說所云 [192]）跨隻板恣業風。（眞諦三藏云．泛泊西歸．業風賦命．飄還廣州 [193]）通（星晝夜．通也 [194]）半月餘。飄至劍山島。（即黑山島．島形甚惡．故謂釼山．巉舡．風作必破．故毀置磯上．發行時．更造 [195]）更剝行之碕（碕．音奇．曲岸頭也 [196]）上。悵然甚久曰。魚腹中（屈原漁父辭云．葬於魚腹之中．韓詩曰．顚況在須臾．魚腹甘所葬 [197]）幸得脫身。（涉海．免死 [198]）龍領（入唐．得道也 [199]）下庶幾攙（攙．音殘．說文．刺也．又音攙．扶也 [200]）手。（庶幾得大寶意 [201]）我心匪石。其退轉乎。（詩云．我心非席不可卷．我心非石不可轉也 [202]）泊長慶（穆宗年號 [203]）初。朝正使（春秋傳．寗武子曰．諸侯朝於王而受正朔 [204]）

190）全・成・延Ⅰ・延Ⅱ・奎・桂

191）[비고] ‘壞．本作數．’（奎・桂）

192）新註

193）成・延Ⅰ・延Ⅱ／全 [비고] ‘…廣州．或云．業風即波浪之業風也．（國）・‘…○案．大師自心之友．道亮也．友即道亮也．道亮云者．目道之明處．即無生滅之眞見也．大師當海掀舟沈之時．死生迫在呼吸．反以任生死．不生滅之道見．游戲波濤．任恣業風也．或有以人名看道亮者．當此風濤盪擊之際．雖天屬之親．不克相済．何暇與親朋．相載隻板而遨遊耶．絕不近理．着眼審思．’（桂・奎）・‘惡業．又盡力．’（高Ⅱ）

194）全・成・國・延Ⅰ・延Ⅱ・奎・桂・高Ⅰ [참고] ‘星．夜也．晝夜合十五日也．’（東・芝／高Ⅱ）

195）成・延Ⅰ・延Ⅱ／全・國・東・芝・奎・桂

196）全・成・國・延Ⅰ・延Ⅱ・芝・奎・桂／高Ⅰ・東 [비고] ‘碕．島也．’（高Ⅱ）

197）奎・桂

198）全／國・東・芝

199）東・芝 [비고] ‘見眞鑑驪壑註．’（桂・奎）

200）成・延Ⅰ・延Ⅱ／全・國・芝 [비고] ‘…又攙．音讒．探也．魚腹句．小海．免死之意也．龍含句．大海將死之意也．采石捉月圖詩云．不應瀑落飢龍涎便當騎鯨上靑天．’（桂・奎／東）・‘探也．集也．’（高Ⅱ）

201）國・全

202）成・國・延Ⅰ・延Ⅱ・東・芝／全 [비고] ‘詩云．我心非石不可轉也．我心非席不可卷也．○案．魚腹云云．引用莊文也．河人投于重淵．免蠱粉．故

王子昕。金昕　字泰．金陽之從父兄．武烈王之九世孫也．幼而聰悟　好學問．長慶二年．憲德王　將遣使如唐．難其人．遂令昕充其任焉 205)

艤206) 舟207)　唐恩浦。南陽郡208)　請寓載。許焉。既達之罘

之罘。山名209)　山麓。210) 顧先難後易。土揖周禮秋官司儀．王南面．見諸侯．土揖庶姓．時揖異姓．天揖同姓．註．土揖．推手少下也．時揖．平揖手也．天揖．推手少舉也 211) 海若海神212) 曰。珍重鯨波。好戰風

魔。213) 行至大興城南山至相寺。遇說雜花者。猶在浮石

終獲驪珠．以比師之漂溺風濤．能免魚腹．可謂插手龍頷下．庶望得寶也．志切求道．故下句顯比所願也．魚腹即驪腹．兩句一意也．龍頷下．寶珠藏處也．攬手．猶插手也．言免充魚腹．庶獲驪珠也．我心云云．色身已度生死苦海．道心猶堅．不退轉地也．（奎／桂）

203) 全・成・國・延Ⅰ・延Ⅱ・高Ⅰ・奎・桂

204) 桂・奎・國・高Ⅱ 비고 ‘…○案．受正朔．如今我國．用中原年號之例．此正朝使．即正朝問安使也’（桂・奎）‘…受正朔．今之正旦問安也．非受正朔也．何也若天子與諸侯改國．或姓受位．然後正朔正爲授受也．不然．元无正朔改易法也．’（東）‘朝正者．春秋傳曰．諸侯朝正於王．註云．朝於王而受正朔也．愚按．東漢高祖七年．長樂宮成制．君臣朝賀儀．元日之慶．始自高祖．此處．朝正之使．非受正朔之使也．何也．若諸侯之王或改國．或他姓代立．若天子之國或改都．或他人代立．則受正朔．授正朔．不然．無正朔之改歷事．知者詳之．（芝）

205) 新註 비고 ‘金陽字魏昕．爲武州都督．太宗之后．溟州郡主金周元之曾孫’（成・延Ⅰ・延Ⅱ・奎・桂／國・東・芝・高Ⅱ）

206) 비고 ‘正舟附岸．’（高Ⅱ）

207) 비고 ‘艤舟．與檥舟同．’（成・延Ⅰ・延Ⅱ・奎・桂）

208) 全・成・國・延Ⅰ・延Ⅱ・高Ⅱ

209) 芝 비고 ‘案．之罘．山名．罘當作罘．出韻玉．’（奎・桂）‘罘．山名也．’（東）‘罘．音浮．’（全・國）‘罘．音扶．’（高Ⅱ）

210) 비고 ‘山足．’（全・成・國・延Ⅰ・延Ⅱ・奎・桂）

211) 全・成・國・延Ⅰ・延Ⅱ・奎・桂 비고 ‘握地’（高Ⅰ・高Ⅱ）

212) 全 비고 ‘水神．’（成・國・延Ⅰ・延Ⅱ・東・芝・桂・奎）

213) 비고 ‘本註．珍重(하야)好戰風魔(하라)．如是懸吐．釋曰．海神在鯨波之中．好如風魔相戰也．愚意．珍重(하라)好戰風魔(로다)如是懸吐．則師於

時。有一礜[礜.音曳.美石黑色 214)]顔者年。言提之[詩云.非面命之.言提其耳 215)]. 曰。遠欲取諸物。[易云.近取諸身.遠取諸物 216]. 孰與認而[汝也 217)]佛。[心佛也 218)]大師舌底[219)]大悟。自是。置翰墨。遊歷佛光寺。問道如滿。[法師 220)]滿佩江西[馬祖 221)]印。[馬祖門人 222)]爲香山[樂天軒號 223)]白尙書樂天 空門友者。[如滿門人 224)]而應對。有慙色曰。吾閱人多矣。罕有如是新羅子。他日中國失禪。將問之東夷耶。去謁麻谷寶徹和尙。服勤[服役勤行 225)]無所擇。人所難已必易。衆目曰。禪門庚異行。[南史云. 南齊庚黔婁. 爲屌陵令. 到縣. 未幾. 父易在家遘疾. 黔婁忽心驚. 擧體流汗. 即日. 棄官歸家. 家人驚其忽忽至. 時易疾才三日. 醫云欲知差劇. 但嘗糞甘苦. 易泄痢. 黔婁輒嘗之. 味轉甘滑. 心逾憂苦. 每夕. 焚香稽顙北辰. 願以身代. 親疾即愈也 226)]徹公賢苦節。

鯨波之中. 賴海若之助. 與風魔戰勝也. 故謝海若曰珍重. 珍重. 謝恩之言. 好戰. 戰勝之言也. 豈可使海若勸戰而先謝也.’(芝／東)

214) 全／國・成・延Ⅰ・延Ⅱ・・東・芝・奎・桂 [비고] ‘黑貌’(高Ⅱ)

215) 東・芝

216) 全・國・延Ⅰ・延Ⅱ・高Ⅰ・高Ⅱ・東・芝 [비고] ‘…下文云. 乾馬坤午等. 取物也. 乾頭坤腹等. 取身也.’(奎・桂)・‘遠取諸身. 近取諸物.’(成)

217) 全・國・高Ⅰ・芝・奎・桂

218) 芝 [비고] ‘而佛. 汝心佛也.’(東)

219) [비고] ‘舌底. 一本言下.’(高Ⅱ)

220) 高Ⅰ

221) 高Ⅱ

222) 芝・東

223) 成・國・延Ⅰ・延Ⅱ／奎・桂

224) 芝・東

225) 東・芝

226) 桂／奎・成・國・延Ⅰ・延Ⅱ・全・芝・高Ⅱ [비고] ‘庚黔婁稽顙北辰. 親病即愈. 若此等事. 師乃爲之也.’(高Ⅰ)

嘗一日告之曰。昔吾師馬和尚訣我曰。_{訣. 死時遺言也 227)} 春薾_{薾. 音委}花榮₂₂₈₎ 繁。秋實寡。_{盖喻道高孫少也 229)} 攀道樹者。 所悲吒。_{吒. 音且. 去聲. 說文云. 噴也. 歎也. 230)} 今授若_{汝也 231)} 印。異日徒中有奇功可封者。封之。無使刓。_{剗也. 廉隅也 即削去 232)} 復云。東流之說。_{東流之說者. 傳燈錄曰. 般若多羅告達摩曰. 待吾滅後六十七載. 當往震旦. 設大法藥. 植接上根. 愼勿速行. 襄於日下也 233)} 蓋出鉤讖。_{鉤. 古駈切. 音苟. 古兵有鉤有鑲. 皆釰屬. 引來曰鉤. 推去曰鑲. 盖引當來說故謂之鉤讖也 234)} 則彼日出處。235) 善男子根殆熟矣。_{壇經云. 六祖讖云 吾去七十年. 有二菩薩. 一在家梵日. 二出家無染. 從東方來. 同時建立吾宗. 締搆伽藍. 昌隆法嗣云 236)} 若若得東人可目語者。_{以心傳心 237)} 畎導之。_{畎. 音圈. 上聲. 田中溝. 周禮. 匠人爲溝洫. 廣尺深尺謂之畎. 倍畎爲遂. 倍遂曰溝. 倍溝曰}

---

227) 高Ⅱ

228) 成・延Ⅰ・延Ⅱ・奎・桂 [비고] '葉也. 又花也. 音委. 草榮也.'(高Ⅱ)

229) 高Ⅱ

230) 國／成・延Ⅰ・延Ⅱ・全 [비고] '文選. 郭璞詩云. 臨川哀年邁. 撫心獨悲吒.'(奎／桂)

231) 高Ⅱ

232) 成・延Ⅰ・延Ⅱ [비고] '一本剜. 絕也. 項籍傳曰. 印刓不封. 言印文廢渝云云也.'(高Ⅱ)・'…削去廉偶也. 項籍本紀云. 印刓弊. 不能與人.'(奎・桂)・'削也.'(全)・'剗也.'(國)・'削也. 絕也.'(高Ⅰ)

233) 芝・東

234) 成／延Ⅰ・延Ⅱ・奎・桂・全・國・東・芝 [비고] '六祖讖也.'(高Ⅱ)

235) [비고] '東國'(高Ⅱ)

236) 成・延Ⅰ・延Ⅱ・奎・桂／國・東・芝 [비고] '般若多羅告達摩曰. 待吾滅度六十七年. 佛法當往震旦. 設大法藥. 度衆生. 又云. 祖讖云. 吾去七十年. 有菩薩. 從東方來. 一在家有梵日. 一出家無染. 同時興化. 建立吾宗. 締搆伽藍. 昌隆也.'(高Ⅱ)

237) 全・成・國・延Ⅰ・延Ⅱ・高Ⅰ・高Ⅱ・奎・桂. [비고] '…又夫子目擊之言也.'(東)

洫. 倍洫曰澮. 書禹貢. 濬畎澮距川. 六畎爲一畝. 又山谷通水處曰畎. 盖言引水也 238) 俾惠水丕冒(丕. 大也. 冒. 吐也. 言普沾也 239) 於海隅。爲德非淺。師言在耳。吾喜若徠。(徠. 來同 240) 今授印傳心(241) 焉。俾冠(元也 242) 禪侯243) 于東土。往欽哉。則我當年作江西大兒。後世爲海東大父。(大兒大父. 皆指徹公也. 大父. 祖父也 244)其無慼先師矣乎。居245) 無何。師246) 化去。墨巾離首(在喪中故 247) 乃曰。筏(筏. 師也 248) 既捨矣。249) 舟(舟. 子也 250) 何繫焉。自爾。浪遊飄飄然。勢不可遏。志不可奪。於是。渡汾水251) 登崞(崞. 音郭. 山名. 在鴈門 252)山。跡之古必尋。僧之眞必詣。凡所止舍。遠人煙。大要 在安其危。甘其苦。役四體爲奴虜。奉一心爲君

---

238) 成・延Ⅰ・延Ⅱ・奎・桂／全・國・東・芝 비고 '田中溝也. 預也.'(高Ⅱ)

239) 東／成・國・延Ⅰ・延Ⅱ・高Ⅰ・高Ⅱ 비고 '君奭云. 丕冒. 海隅日出. 罔不率俾. 註. 丕. 大也. 冒. 覆也. 大覆冒斯民. 使海隅日出之地. 無不臣服也.'(桂・奎)

240) 全・國／成・延Ⅰ・延Ⅱ・桂 비고 '荅其勤曰勞. 撫其至曰徠.'(高Ⅱ)

241) 高Ⅰ

242) 東

243) 비고 '侯字. 應上印字意.'(國)

244) 東

245) 비고 '然也.'(東)

246) 비고 '徹師.'(高Ⅱ)

247) 成・延Ⅰ・延Ⅱ／全・國 비고 '著素巾. 故離黑巾也.'(芝) '掛素巾故.'(奎・桂)・'墨翟之法. 離. 失其首也.'(高Ⅱ)

248) 芝

249) 비고 '案. 捨筏. 指上置翰墨節也.'(奎・桂)

250) 芝

251) 비고 '莊子云. 堯往見於藐姑射之山汾水之陽. 註. 許由齧缺王倪. 被衣也.(奎・桂)

252) 芝／國・高Ⅰ・東・全・奎・桂・高Ⅱ

主。^{貨殖傳云．齊俗．賤奴虜．曺邴氏獨任使之．○案．此文奴虜引用．與史意小異．其爲賤之之意．則一也．君主云者．以心稱天君眞君．或稱主人公} 253) 就是中。^{苦行} 254) 顠^{專同} 255) 以視篤癃。^{痼疾也} 256) 恤孤獨。爲已任。至祁^{大也} 257) 寒酷暑。258) 且煩喝^{傷熱} 259) 或皸瘃^{皸．音均．凍冽也．瘃．音竹．手足凍瘡也．漢書趙充國傳．將軍士寒．手足皸瘃．註．凍．冽} 260) 侵。曾無勌容。耳名者。不覺遙禮。嚚 261) 作東方大菩薩。 其三十餘年行事也。 如是。 會昌^{武宗年號} 262) 五年。來歸。 帝命也。^{年譜云．武宗乙丑．仍戒賢．毀寺沙汰．勅外國僧．各還本藩．潭州觀察使令鄕僧可觀・道均・宗徹等十三人．與二馹航及食牒．送至海州連水縣．便値本國內回易使張春．繫纜於武州錦城郡．將弟子體順・神靜・元暢・談洪・法熘・朗然等遊踐也．武州．一云武珍州．今光州也．錦城．今之羅州也} 263) 國人相慶曰。連城璧復還。^{趙惠王得卞和氏璧．秦昭王願以十五城易之．王無償．相如完璧還趙．是謂連城寶也} 264) 天實爲之。^{天子護送之也} 265) 地有幸也。^{新羅國地．有慶幸也} 266)

---

253) 桂・奎

254) 高Ⅰ

255) 全・奎・桂／成・延Ⅰ・延Ⅱ 비고 '全也．'（高Ⅱ）

256) 高Ⅱ

257) 成・國・延Ⅰ・延Ⅱ・高Ⅰ・高Ⅱ・奎・桂

258) 비고 '酷．音哭．酒厚美．又苛虐也．言虐暑也．'（奎・桂／成・延Ⅰ・延Ⅱ・國）

259) 高Ⅰ 비고 '喝．音謁．又音曷．'（高Ⅱ）・'應上酷暑．'（桂・奎）

260) 延Ⅱ・延Ⅰ・成 비고 '應上祁寒．○皸．音均．…凍瘡也．唐書云．凍膚皸瘃．手足裂坼．'（桂・奎／國・高Ⅱ）・'趙充國傳云．瘃．墮之患．師古曰．因寒瘃而墮指．唐李甘傳云．凍膚皸瘃．喝．熱也．應上酷暑句．皸瘃．手足凍裂．應上祁寒也．'（東／芝）

261) 비고 '嚚．音鴞．喧也．一本鞠也．'（高Ⅱ）

262) 高Ⅰ

263) 桂・奎／成・延Ⅰ・延Ⅱ・高Ⅰ・國・全・高Ⅱ・東・芝

264) 東／芝 집고 '文選云．連城僞往．荊玉眞還．新語云．連城之璧．瘞影荊山．○案．連城云者．秦償十五城故也．璧復還者．相如完璧歸趙事．比大師之東還也．'（桂・奎） 비고 '卞和之玉'（成・延Ⅰ・延Ⅱ／國）

自是。請益者。所至稻麻矣。入王城。〔慶州 267)〕省母社。大歡喜曰。顧吾疇昔夢。乃非優曇〔音儀云. 具云. 優曇鉢羅. 此云瑞應. 般泥洹經. 閻浮提內. 有尊樹王. 名優曇鉢羅. 有實無花. 優曇鉢羅樹. 若生金華者. 世乃有佛云云. 然則佛出世. 乃此樹發花. 故希有也 268)〕之一顯耶。願度來269)世。吾不復撓倚門之念也。〔史記. 王孫賈事閔王. 王出走. 賈失之處. 其母曰. 汝朝出而晚來. 則吾倚門而望. 汝暮出而不歸. 則吾倚閭而望. 今王出. 汝不知處. 尚何歸. 賈卒誅淖齒. 立齊王也 270)〕已矣。迺北行。擬目選終焉之所。會 王子昕 懸車。〔謂致仕也. 金昕 以大將軍 領軍十萬. 禦清海兵於大丘. 敗績. 不復仕宦. 入小白山. 葛衣蔬食 與浮屠遊 271)〕爲山中宰相。〔山中宰相者. 陶弘景入茅山. 自稱華陽隱君. 梁武帝時. 有大事. 無不咨訪. 時人號山中宰相也 272)〕邂逅適願。〔逅. 音侯. 不期而適相值. 詩唐風. 今夕何夕. 見此邂逅 273)〕謂曰。師與吾 俱祖龍樹〔新羅太宗名. 大師. 八世孫. 昕. 九世孫也 274)〕乙粲。〔武烈王即位之前. 司是職也 275)〕則師內外爲龍

---

265) 芝·東

266) 芝·東

267) 全·成·國·延Ⅰ·延Ⅱ·高Ⅰ·高Ⅱ·東·奎·桂

268) 成·延Ⅰ·延Ⅱ／國·桂·奎·全·東·芝

269) 비고 '一本末字也.'(高Ⅱ)

270) 芝 비고 '王孫賈母言.'(全／成·國·延Ⅰ·延Ⅱ·東)

271) 新註 비고 '漢書云. 薛廣德乞骸骨. 賜安車駟馬. 歸沛. 懸安車以爲榮. 傳之子孫. 晉書云. 庾峻疏曰. 古者. 大夫七十懸車. 非元功國老. 聽七十致仕. 則士無懷祿之嫌.'(桂·奎／國·成·延Ⅰ·延Ⅱ·全·東)·'漢書云. 薛廣德乞骸骨. 賜安車駟馬. 歸沛懸安車. 以爲子孫榮. 後漢馮良爲尉. 恥在關役. 因懸車. 放馬裂衣. 遁去也.'(芝)·'辭識也.'(高Ⅱ)

272) 芝·東·桂·奎／全·成·延Ⅰ·延Ⅱ

273) 延Ⅰ·延Ⅱ·成·桂·奎／國 비고 '不期而遇.'(全)·'詩云. 邂逅相遇. 適我願兮.'(東／芝)

274) 高Ⅱ／全·成·國·延Ⅰ·延Ⅱ·桂·奎·東·芝

275) 芝／東·高Ⅰ 비고 '職名'(全·成·國·延Ⅰ·延Ⅱ·桂·奎)·'官名'(高Ⅱ)

樹令孫。^{內. 太宗龍樹之孫.
外. 菩薩龍樹之孫 276)} 眞瞠若 不可及^{莊子云. 顏淵問於仲尼
曰. 夫子步亦步. 夫子}

趣亦趣. 夫子馳亦馳. 夫子奔逸絕塵. 而回瞠^{若於後矣. 註. 瞠. 直視貌. 不及之意也 277)}者。 而滄海外。 躡瀟

湘故事。^{唐柳惲詩云. 洞庭有歸客. 瀟湘逢
故人. 謂唐恩浦相遇之事也 278)} 則親舊緣固不淺。有一

寺。在熊川州^{今公州
279)} 坤隅。^{西南間藍浦. 聖
住山聖住寺 280)} 是吾祖臨海公受封

之所。^{公始祖金紫光祿大夫仁問公. 太宗第二子. 字仁壽.
以屠穢貊功. 太宗元子文武王. 封之於熊川 281)} 間。剗焚^{焚. 音
盡. 與}

爐同. 火
餘 282) 流烖^{烖. 與灾同.
天火也 283)} 金田^{須達長者以 金布地而買祇
陀太子園以 施佛故 284)} 半灰。 匪

慈哲。孰能興滅繼絕。^{論語云. 武王興滅國. 繼絕
世. 天下之民歸心焉 285)} 可强爲朽夫住

持乎。大師答曰。有緣則住。大中^{唐宣宗年
號 286)} 初。 始就居。

且肹²⁸⁷⁾ 飾^{肹. 音詰. 郊祀歌. 門不肹餙. 師古
曰. 肹. 振也. 言皆振整而餙之也 288)} 之。俄而。道大行。

---

276) 芝/東・全・成・國・延Ⅰ・延Ⅱ・桂・奎 [비고] '內則龍樹大師. 外則太
宗.'(高Ⅱ)

277) 桂・奎/成・延Ⅰ・延Ⅱ・東 [비고] '眞. 實. 瞠. 目直視.'(高Ⅰ/國・高
Ⅱ)

278) 國・芝/全・高Ⅰ・高Ⅱ [비고] '唐柳煇詩…逢故人. 言在中國時相逢.'(成
・延Ⅰ・延Ⅱ・桂・奎)・'初逢唐.'(東)

279) 全・成・國・延Ⅰ・延Ⅱ・高Ⅰ・東・芝桂・奎

280) 延Ⅰ/全・成・國・延Ⅱ・桂・奎 [비고] '今藍浦也.'(高Ⅱ・東/芝)

281) 成・國・桂・奎/延Ⅰ・延Ⅱ・全・東・芝 [참고] '祖諱仁問. 唐醹伐穢貊.
封爲臨海郡公也.'(揭・高Ⅱ/高Ⅰ)

282) 國/全・成・延Ⅰ・延Ⅱ・桂・奎

283) 國/全・成・延Ⅰ・延Ⅱ・桂・奎

284) 全・成・延Ⅰ・延Ⅱ/國 [참고] '寺也.'(高Ⅱ) [비고] '如云. 金沙寶地之例
…'(桂・奎)

285) 桂・奎

286) 全・國・芝・成・延Ⅰ・延Ⅱ・桂・奎/高Ⅰ

287) [비고] '䫻. 音響. 肹. 音欣. 入聲. 左思蜀都賦. 遠則岷山之精. 上爲井絡.
天帝應運而會昌. 景福肹䫻而興作. 註. 濕生虫類. 望之. 如氣而散也. 又

寺大成。 繇是。 四[289] 遠問津輩。 視千里猶跬步。^{司馬法．一舉足曰}
跬．跬．三尺．兩舉足曰步．步．六尺也 290) 其戲不億。^{戲．音里．數也．書傳云．其戲不億．不啻億之意也 291)} 寔繁有徒。^{詩云．無念爾祖．寔繁有徒 292)} 大師猶鍾待扣。^{有大扣則大鳴．小扣則小鳴．比問答之大小也 293)} 鏡忘罷。^{罷．與疲同．○世說云．車徹若問於謝．因曰．不問則德音有遺．多問則重勞二謝．表喬曰．必無此嫌．何嘗見明鏡疲於屢照 294)} 至者。 靡不以慧炤導其目。 法喜^{禪悅食也 295)} 娛其腹。 誘憧憧^{往來不絕之貌 296)} 之躅。 變蚩蚩^{詩云．氓之蚩蚩．註云．蚩蚩．無知貌 297)} 之俗。 文聖大王^{名慶膺．神武王太子 298)} 聆其運爲。 莫非裨^{裨．補 299)} 王化。 甚恕^{恕．音哥．法也．楷也 300)} 之。 飛手敎。

楊雄羽獵賦．響犗如神．註．李善曰．響犗疾也．廣雅．上蛹虫.’(延Ⅰ・延Ⅱ／成・桂・奎)・‘胗．音訖．促也．又黑乙切．說文云．響．節也．又胗釁之間口口也.’(高Ⅱ)

288) 芝／全 〔비고〕 ‘肸．音欣．前郊已歌云罔不肸餙．師古曰．肸．振也．言振整而餙也．餙．音昔．修餙也.’(國)・‘飭．音尺．整也.’(成・延Ⅱ・桂・奎／延Ⅰ)・‘飭．音勅．餙也.’(高Ⅱ)

289) 〔비고〕 ‘四方也.’(高Ⅱ)

290) 芝／成・延Ⅰ・延Ⅱ・桂・奎・國・全・高Ⅱ

291) 國／高Ⅱ 〔비고〕 ‘戲．麗同．不億．不啻億也.’(全)・‘詩云．殷商之族．其戲不億.’(芝・高Ⅰ／成・延Ⅰ・延Ⅱ・桂・奎)

292) 芝

293) 芝／高Ⅰ・成・延Ⅰ・延Ⅱ・桂・奎・國・全

294) 桂・奎 〔비고〕 ‘罷．音疲．胡來胡見．漢來漢現．如問即答之意.’(全／國・成・延Ⅰ・延Ⅱ・高Ⅰ)・‘妍照則妍現．醜照則醜現．比緇素之貴賤也.’(芝)

295) 全・成・國・延Ⅰ・延Ⅱ・奎・桂

296) 成・延Ⅰ・延Ⅱ・桂・奎／國・高Ⅰ 〔비고〕 ‘往來貌.’(高Ⅱ)

297) 國／高Ⅱ・桂・奎

298) 新註／全・國 〔비고〕 ‘名膺慶．…’(奎／高Ⅰ)・‘名膺廉．…’(成・延Ⅰ・延Ⅱ・桂)

299) 成・延Ⅰ・延Ⅱ・奎・桂

300) 全／國 〔비고〕 ‘恕．音哥．知也．法也．皆也”(成・延Ⅰ・延Ⅱ)・‘恕．音哥．知也．法也．稽也.’(奎・桂)・‘嘉也．法也.’(高Ⅱ)

優勞。且多重多[301] 大師答山相之四言。子昕爲山中宰相. 故云山相也. 有緣則住. 是四言也 [302]

易寺牓舊名烏合寺[303] 爲聖住。仍編錄大興輪寺。興輪. 國之願堂. 編名記錄於興輪寺. 故

一例崇奉之意. 或大興輪寺奴婢田畓屬於聖住寺故也 [304] 大師酬使者曰。寺以聖住爲名。招

提寺也[305] 固所爲榮。至寵庸僧。濫吹高籍。高籍. 手敎也. 或云寺籍也 [306] 寔避

風斯媲。媲. 音比. 配也. 莊子. 海鳥避風止於魯郊. 魯侯 御以觴之于廟. 具太牢以爲膳. 鳥乃眩視. 憂悲不敢食飮. 三日而死. 是不以鳥養鳥. 今

王之寵師 亦其猶是也 [307] 而隱霧可慙矣。列女傳云. 陶答子. 名譽不興. 家產三倍. 其妻諫曰 南山有玄豹. 霧雨七日. 不下食. 將

欲澤其毛衣而成文章也. 故隱而避害. 凡豕貪啗無厭. 故因以見俎. 今子無隱霧之操. 有凡豕之欲. 妾懼之. 未幾被誅 [308] 時憲安大王。

---

301) 高Ⅰ　비고 '幸也.'（高Ⅱ）

302) 桂・奎／全・東・芝・成・延Ⅰ・延Ⅱ・國・高Ⅱ

303) 全・成・國・延Ⅰ・延Ⅱ・東・芝・桂・奎　비고 '古云. 鳥谷寺也.'（高Ⅰ・高Ⅱ）

304) 國／全・高大Ⅱ　비고 '新羅時. 有國內諸刹. 都編錄. 故以大興寺. 編其錄中.'（成・延Ⅰ・延Ⅱ）・'兼領興輪寺住持僧事也.'（東・芝）

305) 高Ⅱ　비고 '音儀云. 招提. 此云別房施. 又云對面施. 體境交現曰對輟已. 惠他曰施也.'（成・延Ⅰ・延Ⅱ・奎・桂／國）

306) 高Ⅱ　비고 '齊宣王好竽. 必三百人吹竽. 南郭先生不知吹竽者. 而之三百之中. 以吹竽. 食祿. 宣王薨. 後王曰. 寡人欲一一別而吹之. 南郭乃逃之. 古文云. 濫擧之法不改. 南郭之徒盈朝.'（桂・奎／國・成・延Ⅰ・延Ⅱ・東・芝）・'濫吹. 北山移文. 濫巾北岳窃吹草堂. 南郭之事…'（高Ⅱ）

307) 全／國・成・延Ⅰ・延Ⅱ・東・芝　비고 '…三日而死. 以己養養鳥. 非以鳥養養鳥也. 夫以鳥養養鳥者. 宜栖之深林. 遊之壇陸. 浮之江胡. 食之鰍鰈. 隨行列而止. 委蛇而處. 彼惟人言之惡聞. 奚以夫說說爲乎. 註. 御. 迎也. 媲. 音讐. 配也. 偶也. 觴飮也.'（桂・奎）・'與比同也. 又愧也. 爰居鳥避風. 坐魯郊. 東門人以肉事. 故避去云云也.'（高Ⅱ）

308) 奎・桂／全・國・成・延Ⅰ・延Ⅱ・東・芝・高Ⅰ・高Ⅱ　비고 '…○案. 聖住元是山相私庵. 因師來住. 特賜美額. 仍以編名聯錄於興輪願堂. 一例崇奉也. 至極也. 又云至字釋於高籍下也. 濫吹. 混濫吹竽也. 比師無才受職也. 高籍. 指興輪住持錄案也. 避風句. 言東王稱師聖號. 寵以爵錄. 非師所願也. 魯侯迓鳥太廟. 具以樂膳. 非鳥所好. 故云斯媲. 隱霧句. 豹能隱居. 澤文霧雨. 師不藏耀. 跡涉塵勞. 故云可慙也.（奎・桂）

即文聖之弟. 神武王
之次子. 名誼靖 309) 與檀越 唐梵雙擧. 檀. 此云惠 施. 即惠施越苦海也 310) 季。311) 舒發韓

職號. 文聖十九年. 侍中金陽卒. 追贈舒
發韓. 陪葬太宗陵. 姓金. 又名魏昕 312) 魏昕。313) 爲南北相。各居其 官. 猶

左右相 314) 遙展攝齊 齊. 音咨. 裳下縫也. 師 行. 弟子攝師之齊 315) 禮。弟子禮 也 316) 贄 贄. 音至. 執也 317) 以

茗荈。荈. 音荈. 搏雅云. 香也. 茗茶也 318) 使無虛月。左傳. 府无虛月. 註. 晋之府庫. 无 月不受 魯之貢賦. 使. 使介也 319)

至使名 師名聲 也 320) 霢霂 霢霂. 與霡同. 雨沾微也 321) 小 東國。士流不識大師門。爲一

世羞。得禮足者。頂禮師 足 322) 退必唶 唶. 音借. 嘆聲 323) 曰。面謁百倍乎

耳聞。口 324) 未出而心 325) 已入。抑有猴虎 猴虎. 奸 人 326) 而冠者。

---

309) 國・延Ⅰ・延Ⅱ・桂／全・成・奎・東・芝

310) 全・成・國・延Ⅰ・延Ⅱ・奎・桂 비고 '華梵雙擧也. 梵語檀那. 華言普
施. 以普施之德. 超越苦海也.'(芝・東)

311) 新註　高1本 作序, 搨本及諸本, 俱是季字, 揆以文意, 序字似是.

312) 東／成・延Ⅰ・延Ⅱ・高Ⅰ・高Ⅱ・芝・奎・桂 비고 '韓. 翰同. 職名.'
(全／國)

313) 비고 '姓金. 名陽.'(奎・桂)／全・成・國・延Ⅰ・延Ⅱ・'姓金.'(高Ⅰ)・
'名也.'(芝)

314) 搨・高Ⅰ／全・成・國・延Ⅰ・延Ⅱ・高Ⅱ・東・芝・奎・桂

315) 全／成・延Ⅰ・延Ⅱ・奎・桂・東・芝・國 비고 '衣裔也.'(高Ⅱ)

316) 高Ⅱ 비고 '師資之禮.'(高Ⅰ)

317) 成・國・延Ⅰ・延Ⅱ・奎・桂／芝 비고 '腌也.'(東)

318) 成・延Ⅰ・延Ⅱ・奎・桂／國・東・芝 비고 '荈. 香也.'(全)・'茗. 茶具
也. 荈. 音勃. 香也.'(高Ⅱ)

319) 奎・桂／東

320) 芝／奎・桂

321) 成・延Ⅰ・延Ⅱ／芝・國 비고 '霢. 霡同.'(全・奎・桂・高Ⅱ・東)

322) 奎・桂

323) 全・國・芝・奎／東 비고 '唶. 音借. 歎聲. 又唶唶鳴.'(成・延Ⅰ・延Ⅱ)
・'㖷. 音借. 警也. 又喧也.'(高Ⅱ)

324) 비고 '師也.'(東)

325) 비고 '資也.'(東)

亦熄其趡。趡. 音熊. 說文. 疾也 327) 譁譁. 音革. 更也 328) 其虣虣. 音暴. 虐也. 猛也. 周禮大司徒. 以刑教中則. 民不虣 329) 而僙僙. 競同 330) 犇馳善道。 暨憲安王嗣位。 賜書乞言。

乞言者. 遣敎昌法師. 書. 言弟子德薄. 恭膺大統. 禪師神惠特深. 見聞高遠. 請出一枿. 敎我不及. 大師答曰. 殿下已知爲君難也 331) 大師答曰。 周禮 332) 對魯公之語。 有旨哉。 著在禮經。 請銘座側。魯哀公問曰. 何爲則民服. 孔子曰 擧直錯諸枉. 則民服. 擧枉錯諸直. 則民不服. 又定公問. 一言而可以興邦有諸. 對曰. 言不可以若是其幾也. 人之言曰. 爲君難. 爲臣不易. 如知爲君之難也. 不幾乎一言而興邦乎. 曰. 一言而喪邦有諸. 對曰. 言不可以若是其幾也. 人之言曰. 予無樂乎爲君. 惟其言而莫予違也. 如其善而莫之違也. 不亦善乎. 如其不善而莫之違也. 不期一言而喪邦乎云云也 333) 逮贈太師先大王景文王. 姓金. 名膺廉. 僖康王孫. 阿飡殷明子也. 憲安無子. 故册命立婿云 334) 卽位。 欽重如先朝志。 而日加厚

---

326) 高Ⅱ 비고 ‘猴. 比奸. 虎. 比威.’(高Ⅰ)

327) 成·延Ⅰ·延Ⅱ·奎·桂／高Ⅰ·高Ⅱ 비고 ‘…說文. 疾也. 今俗別作躁非. 按. 趡. 躁義同. 考工記. 矢人羽殺則趡. 註. 言羽小. 則矢輕而去. 太急也.’(成·延Ⅰ·延Ⅱ·奎·桂／東·芝)·‘趡. 音躁. 輕急貌也.’(全／國)

328) 全／國·東·芝 비고 ‘譁. 音革. 餙也. 一曰更. 又與革同也.’(延Ⅰ·延Ⅱ·成·奎·桂／高Ⅱ)

329) 全·國 비고 ‘虣. 音暴. 虐也. 急也. 即悖亂虐物也. 鶴林玉露云. 學而無用. 塗車芻靈也. 任而有愧. 鶴軒虎冠也. ○案. 猴虎云云. 猶沐猴而冠者. 猴比性躁者. 虎比性惡者. 熄其趡. 指猴字. 譁其虣. 指虎字. 或云. 猴虎之皮. 製冠. 着者. 誠可笑也.’(桂·奎／成·延Ⅰ·延Ⅱ)·‘虣. 音暴. 虐也. 應上虎字.’(芝·東)·‘虣. 音暴. 又武. 又虐也.’(高Ⅱ)

330) 全 비고 ‘僙. 僵同. 仆也. 荀子云. 可吹而僙也.’(奎·桂)

331) 奎·桂·成／延Ⅰ·延Ⅱ·東·芝 비고 ‘…恭膺大禮. 所冀. 國安民泰. 在言易察. 行事在難云云也.’(高Ⅱ)

332) 비고 ‘孔子嗣於周公之道. 故常稱曰周禮.’(高Ⅰ)

333) 高Ⅰ／國·全·成·延Ⅰ·延Ⅱ·高Ⅱ·東·芝 비고 ‘中庸云. 哀公問政. 孔子曰. 文武之政. 布在方策. 其人存. 則其政擧. 其人亡. 則其政息. 註. 方. 版也. 策. 簡也. 有是君. 有是臣. 則有是政也.’(奎·桂)

334) 成·桂·奎／國·延Ⅰ·延Ⅱ·全·高Ⅰ·東·芝 비고 ‘景文王也.’(高Ⅱ)

焉。𥧄篆.同 凡 335) 所施爲。必馳問然後學。咸通唐懿宗年號也 336) 十二
年秋。飛鵠頭書。韻府群玉云. 鵠頭蚊脚. 以招隱士. 註. 二者. 皆漢詔板 337) 以傳傳. 驛遞也 338) 召
曰。山林何親。城邑何疎。大師謂生徒曰。遽339) 命伯
宗。左傳. 梁山崩. 晋侯以傳召伯宗. 伯宗避重. 註. 言適有重載之車在途. 故避之使退也. 載重人曰. 待我不如捷之速也. 問其所居. 曰. 絳人也. 問其絳事焉. 曰. 梁山崩. 將召伯宗謀之. 問將若之何. 曰. 山有朽壤而崩. 可若何. 國主山川. 故山崩川渴. 君爲不擧絳縵徹樂出次祝幣史辭以禮. 急其如此而已. 雖伯宗若之何. 伯宗請見之. 其人不可. 遂以告景公. 從其言. 縵. 無紋車也. 出次. 出外寢也. 祝幣. 以幣祝天也. 史辭者. 深責罪 340) 深慙遠
公。通載云. 晋安帝還次潯陽. 詔遠見于行在. 輔國何无忌勸遠一出. 遠固辭以疾. 帝三詔問勞. 勅九江太守. 歳時. 送米資奉. 卜居三十年. 影不出山. 迹不入俗 341) 然道之將行也。時乎不可失。念付囑。佛臨涅槃. 以佛法流通. 付囑國

335）全・成・延Ⅰ・延Ⅱ・東・奎・桂・高Ⅰ・高Ⅱ

336）芝／全・成・國・延Ⅰ・延Ⅱ・奎・桂・高Ⅰ

337）桂・奎 [비고] ‘天子詔. 以紫泥封之. 含於丹鳳頭. 以五色絲. 繫而下之. 諸侯以黄泥封之. 含於黄鵠頭. 以䌨線引下也. 出李白註.’（成・延Ⅰ・延Ⅱ・全・國・芝・桂・奎）・‘詔詣.’（高Ⅱ）

338）芝 [비고] ‘傳. 音椽. 去聲. 即驛遽. 禮王藻. 士曰傳遽之臣. 註. 驛傳車馬所以供急遽之. 令士賤而給役. 故自稱如此.’（延Ⅰ・延Ⅱ・成）・‘傳. 去聲. 即驛馬也.’（全・國）・‘周禮云. 行夫掌國傳遽. 註. 以車曰傳. 以馬曰遽.’（奎・桂）

339）[비고] ‘遽人即急卒也. 又驛馬也. 又左傳傳也.’（高Ⅱ）

340）延Ⅱ・延Ⅰ・成／國・高Ⅰ・高Ⅱ・東・芝 [비고] ‘左傳云. 梁山崩. 晋侯以傳召伯宗. 避重曰. 避傳. 重人曰. 待我……伯宗請見之. 不可. 遂以告而從之. 註. 降服. 除其好衣. 乘縵. 乘其素車也. 出次. 舍於郊野也. 祝幣. 陳玉帛也. 以禮. 禮山也. 不擧. 除其盛饌也. ○案. 遽命遽字. 非傳遽之遽. 即忽字意也.（奎・桂）・‘左傳. 梁山崩. 晋侯以傳召伯宗. 伯宗避之.’（全）

341）東・芝 [비고] ‘通載云. 惠遠公在廬岑. 天子至潯陽. 三詔不出. 今師則有欲去之意. 故云慚也.’（奎・桂／全・成・國・延Ⅰ・延Ⅱ・高Ⅰ・高Ⅱ）

王大臣也 342) 故吾其往矣。欻爾。至轂下 [轂城之下. 即都城也 343)] 及見。先大王 景文王 344) 晃服。345) 拜爲師。君夫人世子暨太弟 [追封尊諡惠成大王 346)] 相國。群公子公孫。環仰如一。一如古伽藍 [此云衆園 347)] 繢 [繢會. 音會. 五彩以畫也 348)] 壁面 寫出西方諸國長 [諸國之君長 349)] 侍勃陁 [勃陁亦云佛陁. 梵音小異 350)] 樣式。上曰。弟子不佞。[佞. 夷吾. 才也. 魯語. 不佞也 351)] 小好屬文。[屬文. 作文也 352)] 嘗覽劉勰 [勰. 昔叶. 並同. 南史. 劉勰梁武帝時人. 雅爲昭明太子所重. 著文心雕龍五十卷. 家貧不婚娶. 依沙門僧祐. 遂博通經論. 區別部類. 撰五十序. 定林寺藏經. 即其詮次也. 中書令沈約. 絕重其文. 常置几案間. 京都下寺塔及名僧碑碣. 皆出其手也. 累官通事舍人. 表求出家. 先燔鬢髮自誓. 帝嘉之. 賜法號惠雲云 353)] 文心。有語云。滯有守無。徒銳偏解。欲詣眞源。其般若之絕境。則境之絕者。或可聞乎。大師對曰。境既絕矣。理亦無矣。斯印也默行爾。上曰。寡人固請

---

342) 成·延Ⅰ·延Ⅱ·奎·桂·全·國／高Ⅰ·高Ⅱ·東·芝

343) 新註 비고 '君殿.' (高Ⅰ·高Ⅱ)

344) 全·成·國·延Ⅰ·延Ⅱ·高Ⅰ·高Ⅱ·奎·桂

345) 비고 '冠者卷也. 卷持其髮也. 冕黃帝初作. 太夫以上至天子. 皆有冕也. ○周禮. 大行人職上公之禮. 桓圭九寸. 冕服九章. 建常九斿. 諸侯諸伯. 信躬圭七寸. 冕服七章. 建常七斿. 諸子諸男. 穀蒲璧五寸. 冕服五章. 建常五斿.' (桂·奎／成·延Ⅰ·延Ⅱ·國)

346) 揚·成·國·延Ⅰ·延Ⅱ·高Ⅰ·東·芝·奎·桂

347) 成·國·延Ⅰ·延Ⅱ·東·芝·奎·桂

348) 成·延Ⅰ·延Ⅱ·國·奎·桂／高Ⅱ

349) 新註 비고 '菩薩.' (高Ⅱ)

350) 成·延Ⅰ·延Ⅱ·國·奎·桂／全·高Ⅱ 비고 '此云覺者.' (芝)

351) 成·延Ⅰ·延Ⅱ·奎·桂／國

352) 芝

353) 桂·奎／成·延Ⅰ·延Ⅱ·東·芝·高Ⅰ·高Ⅱ·國·全

少進。（莊子云. 老耼呼子貢曰. 小子少進 354）　爰命徒中錚錚者。（光武謂樊崇曰. 即鐵中錚錚也 355）　更手356）　撞擊。（人師曰. 撞擊. 隨問而答. 如鍾撞擊故也. 見字彙 357）　春容盡聲。（禮記云. 儒有夙夜講學. 以待問. 善待問者. 如撞鍾. 叩之以小者. 則小鳴. 叩之以大者. 則大鳴. 待其從容然後. 盡其聲. 疏曰. 從. 讀爲春. 春者謂擊也. 以爲聲之形容. 言鍾之爲體. 必待其擊. 每一春而爲一容然後. 盡其聲. 善答者. 亦待其一問然後. 一答. 乃盡說義理也 358）　剖滯祛煩。若商飇之劃劃。（劃. 音畫. 割也. 359）　陰霭然。360）　於是。上大喜。懊（懊. 音奥. 悔恨 361）　見大師晚曰。恭己南面。（論語云. 無爲而治者. 其舜也與. 夫何爲哉. 恭己正南面而已 362）　司南（司. 主守也. 南. 任也. 見字彙 363）　南宗。364）　舜何人哉。365）　余何人也。（孟子曰. 舜何人也. 余何人也. 有意者亦若是云云 366）　既

354）桂・奎 [비고] ‘請其廣說.’（高Ⅰ）

355）成・延Ⅰ・延Ⅱ・國・奎・桂・全 [비고] ‘劉盆子傳云. 卿所謂鐵中錚錚. 庸中佼佼者也. 註云. 集覽曰. 錚錚音響貌. 佼佼好貌也.（芝・東）

356）[비고] ‘一本乎字.’（高Ⅱ）

357）國／全・高Ⅱ

358）奎・桂 [비고] ‘禮記云. 待其春容然後. 盡其聲. 東坡詩注云. 春容以鯨枹. 春鍾之形容也.’（芝・東）・‘如以鯨枹春鍾之形容. 說文之意. 東坡詩云. 寸筳何當春容. 註云. 春容. 以鯨枹鍾之容.’（國／全）

359）成・國・延Ⅰ・延Ⅱ [비고] ‘劃. 音割.’（高Ⅱ）

360）[비고] ‘劃. 割也. ○案. 小進者. 上文絕境之答. 心言路斷猝難入頭. 故王未即會更請進身一線也. 更手句. 比生徒之迭問撞着也. 春容句. 比大師之隨問答得也. 商飇. 比師之說法猛利也. 劃藹. 比王之滌除情塵也. 然則生徒叩推也. 大師洪鍾也. 大王覺夢之眠人也. 春容盡聲. 因其春擊之小大形容. 盡發鍾聲之隨緣巨細也. 即大師隨其問者根性. 無餘指示也.（桂・奎）

361）成・延Ⅰ・延Ⅱ・奎・桂／芝・全・國 [비고] ‘愧也. 又慨也. 又悔也.’（高Ⅱ）

362）桂・奎 [비고] ‘王也.’（高Ⅱ）

363）國・奎・桂／成・延Ⅰ・延Ⅱ・全

364）[비고] ‘司南南字. 指南之意. 言五祖南傳之宗. 司南也. ○案. 恭己至南宗云者. 即釐降二女. 歷試諸難. 揖遜盃酒. 恭己南面. 古今一揆也. 此之司南南宗. 無愧彼之授受心法. 故下文有舜何人云云之語也.’（桂・奎）・‘師也.’（高Ⅱ）

出。 卿相延迓。〔迓. 迎也. 音牙. 367)〕 與謀不暇。 士庶趣承。 欲去不能。自是。國人皆認衣珠。〔法華中. 有人衣內. 係珠. 喩事不煩引 368)〕 鄰叟罷窺廡369) 玉焉。〔尹文子云. 魏叟得徑尺玉. 隣人曰. 此至恠石也. 抱置廡下. 夜間視之. 光照一室. 益大駭. 反弄野. 隣人獻之魏王. 玉工曰. 此無價. 以當之五都之城. 僅可一觀. 王賜獻玉者千金. 長食上大夫之祿也 370)〕 俄苦樊筊〔樊筊. 養鳥之具. 比王宮 371)〕 中。卽亡去。 上知不可强。 迺降芝檢。〔瑞命記云. 王者德仁則芝艸生. 故王之手書. 謂芝檢 372)〕 以尙州深妙寺不遠京。 請禪那別舘。 辭不獲。往居之。一日必茸。〔茸. 音緝. 茨也. 修補 373)〕 儼若化城。〔法華經云. 有導師. 將導衆人. 欲過險道. 所將衆人. 中路懈退. 導師多設諸方便於險道中. 過三百由旬. 化作一城. 告衆人言. 汝等勿怖. 莫得退還. 今此大城. 可於中止. 隨意所作. 若入是城. 快得安穩. 是時. 疲極之衆. 心大歡喜. 嘆未曾有. 爾時. 導師

---

365) 〔비고〕 ‘舜何人云云. 言上王不高師臣不卑云云.’（高Ⅱ）

366) 成·延Ⅰ·延Ⅱ·奎·桂·國 〔비고〕 ‘用孟子語.’（全）

367) 成·國·延Ⅰ·延Ⅱ／奎·桂

368) 全／國·成·延Ⅰ·延Ⅱ·奎·桂 〔비고〕 ‘法華經云. 有人至親友家. 醉酒而臥. 以無價寶珠. 繫其衣裡而走之. 其人醉臥. 都不覺知. 於後. 親友會遇見之咄哉. 我某年月日. 以無價寶珠. 繫汝衣裡. 今故現在而汝不知可以此寶. 貿易所須常可如意.’（芝／東）

369) 〔비고〕 ‘下廡.’（高Ⅱ）

370) 成·延Ⅰ·延Ⅱ／全·國·高Ⅰ·高Ⅱ·芝·奎·桂 〔비고〕 ‘見上韜光註.’（東）

371) 全／國·東·芝 〔비고〕 ‘樊. 藩也. 樊籠. 養鳥籠.’（成·延Ⅰ·延Ⅱ·奎·桂）·‘樊. 籬也. 筊. 鳥籠.’（高Ⅱ）

372) 全 〔비고〕 ‘王充論衡云. 土氣和. 生芝. 瑞命記云……謂之芝檢. ○唐張鷟奏曰. 曳裾紫禁. 伏奏青規. 助朝廷之光輝. 贊明時之喉舌. 芝泥發彩. 宣鳳藻而騰文. 蘭檢浮香. 潤龍縑而動色. 註云. 禁地. 以青規畫之. 故曰青規. 漢儀. 制詔以蘭英爲檢. 紫芝爲泥. 黃縑爲制勒. ○案. 芝泥. 以芝沫作泥. 用爲印朱也. 蘭檢. 蘭樣製檢. 搭標御書. 非印信也. 乃套書之類. 芝檢即芝泥之蘭檢也.’（桂·奎／成·國·延Ⅰ·延Ⅱ·東·芝）·‘詔書.’（高Ⅰ）·‘詔旨.’（高Ⅱ）

373) 延Ⅰ·延Ⅱ／成·國·東·奎·桂

知此人衆無復疲倦. 即滅化城. 語衆人言. 寶[所在近. 向者. 大城. 我所化作. 爲止息耳 374)] 乾符[僖宗年號 375)] 三年[僖宗丙申 376)] 春。先大王[景文王 377)] 不預。[預. 安也 378)] 命近侍曰。亟[急也 379)] 迎我大醫王來。使至。大師曰。山僧足及王門。一之謂甚。知我者。謂聖住爲無住。不知我者。謂無染爲有染乎。然顧與吾君。有香火因緣。[郭氏子儀與吐蕃. 結香火之約云. 言焚香告天而結兄弟也 380)] 忉利之行[此云三十三天. 帝王之死云. 昇天賓天. 故取其義也 381)] 有期矣。盍就一訣。復步至王居。設藥言。施箴戒。[箴. 與鍼同. 又箴規箴戒. 醫者以箴石刺病. 故有所諷刺求其失. 謂之箴. 古醫以石. 今以鍼也 382)] 覺中 383) 愈。擧國異之。旣踰月。獻康大王居翼室。[捨正殿而居翼室. 以居憂故. 翼室. 左右廊 384)] 泣命王孫勛榮。諭旨曰。孤幼遭閔凶。[父喪 385)] 未能知政。 致

---

374) 芝 回고 '法華經中. 化城喩品. 衆生以寶所懸遠. 作懸崖想. 故佛中間別化一城. 誘引桝小故 名.(奎/桂・成・延Ⅰ・延Ⅱ・國・全)・'如上可知也'(東)

375) 全

376) 成・國・延Ⅰ・延Ⅱ・高Ⅰ・奎・桂

377) 東

378) 東

379) 奎・桂 回고 '促也.'(高Ⅱ)

380) 延Ⅰ・延Ⅱ・成・全・國・奎・桂

381) 奎・桂・全・國/東・芝・成・延Ⅰ・延Ⅱ

382) 成・延Ⅰ・延Ⅱ・奎・桂・國 回고 '箴與鍼同也. 古醫以石刺. 今以鐵刺也.'(高Ⅱ)・'藥言鍼戒者. 言如藥之譚. 如鍼之淨戒也. 實不設藥鍼也.'(東)

383) 참고 '暫時.'(高Ⅱ)

384) 成・延Ⅰ・延Ⅱ・奎・桂/國 참고 '殯室. 又居憂之. 俠室.'(高Ⅰ)・'居喪也. 翼室. 太子宮.'(高Ⅱ)'服舍. 居憂故也.'(東/芝)

385) 高Ⅱ 回고 '父死.'(全・成・國・延Ⅰ・・延Ⅱ)・'左傳云. 楚君少遭閔凶.'(奎・桂)

君[386] 奉佛。誧〔誧也. 音普. 大. 相助. 又音怖. 謀 387〕 濟海人。〔多人也. 或云海東人 388〕 與獨善其身。 不同言也。 幸大師無遠適。 所居唯所擇。 對曰。古之師則六籍〔六籍者. 六經也. 詩書易周禮春秋禮記 389〕 存。 今之輔則三卿〔三卿者. 儀禮疏云. 司徒司馬司空也 390〕 在。 老山僧何爲者。 坐蝗蠹桂玉哉。〔蝗. 音黃. 虫也. 似蚱蜢而大. 領下有子. 翅傍有竅. 可以縷貫. 羣飛食苗. ○蠹. 音妬. 陸龜蒙蠹化篇橘之蠹. 大如小指. 一日視之不食. 明日往見. 蝗化爲蝴蝶. ○戰國策云. 蘇秦入楚. 三日乃得見平王. 談卒辭而行. 王曰. 寡人聞先生若聞古人. 今先生乃不遠千里而臨寡人. 曾不肯留. 願聞其說. 對曰. 楚國之食貴於玉. 薪貴於桂. 謁者難得見如見鬼. 王難見如天帝. 今令臣食玉炊桂. 因鬼見帝. 臣可住此. 王曰. 先生就舍. 寡人聞命矣. 即其義 391〕 就[392] 有三言。 庸〔庸用也 393〕 可留獻曰能官人。〔左傳云. 襄公十五年. 楚能官人. 註云. 楚康王能爲官擇人也 394〕 翌日挈山裝[395] 鳥逝。[396] 自爾。 騎置〔置. 音智. 驛傳曰置. 漢烏孫傳. 有便宜. 因騎置以聞. 師古曰. 即今之遞馬也 397〕

---

386) [비고] '致君於堯舜之上也.'(國·高Ⅰ·奎·桂)

387) 成·延Ⅰ·延Ⅱ·奎·桂／全·國·高Ⅰ·高Ⅱ·芝

388) 奎·桂

389) 芝 [비고] '王守仁曰六經. 是聖心之記籍.'(全·國·成·延Ⅰ·延Ⅱ·奎·桂·芝)·'六經.'(高Ⅰ)

390) 芝

391) 延Ⅱ·成·延Ⅰ／國·高Ⅰ·高Ⅱ·芝 [비고] '戰國策云.……寡人聞命矣. ○案. 蝗害穀虫. 應下玉字. 蠹食木虫. 應下桂字.'(桂·奎／東)

392) [비고] '乃也.'(東)

393) 奎·桂·成·延Ⅰ·延Ⅱ·高Ⅱ

394) 芝·東 [정고] '三字出書傳. 又左傳云. 君子謂楚. 於是乎. 能官人. 官人國之急也. 能官人則民無覦心. ○若三字離釋. 則失其文旨也.'(奎·桂／成·延Ⅰ·延Ⅱ·國) [비고] '能者. 能知其事. 官者. 可行其官. 人者. 取其人才.'(高Ⅰ·高Ⅱ)

395) [비고] '行裝.'(高Ⅱ)

396) [비고] '文選云. 凮然鳥逝. 一越三千.'(奎·桂)

397) 奎·桂·成·延Ⅰ·延Ⅱ／國·芝

傳訊。[398] 影綴巖溪。遽人^{驛傳急卒 399)} 知往抵聖住。卽皆雀躍。
^{莊子云. 鴻蒙方將撫髀. 雀躍而遊. 註. 雀躍. 勇躍自樂之貌 400)} 叢^{聚也 401)} 手易彎。慮滯王程^{行限 402)} 猶尺寸地。由是。騎常侍^{如司馬門校尉. 卽今之宣傳官 403)} 倫伍。^{倫. 輩也. 伍. 迎也. 今之卒也 404)} 得急宣。^{宣. 敎旨也 405)} 爲輕擧。乾符帝^{僖宗 406)} 錫命之歲。^{天子以册封太傅 爲獻康王也 407)} 令國內舌秒。有可道者。貢與利除害策。^{使國內識者有所懷者建議 408)} 別用蠻牋^{中國人自高句麗以來. 吾邦產紙謂蠻牋 409)} 書。言荷天寵[410] 有所自。[411] 因垂盆國之問。[412] 大師引出何尙之^{劉宋南朝侍中 413)} 獻替宋文帝

---

398) 비고 ‘問安.’（國）

399) 成·延Ⅰ·延Ⅱ·奎·桂／全·國·高Ⅰ 비고 ‘卽驛人急足者也.’（高Ⅱ）·‘奉使傳車人也. 左傳云. 遽. 傳車.’（芝）

400) 桂／奎

401) 桂 비고 ‘叢. 合.’（高Ⅱ）·‘象也.’（奎）

402) 成·國·延Ⅰ·延Ⅱ 비고 ‘限程.’（高Ⅱ）

403) 國·奎·桂·全·成·延Ⅰ·延Ⅱ／芝 참고 ，如司僕之官.’（高Ⅰ·高Ⅱ）

404) 成／全·國·延Ⅰ·延Ⅱ·奎·桂 비고 ‘士卒.’（高Ⅱ）·‘姓名.’（芝）

405) 芝·高Ⅱ·桂

406) 全·成·國·延Ⅰ·延Ⅱ·奎·桂 비고 ‘乾符. 僖宗年號.’（東）

407) 東／全·成·國·延Ⅰ·延Ⅱ·奎·桂 비고 ‘册封獻康王. 卽位之歲也.’（高Ⅱ／芝）

408) 新註 비고 ‘以道. 治國之政事.’（全·國／成·延Ⅰ·延Ⅱ·奎·桂·高Ⅱ·東）

409) 新註 비고 ‘卽今倭人所貢之牋. 自南蠻所出者也.’（國·成·延Ⅰ·延Ⅱ·奎·桂）·‘蠻國之好紙. 蠻人之奇牋.’（高Ⅱ／全·東·芝）

410) 참고 ‘天子之寵.’（高Ⅱ·東·芝）

411) 비고 ‘卽由敬佛.’（成·國·延Ⅰ·延Ⅱ·奎·桂／芝·東）

412) 비고 ‘指佛德也.’（高Ⅱ）

413) 新註 비고 ‘尙之敎宋文帝. 悔過改心也.’（高Ⅱ）·‘宋. 劉宋南朝.’（成·國·延Ⅰ·延Ⅱ·東·奎·桂）

心聲。[孟子曰. 言者. 心之聲也 414)] 爲對。[尙之對文帝事. 見于通載八卷 415)] 太傅[獻康 416)] 王覽。謂

介弟[左傳云. 伯州犂曰. 王子圍寡君之貴介弟. 註. 介. 大也 417)] 南宮相[有南北相 418)] 曰。三畏[論語曰. 君子有三畏.

畏天命. 畏大人. 畏聖人言 419)] 比三歸。[歸佛. 歸法. 歸僧 420)] 五常均五戒。能踐王道。

---

414) 全·國

415) 高Ⅱ [비고] '出通載. 亦出緇門註.'(成·延Ⅰ·延Ⅱ)·'弘明集云. 京尹
蕭謨之請制建寺鑄像. 宋文帝謂侍中何尙之吏部羊玄保曰. 朕少不讀經. 今
復無暇. 三世因果. 未辨厝懷. 宗炳難白黑論. 明佛法汪汪無爲名理. 并足
開獎人意. 若使率土之濱. 皆純此敎. 則朕坐致太平矣. 昨蕭謨之請制. 即
以相示. 委卿增捐. 必有以戒遏浮淫. 無傷弘獎者. 乃當著爾. 尙之對曰.
慧遠法師云. 釋氏之化. 無所不可. 通道. 因自敎源. 濟俗. 亦爲要務. 竊
尋此說. 有契理奧. 若使百家之鄕. 十人持五戒. 則十人淳謹. 千室之邑.
百人修十善. 則百家和厚. 傳此風訓. 以遍寓內. 編戶千萬. 則仁人千萬.
此擧戒善之全具者. 夫能行一善. 則去一惡. 一惡旣去. 則息一刑. 一刑息
於家. 則萬刑息於國. 階下所謂坐致太平. 誠如聖旨. 謨之請制. 不謂全非.
但傷蠧道俗本在無. 行僧尼. 然而情僞難分. 去取未易耳. 至土木之工. 雖
若靡費. 且植福報恩. 不可煩絕. 臣比斟酌. 進退未安. 今日面奉德音. 實
用忻抃. 羊玄保進曰. 此談盖天人之學. 非臣愚所宜預聞. 切恐秦楚論强
兵之術. 孫吳盡呑幷之計. 所無於此. 帝曰. 此非戰國之具. 良如卿言. 尙
之曰. 夫禮隱逸. 則戰士息. 貴仁德. 則兵氣消. 倘以孫吳爲志. 勤期呑幷.
則將無取於堯舜之道. 豈特釋敎而已哉. 帝悅謂曰. 釋門之有卿猶孔氏之有
季路也. 楊子法言云. 言. 心聲也. 書. 心畫也. 註. 聲發成言. 畫紙成書.
書有文質. 言有史野. 二者之來皆由於心. ○案. 集註中. 慧遠云云至誠
如聖旨. 只爲文中獻替之獻字意. 謨之請制云云至實用忻抃. 并爲文中獻替
二字意也. 羊玄云云至釋敎而已. 只爲文中替字意也. 心聲. 傳云. 言者
心之聲. 心聲謂何尙之所言. 非書名也. 博考通載與源流書. 無以心聲爲書
名處也.'(桂·奎/東)

416) 東

417) 東·奎·桂·成·延Ⅰ·延Ⅱ·國 [비고] '介. 大也.'(全·高Ⅱ)

418) 全·國

419) 芝/成·國·延Ⅰ·延Ⅱ·奎·桂·全·東·高Ⅰ·高Ⅱ

420) 奎·桂

是符佛心。大師之言至矣哉。吾與汝宜惓惓。[惓. 音權. 謹也. 又愁切也 421)]
中和西狩之年[僖宗辛丑壬寅. 黃巢及秦宋權稱讖號. 避黃巢亂. 入西蜀. 故云西狩 422)] 秋。上謂侍人曰。國有大寶珠。畢世韞[韞·同 423)]櫝 而藏之。424) 其可耶。曰。不可。不若時一出。俾醒萬戶眼。醉四鄰心。425) 曰。我有末尼[此云如意珠也 426)] 上珍。匱曜在嵩巖山。[聖住寺 427)] 脫[脫. 音太. 若也 428)] 闢秘藏。宜照透三千界。429) 何十二乘[魏文侯曰. 寡人有徑寸之珠. 照車前後各十二乘者十枚 430)]之足道哉。我文考[景文 431)] 懇432)迎。嘗再顯矣。昔酇侯譏漢王拜大將如召小兒。 不能致商山四老人以此。433) 今聞天子蒙塵。[左傳云. 天子奔走. 謂之蒙塵. 詳如西狩註 434)] 趣令奔問官守。[天子侍從群臣. 不能直斥天子. 故云]

---

421) 成·延Ⅰ·延Ⅱ·奎·桂／國

422) 奎·桂·成·延Ⅰ·延Ⅱ／全·國·高Ⅰ·高Ⅱ [비고] ‘乾符乙未. 王仙芝作亂. 黃巢應之. 廣明庚子. 巢入長安. 國號大齊建元. 金統田令孜奉天子西走. 中和辛丑. 上自興元入蜀. 甲辰七月. 李師悅追黃巢於狼虎口. 其甥林言斬巢首降也.’（芝／東）

423) 全 [비고] ‘韞. 音讀. 櫝也. 又隱也. 一本匵匣也.’（高Ⅱ）

424) [비고] ‘有美玉於斯. 韞櫝莊之. 求善價而沽諸. 出論語註櫝也.’（延Ⅱ·延Ⅰ·成·奎·桂／國·東）

425) [비고] ‘侍人之對.’（桂）

426) 芝／全·國·東 [비고] ‘或云踰摩. 應法師云. 正云. 末尼即珠之摠名. 此云離垢. 亦云如意. 此寶光淨不爲垢穢所染也.’（奎·桂／成·延Ⅰ·延Ⅱ）

427) 東·芝

428) 國 [비고] ‘或然之辭. 若也.’（成·延Ⅰ·延Ⅱ·奎·桂／東）

429) [비고] ‘統三韓故.’（東）

430) 芝·東

431) 東

432) [비고] ‘艱.’（東）

433) [비고] ‘漢王至小兒. 酇侯之言. 不能至以此. 王之論辭.（桂·奎）

434) 東／芝 [비고] ‘唐僖宗以黃巢亂. 犇於蜀.’（高Ⅱ）·‘黃巢亂.’（全·國·

官守
435) 勤王[436] 加厚。歸佛居先。將邀大師。必叶外議。吾

豈敢倚其一。慢其二哉。_{孟子曰. 朝廷莫如爵. 鄉黨莫如齒. 輔世長民莫如德. ○案. 倚其一. 指居君位也. 慢其二.}

指師齒德也[437] 乃重其使。卑其辭。徵之。 大師云。孤雲出岫。

寧有心哉。_{雲無心而出岫之意也[438]} 有緣乎大王之風。 無固_{易曰. 無固無必[439]} 乃

上士[440] 之道。邃來見。見如先朝禮。禮之加。 焯_{焯灼同也. 與說文. 明也[441]}然可屈指者。面供饌。一也。手傳香。[442] 二也。

三禮者三。三也。_{致敬三拜凡三次[443]} 秉鵲尾爐。_{說文云. 香爐有長柄者也. 東坡詩註曰. 費崇先. 尤信佛. 以鵲尾香爐. 置膝前[444]} 締_{結也[445]} 生生世世緣。四也。加法稱_{法號[446]} 曰廣

宗。五也。翌日命振鷺。_{詩云. 振鷺于飛. 註云. 振. 群飛貌. 盖少昊以鳥紀官之時. 以鴻鷺爲三公. 故今之朝士謂鴻鷺之班[447]} 趣鳳樹。_{鳳非梧桐不栖. 非琅玕不食. 鳳樹指大師留宿之所[448]} 鴈列賀。六也。敎國

　　成・延Ⅰ・延Ⅱ)

435) 東／芝 [비고] '官守. 天子之侍從也.'(奎・桂／高Ⅱ)・'天子之官守.'(全)

436) [비고] '爲國救亂. 謂之勤王.'(東・芝)

437) 桂・奎・東／成・國・延Ⅰ・延Ⅱ・高Ⅱ・芝 [비고] '用孟子爵齒德語.'(全)

438) 奎・桂 [비고] '眞寶. 雲无心而出岫.'(東)

439) 成・延Ⅱ [비고] '易曰. 無固無及'(延Ⅰ)

440) [비고] '孔子也.'(東・奎・桂)

441) 成・延Ⅰ・延Ⅱ・桂／國・東・芝・奎

442) [비고] '表信.'(全・國)・'傳. 信也. 又轉也.'(成・延Ⅰ・延Ⅱ・桂／奎)

443) 新註

444) 奎・桂／全・國・成・延Ⅰ・延Ⅱ・東・芝

445) 成・國・延Ⅰ・延Ⅱ

446) 高Ⅱ

447) 國／成・延Ⅰ・延Ⅱ・全・東・芝 [비고] '振. 群飛也. 鷺. 白鳥. 比朝士. 容貌修整亦如鷺之潔白.'(高Ⅰ／高Ⅱ)・'振. 音珍. 鳥群飛貌. 詩云. 振鷺于飛. 于彼西鷕. 我客涙止. 亦有斯容. 註. 杞宋二王之後. 此宴賓之詩

中磋磨^{詩云. 如切如磋如琢如磨. 註云. 切磋治骨角. 琢磨治玉石也} 449) 六義者。^{風雅頌比賦興. 詩序云. 風者. 民俗歌謠之詩. 賦者. 敷陳其事而直言之也. 比者. 以彼物比此物也. 興者. 先言他物以引起所詠之事也. 雅者. 正樂之歌. 頌者. 容也. 美盛德之形容也} 450) 賦送歸之什。^{詩歌}451) 在家弟子王孫蘇判嶷榮。 首唱。 斂成軸。^{卷軸}452) 侍讀^{春坊官名}453) 翰林才子朴邕爲引。^{文體源流云. 序者. 叙其事也. 始於卜子夏詩序. 引者. 引其事也. 始於班固典引. 引與序一也. 而但變名爾也} 454) 而贈行。 七也。 申^{重也}455) 命456) 掌次。^{掌次. 掌設}

也. 禮記云. 入門而懸興. 升堂而樂関. 客出以雍. 徹以振羽. 註. 客出則歌雍詩. 徹則歌振鷺. ○案. 文選云. 振鷺之聲充庭. 鴻鴈之黨漸階. 此指朝廷鵷鷺之班也.’（奎・桂）

448) 國／成・延Ⅰ・延Ⅱ・奎・桂・東・芝・全・高Ⅰ　비고 ‘鳳. 大師所住處也. 樹. 君所住處.’（高Ⅱ）

449) 芝・東・國 비고 ‘磋. 鍊玉. 磨. 治石也. 詩云……琢磨治玉石. 今義引.’（奎・桂・成・延Ⅰ・延Ⅱ）・‘如磋. 如磨.’（全）

450) 成・延Ⅰ・延Ⅱ・國／高Ⅰ・東・芝 비고 ‘詩有六義. 風賦比興雅頌.’（高Ⅱ／全）・‘……盛德之形容也. 又風者. 以其彼上之化. 以有言而其言又足以感物. 如物因風之動. 以有聲而其聲又足以動物也.’（奎・桂）

451) 新註 비고 ‘案. 古之諸侯則送賓之際. 賓請主人賦詩. 各因所懷. 引詩全章.^{如左傳中草虫黍苗等詩是也.} 今亦依此古規. 雖言磋磨六義者^{六義詩經中所用故也.}當時所賦似不出今之別章也.’（桂・奎）・‘什. 篇集也.’（東）・‘什. 篇什也.’（芝）

452) 國

453) 成・國・延Ⅰ・延Ⅱ・奎・桂 참고 ‘太子師也.’（高Ⅱ）

454) 延Ⅰ・延Ⅱ・成・國／全 비고 ‘引・音允. 序也.’（高Ⅱ）・‘引. 序引也.’（芝）・‘侍讀翰林才子朴邕者. 侍讀翰林即瑞書院直學士薩飡朴邕. 制詩序曰. 自天竺而洎震旦. 心印潛付. 法燈相傳者. 於六祖傳詳之矣. 我大師擁錫鰲壑. 乘杯大洋. 歷踐三秦. 巡遊百粤. 乃於庥谷終獲玄珠也. 及乎會昌沙汰之際. 結侶東歸. 自後. 班荊蔭松. 韜光晦影. 寒溪洗鉢. 岩壁倚筇. 積有歲矣. 來學者何止三千. 密契者豈惟十哲. 追後景文王御宇之辰. 頻降綸言. 特遣星使. 來儀帝闕. 弘敞玄談. 欽奉稱師. 瞻攀盡禮. 又迄于今上登極之六載. 天書催召. 京輿再詹. 仍於宮中. 置齋晤言. 飯唯香積. 殿乃普光. 忘機圓對. 了性談空 如皎月之臨止水. 似孤雲之寄太虛. 吳王之迎康會 晋帝之稱佛澄. 不可同日語也. 睿將加號. 光闡禪林. 朝僚競參. 喧闐梵

修正張淨室。要叙別。八也。臨告別。求妙訣。⁴⁵⁸⁾ 乃眴從者。舉眞要。有若詢乂圓藏虛源玄影四禪中。得淸淨者。緒抽其慧。表纖其旨。461) 注意無怠。462) 沃心有餘。上甚悅。擅拜曰。昔文考爲捨瑟465)之賢。

小字註: [幕之官. 禮記. 掌次. 註云. 處所. 即今之帷帳次知官也 457)]　[昫. 與瞬同. 以目使人也 459)]　[詩蓼莪章云. 緒抽作杼抽. 杼. 持緯者也. 抽. 受經者也. 又杼. 音處. 機上行緯具梭也. 抽. 引也. 言梭持緯絲. 出入於經間而受絲也 460)]　[書云. 啓乃心. 沃朕心 463)]　[拱手而拜 464)]　[子路曾晳冉有公西華侍坐. 子曰. 盍各言爾志. 三子各言其志後. 子曰. 點爾何如. 鼓瑟希. 鏗爾.]

宇. 大師不繫浮雲之心. 長懷岩壑. 難拘野鶴之性. 苟厭塵寰. 聖旨優詔. 便許歸山. 此日也. 暮山紫而天宇雲愁. 松徑靑而岩扉雪掩. 恩旨特令孔徒釋輩. 素習雕蟲者. 各贈詩餞行. 邕不揣荒蕪. 乃裁狂簡. 題斯短序. 冠其衆篇. 時. 從弟朝請大夫前守執事侍郎紫金魚袋崔仁渷奉詔書. ○…….'(奎·桂)

455) 國·成·延Ⅰ·延Ⅱ·奎·桂 [비고] '申. 更也.'(高Ⅱ)

456) [비고] '虞書云. 天其申命用休. 註云. 申命. 明約束也. 又重也.'(芝)

457) 奎·桂／成·延Ⅰ·延Ⅱ·國·芝·東·全　[비고] '作膳司也.'(高Ⅰ·高Ⅱ)·'…又云. 膳官也.'(奎·桂／成·延Ⅰ·延Ⅱ)

458) [비고] '訣. 音決. 方術要法. 又將卒. 與親知別永訣也.'(成·延Ⅰ·延Ⅱ·奎·桂)·'一本誒. 音株. 口授也.'(高·Ⅱ)

459) 芝 [참고] '眴. 音旬. 師古曰. 動目指揮之意也.'(桂·奎／全·國·成·延Ⅰ·延Ⅱ) [비고] '眴. 與瞬同. 顧見也.'(高Ⅱ)·'…使人也. 項羽記. 梁眴籍曰可行矣'(芝)

460) 奎·桂／成·國·延Ⅰ·延Ⅱ·東·芝·全

461) [비고] '表. 顯. 纖. 悉也. 惠. 旨師也. 大師作證. 門生緒表也.'(東)

462) [비고] '注. 灌也. 詩註. 眷注. 意所向.'(奎·桂·成·延Ⅰ·延Ⅱ)

463) 奎·桂／全·成·國·延Ⅰ·延Ⅱ·高Ⅱ·芝 [비고] '…案. 緒. 緒餘也. 以緒餘抽出自己之智慧也. 表. 表顯也. 言表之著之. 以纖悉其師之宗旨也. 注. 眷注也. 言大王之眷注佛法. 小無疲心也. 沃. 洗沃也. 言四禪之沃洗王心. 恢恢有餘也.'(奎·桂)

464) 新註 [비고] '擅. 擧也. 擧手而拜.'(全·成·延Ⅰ·延Ⅱ·奎·桂／國·東·芝)·'擅. 一本擅. 音醫. 擧手揖也. 醫. 音意也.'(高Ⅱ)

465) [비고] '弟子禮也.'(高Ⅱ)

捨瑟而作. 對曰. 異乎三子之撰. 子曰. 何傷乎. 亦各言其志也. 曰. 暮春者春服
既成. 冠者五六人童子六七人. 浴乎沂風乎舞雩詠而歸. 夫子歎曰. 吾與點也 466)

今寡人忝避席467)之子。 孝經. 子曰. 先王有至德要道. 以順天下. 民用
和睦. 上下無怨. 爾知乎. 曾子避席曰. 參不敏

何足知之云. 曾晳. 曾子父
名. 俱爲孔子弟子也 468)　繼體。紹父之 體 469)　得崆峒之請。 莊子. 黃帝聞廣成
子在崆峒山. 往問

至道之精. 成子曰. 自而. 治天下. 雲氣不待族而雨. 草木不待黃而落. 日月之光
益以荒矣. 奚足以語至道. 帝退三月. 往問治身. 成子曰. 至道之精. 無視無聽.

無撓爾精. 乃
可長生云 470)　服膺。之. 中庸云. 回之爲人擇乎中庸. 得一善. 則拳拳服膺而弗失
註. 拳拳. 奉持貌. 服猶着也. 膺. 胷也. 奉持而着之

心胷之間. 言
能守也 471)　開混沌之源。 莊子云. 南海帝爲儵. 北海帝爲忽. 中央帝爲渾
沌. 儵與忽時與遇於渾沌之地. 渾沌待之甚善.

儵與忽謀報渾沌德曰. 人皆有七竅. 以視聽食息. 此獨無有. 當試鑿之. 日鑿一
竅. 七日而混沌死. 註. 儵. 音叔. 儵忽取其神速爲名. 混沌以和合爲貌. 元氣未

分前也. 渾沌死. 言不順自然.
強開耳目也. 渾沌並上聲 472)　則彼渭濱老翁。473) 姜太公　眞釣名者。474)

---

466) 高Ⅰ／成・國・延Ⅰ・延Ⅱ・東・芝・奎・桂　[비고]　'捨瑟. 曾點言志事.'
（全／高Ⅱ）

467) [비고] '弟子禮.'（高Ⅱ）

468) 延Ⅰ・延Ⅱ・成・國・芝・東・奎・桂　[비고]　'曾子避席. 見孝經.'（全）・
'曾子有避席之事.'（高Ⅰ）

469) 全・成・延Ⅰ・延Ⅱ・芝・／高Ⅱ　[참고]　'繼紹父之體度.'（國）・'繼父王之
道體也.'（奎・桂）

470) 桂・奎　[비고]　'莊子云. 黃帝聞廣成子在崆峒上. 往問何道可以長久. 廣成
子曰. 必靜必淸無勞爾形. 無搖爾精. 乃可長生. 故千三百歲而形未嘗衰.
入無窮之鄕. 遊無極之野. 與日月參光. 與天地爲常也.'（成・延Ⅰ・延Ⅱ・
芝／國）・'廣成子在崆峒上. 黃帝問長久之道.'（全）・'黃帝聞廣成子在峒
之上. 往問至道云.'（高Ⅰ）・'軒轅氏訪廣成子崆峒山.'（高Ⅱ）

471) 奎・桂／成・延Ⅰ・延Ⅱ・芝・全

472) 桂・奎／成・延Ⅰ・延Ⅱ・　[비고]　'…○案. 繼體. 能繼父體也. 得. 得之於
師也. 言父王在時. 已開道於師. 今又得請. 故云繼體. 服膺云云. 王受師
敎. 拳拳服膺. 故師因誠意. 開示大道渾沌之本源也.'（桂・奎）・'混沌. 元
氣未分之前. 即生无極.'（全・國）・'未有天地之時. 混沌如鷄子. 溟滓始
牙. 鴻濛始萌. 不開通之貌.'（芝）

473) 全・國・高Ⅱ・芝　[참고]　'太公八十. 歸文王也.'（高Ⅰ）

474) [비고] '彙語云. 呂尙釣玉璜於磻溪. 刻曰. 姬受命呂佐檢. ○拈頌云. 不犯

圯上孺子。（圯. 音夷. 楚人謂橋爲圯. 即下邳圯上. 漢書云. 張良遊下邳. 遇父老墜履圯下曰. 孺子下取履. 良爲其老. 下取跪進. 父以足受之曰. 孺子可教. 出一編書曰. 讀此爲王者師. 逐去不復見. 且日視其書. 乃太公兵法也 [475]） 蓋履迹焉。[476] 雖爲王者師。徒弄三寸舌也。曷若吾師語。密傳一片心乎。奉以周旋。[477] 不敢失墜。太傅王雅（本也 [478]） 善華言。（中華之言. 即漢文也. [479]） 金玉其音。不患衆咻聒。（孟子之. 衆楚人咻而聒. 咻. 讙. 聒. 亂也 [480]） 而能出口。成儷語。（四六駢儷之文 [481]） 如宿構云。[482] 大師既退。且往應王孫蘇判鎰。共言數返。即歎曰。昔人主有有遠體。（體度 [483]） 而無遠神（神知 [484]） 者。而

清波意自殊. 李白詩云. 廣張三千六百釣. 風期暗與文王親.’（奎・桂）

475) 奎・桂／國・成・延Ⅰ・延Ⅱ・高Ⅰ・高Ⅱ 〔비고〕 ‘張子房.’（全・芝）・‘孺子. 張良.’（高Ⅱ／高Ⅰ）

476) 〔비고〕 ‘莊子云. 夫六經先王之陳跡也. 豈其所以跡哉. 今子之所言猶跡也. 夫跡履之所出而跡豈履哉. ○案. 渭翁非眞釣魚忘世者. 乃釣璜求名之人也. 留侯非眞拾履履比道故也者. 乃以跡六韜即太公之陳跡爲履者也. 盖子房事業只得太公兵書. 以爲實用. 雖爲帝者師. 非眞知道者也.’（桂／奎）‘古人言跡.’（全・國）

477) 〔비고〕 ‘周. 密也. 偏也. 復也. 曲也. 旋. 去聲. 繞也. 旋之不自已爲旋. 見說文也.’（成・延Ⅰ・延Ⅱ・奎・桂）

478) 奎・桂

479) 新註 〔비고〕 ‘華麗之言.’（芝／東）

480) 東＼芝・成・延Ⅰ・延Ⅱ・國・奎・桂 〔비고〕 ‘咻. 音厚. 喧也.’（高Ⅱ）

481) 新註 〔비고〕 ‘偶配之語.’（全）・‘儷. 音例. 以平仄音律. 配合. 兩七言爲一絶也. 儷偶合.’（延Ⅰ・延Ⅱ・成・奎・桂）・‘儷. 音例. 以平仄音律禺配之語. 即五六言詩也.’（國）

482) 〔비고〕 ‘唐書云. 薛扱在秦王府. 馬上作檄. 皆如宿構云. ○雅善華言至宿構云. 贊揚擡拜以下王言也. 成儷語云者. 捨瑟避席等語句皆成駢儷佳論故也.’（奎・桂）

483) 全・國・成・延Ⅰ・延Ⅱ・奎・桂

484) 全・國 〔비고〕 ‘陰陽不測之謂神. 主五藏虛靈.’（奎・桂・成・延Ⅰ・延Ⅱ）・‘明見萬里之神也.’（高Ⅱ）

吾君備。人臣有有公才。而無公望者。而吾子全。485) 國其庶乎。〔近於治也. 孟子云. 齊其庶乎〕486) 宜好德自愛。487) 及歸謝絕。於是。遣輶軒。〔輕車. 或輕擧使臣〕488) 標放生場〔立四方禁標. 使獵士不入其中. 故謂之放生〕489) 界。則鳥獸悅。490) 紐〔紐. 音丑. 說文. 系也〕491) 銀鉤。〔筆也〕492) 扎〔寫也〕493) 聖住494) 寺題。則龍蛇活。〔筆形也〕495) 盛事畢矣。〔崇佛至也〕496) 昌期忽兮。〔獻康王昇遐也〕497) 定康大王〔獻康之弟〕498) 茌499) 阼。兩朝〔景文王獻康王〕500) 寵遇。帥〔帥. 音卒. 從也〕501) 而行之。

---

485) 〔비고〕 '晉書云. 王導謂虞騻曰. 孔愉有公才而無公望. 丁潭有公望而無公才. 兼之者其在卿. ○有遠體云云. 文帝價誼之類. 文帝節儉治國. 是有遠體之主. 信公卿之讚言. 不能用賈生. 是謂無遠神也. 賈生有公卿之賢才而不能持大體故大臣多短之. 是謂無公望也. 蘇判鎰君臣際遇密契. 不同文帝與賈生而如漢祖與張良之相遇也.'(奎·桂)

486) 國／全·芝 〔비고〕 '近也.'(成·延Ⅰ·延Ⅱ)·'治也.'(高Ⅱ)

487) 〔비고〕 '愛. 一本悉也.'(高Ⅱ)

488) 高Ⅱ／全·國·成·延Ⅰ·延Ⅱ·東·芝 〔비고〕 '輶. 音秋. 詩云. 輶車鸞鑣. 註. 輶. 輕也. 文選. 輶軒萃止.'(奎·桂)

489) 國／全·成·延Ⅰ·延Ⅱ·奎·桂 〔비고〕 '…○顏眞卿作放生碑也.'(國·全·成·延Ⅰ·延Ⅱ·奎·桂)

490) 〔비고〕 '鳥獸入禁標內不見獵士之畏故悅之也.'(芝／東)

491) 成·延Ⅰ·延Ⅱ／全·國·東·芝·奎·桂

492) 高Ⅱ 〔비고〕 '字畫…'(高Ⅱ)·'銀鉤. 筆力也.'(芝·東)

493) 全 〔비고〕 '拔也.'(高Ⅰ·高Ⅱ)·'書也.'(東·芝)·'劄'(國)

494) 〔비고〕 '聖住. 寺榜也.'(芝)·'聖. 音盛. 牒也. 釋名. 札櫛也. 編之如櫛齒相比.'(成·延Ⅰ·延Ⅱ·奎·桂)

495) 芝·東

496) 國

497) 成·全·國·延Ⅰ·延Ⅱ·東·芝·奎·桂 〔비고〕 '憲康王忽然而化也.'(高Ⅰ)·'君死.'(高Ⅱ)

498) 全·成·國·延Ⅰ·延Ⅱ·高Ⅱ·東·芝·奎·桂

499) 〔비고〕 '茌. 音以. 治也.'(高Ⅱ)

500) 芝／高Ⅰ

使緇素。重使迎之。辭以老且病。太尉大王^{即位之初.帝命賜太尉.封新羅王}[502] 流恩表海。仰德高山。嗣位九旬。馳訊十返。俄聞臂^{臂.音期.通也}[503] 腰之苦。 遽命國醫往爲之。^{治也}[504] 至則請苦狀。大師微破顔[505] 曰。老病耳。無煩治。靡殆[506] 二時。必聞鍾後進。其徒憂食力虧。陰戒掌枹者^{今之鍾頭也.枹.音桴.擊鍾槌也}[507] 陽密擊。乃目[508] 牖而命撤。將化往。命旁侍。警遺訓于介衆^{左傳.晋士景伯問于介衆.註.介.大也}[509] 曰。已過中壽。^{上壽百.中壽八十.下壽六十}[510]. 難逃大期。^{死也}[511] 我儂^{儂.音農.楚人謂我爲儂}[512] 遠遊。爾曹好住。講若畫一。守而勿失。古之吏^{蕭何曹參}[513] 尙如是。今之禪宜勉旃。^{旃.與之同也}[514]

---

501) 高Ⅱ

502) 國·奎·桂／全·成·延Ⅰ·延Ⅱ·東·芝 田고 '定康大王未即位時.'(高Ⅰ)·'太子時爲太尉.'(高Ⅱ)

503) 全·成·國·延Ⅰ·延Ⅱ·高Ⅰ·高Ⅱ 田고 '臂.音起. 腓也. 腓病也.'(芝)·'…又臂當作臂. 臂臂也.(桂·奎)·'脊也.'(東)

504) 全·國·成·延Ⅰ·延Ⅱ·高Ⅱ·東·芝·奎·桂

505) 田고 '笑貌. 杜詩云. 衰顔偶一破.'(奎·桂)

506) 田고 '靡粥.'(高Ⅱ)

507) 芝／東·成·國·延Ⅰ·延Ⅱ·奎·桂 田고 '枹. 鼓槌也.'(高Ⅱ)

508) 田고 '見也.'(高Ⅰ)

509) 成·國·延Ⅰ·延Ⅱ·奎·桂／全 田고 '介. 大也.'(芝·高Ⅱ)

510) 全·成·國·延Ⅰ·延Ⅱ·東·芝·桂 田고 '大壽八十. 中壽六十.'(高Ⅱ)·'上壽八十. 中壽七十. 下壽四十.'(奎)

511) 成·國·延Ⅰ·延Ⅱ·奎·桂 田고 '死恨'(東)·'死限也.'(芝)

512) 奎·桂·成·國·延Ⅰ·延Ⅱ·全·東／芝

513) 新註 田고 '蕭何'(高Ⅱ·奎)·'曹參.'(東·芝)

514) 成·延Ⅰ·延Ⅱ

告訣裁（裁. 縒同）515） 罷。慹然（莊子云. 老聃新沐. 方將被髮而乾. 慹然似非人間. 註. 慹. 音執. 凝定貌. 又不動貌 516）而化。大師性恭謹。語不傷和氣。禮所云。中退然（禮記云. 中退然. 註云. 中. 身也. 退. 謙也. 性恭之順如身之不勝諸衣也 517）言吶吶然（吶. 音頽. 言難也. 吶吶者. 聲低而語緩也. 如不出諸口也 518）者乎。519）黌（黌. 音橫. 學舍 520）侶（學侶 521）必目以禪師。接賓客。未嘗殊敬乎尊卑。故滿室慈悲。烝（衆也 522）徒悅隨。五日爲期。俾來求者質疑。諭生徒則曰。心雖是身主。身要作心師。患不爾思。道豈遠而。（汝也 523）設是田舍兒。（農夫 524）能擺脫塵羈。我馳則心馳矣。道師 525） 敎父 526） 寧有種乎。又曰。彼

---

515) 全・芝・奎・桂

516) 奎・桂 〔回校〕 ‘‥‥案. 大師盥浴已. 趺坐示滅. 與老聃之新沐乾髮. 慹然樣子相似. 故云慹然而化.’（奎・桂）・‘慹. 音蟄. 不動貌. 又默也.’（高Ⅱ／全・國・成・延Ⅰ・延Ⅱ・芝）

517) 芝・東／國 〔回校〕 ‘中. 心也. 中步思退也.’（高Ⅱ）・‘中. 心也. 退. 遜也.’（高Ⅰ）

518) 桂・奎／成・延Ⅰ・延Ⅱ・國・高Ⅱ 〔回校〕 ‘發語謙愼如口之不出語也.’（東／芝）・‘禮記註. 中. 身也. 退. 謙也. 吶. 同訥.’（全）

519) 〔回校〕 ‘謹語二字. 絕句讀之叶下禮記引證. 以禮記中. 中退然本註云. 中. 身也. 退然謙也. 性之恭順如身之不勝衣. 是性恭意. 證性恭. 吶吶然. 發語謹愼貌. 是語謹意. 證語謹意故也.’（奎・桂）

520) 成・國・延Ⅰ・延Ⅱ・東・芝・奎・桂

521) 全

522) 高Ⅱ・成・國・延Ⅰ・延Ⅱ・東・芝・奎・桂

523) 全・成・國・延Ⅰ・延Ⅱ・高Ⅱ・芝・奎・桂

524) 全・成・國・延Ⅰ・延Ⅱ・高Ⅱ・奎・桂

525) 〔回校〕 ‘佛也.’（成・國・延Ⅰ・延Ⅱ・高Ⅱ・奎・桂）・‘能仁’（芝）

526) 〔回校〕 ‘老子云. 吾將以爲敎父. 此通指孔老.’（奎・桂）・‘孔子’（成・國・延・Ⅰ・延Ⅱ・高Ⅱ）・‘仲尼.’（芝）

所啜。不濟我渴。彼所噉。不救我餒。(餒.飢也 / 音內 527) 盍努力自飲且食。528) 或謂敎(敎宗 529) 禪(禪宗 530) 爲無同。吾未見其宗。(不同之宗 531) 語本夥頤。(陳涉世家云.楚人謂多爲夥.服虔曰.頤者助聲之詞 532) 非吾所知。大較(較.音角 / 大略 533) 同弗與。(許也 534) 異弗非。(禮記儒行篇註.與其所可與.不必同乎已也.非其所可非.不必異乎已也.同於己者.或鄉愿.公而不與.異於己者.或行恠惡而不非 535) 晏坐息機。斯近536) 縷褐537) 被者欺。其言顯而順。其旨奧而信。故能使尋相爲無相。道者勤而行之。(道經云.上士聞道.勤而行之 538) 不見有岐中之岐。(楊子.有亡羊.岐中多岐.故不知所之.喻大道本一而人各異說 539) 始壯及衰。自貶540) 爲基。食不異糧。衣必均服。凡所營茸。役先衆人。每言祖師嘗踏泥。(佛造祇垣精舍.舍利爲匠.迦葉踏泥 541)

---

527) 成·延Ⅰ·延Ⅱ

528) [비고] '如人上山. 各自努力也.'(成·國·延Ⅰ·延Ⅱ·奎·桂)

529) 新註 [비고] '儒也,'(全)

530) 新註 [비고] '佛也.'(全)

531) 全·成·國·延Ⅰ·延Ⅱ·高Ⅰ·高Ⅱ·奎·桂

532) 成·延Ⅰ·延Ⅱ·全／東·芝·奎·桂 [비고] '語多雜亂.'(高Ⅰ)·'多言.'(高Ⅱ)

533) 奎·桂／成·國·延Ⅰ·延Ⅱ·東·芝

534) 全·高Ⅰ·高Ⅱ

535) 全

536) [비고] '迀. 音易. 又窄迫也. 近也. 宜也. 一本迌也.'(高Ⅱ)

537) [비고] '應言呐呐.'(高Ⅰ)

538) 全·成·國·延Ⅰ·延Ⅱ·高Ⅱ·奎·桂

539) 全·國／成·延Ⅰ·延Ⅱ·奎·桂 [비고] '列子曰. 楊子之隣人亡羊. 旣率其黨. 又請楊子之竪. 追之. 楊子曰. 嘻亡羊何追之者衆. 曰. 多岐. 旣返問獲羊乎. 曰. 亡之矣. 曰. 奚亡之. 曰. 岐路之中. 又有岐焉. 吾不知其所. 是以返也.'(芝／東)·'楊朱見岐路而哭之.'(高Ⅰ)

540) [비고] '貶. 音扁. 損也.'(成·延Ⅰ·延Ⅱ／奎·桂)

541) 成·延Ⅰ·延Ⅱ·奎·桂／全·國·東·芝 [참고] '佛在祇垣精舍. 命迦葉

吾豈暓安栖。至捷(捷.音連./負擔也.運 542)) 水543) 負薪。544) 或躬親。且曰。山爲我爲塵。(言名山由我居/而汚也 545)) 我安得安身。546) 其克己勵物。皆是類。大師少讀儒家書。餘味在脣吻。547) 故酬對多韻語。548) 門弟子名可名者。549) 厪550) 二千人。索居(獨居貌/551)) 而稱坐道場者。曰僧亮。曰普愼。曰詢乂。曰心光。諸孫詵詵。(詵.音侁./衆也 552)) 厥衆濟濟。(盛貌/553)) 實可謂馬祖毓(毓.古育字./長也 554).) 龍子。(指大師/也 555)) 東海掩西河焉。556) 論曰。麟史(春秋/557)) 不云乎。

　　踏泥. 舍利弗負木.'(高Ⅰ)

542) 成·國·延Ⅰ·延Ⅱ·奎·桂／全 [비고] '捷. 運也.'(芝·高Ⅰ·高Ⅱ)· '運水.'(東)

543) [비고] '南史云. 何遠爲武昌太守. 以錢買井水. 不受錢者. 㯂水還之.'(奎·桂)

544) [비고] '史記云. 楚相孫叔敖之子. 窮困負薪.'(奎·桂)

545) 全 [비고] '取其染汚意……'(國)·'依報之塵. 一本坌. 此古塵字.'(高Ⅱ)

546) [비고] '案. 山是無情之物. 猶能爲人. 不辭染汚. 剪伐穿鑿. 以至童濯爲塵不已. 矧此有情之類. 曷不鑑彼. 妄恬空殼. 不役四體也.'(桂·奎)

547) [비고] '吻. 音刎. 口邊.'(成·國·延Ⅰ·延Ⅱ)

548) [비고] '詩也.'(高Ⅰ)

549) [비고] '道德經云. 名可名. 非常名.'(奎·桂)

550) [비고] '厪. 與僅同也.'(高Ⅱ)

551) 高Ⅱ [비고] '閒居.'(成·國·延Ⅱ·桂)·'閑居'(延Ⅰ·芝·奎)·'間散居'(東)

552) 全·[비고] '詵. 音先. 衆也. 又和集貌.'(成·國·延Ⅰ·延Ⅱ·奎·桂／高Ⅰ·高Ⅱ)·'和集貌.'(芝)

553) 全 [비고] '盛貌又多威儀貌也.'(成·國·延Ⅰ·延Ⅱ·高Ⅱ·奎·桂)·多威儀貌.'(芝／高Ⅰ)

554) 國·延Ⅰ·延Ⅱ／成·高Ⅱ

555) 東 [교감] '案. 馬祖句. 因鈞讖之語. 托大師於微公. 故云毓龍子. 龍子指大師也. ○毓. 古育字. 長也.'(奎·桂) [비고] '麻谷.'(芝)

公侯之子孫必復⁵⁵⁸⁾ 其始。　則昔武烈大王^{太宗金春秋也 559)}　爲乙
粲⁵⁶⁰⁾時。　爲屠獩貊。⁵⁶¹⁾　乞師⁵⁶²⁾計。　將眞德女君⁵⁶³⁾命。
階⁵⁶⁴⁾ 覲昭陵皇帝。^{唐太宗 565)}　面陳願奉正朔^{年號 566)}　易服章。⁵⁶⁷⁾
天子嘉許。庭⁵⁶⁸⁾ 賜華裝。^{中華之服裝也 569)} 授位特進。⁵⁷⁰⁾　一日召
諸藩王子宴。大置酒。堆寶貨。俾恣滿所欲。王乃杯觴

---

556)　[비고] '子貢弟子田子方教授於西河. 學者數千人. 人謂之小孔子. 出說文.'
　　　（國·成·延Ⅰ·延Ⅱ·芝／全·奎·桂）·'西河. 江南.'（高Ⅰ·高Ⅱ）

557)　成·國·延Ⅰ·延Ⅱ·高Ⅰ·東·芝·奎·桂　[비고] '魯史. 或云春秋.'（高
　　　Ⅱ）

558)　[비고] '入聲.'（全·國）

559)　全·成·延Ⅰ·延Ⅱ·高Ⅰ·奎·桂　[비고] '……統合三韓.'（國）

560)　[비고] '太子時職名. 以甲乙品之. 甲爲大王. 乙爲太子也.'（芝／東）

561)　[비고] '獩則春川. 貊則江陵.'（成·延Ⅰ·延Ⅱ·國·奎·桂）·'獩. 高句
　　　麗. 今之春川. 貊. 百濟. 今之江陵.'（芝·東）

562)　[비고] '軍師.'（高Ⅱ）

563)　[비고] '武烈大王之母.'（芝·高Ⅰ／東）

564)　[비고] '進也.'（高Ⅱ）

565)　全·成·國·延Ⅰ·延Ⅱ·高Ⅰ·高Ⅱ·東·芝·奎·桂

566)　成·國·延Ⅰ·延Ⅱ·奎·桂　[비고] '夏建寅. 商建丑. 周建子. 秦建亥.
　　　是改正. 夏平旦. 商鷄鳴. 周夜半. 秦亥夜. 是改朔.'（芝·東）

567)　[비고] '有虞氏深衣而養老. 夏后氏燕衣而養老. 周人玄服而養老. 是易服.
　　　夏后氏尙靑. 殷人尙白. 周人尙赤. 秦尙黑. 是易色. 章猶色也.（芝／東）
　　　·'衣服章甫.'（國／成·延Ⅰ·延Ⅱ·奎·桂）·'衣印'（高Ⅰ·高Ⅱ）

568)　[비고] '直也.'（高Ⅱ）

569)　新註　[비고] '案. 華裝即中華衣冠制度. 請易章. 故賜之. 以寶玩之物. 觀
　　　華裝. 則下文又有寶貨繒絲等語. 豈非置文.'（奎·桂）·'奉正朔. 易服色.
　　　故受賜華紋之服裝也.'（芝／東）·'衣也.'（高Ⅰ）·'寶玩之物通名. 吳均贈
　　　別詩云. 匕首直千金. 七寶雕華裝. 生離何用表. 賴此時相餉.'（成·延Ⅰ·
　　　延Ⅱ／國）·'玩好寶物.'（全）

570)　[비고] '漢官儀云. 諸侯功德優盛. 朝廷所敬異者. 賜位特進. 在三公之下
　　　也.'（芝）·'秩品.'（成·國·延Ⅰ·延Ⅱ·奎·桂）·'品秩.'（全）

則禮以防亂。⁵⁷¹⁾ 繪綵則智以獲多。 泉^{洎同 572)} 辭出。 文皇^{太宗也 573)} 目送而歎曰。國器。 及其行也。 以御製并書⁵⁷⁴⁾ 溫陽晋祠二碑。 暨御撰晋書一部。^{太宗即位之初. 魏王泰請撰晋書 575)} 賫之。^{賫. 音賴. 賜也 576)} 時蓬閣^{校書館 577)} 寫是書。 裁⁵⁷⁸⁾ 竟二本。⁵⁷⁹⁾ 上一錫儲君。^{太宗太子 580)} 一爲我賜。^{武烈大王 581)} 復命華賫官。^{接伴使也 582)} 祖道^{黃帝子纍祖. 好遠遊死於道. 後人爲行神. 註云. 纍祖死於道. 故云祖道. 遠行者祭之. 以保行程. 祖. 祭道神也 583)} 青門^{長安城東門即灞城門 584)} 外。

---

571) 回고 ‘禮記云. 先王因爲酒禮. 一獻之禮. 賓客主人百拜. 終日飲酒. 不得醉. 先王之備酒禍也.’(奎·桂)

572) 全·成·國·延Ⅰ·延Ⅱ·奎·桂 回고 ‘古洎字.’(高Ⅱ)

573) 成·國·延Ⅰ·延Ⅱ·芝／高Ⅱ·奎·桂 回고 ‘唐宗.’(全)·‘唐高宗.’(高Ⅰ)

574) 回고 ‘製而因書.’(國)

575) 全·國·成·延Ⅱ·高Ⅱ·芝·奎·桂 回고 ‘……言太宗撰筆. 則奪晋右軍書也.’(延Ⅰ)·‘唐太宗即位之時. 魏王請之撰晋書. 賫力代功與也.’(高Ⅰ)

576) 全·成·國·延Ⅰ·延Ⅱ·芝·奎·桂／高Ⅱ

577) 全·國·芝 回고 ‘書寫官.’(高Ⅱ)·‘校書官. 唐劉夢得在校書閣. 寄陸渾宰詩云. 陸渾山水佳可賞. 蓬閣閉時一應往.’(成·延Ⅰ·延Ⅱ·奎·桂)

578) 回고 ‘裁. 書裁縫也.’(芝)

579) ‘本. 仟也.’(東)

580) 高Ⅰ 回고 ‘太子.’(高Ⅱ)·‘太子君也.’(東)·‘儲. 上天子也. 君. 太子.’(芝)·‘儲. 畜也. 言留畜當來之君於此.’(成·國·延Ⅰ·延Ⅱ·奎·桂)

581) 國·成·延Ⅰ·延Ⅱ·芝·奎·桂 回고 ‘指王.’(高Ⅱ)·‘武王也.’(東)

582) 芝·東·高Ⅰ·高Ⅱ 回고 ‘未詳而疑是護賓官名也.’(國·成·延Ⅰ·延Ⅱ·奎·桂／全)

583) 芝／東·成·全·國·延Ⅰ·延Ⅱ·高Ⅱ·奎·桂

584) 新註 回고 ‘東門’(成·國·延Ⅰ·延Ⅱ·高Ⅱ·東)·‘靑門東門. 即海東往來路.’(奎·桂)

則寵之優。禮之厚。設聾盲乎智者。[585] 亦足駭耳目。自
茲。吾土一變至於魯。（子曰. 齊一變至於魯. 魯一變至於道）[586] 八世之後。大師
西學而東化。加一變至於道。則莫之與京。（左傳懿氏詠辭云. 五世其昌. 并于正卿. 八世之后. 莫之與京. 註. 卿. 音羌. 京. 大也）[587] 捨我謂誰。偉矣哉。先祖（武烈大王）[588] 平二
敵國。（高句麗百濟也）[589] 俾人變外飾。（易服章）[590] 大師降六魔賊。俾人修
內德。故得千乘主。[591] 兩朝（景文 康 獻）[592] 拜[593] 起。四方民萬
里奔趨。動必頤使之。（賈誼曰. 頤指如意. 言易使也）[594] 靜無腹非者。[595] 庸

---

585) 비고 '莊子云. 瞽者無以與乎文章之觀. 聾者無以與乎鍾皷之聲. 豈惟形骸
　　有聾盲者. 夫知亦有之.'（奎·桂）

586) 成·國·延Ⅰ·延Ⅱ·高Ⅰ·高Ⅱ·東·芝·奎·桂

587) 國·成·延Ⅰ·延Ⅱ／東·芝 비고 '京. 大也.'（全·高Ⅱ）·'左傳云. 懿
　　氏卜妻陳敬仲. 其妻（懿氏之妻）占之. 曰吉. 是謂鳳凰于飛. 和鳴鏘鏘. 有嬀之
　　後. 將育于姜. 五世其昌. 并于正卿. 八世之後. 莫之與京.（京. 大也. 等也）後
　　成子得政（敬仲八世孫也）此比大師爲武烈王八代孫故也.（奎·桂）

588) 全·國·高Ⅱ

589) 芝·東·奎·桂／全·成·國·延Ⅰ·延Ⅱ·高Ⅱ

590) 全·成·國·延Ⅰ·延Ⅱ·奎·桂 비고 '統合三韓. 奉正朔. 易服章也.'
　　（東·芝）

591) 비고 '天子萬乘. 諸侯千乘.'（高Ⅰ·東）·'天子萬乘. 諸侯千乘. 千乘者.
　　八百家出一乘. 每乘. 甲十三人. 步卒二十二人. 牛馬兵甲刍粮具焉. 千乘
　　共有八十萬戶. 此大侯之大國也. 乘. 去聲.'（芝）

592) 高Ⅱ·高Ⅰ·芝

593) 비고 '拜. 一本琹也.'（高Ⅱ）

594) 全 비고 '賈誼曰. 頤指如意. 如淳曰. 但頤指揮. 皆如意也.'（成·國·延
　　Ⅰ·延Ⅱ·奎·桂）

595) 비고 '班史云. 顏異九卿不入言而腹非. 以反脣論死. 漢後有腹誹之法.
　　（論議朝政）○案. 動必頤使. 王有動作. 每先馳問. 故師必以頤指揮也. 應上千
　　乘句. 靜無腹非. 國賴師靜. 無有一人. 心非師之參涉朝政者. 應上四方

詎非應半千〔伐池筆硯云. 古讖云. 黃河水一千年一清. 聖人出. 五百年一清. 賢人出 596）而顯大千〔金剛經云. 三千. 大千. 世界所有珍財以用普施. 註云. 三千. 大千中千小千 597）者歟。復其始之說。〔指上麟史引文也 598）亦何慊乎〔慊. 音歉. 恨也. 意不滿也 599）哉。彼文成侯〔張良謚號 600）爲師漢祖。大誇封萬戶位列侯。爲韓相子孫之極。則佾〔佾. 小貌. 音穸 601）矣。假學仙有終始。果能白日上昇去。於中止得。爲鶴背上一幻軀爾。〔言. 子房托仙之非 602）又焉珉〔珉. 音促. 齊等 603）我大師拔俗於始。濟衆於中。潔己於終矣乎。604）美盛德之形容。 古尚乎頌。 頌偈類也。〔詩大序所謂美盛德之形容. 以其成功. 告于神明者也. 盖頌與容. 古字通用. 故序以此言之也 605）扣寂〔扣寂. 遠公註. 扣虛課寂 606）爲銘。607）其詞曰。可道爲常道。〔道德經云. 道可道. 非常道. 註. 道本無名. 若道可爲者. 乃有爲之事.

句.'（桂·奎）

596) 國·成·延Ⅰ·延Ⅱ·奎·桂 [비고] '王子年拾遺記云. 丹丘千年一燒. 黃河千年一清. 皆至聖之君. 以爲大瑞. 伐池筆硯云……賢人出. 言半千年者五百年也.'（芝）·'新羅讖云. 半千年. 聖人出云云也.'（高Ⅱ）

597) 芝 [비고] '三千世界.'（高Ⅱ）

598) 芝·東

599) 成·延Ⅰ·延Ⅱ／國·東·芝·奎·桂

600) 高Ⅱ·東·芝

601) 成·國·延Ⅰ·延Ⅱ·芝·奎·桂 [비고] '佾. 音躬. 小也. 又役也.'（高Ⅱ）

602) 全

603) 高Ⅰ [비고] '珉. 音畜. 齊也.'（全·成·國·延Ⅰ·延Ⅱ·高Ⅱ·芝／奎·桂）·'倩也.'（東）

604) [비고] '案. 假學仙云云至終矣乎. 言留侯非但辟穀. 眞箇得昇仙. 終不如大師所做也.'（奎·桂）

605) 成·國·延Ⅰ·延Ⅱ·奎·桂 [비고] '偈. 音戒. 竭也. 以其明義竭也故也'（芝）·'銘也.'（東）

606) 全·東·芝／國

607) [비고] '銘者. 三代有功德. 銘諸鼎彝. 至漢杜子夏. 勒文理于墓側后. 遂因

非常道也. 可道. 如禮不虛道之 道. 常者. 恒久不變之謂 608)　如穿草上露。　即佛爲眞佛。[即馬祖 說法意]

云. 即心即佛 爲眞佛 609)　如攬水中月。　道常得佛眞。610)　海東金上人。

本枝根聖骨。611)　瑞蓮資報身。[脩臂授 蓮 612]　五百年[應應半千 句也 613]　擇地。

鷄林 614)　十三歲離塵。[出家 615]　雜花引鵬路。[授華嚴于 浮石 616]　竅木[竅木. 舟也. 竅. 音款. 空也 617]

浮鯨津。　觀光[悟道 618]　堯日下。[中原 619]　巨筏悉能捨。[指徹公化去 後浪游 620]　先

之. 序. 主事. 論銘. 三言四言. 如詩如騷. 散韻隔韻. 或兮或否. 唯所宜焉.'(成·延Ⅰ·延Ⅱ·奎·桂／東)

608) 奎. 桂 [참고] '道經註云. 無用之體即非常道.'(全·成·國·延Ⅰ·延Ⅱ)·'道德經云. 道可道非常道. 名可名非常名.'(芝)

609) 成·延Ⅰ·延Ⅱ·全 [비고] '傳燈錄云. 馬祖一日謂衆曰. 汝等諸人各信自心是佛. 此心即是佛心. 僧問爲什麼說即心即佛. 祖曰. 爲止小兒啼.'(芝)

610) [비고] '案. 可道之可行道也. 爲常道言作常久不變之道也. 以有爲爲無爲者. 其難如穿草露也. 即佛. 即馬祖. 即心. 即佛語也. 爲眞佛. 即見性成佛意也. 即佛言下. 立地成佛. 其難如攬水月也. 大師則不失行道之時. 三遊而度二王. 普濟海人. 自在不染. 以可爲常之道也. 一聞磬顏之即佛說法.[執與 認而] 佛句. 頓悟佛性. 即佛爲眞之意也. 此是大師一生. 第一等大因緣. 故銘初特贊也.'(桂·奎)

611) [비고] '應大父周川句.'(芝)

612) 全 [비고] '應上脩臂天垂句.'(成·國·延Ⅰ·延Ⅱ·奎·桂)·'應母夢授花句.'(芝)

613) 芝

614) 成·國·延Ⅰ·延Ⅱ [비고] '新羅'(高Ⅱ)

615) 全／國 [비고] '應零染五色石寺.'(芝)

616) 成·全·國·延Ⅰ·延Ⅱ [비고] '應驃訶徤拏句.'(芝)·'鵬路. 中國.'(高Ⅱ)·'案. 引鵬路. 因受華嚴於浮石引入大乘[比大 鵬]之路. 引入云者. 指下文至南山說雜花處. 遇磬顏說法故也. 引鵬路. 若以入中國見之. 則不合本旨. 勸師西游者. 法性師也. 非因華嚴經也.'(奎·桂)

617) 國·奎·桂／成·延Ⅰ·延Ⅱ·高Ⅱ [비고] '隻板至劍山島事.'(全)·'應巨編壞句也.'(芝)

618) 成·國·延Ⅰ·延Ⅱ [비고] '應舌底大悟句.'(芝)·'周易云. 觀國之光. 利用賓于王. 案. 光即知光. 言悟道也. 有云. 觀光即觀科也. 師得心空及第

達^(高僧 621) 皆歎云。苦行無及者。沙之復汰之。東流是天假。

沙之云云. 唐武宗會昌年中. 仍戒賢僧. 沙汰佛法. 勅外國僧各還本國云云. 故天假 622) 心珠瑩麻谷。 目鏡燭桃

野。商受本記. 東海桃索山有大桃樹. 根盤五千里. 東西南北. 枝長各三千里. 是以東土謂之桃野 623) 既得鳳來儀。624)

衆翼爭追隨。班史云. 昭帝時. 鳳集魯郡. 群鳥從之 625) 試覷龍變化。比大師也 626) 凡情那

測知。仁方東土 627 示方便。聖住强住持。628) 松門遍掛錫。

巖徑難容錐。 我非待三顧。昭烈三顧諸葛亮於草堂之中 629) 我非迎七步。通載云.

北齊文宣王謁僧稠. 稠不坐不迎. 其徒有勸迎者. 稠曰. 昔賓頭盧尊者迎阿育王. 起行七步. 致王七年失國. 貧道雖寡德. 冀王獲福耳 630) 時行

則且行。631) 爲緣付囑故。632) 二王景文王獻康王 633) 拜下風。一國

　　　　故也.’(奎・桂)

619) 全・成・國・延Ⅰ・延Ⅱ 비고 ‘中國’(高Ⅱ)・‘案. 堯日云者. 帝唐與陶
　　　唐. 國號相同. 故特云. 堯日下.’(奎・桂)

620) 全／成・國・延Ⅰ・延Ⅱ・奎・桂 비고 ‘應筏既捨句也.’(芝)

621) 비고 ‘如滿言.’(全・成・國・延Ⅰ・延Ⅱ・奎・桂)・‘二句. 應閱人多矣
　　　之文.’(芝)

622) 成・延Ⅰ・延Ⅱ・奎・桂／全・國 비고 ‘沙之. 應會昌來歸之文也. 東流.
　　　應國人相慶之語也.’(芝)

623) 全・國 비고 ‘商受本記云.……枝長三千里. 北之上有神荼鬱壘二鬼. 主衆
　　　鬼. 故云桃野也.’(成・延Ⅰ・延Ⅱ・奎・桂／芝)・‘東土.’(高Ⅱ)

624) 비고 ‘詩云. 蕭韶九成. 鳳凰來儀.’(芝)

625) 奎・桂 비고 ‘應請益者之言.’(芝)

626) 成・延Ⅰ・延Ⅱ・國 비고 ‘比大師於老子.’(奎・桂)

627) 高Ⅱ

628) 비고 ‘二句. 聖住住持之事也.’(芝)

629) 成・國・延Ⅰ・延Ⅱ・高Ⅰ 비고 ‘漢宗室劉玄德. 與關羽張飛. 訪諸葛亮于
　　　南陽草堂. 一二行未見. 第三行得見. 諮以當世之策也.’(芝)・‘案. 臥龍
　　　則待昭烈三顧. 許身驅馳. 大師則不待王來而三游王宮. 故此句云云.’(奎・桂)

630) 成・國・延Ⅰ・延Ⅱ・全・奎・桂・高Ⅰ・芝／高Ⅱ

631) 비고 ‘應道之將行二句也.’(芝)

滋甘露。鶴出洞天秋。[出山 634)] 雲歸海山暮。[入山 635)] 來貴乎葉龍。

[說苑云. 哀公不禮子張. 子張去曰. 君好士如葉公. 葉公子高好龍. 天龍降之. 窺頭於牖. 施尾於堂. 葉公失魂. 五色無主. 此非好龍. 好似龍非龍也 636)]

去高乎冥鴻。[冥. 空. 色斯之鴻. 上句喩入王宮. 此句喩還山 637)] 渡水陋巢父。[高士傳云. 許由字武仲. 聞堯以天下讓焉. 遁於潁水之陽. 箕山之下. 堯又召爲九州之長. 由不欲聞之. 洗耳潁濱. 巢父牽犢欲飮之. 見由洗耳曰. 污吾犢口. 遂牽犢上流. 今師則入京. 故反陋巢父 638)]

入谷超朗公。[通載云. 釋僧朗風度凝遠. 飮啗不常. 每在京洛. 循乞飮饍. 未嘗入山. 今師則還山曰超也 639)] 一從歸島外。[自中原返東國 640)] 三返遊壺中。[列仙傳云. 費長房爲汝南市掾. 見一老翁賣藥掛一壺於肆頭. 市罷. 入壺中. 唯長房覘之. 因再拜奉酒脯. 翁乃與俱入別有世界. 壺中比王宮也 641)] 群迷漫臧否。至極何異同。 是

---

632) 비고 '應念付囑二句.'(芝)

633) 芝

634) 全·成·國·延Ⅰ·延Ⅱ 비고 '應孤雲出峀句.'(芝)

635) 全·成·國·延Ⅰ·延Ⅱ 비고 '應及歸謝絕句.'(芝)

636) 桂·奎 비고 '…○案. 葉龍則來不知貴. 國師則來如奉佛. 擧彼眞龍. 顧師增勝耳. 若以葉龍觀文. 則師之勝彼. 有甚光彩也.'(桂·奎)·'葉. 音抴. 人名也. 昔葉氏善畫龍. 而眞龍至. 驚走也.'(高Ⅱ)·'西遊記云. 涇河龍王. 至遠召先生家. 問旱雨占. 違上帝命. 明日當刑. 魏徵從事. 龍現夢於唐太宗曰. 階下是眞龍. 小臣是業龍. 以罪業. 故爲龍. 行雨以佐天下. 得罪於天帝. 明朝當刑. 願命魏徵寬刑延命. 比入王宮.'(芝·東／全·成·國·延Ⅰ·延Ⅱ)

637) 國／全·成·延Ⅰ·延Ⅱ 비고 '冥鴻. 即靑冥色擧之鴻也. 楊子云. 鴻飛冥冥. 戈人何慕焉.'(奎·桂)·'莊子曰. 北冥有魚. 其名爲鯤. 化而爲鳥. 其名爲鵬. 海運則將徙於南冥. 南冥者天池也. 比還寺山.'(芝／東)

638) 國·奎·桂／全·成·延Ⅰ·延Ⅱ·東·芝

639) 國／全 비고 '……飮啗無常. 每出. 一狗一猴隨之. 日循乞. 得飮饍. 即置水盃中. 食畢. 擧其餘以食狗猴. 未嘗入山. 故今師還山故超之也.'(奎·桂·成·延Ⅰ·延Ⅱ／芝·東)

640) 全·成·國·延Ⅰ·延Ⅱ·奎·桂 비고 '自西入東.'(芝)·'還鄉.'(高Ⅱ)

641) 國／全 비고 '…翁乃俱入壺中. 見玉堂嚴麗. 旨酒甘肴具飮畢而出. 乃俱入深山于羣虎中. 使獨處. 長房不恐. 乃臥于空室. 以朽索懸巨石. 石上衆蛇囓其索. 長房亦不恐. 公曰. 子可敎也. 復令食糞中三蟲. 長房惡其

道澹無味。然須强飲食。642) 他酌不吾醉。他殽不吾飽。

誠衆黜心何。糠名復粃利。 勸俗飾身何。 甲仁復胄義。

（禮記云. 載仁而行. 抱義而處. 又云儒有忠信. 以爲甲胄 643）） 汲引644) 無棄遺。 其實天人師。 昔

在世間時。 學國成琉璃。 自寂滅歸後。 觸地生蒺藜。（西域記云.

玄奘法師到摩竭國菩提樹下. 金剛座上. 蒺藜匝生 645）） 泥洹一何早。（通載. 老子至流沙嘆曰. 吾生一何晚. 泥洹一何早. 不見釋迦文.

中心空懊惱 646）） 今古所共悲。 墢石（建塔也. 墢. 音秋. 井墢. 又結砌也 647）） 復刊石。（堅碑也 648）

藏形649) 且顯跡。650) 鵠塔點青山。 龜碑撑翠壁。 是豈向

穢. 公曰. 子幾得道. 恨于此不成. 遂令歸. 公與以竹杖. 任所之. 自至後投于葛陂. 化爲龍而去.'（延Ⅰ·延Ⅱ·成）·'鶴出云云. 指上咸通十二年秋大文. 一返出山也. 大師出脚. 適當三秋. 故此詩兩句. 寫出一段秋景. 來貴云云. 指上乾符三年春大文. 二返出山也. 病邀醫王. 其喜難量. 故初句. 言貴於葉龍. 絜裝鳥逝. 其去無跡. 故二句. 言高於冥鴻. 渡水云云. 指上中和西狩大文. 三返出山也. 上士（比孔子也）無固. 故隨時出處. 迥異二士（巢父朗公）之偏執. 爲兩句意也. 然則出歸. 來去. 渡入. 若汎看. 則文似重疊究其文脈. 則各有攸當. 意實不重詳之. 一從云云兩句. 結上三遊王宮意. 壺中即宮中也.'（奎·桂）·'壺中王宮.'（高Ⅱ）

642) [비고] '去聲'（全·國）

643) 奎·桂

644) [비고] '班史云. 禹稷皋陶轉相汲引. 不爲比周.'（奎·桂）

645) 芝／東·全·成·國·延Ⅰ·延Ⅱ·奎·桂

646) 全／國·高Ⅰ·東·芝 [비고] '…中心空懊惱. 又黃庭經註. 丹中眞火. 自尾閭上升. 過來脊玉京髓海. 入泥洹宮中. 則昇天. 如佛之涅槃也.'（全）·'…不見釋迦文. 彈冠空剗剗. 遂卒. 秦佚三號而吊之也.'（成·延Ⅰ·延Ⅱ·奎·桂）

647) 奎·桂／成·延Ⅰ·延Ⅱ [비고] '建塔也.'（國）·'築砌.'（東）·'墢. 鍊也. 塔也.'（高Ⅱ）

648) 東·奎·桂／國·高Ⅱ

649) [비고] '塔也.'（高Ⅱ）

650) [비고] '碑也.'（高Ⅱ）

來心。　徒勞文字覤。覤．音麥．相視貌 651)　欲使後知今。　猶如今示昔652)　君恩千載深。　師化萬代欽。　誰持有柯斧。中庸云．詩云．伐柯伐柯．其則不遠．執柯而伐柯．睨而視之．猶以爲遠．君子以人治人．其人改之則止 653)　誰倚無絃琴。比師無生說法也．晉陶潛得素琴一張．不設絃而撫之曰．但得琴中趣．何勞琴上聲 654)　禪境雖沒守。　客塵寧許侵。655)　鷄峯待彌勒。付法藏傳云．迦葉結集付法已．持應器與僧伽梨．入鷄足山．三峯合爲一．乃至彌勒出世後．出定而奉獻也．末會後與大衆登山．彈指則方出世也 656)

---

651) 全・國 [비고] ‘覤．音麥．相視貌．又斜視貌也．’（奎・桂）・‘覤．音麥．相視貌．又邪視貌也．’（成・延Ⅰ・延Ⅱ）・‘覤．音格．輝也．語路．或云古覔．’（高Ⅱ）

652) [비고] ‘作碑文．以視后人．如是也．’（國）

653) 奎・桂 [비고] ‘比君王知音也．元曉云．誰許沒柯斧．斫却撐天柱．羅王聞．以瑤石公主妻之．今是有柯．故但取知音．不取其意．’（成・延Ⅰ・延Ⅱ／國・全・高Ⅰ・高Ⅱ）・‘羅史云．元曉一日風顚唱街云．誰許沒柯斧．爲作支天柱．人皆未喩．時太宗聞之曰．此師殆欲得貴婦產賢子之謂爾．國有大賢．利莫大焉．時瑤石宮有寡公主．王勅宮吏引曉入宮．吏將求之際．自南山來．過蚊川橋．遇之．伴墮水中．衣袴盡濕．吏引曉入於宮．褫衣曬之．因留宿焉．公主果有娠而生薛聰．聰．新羅十賢之中一也．官至翰林．高麗顯宗贈引儒侯．從祀文廟．詩云．伐柯伐柯．其則不遠．’（芝・東）

654) 成・延Ⅰ・延Ⅱ・國／全・芝 [비고] ‘…○案．誰者指後世人也．誰持誰倚．不定之辭也．有柯斧指自家碑文也．言因彼如椽狀．述此不朽文．以比視其執柯．復作新柯也．無絃琴．指大師心學也．言無生道理如無絃琴也．此兩句．演上千秋萬代欽慕之意也．又云句頭兩誰字皆指大師也．上句言不捨爲人軌則也．下句言善示般若絕境也．讚其無偏有無．合乎中道也．’（桂・奎）・‘因明帝有一素琴而不張絃曰．但得琴中趣．何勞絃上聲．因明以无絃之琴．和無生曲．以娛自家．大師以無相之法．化無央衆．以鼓舞兩朝也．誰字．明．指因明．暗比大師也．’（東）

655) [비고] ‘禪境雖無守人．客塵不能侵銘塔也．’（國）・‘案．客塵句．此是無染道場故云云也．’（桂・奎）

656) 桂・奎／全・成・國・延Ⅰ・延Ⅱ [비고] ‘傳燈錄云．世尊告迦葉．吾將金縷僧伽黎衣．傳付於汝．轉授補處．至慈氏．佛出世．勿令朽壞．迦葉曰．我當依勅．乃持僧伽黎衣．入鷄足山．俟慈氏下生也．’（芝／東）

將在東鷄林。[657]

657) 교고 ‘昔脫解王夜聞金城西有始林鷄聲. 遲明遣瓠公. 見之. 有金色小机掛
樹枝. 白鷄於其下. 瓠公還告. 王遣人取櫝開之. 有小兒. 恣貌奇偉. 王喜
而子之. 名閼智. 閼智方言小兒之稱. 以其出於金机. 故因以金爲姓. 改始
林爲鷄林. 因以爲國號(國)·‘案. 鷄峯云云. 藏峯衣鉢. 雖云久待. 彈指
峯開. 則不復留置. 大師碑銘則世界壞空之前. 永鎭鷄林. 無有變異. 較視
鷄足所藏. 不可同年而論其延促也. 此銘之鷄峯二句與眞鑑之天衣八字. 文
格稍類. 例彼則可以反隅矣.’(桂·奎)·‘鷄林. 慶州也.’(東)

曦陽山鳳巖寺智證大師寂照塔碑

叙曰。五常分位。〔以仁義禮智信．配東西南北中．〕1) 配動方〔東是萬物始生之方．故曰．動方．〕2) 者曰仁。三敎〔儒佛老．〕3) 立名。顯淨域者曰佛。仁心即佛。佛目能仁。〔梵語釋迦．華言能仁．〕4) 則〔音測．法也．〕5) 也。導郁夷〔東方．〕6) 柔順性源。達迦衛〔竺國．〕7) 慈悲敎海。寔猶石投水雨聚沙然。〔以石投水．而直下．大雨瀑流．不勞而沙聚．言其易也．〕8) 矧〔音申．況也．〕9) 東諸矦之外守者。莫我大也。而地

---

1) 成·延Ⅰ·奎·桂／全·國·高Ⅰ·高Ⅱ·芝 [참고] '五常者．仁義禮智信．配西南東北中．'(東)

2) 全·國／成·延Ⅰ·東·芝 [참고] '動．東也．'(高Ⅱ)·'東主生物．故云動方．'(奎·桂)

3) 全·國·成·延Ⅰ·東·芝·奎·桂．

4) 東·芝

5) 全·國／東·芝·奎·桂 [참고] '爾雅云．常也．註謂．常法也．'(成·延Ⅰ)

6) 全·國·高Ⅱ·東·芝·高Ⅰ·奎·桂 [비고] '郁音雍也．地名．又香氣盛．'(成)·'郁音旭．地名．又香氣盛也．'(延Ⅰ)

7) 全·國 [참고] '音義云．梵云迦毘羅．此云黃色．又云迦維衛．此云赤澤也．'(成·延Ⅰ)·'西域．'(高Ⅱ·東)·'西域迦毘羅舍衛也．'(高Ⅰ)·'西域迦維衛．此云赤澤也．'(芝)·'佛生國名．此云赤澤．'(奎·桂)

8) 國／全 [참고] '石投云云．以石投水．無碍而直下也．大雨瀑流．不勞而聚沙．皆言易也．有云．法語云．與善人語．爲聚沙而雨之．與惡人語．爲聚聾而鼓之．釋曰．前解大雨下沙．不勞聚沙之意．爲易．後解大雨降于沙．頭洋然流沙破去之意．爲易．聚散雖殊．爲易之意．同也．案石投云云．以此東人之石心．投諸西方之敎海．水無碍而透底．以彼西佛之法雨．注于東方之沙衆．亦無餘而涉髓．即反復相投．無碍互入之意也．聚沙猶沙堆．比諸沙數衆生也．有云．雨聚沙．雨降沙堆．自然潰散．東決西決．直得導達

靈旣好生爲本。風俗亦交讓爲先。_{東方 生長萬物 先於他域故云 地靈好生. 三韓古俗 好讓不爭. 行者相逢 皆住讓路故 云 交讓爲先.10)}

熙熙_{和樂貌. 老子云. 衆人熙熙. 如享太牢. 如春登臺.11)} 太平之春。隱隱_{安心貌. 又 彷彿貌.12)} 上古之化。加以性參釋種。遍頭居寐錦之尊。_{遍頭. 削髮也. 寐錦 王號也 眞興王. 末年祝髮被僧衣. 自號法雲. 王妃亦效之爲尼. 住永興寺. 13)}

語襲梵音。彈舌足_{音走.} 多羅之字。_{多羅. 且云貝多羅. 即西域木名. 其葉長廣潔白. 故書寫經文也. 14)} 是乃天彰_{彰明也. 或云.}

性水於西方敎海. 石投句. 取易入義. 雨聚句. 取易決義. 此義亦得矣.'(桂・奎) [비고] '石投者. 白公問於孔子曰. 人皆微言乎. 子不應. 公曰. 若以石投水奚若. 子曰. 沒人能取之. 公曰. 以水投石奚若. 子曰. 淄澠之水. 易牙能卞也. 聚沙者. 大雨暴流. 不勞而聚沙. 言甚易.'(東・芝)

9) '……詞也. 曲禮. 笑不至矧. 註. 齒本曰. 矧. 大笑則見也.'(成・延Ⅰ)

10) 新註 [비고] '……案. 交讓者. 帝舜命禹司空. 禹讓于稷契. 帝垂命共工. 垂讓殳斨斯如是. 推讓以至二十二人. 好生文有二意. 易意則生物之生字. 書意則不殺之 生字也. 書則帝舜之德. 洽于民心. 故濟濟群賢. 相讓官位. 此則地靈好生之德. 洽于東人性根. 則亦如唐虞之世. 蒙帝化而交讓也. 新羅時. 朴昔金三姓. 互相傳國. 有揖讓之風. 以至群臣官爵. 無不互讓. 故今世. 亦有職 之古俗.'(桂・奎)

11) 桂・奎・成・延Ⅰ／全・國・高Ⅰ・高Ⅱ・東・芝

12) '……案. 熙熙句. 釋上好生句. 好生之德. 熙熙如太平之春氣. 隱隱句. 釋上交讓句. 交讓之風. 隱隱若唐虞之敎化也.'(桂・奎)／全・國・東・芝・成・延Ⅰ・高Ⅰ・高Ⅱ

13) 新註. 廣開土王碑 有新羅寐錦之語(中原碑 亦有之). 日本書紀仲哀紀九年 亦有新羅王波沙寐錦之語 則寐錦之爲新羅王號 無疑. [비고] '遍. 疑與編同也. 紐也. 編髮也. 言將剃頭以絲辮髮也. 蓮老云. 佛寐錦榻之上. 故云寐錦尊.'(奎・桂)

14) 國／全 [비고] '多羅. 具云修多羅. 此云契經. 言反俗向眞也.'(東・芝)・'襲因也. 梵音婆師. 此云讚歎梵天之音. 法苑云. 尋西方之有唄. 猶東國之有讚. 讚者. 從文而結章. 唄者. 短偈以流聲. 名異實同. 貝多羅. 此翻岸. 形如此方棕櫚. 花如黃米子. 西域記. 南印度建補多羅國北. 有多羅林三十餘里. 其葉長廣. 其色光潤. 諸國書寫. 莫不採用也. 彈動也.'(桂・奎)

指漢明帝未詳.15) 西顧。海印東流。海印. 佛之證法也. 會玄記. 七寶山間. 香水海中. 閻浮提. 有情無情一切物像. 炳現其中. 故謂之海印.16) 冝君子之鄉。17) 染法王之道。佛爲萬法之王. 故云法王也.18) 日日深又日深矣。且自魯紀隕星。道安三敎論云. 惠光遲照. 莊王目覩夜明. 註云. 春秋云. 魯莊公七年歲次甲寅四月辛卯夜. 恒星不現. 星隕如雨. 即周之莊王十年也. 莊王浚易筮云. 西域銅色人出也. 所以夜明. 非中華之灾也. 淨名疏云. 周時佛興. 星隕如雨.19) 漢徵佩日。弘明集云. 漢明帝永平三年. 帝夢金人. 項佩圓光. 飛行殿庭. 忻而悅之. 詰朝遍問群臣. 此何神耶. 通事舍人傳毅曰. 臣聞. 天竺有道者. 號曰佛也. 殆將其神乎. 帝信爲然. 即遣中郞蔡諳. 博士王遵等十八人. 同往西域. 求迎佛法. 往月支國. 遇迦葉摩騰. 竺法蘭二梵僧. 帝白氎畵釋迦像及舍利并四十二章經. 白馬馱之至洛陽. 乃永平十年. 帝大悅. 立精舍. 號曰. 白馬寺. 以安之也.20) 像跡則百川含月。法音則萬籟號風。21) 或緝懿縑緗。古文云. 學富縑緗. ○縑緗淡黃帛. 古者無紙. 書用竹帛也. 懿. 懿德也.

---

15) 全・國・成・延Ⅰ／高Ⅰ・高Ⅱ・東・芝 [비고] ‘天彰. 書云. 天道. 福善禍淫. 降灾于夏. 以彰厥罪. 又云. 今天動威. 以彰周公之德. 西顧. 大雅云. 上帝耆之. 憎其式廓. 乃眷西顧. 此維與宅. 註云. 苟上帝之所欲. 致者則增大其疆境規模於是. 乃眷然顧視西土. 以此岐周之地. 與太王. 爲居宅也. ○案. 天彰西顧. 天道無親. 福善如響. 則彰著佛法. 眷顧西國. 乃是常理. 又灵山當時. 諸天皆願護法. 則海印東流. 雖似人爲. 實是天意也.’(奎・桂)

16) 全・國・成・延Ⅰ・奎・桂／高Ⅰ・高Ⅱ [비고] ‘海印者. 海印藏本經也.’(東)・‘印. 經也. 佛經也.’(芝)

17) [비고] ‘三國史云. 唐太宗聞金春秋言. 稱君子國.’(奎・桂)・‘箕子封朝鮮. 故曰. 君子之鄉也.’(芝・東)

18) 東 [비고] ‘佛道入新羅. 故曰. 法王之道也.’(芝)

19) 奎・桂・‘道安二敎…….’(成)／全・東・芝・國 [비고] ‘魯紀云. 穆王時. 隕星於西. 佛涅槃也.’(高Ⅰ・高Ⅱ・延Ⅰ)

20) 芝・‘……漢明帝永平四年……乃永平十四年…….’(東)・國・全・‘緇文註云. 漢明帝永平二年…….’(成・延Ⅰ)／高Ⅰ・高Ⅱ [비고] ‘見下洛宅註. ○案. 魯記云云至琬琰. 原佛現跡. 濫觴云云至駕說. 讚經廣布. 以國云云至南行. 較國僧來.’(奎・桂)

21) [참고] ‘案. 像跡. 影像之跡也. 百川. 東流之百道長川也. 比東照之百千祥光也. 含月. 比光中廣現種種佛跡. 如法華所載也. 萬籟. 大木之衆竅. 比

如魯史列子等文. 或
纂四聖懿德故也. 22)　或鐫花琬琰。鐫刻也. 琬琰美玉也. 言佛之花容. 刻於美玉也. 23)　故濫觴

洛宅。書云. 三江浩浩. 其源濫觴. 註. 濫泛也. 觴杯也. 謂江出岷山. 初出之源. 可泛一盃而已. 凡事之始初云濫觴. ○洛宅. 召公宅於洛邑. 故云洛宅. 言佛法始到洛陽故也. 又弘明集云. 周昭王二十四年甲寅夏四月八日. 江漢川池. 忽然汎漲. 山泉大地. 皆悉動震. 五光氣. 入貫太微. 遍於四方. 盡作青黃色間. 王問太史蘇由. 對曰. 有大聖人. 生于西方. 故現此瑞. 一千年後聲敎及此. 因刻石. 埋南郊祀側. 此佛法將來之始應. 此應上魯紀句. 24)　懸鏡

秦宮始皇時. 有外國沙門悉利防等十八人. 持佛經來. 始皇囚防等. 夜有丈六金身. 面如懸鏡. 破獄出之. 乃驚懼謝焉. 此佛法現著之事. 25)　之

東人之萬口也. 號風. 比萬口之同傳佛語也. 有云. 百川含月. 即如來像跡也. 色色如來色也. 萬籟號風. 即如來法音也. 聲聲如來聲.'(桂·奎)

22) 奎·桂 [비고] '緝. 績也. 懿. 美也. 縑細. 粗帛也. 言佛之美經. 績織於粗帛也.'(東·芝)·'緝. 績也. 懿. 美也. 縑細. 淡黃色帛. 謂繡織佛像.'(全·國／成·延Ⅰ)·'縑. 絲紙也. 緝音侵. 績也. 又續也. 細音襄. 黃色. 言畫像也.'(高Ⅱ)

23) 芝·東／全·國·高Ⅱ [비고] '鐫音傳. 說文. 穿木鐫也. 一曰琢石也. 刻石文曰琢也. 鐫音主. 刻也. 琬音瓫. 曲禮. 典瑞現圭. 以治德結好. 註. 琬圭. 九寸. 繅以象德. 琬猶圓也. 琰音塩. 說文云. 璧上起美色. 又圭之銳上者. 即法敎書於黃錦. 刻於花玉也.'(成·延Ⅰ)·'琬琰. 周廟玉石也. 周書異記. 鐫埋天祠前故. 華. 華言也. 異記所述. 皆是華美之談. 全取後千年敎至之讖意也.'(桂·奎)

24) 國／全·成·延Ⅰ·東·芝 [참고] '華子云. 江源可以濫觴. 註云. 濫. 泛也. 泛觴. 又洛宅故事. 漢明帝永平四年辛酉. 帝夢. 金人. 身長丈六. 項佩日輪. 飛至殿庭. 朝集群臣. 令占所夢. 通事舍人傅毅. 國子博士王遵奏曰. 臣案周書異記云. 昭王二十四年甲寅四月初八日旦. 江河泉池. 忽然泛漲. 宮殿大地. 悉皆震動. 夜有五色光氣. 入貫太微. 偏於西方. 盡作青紅氣. 王問太史蘇由. 是何祥也. 對曰. 有大聖人. 生於西方. 王曰. 於天下何如. 由曰. 此時無他. 後千年. 聲敎被及此土. 王使鐫石記之. 埋在南郊天祠前. 以年計之. 至今辛酉. 一千一十年也. 陛下所夢. 將必當是乎. 帝遣中郎將蔡愔. 博士王遵等十八人. 西求其道. 至月氏國. 果遇迦葉摩騰. 竺法蘭二三藏. 以白馬駄四十二藏經. 及優塡王第四造白㲲像. 奉迎而歸. 即十一年也. 帝大喜. 以釋迦寶像. 奉安清涼臺顯節陵而供養. 造白馬寺. 使騰蘭居之也.'(奎·桂)

25) 全·'弘明集云……此應上漢徵句'(國)·'弘明集第三卷云. 秦始皇. 有方

事跡。 昭昭焉如揭合璧。此明白之意. 古詩. 日月如合璧. 五星如連珠. 26) 苟非三尺喙

孔子曰. 丘願有三尺喙. 說盡天下之事也. 27) 五色毫。說文云. 色筆. 江淹. 夢受五色筆. 自後文藻日新. 28) 焉能措辭其

鏡. 照人心膽. 秦宮……始皇驚懼. 稽首謝焉. 二句中. 初句. 應上魯記.
後句. 應上漢徵句也.'(芝・東) 참고 '通載云. 秦時. 室利坊十八人來化.
始皇以爲恠. 囚之獄中. 金剛神碎獄. 始皇禮遣. 姚秦時譯經. 佛法大明也.
言秦宮對上洛宅. 以秦宮釋非也.'(延Ⅰ・成) 비고 '事文類聚云. 秦始皇方
鏡. 照見人肝膽. 朱鎧詩云. 西國有秦鏡. 其光世所希. 照人見肝膽. 鑑物
窮幽玄. 晉書云. 符堅時. 太史奏. 星見外國分野. 必有大智入輔中國. 堅
遣呂光. 伐龜玆. 獲什迎之. 秦王姚興迎什. 待以國師禮. 使入西明閣逍遙
園. 譯出西域衆經. 講經于草堂寺. 興率朝臣沙門. 肅容觀聽. 立般若臺于中
宮. 州郡事佛. 十室而九. ○案. 濫觴云云. 承前鏑華句意. 故云濫觴洛宅.
果如周記運應河清之期. 東漢洛宅. 法從西來. 是用故字也. 濫觴猶發端也.
懸鏡秦宮. 言佛日大明中國也. 般若宮中. 廣譯契經故也. 此句亦頓前句.
果符太史. 星見智輔等語. 竟獲羅什. 而大布藏敎於震旦也.'(桂・奎)・'苟
非秦鏡照膽. 安能不惑以比使我東國深知本心.'(高Ⅰ)

26) 全・國・東・芝 참고 '書傳註云. 造曆者. 以上古十一月甲子朔夜半多至.
爲曆元也. 新唐書魯誌云. 治曆之本. 反推上元. 日月如合璧. 五星如連
珠. 夜半朔旦. 多至自此. 七曜散行. 不復餘合. 普盡總會如初.'(成・延Ⅰ)
비고 '班史云. 日月如合璧. 五星如聯珠. 註云. 應候不差. 案. 班史云云.
指七情同躔時也. 七精行疲. 遲疾不同. 歲月時缺. 從中生焉. 知曆法者.
推步七精. 坐致千歲日至. 不差毫釐. 至今太史官所用也. 合璧. 日月同
躔. 則日在上月在下. 輪郭圓瑩. 狀如築塔. 故云合璧. 聯珠. 五星同度.
則掛懸空中. 狀若貫珠也. 揭. 舉示也. 夢日占星. 皆符太史之懸記. 合璧聯
珠. 不差曆數之推測. 法喩巧合. 故文中引用也. 又云. 周王洛宅. 佛跡徵
兆. 漢帝洛宅. 佛法始通. 嬴氏秦宮. 悉利影現. 姚氏秦宮. 佛敎大明. 以
洛符洛. 以秦應秦之事蹟. 有類乎合璧. 故昭揭云云也. 文略聯珠. 法即驗
而喩遲應.'(桂・奎)

27) 芝・東 비고 '莊子云. 市南宜僚. 弄丸而兩家之難解. 孫叔敖甘寢秉羽. 而
郢人投兵. 丘願有三尺喙. 彼之謂不道之道. 此之謂不言之辯. 註云. 羽. 舞
者所執.'(桂・奎・延Ⅰ・成・全・國・高Ⅰ・高Ⅱ)

28) 國・延Ⅰ・成・奎・桂・全・高Ⅱ・東・芝 참고 '……又讚寧. 下筆之日.
五色鳥. 翔集於軒廡云云.'(高Ⅰ)

間。駕(傳也.)29) 說于後。30) 就以國觀國。考從鄉至鄉。(此用道經文. 以一國觀一國. 以一鄉觀一鄉. ○舊註云. 上國字中國. 下國字西國也. 上鄉字中原也. 下鄉字東方也. 言以我國觀他國也.)31) 則風傳沙嶮而來。(沙即繩度之流沙也. 嶮即傳枕. 傳身之葱嶺也. 見三莊傳.)32) 波及海隅(東國.)33) 之始。34) 昔當東表鼎峙之秋。(鼎峙. 三韓也. 即指三國並立言.)35) 有百濟蘇塗之儀。(三韓古代諸國. 各有別邑. 建大木縣鈴鼓事鬼神. 謂之蘇塗. 出魏志東夷傳.)36) 若甘泉金人之祀。(魏書佛老志云. 武帝元狩中. 霍去病. 入西域獲渾邪王及金

---

29) 全·國·成·延Ⅰ

30) 〔참고〕'案. 焉能云云二句. 自家方叙佛法. 源委而謙言. 不敢也. 措辭其間. 指佛家文字之間也. 若撰斯文. 則亦具一數參於其間故也. 就以以下. 更端文句之體裁. 詳之也.'(奎)·'案. 三尺喙. 指獲無生說通者也. 五色毫. 指文章中. 兼被神力者也. 辭. 文辭也. 焉能云云. 譯經者. 轉義華梵之間. 故措辭極難也. 駕. 傳也. 說. 言說也. 駕說于後. 主敎者. 傳說于後世而綿綿故也.'(桂)

31) 國·全·成·延Ⅰ／高Ⅱ·東·芝 〔참고〕'老子云. 以家觀家. 以鄉觀鄉. 以邦觀邦. 以天下觀天下. ○案. 就以至至鄉二句. 總標立科. 自有百至之祀. 但擧朝鮮中國. 明以國觀國. 自厥後至東入. 約三國. 重明觀國. 中國朝鮮. 望西域中國也. 自句麗至南行. 明從鄉至鄉. 阿度度羅. 此朝鮮中. 爲從鄉至鄉也. 康會南行. 就中國中. 爲從鄉至鄉也.'(奎·桂)

32) 延Ⅰ·成／全·國·高Ⅱ·東·芝

33) 東·芝 '東土.〔참고〕'(延Ⅰ·成)

34) 〔참고〕'案. 風傳云云. 西域佛法之遺風. 傳於流沙葱嶺. 來于中國也. 波及云云. 中國佛法之餘波. 及於海東一隅. 始于朝鮮也. 此二句. 總括下文三來三始之義. 甘泉金人. 西漢佛法之來. 攝騰東入. 東漢佛法之來也. 康會南行. 東吳佛法之來也. 百濟蘇塗. 百濟佛法之始. 曇始之貊. 句麗佛法之始. 阿度度羅. 新羅佛法之始也.'(桂·奎)

35) 國／全·成·延Ⅰ·高Ⅰ·高Ⅱ·東·芝 〔참고〕'案. 先以鼎峙一句. 別擧我東三國並立. 以明流傳次第. 各引異國配對. 以釋觀國至鄉之義也. 我國法布次序. 先百次麗後羅. 配對中國之西漢東漢建康. 并擧西域康居等國. 以實引據焉. 蘇塗與金人之敬事. 非特相類. 湖西百濟. 西都漢室. 方無所異矣. 西晉曇始. 出來關東. 與西域葉騰. 出來東洛. 皆爲自西來東也. 句麗阿度南至新羅. 與康居康會. 南度建康. 亦爲由北之南也.'(桂·奎)

人一軀來. 長丈餘. 帝以爲大神. 置甘　　**厥後西晉曇始。**38)　　**始之貇。**
泉宮. 燒香禮拜. 此佛道之漸興也.37)

東　　**如攝騰東入。**攝騰. 西域僧名. 漢　　**句驪**41) **阿度。度于**
夷.39)　　　　　　　　　　明帝時. 入中國也.40)

我 阿度. 新羅訥祇王時. 墨胡子. 自高句麗. 來至善山毛禮之家.　　**如康會**
禮作窟室處之. 後阿度與侍子三人亦來. 作桃李寺于冷山中也.42)

---

36) 新註. [備考] '蘇木. 塗土也. 言土木爲像而祀也. 說文. 謂塔曰浮屠. 亦曰
蘇塗. 東夷傳. 三韓立蘇塗. 似浮屠也.'(全·國·成·延Ⅰ)·'蘇木像也.
塗土像也. 謂以土木造佛像也. 金富軾三國史云. 百濟枕流王元年甲申秋七
月. 胡僧摩羅難陁. 自晉至. 王迎之. 至宮內. 禮敬之. 越明年春二月. 創
佛寺於漢山. 度僧十人. 即晉孝武大元九年. 此時. 設像率百僚. 常祀之.
先哲注云. 說文云. 佛塔謂之浮圖. 亦云蘇塗. 愚謂. 蘇塗佛像. 非佛塔也.
何也. 此句之末儀字. 下句之末祀字. 的是設像. 祀事之意也. 佛塔. 運轉
於宮內. 萬無其理. 思之.'(芝·東)·'以土木爲神像. 率百僚. 常祀之.'
(高Ⅱ／桂·奎)

37) 國·成·延Ⅰ·全·東·芝·高Ⅱ·桂·奎

38) [備考] '通載云. 宋文帝元嘉二十八年辛卯. 沙門曇始入寂. 此中西字. 恐東
字之誤. 東晉之次. 劉宋故也.'(東·芝)

39) 新註. [備考] '今春川.'(全·國·成·延Ⅰ·高Ⅰ·高Ⅱ·東·芝·桂·奎)

40) 國·全／成·延Ⅰ·桂·奎 [備考] '破邪論云. 後漢明帝. 遣中郎將蔡愔博士
王遵秦憬等十八人. 西訪佛道. 至大月氏國. 果遇迦葉摩騰竺法蘭二梵僧. 持
優塡王第四造白氎像. 并四十二章經來. 此中攝字. 恐葉字之誤. 或葉攝二
字. 音同故用耶. 傳書之誤耶. 中觀竹迷記. 引用不改. 茶山大芚志. 引用
不論. 先哲之註. 皆不論. 皆知之而不論歟. 抑闕之而不言歟.'(芝·東·高
Ⅰ·高Ⅱ)

41) [備考] '今平壤.'(全·國)·'綸骨城成川也. 又卒本義州也.'(成·延Ⅰ／桂·
奎·高Ⅱ)

42) 桂·奎·延Ⅰ·成·高Ⅰ·高Ⅱ／全·國 [備考] '寶鑑云. 高句麗始祖高朱
蒙. 都卒本扶餘. 今之平安道成川. 山上王. 移都九都城. 今之鴨綠江東
北. 東明王. 移都平壤. 東有黃長安兩城. 竹迷記云. 阿度. 高句麗平壤人
也. 母. 高道寧. 父. 曺魏人阿崛摩. 崛摩. 使于西京. 房道寧. 因有娠.
誕阿度. 慶州佛國寺志云. 新羅第十九訥祇王即位元年丁巳. 東晉安帝義熙
十三年. 有我道和尙. 高麗人也. 或黑胡子. 非眞名. 乃指目之辭. 如梁人.
指達摩. 爲碧眼胡. 晉朝. 謂道安. 爲漆道人之類也. 何者. 我道初來也.
避諱而不言名姓也. 母. 高道寧. 父. 阿崛摩. 曺魏人也. 師生五歲. 其母

南行。吳書. 赤鳥四年. 有康居國大丞相子. 姓康. 名僧會者. 弄俗被緇. 以遊
化爲任. 行至建康. 營立茅茨設像行道. 限于三七日. 瓶中乞舍利有驗.

吳王權喜. 建塔立寺度人. 43) 時迺梁菩薩帝。反同泰一春。我法興王。剷
律條八載也。梁書. 武帝紀云. 大通元年三月辛未. 興駕幸同泰
寺. 捨身. 甲戌還宮. 即新羅法興王十五年也. 44) 亦旣海

令出家. 年十六歸魏. 省覲蛔摩. 投於玄暢和尚. 講下受業. 年至十九. 歸
寧. 母曰. 此國于今不知佛法. 後一千餘月. 鷄林有聖王出. 大興佛敎. 其
京都內. 有七處伽藍之墟. 曰興輪. 曰永興. 曰皇龍. 曰芬皇. 曰靈妙. 曰
天王. 曰曇嚴. 又有五百禪刹之墟. 一曰佛國. 皆前佛時建刹之處. 爾歸彼.
播揚大敎. 革化民物. 道品敎. 至鷄林. 請行佛敎. 以前所未見爲嫌. 將
欲殺之. 逃隱於一善郡毛錄之家. 三年己未. 成國公主病革. 巫醫無效. 師
往邎理. 王大悅. 問其所須. 對曰. 願創佛寺於前佛建刹之墟. 王許之. 始
建興輪佛國. 訥祗王捐世. 國人猜之. 將欲害之. 還毛錄家. 作塚開戶而自
終也. 我. 新羅也. 竹迷記. 我作羅. 非是.'(芝·東)

43) 延Ⅰ·成·全·國·高Ⅰ·高Ⅱ·東·芝·桂·奎

44) 新註. 참고 '南史云. 普通八年丁未. 改大通. 帝幸同泰寺. 捨身. 新羅法
興王十三年也. 於是. 阿度初開聖化. 至於唐穆宗長慶元年辛丑. 憲安十三
年. 二百九十五年. 北宗即神行先導. 南宗道義至也. 按年代. 道義和尚.
於長慶五年乙巳. 楓雪二岳行化. 至文德二年己酉. 六十五年也.'(延Ⅰ·
成·高Ⅰ／全·國·高Ⅱ) '梁武帝普通八年丁未. 改元大通. 帝幸同泰寺
捨身. 群臣以錦一億疋. 奉贖回宮. 即新羅法興王十三年. 下令天下. 嚴
禁殺生之年祺年載也.'(東) '梁武帝普通八年丁未. 改大通. 帝幸同泰寺.
捨身. 群臣以錢一億萬. 奉贖回宮. 新羅法興王十三年也. 下令禁殺生.
八載之載字. 或作年. 非也.'(芝) '佛祖通載云. 普通八年丁未. 改元大
通. 帝幸同泰寺. 捨身. 即新羅法興王十三年也. 庚戌秋. 又幸同泰寺. 捨
身. 群臣以錢一億萬. 奉贖還宮. 即法興王十六年也. 辛亥又幸同泰. 講
經. 即法興王十七年也. 羅史云. 法興王. 姓金. 名原宗. 智證元子. 七年
春正月. 頒律令. 始制百官公服用朱紫. 十五年. 始行佛法. 初訥祗王時.
沙門墨胡子. 自高句麗至一善郡. 郡人毛禮作窟室以居. 之梁使遣. 賜王香.
君臣不知所用與名. 胡子曰. 焚此則香氣芬馥. 可以致誠於神聖. 所謂神聖.
未有過於三寶. 一曰佛陁. 二曰達摩. 三曰僧伽. 若燒此發願. 則必有靈驗.
炤智王時. 有阿度者. 與其徒三人. 亦來毛禮家. 無幾阿度死. 三人留讀經
律. 往往有崇奉者至是. 王亦欲興佛敎. 群臣以爲不可. 王難之. 異次頓
曰. 請斬小臣以定衆議. 王曰. 欲興佛道而殺不辜. 可乎. 對曰. 若道之

岸植與樂之根。_{慈能與樂. 悲能拔苦.} 45)　日鄕耀增長之寶。_{信能增長 智功德也.} 46)　天融善願。地聳勝因。_{海岸. 東海之岸. 日鄕. 日出之鄕. 皆指東國也.} 47)　爰有中貴_{廣利傳. 中貴從廣. 註. 居中用事之貴人.} 48)　捐軀。_{指異次頓殉敎事.} 49)　上仙_{君也.} 50)　剔髮。_{指眞興王剃髮事.} 51)　苾蒭_{草名. 具五義故比僧. 見大法數.} 52)　西學。羅漢_{此云殺賊. 亦云應供. 殺無明賊. 應人天供器也.} 53)　東遊。54)　因爾混

行. 雖死無憾. 王召群臣議. 僉曰. 今僧徒童頭異服. 議論奇詭. 從之. 感
有後悔. 異次頓獨曰. 夫有非常之人然後. 有非常之事. 今佛敎淵奧. 不可
不信. 王曰. 衆人之言. 牢不可破. 而汝獨異言. 下吏將誅之. 異次頓臨死
曰. 我爲法就刑. 佛若有神. 吾死必有異. 及斬. 血從斷處湧. 色白如乳.
衆恠之. 不復毀佛. ○案. 時者. 王詔國人. 奉佛爲僧之時也. 菩薩帝云
者. 帝幸同泰. 捨身. 命布施. 行菩薩行故也. 返同泰者. 幸寺捨身前後三
度. 特取二度庚戌之捨身. 群臣以錢一億. 奉贖還宮故云返也. 一春者. 梁
帝返宮. 在興王行化之明年. 此逆數梁帝返寺之前一春也. 法興爲謚者. 大
興佛法故也. 制律條者. 王之卽位七年. 領律制服. 八載者. 制律後八年.
始行佛道故也. 法興在位則爲十五年也. 此順數興王制律之後八載也. 文
中. 中國則先法而後僧. 因明帝之先求法而後僧來也. 朝鮮則先僧而後法.
因其僧先至而法後布故也.'(桂·奎)

45) 全·國／成·延Ⅰ·高Ⅱ·東·芝

46) 全·國·成·延Ⅰ／高Ⅱ·東·芝

47) '案. 亦旣. 對前法布中國. 今擧行化朝鮮. 故云亦旣也.……與樂. 慈能與
樂. 取慈字意. 增長. 信能增長智功德. 取信字意也. 天融善願. 猶天從人
願. 融. 融合之意. 善願. 爲善之願也. 聳. 聳顯也. 勝因. 殊勝之因也.
亦旣二句. 承上時乃節. 明叙我東法布意也. 天融善願. 指下爲尼爲僧等善
願也. 地聳勝因. 指下造寺造塔等勝因也.'(桂·奎)

48) 全·成·延Ⅰ [참고] '……○舊註云. 宮女爲尼.'(國／高Ⅱ)·'中貴. 后
也.'(東·芝)

49) 新註

50) 東·芝·高Ⅱ [비고] '王子也.'(全·國)·'君子.'(成·延Ⅰ)

51) 新註

52) 延Ⅰ·成 [참고] '東僧.'(高Ⅱ)

53) 延Ⅰ·國·成 [참고] '西僧.'(高Ⅱ)

54) [참고] '西學. 道義洪陟. 東遊. 摩羅難陁與毘摩羅.'(芝·東)·'羅史云. 秋

沌能開。東國佛敎之初世界.55) 娑婆堪忍也.56) 遍化。莫不選山川勝槩。窮土木奇功。藻音早.飾也.文.57) 宴坐之宮。燭修行之路。信心泉涌。慧力風揚。果使漂杵書.武成云.旣戊午.師渡孟津.癸亥.陣于商郊.俟天休命.甲子昧爽.受率其旅.若林會于牧野.罔有敵于我師.前徒倒戈攻于後徒.以此血流漂杵.一戎衣天下大定云云.註曰.杵或作鹵楯也.昧爽.昧冥.爽明.將明未明之時也.若林.詩所謂其會如林也.紂兵若林.然無克我師之志.故紂之前徒倒戈.反攻其在後之徒.自相屠殺.至血流漂杵也.58) 鬪灾。三國戰爭.血流漂杵.至新羅統合.而時得平和.59) 鍵橐騰慶。禮記云,武王克商.濟河而西.馬散華山之陽.不復乘.牛散之桃林之野.不復服.車甲釁而藏之府庫.而不復用.倒載干戈包以虎皮.名曰建橐.註云.建鍵同.鎖閉兵器也.60) 昔之蕞爾蕞音萃.小貌.左傳蕞爾同.61) 三國。62) 今也壯哉一家。新羅武烈王滅百濟.文武王滅高句麗也.63) 雁刹西域記.昔有一伽藍僧.依小乘敎.食五淨肉.見群雁飛翔.戲曰.今日厨供有缺.宜善知時.有雁折翼而下.上座大德曰.此佛菩薩.憐汝等愚昧.示現.因以瘞雁爲塔.故塔謂之雁塔.刹.塔上竿

王薨.諡曰眞興王.唯勤奉佛.至末年.剃髮被僧衣.自號法雲.王妃亦爲尼.眞興王.姓金.名彡麥.廣利傳云.中貴從廣.註云.居中用事之貴人也.○案.中貴捐軀.指眞興王妃爲尼也.上仙.尊稱王公之辭.指興王剃頭被緇也.苾蒭.指下道義等往來中原之僧也.羅漢.指曇始等出來東國之人也.'(桂·奎)

55) 全 ［비고］ '能開人之混沌心也.○混沌.水雜貌.阴阳未分時也.'(國)·'混沌者.乾坤未分之體.比弌心也.'(東)

56) 全·國·成·延Ⅰ·桂·奎

57) 全·國·成·延Ⅰ·桂·奎 ［비고］ '潔也.營也.'(高Ⅱ)

58) 桂·奎／成·延Ⅰ·國·全·芝·東·高Ⅱ

59) 新註.［참고］ '三韓戰爭.流血漂杵.至太平也.'(高Ⅰ)·'兵亂息也.'(全·國)

60) '……案.此文中.鞬.鍵字之誤也.灾者.紂之灾.以麗百比之.慶者.周之慶.以新羅比之也.'(桂·奎) ［참고］ '鞬音肩.橐音高.鞬弓衣.橐箭家.廣韵云.馬上成弓矢器也.'(成·延Ⅰ·高Ⅱ·芝·東／全·國)

61) 延Ⅰ·成／全·國·高Ⅱ·桂·奎

62) ［참고］ '百濟句麗新羅.'(東·芝)

63) 延Ⅰ·成·全·國·芝·東

桂也. 64) 雲排。將無隙地。鯨桴 張衡東京賦. 發鯨魚. 魚鏗牢鍾. 註云. 海岸有獸. 名蒲牢. 其聲如鍾. 性畏鯨.

見鯨輒吼. 故如今鑄鍾. 像蒲牢爲頭. 擊鍾之桴. 像鯨故曰鯨桴. 65) 雷振。 不遠諸天。 漸染有餘。

幽求不斁 音亦. 厭也. 詩云. 爲絺爲綌. 服之無斁也. 66) 其敎之興也。毘婆娑 音義云. 此云廣解.

又云分分說. 總有三義. 廣說. 勝說. 異說. 即小乘敎論也. 67) 先至。則四郡 樂浪. 臨屯. 玄菟. 眞蕃. 68) 驅四

諦 苦. 集. 滅. 道. 69) 之輪。摩訶衍 大乘敎也. 70) 後來。則一國耀一乘 佛乘 71) 之

鏡。然能令義龍雲躍。律虎風騰 高僧傳云. 陳義淨. 能通義學. 故曰義龍. 隋寶寧. 能解律學.

故曰律虎也. 72) 洵 音匈. 水勢湧貌. 73) 學海之波濤。蔚 音盍. 草木盛貌. 74) 戒林之柯

葉. 75) 道咸 76) 融乎無外。情或涉於有中。抑止水停漪。

漪. 水波也. 比妄想. 77) 高山佩旭 旭. 初出日. 比心印. 78) 者。 盖有之矣。 世未之

---

64) 芝・東・全・國・成・延Ⅰ・桂・奎

65) 桂・奎・成・延Ⅰ・東・芝 [비고] ‘擊鼓杖也.’(高Ⅱ)

66) 芝・東／國・成・延Ⅰ・高Ⅱ

67) 延Ⅰ・成／全・國・高Ⅱ・東・芝・桂・奎

68) 全・國・成・延Ⅰ・高Ⅰ・高Ⅱ・桂・奎

69) 東・芝・桂・奎

70) 全・國・成・延Ⅰ・東・芝・桂・奎

71) 東・芝

72) 東・芝・全・國・桂・奎・高Ⅱ [참고] ‘高僧傳云. 陳高僧惠榮. 大明敎義. 詞誧淸高. 人謂之義龍. 隋高僧法願. 深閑律學. 人謂之律虎.’(成・延Ⅰ)

73) 成・延Ⅰ [비고] ‘音薆. 深也.’(高Ⅱ)

74) 延Ⅰ・成

75) [참고] ‘案. 洵學云云. 龍蔵. 故應上義龍句. 蔚戒云云. 虎林. 故應上律虎句. 洵. 洵湧也. 蔚. 盛也. 又豹文謂之蔚也.’(桂・奎)

76) [비고] ‘一本或也.’(高Ⅱ)

77) 全・國 [참고] ‘停漪者. 水清光貌. 比止妄想.’(東・芝)・‘漪音倚也. 廣韵水紋也. 言停漪定也.’(延Ⅰ・成)・‘音衣. 水波如錦文也.’(桂・奎)・‘停. 一本渟字. 水止貌也. 漪音氣. 水波.’(高Ⅱ)

知。79) 洎長慶[唐穆宗年號].80) 初。有僧道義。 西泛睹西堂之奧。

[西堂. 馬祖弟子智藏禪師].81) 智光[自心也].82) 侔智藏83) 而還。 始語玄契者。84)

縛猿心。 護奔北之短。[奔北者. 適越北轅之意].85) 矜鷃翼。 誚圖南之高。

[莊子. 斥鷃笑大鵬曰. 彼且奚適也. 我騰躍而上. 不過數仞而下. 翔翔蓬蒿之間. 此亦飛之至也. 而彼奚適也. 此比敎學之諤禪].86) 既醉於

誦言。[詩云. 誦言如醉].87) 競嗤88) 爲魔語。89) 是用韜光廡下。[見無染碑中廡玉註].90) 斂迹壺中。[並見無染註].91) 罷思92) 東海東。[東海. 東. 通一國. 東. 新羅之東].93) 終

---

78) 全·國 [참고] '日初出即惠也. 即指見性者也.'(延Ⅰ·成·東) [비고] '月初
出貌. 比見眞性.'(芝)

79) [참고] '案. 道咸云云. 佛道. 以上大小乘. 義律師等. 無餘融合. 無外即無
餘意也. 情或云云. 或知中國. 有格外禪道. 道義默識. 故最初西遊也. 有
中指下傳心道理也. 止水停漪. 言水到鍾處. 波文自定也. 以比師家. 能使
他人. 頓斷無明也. 高山佩旭. 山於高處. 先得日光也. 以比學人之根勝者.
先獲法印也. 指下義陟事也.'(桂·奎)

80) 全·國·成·延Ⅰ·高Ⅱ·東·芝·桂·奎

81) 全·國·芝·東 [비고] '西堂. 馬祖.'(高Ⅱ)

82) 全

83) [참고] '僧名也.'(高Ⅱ)

84) [참고] '案. 始語云者. 此師東還以前. 東人不知有禪. 故云始. 玄契者. 言
直指人心見性成佛. 如馬祖一喝. 百丈得大機. 黃蘗得大用等. 是也. 玄契
者. 或有以當時學者見之. 義似不然. 既謂玄契者. 則悟人分上. 不能與師
爲知音. 反有護短誚高之失耶. 文不成義思之.'(桂·奎)

85) 桂·全·國·成·延Ⅰ·芝·東 [참고] '戰不勝而犇北則言語不及者也. 比
義也.'(高Ⅱ)

86) 國·全·成·延Ⅰ／桂·奎 [참고] '莊子曰. 有鵬. 背若泰山. 翼若垂天之
雲. 搏上者九萬里. 絶雲氣. 負青天. 然後圖南. 且適南溟也. 斥鷃笑之
曰. 彼且奚適也. 上句. 師破文字之短. 此句. 玄契者破心學之高.'(芝·
東)·'圖南. 比禪.'(高Ⅱ)

87) 延Ⅰ·成·芝·東·桂·奎

88) [참고] '笑也.'(高Ⅱ)

89) [참고] '魔語云者. 指上文玄契之談也.'(桂·奎)

遁北山北。佛陀耶舍. 謝秦使曰. 脫如見禮羅什. 則貧道當遠遁於北山之北. 94) 豈太易之無悶。文言曰. 遯世無悶.

不見是而無悶. 註云. 中庸之不悔者耶。中庸云. 君子依乎中庸. 悶病也. 又憂也. 95) 遯世不見知而不悔也. 96) 然

秀多嶺。陶淵明四時詩曰. 秋月揚明輝. 多嶺秀孤松也. 97) 芳定林。蟻慕徐無鬼云. 羊肉不慕蟻. 蟻慕羊肉. 羊肉羶也.

舜有羶行. 百姓悅故. 三徙成都. 至隍之墟. 而十有萬家. 98) 者彌山。鷹化變惡爲善. 如鷹化爲鳩也. 出禮月令. 99) 者

出谷。 道不何廢。 時然後行。時至後行化也. 100) 及興德大王纂戎。

纂. 繼也. 戎. 大也. 101) 宣康太子監撫。監撫者. 太子之職. 古詩云. 撫軍監國太子事. 102) 去邪翳國。

---

90) 國·桂·奎 [참고] '棄玉也.'(全)

91) 延Ⅰ·成 [참고] '長房壺也.'(全)·'見眞鑑註.'(桂·奎)

92) [참고] '說禪之思也.'(國)

93) 芝·東 [비고] '魯仲連事.'(延Ⅰ·成)

94) 全·國·延Ⅰ·成·芝·東·高Ⅱ [참고] '……○案. 罷思云云. 東海東之去思. 永罷也. 東海東. 化育萬品之方也. 北山北. 避世獨善之處也. 又云. 思. 度人之思. 東海東. 古人釣魚之處. 如莊子任公子投竿東海之類. 以釣魚. 比度人也.'(桂·奎)

95) 國·延Ⅰ·成·高Ⅰ·高Ⅱ [참고] '易乾卦文言云. 遯世無悶. 不成乎名.'(芝·東)·'豈. 豈不豈字. 乾卦初爻云. 遯世無悶. 註云. 悶. 病也. 憂也.'(桂·奎)·'遯世無悶.'(全)

96) 國·延Ⅰ·成·高Ⅰ·高Ⅱ·芝·東·桂·奎／全

97) 芝·桂·奎·東·延Ⅰ·成 [비고] '東坡詩. 多嶺秀孤松.'(全·國)

98) 全／國·延Ⅰ·成 [참고] '蟻慕云云. 慕大師者. 如蟻慕羶肉也.'(桂·奎) [비고] '盧埋書曰. 今人. 奔尺寸之祿. 走絲毫之利. 如群蟻之附羶腥. 聚蛾之投爝火. 取不爲醜. 貪不避死也.'(芝·東)

99) 國·全·桂·奎 [참고] '禮月令. 仲春. 鷹化爲鳩. 王制. 鳩化爲鷹. 後設蔚羅. 註. 仲秋也. 蔚羅. 捕鳥網也. 鳩性拙. 鷹性揚. 即變凡成聖也.'(延Ⅰ·成／高Ⅱ)·'月令云. 仲春. 鷹化爲鳩. 季春. 鳴鳩拂羽. 七月鳩化爲鷹也.'(芝·東)

100) 國·延Ⅰ·成·桂·奎 [참고] '時而後. 言聞者悅服. 時而後. 動見者敬從.'(高Ⅱ)

101) 全·國·延Ⅰ·成·桂·奎 [참고] '纂集也. 戎兵也. 即位之別名也.'(芝·

樂善肥家。去邪云云. 善治國家之意.103)　有洪陟大師。　去西堂104)　證心。

來南岳休足。鷩冕鷩似山鷄而小. 乃華虫. 天子玉冕. 公袞冕. 矦伯鷩冕. 子男毳冕. 大夫絺冕. 士玄冕. 盖朝祭之冠. 上玄下纁. 前後有旒各十二. 每旒十二玉. 玉之色. 以朱白蒼黃玄爲次. 冕者. 略俛之意. 前低一寸二分.105)　陳順風之請。順風. 莊子云. 廣成子在崆峒. 黃帝問至道. 又欲官陰陽遂群生. 廣成子曰. 而欲問者物質也. 欲官者物殘也. 奚足語至道. 黃帝退. 捐天下. 築特室. 席白茅. 間在三月. 復往邀之. 廣成子南首而臥. 黃帝順下風膝行而進. 再拜稽首. 而問治身之道.106)　龍樓宮闕也. 杜詩. 鷄鳴問寢龍樓曉.107)　慶開霧之期。開霧云云. 師來南岳休足. 故以比南山玄豹隱霧澤毛也. 霧雨七日而限滿. 則開霧而出頭也. 大師出山之期. 猶玄豹開霧出頭之時也.108)　顯示密傳。　朝凡暮聖。　變非蔚也。繫辭云. 聖人虎別. 其文炳. 君子豹別. 其文蔚. 辨人狸別. 其文華. 言殊炳明著也. 蔚文深密貌. 猶爲漸次也.109)　興且勃焉。左傳. 臧文仲曰. 禹湯罪已. 其興也勃焉.110)　試覷較其宗趣。

東）

102）桂・奎・國・全 [참고] ‘古詩云. 撫軍監國太子事. 胡乃促取大物爲云.’（延Ⅰ・成）・‘監察也. 撫慰也. 太子之官職.’（芝・東）

103）桂・奎・國 [참고] ‘國語云. 平公有疾. 秦伯使醫視之. 文子曰. 醫及國家乎. 對曰. 上醫醫國. 其次救人. 固醫官也.’（延Ⅰ・成）

104）[참고] ‘馬祖弟子西堂智藏禪師.’（奎・桂）

105）全 [참고] ‘字彙云. 鷩似山鷄而小. 冠背毛黃. 腹下赤. 頂綠色. 漢侍中冠之. 周禮云. 王饗先公饗射則鷩冕. 鄭註. 鷩畫以雉. 雉謂華虫. 王饗云云. 則皆着也.’（桂・奎・延Ⅰ・成／東・芝・國）[비고] ‘臣也. 鷩. 周禮. 士大夫.’（高Ⅱ）

106）桂・奎／全・東

107）桂・奎 [참고] ‘王者所居.’（全）・‘君也.’（高Ⅱ）

108）‘開霧見無染註. ○案. 鷩冕. 周禮云. 王者所着. 此指宣康太子也. 龍樓. 王者所居. 此指興德大王也. 順風云云. 太子當時. 應有邀請大師之事. 言隨順下風而禮請也. ……又云. 鷩冕. 侍中所着. 此指奉命王使也. 順風. 歸順玄風. 此屬大王語. 開霧. 屬大師語.’（桂・奎）[비고] ‘開霧者. 上句風字. 鷩是羽虫. 故吓於風. 此句霧字. 龍是鱗虫. 故吓於霧故也.’（國／延Ⅰ・成）・‘史文王遇姜公於渭陽. 灼然如披霧雲見白月. 晋樂廣美丰姿. 衛瓘見而奇之曰. 若披雲霧. 而覩青天也.’（芝・東）

109）東・芝・延Ⅰ・成 [참고] ‘法語云. 狸文暗. 豹文蔚. 虎文炳. 狸變爲豹.

則修乎修沒修。 證乎證沒證。_{無修. 無證. 言虛無也. 111)} 　其靜也山立。
其動也谷應。 無爲之益。 不爭而勝。 於是乎。 東人方寸
地_{人之心. 各一寸也. 112) 四方} 靈¹¹³⁾ 矣。¹¹⁴⁾ 能以彰_{靜同 115)}·利。 利海外。 不
言其所利。 大矣哉。_{能以云云. 下. 用乾卦. 不言其所利. 能以美利利天 大矣哉之文也. 116)} 爾後觴騫
河。_{觴. 盃也. 騫. 飛也. 盃度 和尙. 携一木盃渡河. 117)} 筌融道。_{即道義. 宗旨之意. 明 118)} 無念爾祖。 寔

豹變爲虎也. 然則蔚爲漸次也.’(桂・奎)・‘蔚. 盛也. 漸次.’(國)・‘蔚.
懸也. 卒也.’(高Ⅱ)

110) 全 [비고] ‘勃. 卒旋貌. 然則頓契也.’(桂・奎／國・延Ⅰ・成・高Ⅱ)

111) 全

112) 芝・東／全・國・延Ⅰ・成

113) [비고] ‘神也. 善也.’(國・延Ⅰ・成)・‘安也’(高Ⅱ)

114) [참고] ‘言溺於佛也.’(全)

115) 全・國・桂・奎 [참고] ‘音靜. 淸歈.’(延Ⅰ・成・高Ⅱ・芝・東)

116) 桂・奎・芝

117) 全 [참고] ‘……渡河之類. 以神通示人.’(國)・‘觴. 盃也. 騫. 輕儇躁進貌.
又音掀. 飛貌. 杜詩風雅藹孤. 騫即盃渡和尙. 常携一木盃渡河之類. 以比
神通投迹. 又騫. 馬腹病. 又虧也. 非此所用.’(延Ⅰ・成)・‘騫音牽. 進也.
又渡也. 盖利他.’(高Ⅱ)・‘觴. 杯也. 騫. 輕儇躁進貌. 宋神僧杯渡. 挈一
木杯. 渡水必乘之. 此渡他人也.’(芝・東)

118) 全・國 [참고] ‘筌. 能詮文. 融. 明也. 鎔也. 和也. 此以敎說明道也.’(延Ⅰ・
成)・‘筌. 文字. 道. 心學. 此善自利.’(芝・東・高Ⅱ) [비고] ‘晋書云. 帝
問三日曲水義. 束晳曰. 周公城洛邑. 因流水泛酒. 逸詩云. 羽觴隨波. 秦
昭王. 三日. 置酒河曲. 見金人. 奉水心之釰曰. 令君制有西夏. 覇諸侯.
因立曲水. 二漢皆爲盛集. 帝悅. 賜晳金五十斤. 暮春蘭亭. 淸流激湍帶眹
左右. 引爲流觴曲水. 莊子云. 筌者. 所以在魚. 得魚而忘筌. 蹄者. 所以
在兎. 得兎而忘蹄. 言者. 所以在意. 得意而忘言. 吾安得夫忘言之人. 而
與之言哉. 註. 筌蹄. 取魚兎之器機. ○案. 觴河筌道. 法喩雙擧也. 觴喩
腥子. 河指兩國分界也. 筌喩敎文. 道指禪門妙道也. 自義眆西學以後. 求
道僧腥之往來. 如羽觴之隨波上下也. 此因上文西泛二字而言也. 禪家示
法. 不借文字. 直指人心. 見性成佛. 筌融道. 言言詮之融釋於妙道. 如點
雪之消於紅鑪也. 此因上文始語玄契以下意. 而反顯也. 又云. 筌融道. 言

繁有徒。[119]　或劍化延津。言得道中原而不還也．西晋惠帝時．張華．使雷煥掘豐城獄而得雌雄二劍．各佩其一．華誅．失劍所在．煥死．其子雷華．持劍渡延平津．劍躍入水．使潛水者求之不得．但見雙龍琬蜒而去．[120]　或珠還合浦。言得道而還也．後漢孟嘗．爲合浦太守．郡不產穀．海出寶珠．民以爲業．先是太守貪取珠．民不勝其苦．珠徙交趾郡．至是革袪舊弊．珠即還來．[121]　爲巨擘即居首指者也．[122]　者。可屈指焉。西化[123]　則静衆[124]　無相。高僧傳云．大師燒指求法．草衣．食土（凡木根之皮曰土）．居静衆寺．保唐・無住．亦門人也．玄宗西幸．禮敬殊甚．有唐近朝詞宗柳尙書宗元．按節東川．畫無相・無住・道一・智藏四祖師眞．起四證堂．幕吏詞宗李商隱．爲碑序．大師冠其序．云．大師表海遐封辰韓顯族．始其季妹．夙挺冥機．見金夫．以有躬．授寶刀以敗面．大師得因上行．豁悟迷途．載驗土風（風俗）．東國素稱君子．旋觀沙界．西方始有聖人．銘曰．猗歟静衆．來隔天尋．遺珪擲組．爐指求心．柔管伐毛．掬土（食土）延陰．蘇（倉廩）含檀鉢．露涉瓊針．其碑在蜀東川．惠義寺南禪院．是也．凡物之長．謂之天尋．謂中原也．[125]　常山慧覺。金雲卿弟也．馬和尙弟子．[126]

禪譜益州金。　鎭州金者禪譜云．黄梅子金生石也．[127]　是。東歸[128]　則前所叙北山義。道義．[129]・南岳陟。洪陟．[130]・而降太安[131]　徹。惠徹．[132]　國師

　　所示方便．融合於眞道也’（桂・奎）

119）［참고］‘有與大同．’（延Ⅰ）・‘寔與寀同．’（成）

120）全・國・桂・奎・芝・東・延Ⅰ・成　［참고］‘釰化．西化．延津．延平津’（高Ⅱ）

121）全・國・桂・奎・芝・東・延Ⅰ・成　［참고］‘珠還．東歸．合浦．地名．言學道而還本土也．’（高Ⅱ）

122）成・延Ⅰ・桂・奎　［비고］‘郭緣生述征記云．太華山與首陽　．　本是一山．河神巨靈．擘開爲兩山．通以河流．註云．巨靈．高辛之子．爲河神也．太華山在華陽縣．即西岳也．’（芝・東）

123）［참고］‘去中國者．’（延Ⅰ・成・芝・東）・‘應上釰化延津句．’（國）

124）［참고］‘寺名．’（芝・東・延Ⅰ・成・高Ⅱ・桂・奎）

125）延Ⅰ・成・高Ⅱ／全・國・高Ⅰ・東・桂・奎・芝

126）全・國・延Ⅰ・成・高Ⅰ・高Ⅱ・芝・東・桂・奎

127）延Ⅰ・成・高Ⅰ・高Ⅱ・芝・東　［참고］‘益州金．禪譜云．黄梅子金生石也．’（桂・奎）

128）［참고］‘應上珠還合浦句．’（國）

129）全・國・延Ⅰ・成・芝・東・桂・奎

慧目育。智力聞。雙溪133) 照。惠昭.134) 新興135) 彥。沖彥.136) 涌
巖體。137) 珍丘138) 休。覺休.139) 雙峰140) 雲。惠雲.141) 孤山142) 日。
品日.143) 兩朝景文憲康.144) 國師聖住145) 染。高僧傳云.無染. 新羅國傳法師. 西堂藏法嗣. 道義洪陟惠徹. 章敬懌
法嗣. 玄昱覺休. 塩官安法嗣. 品日. 大梅常法嗣. 迦智冲彥. 白兆圓法嗣. 惠雲.
兩朝國師法嗣. 景文憲康二王育門體三人. 各上字及嗣法. 皆未詳. 炤之嗣法. 亦
未詳.146) 菩提宗。德之厚爲父衆生。道之尊爲師王者。古所
謂逃名名我隨。避聲聲我追者。綱目云. 法眞. 名可得聞. 身難得見. 逃名而名我隨. 避聲而聲我隨
也.147) 故得皆化被恒沙。衆生也. 世界也.148) 蹟傳豊149) 石。浮屠與碑.150) 有

---

130) 全・國・延Ⅰ・成・芝・東・桂・奎

131) [참고] '寺也.'(全・國)

132) 全・國・延Ⅰ・成・東・桂・奎 [참고] '慧徹.'(芝)

133) [참고] '寺名.'(全・國)

134) 全・國 [참고] '惠炤.'(延Ⅰ・成・東・桂・奎)・'慧炤.'(芝)

135) [참고] '寺名.'(全・國)

136) 國・延Ⅰ・成・芝・東・桂 [참고] '仲彥.'(全)・'惠彥.'(奎)

137) [비고] '覺體.'(芝)・'覺休.'(東)

138) [참고] '寺名.'(全・國)

139) 全・延Ⅰ・成・高Ⅱ・芝・東・桂・奎 [비고] '覺也.'(國)

140) [참고] '寺名.'(全・國)

141) 全・國・延Ⅰ・成・高Ⅱ・桂・奎 [참고] '覺雲.'(芝・東)

142) [참고] '寺名.'(全・國)

143) 全・國・延Ⅰ・成・高Ⅱ・芝・東・桂・奎

144) 芝

145) [참고] '寺名.'(全・國)

146) 桂・奎 [참고] '……兩朝. 憲康憲安二王.'(延Ⅰ・成／高Ⅰ)・'無染法師. 嗣憲康憲安也.'(高Ⅱ)・'無染.'(全・國・芝)

147) 桂・奎

148) 桂・奎

149) [참고] '多也. 又盛也.'(延Ⅰ・成)

150) 桂・奎／高Ⅱ

令¹⁵¹⁾兄弟。 宜爾子孫。 俾定林標秀於鷄林。¹⁵²⁾ 慧水安

流於鰈水[爾雅云. 東方有比目魚. 其名鰈. 音帖. 即東海也.]¹⁵³⁾ 矣。 別有[別有云云. 不往中國. 在此得道之意.]¹⁵⁴⁾ 不

戶不牖而見大道。[不戶云云. 老子云. 不出戶知天下. 不窺牖見天道. 其出彌遠. 其知彌少. 但穿明則爲戶. 更以木交餰則爲牖.]¹⁵⁵⁾

不山不海而得上寶。[漢書云. 邴原欲遠遊學. 請安丘孫崧. 崧辭曰. 君鄉里鄭君玄. 學覽古今. 博聞强識. 誠學者之師模也.

君乃捨之. 踴屬千里. 所學以鄭爲東家丘耶. 原曰. 人各有志. 所向不同. 有登山而採玉者. 有入海而探珠者. 豈可以登山者不如海之深. 入海者不如山之高哉. 君

謂僕以鄭爲東家丘. 則君以僕爲西家之愚夫耶. 崧謝. 愚夫者. 家語云. 孔子西家有愚夫. 不能識孔子爲聖人. 乃曰. 彼東家丘. 吾知之矣.]¹⁵⁶⁾ 恬然

息意。 澹乎忘味。[莊子云. 魚相忘於江湖. 人相忘於道術. 以至於廢枕忘饌.]¹⁵⁷⁾ 彼岸也不行而

至。此土也不嚴而治。七賢[見道以前凡夫之位. 小乘以五停心觀·別相念住·總相念住之三賢位及煖·頂·忍

世·第一法之四善根爲七賢. 大乘以初發心人·有相行人·無相行人·方便行人·習種性人·性種性人·道種性人爲七賢.]¹⁵⁸⁾ 孰取譬。十

住[發心. 治地. 修行. 生貴. 具足. 正心. 不退. 童眞. 法王子. 灌頂.]¹⁵⁹⁾ 難定位[不歷階位而證大道.]¹⁶⁰⁾ 者。賢溪山

---

151) 참고 ‘善也.’(國)

152) 비고 ‘慶州.’(高Ⅱ)·‘見下銘註.’(桂·奎)

153) 芝·東·高Ⅱ 참고 ‘鰈音牒. 比目魚. 爾雅. 東方有比目魚. 名曰鰈. 狀
似牛脾. 鱗細紫黑色. 一眼兩尾. 相合乃得行. 其合處半邊平無鱗口近腹
下.’(延Ⅰ·成·桂·奎)

154) 桂·奎

155) 桂·奎·芝·東 참고 ‘但穿明則爲戶. 更以木交餰則牖. 古者作室. 一戶
一牖. 暗故設牖以通明也. 言大師不出戶牖而見大道.’(成·延Ⅰ)

156) 成·延Ⅰ·桂·奎／芝·東 참고 ‘不山不戶等四句. 言不去中原在此得道
之比.’(國·全)

157) 東

158) 新註. 비고 ‘先哲云. 伯叔等. 而愚謂見道前七方便之七賢也. 智者詳焉.’
(東)·‘伯夷. 叔齊. 虞仲. 夷逸. 朱張. 小連. 柳下惠. 論語.’(桂·奎·
全·國·延Ⅰ·成·高Ⅰ·高Ⅱ·芝)

159) 全 비고 ‘十地也.’(芝)·‘三賢之初位也.’(東)·‘三賢位也.’(桂·奎)

160) 全·國·高Ⅰ·延Ⅰ·成 참고 ‘難定其位.’(芝·東)

智證大師其人也。161) 始大成也。^{大成者. 取孟子. 夫子集大成之語也. 成. 變也. 金石絲竹匏土革木八音. 各爲一變. 是小成. 合八音. 以金爲始條理. 以玉爲終條理. 則是大成也.162)} 發蒙于梵體大德。稟具于瓊儀律師。終上達也。^{下學而上達大法也.163)} 探玄164) 于慧隱165) 嚴君。^{智證大師法統上之父也.166)} 授默于楊孚167) 令子。^{法統上智證之子也. 嚴令. 尊美之稱.168)} 法胤^{胤音允. 說文. 子孫相承續也.169)}子 唐四祖。爲五世父。^{道信之傍出者.170)} 東漸^{進也. 次也.171)} 于海。 遡游^{遡與泝同. 爾雅云. 逆流而上曰泝洄. 順流而下曰泝游也.172)} 數之。 雙峰^{四祖諡號.173)} 子法朗。孫愼行。曾孫遵範。玄孫慧隱。來孫大師也。朗大師。從大毉^{代宗諡四祖曰大毉.174)}之大證。按杜中書正倫纂銘。^{纂與撰同. 集述也. 即四祖銘也.175)} 叙云。遠方奇士。異域高人。無憚嶮途。來至

---

161) 참고 '案. 特取七賢十住譬擬者. 師是賢溪智證故也.'(桂)

162) 桂・奎／延Ⅰ・成・國 참고 '孟子曰. 夫子集大成也. 註云. 集群賢之訓詁. 大成自家之訓詁.'(芝・東)

163) 東・桂・奎

164) 참고 '敎中玄十門也.'(延Ⅰ・成)

165) 참고 '名也.'(國・延Ⅰ・成・高Ⅱ)

166) 新註

167) 참고 '名也.'(國・延Ⅰ・成)

168) 新註／全・國・延Ⅰ・成・桂・奎・高Ⅱ 비고 '嚴君. 法師通稱. 令子. 師之法兄. 令. 美也.'(東・芝)

169) 延Ⅰ・全・國・成・東・桂・奎

170) 國・延Ⅰ・成・高Ⅰ・桂・奎

171) 延Ⅰ・成・桂・奎

172) 芝／全・國・延Ⅰ・成・桂・奎・東・高Ⅱ

173) 國・延Ⅰ・成・高Ⅱ・東・芝・桂・奎・全

174) 芝・東・全・國・延Ⅰ・成・桂・奎

175) 延Ⅰ・成／國・高Ⅰ・高Ⅱ・芝・東・桂・奎 비고 '纂與撰同. 銘. 法朗銘也.'(全)

珍所。則掬儐餐與寶同. 掬. 曲禮云. 受珠玉者. 以掬. 註云'兩手承之. 恐墮破也. 176) 歸止。非師法朗. 177)

而誰。第知者不言。道經云. 知者不言. 言者不知也. 178) 復藏于密。能撢古探字. 179)

秘藏。唯行愃行. 180) 大師。然時不利兮。道未亨通也. 181) 也。乃

浮于海論語云. 子曰. 道不行. 乘桴浮于海. 從我者由. 182) 聞于天。183) 肅宗皇帝。 寵

眙天什什. 篇也. 天什. 即天子所製詩文也. 184) 曰。龍兒渡海185) 不憑筏。186) 鳳

子冲虛無認月。龍兒鳳子. 指大師. 不憑筏無認月. 不執方便云. 187) 師以山鳥海龍二句爲

對。山不擇鳥. 鳥能擇山. 海不擇龍. 龍能擇海之語也. 188) 有深旨哉。189) 東還三傳至大師。

畢萬之後。斯驗矣。左傳. 晉卜偃曰. 畢萬之後必大. 指魏文俟斯. 能興宗業. 言今大師能復振祖風. 190) 其世

176）國·全·延Ⅰ·成·芝·東·桂·奎　[비고]'餐與寶同也. 有也.'(高Ⅱ)

177）芝·東·全·國·延Ⅰ·成·桂·奎

178）芝

179）高Ⅱ·國·成·延Ⅰ·東·桂·奎

180）全

181）桂·奎

182）桂·奎·東

183）[참고]'天子.'(高Ⅱ·東·桂·奎)

184）新註／桂·奎·延Ⅰ·成·全·高Ⅱ·國·東

185）[비고]'孔子曰. 山不擇鳥. 鳥能擇山. 海不擇龍. 龍能擇海. 山海比師. 鳥龍比弟子.'(芝)

186）[참고]'比不假方便而證道也.'(高Ⅰ)

187）桂·奎／國·延Ⅰ·成·東　[비고]'龍鳳比弟子. 筏月比師.'(芝)·'龍鳳兒子. 指朗師. 筏月喩方便也.'(全)

188）國·桂·奎·全·延Ⅰ·成·高Ⅱ　[참고]'孔子曰……擇海. 法合可知.'(東)

189）[참고]'案. 浮于海. 不利行道. 故師欲東歸也. 龍兒二句. 帝欲挽執. 大師故以不憑筏無認月等語. 示意也. 即不必揀擇取捨於華東也. 師答云云. 即無揀擇中有揀擇也. 決定欲東之語. 故云有深旨于海國也.'(桂·奎／東)

190）全·國·桂·奎／延Ⅰ·成　[참고]，畢萬之後. 魏侯能名也. 後世文侯斯. ○大也者. 以周威列王命爲侯. 言子孫.'(高Ⅱ)·'魏之先. 本與周同姓. 文

緣則王都[慶州191]. 人金姓子。號道憲。字智詵。父贊瓌。[192]

母伊氏。長慶[唐穆宗年號.193] 甲辰歲。現乎世。 中和[僖宗年號.194] 壬

寅曆。歸乎寂。 宴坐[夏安居最終之日謂之宴坐.195] 也四十三夏。歸全也[曾

臨死. 謂門人妻子曰. 啓予手足見之. 我身托於父母. 所生之身. 不壞而歸全云云. 孝經亦同此說也.196] 五十九年。其具體

則身仞[七尺.197]. 餘。面尺所。[所也.198] 儀狀魁岸[江充爲人魁岸. 岸者有廉積如崖岸之形.199]

語言雄亮[亮明朗也.200] 眞所謂威而不猛者。[論語贊孔子語.201] 始孕泪滅。

奇蹤秘說。神出鬼沒。筆不可紀。今撮其感應[202] 聳人

耳者六異。操履[志操行履.203] 警人心者六是。而分表之。初母

夢一巨人告曰。僕昔勝見[毘波尸也.204] 佛。季世爲桑門[僧也.205] 以

王子畢公. 高之後也. 國絕. 有苗裔曰. 畢萬事晋. 邑于魏邑. 言自行微
弱而至大師中興也. 非大師之大也. 比至畢萬中興也. 非畢萬之後大也.'
（芝·東）

191）全·國

192）[비고] '儇與現同也.'（延Ⅰ）·'環與瑰同也.'（成）·'瓌與瑰同.'（桂）'瓌與
塊同.'（奎）

193）延Ⅰ·成·芝·東·桂·奎

194）延Ⅰ·成·芝·東·桂·奎

195）新註

196）桂·奎／芝·東·全·國

197）全·國·延Ⅰ·成·芝·東 [참고] '八尺曰仞也.'（高Ⅱ）

198）全·國·延Ⅰ·成·芝·東·高Ⅱ·桂·奎

199）桂·奎／芝·東·延Ⅰ·成·國·全

200）延Ⅰ·成·芝·東 [참고] '淸也.'（全·國）

201）新註. [비고] '威而不猛者. 以師贊比大雄氏.'（桂·奎）

202）[참고] '我感彼應.'（芝·東）

203）國·延Ⅰ·成·芝·東·桂·奎

204）全·國·延Ⅰ·成·芝·東·桂·奎

諷恚故。 久墮龍報。 報既既(盡. 既也.206) 矣。 當爲法孫。 故侂(侂與托同.207) 妙緣。 願弘慈化。 因有娠。 幾四百日[208] 灌佛(佛誕之日儀. 即浴佛會也.209) 之旦。(四月八日.210) 誕焉。 事驗蟒亭。(高僧傳云. 漢安息國沙門安淸. 字世高. 本世子. 當嗣位. 讓叔父. 出家. 聰敏好學. 外國典籍無不綜達. 既己遊方徧歷諸國. 以漢桓帝建和四年. 至洛陽. 值靈帝末. 關洛擾亂. 因附舟. 至廬山渡. 昔同學邯亭湖廟神. 靈甚. 能分明. 風途往來之舟. 會艤舟. 奉牲請福. 神降語曰. 舟有沙門. 可上來. 高至. 神曰. 吾昔與汝. 俱出家學道. 吾雖好施. 性多嗔. 故今爲廟神. 周回千里. 皆吾所管轄. 報形極醜. 且夕且死. 必入地獄. 吾有絹疋幷雜寶物. 可爲代吾造塔建寺. 使我生善處. 高曰. 何不出形. 神曰. 形甚醜異. 衆人必懼. 高曰. 但出形. 神從帳中出頭. 乃大蟒. 至高膝邊. 高出梵音. 贊唄祝願. 蟒悲淚如雨. 高即取絹疋寶物. 辭別神. 神即過命. 暮有一少年. 上舡跪高前. 受其祝願. 神報曰. 得離惡形. 生善處已 後人於西山澤中. 見一死蟒. 頭尾數里. 高至預章. 建大安寺也.211) 夢符象室。(世尊生也. 見相者. 相者曰. 自古夢見象. 則生大聖人也. 今兒無乃夢見象而生耶. 慈母許之曰. 如是云云. 佛母摩耶. 夢見大聖乘六牙白象. 從天而下. 降神入胎故. 見西域記. 見釋氏源流.212) 使佩韋者益誠。(西門豹性急. 佩韋自警.213) 擁毳者(被袈裟而修行之僧也.214) 精修。

---

205) 桂・奎・芝・東

206) 全・國・延Ⅰ・成・高Ⅰ・芝・東

207) 全・國・東・桂・奎 [비고] '故侂. 母胎.'(高Ⅱ)

208) [참고] '十三月十日. 合四百日.'(東・芝)

209) 新註

210) 全・國・延Ⅰ・成・芝・東・高Ⅰ・桂・奎・高Ⅱ

211) 芝・東・桂・奎・延Ⅰ・成・高Ⅰ・全・國／高Ⅱ

212) '……○案. 事驗云云. 應上龍報節. 夢符云云. 應上灌佛節. 象室云云者. 指誕佛之室也.'(桂・奎／延Ⅰ・成・國・全・高Ⅰ・高Ⅱ) [비고] '瑞應經云. 善慧菩薩. 乘白象. 冠日精. 發兜率官. 諸天翼從. 滿虛空中. 作樂散花. 大光普照. 降神母胎. 於是兜率天衆念言. 我等亦當下生人門. 菩薩成佛. 欲聞說法. 便托於諸國王臣婆羅門長者居士等家. 凡九十九億. 是時. 夫人眼夢. 見人乘象入懷. 夢悟. 自知身重. 天獻飮食自然而至. 不復樂於人間之味. 乃周昭王二十三年癸丑七月十五日也.'(芝・東)

213) 全・國・芝・東・桂・奎・延Ⅰ・成

214) 芝／全・國・東・延Ⅰ・成 [참고] '毳衣. 袈裟也. ○案. 佩韋云云. 性急

降生之異一也。生數夕不嚥乳。 觳（觳音斛. 上聲. 又音遘. 以手壓取乳而餉之也. 楚人以觳爲乳. 215)） 之則號欲嗄（嗄音愛. 嘔逆也. 216)） 㰤（音忽. 所吹起也. 217)） 有道人。 過門誨曰。欲兒無聲。忍絶葷腥（葷. 借作葷. 辛臭之菜. 腥. 魚肉也. 言乳母不食也. 218)） 母從之。竟無恙。使乳育者加愼。肉食者懷慚。宿習之異二也。九歲喪父。 殆毀滅（毀形滅性也. 219)） 有追福僧（主典父齋之僧也. 220)） 憐之諭曰。幻軀易滅。壯志（出家度生之志. 221)） 難成。昔佛報恩222) 有大方便。子勉之。因感悟輟哭。 白所生（母也. 223)） 請歸道。母慈其幼。復念保家無主。確不許。耳踰城故事（釋氏源流云. 悉達太子踰城出家. 成佛度生也. 224)） 則亡去。就學浮石山。忽一日心驚。坐屢遷。俄聞倚閭（母也. 225)）· 成疾。遽歸省而病隨愈。時人方之阮孝緒。

者戒而止惡. 持攝律戒. 爲僧者慕而作善. 持攝善戒也.'（桂·奎）

215) 桂·奎／芝·東·高Ⅰ·高Ⅱ·延Ⅰ·成·國·全

216) 全／國·延Ⅰ·成·高Ⅰ·芝·東 참고 '音沙. 去聲. 老子云. 食德之厚.
比之赤子. 未知乳牡之合而峻作. 精之至也. 終日號而嗌不嗄. 和之至也.
註云. 嗌. 咽也. 嗄. 聲澌也.'（桂·奎）

217) 高Ⅱ

218) 新註／東·芝·國·延Ⅰ·成 참고 '葷音熏. 辛臭之菜. 腥. 生肉也. 莊
子云. 顏淵曰. 回之家貧. 不欲酒. 不茹葷者. 數月矣.'（桂·奎）

219) 桂·奎

220) 新註

221) 全·延Ⅰ·成·桂·奎·國·高Ⅰ·高Ⅱ

222) 참고 '報父母之恩也.'（桂·奎）

223) 全·國·延Ⅰ·成·桂·奎

224) 芝·全·國·延Ⅰ·成·桂·奎·東

225) 芝·東

梁武帝時人. 家世仕宦. 年十四五. 通經大旨. 十六丁外艱. 終喪入鍾山. 聽經久之. 在席驚心而歸家. 母果罹疾而合用蔘. 躬入終南山. 有鹿引指蔘處. 采用而母疾愈.[226) 居無何。（言不多時. 227）） 染沈疴。（沈疴. 痼疾也. 即師 228）） 謁醫無效。枚卜之。（枚. 箇也. 箇箇請卜而問之. 229）） 僉曰。宜名隷[230)]大神。（佛也. 231）） 母追惟曩夢。試覆以方袍（袈裟 232））. 而泣。誓言斯疾若起。乞佛爲子。信宿（左傳. 凡師行. 一宿爲舍. 再宿爲信. 過信爲次也. 233）） 果大瘳。（瘳音秋. 愈也. 234）） 仰悟[235)]慈親。終成素志。使舐犢者割愛。（漢書. 太尉楊彪之子修. 爲曹操所殺. 操見彪問曰. 公何瘦之甚. 對曰. 愧無日磾先見之明. 猶懷老牛舐犢之愛. 操爲之改容. 注云. 金日磾. 漢昭帝之臣. 其子與宮人戲. 日磾見之即殺其子也. 236）） 飲蛇者釋疑。（晋書. 樂廣遷河南尹. 有親客. 久不至. 廣問故. 答曰. 前蒙賜酒. 見盃中有蛇影而疾. 是以久失問候. 時廳掛有角紫弓. 廣意弓影如蛇. 復置前處. 謂客有所見否. 客曰如初. 乃告所以. 客病遂豁然而愈. 註云. 客杜滿. 237）） 孝感之異三也。至十七受具。始就

---

226) 全·國·延Ⅰ·成·桂·奎／高Ⅱ 　[참고] ‘通載云. 隱士阮孝緒. 陳留人也. 家世仕官. 父彦. 大尉從事中郞. 孝緒. 十三通五經. 十六丁家難. ……與 劉著作同年. 劉卒. 緒曰. 吾其幾何. 即辨後事. 數日而亡. 壽五十八. 門人謚曰. 文貞處士. 著七錄. 前五篇曰內篇. 六篇曰佛法錄. 七篇曰仙道錄外篇. 內外總四萬四千五百二十六卷. 梁武時.’（芝·東／高Ⅰ）

227) 國·桂·奎·高Ⅰ

228) 新註／東

229) 芝·東·桂·奎·延Ⅰ·成·高Ⅰ·國／全

230) [참고] ‘屬也.’（高Ⅱ·芝·東）

231) 全·國·延Ⅰ·成·高Ⅱ·芝·東·桂·奎

232) 全·國·芝·東·桂·奎

233) 國·延Ⅰ·成·高Ⅰ·桂·奎／全·芝·東 　[비고] ‘一宿曰信. 再宿曰宿.’ （高Ⅱ）

234) 全·國 　[참고] ‘音抽. 病瘉也. 商書. 若藥弗瞑眩. 厥疾弗瘳也.’（芝·東）

235) ‘仰悟. 訢也.’（東）

236) 芝·東·國·延Ⅰ·成·桂·奎·全／高Ⅰ·高Ⅱ

237) 芝·東·全·國·延Ⅰ·成·桂·奎·高Ⅰ·高Ⅱ

壇。^{羯摩戒壇.238)} 覺袖中光熠熠239) 然。探之得一珠。240) 豈有心

而求。^{黃帝遊於赤水北. 登于崑崙丘. 遺其玄珠. 使智者索之. 不得. 使離婁索}之. 不得. 乃使罔象. 索而得之. 注云. 明眼者. 有心故不得. 盲眼者.

^{無心故得之也.241)} 乃無脛而至。^{會稽典錄. 孔融云. 珠玉無脛而自至者.好之也. 善言不行而自至者.亦類是矣.242)} 人 眞六

度經243) 所喻矣。^{以戒喻珠.244)} 使飢噇者^{楞嚴經云. 說食飢夫. 蒸沙迷客. 比教學人.245)} 自飽。

醉偃者^{法華經云. 醉臥不識衣內繫珠. 比禪學人246)} 能醒。勵心之異四也。坐雨^{即夏安居. 西}

^{域之法. 一年分爲熱雨寒三際. 自二月十六日至 六月十五日 爲熱際. 六月十六日 至十月十五日 爲雨際. 十月十六日 至二月十五日 爲寒際.247)} 竟。

將他適。 夜夢遍吉^{普賢也.248)} 菩薩撫頂提耳曰。苦行難行。

行之必成。形開^{莊子云. 其寐也魂交. 其寤也形開.249)} 痒然。^{心驚聳縮貌.250)} 默篆肌骨。

^{言銘佩也.251)} 自是不復服繒252) 絮253) 焉。修綫^{綫與線同.254)} 之須。^{須.補破}

---

238) 延Ⅰ・成

239) 참고 '音習. 盛光.'(延Ⅰ・成)

240) 참고 '案. 得珠. 即罔象得玄珠之類. 大師戒珠也.'(桂・奎)

241) 芝・東

242) 桂・奎・全・國・東・延Ⅰ・成／高Ⅰ

243) 비고 '金剛經也.'(高Ⅱ)・'下楞嚴法華是耶.'(東)

244) 全・國

245) 東・芝／國・全・延Ⅰ・成・桂・奎

246) 東・芝／國・全・延Ⅰ・成・桂・奎・高Ⅰ

247) 新註／全・國・延Ⅰ・成・高Ⅰ・桂・奎・東・芝

248) 全・國・延Ⅰ・成・芝・東・桂・奎

249) 東

250) 全・芝・東 참고 '痒. 搔癢. 如字則意不成. 必痒字之誤字. 彙云. 寒疾謂心驚聳動貌. 上初月碑文註.'(桂・奎／國・延Ⅰ・成 비고 '痒. 爽也. 與癢同. 膚欲搔也.'(高Ⅱ)

251) 全

252) 참고 '帛也.'(高Ⅱ)

253) 참고 '綿也.'(高Ⅱ)

之具·(255) 取必麻楮。不穿達履。〔詩云. 先生如達. 達. 小羊也. 三韻聲彙云. 達與窣同. 達履. 羊皮履.(256)〕 矩羽翣〔扇也.(257)〕 毛茵〔毛皮褥也.(258)〕 餘用乎。使緼黂〔緼. 麻絮也. 黂. 麻布也. 言著麻絮衣也.(259)〕 者開眼。衣蟲者〔錦繡衣者.(260)〕 厚顔。〔惡怩也.(261)〕 律身之異五也。自綺年。〔妙年也.(262)〕 飽老成之德。加瑩戒珠。(263) 可畏者〔論語云. 後生可畏也.(264)〕 競相從求益。大師拒之曰。人之大患。好爲人師。〔孟子曰. 人之大患. 在好爲人師. 王勉註曰. 學問有餘. 人資於己. 不得已而應之可也. 若好爲人師. 則自足而不復有進矣. 此人之大患也.(265)〕 强欲惠不惠。〔言無惠人之才. 而强欲惠之. 則大不可也.(266)〕 其如模不模邪。〔模. 法也. 言其如爲師而不可爲師. 何耶之意也. 淮南王草木譜. 吳證問曰何以取木爲義. 曰. 昔. 模木. 生周公塚上. 其葉春靑夏赤秋白多黑. 以色得其正也. 楷木. 生孔子塚上. 其幹枝疎而不屈. 以質得其直也. 正與直可爲法.〕

---

254) 桂·奎·全·高Ⅱ·延Ⅰ·成 비고 '縷也. 即破衣.'(高Ⅰ)

255) 全·國 비고 '一本衣字.'(高Ⅱ)

256) 桂·奎／全·國·延Ⅰ·成·芝·東·高Ⅱ

257) 全·國·芝·東·桂·奎 참고 '音揷. 毛扇也. 又棺餙也.'(高Ⅱ／高Ⅰ) '音雲. 棺羽餙也. 下垂似羽. 世本曰. 武王作翣. 形如羽喪車也. 或作毛扇. 非.'(延Ⅰ·成)

258) 芝／東·全·國·高Ⅱ·桂·奎 참고 '即文茵. 即車中所坐虎皮. 言在喪不御羽翣等.'(延Ⅰ·成)

259) 芝／東 참고 '緼音溫. 孔安國曰. 枲着也. 謂雜用枲麻以着袍也. 即已治雜碎者爲絮也. 黂音焚. 枲寀也. 枲音時. 即雄麻之壯者不寀者. 淮南子. 胡人見黂. 不知其可以爲布.'(延Ⅰ·成／高Ⅱ)·'見眞鑑碑文註.'(桂·奎)

260) 全·國／延Ⅰ·成·高Ⅱ 참고 '蚕絲衣也.'(東·桂·奎)

261) 全

262) 全·國·高Ⅰ·延Ⅰ·成·高Ⅱ·芝·東·桂·奎

263) 비고 '戒行.'(高Ⅱ)

264) 芝／全·東 참고 '後生可畏也. 前輩嘗說. 後生才性過人者. 不足畏也. 惟讀書尋思推求者. 爲可畏耳.'(高Ⅰ)·'見無染註.'(延Ⅰ·成)

265) 桂·奎·芝·東·延Ⅰ·成／國·高Ⅰ·高Ⅱ·全

266) 延Ⅰ·成／國·全 참고 '孟子曰. 無惠人之才. 而欲惠. 其不可惠之地. 其如爲師而不可爲師. 何也.'(芝·東／桂·奎)·'傳言外妙道也.'(高Ⅰ)

則況在周孔之塚乎.267) 況浮芥海鄉。所得者小. 如浮舟於大海.268) 自濟未暇。無影逐楞嚴. 演若

達多迷頭逐影之事.269) 爲必笑之態。 後山行。 有樵叟270) 礙前路曰。

先覺覺後覺。孟子曰. 伊尹曰. 天之生斯民也. 使先知覺後知. 使先覺覺後覺也. 予天民之先覺者也. 予將以斯道. 覺斯民也. 非予覺之

而誰云云.271) 何須悋空殼。幻身.272)· 就之則無見焉。爰媿且悟。不阻

來求。森竹葦衆多貌.273) 于鷄籃山水石寺。即連山開泰寺. 或云. 尙州龍興寺. 未詳.274)

俄卜築他所曰。不繫孔子曰. 吾豈繫匏瓜哉. 言周遊天下也.275) 爲懷。能遷是貴。

使佔畢者佔音占. 初學記云. 今之敎學者. 呻其佔畢. 註. 佔. 視也. 畢. 簡也. 但諷詠所覘視之簡牘. 不能通其蘊奧也. 呻. 諷吟之聲也.276)

三省。論語曰. 曾子曰. 吾日三省吾身. 爲人謀而不忠乎. 與朋友交而不信乎. 傳不習乎. 註云. 傳謂受之於師. 習謂熟之於己.277) 營巢者

禮記云. 昔者. 先王未有宮室. 多 九思。論語云. 君子有九思. 疑思問. 視思則居塋室. 夏則居橧巢云云.278) 明. 聽思聰. 色思溫. 貌思恭. 言思

---

267) 國·全·延Ⅰ·成·桂·奎

268) 全·國 참고 '……○案. 浮芥. 比至小幻軀也. 海鄉. 比廣大世界也.'(桂·奎)·'南華云. 芥爲之舟置於盃焉. 比自己於芥舟也. 海鄉. 比廣大世界也. 又東土也.'(東·芝)·'浮木於海. 盲龜難遇. 色天之芥. 投於鄉鈒. 其中難期. 人身難得如之. 又浮如芥. 小舟於海中. 自渡未暇云.'(延Ⅰ·成／高Ⅱ)

269) 全·國·延Ⅰ·成·芝·東

270) ※ 揚本을 제외한 다른 모든 臺本에는 '叟'와 '礙' 사이에 原文으로 삼지 않은 '假'가 더 있음. 비고 '假音隔. 來也. 至也. 又音賈.'(高Ⅱ／全延Ⅰ·成·芝·東·桂·奎)

271) 延Ⅰ·成·高Ⅰ·高Ⅱ·芝·東·桂·奎／國·全

272) 全·國·延Ⅰ·成·東·桂·奎·高Ⅰ·高Ⅱ

273) 全·國／延Ⅰ·成

274) 全·國·延Ⅰ·成

275) 延Ⅰ·成／全·國·高Ⅰ·芝·東·桂·奎

276) 延Ⅰ·成／全·國·芝·東·桂·奎·高Ⅱ·高Ⅰ

277) 芝·東／桂·奎

278) '……案. 此營字. 疑作塋. 引用居塋居巢之古俗. 以比坐雪坐雨之往來禪

忠. 事思敬. 忿思難. 見得思義.[279] 垂訓之異六也。贈太師景文大王。 心融鼎敎。（三敎也.）[280] 面渴輪工。（大轉法輪之工. 指大師.）[281] 遙深爾思。 覬俾（覬. 覬覦也. 俾. 俾倪也. 言欲得希幸之貌.）[282] 我卽。 乃寓書曰。 伊尹大通。（孟子曰. 伊尹曰. 何事非君. 何使非民. 治亦進. 亂亦進.） 宋纖小見.[283]（晋書. 宋纖有遠操. 不與世俗交遊. 太守馬岌造焉. 高臺重閣拒不可見. 岌嘆曰. 名可望而身不可見. 德可仰而形不可覩. 然後. 知先生人中之龍也. 乃銘詩於石壁曰. 丹岸千尺. 青壁萬尋. 奇林鬱鬱. 蔚若鄧林. 其人如玉. 維國之珍. 室邇人遠. 實勞我心.）[284] 以儒辟釋。 自邇陟遠。[285] 甸邑（甸音田. 王居五百里內爲甸服. 即五服之一. 見禹貢.）[286] 巖居。頗

客也'(桂·奎·東)

279) '……○案. 自綺年至笑態. 辜倒自濟. 昧却利他故. 樵叟以恔殼譏之. 恔殼. 不能利他故. 自爰愧至石寺. 求者森葦. 昧却自利故. 自家以能遷驚之. 能遷. 不昧自利故. 佔畢. 指爲師者. 三省. 皆利他事. 營巢. 指能遷者. 九思. 皆自利事. 言爲師者. 三省其身. 不忘利他也. 能遷者九思其善. 不昧自修也. 問. 九思. 何不以反覆審思見之. 以自利釋之. 答. 做事三思. 聖猶不許. 況至九思乎. 營巢而九思. 則三年不遷. 決非道人之事. 此文. 於二利. 不繫爲本. 營巢. 盖由自利. 勿疑也.'(桂·奎/東·芝)[참고] '警蒙要訣. 有九容九思. 即忿思難. 視思明. 聽思聰等九義. 而今非此也. 言九者. 反覆思之極.'(延Ⅰ·成/國·全)

280) 全·國·延Ⅰ·成·高Ⅰ·高Ⅱ·芝·東·桂·奎

281) 全·國/桂·奎·延Ⅰ·成·高Ⅰ·'宗匠.'(高Ⅱ) [비고] '三輪之工.'(芝·東)

282) 芝·東 [비고] '覬音其. 覬覦希望. 俾疑禪字之誤.'(桂·奎)·'覬. 希也.'(高Ⅱ)

283) 延Ⅰ·成·高Ⅰ·高Ⅱ·芝·全·國·東

284) 全·延Ⅰ·成·高Ⅰ·芝·東·桂·奎/高Ⅱ [참고] '……○鄧林. 漢明帝時鄧侯也.'(國)

285) [참고] '案. 伊訓云. 若升高必自下. 陟遐必自邇. 尹用此道. 雖知湯聖桀暴. 然致治天下. 則夏速商遲. 急乎救世. 就桀至五. 盖由自邇陟遐之義也. 故云大通. 宋纖則不見馬岌. 故有室邇人遐之嘆. 故云小見. 陟遐. 莫不自邇. 旣儒邇釋遠. 則捨儒道. 不能陟彼釋道也. 來此邇儒中. 弘彼遠釋道. 豈不可乎. 自邇字有精神也.'(桂·奎)

有佳所。木可擇矣。[仲尼曰. 鳥能擇木. 木豈擇鳥耶.287)] 無惜鳳儀。[尚書. 蕭詔九成. 鳳凰來儀. 註. 來

舞而有容儀也.288)] 妙選近侍中可人。[桓溫過王敦墓曰. 可人可人. 言稱可之人也.289)] 鵠陵[先王陵號. 元聖卜陵白

鵠壚. 故似仍號焉.290)] 昆孫291) 立言為使。既傳教已。因攝齊[攝. 搚也. 齊. 衣下縫

也. 禮. 將升堂. 兩手搚衣. 使去地尺. 恐躡之而傾跌失容也. 景景褰衣. 弟子之禮也.292)] 焉。答曰。修身化人。

捨靜奚趣。鳥能之命。[應擇木語.293)] 善為我辭。幸許安塗中。[莊子釣於

濮水. 楚王使大夫二人往先焉曰. 願以竟內累矣. 莊子持竿不顧曰. 吾聞楚有神龜. 死已三千歲矣. 王巾笥而藏之廟堂之上. 此龜者. 寧其死為留骨而貴乎. 寧其

生而曳尾於塗中乎. 二大夫曰. 寧生而曳尾塗中. 莊子曰. 往矣. 吾將曳尾於塗中.294)] 無令在汝上。[論語云. 季氏使閔子騫為費宰. 閔子

騫曰. 善為我辭焉. 如有復我者. 則吾必在汶上矣. 言遠去也295)] 上聞之。益珍重。自是譽四飛於

無翼。[戰國策云. 衆口所移. 無翼而飛.296)] 衆一變297) 於不言。咸通[唐懿宗年號.298)] 五

年冬。端儀[女之官名也.299)] 長翁主。[景文王之姊.300)] 未亡人[禮. 夫死. 妻隨死. 乃夫人之行. 未能隨

---

286) 國·桂·奎·延Ⅰ·成·芝·東 [철고] '旬. 五百里. 新羅都邑.'(高Ⅰ·高Ⅱ)·'畿內.'(全)

287) 國·延Ⅰ·成·高Ⅰ·高Ⅱ·芝·東·桂·奎

288) 延Ⅰ·成·國 [철고] '……○案. 鳳儀. 比師至也.'(桂·奎／東·芝)

289) 芝·東·延Ⅰ·成／國·桂·奎

290) 桂·奎／東 [비고] '宮名.'(全·國·延Ⅰ·成·高Ⅱ)

291) [철고] '宗孫.'(桂·奎)

292) 芝·東／延Ⅰ·成·高Ⅰ·全·高 [철고] '見無染註.'(桂·奎)

293) 全·高Ⅱ·桂·奎·東

294) 全·國·延Ⅰ·成·高Ⅰ·芝·東·桂·奎／高Ⅱ

295) 全·國·延Ⅰ·成·高Ⅰ·高Ⅱ·芝·東·桂·奎

296) 桂·奎·東

297) [비고] '一變者. 齊一變而至至道.'(東)

298) 延Ⅰ·成·桂·奎 [비고] '唐憲宗年號.'(全·國)·'唐僖宗年號.'(芝·東)

299) 東

300) 全·國 [비고] '應邵曰. 天子女曰公主. 周制. 天子嫁女. 不自正婚. 使諸

死. 故稱未亡人也. 左傳云. 楚令尹子元者. 楚文王弟之子. 欲蠱惑文王. 夫人息嬀. 以漏事爲舘於其宮側. 振萬(振動萬舞)焉. 夫人聞之泣曰. 先君以是舞也. 習戒備也. 今令尹不尋諸仇讐. 而於未亡人之側. 不亦異乎. 301)

爲稱。當來佛是歸。敬謂下生。翁主自云下生也.302) 厚資上供。303) 以邑司翁主所封之地.304) 所領賢溪山安樂寺。富有泉石之美。請爲猿鶴主人。山林隱居之士與猿鶴爲友之意.305) 大師乃告其徒曰。山號賢溪。地殊愚谷。劉子云.齊桓公.逐鹿入谷中.問一老.此何谷.對曰愚公之谷.以臣名得之.306) 寺名安樂。僧盍住持。從之徙焉。居則化矣。307) 使樂308)山者論語曰.仁者樂山.智者樂水.309) 益靜。擇地者愼思。行藏之是

侯同姓者主之. 故謂之公主. 帝姊妹爲長公主. 帝姑爲大長公主. 若諸侯則嫁女外祖翁主之. 故稱翁主.'(延・成・桂・奎／芝・東)

301) 延Ⅰ・成・高Ⅰ・高Ⅱ／國・芝・東・桂・奎・全

302) '或云彌勒下生. 則應上當來句也. 或云……'(國／延Ⅰ・芝・東・成)

303) 비고 '案. 當來佛者. 師亦當來作佛. 故比之彌勒尊佛也. 盖彼化佛下生之捷徑. 無如衆生結緣之深厚. 故爲其赴感. 施以難捨也. 是歸下生上供吐也. 他本. 敬爲. 爲多作謂字. 諸解皆云翁主自謂也. 非也. 女人豈可云下生耶.'(桂・奎)

304) 全・國・延Ⅰ・成・高Ⅰ・高Ⅱ・東・桂・奎

305) 新註

306) '……臣畜悖牛. 生子. 賣而買駒. 少年曰. 牛不能生焉. 遂持駒去. 以臣爲愚. 管仲曰. 此夷吾之愚. 皐陶爲理. 安有取人之駒. ○案. 愚谷. 自有愚公古跡. 不必引訂柳文八愚. 八愚中非徒無愚谷. 且柳崔同代. 豈可引用同時事跡耶. 思之.'(桂・奎) 비고 '柳子厚所居之地名.'(全・國・延Ⅰ・成・高Ⅰ・高Ⅱ)・'柳子厚愚溪詩序云. 灌水之陽. 有溪焉. 名冉溪. 或曰染溪. 余以愚觸罪. 謫瀟水上. 愛是溪家焉. 古有愚公谷. 更之爲愚溪. 以余故咸以愚辱焉.'(芝・東)

307) 참고 '民心化也.'(高Ⅱ)

308) 참고 '音蓼.'(全・國・桂・奎)

309) 國・延Ⅰ・成・芝・東・桂・奎

一焉。他日告門人曰。故韓粲〔宦名.310)〕 金公嶷勳〔嶷音億.311)〕 度我爲僧。312) 報公以佛。乃鑄丈六313) 玄金像。傅〔墍也.314)〕之以銑。〔爾雅云.金之絕澤.謂之銑也.315)〕 爰用鎮仁宇。〔寺也.316)〕 導冥路。使行恩者日篤。重義者風從。317) 知報〔知恩而報也.318)〕之是二焉。至八年丁亥。檀越319) 翁主。使茹金〔人名.320)〕 等。持伽藍南畝。〔伽藍.此云衆園.即賢溪伽藍也.南畝者.田地.通云南畝也.321)〕 暨臧獲〔奴婢也.男曰臧.女曰獲也.322)〕 本籍〔文簿.323)〕 授之。爲壞袍〔袈裟.324)〕 傳舍。〔奴隸車馬之所.或云.補縫破衣之舍.325)〕 俾永永不易。大師因念

310) 全・國・延Ⅰ・成・東・桂

311) 桂・奎 〔비고〕 ‘嶷音疑. 又音訓也.’(延Ⅰ・成／芝)

312) 〔비고〕 ‘給度牒爲僧也.’(芝)

313) 〔비고〕 ‘八尺也. 言一丈六尺也.’(東／芝)

314) 東・桂・奎・高Ⅱ 〔비고〕 ‘附也. 左傳云. 皮之不存. 毛將安傅.’(芝・國)

315) 桂・奎・延Ⅰ・成・芝・東／全・國・高Ⅰ・高Ⅱ

316) 全・國・延Ⅰ・成・高Ⅱ・桂・奎・東

317) ※ ‘行’은 他本에 ‘市’, ‘重’은 他本에 ‘償’ 〔비고〕 ‘市. 求也.’(國)・‘市. 賣也’(高Ⅱ)・‘案. 市者. 賣也. 施也. 言賣恩於師者. 日日而彌堅也. 償者. 報也. 言報義於人者. 聞風而願從也. 市恩句. 或云. 金像粹美. 自然觀感. 捨施者多也.’(桂／奎・東)

318) 全・國

319) 〔비고〕 ‘檀. 梵語云. 比施越是. 唐語. 言行施而越苦海也.’(國)

320) 新註. 〔참고〕 ‘姓名.’(全・國・延Ⅰ・成・桂・高Ⅱ)

321) 國／全・延Ⅰ・成・桂・奎 〔비고〕 ‘伽藍. 安樂寺也.’(芝)

322) 芝・東・全・國・延Ⅰ・成・桂・奎 〔비고〕 ‘臧. 庫莊.’(高Ⅰ)・‘臧. 庫也. 獲. 奴也. 又皆奴僕之屬也.’(高Ⅱ)

323) 全・國・芝

324) 全・國・芝・東 〔참고〕 ‘即方袍僧.’(延Ⅰ・成・高Ⅰ・桂・奎) 〔비고〕 ‘壞. 一本瓌字. 音規. 與瑰同也.’(高Ⅱ)

325) 全・國／延Ⅰ・成・芝・東・桂・奎

言。王女資法喜。 尙如是326) 矣。佛孫味禪悅。（華嚴經云. 若飯食時.）

（當願衆生禪悅爲食. 法喜充滿.327)） 豈徒然乎。328) 我家匪貧。親黨皆歿。與

落路行人之手。寧充門弟子之腸。逮於乾符（僖宗年號.329)） 六年。

捨莊（莊田廬也.330)） 十二區331) 田五百結。（百卜爲一結. ○方俗. 以周五弓爲一結. 四肘爲弓. 一尺八寸爲肘.）

（王荊公詩曰. 臥占寬閒五百弓.332)） 隸333) 寺焉。飯飫譏囊。（飫譏食虫之飯囊. 著實工夫. 則可免此譏. 漢書.）

（彌衡曰. 時輩唯荀彧則可與同言. 餘人皆酒伶飯囊.334)） 粥能銘鼎。（正考父鼎銘云. 饘於是. 粥於是. 以糊予口.335)） 民天（史記酈生

傳云. 王者以民爲天. 而民以食爲天.336)） 是賴。佛土（即西方淨土也.337)） 可期。338) 雖曰我田。

且居王土。始資疑於王孫韓粲繼宗執事侍郎金八元金咸

熙。及正法大統釋玄亮。聲九臯。應千里。（聲九臯者. 詩云. 鶴鳴九臯. 聲聞于

天. 應千里者. 周易云. 鳴鶴在陰. 其子和之. 我有好爵. 吾與爾縻之. 君子居其室出其言. 善則千里之外應之.339)） 贈太傅獻康大

326）［비고］ ‘一本此字.’（高Ⅱ）

327）芝／東

328）［비고］ ‘徒受施主之供養耶.’（國）

329）東・芝・高Ⅰ

330）全 ［참고］ ‘……即田穀所莊之處.’（國／延Ⅰ・成・桂・奎）・‘莊. 田舍也.’
（東・芝）・‘莊. 田家莊.’（高Ⅱ）

331）［비고］ ‘區猶間也.’（國）

332）全・國・延Ⅰ・成・高Ⅰ・桂・奎／高Ⅱ・芝・東

333）［참고］ ‘音禮. 師古曰. 屬著于人也.’（延Ⅰ・成・桂・奎・芝・東）

334）國／全・延Ⅰ・成・芝・東・桂・奎

335）芝／全・國・延Ⅰ・成・東・桂・奎

336）新註／芝・東・全・國・延Ⅰ・成・桂・奎

337）延Ⅰ・成・桂・奎 ［참고］ ‘彌陁經云. 從是西方過十萬億國. 有世界. 名極
樂也.’（芝／東）

338）［비고］ ‘大士與公主之先靈.’（高Ⅰ）

339）‘……○案. 聲九臯者. 取鶴鳴聞天之義也. 應千里者. 取子和遠應之義也.

王[即景文王之子.340)] 怨[佳之也.341)] 而允[肯也.342)]之。其年九月。敎南川郡統僧訓弼。[亦金姓也.343)] 標別墅[墅與莊同.344)] 劃正場。[以禁標明示寺領.345)] 斯盖外佐君臣益地。內資父母生天。使續命者[即百姓也.南史.劉善明傳.靑川飢荒.善明開倉以救.鄕里多獲全濟.百姓呼其家爲續命田.346)] 與仁。347) 賞歌者[仇池筆硯云.唐襄晉公.召一妓.作半日遊.賞絹五疋.書生有詩云.一曲淸歌一疋絹.佳人猶自意嫌輕.不知貧女寒窓下.幾度抛梭織得成.348)] 悛過。349) 檀捨之是三焉。有居

以彼鶴鳴. 比人善言也.'(桂·奎) [참고] '詩云. 鳳鳴九岡. 聲聞九皋. 此亦但取遠聞之意.'(國/全)·'九皋者. 詩云. 鳳鳴高崗. 聲聞九皋. 比聞于上. 應千里者. 詩云. 黃鵠千飛里. 比上許之也.'(芝/東·延Ⅰ·成)

340) 延Ⅰ·成·高Ⅰ·高Ⅱ

341) 全·國 [비고] '恕音徐. 以己心體人也.'(延Ⅰ·成·桂·奎)

342) 國·延Ⅰ·成 [참고] '可也.'(高Ⅱ)·'……凡人上疏. 可則題允. 不可則題不允也.'(桂·奎/東)

343) 延Ⅰ·成·高Ⅱ

344) 新註. [비고] '別墅. 田廬.'(國·延Ⅰ·成)·'別墅. 田廬. 晋謝安. 碁賭別墅也.'(東·芝)·'別墅. 農場之地. 晋謝安. 碁賭別墅也.'(桂·奎)·'墅團'(高Ⅰ)·'音西. 地也. 又古野字.'(高Ⅱ)

345) 新註. [비고] '生場. 以禁標劃地也.'(高Ⅰ)·'生場者. 聖住碑云. 標放生場界. 則鳥獸悅.'(芝·東)

346) 新註. [비고] '齊史云. 北齊后主馮淑妃. 字小憐. 以五月五日召入宮. 號曰續命. 而後主惑之. 指王宮妃嬪者而言之也. 風俗通云. 重五. 宮人以五色絲係臂. 名曰長命縷云云.'(桂·奎/國·全·延Ⅰ·成·芝·東)

347) [비고] '佛前布施.'(高Ⅰ)

348) 國·延Ⅰ·成·芝·東·全 [참고] '放逸豪俠士也.'(高Ⅰ)

349) [비고] '馬史云. 趙烈侯好音. 謂公仲連曰. 寡人有愛. 可以貴之乎. 連曰. 富之可貴之則否. 君曰. 然鄭歌者槍石二人. 吾賜之田. 人萬畝. 連諾而不與. 烈侯屢問. 連乃稱疾不朝. 番吾君謂連曰. 君實好善. 而未知所持. 公仲亦有進士乎. 連曰未也. 牛畜荀欣徐越. 皆可. 連進之. 畜侍仁義. 烈侯逌然. 明日欣侍以擧賢使能. 明日越侍以節財儉用. 察度功德. 所與無不充. 君說. 乃謂連曰. 歌者之田且止. 以畜爲師. 欣爲中尉. 越爲內史. 賜連二龍. ○案. 引證趙侯. 因仲連之進士. 能改償歌之過. 以比東王. 觀大師之捨莊. 感發劃墅之善心也. 前註. 皆引襄晉公. 非但同時. 喩又下合

乾慧地〔即初乾慧地. 是乾有其慧.350)〕 者曰沈351) 忠。 聞大師刃餘〔莊子云. 其於游刃. 恢恢然猶有餘地.352)〕 定慧。 鑑353) 透乾坤。〔師之神鑑. 通透於天文地理也.354)〕 志確曇蘭。〔東晋時僧. 蓮社高賢傳. 慧持傳云. 慧持法師. 以東間經籍付道泓. 西間法典付曇蘭. 以泓行業清敏 蘭神悟天發. 竝能係軌師蹤故也.355)〕 術精安廩。〔南朝陳時僧. 續高僧傳. 安廩傳云. 安廩. 性好老莊. 早達經史. 又善太一之能.并解孫吳之術.356)〕 禮足已。〔見禮畢.357)〕 白言。

弟子有剩358) 地。 在曦陽山腹。 鳳巖龍谷。 境駴橫目。〔何尙之曰. 橫目之俗. 不可與言. 莊子有云. 橫目之民.359)〕 幸構禪宮。 徐答曰。 吾未能分身。

惡用是。 忠請膠固。360) 加以山靈。 有甲騎爲前騶之異。〔騶音鄒. 說文. 廏御也. 月令季春. 天子敎于田獵. 命僕及七騶咸駕. 註. 天子馬有六種名. 騶一并總主. 爲七騶.361)〕 乃錫362) 〔錫杖. 挺樵

　　也.'(桂·奎)·'悛音千. 改也.'(延Ⅰ·成)

350) 桂·奎·延Ⅰ·成／國·芝

351) 비고 '音愼. 姓也.'(高Ⅱ)

352) 桂·奎 참고 '南華. 其於遊刃. 恢恢然猶有餘地. 言師之手段. 有餘於能殺之定. 能活之慧也.'(東)·'刃. 惠刃也.'(全·國)·'刃. 智刃.'(高Ⅱ)

353) 비고 '心也.'(高Ⅱ)

354) 東 참고 '案. 刃餘云云. 師之游刃手段. 有餘於能殺定能活慧也. 鑑透云云. 師之神鑑. 通透於天文地理等事也.'(桂·奎)

355) 新註. 비고 '法苑珠林傳云. 詳曇. 天竺人. 漢靈帝時入洛陽. 善方言好譯經. 竺法蘭. 明帝時. 譯能斷十地經. 俱是西竺人. 來東土弘法. 則志確可知也.'(延Ⅰ·成／全·國·芝·東)

356) 新註. 비고 '法苑云. 安. 道安. 內外群書. 署皆遍覩. 則術精可知. 廩. 未詳也.'(延Ⅰ·成·全·國／芝·東)·'案. 小瞿曇之捨位從師. 易服受姓. 法蘭之出來中國. 折伏外道. 皆是志確. 道安師之博. 涉內外群書. 能通陰陽算數. 眞是術精之事也. 廩字. 未詳所人名.'(桂·奎)

357) 全

358) 참고 '剩音잉. 餘也. 穴長也.'(延Ⅰ·成)

359) 全／國·延Ⅰ·成·芝·東 참고 '莊子云. 夫子無意乎橫目之民乎. ○案. 境駴云者. 不合民居故.'(桂·奎)

360) 참고 '黏膏也. 又固也.'(延Ⅰ·成)

蹊而歷相[說文. 歷. 推察也. 相. 省視也. 363)] 焉。且見山屛四迾。則鷲[獄鷲鷟. 禽經曰. 紫鳳也. 364)]翅掀[掀音軒. 以手高飛也. 又高聳貌. 365)] 雲。水帶百圍。則虹[虹音斜. 無角龍. 366)] 腰偃石。367) 旣愕且喈[愕音岳. 借. 鷟遹貌. 鳴也. 喈音 又歎也. 368)] 曰。獲是地也。庸[豈也. 369)] 非天乎。不爲靑衲[僧也. 370)]. 之居。其作黃巾[賊也. 371)]. 之窟。遂率先372) 於衆。防後爲基。[先於人而作基. 以防後慮. 373)] 起瓦簷四柱以壓之。鑄鐵像二軀以衛之。374) 至中和[唐僖宗年號. 375)] 辛丑年。 敎

---

361) 延Ⅰ·成／'……○案. 山靈. 山神也. 大師夢中. 似有山靈. 化現甲騎. 以爲前導也. 或云. 山靈. 山之靈氣. 猶地靈之類也. 山勢屈起. 懷包鳳嚴. 如騎馬甲士擁護大將. 爲其前導也. 此地畧有王氣. 故山形有如是之異.'(桂·奎／東)

362) 桂·奎

363) 國·延Ⅰ·成·桂·奎·全·芝·東

364) 延Ⅰ·成·桂·奎·國·東／全 [참고] '鷲音岳. 鳳屬神鳥也. 似鳧而大赤目.'(芝)

365) 延Ⅰ·成／國

366) 國／全·延Ⅰ·成·芝·東·桂·奎

367) [비고] '案. 山屛云云. 釋上鳳嚴意. 水帶云云. 釋上龍谷意也.'(桂·奎)

368) 桂·奎·延Ⅰ·成／國·高Ⅰ·高Ⅱ

369) 延Ⅰ·成·國

370) 全·國·高Ⅱ [참고] '僧衣也. 中國服制. 律家木蘭色衣. 敎家靑衣. 禪家緇衣也.'(芝·東／延Ⅰ·成)

371) 全 [비고] '……舊註. 仙也.'(國)·'道家流也.'(延Ⅰ·成)·'道士也. 唐李淳風之父. 名播. 仕隋棄官爲道士. 自號黃冠子.'(東／芝)

372) [참고] '率. 循也. 遵也. 又皆與大畧非此所要.'(延Ⅰ·成／國)·'率先者. 首唱作寺之意也.'(東·桂·奎)

373) 全 [참고] '防主山而爲屋基也. 舊解云. 防於從役懶. 而爲後爲基本也. 恐局也.'(芝／國)·'盖堤防後患. 以爲基本. 地若空虛. 則終爲賊穴故也.'(桂·奎·東)

374) [참고] '案. 壓之衛之. 皆是鎭地脈防外患之意也.'(桂·奎)

遣前安輪寺僧統俊恭。肅正史[376] 裏聿[377] 文。標定疆域。芿賜（芿與艿同. 陳根未芟. 新草又生. 芿. 言不改鳳巖山. 仍爲鳳巖寺也.[378]）牓爲鳳巖焉。及大師往化[379] 數年。有山甿（甿與氓同.[380]）爲野寇者。始敢拒輪。（莊子曰. 螳蜋. 怒其臂以當車轍. 比初不從師化也.[381]）終能食甚（詩云. 翩彼飛鴞. 集于泮林. 食我桑葚. 懷我好音. 憬彼淮夷. 來獻其琛. 註云. 淮夷被魯侯之化. 變惡來獻. 如飛鴞之食葚變音. 比初不從化者. 從化爲善也.[382]）得非深斛（斛音拘. 酌也.[383]）定水。預沃魔山之巨力歟。使折臂者（晋書. 羊祜. 相墓者. 言祜祖墓有帝王氣. 祜鑿其崗. 相者曰. 猶出折臂三公 無嗣. 祜果墮馬折臂而至三公無子. 今言折臂. 指上捨地也.[384]）標義。掘尾者（伯宅編云. 祿山. 逆謀日熾. 每至殿前龍尾. 睥睨久之. 乃去及反入長安. 恐有如渠者掘之. ○唐含元殿前途. 詰曲宛轉. 如龍尾. 此則指野寇. 又掘發也. 尾終也. 吳語. 狐埋之. 狐掘之. 是以無成功. 言小賊以埋掘無成功自終也.[385]）制狂。開發之是四焉。太傅大王。以華風掃弊。（掃夷狄之弊.[386]）

---

375) 全·國

376) ※ '肅正'은 司正府→肅正臺→司正府로 그 명칭이 변모되어 온 관청(三國史記, 職官志·上). [비고] '司正. 官名. 而義則未詳.'(延Ⅰ·成/國·高Ⅱ)

377) [비고] '聿音律. 循也. 惟也. 自也. 又遂也.'(延Ⅰ·成)

378) 芝·東/延Ⅰ·成·高Ⅰ·高Ⅱ·桂·奎

379) [비고] '敎化.'(桂·奎)

380) 高Ⅱ

381) 芝·東·桂·奎·全·國·延Ⅰ·成/高Ⅰ

382) 芝·東·桂·奎/延Ⅰ·成·全·國·高Ⅰ·高Ⅱ

383) 高Ⅰ [참고] '音居. 水斗. 以角爲之. 容四升也. 又挹也. 酌也.'(桂·奎/國·延Ⅰ·成·東·高Ⅱ)

384) 延Ⅰ·成/桂·奎 [비고] '晋書. 有術士. 相羊祜墓曰. 當有受命者. 祜聞. 掘斷地勢. 以壞其形. 相者曰. 必出折臂三公. 祜後墮馬折臂. 位至三公. 此結拒輪句也.'(芝·東/國·高Ⅰ)

385) 延Ⅰ·成/國·芝·東·全·高Ⅰ [참고] '……案. 折臂云云. 爲善者. 守其分義之常. 掘尾云云. 謀叛者. 矯其不軌之過. 二人之開發善心. 皆由師化. 故以開發結之. 折臂者. 指沈忠也. 掘尾者. 指野寇也.'(桂·奎)

386) 桂·奎·國·延Ⅰ·成·東

慧海濡枯。387) 素欽靈育[北魏高僧玄高之俗名. 出梁高僧傳.388)] 之名。389) 渴聽法深之論。[通載云. 東晉時. 竺潛. 字法深. 與寧二年甲子. 詔講般若經於禁中. 乃辭還剡山. 支遁寓書. 求買沃州小嶺歸隱. 潛答曰. 欲來當給. 未聞巢由買山而隱也. 寧康二年卒. 哀帝賜錢十萬建塔. 言今王聽法於禪師. 如哀帝聽法於法深也.390)] 乃注心鷄足[指賢溪山.391)] 灑翰鶴頭[詔書392)]. 以徵之曰。外護小緣。念踰三際。[熱雨寒三際. 一年也.393)] 內修大惠。394) 幸許一來。大師感動琅函[御書之稱.395)] 言及。勝因通世。同塵率土。[老子云. 和其光同其塵. 言與塵俗. 同一混處之謂也. 詩云. 溥天之下. 莫非王土. 率土之濱. 莫非王臣. 此詩. 言率土莫非王臣. 則奚必我獨賢勞也. 此文. 言同塵率土. 則師亦隨俗不辭賢勞也396)] 懷玉出山。[老子云. 聖人被褐懷玉. ○案. 懷玉出山. 如卞和之懷玉. 出自荊山. 欲獻王門也.397)] 彎織迎途。[詩云. 六彎如織. 言處處車馬. 當途爭迎也.398)] 至憩足于禪院寺。錫安信宿。引問心于月池宮。時屬纖蘿399) 不風。溫樹[綱目云. 漢長樂宮中有溫室殿. 三公入朝. 時議政之所也. 其宮庭中有樹.400)] 方夜。適覩金波[杜詩]

---

387) 〔참고〕'民也.'(高Ⅱ)

388) 新註. 〔비고〕'或云. 靈芝照育王璡二禪師.'(全)・'未詳.'(國・延Ⅰ・成・芝・東・桂・奎)

389) 〔비고〕'古帝王欽敬者.'(高Ⅰ)

390) 桂・奎・延Ⅰ・成・高Ⅰ／芝・東・全・國・高Ⅱ

391) 全・國・延Ⅰ・成・高Ⅰ・芝 〔참고〕'案. 上文. 比師當來佛. 故此以鷄足. 比鳳岩也.'(桂・奎・東)

392) 芝・東 〔참고〕'見無染註.'(延Ⅰ・成・桂・奎)

393) 芝・東・高Ⅰ／全・國・延Ⅰ・成・高大Ⅱ

394) 〔참고〕'案. 小緣者. 自卑之辭. 大慧者. 尊師之稱也.'(桂・奎)

395) 高Ⅰ・芝・東 〔참고〕'詔旨'(高Ⅱ)

396) 桂・奎／東

397) 桂・奎／東

398) 桂・奎／東

399) 〔비고〕'纖細.'(延Ⅰ・成)

400) 芝・東 〔참고〕'……漢孔光. 性謹愼言. 領尙書十餘年. 其休日. 家人燕言.

云. 〔金波耿玉繩. 金波. 月也. 玉繩. 星也.401)〕 之影。 端臨玉沼之心〔心也.中 402)〕 大師俯而

覲。 仰而告曰。 是卽是。〔上是水月. 是心也.403) 下〕 餘無所言。 上洗〔洗與洒同.404)〕

然忻契曰。 金仙〔唐武宗. 改佛號 爲大覺金仙.405)〕 花目〔佛以靑蓮花目. 顧視迦葉. 迦葉 破顏微笑. 故見拈頌拈花.406)〕

所傳風流。 固協於此。 遂拜爲忘言師。 及出。 俾藎臣

詩.〔大雅. 王之藎臣. 註. 忠愛之篤. 進進無已.407)〕 譬旨。 幸宜小停。 答曰。 謂牛戴牛。

所直無幾。〔梁武帝. 遣使召陶弘景. 弘景畫二牛以進. 一則戴金籠厭粟豆. 一 則無羈獨臥於芳草中. 帝曰. 此人如此. 其可致耶. 言若留京. 則〕

如戴牛價〔少.408)〕 以鳥養鳥。〔莊子云. 以己養鳥. 鳥不飮食. 三日而死. 詳見無染註.409)〕 爲惠不貲。〔不貲. 猶言〕

不小.〔410)〕 請從此辭。 枉之則折。 上聞之喟然。 以韻語歎曰。

終不及朝事. 或問. 溫室省中樹. 何樹. 光不答. 更答以他事. 其謹不泄如
此.'(延Ⅰ·成·桂·奎)·'溫泉上樹耶. 溫室前樹耶.'(全·國)

401) 桂·奎／全·國·延Ⅰ·成·'月光.'(芝·東)

402) '沼. 池也.…….'(高Ⅱ)

403) 全·高Ⅰ 〔참고〕'上是金波影. 下是靈知.'(延Ⅰ·成·桂·奎)

404) 全·高Ⅱ

405) 全·國·延Ⅰ·成·東·桂·奎／高Ⅱ

406) 國·東·桂·奎·全·延Ⅰ·成·芝

407) 全·國·延Ⅰ·成·高Ⅰ·桂·奎／芝·東·高Ⅱ

408) 全 〔참고〕'……又一說. 戴崇善畫牛. 其價無限. 言若以師爲賢. 留京不送.
則其價甚小也.'(國／成·高Ⅰ·高Ⅱ)·'……○一云. 戴崇善畫牛. 言大
師留京. 其價甚高也.'(延Ⅰ)·'周禮. 多官云. 角長二尺有五寸. 三色不
失理. 謂之牛戴牛. 註. 三色本白. 中靑末豊. 鄭司農云. 牛戴牛. 角直一
牛. 案. 謂牛云云. 受人牽制. 不得自由. 則與牛奚異. 直饒頭戴體價. 較
諸他牛. 所直不過倍筵. 不足爲貴也. 有云. 謂牛牛字. 比師自己也. 戴牛
牛字. 喩師聲價也. 使師住京. 剩得聲價. 其直甚些. 無足可論也.'(桂·
奎／芝·東)

409) 東／芝·高Ⅰ·延Ⅰ·成 〔비고〕'卽避風魯鳥也.'(全·國)

410) 新註. 〔참고〕'不貲. 言其價不可勝數也.'(國／全·高Ⅱ)·'案. 以鳥云云.

挽旣不留。空門鄧侯。晋書. 鄧攸. 字伯道. 爲吳郡太守. 除水以外. 束薪斗米. 不食於民. 稱疾去職. 民至有臥輪. 人歌曰. 鄧侯挽不留. 謝公推不去. 411) 師是支鶴。西晉哀帝時. 支遁. 字道林. 人有遺鶴者. 乃放之曰. 冲天凌雲之物. 豈耳目之所玩哉. 君子多稱其達. 412) 吾非趙鷗。通載云. 後趙石勒弟. 名虎. 字季龍. 襲兄之位. 徙都鄴城. 尤傾心事佛圖澄. 朝會引見. 侍御史擧輦升殿. 太子諸公扶翼而前. 主者唱曰大和尙. 坐者皆起. 勅司空李農. 朝夕問候. 支遁聞之曰. 澄公. 其以季龍爲鷗鳥乎. ○鷗鳥者. 列子傳云. 昔有人無心日坐江邊. 鷗鳥聚遊膝下矣. 其父見之. 語之曰. 汝之膝下鷗鳥取來. 從其父敎. 有心而待鳥. 鳥則不來. 言澄公以季龍爲鷗而同遊. 大師則不與王同遊而入山故也. 413) 乃命十戒弟子。宣敎省副使馮恕行。援送歸山。使待兔者離株。此大師出山. 如離株. 株. 見無染註. 414) 美魚者學網。臨淵羨魚. 不如退而結網. 比辭京入山. 居靜修心也. 415) 出處之是五焉。在世行。無遠近夷險。未嘗代勞以蹄角。馬牛. 416) 及還山。氷雪梗跋涉。梗. 塞也. 草行曰跋. 水行曰涉. 行不由蹊隧曰跋涉. 今則後也. 417) 又乃以 418) 栟櫚音呂. 說文云. 梗木也. 出安南. 性堅. 紫紅色. 可作床几輪輿等也. 419) 步輦今之步輦也. 420) 寵行。謝使者曰。是豈非井大春所云人車耶。後漢. 井丹. 字大春. 常曰. 黃帝作車. 少昊加牛.

如比之鳥. 不畜樊中. 全其物性. 棲之深林. 游之壇陸. 浮之江湖. 食以鰍鱔然後. 眞善養鳥者也. 其惠誰能賞量.'(桂·奎)

411) 全·國·延Ⅰ·成·芝·東·桂·奎／高Ⅰ·高Ⅱ

412) 國·高Ⅰ·延Ⅰ·成·芝·東／全·桂·奎

413) 國／全·高Ⅰ·延Ⅰ·成·芝·東·桂·奎·高Ⅱ

414) 延Ⅰ·成／全·國·桂·奎 [참고] '大師在王宮一處. 忘却歸山. 則如守株待兔. 言離文字識道理者也.'(高Ⅰ)·'見無染註.'(芝·東)

415) 上段(全·國·桂·奎) 下段(延Ⅰ·成·芝·東·高Ⅰ)

416) 國·延Ⅰ·成·高Ⅰ·東·桂·奎

417) 桂·奎／國·延Ⅰ·成·東·高Ⅱ

418) [참고] '賜也.'(桂·奎)

419) 延Ⅰ·成·桂·奎／全·國·芝·高Ⅱ [참고] '以輿羿擧之也.'(高Ⅰ)·'今之四人轎.'(東)

420) 芝·東

大禹加馬．已不可．況代人乎．421) 顧英君[顧 顧視也．英君俗人中英俊者．422)] 所不須。矧形毀者乎。

然命旣至矣。 受之爲濟苦具。 及移疾于安樂練423) 若。

[練若．阿練若之略稱．又云蘭若．乃比丘之修行處．即寺院也．424)] 扶錫不能起。 始乘之。 使病[憂也．425)] 病者了空。426) 賢賢者離執。[病病至離執．病不至處．師因乘輿能至．病豈實乎．是乃勝病濟苦．故云了空．賢賢者．亦得捨却不乘爲是之偏執也．427)] 用捨之是六焉。 至多抄[末也．月也．428)]十二 旣望之二日。[十八日．429)] 趺坐晤言[晤音吳．鄭箋．對也．蘭亭記．晤言．一室謂相對言也．430)] 之際。 泊然[恬靜無爲也．431)] 無常。 嗚呼。 星廻上天。432) 月落大海。433) 終風[詩註云．終日之風也．434)] 吼谷。 則聲咽虎溪。[慧遠入滅．虎溪若咽．435)] 積雪摧松。 則色

---

421) 全·國·延Ⅰ·成·芝·東·桂·奎

422) 桂·奎 [비고] '草之秀者爲英．　則指大春.'(延Ⅰ·成)

423) [참고] '蘭也.'(全)

424) 新註

425) 全·國·成·東·桂·奎 [참고] '……比乘車也.'(芝)·'呻也.'(延Ⅰ)

426) [비고] '人憂病而不行．　師乃空．　故不憂病而乘車能至．　此乘譽也.'(東)·'病空也．　病空故乘之.'(全·國/延Ⅰ·成)

427) 桂·奎 [참고] '上賢者善也．　人善賢而不乘．　師離執．　故不善賢而臨危乘之.'(東)·'初賢善也．　比不乘車也.'(芝)·'執．　不棄之執.'(延Ⅰ·成·高Ⅰ/全)

428) 國/全·延Ⅰ·成·高Ⅰ·高Ⅱ·東·桂·奎·芝

429) 國·高Ⅰ·高Ⅱ·芝·桂·奎 [비고] '十七日也.'(延Ⅰ·成)

430) 延Ⅰ·成·桂·奎/全·國·東 [참고] '晤．　明也．　以言曉人也．　又遇也．對也.'(高Ⅰ)

431) 全·國 [참고] '止息'(延Ⅰ·成·桂·奎)

432) [비고] '莊子云．　傳說．　乘東維騎箕尾．　而比於星列云云.'(桂·奎·東)

433) [참고] '言世界暗冥也.'(延Ⅰ·成·國)

434) 東·桂·奎·國·全·延Ⅰ·成·高Ⅰ·高Ⅱ

435) 全·國·延Ⅰ·成·芝·東·桂·奎

俀鵠樹。[佛入滅. 娑羅樹色變. 如鵠. 故謂鵠樹也. 436)] 物感斯極。人悲可量。信[再宿. 437)] 而假殯[猶言草殯 438)] 于賢溪。朞而遷定[439)] 于曦野。太傅王馳醫問疾。降騋[440)] 營齊。不暇無偏無頗。[洪範註云. 偏. 不中也. 頗. 不平也. 偏頗好惡. 已私之生於心也. 是不遵王之義也. 言不外假無偏頗. 實出於內心之至也. 441)] 能諧有始有卒。[卒. 終也. 言待師死生一如. 442)] 特教菩薩戒弟子建功鄉[地名. 443)] 令[官名. 444)] 金立言。慰勉諸孤。[弟子. 445)] 賜謚智證禪師。塔號寂照。仍許勒石。446) 俾錄狀聞。門人性蠲敏休楊孚繼徽等。咸得鳳毛者。[晋謝鳳. 有文章. 而其子超宗. 又有文章. 謂之得鳳毛. 447)] 敍陳迹以獻。至乙巳歲。[師. 僖宗中和二年壬寅十二月十八日卒. 公. 僖宗

---

436) 延Ⅰ·成·全·國·芝·東·桂·奎

437) 全·東 [참고] ‘信宿.’(高Ⅱ)

438) 國 [참고] ‘音賓. 說文. 死在棺. 將遷葬. 柩賓遇之. 孔子曰. 夏后殯于東楯之上. 則猶在阼也. 殷人殯于兩楹之間. 則與主賓夾之也. 周人殯于西階之上. 則猶賓之也. 註. 阼音祚. 主人位也.’(桂·奎·延Ⅰ·成)

439) [참고] ‘葬下棺.’(桂·奎·成·高Ⅱ)

440) ※‘騋’는 他本에 ‘騋’로 되어 있음. [참고] ‘騋音來. 驛馬也. 言送使設齋也.’(芝／東)·‘騋. 朱子曰. 馬高七尺以上者.’(全·國·延Ⅰ·成·高Ⅱ·桂·奎)

441) 延Ⅰ·成／國 [비고] ‘言王待師. 無外飾之事也.’(高Ⅰ)·‘不假戒. 平而正.’(芝)

442) 國／延Ⅰ·成·高Ⅰ·芝 [참고] ‘案. 不暇至有卒. 言不暇於王道萬機之蕩平也. 能合於始終之一如也. 始. 指問心月池事也. 終. 指馳醫降騋等事也.’(桂·奎／東)

443) 全·延Ⅰ·成 [비고] ‘建功. 地名.’(國)

444) 延Ⅰ·成·高Ⅱ

445) 國·芝·東·高Ⅱ

446) [참고] ‘記事鑴文于碑版曰勒石. 猶刻.’(成)

447) 全 [참고] ‘……得鳳尾. 今云尾者. 尤爲推重之意.’(國·桂·奎／芝·東)·

有國民媒儒道。[449] 嫁帝鄉。(孤雲. 年十二入唐. 十八登科. [450])（師殞後四年來也. [448]）（光啓元年乙巳來.）

而名掛輪中。(月輪桂中. 比登科也. [451]) 職攀柱下者。(侍御史. 着鐵冠立柱下. [452]) 曰崔致遠。捧漢后(天子. [453])·龍緘。(詔書. [454]) 齎[455] 淮王[456] 鵠幣。(桂苑筆耕云. 行次山陽. 太尉(高騈)寄賜衣緞. 令充歸觀. 續壽信物. 謹以詩謝. [457]) 雖慚鳳擧。[458] 頗類鶴歸。(先生自謙言. 已之榮貴. 雖

　　‘五代記云. 自晋迄梁. 陳諸侯箋奏. 皆批諾字如鳳尾. 言受印可於師者. ……得鳳毛. 而今尾字不取也.’(延Ⅰ·成) 〔비고〕‘鳳. 人姓也.’(高Ⅱ)

448) 芝·東／延Ⅰ·成 〔참고〕‘羅史云. 崔致遠. 年二十八. 奉詔還自唐. 即僖宗光啓元年及獻康十一年乙巳云云.’(桂·奎)

449) 〔비고〕‘合儒家之道也.’(芝)·‘合儒與道也.’(東)

450) 新註. 〔참고〕‘先生年十二入唐. 即僖宗元啓年中也. ○佛碑中儒道字. 尤更生色.’(全／國·高Ⅰ·高Ⅱ·芝·東)

451) 國／全·延Ⅰ·成·芝·東·桂·奎 〔비고〕‘天下’(高Ⅱ)

452) 全·國·延Ⅰ·成·芝·東 〔참고〕‘……○案. 媒儒道. 言欲媒兩國儒道. 弱齢入唐也. 名掛輪中. 言折桂檄巢. 名顯天下也. 職攀柱下. 言爵則不高也.’(桂·奎)

453) 全·國·芝·東

454) 全·國·高Ⅱ·芝·東

455) ※ ‘齎’는 他本에 ‘賚’로 되어 있음. 〔참고〕‘賚音賴. 賜也.’(國)

456) 〔비고〕‘新羅王.’(全·國)

457) ‘……自古雖誇晝錦榮. 長卿(司馬相如) 翁子(朱買臣)占虛名. 旣傳國信兼家信. 不獨家榮. 國亦榮. 萬里始成歸去計. 一心先筭邸來程. 望中遙想恩深處. 三朵仙山. 目畔橫. ○案. 漢后. 指僖宗也. 龍緘. 謂詔書也. 淮王. 指高騈也. 開府淮南節制兵馬. 故稱淮王. 鵠幣. 指衣緞也. 先奉帝詔. 獻之國王也. 次傳淮幣. 壽之家親也. 龍緘鵠幣四字. 與上媒嫁二字. 遙遙相應. 眞文之美者.’(桂·奎) 〔참고〕‘地理志云. 淮南國在吳楚之間. 都壽春. 衡山六安爲隣. 鵠頭. 諸侯之書. 崔公自淮南入於新羅國也.’(芝／東)·‘稱臣之幣.’(高Ⅱ)·‘見無染註.’(國·延Ⅰ·成)

458) 〔비고〕‘司曆註. 鳳知時. 故以名曆官. 言孤雲不及大師生時而來. 故慚鳳飛.’(延Ⅰ·成·桂·奎／國)·‘丹穴之山有鳥. 狀如鶴. 五色而文名曰九包. 鳳見則天下安寧. 非梧桐不棲. 非竹實不食. 知亂治. 見存亡. 比不知存亡而來. 慚也.’(芝／東)

不足爲鳳擧之比. 其去家久而今始歸則. 頗與丁氏鶴相似.459) 上命信臣淸信者陶竹陽。授門人狀。賜手敎曰。縷(音樓. 絲麻之縷. 可經緯者. 或云. 藍縷褸衣也.460) 褐(音曷. 織毛爲之. 可御寒者. 陸佃曰黃黑色)461) 東師。始悲西化。(大師.462) 繡衣(御使. 衣繡衣故.463) 西使。深喜東還。(孤雲.464) 不朽(指碑文.465) 之爲。有緣而至。無悋外孫之作。(漢列女傳云. 孝女曹娥. 會稽上虞人也. 其父盰. 能絃歌. 爲巫祝. 桓帝鴻嘉二年五月五日. 泝松江濤. 迎婆娑神. 溺死不得屍骸. 娥年十四. 沿流呼泣. 晝夜不絶聲. 旬有七日. 遂投江而死. 三日後. 與父屍俱出之. 吏爲之立碑云. 孝順第一曹家女者. 邯鄲淳. 作其碑文. 蔡邕. 題其陰曰. 黃絹幼婦外孫韲臼. 楊修見卽悟. 曹操行三十里知之. 歎曰. 有知無知. 較三十里.466) 將酬大士(指智證禪師. 法華文句記. 大論稱菩薩爲大士. 亦曰開士. 又釋門正統. 宋神宗宣和元年. 詔改釋氏爲金仙. 菩薩爲大士. 僧爲德士.467) 之慈。臣也雖東箭非材。而南冠多幸。(晋. 顧象. 吳郡人. 虞澤. 會稽人. 並起討蘇峻. 時後人贊曰. 顧實南冠. 虞唯東箭也. 註. 南冠者文人. 東箭者武士.468) 方思運

---

459) 全／高Ⅱ 〔참고〕 '遼東城門有華表柱. 忽有一白鶴集其上. 空中言詩曰. 有鳥有鳥丁令威. 去家千꼇今來歸. 城郭如故人民非. 何不學仙隊累累. 比貴顯而歸來也.'(芝／東·高Ⅰ)·'見無染註.'(國·延Ⅰ·成·桂·奎)

460) 延Ⅰ·成·桂·奎／東

461) 延Ⅰ·成·桂·奎／東

462) 全 〔참고〕 '西化. 與上文靜衆等. 西化不同. 彼則西游不返. 故云西化. 此則化往淨土故云.'(桂·奎·東)·'西化. 死也.'(高Ⅱ)

463) 延Ⅰ·成·東·桂·奎

464) 新註. 〔참고〕 '先生.'(全)

465) 延Ⅰ·成

466) 延Ⅰ·成／高Ⅰ 〔참고〕 '外孫. 女之子. 好字也.'(芝·東·桂·奎)·'見無染碑中韲臼註.'(國)

467) 新註

468) 國·延Ⅰ·成·芝·東／全·高Ⅰ·高Ⅱ 〔참고〕 '爾雅云. 東南之美. 有會稽之竹箭. 晋書云. 顧象. 吳郡人. 虞澤. 會稽人. 并起兵. 討蘇峻. 贊曰. 顧實南金(生吳郡故). 虞惟東箭(生會稽故). 左傳云. 晋侯觀於單府. 問左右曰. 彼南冠而縶者. 誰也. 對曰. 鄭人所獻楚囚也. 晋侯憐之. 送鍾儀楚國. 象云. 以儀雖居異國. 而不變衣冠. 終歸於楚. 比孤雲入中國. 不變

斧。昔. 莊子. 因送葬. 過惠子之墓. 顧謂從者曰. 郢人堊漫其鼻端. 若蠅翼. 使匠石斲之. 匠石運斤成風. 聽而斲之. 盡其堊而鼻不傷. 郢人立不失容. 宋元君聞之. 召匠石曰. 試爲寡人爲之. 匠石曰. 臣嘗能爲之. 然臣之質死矣. 吾無以爲對也. 比作文之妙. 469) 遽値號弓。言王昇遐也.

黃帝鑄鼎於荊山之下. 鼎成龍至. 帝及群臣宮女七十二人. 乘龍而上天. 百姓攀龍鬚. 鬚絕. 帝墮弓. 群臣百姓. 抱弓而號. 因名弓爲烏號. 470) 況復

國重佛書。家藏僧史。法碣相望。禪碑最多。說文云. 方者爲碑. 圓者爲碣. 471) 遍覽色絲。謂妙辭也. 472) 試搜殘錦。473) 則見無去無來之說。

競把斗量。不生不滅之譚。 動論車載。474) 曾無魯史新意。春秋. 乃孔子筆削魯史. 則是史外傳心之要典. 而今於法碣中. 不見其意. 475) 或用周公舊章。孔子修禮記. 盡用周公之所

本國威儀而終歸本國也. ○案. 東箭云云. 公是東人. 故自謙云. 雖是東箭之不才. 幸如鍾儀之南冠得還也. 上句. 自卑之辭. 下句. 樂歸之語. 且晉書中東箭南金之說. 取其物產之至美. 比諸人才之鍾出也. 非以文武論之也.'(桂·奎)

469) 延Ⅰ·成／全·高Ⅱ 참고 '……比作文下筆.'(芝·國)·'……比方思不笔. 而亦嘆知音之師已化也.'(東)·'……○案. 方思運斧. 非比自家妙作之文. 全取引文中死無對之意. 歎其知音王逝. 欲作不能也. 與下號弓句. 意實貫通也.'(桂·奎)

470) 延Ⅰ·成·桂·奎／芝·東·高Ⅰ·高Ⅱ·國·全

471) 國·延Ⅰ·成·東 참고 '……○案. 法碣. 伽藍事跡. 與禪敎律師等碑之通稱也. 禪碑. 單擧禪師碑文也. 非取碑碣方圓之義也. 相望吐也.'(桂·奎)

472) 新註. 참고 '黃絹絕字.'(芝·東·桂·奎)

473) ※ '殘綿'은 他本에 '錦頌' 비고 '晉書. 竇滔妻蘇氏. 名蕙. 字若蘭. 滔被徙流沙. 蕙織錦爲廻文旋圖詩. 寄之. ○案. 行狀也. 又遍覽諸碑中色絲之長. 行錦頌之偈頌也.'(桂·奎／東·芝)

474) 참고 '案. 無去無來. 永出三界故也. 不生不滅. 證得寂滅故也. 此皆碑中諸師實錄. 如是等語. 浩難指數. 故云車載斗量. 競抱斗量. 指現前文字堆積而論也.'(桂·奎)

475) 全 참고 '春秋胡氏傳序云. 古者列國. 各有史官. 掌記時事. 春秋於魯史. 仲尼就加筆削. 乃史外傳心之要典也. 旣史外傳心. 則是魯史之外新意也.' (國·延Ⅰ·成·芝·東·桂·奎／高Ⅱ)

撰周禮. 言攝取 / 前代章句也. 476)　是知石不能言. 陳腐之文. 刻於石面. 爲石所慚. 477)　益驗道之云

遠. 478)　唯懊 音奧. 又悔恨也. / 惱也. 479)　師化去早. 師壬寅化. 480)　臣歸來遲. 公乙巳來. 481)

爨鬟字誰告前因. 法華靈驗傳. 秦郡東寺. 有沙彌誦法華經. 甚通利. 到藥草喩品爨鬟二字. 隨教隨忘. 師苦責之. 師夢一僧曰. 此

沙彌前生. 在寺側東村受身. 誦法華藥草喩品. 白魚食爨鬟二字. 其經現在其家. / 往驗之. 明旦師就彼家問之. 果有法華經一部. 取看果缺二字. 兒亡已十七年. 果

與此沙彌年時 / 胎月相應也. 482)　逍遙義不聞眞訣. 通載云. 東晋安帝隆安四年. 後秦姚興 / 弘始三年庚子三月. 庭樹生連理. 逍遙

園有荵變蒀. 以表智人應入中國. 十二月二十日迎羅什法師. 居逍遙園. 興以國師禮待之. 甚見優寵. 資學三千. 拔萃有八曰. 道生·僧肇·道融·僧叡·道恒·僧影·

惠觀·惠嚴等. 可謂一時之盛. 千載光華. 興卑萬乘之心. 尊三寶　每憂傷手. / 之敎. 莫不精究. 洞其深旨. 比仟公逍遙園. 證師月池宮也. 483)

相傳云. 大匠若無則　小匠恐傷手. 不能執 / 斧. 言以我腐儒. 不敢下手於大師之碑. 484)　莫悟伸拳. 傳燈錄云. 二十五祖奢耶多. 自生至長.

恆拳左手. 見獅子尊者而申之. 有一粒珠. 衆皆驚異. / 獅子叙其宿因. 而勸出家. 今言無緣於佛. 莫悟其理. 485)　歎時則露往霜

---

476) 新註／全·國·延Ⅰ·成·芝·東·桂·奎　[비고] '作孝經之時. 全因舊.' (高Ⅰ／高Ⅱ)

477) 新註. [참고] '謙云渠文. 語皆陳腐. 於石反爲慚德. 宜有恠異之辭. 猶未能者. 豈於賴師之道德耶.' (東·桂·奎)·'見無染註.' (延Ⅰ·成)

478) [비고] '言佛說遍滿國中. 而周魯之道則遠矣.' (全)·'詩之道之云遠. 曷云能來.' (國)·'上句. 指諸碑文之全無貶辭. 次句. 指諸碑銘之或有頌義. 如或文過本人實行. 主張溢美. 則石豈無言. 然猶不能異言. 則可驗諸師之道玄也.' (桂·奎)

479) 延Ⅰ·成·芝·東·桂·奎·高Ⅰ·高Ⅱ

480) 芝

481) 芝

482) 芝·東／延Ⅰ·國·成·全·桂·奎

483) 芝／東　[참고] '恨不與大師相遇. 言叩其眞而質卜之.' (全)　[비고] '世說云. 諸賢論逍遙游. 支遁在白馬寺. 標新理於二家之表. 立異議於衆賢之外.' (桂·奎)

484) 全／國·高Ⅱ　[참고] '傷手者. 道德經云. 常有司殺者. 夫代司殺者. 是謂代大匠劉. 夫代大匠劉者. 希有不傷手者矣. 註云. 司殺者. 造物也. 以我之拙工. 代大劉匠. 鮮有不傷手者.' (芝／東·桂·奎·高Ⅱ)

來。遽涸愁鬚。486) 談道則天高地厚。〔莊子云. 至人德. 若天高地厚也.〕487) 廛腐頑毫。〔左思作三都賦. 十稔始成. 擲地金聲. 今之述作不佳. 僅塞腐毫之責. 故云僅腐.〕488) 將諧汗漫之遊。〔淮南子云. 盧敖遊北海. 見一道士. 問曰. 夫子何與我爲友. 士曰. 吾將遊於汗漫之上. 乃聳身直入雲中. 敖仰視曰. 吾比夫子. 若壤虫之於黃鵠也. 此比大師於道士. 而自比於敖也.〕489) 始述崆峒之美。〔崆峒山. 有廣成子宮. 景美不可盡述也. 此言述大師之景行.〕490) 有門人英爽。來趣受辛。〔薑曰. 受辛. 舜字. 二字用意有味.〕491) 金口是資。〔資. 依也. 后稷廟前有金人三緘其口. 盖愼言之意. 言自家資無言而不答也.〕492) 石心彌固。〔皮日休云. 宋廣平爲相. 疑其鐵石心腸. 不解此軟媚詞. 註云. 宋璟封廣平公. 謚文貞. 比不許之尤固.〕493) 忍踰刮骨。〔五代. 萇從簡 中流矢. 命醫刮骨而言笑忍痛. 三國志. 關雲長事亦同. 言忍不作序之甚.〕494) 求甚刻身。求之盆甚.495) 影伴八多。〔案. 孤雲獨坐燈下. 伴自家之影於八多而作文也. 八多. 八年之多也.〕496) 言資三復。〔言謂 行狀

---

485) 全／國・延Ⅰ・成・芝・東 〔비고〕 '案. 莫悟申拳. 言匠石但憂運斧之傷手. 不知屈伸其拳. 恢恢游刃於巨村也. 以比自削其辭. 章章篆美於豊石也.'（桂・奎）

486) 〔비고〕 '以東方君子之國而盡入於西天之域耶. 可嘆時事之變遷.'（全）・'蘇武始以强壯出. 歸漢鬚髮盡白矣.'（芝／東）

487) 東・桂・奎・國

488) 東／芝・桂・奎 〔비고〕 '俯仰天地僅存. 我一人而已乎.'（全）・'毫筆也. 取兎毛爲之.'（延Ⅰ・成）

489) 全／國・東・桂・奎 〔참고〕 '……言孤雲大師同遊意.'（延Ⅰ・成）・'……比大王與大師. 問答玄道之遊也.'（芝谷）・'……以比乎學士之問道. 汗漫游如是.'（高Ⅰ）

490) 全・國／延Ⅰ・成・芝・東・桂・奎

491) 桂・奎／東

492) 全・國・延Ⅰ・成／芝・東

493) 芝・東 〔참고〕 '堅不欲作序.'（全）

494) 芝・全・國／延Ⅰ・成・東・桂・奎

495) 全 〔참고〕 '古詩云. 醫得眼前瘡剜却心頭肉.'（延Ⅰ・成）

496) '……多者. 三餘之首. 正好作文之時也. 或云. 影. 大師影草（行狀）也. 又云. 影. 歲月光影也. 又八多. 八旬爲八多.'（桂・奎／國・延Ⅰ・成・芝・東・高Ⅰ・高Ⅱ） 〔참고〕 '久也.'（全）

也. 論語曰. 白圭之玷. 尙可磨也. 斯言之玷. 不可爲也. 南容一日三復讀之. 孔子以兄之子妻之. 497)　抑六異六是之屬辭無媿。

賈　賈. 買也. 見初月註. 498)　勇有餘者。實乃大師內蕩六魔。與六塵同. 色·聲·香·味·觸·法. 499)　外除六蔽。慳貪·破戒·瞋恚·懈怠·散亂·愚癡. 500)　行苞六度。布施·持戒·忍辱·精進·禪定·智慧. 501)　坐證六通神足通·天眼通·天耳通·他心通·宿命通·漏盡通. 502)　故也。其苦心勞身. 既至若是. 則竟不可不爲屬辭爾. 503)　事譬探花。然記事也. 如蜂之採花. 但取其香不擇其味. 504)　文難削藁。後魏李季白上書切諫. 即消其藁. 而今則登石. 難於消也. 505)　遂同榛楛勿翦。陸機賦云. 彼榛楛之勿翦兮. 亦蒙榮於集翠. 註云. 庸文雜於麗句. 如榛楛之同翠於松栢之下. 善惡雖殊. 同歸于美. 喩自家之庸文. 蒙榮於大師之美行. 506)　有慙糠粃在前。習鑿齒. 與道安法師周遊. 安先去. 齒曰. 簸之揚之糠粃在前. 安曰. 淘之汰之沙石在後. 507)　跡追蘭殿之遊。梁武帝. 與達摩共遊蘭殿. 即王之正殿也. 508)　誰不仰月池佳對。月池宮說心. 爲忘言師也. 509)　偈効栢梁之作。漢武帝作栢梁臺. 命盧多遜作七字詩. 七言始於此. 五言始於蘇武河陽詩. 510)　庶幾騰日域東方. 511)　高譚。

---

497) 芝／東·桂·奎 [비고] '累也.'（全）

498) 國／芝·東

499) 新註

500) 新註

501) 新註

502) 新註

503) 全

504) 全·國·延Ⅰ·成／芝

505) 全·國·延Ⅰ·成 [참고] '……註云. 消. 用也. 比難用全藥.'（芝·東）· '大師之行迹. 事事皆美. 比如採花之美. 故難可盡蕭也.'（高Ⅰ）

506) 國／全·芝·東·桂·奎 [비고] '榛似栗而小. 楛似荊而赤. 孝經云. 榛楛剪其繁蕪. 今言勿剪則任其繁蕪. 言不磨琢.'（延Ⅰ·成）

507) '……言自家詩文之恥也.'（全／國·延Ⅰ·成·芝·東·桂·奎）

508) 國／全·延Ⅰ·成·芝·東·桂·奎

509) 芝 [참고] '時王崇佛. 人皆仰之.'（全）

510) '……○先生於此碑. 實緘口持難. 八多之久. 然旣有王命. 如武帝栢梁之

其詞曰。麟聖依仁乃據德。孔子未生時. 有麒麟吐玉書於闕里人家曰. 水精之子. 繼衰周而素王天下. 孔母徵在. 以繡紱係其角. 及後獲麟. 孔子解紱而泣. 絕春秋之筆.512) 鹿仙知白能守黑。敦煌實錄云. 老子父. 姓韓. 名虔. 夜夢日精敷野而仙人駕鹿入室. 與上洋朱氏特猪婢子. 合孕而生故曰鹿仙.513) 二敎徒稱天下式。螺髻眞人難确力。佛頭髮如螺形. 故謂佛螺髻眞人也. 确力. 競勝負也.514) 十萬里外鏡西域。成光子曰. 自長安至中印度境五萬八千里. 西至那拘遮國五萬八千里515) 一千年後燭東國。見上文洛宅註.516) 雞林地在鼇山側。鼇山者. 列子. 湯問云. 渤海之東. 有大壑焉. 其中有五山. 而五山之根. 無所連著. 常隨波上下往還. 帝恐流于西極. 使巨鼇十五擧首戴之. 五山始峙.517) 仙儒自古多奇特。可憐羲仲不曠職。羲和. 堯時主四時之官. 賓日餞日者也.518) 更迎佛日辨空色。敎門從此分階堿。三輔黃圖云. 未央殿前左堿右平. 註. 天子殿高九尺. 階爲九級. 中分左右. 堿有齒. 人行之. 右則平之. 平者. 以文磚相亞次. 令輦車得上也. 堿音戚. 階. 璣也519) 言路因之理溝洫。洫音革. 田間水道. 即深廣八尺曰洫.深廣四尺曰溝.520) 身依兎窟心難息。兎窟. 喩隱者之居處.521) 足躡羊

爲. 則不敢不作.'（全／國・延Ⅰ・成・芝・東・桂・奎・高Ⅰ・高Ⅱ）

511) 全・國・東・高Ⅱ

512) 全・國・延Ⅰ・成・芝・東・桂・奎／高Ⅱ

513) 全・國・延Ⅰ・成・芝・東・桂・奎／高Ⅱ

514) 芝・東／全・國・延Ⅰ・成・桂・奎

515) 全・國・延Ⅰ・成・東・桂・奎

516) 新註／延Ⅰ・成・芝

517) 新註

518) 全 참고 '尙書. 羲氏和氏主曆象. 授時之官. 四節各分職頒布. 命羲仲宅嵎夷曰暘谷. 平秩東作宅居也. 平均. 秩序. 作起也. 命羲叔宅南方平秩. 南訛化也. 命和仲宅西曰昧谷平秩. 西成. 命和叔宅翔易曰幽都平察. 翔易翔. 蘇也. 易. 改易也.'（延Ⅰ・成／桂・奎)・'御日神也.'（芝・東）

519) '……言大小異.'（延Ⅰ・成／桂） 비고 '小乘大乘之尊卑. 堦堿也.'（芝・東）

520) '……亦喩三乘差別.'（延Ⅰ・成／全・國・芝・東・桂・奎・高Ⅱ）

521) 新註. 참고 '兎有三穴以避外禍.'（全・國)・'…喩心緒多端.'（延Ⅰ・成)・

歧眼還惑。[羊腸山. 有九曲險路. 上四句言敎路多端.] 522) 法海安流眞叵測。 心傳眼訣苞眞極。 得之得類罔象得。[春池失珠. 覓之不得. 罔象無心而得之. 出莊子.] 523) 默之默異寒蟬默。[蟬之不鳴者雄也. 不鳴是默. 大師則具說. 故異於常默.] 524) 北山義與南岳陟。 垂鵠翅與展鵬翼。[鵠則一舉飛千里. 鵬則一舉九萬里. 比遊中原.] 525) 海外時來道難抑。 遠派禪河無雍塞。 蓬托麻中能自直。[寶鑑云. 蓬生麻中不扶而自直.] 526) 珠探衣內休傍貸。[衣內. 即法華. 親友係珠衣內. 其人醉不知. 後更逢親友. 始知其珠不從外得. 貸音慝. 借也.] 527) 湛若賢溪善知識。 十二因緣非虛飾。[六是六異也.] 528) 何用攀綖兼拊杙。[攀綖. 渡流沙之事. 拊杙. 越葱嶺之事. 言在此而得道.] 529) 何用砥筆及含墨。[言不假文字而得道.] 530) 彼或遠學來匍匐。[指上義與陟也.] 531) 我能靜坐降魔賊。[指大師.] 532) 莫把意樹誤栽植。

'……喩一乘之外. 更有三乘. 疑心難定也.'(芝／東·桂)

522) 全·國·芝·東·桂·奎·延Ⅰ·成

523) 全·國／延Ⅰ·成·芝·桂

524) 全·國／延Ⅰ·成·奎

525) 國·芝／全·延Ⅰ·成·奎 [참고] '義師來化入山. 故云垂翅. 陟師度化二王. 故云展翼.'(東·桂)

526) 桂

527) 新註／延Ⅰ·成·全·國·東

528) 全·國·延Ⅰ·成·芝·東·桂·高Ⅱ

529) 全·國 [참고] '唐三藏傳云. 過疏勒諸國. 登葱嶺. 度雪山. 障氣千里. 層冰萬里. 下有大江水. 急若箭. 於東西兩山之間. 繫索爲橋. 十人一過云云. 行經三日. 復過大雪山. 懸崖壁立. 無安足處. 石壁皆有古杙孔. 處處相對. 人各執四杙. 先拔下杙. 手攀上杙. 展轉相代. 三日方過. 乃到平地云云.'(延Ⅰ·成·桂／芝·東)

530) 全·國·延Ⅰ·成·桂·高Ⅱ

531) 全·國·芝 [비고] '匍匐者. 凡民有喪匍匐求之.'(東)

532) 全·國·芝

莫把情田枉稼穡。533) 莫把恒沙論萬億。 莫把孤雲定南

北。此四句. 戒門人之辭. 初二句. 戒空守默之痴禪. 虛栽意樹枉稼情田. 次二句. 戒參愚僧空論功德虛行南北者.534) 德馨四遠聞

蕡蕳。書云. 黍稷非馨. 唯德是馨. 蕡蕳. 椪子花也.535) 惠化一方安社稷。土穀之神. 有德者配食焉. 共工氏之子句

龍氏. 食於社. 厲山氏之子柱. 食於稷. 乃王者崇奉神明. 以報天地之功用. 是國家安危所在之所.536) 面奉天花飄纓袘。天花. 御札也. 纓袘者. 師之行狀也. 即出入宮之淸儀也.537) 心憑水月呈禪拭。拭音式. 以巾拭垢也. 即呈禪門拭心之言也. 上句. 入

王城時事. 此句. 答王問心之事也.538) 窶嗣佳綿539) 誰入棘。腐儒玄杖慗摘埴。

盲者以杖探路之狀也. 玄杖. 筆也. 言以儒記佛. 如盲人之不知去路.540) 跡耀寶幢名可勒。寶幢. 指塔也.541) 才

---

533) 참고 '情田. 心田也.'(奎)

534) 國·延Ⅰ·成·全·芝·桂·奎

535) 新註/桂·東·全

536) 全

537) 東 비고 '天花. 佛說法華. 天雨四花. 祓音極. 裝也. 即纓褐行裝也. 入王宮時事.'(延Ⅰ·成/桂·奎)·'袘音克. 衣裾也.'(全·國)·'祓音克. 行道之衣也. 飄纓. 盛花之器也.'(高Ⅱ)

538) 新註/延Ⅰ·成·桂·全·國

539) ※ 窶嗣는 他本에 '霍副', '佳綿'은 他本에 '往錦' 비고 '霍副. 人名. 疑古之貧者. 往錦. 或云. 挾繞壞衣也. 然諸解多端. 未詳孰是.'(全·國)·'霍. 團繞之貌. 副. 布也. 往錦. 陳綿也. 謂眞綿圍布於衣而服之. 棘刺. 何可穿入於衣內也. 通載云. 晋天竺臂者佛陁耶舍傳云. 耶舍至姑臧. 聞什公愛泰宮女. 歎曰. 什如好綿. 其可使入棘乎. 彼以宮女爲棘. 好綿爲什. 此以入京爲棘. 以往綿爲師. 岸如上釋. 舊注曰. 霍副. 古之貧人名. 又作文苟且之意. 又大師脫塵之意. 又羊老釋. 霍 훤히 往綿 무근소음 副 꿰여. 羊解似可.'(芝/東·延Ⅰ·成·高Ⅱ·奎)·'續博物志云. 衡山. 五嶽之南嶽也. 黃帝以潛. 霍爲山之副. 爾雅云. 霍山爲南嶽. 至漢武帝. 以衡山道遠. 徙祭廬江潛山. 字彙云. 霍. 山名. 小山在中. 大山在外. 團繞之曰霍. 莊子云. 聞諸副墨之子. 註云. 副墨. 文字也. 因言而後. 書之簡丹曰副墨. 形之言. 正也. 書之墨. 副也. 通載云. 佛陀耶舍歎曰. 羅什如好綿. 其可入棘刺乎.'(桂)

540) 全·國·延Ⅰ·成·芝·東·桂·奎

輸錦頌文難織。〔輸.負也.〕542)　囂腹欲飫禪悅食。〔囂腹.鳴腹也.禪悅食.六度經云.以禪悅爲食.以智慧爲釛.此以碑文爲食也.〕543)　來向山中看篆刻。

---

541) 全·國·延Ⅰ·成·奎·高Ⅱ　[참고] '寶幢. 碑碣也.'（芝·桂）
542) 國·芝·東·桂
543) 芝

初月山大崇福寺碑

臣聞。王者之基〔基. 本也. 書武成篇. 太王肇基王迹也. 又始也 1)〕祖德而峻〔崇／峻. 也 2)〕孫謀也。〔詩云. 貽厥孫謀 3)〕政以仁爲本。禮以孝爲先。〔仁孝爲一編大旨 4)〕仁以推濟衆之誠。〔左傳鍾儀云. 仁以接事. 事雖大必濟. 論語云. 一日克己復禮. 天下歸仁焉 5)〕孝以擧尊親之典。莫不體無偏於夏範。〔洪範曰. 無偏無黨. 王道蕩蕩. 無黨無偏. 王道平平. 注. 偏不平也. 黨不公也. 言無偏黨反側己私之見於事也. 蕩蕩. 廣遠也. 平平. 平易也. 言正直不偏邪也 6)〕遵不匱於周詩。〔詩云. 威儀孔特. 君子有孝子. 孝子不匱. 永錫爾類. 註云. 孝子. 王人之嗣子也. 儀禮. 祭祀之終. 有嗣擧奠. 匱竭也. 類善也. 言汝之威儀. 旣得其宜. 又有孝子之擧奠. 孝子之孝誠不竭. 則永錫爾善矣 7)〕聿修芟秕稗之譏。〔芟. 刈也. 秕. 不成粟也. 稗. 似稻而實細也. 比政事不明 8)〕克祀潔蘋蘩之薦。〔詩云. 于以采蘋. 南澗之濱. 又云. 于以采蘩. 于沼于沚. 于以用之. 公侯之事. 蘩. 白蒿也. 沼. 池也. 沚. 渚也. 註. 言南國被文王之化. 諸侯夫人. 能盡誠敬. 采以奉祭祀也 9)〕俾惠渥〔渥音屋. 洽也. 潤也. 賈誼云. 德至渥也. 言王德 10)〕均濡於庶彙。〔庶. 衆也. 彙音暉.〕

---

1) 成・國・延Ⅰ・奎・桂

2) 國 [참고] '峻. 峭也. 嚴急也. 堯典. 克明峻德.'(成・延Ⅰ・奎・桂)

3) 奎・桂

4) 全

5) 奎・桂

6) 成・延Ⅰ・奎・桂／全・國・高Ⅰ・高Ⅱ・東・芝

7) 成・延Ⅰ・奎・桂／全・國・高Ⅰ・高Ⅱ・東・芝

8) 全 [참고] '……○秕. 疑作稊. 音弟. 孟子云. 五穀. 種之美者. 苟爲不熟. 不如稊稗. 夫仁亦在乎熟之而已.'(奎・桂) '聿音商. 循也. 惟也. 自也. 言自修也. ○芟音杉. 刈也. 齊將享公. 孔子曰. 若其不具. 用秕稗也. 註. 秕. 粟不成者. 音彼. 盖譏之也. 稗音敗. 似稻實細也.'(成・國・延Ⅰ・奎・桂) '音三. 斬也.'(高Ⅱ)

類也. 聚也 11)　德馨高達於穹旻。孝誠達穹旻 12)　然勞心而扇暍暍音葛. 說文. 傷暑. 帝王世

紀. 武王自孟津還. 及于周. 見暍人. 王自左擁而右扇之 13)　泣辜。夏禹. 出見罪人. 下車. 問而泣之 14)　豈若拯羣品

衆生 15)　於大迷之域。三界 16)　竭力而配天配音沛. 匹也. 合也. 周頌. 克配彼天也 17)　饗帝。

書曰. 以饗上帝鬼神 18)　豈若奉尊靈於常樂之鄉。常·樂·我·淨爲涅槃之四德. 常樂之鄉即涅槃之世界也 19)

是知敦睦九親。敦. 厚也. 睦. 和也. 堯典云. 九族旣睦. 註云. 高祖曾祖祖父子孫曾孫高孫玄孫爲九族 20)　實在紹

隆三寶佛法僧 21)　矧乃玉毫光法華經云. 佛放眉間白毫相光. 照東方萬八千世界. 靡不周遍. 下至阿鼻地獄. 上至阿迦尼

吒天. 註云. 阿鼻. 此云無間. 即地獄最下. 阿迦尼吒. 此云質礙究境. 即色界極頂也 22)　所燭照。金口偈佛說經文 23)

---

9)　成·延Ⅰ／全·國　[참고]　'……左傳云. 澗溪沼池之毛. 蘋蘩蘊藻之菜. 筐筥錡釜之器. 潢汙行潦之水. 可以薦於鬼神. 可以羞於王公. 風有采蘋采蘩. 雅有行葦泂酌.'(奎·桂)

10)　奎·桂／成·國·延Ⅰ

11)　國／成·延Ⅰ·奎·桂

12)　國

13)　延Ⅰ／全·成·國·東·芝　[참고]　'音謁. 說文. 傷暑. 武王蔭暍人於樾下. 左擁而右扇之. 天下懷其德'(奎·桂)[비고]　'帝王世紀曰. 禹扇暍熱病人'(高Ⅰ·高Ⅱ)

14)　全·國／成·延Ⅰ·高Ⅰ·高Ⅱ·東·芝·奎·桂

15)　新註

16)　國

17)　成·延Ⅰ　[참고]　'周頌. 思文后稷. 克配彼天. 盖尊之也.'(全)　'盖帝王之祭廟. 尊其廟靈. 如天配之.'(國／東·芝·奎·桂)

18)　芝／東　[참고]　'饗如上帝而饗之也'(國)　'祖上'(高Ⅱ)　'宗祀文王於明堂. 以配上帝也.'(奎·桂)

19)　新註

20)　成／全·國·延Ⅰ·東·芝·奎·桂

21)　全·國

22)　芝／東

23)　芝／東

所流傳。靡私於西土生靈。 爰及於東方世界[佛說法華時. 放眉間瑞光. 照東方萬八千里云 24)] 則我太平勝地也。性玆柔順[東方配五常則仁. 故柔順 25)]。氣合發生[東方始生萬物 26)] 山林多靜默之徒[僧侶 27)] 以仁會友。江海協朝宗之勢[尚書. 江漢朝宗于海. 註. 春見曰朝. 夏見曰宗. 江漢趨於海. 如諸侯朝宗于王也 28)] 從善如流。是故激揚君子之風。薰潰[潰音忩. 浸也 29)] [漏也.] 梵王之道30) 猶若泥從璽[天子之璽. 以紫泥封之 31)] 金在鎔[董仲舒曰. 上之和下. 下之從上. 猶金之在鎔. 此二句. 明從善如流 32)] 而得君臣鏡照也33) 志於三歸[佛法僧也 34)] 士庶翹[翹. 懸也. 文選. 曹植雜詩. 翹思慕遠人. 註. 翹猶懸也 35)] 誠於六

---

24) 全／成・國・延Ⅰ・奎・桂

25) 全・國／東・芝・奎・桂

26) 全／成・國・延Ⅰ・高Ⅰ・高Ⅱ・奎・桂 [비고]'發生. 配四時. 東是春也'(東／芝)

27) 新註

28) 成・國・延Ⅰ・奎・桂

29) 奎・桂／成・延Ⅰ・高Ⅱ・東

30) [비고]'東人崇佛'(高Ⅰ)

31) 全 [참고]'蔡邕獨斷曰. 皇帝之璽. 皆玉. 虎螭細文. 曰皇帝行璽. 皇帝之璽. 皇帝信璽. 天子行璽. 天子之璽. 天子信璽. 皆以武功. 紫泥封之. 故云爾.'(成) '……虎螭紐文……紫泥討之……'(延Ⅰ) '……○班史云. 出征及使絕國. 皆受金泥璽封. 即浮折國蘭金泥也.'(桂・奎) '蔡邕獨斷曰. 天子之璽. 似紫泥印封之云云爾.'(國) '漢舊儀. 天子六璽. 皆以武功. 都紫泥封之.'(東・芝) [비고]'泥. 印朱也.'(高Ⅱ)

32) 全 [참고]'……猶金之在鎔. 註. 鎔謂鑄器模範. 此二句. 皆喻從善如流意.(國・東・芝) '鎔音容. 鑄也. 說文. 治器法也. 董仲舒. 曰上之化下. 下之從上. 猶金之在鎔. 惟治者所爲. 註. 鎔謂鑄器模範.'(成・延Ⅰ)・ '鎔音容. 銷也.……'(奎・桂)

33) 全・奎・桂

34) 東

35) 新註 [참고]'翹音喬. 秀起貌.'(桂／全・成・國・延Ⅰ・奎)

度。^{布施·持戒·忍辱·精進·}
^{禪定·智慧之總稱 36)} 至乃國城無惜。能令塔廟相望。雖
在瞻部洲^{此云勝金}^{洲也 37)} 海邊。寧慚都史多^{梵語.}^{兜率.}^{亦都史}^{多.此云知足天 38)} 天上。
衆妙之妙。**39)** 何名可名^{案.衆妙二句.總結妙中之尤妙也.衆妙指莊嚴塔}^{廟等事也.下妙字.謂妙法也.言衆妙中之眞妙}
^{法.名狀不}^{可得也 40)} 金城^{新羅都城}^{名 41)} 之离。^{南方卦名.}^{言南方 42)} 日觀^{日觀者.泰山東南峯名.}^{鷄初鳴.則見日出.故}
^{云日觀峯.今新}^{羅東亦有之 43)} 之麓。有伽藍號崇福者。乃先朝^{景文王}⁴⁴⁾ 嗣位
之初載。^{西紀八六}^{一年 45)} 奉爲烈祖元聖大王^{册號敬信.即景文}^{王之九世祖 46)} 園陵追
福之所修建也。 粤若^{發語辭}^{也 47)} 稽古寺之濫觴。^{水初出曰濫觴.比}^{作事之始也 48)}
審新刹之覆簣。^{孟子云.爲山九仞.功虧一簣.若盡一簣.}^{則是覆也.故言凡事之終.云覆簣 49)} 則昔波珍

---

36) 新註／東

37) 高Ⅱ／成·國·延Ⅰ·東·芝·奎·桂

38) 桂／全·成·國·延Ⅰ·高Ⅰ·高Ⅱ·東·芝·奎

39) 비고 '人皆崇佛故也.'(高Ⅰ)

40) 奎·桂

41) 全·成·國·延Ⅰ·東·奎·桂／高Ⅰ·高Ⅱ·芝

42) 奎·桂／高Ⅱ

43) 國·成·延Ⅰ·東·奎·桂／全 참고 '峯名也'(高Ⅱ·芝)

44) 全·成·國·延Ⅰ·高Ⅰ·高Ⅱ·東·奎·桂

45) 新註

46) 全·國·東·芝·奎·桂／成·延Ⅰ

47) 芝·國 참고 '粤. 兩月切. 韻. 入聲. 于也. 於也. 審察之詞也. 說文.
從宷從方. 徐曰. 凡言粤者. 皆在事端. 句首末便言之. 駐其言. 以審思
之. 故從審字. 宷. 審也.(高Ⅰ／成·延Ⅰ·高Ⅱ·東·奎·桂)

48) 芝·東 참고 '詩云. 三江浩浩. 其源濫觴. 註. 濫. 泛也. 觴. 杯也. 謂
岷山初出之源. 但可泛一杯而已. 故言凡事之始. 曰濫觴'(全·國) '見
智證註.'(成·延Ⅰ·奎·桂)

49) 全／成·國·延Ⅰ·高Ⅰ·高Ⅱ·東·芝 참고 '爲山九仞. 功虧一簣. 若
盡一簣. 則是爲覆也. 論語. 子曰. 譬如爲山. 未成一簣. 止吾止也. 譬如

娘[新羅十七級爵中第三級也] 50) 金元良者。昭文王后[元聖大王之母] 51) 之元舅[帝王之長舅. 即帝王母之兄弟之長] 52) 肅貞王后[元聖大王之后] 53) 之外祖也。身雖貴公子。心實眞古人。始則謝安[比金元良] 54) 縱賞於東山。55) 儼作歌堂舞館。終乃慧遠同期於西境。56) 捨爲像殿經臺。[晋謝安携妓. 遊東山三十年. 後與慧遠法師與]

劉遺民雷次宗周續之宗炳等百二十人. 結白蓮社. 發願往生西方 57) 當年之鳳管鷗絃。[崑山之竹. 作管吹之. 有龍鳳之音.]

以鷗之筋. 作琴瑟之絃. 用鐵撥彈. 則其響如雷 58) 此日之金鍾玉磬。隨時變改。 出世因緣。寺之所枕倚也。[主山] 59) 巖有鵠狀。仍爲戶榜。[因爲寺榜云 鵠寺也] 60)

能使鴛廬長價。[鴛鴦必具雌雄. 故東西翼廊. 謂鴛廬] 61) 永令鵝殿增輝。[禽經曰. 鵝鳴城沈. 養之園林.]

平地. 覆一簣. 進吾往也. (桂·奎)

50) 芝·東·奎·桂 [비고] '職名'(全·成·國·延Ⅰ·高Ⅱ)

51) 全·成·國·延Ⅰ·高Ⅰ·高Ⅱ·東·芝·奎·桂

52) 新註 [비고] '元舅. 叔也.'(高Ⅱ)

53) 全·成·延Ⅰ·高Ⅰ·東·芝·奎·桂

54) 高Ⅰ·高Ⅱ

55) [비고] '晋書. 謝安携妓. 遊東山三十載.'(成·延Ⅰ·東·奎·桂／高Ⅰ·高Ⅱ)

56) [비고] '弘明集. 慧遠與劉遺民雷次宗周續之宗炳等百二十人. 結白蓮社. 發願往生西方也'(成·延Ⅰ·東·奎·桂)[참고] '極樂世界'(高Ⅰ) '白蓮社'(高Ⅱ)

57) 全·國 [참고] '……以謝安比元良'(芝)

58) 全·國 [참고] '崑山竹有龍鳳之音. 而吹之則出. 故名之. 唐賀懷嘗以鷗鷄筋作瑟琶絃. 用鐵撥彈. 其響如雷.'(延Ⅰ·成) '……故名之也. 唐書云. 賀由智善瑟琶. 石爲槽. 鷗鷄筋作絃. 用鐵撥彈.'(奎·桂) '鳳. 鳳笛也. 鸞. 鸞琴也.'(高Ⅱ) [비고] '謝安榮華'(高Ⅰ)

59) 東·芝 [참고] '枕倚. 言主山也. 或云. 枕前. 倚主山也'(高Ⅱ)

60) 國／全·芝 [참고] '寺名白鵠'(高Ⅱ·東)

61) 全·成·國·延Ⅰ·高Ⅱ·東·芝·奎·桂

則蛇遠去. 諸佛所住. 百害斯無. 故佛殿謂之鵝殿 62) 則彼波羅越之標形。西域達親國. 有過去迦葉佛伽藍. 窮大石山作

之. 凡有五層. 最下層作象形. 五百間石室. 第二層獅子形. 四百間. 第三層馬形. 三百間. 第四層牛形. 二百間. 第五層鴿形. 一百間. 窓牖通明. 室中朗然.

是名波羅越寺也 63) 崛㤏遮 此云鷹. 岩如鷹狀. 故因爲寺名 64) 之紀號。詎若飛千里以取

譬。古詩. 黃鵠飛千里. 取鵠字意也 65) 變雙林以牓題者哉。梁武帝時. 傳大士於松上頂古寺. 因雙搗樹. 改名

雙林. 而居之. 但取其變本名之義也. 此寺名但鵠寺. 而無白字. 解云. 佛入涅槃時. 雙林皆白. 取白意. 非 66) 但茲地也。威卑

---

62) 成·延Ⅰ·奎·桂／全·國 [참고] '法堂'(東·芝)

63) 全·國 [참고] '法顯傳云. 西域達親國……第五層鴿形. 一百間. 最上有泉水. 循石室前. 繞房而流. 周圍四曲. 如是乃至下重. 順房而流. 從戶而出諸僧室中. 處處穿石作窓牖通明. 室中朗然. 都無幽暗. 其室四角. 穿石作梯. 登上處. 令人形小. 緣梯上. 正得至昔人一脚踏處. 因名此寺. 爲波羅越. 波羅越. 此云鴿也.'(桂·成·延Ⅰ·奎) '此云鵠. 岩如鵠狀. 故因爲寺名.'(芝·東) '波羅越. 西域寺名.'(高Ⅱ)

64) 東·芝 [참고] '西域寺名(高Ⅱ) [비고] '此未詳唐音'(成·延Ⅰ·國)

65) 奎·桂·全·國·高Ⅱ [비고] '古詩. 黃鵠飛千里. 此從勝爲名'(芝·東)

66) 國／全·成·延Ⅰ [비고] '雙林. 不入里. 無雙林變白. 此取白字. 從變化爲名. 彼則但票形而立名. 此則兼以票形能飛能變. 故云詎若云.'(東) '雙林爲鶴林. 此從其變化.'(芝) '傳大師. 松山頂. 因禱樹㤏寺. 而居則變俗. 居爲雙林也. 東京志云. 有鵠狀. 故云鵠頭寺云. 或云. 白鵠寺. 變雙林. 變字. 以色白解者. 不知狀字. 且取譬字不該. 詳之. ○案. 上句波羅越. 即下飛千里義. 上取鴿字. 下取鵠字. 標形字. 亦爲取譬義也. 次上崛㤏遮. 即下變雙林義. 此三字. 未詳唐音. 下是白字. 則以義推之. 必是五色中之一色字也. 詎若云者. 言彼不及此也. 彼則一形(鴿字)一色. 分爲二寺之號. 此則一形(鵠字)一色(白色). 合爲一寺之名. 彼二. 對此一. 故云詎若. 此寺或云白鵠. 取白字義. 或云鵠頭. 取爲寺義. 請畧卞之. 觀取鵠字義. 引古爲義三字. 全用詩文. 下句引用. 亦不異前矣. 初訖是. 且變雙林. 若依後解. 則變義不著. 思之. 後云. 取此字不該. 此句中. 有鵠無白. 故此亦未思也. 飛千里. 指飛行活鵠. 比者以嚴比活鵠也. 取者. 以寺取嚴形也. 下文云. 牓題. 則白鵠二字. 并取於寺額也. 觀下鵠眉註. 義益昭著矣.'(桂) '傳大士. 松山頂. 因禱林. 㤏寺而居. 則變俗. 居爲雙林也. 東京志云. 有鵠狀. 故云鵠頭寺云. 或云白鵠寺. 變雙林. 變字. 以色白解者. 不知狀字. 且取譬字不該. 詳之. ○案即彼鶴鴿之標形. 伽籃之絕號. 曷若

鷲頭。西域記云. 梵語枯標陁羅. 唐言鷲頭. 亦云鷲臺. 枯標特起. 旣棲鷲鳥. 儀類高臺. 故佛於此說法也 67) 德峻龍耳。郭璞錦囊經云. 勢止形仰. 前澗後崗. 龍首軾之. 藏曼穎. 吉昌耳. 致王侯. 以坎爲首. 卽甲角震耳也. 註. 燕國公張說與玄宗. 俱微行. 見葬龍耳者. 誤謂龍角. 尋往其家. 勸移他地. 其人答曰. 葬龍耳. 則三年內. 白衣天子到門前云云 68) 與畫金界。金界者. 寺也 69) 宜開玉田。玉田者. 陵也 70) 洎貞元唐德宗年號 71) 戊寅年元聖大王十四年 72) 多。遺敎窀穸之事。窀音肫. 穸音夕. 墓穴幽堂也. 杜預曰. 窀. 厚也. 穸. 夜也. 言穴中厚暗如長夜 73) 因山是命。綱目註. 帝王之葬. 因其山川. 而不復起墳 74) 擇地尤難。乃指淨居。寺也 75) 將安秘殿。王陵 76) 時獻疑者有言 昔游氏之廟。說文云. 鄭聲公. 欲毀游氏之廟. 以廣苑囿. 子產曰. 游氏之賢. 不能保五畝之宅耶. 公遂止. 77) 孔子之宅。漢書. 景帝中子. 爲魯恭王. 欲毀孔子舊宅. 以廣其居. 聞金石絲竹之音. 乃止不壞 78) 皆不忍終毀。

岩鵠之爲比變俗爲寺. 而創始題目也哉. 崛崿遮. 未詳. 而飜疑似是伽藍也.’(奎)

67) 奎·成·國·延Ⅰ·桂／全 [비고] ‘法華經云. 佛住耆闍崛山中. 說法華經. 註云. 耆闍崛. 此云鷲頭山. 從形得名也.’(芝·東) ‘寺基也’(高Ⅱ)

68) 成·延Ⅰ·奎·桂／全·國·高Ⅱ·東·芝

69) 芝 [참고] ‘金沙寶界’(全·國) ‘須達布金買園’(成·延Ⅰ·奎·桂)

70) 芝·高Ⅱ [참고] ‘王者之葬. 用玉匣’(全·成·國·延Ⅰ·奎·桂)

71) 全·成·國·延Ⅰ·高Ⅰ·高Ⅱ·奎·桂

72) 全·成·國·延Ⅰ·高Ⅰ·奎·桂

73) 延Ⅰ·成·國·東·芝·奎·桂 [참고] ‘窀. 下棺也. 穸. 墓穴也. 遷元聖王墓’(高Ⅱ)

74) 全·國·東·芝·奎·桂 [참고] ‘卽遂葬也’(成·延Ⅰ) [비고] ‘山. 初月山. 命. 入窆命’(高Ⅱ)

75) 成·延Ⅰ·高Ⅱ·東·芝·奎·桂 [참고] ‘鵠寺’(全)

76) 全·國·東·芝 [참고] ‘幽殿’(成·延Ⅰ·奎·桂)

77) 國·全·成·延Ⅰ·奎·桂 [참고] ‘左傳. 昭公二十年. 鄭簡公卒. 將爲葬. 除及游氏之廟. 將毀焉. 子太叔. 使其除徒. 執用以立. 而無庸毀曰. 子產過女. 而問何故不毀. 乃曰. 不忍廟也. 諾. 將毀矣. 旣如是. 子產乃使辟之. 司墓之室. 有當道者. 毀之. 則朝而塴. 不毀. 則日中而塴. 子太叔請毀之曰. 無若諸侯之賓何. 子產曰. 諸侯之賓. 能來會吾喪. 豈憚日中無損

人到于今稱之。 則欲請奪金地。 無乃負須達多〔指給孤獨作祇垣精舍者. 比金元良也 79)〕 大捨之心乎。 冥葬者。〔陵也 80)〕 地所祐。 天所咎。〔白虎通云. 天以高爲尊. 地以厚爲德. ○案. 冥葬則地增其厚. 故爲所祐. 天減其高. 故爲所咎 81)〕 不相補矣。 而莅〔莅音利. 臨也 82)〕 政者譏〔譏. 議也. 左傳云. 鄶以下. 無譏焉 83)〕 曰。 梵廟〔寺也 84)〕 也者。 所居必化。 無徃不諧。 故能轉禍基爲福場。 百億劫〔劫. 具云劫波. 此云時分也 85)〕 濟其危俗。 靈隧〔陵也 86)〕 也者。 頗砫坤脈。〔頗音府. 低頭也. 砫同銓. 坤脈. 五行之氣. 運於地中. 猶人之血脈. 運於皮膚之中 87)〕 仰挨乾心。〔挨. 度也. 乾心. 二十八宿與列星. 羅于乾心. 各有主張分地也 88)〕 必在苞四象〔謂金木水火 89)〕 于九原。〔九原. 葬處也. 禮檀弓云. 趙文子視于九原曰. 九原可作. 吾誰與從. 註云. 卿大夫死. 則多葬于此. 故云九原 90)〕 千萬代保其餘慶。 則也法〔佛法 91)〕 無住相。

於賓. 而民不害. 何故不爲. 遂弗毀. 日中而葬君. 子產於是乎知禮. 禮無毀人. 以自成也.(芝・東)

78) 國・全・成・延Ⅰ・奎・桂／東・芝

79) 全・成・國・延Ⅰ・東・芝・奎・桂

80) 芝・高Ⅰ 【참고】 '裝. 墓也'(高Ⅱ)

81) 奎・桂・全・國 【비고】 '祐音又. 神助. 咎音舅. 愆也. 過也. 言諸天喜佛居. 而厭葬尸.'(成・延Ⅰ)'地則成功. 故祐. 天則毀功. 故咎.'(芝・東)

82) 成・延Ⅰ 【참고】 '莅. 治也'(高Ⅱ)

83) 奎・桂

84) 芝・高Ⅱ・東 【참고】 '梵. 此云淨.'(成・國・延Ⅰ・奎・桂)

85) 成・延Ⅰ・奎・桂

86) 芝・東・高Ⅱ

87) 全・成・國・延Ⅰ・奎・桂／高Ⅱ・東・芝

88) 國・全・成・延・奎・桂

89) 新註 【비고】 '苞. 與抱同也. 四象. 老陰老陽 少陰少陽. 地師定山之形也.'(國 ・全・成・延Ⅰ・東・芝・奎・桂)／'四象. 四方也.'(高Ⅱ)

90) 國・東・芝 【참고】 '或云九京. 禮壇弓云. 京當爲原. 魯大夫墓在九原'(延Ⅰ・成) '禮記云. 晉獻子曰. 從先大人於九京. 註謂晉大夫之墓地在九原.

禮[喪葬之禮 92)] 有成期。93) 易地而居。 順天之理。 但得靑烏善視。[郭璞之師. 靑烏先生. 善陰陽地理. 著錦囊經 94)] 豈令白馬悲嘶。[梁高僧傳云. 昔外國王. 盡毀諸寺. 唯招提寺. 未及毀. 夜一白馬. 繞塔悲嘶. 即以啓聞. 王乃停止. 因改招提. 爲白馬寺. 名出義集 95)] 且驗是仁祠。[寺也 96)] 本隷[付屬 97)] 戚里。[金元良也 98)] 誠宜去卑就峻。[去卑. 應上威卑句. 就峻. 應上德峻句 99)] 捨舊[指舊寺也 100)] 謀新。[陵也 101)] 使幽庭[陵也 102)] 據海域之雄。 淨刹[寺也 103)] 擅雲泉之嫩[美也 104)] 則我王室之福山高峙。 彼侯門[侯門者. 指金元良是貴公子. 故下數節明不負須達陁之意. 此是文字結處故 105)] 之德海安流。 斯可謂知無不爲。 各得其所。 豈與夫鄭子産之小惠。 魯恭王之中輟。[指上不毀宅毀廟也 106)] 同日而是非哉。

京盖原字之誤.'(奎·桂)　'葬處也'(全·高Ⅱ)

91) 全·成·延Ⅰ·高Ⅱ·東·芝·奎·桂 [비고] '佛法僧也'(國)

92) 成·全·國·延Ⅰ·高Ⅱ·東·芝·奎·桂

93) [비고] '盛. 隄防也.'(成·延Ⅰ·奎·桂)

94) 全·成·國·延Ⅰ·高Ⅰ·高Ⅱ·奎·桂／東·芝

95) 國·全·成·延Ⅰ·高Ⅰ·高Ⅱ·東·芝·奎·桂

96) 全·國·東·芝

97) 全·國·東·芝／成·延Ⅰ

98) 全·成·國·延Ⅰ·東·芝·奎·桂

99) 國·全·成·延Ⅰ·奎·桂 [비고] '卑. 卑地. 峻. 峻山.'(高Ⅱ)

100) 成·全·國·延Ⅰ·奎·桂

101) 全·國 [참고] '新基'(成·延Ⅰ)　'新基. 或新陵也'(奎·桂)

102) 全·成·國·延Ⅰ·芝·奎·桂

103) 全·芝 [참고] '伽藍號梵刹者. 輔行云. 西域以柱表刹示所居處也. 梵云刺瑟胝. 此云竿. 即幡柱也. 長阿含云. 若沙門. 於此法中. 勤苦得一法者. 使當竪幡. 以告四方也'(成·延Ⅰ·奎·桂·國)

104) 芝·高Ⅱ [비고] '微同'(奎·桂)

105) 奎·桂 [참고] '周禮. 師侯禳. 註. 侯者. 侯迎也. 吉祥. 佛之所居. 亦侯迎. 言祥. 故曰侯門.'(全·國·成·延Ⅰ·東·芝)

106) 成·國·延Ⅰ·高Ⅰ·高Ⅱ·芝·奎·桂

宜聞龜筮協從。[筮音誓. 蓍曰筮. 蒿屬也. 龜曰卜也. 蓍二施. 史記云. 蓍千歲. 一本百莖. 下有神龜. 守之. 此言葬於佛地. 未知吉凶. 故先以占兆也 107)]可見龍神歡喜。[案. 宜聞云云. 至歡喜. 言龍神歡喜. 故龜筮協從. 龜龍一族. 蓍神無二故也 108)]遂遷精舍。爰創玄宮。兩役[寺與陵也 109)]庀徒。[庀音披. 治也 110)][具也.]百工藏事。[藏音鬧. 也 111)]備其改創紺宇。[紺音甘. 染青赤色. 釋名云. 紺. 含也. 青而含赤色 112)]則有緣之衆。相率而來。張袂不風。植錐無地。霧市奔趨於五里。[後漢. 張楷. 能爲五里霧. 學其術者塡門. 人謂之霧市 113)]雪山和會於一時。[西域記云. 伊爛那城長者之子. 性情仁善. 投雪山學佛. 凡有所須. 自其居家. 至于雪山. 鄉里奴僕. 交路替傳. 曾不踰時. 其和會可知 114)]至於撤瓦抽椽。[撤. 除去也.]

---

107) 高Ⅱ [비고] '書註云. 稽疑. 以龜筮爲重. 人與龜筮皆從. 是爲大同. 固吉也. 人不從. 而龜筮不違者. 亦吉. 龜從筮逆. 則可作內. 不可作外. 內謂祭祀等事. 外謂征伐等事. 龜筮共違. 則可靜. 不可作. 靜謂守常. 作謂動作也. 然有龜從筮違. 而無筮從龜逆者. 龜尤聖人之所重也. 故禮記. 大事卜. 小事筮. 傳云. 蓍短龜長. 是也. 自夫子贊易. 極蓍著卦之德. 蓍重而龜書不傳云也. ○言龜筮者. 書云. 鬼神其依. 龜筮協從. 協. 合也. 龜能七十二鑽. 故用龜而卜之. 蓍. 史記. 蓍生海岸. 過千歲. 則一本百莖. 下有神龜守之. 用蓍而筮之也.'(奎·桂·成·延Ⅰ·芝／國·東)

108) 奎·桂／東 [비고] '龍王. 神祇也.'(芝)

109) 芝 [철고] '案兩役. 指精舍玄宮二事也. 或云. 心手也. 非也.'(奎·桂·東)

110) 全·成·國·延Ⅰ·東·奎·桂 [철고] '音比. 冒也. 又音披. 具也. 治也.' 高Ⅱ)

111) 全·國·高Ⅱ·東·芝 [철고] '……左傳曰. 寡君願以藏事'(成·延Ⅰ·奎·桂)

112) 奎·桂·成·國·延Ⅰ

113) 成·全·國·延Ⅰ·高Ⅰ·高Ⅱ·東·芝·奎·桂

114) 芝·全·國 [철고] '伊爛拏城長者子二百億. 其足跖毛丈. 餘光潤細軟. 色若黃金. 珍愛此兒. 備諸玩好. 自其居家. 以至雪山. 亭傳連隅. 僮僕交路. 凡須妙藥. 適相告語. 轉而傳受. 曾不踰時. 其豪富如此. 善根將發. 投佛出家. 出西域記.'(成·延Ⅰ) '伊爛拏城長者子二百億……出西域記. 洛誥. 周公初基. 作大新邑于東國洛. 四方民大和會.'(奎·桂) [비고] '僧修苦行者. 人稱雪山也.'(高Ⅱ·高Ⅰ)

抽。〔抽. 發也〕(115) 奉經戴像。迭相授受。競以誠成。役夫之跬步未移。釋子之宴居已就。〔寺役畢〕(116) 其成九原。則雖云王土。〔普天之下. 莫非王土〕(117) 且非公田。於是。括以邇封。〔括. 結束也. 量也. 說文. 築土爲墳曰封. 檀弓. 孔子合葬于防. 封之崇. 言邇封者. 作墓之近地也〕(118) 求之善價。益丘隴〔指墓域周邊之地, 俗所謂山坂.〕(119) 餘弌百結。〔從來 寫本及刊本 皆書以弌百結 今 據碑石斷片 改以弌百結〕(120) 酧〔酬同〕(121) 稻穀合二千苫。〔斛除一斗爲苫也. 司馬法. 六尺爲步. 步百爲畝. 秦孝公制二百四十步爲一畝. 程頤曰. 古者. 百畝止當今田十畝也. 斛音與. 量名. 十六斗〕(122) 旋命〔旋. 轉也. 回也〕(123) 所司。〔司. 治葬者〕(124) 與王官之邑。〔官猶主也. 樂記云. 天地官矣. 註. 主也. 即畿內之邑也〕(125) 共艾榛徑。〔艾音杉. 刈也. 唐史. 墟榛. 註. 榛. 木盛也〕(126) 分蒔松埏。〔蒔音時. 植也. 埏. 和土也. 又字彙云. 墓道也〕(127)

---

115) 國・成・延Ⅰ

116) 全

117) 高Ⅰ

118) 延Ⅰ・成・奎・桂・全・國・東・芝 [비고] ‘癸位. 墓地. 或云田地. 是近地也.’(高Ⅱ・高Ⅰ)

119) 新註 [비고] ‘丘壠. 墓. 方言. 晋秦之間. 謂之丘壠. 然. 此中不合丘壠. 一曰田畹. 田中高處. 陳勝輟耕之壠上. 則丘壠指田必也. 言益田於墓近地之量. ○古詩云. 何有餘智到丘壠. 指魏帝塚也.’(奎・桂・成・延Ⅰ) ‘塚也. 方言晋秦之間. 謂塚之壠’(高Ⅰ) ‘塚也. 又田也’(高Ⅱ)

120) 新註 [참고] 東俗. 以五百畝. 減百弓爲結. 百弓. 三十肘. 肘二尺. 又一尺五寸 (芝・成)

121) 奎・桂

122) 成・延Ⅰ・高Ⅰ・東 [참고] ‘……○案. 括以云云. 籠取邇封岡厚買僧家. 永爲千秋松栢之地也. 益丘云云. 以王家二百餘結. 益之丘陵. 其中年年收合之二千苫稅. 永爲先陵酬本之用費也. 餘二百結. 順文句對偶. 故餘字倒置也.’(奎・桂) [비고] ‘猶石也’(全) ‘斛除一斗爲苫. 斛與斜同. 六斗曰斛也.’(高Ⅱ) ‘苫猶言石也. 斛音有. 容十斗之器. 除一斗爲苫也.’(芝)

123) 成・延Ⅰ・國

124) 全 [참고] ‘有司’(國・奎・桂)

125) 成・國・延Ⅰ・東・芝・奎・桂 [비고] ‘之葬地也.’(全)

故得蕭蕭多悲風。激舞鳳128) 歌鸞129) 之思。〔魏志. 武帝臨終. 謂宮人曰. 汝等 日後思朕. 登銅雀臺. 望西陵而歌舞. 此 以舞鳳歌鸞. 比思先王之宮女也 130)〕 鬱鬱見白日。〔博物志云. 漢滕公 卒. 公卿送葬. 駟馬跼地悲鳴. 掘地. 得石槨. 銘曰. 鬱鬱佳城. 三十年見白日. 嗟呼. 滕公居此室 131)〕 助盤龍踞虎之威。〔漢書. 諸葛亮至石頭城. 歎曰. 鍾山虎踞. 石頭龍盤. 眞帝王宅也 132)〕 且觀其地。壞133) 異瑕丘。〔禮記云. 公叔文子升於瑕丘. 嘆曰. 樂哉. 斯丘. 死則我欲葬焉 134)〕 境連暘谷。〔日出處 135)〕 祇樹〔曾是寺垈. 故曰祇樹 136)〕 之餘香未

---

126) 成·國·延Ⅰ·奎·桂

127) 國·成·延Ⅰ 〔참고〕 '蒔. 植也'(高Ⅱ) '蒔音時. 植. 立也. 埏音延. 地 際也. 又墓道也.'(奎·桂)

128) 〔비고〕 '山海經云. 穴山鳥. 狀如鶴. 五采而文. 名曰鳳. 首文曰德. 翼文曰 順. 背文曰義. 腹文曰信. 飲食. 自歌自舞. ○事文云. 鳳凰來舞于庭. 成 王授琴而歌.'(奎·桂／成·延Ⅰ)

129) 〔비고〕 '鸞鳳凰之佐. 山海經云. 女林山有鳥. 狀如翟. 雄鳴于前. 雌鳴于後. 天下寧. ○古詩云. 鸞歌鳳吹. 清且哀也.'(奎·桂) '……雌鳴于後. 宮 人舞鳳歌鸞. 以思先王.'(成·延Ⅰ)

130) 東 〔참고〕 '魏志云. 武帝臨終時. 語宮人曰. 汝等. 日後思朕. 登銅雀臺. 望西陵而歌舞. 古詩云. 恨唱歌聲咽. 愁翻舞袖遲. 西陵日欲暮. 是妾斷腸 時. 此以舞鳳歌鸞. 比思先王宮女也. 蘇鶚杜陽雜篇云. 寶曆二年. 浙東國 貢舞女二人. 曰. 飛鸞輕鳳. 脩肩皎首. 蘭氣融冶. 多不續衣. 夏不汗體. 上更琢玉芙蓉. 以爲舞女歌舞臺. 每歌聲一散. 百鳥翔集其上. 及於庭際. 舞態艷逸. 更非人間所有. 每歌罷. 上令內人. 藏之金玉寶帳. 盖恐風所浸 故也. 由是. 宮中語曰. 寶帳香重重. 一雙玉芙蓉也.'(奎·桂) '言宮人歌 舞. 以思先王. (全·國)

131) 奎·桂

132) 成·全·國·延Ⅰ·東·芝 〔참고〕 '……○案. 蕭蕭. 指上芰徑蕭索. 風吹 荒榛. 自多姬妾悲涼之懷. 鬱鬱. 指蒔松鬱密. 日照長松. 倍助山川雄威之 勢. 此二句. 承上二句意. 詳觀故得二字. 則可知矣.'(奎·桂)'地形'(高Ⅰ)

133) 〔비고〕 '鵠寺'(高Ⅰ)

134) 桂·全·成·國·延Ⅰ·奎 〔참고〕 '……孔子之墓. 在於瑕丘也.'(芝·東) 〔비고〕 '孔子墓也'(高Ⅰ) '孔子墓. 產玉之丘. 曰瑕丘也.'(高Ⅱ)

135) 全·成·國·延Ⅰ 〔참고〕 '堯典云. 日出于暘谷. 浴于咸池. 拂于扶桑. 是

泯。[137] 穀林(堯葬處)[138] 之佳氣增濃。繡峰(峰之隱現端好. 如錦之繡)[139] 則四遠相朝。(如繡之峰. 四方歸朝)[140] 練浦(浦之澄麗亘長. 如練也)[141]. 則一條在望。(如練之浦. 一面供望)[142] 實謂喬山(黃帝. 壽百一十歲. 乘龍上天. 葬弓劍於喬山)[143] 孕秀。畢陌(文王葬地)[144] 標奇。而使金枝(本孫)[145] 益茂於鷄林。(新羅)[146] 玉派(外孫)[147] 增深於鰈水(海東也. 東方有比目魚. 其名曰鰈也)[148] 者矣。初寺宇之徙也。雖同聳出。(法華. 多寶佛塔. 從地涌出也)[149] 未若化城(法華. 中長者. 欲領諸子. 達於寶所. 諸子憚路險遠. 故中路權化一城. 畧置寶貨. 引諸子. 入化城. 後更引入寶所. 譬佛以二乘法引之. 終入

爲晨明’(東・芝) ‘出堯典篇也’(奎・桂) 비고 ‘東國’(高Ⅰ・高Ⅱ)

136) 桂・奎 참고 ‘祇陀太子所捨之林寺也.’(東・芝)

137) 비고 ‘曾是寺故.’(國・全)

138) 全・成・國・延Ⅰ・高Ⅰ・高Ⅱ・奎・桂 비고 ‘歷代會靈云. 帝堯崩. 三年不花. 白鶴語悲. 靑鶴語哀. 葬於秋陽山穀林. 壽一百十八年也.’(芝・東)

139) 國・東・全 참고 ‘全隱而復現. 斷而復續者. 如錦之繡. 故謂之繡峰. 王墓眼山. 無此不用(成) ‘……王墓朝山. 無此不用.’(延Ⅰ・奎・桂) 비고 ‘繡峰. 春花秋錦’(高Ⅰ)

140) 芝 참고 ‘四遠. 四方四遠山.’(高Ⅱ)

141) 國・全 참고 ‘水之凝停不流. 橫長. 如橫一匹練. 故謂之練浦. 王墓眼對有之’(延Ⅰ・成・奎・桂・東)

142) 芝

143) 奎・桂・全・成・國・延Ⅰ・高Ⅰ・高Ⅱ・東 비고 ‘歷代會靈云. 黃帝抹首陽銅. 鑄鼎荊山陽. 鼎成. 帝崩. 葬喬山. 取衣冠几杖. 而廟祀.……下略’(芝)

144) 全・成・國・延Ⅰ・高Ⅰ・高Ⅱ・奎・桂 참고 ‘文王之陵. 又武王陵.(東) 비고 ‘武王之葬處也’(芝)

145) 全・成・國・延Ⅰ・東・奎・桂 참고 ‘同姓’(高Ⅰ・高Ⅱ)

146) 芝・東

147) 全・成・國・延Ⅰ・高Ⅰ・高Ⅱ・東・奎・桂

148) 東 참고 ‘爾雅云. 東方有比目魚. 其名曰鰈.’(奎・桂・成・國・延Ⅰ) ‘……○葬事畢.’(全) 비고 ‘東海’(高Ⅰ・芝)

149) 成・全・國・延Ⅰ・東・芝・奎・桂

大乘也150) 哉乃也.又纔也151) 得劉荊棘而認岡巒。 雜茅茨而避風雨。

僅踰六紀。十二年爲一紀.取歲星一周天152) 驟歷九朝。元聖.昭聖.哀莊.憲德.德興.僖康.神武.文聖.憲安153)

而屢値顚覆。未遑嵩餘。 三利憲安王無子.欲擇膺廉爲壻.膺廉聞長女醜.而少女有姿色.欲娶少女.範喬(敎)曰.娶長女.有三利.一.王無子.以壻爲太子.二.少女自然相從.三.終得大位.是爲景文王154) 之勝緣有待。千齡

之寶運指國運也155) 無虧。伏惟先大王景文王也.僖康王之曾孫156) 虹渚騰輝。虹.水名.顓頊母.曰女節.見有星流華渚.感而生顓頊157) 鰲岑慶州有鰲山158) 降跡。始馳名於玉鹿。似指花郞團.而未可詳之159) 別振風流。鸞郞碑云.國有玄妙之道.曰風流160) 俄161) 綰162) 職於金

貂。貂音彫.鼠屬.出胡丁零國.亦出東北.夷徐曰.侍中冠.以貂爲餙.北方寒.以貂皮暖.故附施于冠.漢冠儀.貂蟬.註曰.金取堅強.蟬取居高飮潔.貂取內勁悍外溫潤也163) 肅淸海俗。據龍田而種德。易乾卦云.九二.見龍在田.利見大人.註曰.田

---

150) 桂・奎・成・延Ⅰ [비고] '法華經. 有化城喩品.'(芝) '見眞鑑註.'(東)

151) 高Ⅱ [참고] '哉得. 哉. 與纔同.'(芝)

152) 全・成・國・延Ⅰ・高Ⅰ／高Ⅱ・東・奎・桂

153) 成・國・延Ⅰ・高Ⅰ・高Ⅱ・芝・奎・桂・全／東

154) 全・國・東・芝 [참고] '……或云. 王. 僧. 施主. 爲三利也.'(奎・桂・成・延Ⅰ・高Ⅰ・高Ⅱ)

155) 成・國・延Ⅰ・奎・桂

156) 全・成・延Ⅰ・奎・桂・國／高Ⅰ・高Ⅱ・東

157) 全・延Ⅰ・成・國 [참고] '初學記. 河圖云. 大星如虹. 下流華渚地名. 女節少昊之母. 感而生少昊.'(芝・東・奎・桂) [비고] '虹渚. 太子宮. 少昊之孕也. 虹現於渚. 騰揚光輝.'(高Ⅱ・高Ⅰ)

158) 全・成・國・延Ⅰ・東・芝・奎・桂 [참고] '今慶州'(高Ⅱ)

159) 新註 [비고] '敎授官也. 南唐. 建學舍於玉鹿洞. 以李道爲洞主. 掌敎授'(全・成・國) '……以李邕爲敎授……'(延Ⅰ・芝) '……以李邈爲敎授……'(東・奎・桂) '學士館名. 宗親司也.'(高Ⅱ・高Ⅰ)

160) 新註

161) [비고] '俄. 頃間也.'(奎・桂)

162) [비고] '繫也.'(高Ⅰ)

地上也. 出現於地上. 其德已著. 以聖人言之. 舜之田漁時也. 利見大德之君. 以行其道也. 即東宮 164)

棲鳳沼 周靈王太子晋. 吹鳳簫求凰. 與秦穆公之女季嘯. 俱爲神仙而去. 後人稱太子所居室. 曰鳳閣. 所遊池. 曰鳳沼 165)

而沃心。 說命云. 啓乃心. 沃朕心. 註云. 沃. 灌漑也. 沃朕心者. 漑我心. 厭飫也 166)

而發言則仁者安人。謀政乃導之以道。八柄之重權咸舉。 周禮. 太宰以八柄詔王. 御群臣. 註. 一. 有德則爵. 二. 有功則祿. 三. 言語合道則賜予. 四. 有善行則置于位. 五. 有大勳則使子孫享養. 六. 有大罪則殺而奪符. 七. 有罪則廢而放之. 八. 有過失則譴責 167)

四維之墜緒斯張。 天之四維. 東西南北. 人之四維. 禮義廉恥 168)

歷試諸難。 玉鹿至四維. 皆是諸難. 唐堯之歷試虞舜也 169)

如利有攸往。旋屬憂侵杞國。 李白詩. 杞國無事憂天傾. 言王之昇遐. 取天傾意 170)

此位曠搖山。 古文. 邦國曠位. 山岳搖動. 亦言王之昇遐 171)

雖非逐鹿之原。 秦失其鹿. 天下共逐 172)

亦有集烏之苑。 詩云. 瞻烏爰止. 于誰之屋

---

163) 成·延Ⅰ·奎·桂／全·國·東·芝 [비고] ‘金. 金魚帶. 貂. 蟬冠也.’(高Ⅱ·高Ⅰ)

164) 成·國·延Ⅰ·奎·桂／東·芝·高Ⅰ [참고] ‘龍田. 太子位也’(高Ⅱ) ‘易乾卦. 九二曰. 見龍在田. 利見大人. 言其德已著. 如舜遇釐降. 即其時也. 先王之爲憲安婿. 亦類此.’(全)

165) 全·成·國·延Ⅰ·東·芝·奎·桂 [비고] ‘鳳沼. 王所遊池也. 景文爲王婿. 故近在王宮也.’(高Ⅱ·高Ⅰ)

166) 奎

167) 全·國／成·延Ⅰ·奎·桂·東·芝·高Ⅰ [참고] ‘八. 八方. 又一爵. 二祿. 三予. 予. 許也. 四置. 五生. 六奪. 七廢. 八誅云云也.’(高Ⅱ)

168) 成·國·延Ⅰ·高Ⅰ／東·芝 [참고] ‘管子云. 守國之道. 在餙四維. 四維不張. 國乃滅亡. 一禮. 二義. 三廉. 四恥.’(奎·桂) [비고] ‘四維. 天之東西南北. 人之仁義禮智’(全)

169) 奎·桂／成·國·延Ⅰ

170) 全·成·高Ⅰ·高Ⅱ·東·芝 [참고] ‘列子云. 杞人有憂天墜者. 身無所寄. 廢于寢食. 有曉之者曰. 天積氣耳. 奈何崩墜乎. 杞人曰. 天果積氣. 日月星辰. 不當墜也. 曰. 日月星辰. 亦積氣之有光耀者. 縱使墜. 亦不能中傷. 杞人始釋. 言王昇遐也. 李白詩云. 杞人無事憂天傾.’(奎·桂·成·延Ⅰ)

171) 全·成·國·延Ⅰ·芝·奎·桂 [참고] ‘古文. 邦國曠位. 山岳搖振. 比王

之意. 言未知寶位將爲誰人之所傳. 如烏之飛. 將止于誰屋之比也. ○有引左傳
云. 宋景文公. 無子. 取公孫周之子得與啓. 畜諸公宮. 公有病. 死. 大尹立啓.
三日. 得夢啓北首而寢於盧門之外. 己爲烏而集於其上. 咮加於南門. 尾加於北門.
覺而言曰. 北首. 死像也. 寢門外. 失國也. 余夢美. 吾必立也. 然不及前義 173)

然以賢以順。174) 且長且仁。賢順. 就氣質而言. 仁　爲民所推。
長. 就德行而言也 175)

捨我奚適。乃安身代邸。漢文帝. 以代王. 至長安.　注意慈門。門
受皇帝位於代邸 176)

也. 以佛慈悲　慮致祖羞。移寺而安陵. 若不崇餙其寺.　願興佛事。因
爲本也 177)　　　　　則是爲祖先奉佛之羞 178)

請芬皇寺僧崇唱。寺在國城西. 今　以修奉梵居之旨。白于佛。
猶完在也 179)

復遣金純行。以隆宣祖業之誠。告于廟。詩所謂愷悌君

子。求福不回。愷悌. 樂易也. 回. 邪也. 言文王之求福. 修　書所謂上
德以俟之也. 不爲回邪之行. 以要之也 180)

無子也.'(東)

172) 成・國・延Ⅰ・高Ⅰ・東・芝・奎・桂

173) 國 [참고] '詩云. 瞻烏爰止. 于誰之屋. 言未知寶位將止于誰也.'(全) '左
　　傳云. 宋景文無子……尾加於東門. 註. 北首. 死象也. 寢門外. 失位. 咮
　　加於南門. 南面爲主.'(成・延Ⅰ・高Ⅰ・高Ⅱ・東・芝・奎・桂)

174) [비고] '此以景文稱也.'(高Ⅰ)

175) 成・延Ⅰ・奎・桂

176) 全・國・東・芝 [참고] '太子'(高Ⅱ) [비고] '書皐謨. 天工. 人其代之. 註.
　　人君代天. 理物庶官. 所治無非天事. 邸. 根本也. 言即代天理物之根邸也.'
　　(成・延Ⅰ) '……又漢文帝. 於代邸受帝位也. 文帝本爲代邦之王. 而爲
　　帝時. 至京. 止於邸家. 受帝位也. 邸. 代邦之主人家也. 自此. 太子謂之
　　代邸也.'(桂・奎)

177) 國・芝・全・東

178) 全・成・國・延Ⅰ・芝・奎・桂 [참고] '移寺安陵. 恐不就.'(東) '先祖崇
　　佛. 不然則羞矣也'(高Ⅰ) '承先祖崇佛之意. 則不羞.'(高Ⅱ)

179) 成・國・延Ⅰ・奎・桂 [참고] '芬皇寺. 在今慶州邑北'(全)

180) 國・成・延Ⅰ・奎・桂／東 [참고] '不爲回邪之行'(高Ⅰ) '詩云. 愷悌君
　　子. 求福不回. 註云. 愷悌. 樂易貌. 回. 回曲也.'(芝) [비고] '曲也'(高
　　Ⅱ)

帝時歆。181)　　下民祗協。[書. 微子命. 註云. 歆饗也. 協. 合也 182)]　　故能至誠冥應。183)　善欲克從。184)　卿士大夫與守龜協。[龜協. 中庸云. 國家將亡. 必妖孽見蓍龜. 註. 蓍所以卜也 185)]　赫赫[高明顯盛貌 186)]　東國。而187)　君臨之。爰遣陪臣。[諸侯之臣. 於天子. 爲陪臣 188)]　告終稱嗣。[憲安王薨. 景文王嗣位也 189)]　逐於咸通六年。[唐懿宗年號 190)]

天子使攝御史中丞胡歸厚。以我鄉人191)　前進士裵匡。腰魚[金魚袋 192)]　頂豸。[豸音池. 一名神羊. 似鹿而一角 生于北荒. 楚文王好服豸冠. 漢爲法冠. 御史冠也. ○堯時. 有一雙獬豸. 立於階下. 善者入之. 則引之. 不肖者入之. 則觸之. 死. 葬於殿之左矣. 生朱草. 長一丈. 小人入則指之. 故後世取豸爲臣冠也 193)]　爲輔行。

副使[194)]　與王人[官名 195)]　田獻銛。196)　來錫命。曰自光膺[光. 先王之膺. 服]

---

181)　[비고] '俯也.'(高Ⅱ)

182)　成·國·延Ⅰ·奎·桂／東·芝

183)　[비고] '景文'(高Ⅱ)

184)　[비고] '諸人'(高Ⅱ)

185)　東　[참고] '協合也.'(芝)　'龜. 卜也.'(高Ⅱ)　'守龜者. 中庸云. 國家將亡. 必有妖孽. 現于蓍龜. 註云. 蓍. 所以筮也. 龜. 所以卜也. 玉篇云. 蓍. 蒿屬. 用之以筮. 千歲. 一本百莖. 下有神龜. 守之. 蓋此守龜. 卜之. 知國家之吉凶也. 故知守龜. 藏之宗廟. 即國之守龜也. 若國家將有吉事. 有凶事. 已現龜背. 故云也.'(桂·奎)

186)　成·延Ⅰ·高Ⅰ·東·奎·桂·芝·高Ⅱ

187)　[비고] '而. 汝也.'(東)

188)　全·成·國·延Ⅰ·高Ⅰ·高Ⅱ·東·芝·奎·桂

189)　全·成·國·延Ⅰ·東·芝·奎·桂

190)　全·成·國·延Ⅰ·高Ⅰ·東·奎·桂

191)　[비고] '新羅人'(東)

192)　全·成·國·延Ⅰ·高Ⅱ·東·芝·奎·桂

193)　國·成·延Ⅰ·東·奎·桂·全／高Ⅰ·高Ⅱ·芝

194)　全·成·國·延Ⅰ·高Ⅱ·東·芝·奎·桂

195)　成·延Ⅰ　[참고] '王之侍人也.'(東)　'官人也. 又中人.'(高Ⅱ)

196)　[비고] '音遷'(國) '音遷. 利也.'(全)

鷹也197) 嗣續。克奉聲猷。天子聲教198) 俾彰善繼之名善繼其志.善述其事199) 允協至公之舉。非王子弟.而以仁善承位.故曰至公200) 是用命爾爲新羅國王。仍授檢校太尉兼持節充寧海軍使。 向非變齊標秀。 至魯騰芬。孔子云.齊一變.而至於魯.魯一變.而至於道也201) 何以致鳳筆指上詔書202) 而寵外諸侯。指上新羅王也203) 降龍旋指上持節204) 而假大司馬指上寧海軍使205) 之如是矣。鳳筆.筆柄雕鳳.龍旋.旋上畫龍故也206) 亦旣榮沾聖澤207) 必將親拜靈丘。先王陵208) 肆以備千乘之行天子萬乘.諸侯千乘209) 奚翅翅.耆也210) 耗十家之產。漢文帝欲作露臺.召匠計之.直百金.上曰.百金.中人十家之產.乃止211) 遂命大弟相國。追奉尊謚惠成大王212) 致齊淸廟。祀堂213) 代謁玄扃。陵也214) 懿大也.也215) 乎鷄樹鷄林216) 揚蕤。蕤音唯.草木華垂貌.又孫氏瑞應圖曰.王者禮備至.

---

197) 芝·高Ⅰ·高Ⅱ·東 [비고] '觀也. 當也.'(成·延Ⅰ·奎·桂)

198) 成·國·延Ⅰ·東·芝·奎·桂

199) 東·芝

200) 全·成·國·延Ⅰ·東·芝·奎·桂

201) 高Ⅱ [비고] '上安人以道. 擧八柄. 張四維. 是變齊至魯.'(成·國·延Ⅰ·東·奎·桂) '稱禮義也.'(高Ⅰ)

202) 芝·東

203) 芝 [참고] '新羅'(東)

204) 芝 [참고] '旗也'(高Ⅱ)

205) 芝 [참고] '龍旋司馬. 持節海使.'(東)

206) 國·全·成·延Ⅰ·奎·桂

207) [비고] '天子恩也'(芝)

208) 全·成·國·延Ⅰ·東·芝·奎·桂／高Ⅱ

209) 芝

210) 東

211) 國·全·成·延Ⅰ·高Ⅰ·東·芝·奎·桂

212) 成·國·延Ⅰ·高Ⅰ·高Ⅱ·奎·桂

213) 高Ⅱ

則葳蕤生于殿前 217)　鴿原挺茂。詩. 常棣. 註. 鶺鴒行. 則首尾相接. 喩兄弟急難相救 218)　歲久而永懷耕象。陵龜蒙曰. 世謂. 舜田于歷山. 象爲耕. 鳥爲耘. 吾觀象行. 必端而必深. 法其端深. 曰象耕. 鳥之啄食. 務疾而畏奪. 法其疾畏. 故曰鳥耘. 非眞象鳥耕耘 219)　時和而罷問喘牛。漢丙吉爲相. 出. 逢群鬪者. 死傷橫道. 吉過之不問. 前. 逢人逐牛. 牛喘. 使史問曰. 牛行幾里矣. 謂前後失問. 吉曰. 民鬪傷殺. 京兆尹 職當禁捕. 宰相不親細事. 非當於道路問也. 方春牛喘. 恐陰陽失和. 宰相職司燮理. 是以問. 人以爲吉知大體也 220)

藻野縟川。文選云. 靚粧藻野. 袨服縟川. 或曰. 當作縟野藻川. 言耘縟於野. 采藻于川 221)　觀者如雲。乃有

---

214) 全／高Ⅱ 참고 '陵也. 扃音京. 戶耳也.'(國)

215) 成・延Ⅰ・奎・桂

621) 全・國

217) 國・全・成・延Ⅰ・奎・桂 참고 '音誰. 草木花垂貌. 子孫.'(高Ⅱ)

218) 全・國・芝・東／高Ⅰ・高Ⅱ 참고 '鴒音令. 鶺鴒大如鷃雀. 背上靑色. 鷄脚長尾. 小雅. 鶺鴒在原. 兄弟急難. 言鶺鴒行. 則搖其身. 首尾相應. 如兄弟急難相救.'(延Ⅰ・成) '鴒音令……如兄弟急難相救也. ○案. 鷄樹. 鷄林之樹. 比王祖先也. 鴿原. 鶺鴒之原. 比王兄弟也. 揚葳. 贊王禮備至. 瑞應自現也. 挺茂. 美其弟之威儀挺特也.'(奎・桂)

219) 全・成・國・延Ⅰ・高Ⅰ・芝 참고 '舜田于歷山. 象爲耕. 鳥爲耘也.'(高Ⅱ・東) 비고 '論衡云. 舜葬蒼梧. 象爲之耕. 禹葬會稽. 鳥爲之耘. ○案歲久云云. 文與銘中. 屢擬元聖於帝舜. 以其受禪不異故也. 王孫此行. 目見楸栢已古. 追慕白鵠. 極襄時事. 借用大舜之蒼梧異蹟. 以顯元聖陵上石之不變於昔日也.'(桂・奎)

　　象 羊馬望柱等石物也.

220) 芝・東 참고 '漢丞相丙吉之事.'(國・全) '丙吉爲相.不問死鬪而問牛喘. 曰逐牛行幾里云云.'(成・延Ⅰ) '丙吉爲相……曰逐牛行幾里云云. ○案. 時和云云. 丙吉爲相. 憂時氣失節. 故但問牛喘. 太弟則能燮理陰陽. 故不問也. 上句. 明太弟慕先之誠孝. 此句. 明太弟爲相之事業也.'(桂・奎)

221) 全・國 참고 '藻音早. 草橫陳水中者. 言人布野. 如藻布. 縟音辱. 鋤草器. 柄長二尺. 刃廣二寸. 以剌地除草. 言鋤水田者'(延Ⅰ・成) '京都賦 靚粧藻野. 袨服縟川. 註. 指謝靈運而言也.'(芝・東) '鋤田芸畓.'(高Ⅱ) 비고 '縟. 當縟字也. 縟音辱. 玉篇云. 藻. 有文也. 縟. 繁彩也, 文選云. 謝靈運遊京華. 未嘗廢丘壑. 靚粧藻野. 袨服縟川. 泛乎若不繫之舟. ○案. 藻野. 言太弟神彩之照于遠郊也. 縟川. 言太弟美服之影于淸波也. 人服相稱. 宜乎觀者之四圍也.'(奎・桂)

鮐背之叟（鮐音台. 鮐背. 老人氣衰. 皮膚消瘠. 背若鮐魚. 故曰鮐背. 釋名. 九十曰背鮐. 見字彙 222）） 鵠眉之僧。

眉之皓白. 如鵠眉之白也 223） 抃（抃音便. 拊手也. 列子. 老幼喜躍抃舞 224）） 手相慶。 大相賀曰。貴

介弟（左傳. 伯州犂曰. 王子圍寡君之貴介弟. 介. 大也 225）） 之是行也。聖帝（懿宗皇帝 226）） 之恩光著

矣。（著者. 八域皆聞故也 227）） 吾君之孝理成焉。（理. 道也. 孝理成者. 榮曜光先故 228）） 禮義鄉

風。綽（綽音作貌 229）） 寬 有餘裕。（裕. 寬意也 230）） 逐使海波晏。（晏. 安也. 和貌也 231）） 柔 塞塵

清。（干戈息靜. 王克寧海軍使重任故 232）） 天吏均（受命于天. 謂之天吏. 受命于君. 謂之官吏. 淮南子曰. 四時者. 天之吏也. 吏即四時也.

言四時順行. 天無烈風淫雨 233）） 地財羨。（羨音衍也 234）） 餘 則乃踵（繼也 235）） 修蓮宇。（寺也 236）） 威

---

222) 國·成·延Ⅰ 참고 '行葦云. 黃耉鮐背. 以引以翼. 註云. 大老則背有鮐
　　　文也.'（奎·桂·東） '背之曲如鮐. 老人氣衰. 皮膚消瘠. 背若鮐魚. 釋
　　　名. 九十曰鮐背.'（芝） '背脊如鮐'（全） '曲也'（高Ⅱ）

223) 國·全·成·延Ⅰ·東·芝·奎·桂

224) 成·延Ⅰ·奎·桂 참고 '付手也. 又手傳曰抃.'（高Ⅰ）

225) 延Ⅰ·成·奎·桂 참고 '大也'（高Ⅱ）

226) 奎·桂 참고 '天子'（高Ⅱ）

227) 奎·桂

228) 奎·桂

229) 奎·桂·國 참고 '光也. 寬也.'（高Ⅱ） 비고 '音作. 緩也.'（延Ⅰ·成）

230) 奎·桂·國

231) 成·延Ⅰ 참고 '晏. 安也. 海不揚波. 言中國有聖人也. 此指懿宗.'（奎·
　　　桂）

232) 奎·桂

233) 奎·桂／成·延Ⅰ·東·芝 참고 '孟子曰. 奉行天命. 謂之天吏也.'（高Ⅰ
　　　·高Ⅱ）

234) 全·國·芝 참고 '音善. 饒也.'（延Ⅰ·成） '音演. 閏也. 饒也. 進也.'
　　　（高Ⅱ） '音善. 饒也. 言國富年豊. 應下踵修蓮宇句.'（奎·桂·東）

235) 東 참고 '繼祖武故.'（奎·桂）

236) 全·成·國·延Ⅰ·芝·奎·桂

237) 全·延Ⅰ·芝·成·國·高Ⅱ 비고 '晋書云. 王濬葬於柏谷山. 大堽域周

護柏城。[陵也 237)]　今也其時。捨之何俟。[238)]　於是孝誠旁[239)]達。思夢相符。[晝思夜夢相符 240)] 乃見[現也 241)] 聖祖大王。[元聖王 242)] 撫而告曰。余而[而也‧汝 243)]祖也。而[而也‧汝 244)] 欲建佛像。餘護予陵域。小心翼翼。[詩云‧維此文王‧小心翼翼‧翼翼‧恭愼貌 245)] 經始勿亟。[詩云‧經始勿亟‧庶民子來‧註‧經‧度也‧亟‧急也‧言臺之經度始役‧王言勿急‧而庶民子來而作也 246)] 佛之德。予之力。庇[247)]爾躬。允執厥中。天祿永終。[論語云‧堯曰‧咨爾舜‧天之曆數‧在爾躬‧允執厥中‧四海困窮‧天祿永終‧舜亦以命禹‧書云‧舜命禹曰‧人心惟危‧道心惟微‧惟精惟一‧允執厥中云云‧至永終‧參看銘中德符命禹以上註 248)] 既而韻耿銅壺。[漏壺也 249)] 形開

　　垣四十里. 而別開一門. 有云陵墓. 栢圍如城. 故云栢城.'(奎‧桂)

238) [비고] '問. 景文之蒙恩告墓. 舉國同慶. 奚獨鮐鵠二老抃手相賀也. 答. 詩云. 黃耉鮐背. 昔者. 周公因獻白雉之瑞. 薦于宗廟. 有類乎大弟因兄王受皇爵之慶. 告之祖陵. 故越裳黃耉之語. 與新羅鮐背之賀. 意實不異也. 文中聖帝海波天吏. 類彼語中有聖人海不波天無烈風等意也. 鵠僧云者. 公子此行. 非但告墓稱慶. 即改建陵所願堂之張本. 爲僧慶幸. 百倍凡民. 況在鵠寺者耶. 文中孝理財羨蓮宇栢城等語. 皆是老僧賀意也. 鵠眉云者. 僧之眉白. 類彼鵠白. 故云鵠眉. 且標居僧寺名. 特取鵠字. 言鵠則白在其中. 以此推視. 寺名白鵠. 非鵠頭寺也. 亦明矣. 賀語. 自貴介云云. 至何俟也,(桂)

239) [비고] '大也'(奎‧桂)　'廣也'(高Ⅱ)

240) 成‧延Ⅰ‧全‧國‧桂‧奎 [참고] '周禮有六夢. 第三曰思夢. 註云. 平時所思而夢. 若孔子夢周公. 是也. 此比景文夢元聖也.'(芝‧東) [비고] '景文元聖之夢相符.'(高Ⅱ‧高Ⅰ)

241) 全‧國

242) 全‧成‧國‧延Ⅰ‧奎‧桂

243) 全‧國‧高Ⅱ‧東‧芝

244) 國‧全‧高Ⅱ‧東‧芝‧奎

245) 成‧國‧延Ⅰ‧東‧奎‧桂／芝‧高Ⅰ‧高Ⅱ

246) 桂‧奎‧成‧延Ⅰ／東‧芝‧國 [참고] '詩云. 經始勿亟. 庶民自急也.'(高Ⅰ)　'文王作靈臺時. 經始勿亟. 比也.'(高Ⅱ)

247) [비고] '庇. 蔭覆也.'(奎‧桂‧成‧延Ⅰ)

玉枕。莊子. 其寢也魂交. 其覺也形開 250)　不占十煇。春官掌十煇之法. 以觀妖祥. 煇謂日傍之光. 一曰侵. 陰陽相侵. 赤雲爲陽. 黑雲爲陰. 二曰象. 如赤鳥. 三曰鑴. 日傍雲氣刺日. 四曰監. 赤雲在日傍. 如冠珥. 五曰闇. 日月食也. 六曰瞢. 日月無光. 七曰彌. 雲氣貫日而過. 八曰叙. 雲氣次序如山. 九曰隮. 升虹也. 十曰想. 雜氣形象 251)　若佩九齡 禮記云. 文王謂武王曰. 汝何夢矣. 武王曰. 夢帝與我九齡. 西方有九國.

---

248) 奎·桂／東 [참고] '允. 誠也. 信也. 中. 喜怒哀樂未發之謂中也.'(成·延Ⅰ) '商書文註云. 允. 誠也. 中. 喜怒愛樂未發之謂中也. 然此則無亟無緩. 是謂之中也.'(國)

249) 全·高Ⅱ·[비고] '聞漏聲而覺也.'(高Ⅰ) '漏壺也. 日晷但用於晴晝. 故今兼用漏壺也.'(國) '漏水之銅壺也. 謂漏盡鍾鳴之音韻. 小明於五更之夢中. 待漏院記云. 自唐初. 設宰臣待漏院于丹鳳門之右. 示勤政也. 東方未明. 相君至止. 金門未闢. 玉漏猶滴. 于焉以息. 待漏之際. 其有思乎.'(芝·東) '攷事新語云. 日晷但用於晴晝. 故古人兼用漏壺. 我國漏壺凡二. 播水壺一. 受水壺一. 各長十一尺二寸. 圓徑一尺八寸. 遞水時. 更迭用之. 漏箭凡十二. 各長十尺二寸. 面分十二時. 時分八刻. 正初餘分爲百刻. 刻作十二也.'(奎·桂·成·延Ⅰ)

250) 全·成·國·延Ⅰ·高Ⅰ·高Ⅱ·東·芝·奎·桂

251) 全·國 [비고] '說文云. 煇與彙同. 即日傍氣. 周禮. 春官視祲. 掌十煇之法. 以視妖祥. 十煇. 一祲. 二象. 三鑴. 四監. 五闇. 六瞢. 七彌. 八叙. 九隮. 十想也. 祲. 日傍氣. 師古曰. 祲謂陰陽氣相侵. 漸成妖祥也. 隮者. 升氣也. 虹忽然而見. 如自下而升也.'(成·延Ⅰ) '音運. 龜背上十字. 寫四面放. 知吉凶也. 又十煇. 夢後燒火十字占. 預知吉凶也. 十煇一時燒. 則吉也.'(高Ⅱ·高Ⅰ) '夢後. 燒火十字占. 預知吉凶. 十煇一時一燒. 則吉. 周禮. 視祲. 掌十煇之法. 以視妖祥. 一祲. 二象. 三鑴. 四監. 五闇. 六朦. 七彌. 八叙. 九隮. 十想.'(芝·東) '說文云. 煇與彙同. 即日傍氣. 周禮云. 春官視祲. 掌十煇之法. 以視妖祥. 十煇. 一曰祲. 陰陽五色氣. 二曰象. 謂雲氣成形. 三曰鑴. 氣如佩鑴刺日. 四曰監. 雲氣臨在日上. 五曰闇. 日月蝕. 六曰瞢. 瞢不明. 七曰彌. 白虹彌天貫日. 八曰序. 氣如山在日上: 九曰隮. 謂彙氣. 十曰想. 氣如形像. 靑餓. 赤兵. 白祥. 黑憂. 黃熟. 又周禮云. 掌三夢之法. 一曰致夢. 二曰觭夢. 三曰咸陟. 註云. 致夢. 言夢之所至. 夏氏作焉. 觭當作奇. 言夢之所得. 周人作之. 咸陟. 咸皆. 陟得也. 言夢之所得. 殷人作之. 其經運十. 其別九十. 註云. 運當作煇. 王者日也. 故夜有夢. 則晝視日傍之氣. 以占吉凶. 凡所占者. 十煇. 每煇九變. 故其別九十.'(桂·奎)

君王其終撫. 文王曰. 我百. 爾九十. 吾與爾三焉. 文王九十七終. 武王九十三終 252) 遽命有司。虔修法會。華嚴大德釋決言。承旨。於當寺。講經五日。所以申孝思而薦冥福253) 也。仍下敎曰。不愛其親。經所戒也。即孝經也 254) 無念爾祖。詩寧忘乎。詩云. 無念爾祖. 寔繁有徒 255) 睠256) 言在藩。小雅云. 睠言顧之. 註. 睠. 反顧也 257) 有欲修寺。魂交在夢時 258) 致感。痒慄痒音甚. 感寒體戰也. 慄. 悚縮也 259) 衿靈。心神也 260) 旣愧三年不蜚。楚莊王三年不政. 伍擧曰. 有鳥在阜. 三年不飛不鳴. 是何鳥也. 曰飛將衝天. 鳴將驚人也 261) 深思一日必葺。葺音緝. 茨也. 又修補也 262) 百尹尹. 治也. 言百官 263) 猶御史。264)

<hr>

252) ‘……○案. 王夢純吉. 故不占日傍. 註曰. 此景文王之十煇. 如得上帝. 註. 帝比元聖大王之九齡也.’(奎・桂) [참고] ‘文王謂武王曰. 汝何夢矣. 武王對曰. 帝與我九齡. 文王曰. 汝九十. 我百歲.’(全・成・國・延Ⅰ・高Ⅰ・高Ⅱ・東・芝)

253) [비고] ‘冥. 冥間.’(高Ⅱ)

254) 成・國・延Ⅰ・東・芝・奎・桂

255) 成・國・延Ⅰ・奎・桂／東・芝

256) [비고] ‘顧也.’(高Ⅰ) ‘帝也. 與眷同也. 顧也.’(高Ⅱ)

257) 成・全・延Ⅰ [비고] ‘言天子睠顧之言. 指上光膺嗣續云云也. 又詩小雅. 睠言顧之. 又睠睠勤厚之意 ○在藩者. 新羅. 是海外藩邦. 故藩.’(國・東・芝・奎・桂／高Ⅱ)

258) 東

259) 芝 [참고] ‘心驚聳動貌.’(全) ‘痒音辛. 病也. 慄. 懼也.’(成) ‘痒. 彙云. 寒病. 慄. 悚縮心也. 心驚動貌也.’(國) ‘痒音深. 戰也. 慄. 懼也.’(延Ⅰ) ‘痒音森. 驚也. 慄音票. 悚也.’(高Ⅱ) ‘痒. 戰也. 慄. 悚縮. 言夢覺思之. 心神聳動.’(東) ‘痒音羊. 病寒也. 慄. 懼縮也. 又心驚容動貌.’(奎・桂)

260) 國・東 [참고] ‘襟靈. 心神也. 言夢覺而思之. 心神聳動也.’(芝) [비고] ‘先王神靈.’(成・延Ⅰ・高Ⅱ) ‘先王神靈. 有云自己心靈也.’(奎・桂)

261) 芝・奎・桂／成・延Ⅰ・東 [참고] ‘楚莊王事.’(國)

262) 成・延Ⅰ・奎・桂

謂利害何。雖保[265] 無賣兒貼婦之譏。宋明帝. 以湘東舊宅爲寺. 謂何尙之曰. 此是朕之大功德. 散騎常侍虞愿對曰. 此是賣兒貼婦之錢. 佛若有知. 必當悲愍. 何功德之有. 註. 貼. 以物爲質. 言徭役繁重. 民不能供. 故或賣兒質婦. 以當役錢 266) 或慮有鬼怨人勞之說。秦築長城. 鞭撻民丁. 役使鬼神. 作魚游河曲. 鬼有怨恨之聲也 267) 民 獻可替否。爾無忽諸。替. 廢也. 否. 非也. 忽. 輕也. 諸. 語辭 268) 宗臣繼宗勛榮以下。協議上言曰。妙願感神。慈靈現夢。誠因[269] 君志先定。果見衆議僉同。是寺也成。九族多慶。幸値農隙。請興梓工。梓音子. 治木器. 又木工也 270) 爰用擇人龍馬岌謂宋纖曰. 人中之龍 271) 於建禮仙門。摩詰詩. 建禮高秋夜. 註. 建禮. 門名. 盖禮曹門也 272) 擧僧象[273] 於昭玄[274] 精署。僧之持律院也 275)

---

263) 全・國・高Ⅱ 참고 ‘尹訓治也. 言治職也.’（成・延Ⅰ） ‘書註. 百尹. 百官之長.’（東）

264) 비고 ‘書註云. 百尹. 百官之長. 乃諸御史治百官.’（奎・桂）

265) 비고 ‘有云. 二十五家爲隣. 四隣爲保. 然非也. 此則保誠. 見通註.’（國） ‘保. 全也.’（東） ‘二十五家爲隣. 四隣爲保.’（成・延Ⅰ） ‘保. 誠也. 又二十五家爲隣. 四隣爲保.’（奎・桂）

266) 全・成・國・延Ⅰ・高Ⅰ・高Ⅱ・東・芝・奎・桂

267) 芝／成・延Ⅰ・全・國 참고 ‘秦築長城. 以驅山鐸. 役使鬼神. 鞭撻民丁. 民作魚遊河曲. 鬼有煩冤之恨. 群玉云. 海上漁人得一鐸. 聲如霹靂. 即始皇驅山鐸. 馬史云. 由余使秦. 見宮室積聚曰. 使鬼爲之. 勞神矣. 使人爲之. 苦民矣. 文選云. 役鬼傭其猶否. 矧人力之所爲.’（奎・桂）

268) 成・國・延Ⅰ・奎・桂／全

269) 비고 ‘有云回字’（國）

270) 成・延Ⅰ・奎・桂 참고 ‘梓音子. 木匠也.’（全・國） ‘木工也.’（高Ⅰ・芝） ‘治木器也. 又云匠人.’（高Ⅱ） ‘梓. 土木工人.’（東）

271) 全・成・國・延Ⅰ・東・芝・奎・桂

272) 全／成・國・延Ⅰ・高Ⅱ・東・芝 비고 漢置中書舍人尙書郞. 含香握蘭. 直宿於建禮門. 太宦供膳. 奏事光明殿. 下筆爲詔誥. 出語爲詔令. 建禮門. 禮曹春官門.’（奎・桂）

乃命宗室三良。276) 曰端元・毓榮・裕榮。 與釋門二傑。277) 曰賢諒・神解。278) 及贊導279) 僧崇唱等。 督其事。且國君爲檀越。^{梵云檀. 此云施. 越是唐語. 言行施越苦海 280)} 邦彦^{爾雅云. 美士爲彦 281)} 爲司存。^{存. 在也. 司而在者. 即有司也 282)} 力旣有餘。心能匡懈。將俾小加大。豈宜新間舊。283) 然恐沮284) 檀溪宿願。^{梁武帝. 伐竹木. 沈檀溪. 積茅如岡阜. 立願云. 事若成. 則當以此材. 建立伽藍. 竟得如意 285)} 不瑕^{與無乃同 286)} 傷287) 榛苑前功。^{西域. 有中虛榛樹. 女子從中而出. 王取而爲后. 建寺於其地. 號榛苑 288)} 選掇故材。就遷高壚。^{掇音徹. 入聲. 拾也. 採也. 壚音陟. 基址 289)}

---

273) 비고 ‘象是獸之王. 其尾四旋. 百獸隨之. 言僧之律僅可執範者.’(東)

274) 비고 ‘僧司.’(高Ⅱ)

275) 成・全・國・延Ⅰ・奎・桂 참고 ‘講律院也.’(芝／東)

276) 비고 ‘詩註云. 秦繆公葬時. 亦埋從臣七十二人. 三良預焉.’(成・延Ⅰ・奎・桂)

277) 비고 ‘二傑. 法獻・玄暢. 齊武帝時人也. 謂佛門二傑.’(東) ‘通載云. 法獻・玄暢. 齊武帝時人. 爲天下僧主. 肩輿入殿. 世稱黑衣二傑.’(奎・桂)

278) 비고 ‘神解. 神異智解也.’(東)

279) 비고 ‘贊導. 贊法導生也.’(東)

280) 成・延Ⅰ・奎・桂 참고 ‘檀越. 華梵雙擧.’(東) ‘此云施主’(芝)

281) 奎・桂・成・延Ⅰ／全・東 참고 ‘……○舊註云. 宰相也.’(國) ‘大臣’(高Ⅱ)

282) 奎・桂／全・成・延Ⅰ・芝 참고 ‘……○舊註云. 都監也.’(國) ‘都監’(高Ⅱ)

283) 비고 ‘舊木’(高Ⅱ)

284) 비고 ‘非也’(高Ⅱ)

285) 全・成・國・延Ⅰ・東・芝・奎・桂／高Ⅰ・高Ⅱ

286) 高Ⅱ

287) 비고 ‘不瑕傷. 詩云. 不瑕有害. 註云. 瑕遠也. 傷悲也. 上恐什前功也.’(東) ‘詩云. 不瑕有害. 註云. 瑕音遐. 遠也. 今以傷改也.’(芝)

288) 全・成・國・延Ⅰ・東・芝・奎・桂. 비고 ‘西域. 榛樹下有美女. 人爲宮女. 故作寺. 題名榛苑也.’(高Ⅰ・高Ⅱ)

於是占星揆日。（詩云. 定之方中. 作之楚宮. 揆之以日. 作之楚室. 註云. 定. 北方之宿. 營室星也. 看其方中之時. 營作楚丘之宮. 是占星之意也 290）廣拓（拓音尺. 開也 291）宏規。合土292）範金。（造作器用. 見禮運 293）見爭呈妙技。（呈. 視也. 露也. 技. 材也 294）雪梯（雪. 當作雲. 公輪般爲楚. 造雲梯攻宋. 墨子拒之. 出墨子 295）而倕材架險。（倕. 黃帝時巧匠名 296）霜塗（霜. 白也. 塗. 土也 297）而懷夔（懷. 古之土工. 堊. 白土也 298）黏香。

289）延Ⅰ・成 [참고]‘音職. 基址也.’（國・高Ⅰ・高Ⅱ・東）[비고]‘掇音喆. 拾也. 探也. 墌音尺. 基址. ○案. 將俾云云兩節. 變小爲大. 決不可以新刹間舊寺也. 言宜毁掇故寺也. 景王嗣服之初. 已有修奉梵居之願. 如梁武故事. 宿願即王之宿願也. 恐沮者. 恐其建寺宿願. 沮敗不成也. 不瑕云云. 亦不欲瑕傷其昔人之成功也. 榛苑. 古者王妃所生之地. 標以建刹者也. 元良亦是炤后之元舅.（父也）鵠寺即其椒親之私刹. 則與彼榛苑不異也. 選掇云云. 擇地移運. 用舊而重建也. 於是以下. 開拓前基. 大創新寺也.’（桂・奎）

290）桂・國・東・芝／全 [참고]‘占. 說文. 視兆問也. 揆. 度也. 詩鄘風. 揆之以日.’（成・延Ⅰ） ‘……日影臺也.’（高Ⅰ）

291）成・國・延Ⅰ・東・奎・桂 [비고]‘……又音卓. 承手物.’（高Ⅱ）

292）[비고]‘仰壁.’（高Ⅰ・高Ⅱ）

293）全・成・國・延Ⅰ・芝 [참고]‘禮記云. 後聖有作. 然後修火之理. 範金合土. 以爲臺榭宮室戶牖.’（奎・桂・東） ‘莊餰’（高Ⅰ） ‘範. 塗也. 餰也.’（高Ⅱ）

294）成・延Ⅰ・奎・桂

295）奎・桂 [비고]‘削木爲梯. 其白如雪.’（全・國） ‘木階以次升高也. 言雪者. 削木白也.’（成・延Ⅰ） ‘雪. 白也.’（高Ⅱ・高Ⅰ・東・芝）

296）全・成・國・延Ⅰ・高Ⅰ・高Ⅱ・東・奎・桂 [참고]‘……書作垂也.’（芝）

297）高Ⅱ・東・芝 [참고]‘白也. 塗以白. 著於木也.’（成・延Ⅰ）

298）全 [참고]‘夔. 舜典. 樂官名. 不合於此. 說文云. 楚有夔子國. 疑是地名. 蔥聳之山. 其中大谷. 多白堊黑青黃. 註. 言雜色土也. 釋名曰. 堊者. 亞也. 次也. 先泥之. 次白士餰之也. 然則蔥聳之山. 疑在夔子國也. 或云. 夔. 畫工名.’（成・延Ⅰ） ‘夔. 古之善畫者. 堊. 白土也.’（國） ‘夔音惱. 善畫人. 堊音只. 又惡. 善仰土人. 又白土也.’（高Ⅱ） ‘雘音盧. 服虔曰. 雘. 古之善塗墍者. 施廣領大袖. 以仰塗. 而領袖不汚. 楊雄曰. 雘人亡. 則匠石輟斤. 而不敢妄斲. 堊. 先泥之. 次以灰餰之也.’（芝・東） ‘服虔曰. 雘. 古之善塗墍者. 施廣領大袖. 以仰塗. 而領袖不汚. 楊子雲解難云. 雘

黏．着也．言以香和土而塗之 299）　斲巖麓（斲音燭．斬也．麓．山足 300）　而培垣。（培．加土也 301）　壓溪流而

做戶。（敞．高曠也 302）　易荒階以鉛砌。（鉛音口．金錫也．言砌石之隙．以鉛錫而鑄錫 303）　變卑庳以

琱廊。（琱．雕錫也 304）　複殿（上下皆殿 305）　龍盤。　中以盧舍那（毘盧舍那佛之略稱．實無異於釋迦牟尼 306）　爲主。層樓 307）　鳳跱。（跱．與峙同．屹立貌．樓若鳳之屹立 308）　上以修多羅

修多羅．梵語經典之意 309）　爲名。310）　高設鯨桴。（張衡東京賦．撥鯨魚鏗牢鍾．註．海岸有獸．名蒲牢．其聲如鍾．性畏

人亡．則匠石輟斤．而不敢妄斲．莊子云．郢人堊漫其鼻端．若蠅翼．使匠石劏之．匠石運斤成風．聽而劏之．盡堊而鼻不傷．郢人立不失容．○案雲梯．薄雲設機．俯瞰敵壘．以高爲名也．此文用意．指役所飛梯也．倕材．指上樑也．良材．實合良工之所用．且其建舍年月大匠姓名．具載樑上．上樑謂之倕材．不亦宜乎．架險．言匠石設梯懸索．鉤致巨梯．橫架空界故也．古註云．削木爲梯．其白如雪．故云雪梯．橫設閣道．鱗次升高．故云架險．義似不然．此是建屋初頭．則上樑最重．何以未構屋前．先論細瑣閣道耶．上樑以後．則粧壁爲次．故下句及之．且以雪梯視文．則與架險．義不相應．思之．霜塗云者．用堊漫壁．如霜鋪地故也．㰅堊黏香．㰅人堊土．黏着香花．以比合香霜葉．丹黃着地也．'（桂・奎）

299）　全・成・國・延Ⅰ・高Ⅱ　[비고] '香木'（高Ⅰ）

300）　成・延Ⅰ・奎・桂　[참고] '斲．斫也.'（高Ⅱ）　'麓．山足也.'（東）

301）　全・成・國・延Ⅰ・奎・桂

302）　國・成・延Ⅰ・奎・桂／全・高Ⅱ・東

303）　全・國　[참고] '鉛．錫類．生蜀郡．今銀坑皆有之．言以石築階．以鉛錫云也.'（成・延Ⅰ）　'熟石金錫'（高Ⅰ）　'鉛音鉛．砌．熟石也．金錫.'（高Ⅱ）　'西都賦．玄墀鉛砌．註．鉛．錫也.'（東）　'西都賦云．玄墀鉛砌．註．鉛．鏤也．又鉛錫類．生蜀郡．今銀坑皆有之．言以石築階．以鉛錫云.（奎・桂）

304）　全　[참고] '琱．珠錫也.'（國）　'音彫．斷琱爲璞．即治玉也．又書禹貢．墻．塗而不琱也.'（成・延Ⅰ・奎・桂）　'一本琱字．治也．又玉也.'（高Ⅱ）

305）　成・國・延Ⅰ・奎・桂　[참고] '複．重也.'（全）　[비고] '複殿．懸臺也.'（東）

306）　新註　[비고] '淨滿也.'（全・國）　'三身佛中報身.'（奎・桂）

307）　[비고] '層樓．經藏也.'（東）

308）　成・延Ⅰ・奎・桂／全・國・東　[참고] '跱音池'（高Ⅱ）

309）　新註　[참고] '契經也.'（全・成・國・延Ⅰ・奎・桂）

鯨. 見鯨輒吼. 故鑄鍾. 以蒲牢爲首. 桴則像鯨而擊之 311) 對標鷰檻。畫鷰於檻 312) 綺井 綺井者. 即藻井也. 畫芰荷水草以覆之.

所以避火. 乃 華攢 攢. 族聚也. 314) 井上板子 313) 而靬蹀。靬音狎. 蹀音變. 花相次比貌. 何平叔景福宮賦云. 紅葩靬蹀 315)

繡 316) 栭 栭. 欀上柱. 又說文. 屋枅上欀也. 即欀上短柱. 承屋脊者 317) 枝擁 擁. 衛也. 羣從也. 318) 而杈枒。

杈枒音叉耶. 杈木交枝. 枒木無枝. 言栭栺相接. 齒牙相入 319) 聳翼如飛。回眸必眩。其以增崇而改作者。有若睟容 佛也 320) 別室。影堂. 別於正殿與僧寮也 321) 圓頂 僧也 322) 蓮

房。蓮之爲物. 一房百子. 故喻僧之一舍群居 323) 揣食臑堂。揣. 度也. 量也. 臑. 朱子曰. 音奧. 熟也. 即食堂也 324) 晨

---

310) [비고] '案. 龍盤. 即佛座龍床也. 鳳跱. 指彫鳳足趾. 其上貯經也. 鳳跱. 若以鳳之屹立見之. 則上句龍盤. 亦以龍之盤旋見之可也.' (奎·桂)

311) 全·國 [참고] '金鍾' (高Ⅱ) '見智證註' (奎·桂·成·延Ⅰ)

312) 全·國

313) 全／國·東·芝 [참고] '左思魏都賦. 綺井列疏而懸席. 註云. 屋上以板爲井形. 餙以丹靑. 如綺也.' (成·延Ⅰ) '文選七啓云. 綺井含葩. 金墀玉箱. 註. 屋間爲井形. 中有蓮花下垂也. 葩. 蓮也. 又云. 綺井. 像東井. 而畫芰荷水草. 以覆之. 所以避火.' (奎·桂) '板子' (高Ⅱ)

314) 成·延Ⅰ·奎·桂·全·國·高Ⅱ／東

315) 奎·桂·芝·東／全·成·國·延Ⅰ·高Ⅰ·'靬. 胡夾切. 蹀. 直甲切.' (高Ⅱ)

316) [비고] '五彩刺文' (成·延Ⅰ·奎·桂)

317) 成·延Ⅰ·奎·桂 [참고] '栭音而. 梁上柱也.' (全·國·芝) '梁上柱也. 說文. 栭屋枅上標叉. 木似栗而小也.' (高Ⅰ) '夫橑也. 或云梁上柱也. 又柱頭.' (高Ⅱ) '上梁柱也.' (東)

318) 成·延Ⅰ·奎·桂 [참고] '枝擁. 支撐也.' (東)

319) 成·延Ⅰ·奎·桂／全·國 [참고] '杈. 岐枝木也. 枒. 齒牙之相入也.' (芝) '杈枒. 如齒牙之相入也.' (東) '杈. 岐枝木.' (高Ⅰ) '杈枒. 如車軸會也.' (高Ⅱ)

320) 全·成·國·延Ⅰ·奎·桂·高Ⅱ

321) 東／芝·高Ⅰ·高Ⅱ [비고] '別於衆寮. 即正殿也.' (全·成·國·延Ⅰ) '……文選云象設已關. 睟容已安.' (奎·桂)

322) 全·成·國·延Ⅰ·高Ⅱ·奎·桂

炊庨屋。(庨．廣也．即今香積殿) 325) 加以雕䂪礱巧。(䂪音弄．磨也．礱音敬．盡也) 326) 彩䑛(䑛音廓．)丹中之善者．多出衡山 327) 窮精。328) 巖洞共淸。烟霞相煥。329) 玉利(法堂上左右白竿) 330) 掛蓬溟之月。兩朶霜蓮。金鈴激松澗之風。四時天樂。就觀勝槩。331) 傑出退阪。左峰巒則鷄足挐雲。(三峯特秀．如鷄足之倒立．挐．牽引也) 332) 右原隰則龍鱗(隰音濕．阪下隰也．公羊傳云．上平曰原．下平曰隰．遠視隰．則如龍鱗之閃日) 333) 閃334) 日。(文選云．龍鱗閃日．又云．彊域綺錯．原隰龍鱗云云) 335) 前臨則黛(字書云．山色靑黑者．謂之黛) 336) 列鯷嶠。(鯷音地．又言弟．魚名．頭大尾小也．言山形上大下小．如鯷魚形也．有云．鯷魚腹大着地．而背靑黑色．山形如之也．嶠．山也) 337) 後

---

323) 成·延Ⅰ·全·國·奎·桂 [참고] '僧寮'(芝·東·高Ⅰ)

324) 成·延Ⅰ·奎·桂／全·國 [참고] '食堂'(高Ⅰ·東·芝·高Ⅱ)

325) 成·全·國·延Ⅰ·高Ⅰ·高Ⅱ·東·芝·奎·桂

326) 國·全·成·延Ⅰ [참고] '雕．雕木也·䂪音農·磨也．'(高Ⅱ) '礱．楷也'(東) '國語云．趙文子爲室．斲其椽而礱之．'(奎·桂)

327) 全·成·國·延Ⅰ·奎·桂

328) [비고] '俄知寺役畢也．更加治理．使人眩眸．'(全)

329) [비고] '文選云．朝霞爲丹䑛．'(奎·桂)

330) 全／芝 [참고] '刹．具云刹摩．正云制多羅．此云土田．此乃通國土名 ．刹．梵語刺瑟胝．此云竿．即旛柱也．西國無別旛柱．但於塔覆鉢柱頭．懸旛以示四遠．今言兩朶．左右旛竿也．'(成·延Ⅰ·奎·桂·東) '具云刹摩，此云竿．即旛柱也．有云．法堂之上．立白刹竿左右．故云兩朶也．'(國)·'即標刹也'(高Ⅰ)

331) [비고] '梗槩．大槩．'(成·延Ⅰ·奎·桂)

332) 全·成·國·延Ⅰ·奎／東·芝

333) 奎·桂·成·延Ⅰ

334) [비고] '動也'(全)

335) 奎·桂 [참고] '公羊傳．上坪曰原．下坪曰隰．言上下阡陌．相次如龍鱗．'(全) '公羊傳云．上坪曰原．下坪曰隰．言遠觀水貯稻田．則如龍鱗也．'(國) '如龍鱗之原隰．曜可閃日．'(芝·東)

336) 成·延Ⅰ·奎·桂 [참고] '黛．翠黑色'(全·國) '黛．畫眉黑也．'(高Ⅱ)

337) 國 [참고] '鯷．腹大尾小．山形似之．'(全) '鯷魚．一名鮧魚．偃頷．兩目

睇[睇音弟. 小視也][目 338)] 則鈎連鳳岡[傍有飛鳳山故 339)] 故得遠而望也。峭而奇。

迫而察也。爽而麗。則可謂樂浪[本是四郡之一. 慶州亦嘗稱樂浪 340)] 仙境。眞

是樂邦。341) 初月名山。 便爲初地。[十地中初地也. 地有生成. 住持四義 342)] 善

建343) 而事能周匝[匝. 周也. 遍也. 寺與陵俱修也 344)] ○ 勤修而福不虛捐。必

謂大庇仁方。上資寶壽。345) 罩[罩音朝. 歷也 346)] 三千界[言統合三千世界 347)] 爲

四境。籌五百歲爲一春。[人間五百歲. 四天王一晝夜. 即上資寶壽者. 即彼天壽也 348)] 豈期獵

豹樊岑[山名. 似是樊山. 而未可詳之 349)] 方歡竪尾。[叢譜符命篇云. 孫權獵豹樊岑. 有老嫗問曰. 今日獵何獸. 曰得一豹

上陳. 口方頭大. 尾小身滑. 言山形上大下小. 如之也.'(延Ⅰ·成·奎·桂) '鯷音池. 鮎別名.'(高Ⅱ) [비고] '向山'(芝)

338) 成·延Ⅰ·奎·桂

339) 成·延Ⅰ·奎·桂·全·國 [비고] '主山'(芝)

340) 新註／高Ⅱ [비고] '四郡之一也. 有云. 今平壤是也.'(國·東·芝) '樂浪. 今平壤府. 臨芚即穢國. 今江陵府. 玄菟即東沃沮地. 或云. 在咸興府. 眞番. 鄭克俊所撰歷年通考云. 咸鏡以北. 番胡所居之地. 出東史.'(延Ⅰ· 成·奎·桂)

341) [비고] '佛國曰極樂.'(全)

342) 國·成·延Ⅰ／全 [참고] '住持四義故. 又名歡喜之故.'(奎·桂) [비고] '菩薩'(高Ⅱ)

343) [비고] '老子云. 善建者不拔.'(奎·桂)

344) 國·全·成·延Ⅰ·奎·桂

345) [비고] '王也.'(高Ⅱ)

346) 全·成·延Ⅰ [참고] '……又籠罩也.'(奎·桂) '音早. 歷也.'(國) '罩音早. 捕魚具.'(高Ⅱ)

347) 新註 [참고] '大千·中千·小千.'(奎·桂) [비고] '有三千云云. 合三韓之意也. 三韓者. 辰韓·弁韓·馬韓也. 皆箕子之後 ○編細竹爲罩.'(國／芝· 東·成·延Ⅰ·高Ⅰ·高Ⅱ)

348) 成·延Ⅰ [참고] '人間五百歲. 爲四王天一晝夜.'(全·芝) '應上上資寶壽 句. ○人間五百歲. 即四王天一晝夜. 言周匝寺與陵.'(國) [비고] '莊子云. 楚之南. 有冥靈者. 以五百歲爲春. 五百歲爲秋.'(奎·桂·東)

也. 嫗曰. 何不竪尾. 因忽不見. 因立神
嫗廟. 註云. 竪尾者. 何不立太子乎 350) **跨龍荊岫**○^{荊山}351) **遽泣墮鬚.**

黃帝鑄鼎於荊山下湖水上. 鼎成. 龍至. 帝及群臣宮女七十二人. 乘龍上天. 百姓
攀龍鬚. 鬚絕. 帝墮弓. 百姓抱弓號泣. 喩景文王昇遐○奉佛旣勤. 豈期至此乎 352)

獻康大王^{景文王太子}353) **德峻妙齡.** **神清遠體.** **仰痛於寢門問**

堅.○^{文王爲世子時. 王季有疾. 則鷄} **俯遵於翼室宅宗.**^{宅. 居. 宗. 主.}○^{盖帝王居喪. 則}
^{初鳴. 就寢門. 問候於宦竪 354)}

不居正殿. 徙居翼室. **滕文公盡禮居憂.**^{滕文公爲世子. 使然友問居憂之}
爲居憂之宗主也 355) ^{禮於孟子. 極盡死葬之禮 356)}

---

349) 新註 [참고] '未詳.'(成) '慶州.'(延Ⅰ)

350) 芝·東·奎·桂 [비고] '獵豹樊岑. 比討捕逆賊. 昔王夢. 豹含虎尾. 解得
宗親有逆謀之事也. 毛. 一本尾字.'(高Ⅱ) '此以討捕大逆. 撥亂反正也.'
(高Ⅰ) '出處未詳. 而相傳云. 討捕逆賊之比也.'(國)

351) 國

352) 全·國 [참고] 成·延Ⅰ·高Ⅰ·高Ⅱ·東·芝 [비고] '見智證註. 案. 必謂
豈期. 作者論辭. 註中姥問. 意在言外. 權則但以實答. 彼知吳王符命. 不
能大後. 以何不等語. 決折也. 意謂龍虎狗. 分配三國. 則吳合得豹也. 何
不云云. 責不撑尾如活. 標示獲豹. 全功也. 比權不能統合魏蜀. 大揚厥後
也. 今此東王. 雖有全豹. ^{武烈已平 / 三漢故} 竪尾^{景文踵武 / 前烈故}之歡. 亦未免墮鬚之悲也.
獵豹句. 順顯罩三句. 跨龍句. 反顯籌五句. 何不竪尾. 責其不能截取豹尾.
挿竿竪前. 以標成功也. 如今京師營門亦有豹旗. 似是吳王古制. 而特挿於
刑人之時者. 以是服罪之意. 此是帝王符命之事. 故文中引用. 意者. 當時
似有討平叛逆之慶也. 竪尾爲墮鬚對文. 則如是看得似好故耳. 有云. 獵豹.
比王之討逆也. 竪尾. 比賊之竪降幡也. 義似不然. 文中有樊岑語. 則用孫
權古事也. 孫權雖獲全豹. 終無討得巨魁之事. 論以符命. 只爲得王全吳之
兆. 此文亦不可以東王獲賊觀之也.'(桂／奎)

353) 全·成·國·延Ⅰ·高Ⅰ·高Ⅱ·東·芝

354) 全·成·國·延Ⅰ·奎·桂 [참고] '文王昏定晨省之事.'(高Ⅰ·高Ⅱ) '文
王之爲世子. 朝於王季日三. 鷄初鳴而衣服. 至於寢門外. 問內竪之御者
曰. 今日安否何如. 內竪曰. 安. 文王乃喜. 及日中. 又至. 亦如之. 及暮
又至. 亦如之. 注云. 內竪. 內庭之小臣. 是直月御者也.'(芝·東)

355) 全 [참고] '翼室. 左右小室. 宅. 居也. 宗. 主也. 盖帝王居喪. 則不居正
殿. 徙居翼室. 爲居憂之宗主也. 詳見尙書顧命.'(國) '翼室. 左右小室.
居喪則不居正殿. 居翼室. 宅. 居也. 周制. 王宮六寢. 露寢一. 治事之所.

終能克己。^{克除私欲也 357)} 楚莊王俟時修政。其實驚人。^{楚阜之鳥. 三年不飛不鳴.}

飛將衝天. 鳴將驚人之語 358) 矧復性襲華風。躬滋慧露。^{佛法也 359)} 抗^{擧也 360)} 尊祖

之義。激歸佛之誠。中和^{唐僖宗年號 361)} 乙巳³⁶²⁾ 年秋。敎曰。善

繼其志。³⁶³⁾ 善述其事。³⁶⁴⁾ 永錫爾類。在我而已。先朝所

建鵠寺。³⁶⁵⁾ 宜易榜。爲大崇福寺。其持經開士。^{蒙疏. 大心始開 366)}

提綱淨吏。^{即維那執綱紀者也 367)} 南畝以資供施。一依奉恩故事。^{武烈王爲眞智}

王追福所建 368) 其故波珍飡金元良所捨地利。³⁶⁹⁾ 輸轉³⁷⁰⁾ 非輕。

小寢五. 燕息之所. 天下不可一日無王. 故自端門出入. 翼室爲居憂之宗主
也. 出尙書顧命也.'(成・延Ⅰ・奎・桂) '翼室. 禮. 高宗諒闇三年. 書
作諒陰. 注云. 治喪廬也. 言居喪. 則徙居翼室也. 宅. 居也. 宗. 主也.
言宅居於宗主之位.'(芝・東) [비고]'翼室. 殯所.'(高Ⅰ) '翼室. 邸宮.
宅宗. 祖宗.'(高Ⅱ)

356) 成・延Ⅰ・東・奎・桂 [참고]'文公之事. 出孟子.'(國・芝) '滕文公葬.
　　五月居草廬. 而后設喪禮也.'(高Ⅱ・高Ⅰ)

357) 全/國・東・奎・桂

358) 全/成・延Ⅰ・奎・桂 [참고]'三年不出令故云.'(高Ⅱ・高Ⅰ) '見上不飛
　　註.'(東・芝)

359) 高Ⅱ

360) 全・成・國・延Ⅰ・東・奎・桂

361) 全・成・國・延Ⅰ・奎・桂

362) [비고]'僖宗四年'(高Ⅰ)

363) [비고]'志. 先志也.'(奎・桂)

364) [비고]'事. 先事也.'(奎・桂)

365) [비고]'先朝. 景文.'(高Ⅱ)

366) 成・國・延Ⅰ・奎・桂/全

367) 奎・桂・成・延Ⅰ/全・國 [비고]'僧也.'(高Ⅱ)

368) 全・成・國・延Ⅰ・奎・桂/高Ⅱ・高Ⅰ [참고]'武烈王爲眞智王所建也.
　　職官志云. 奉恩寺. 其官有衿荷臣一人. 大舍二人. 永興寺. 大奈麻一人.
　　國統一人. 都維那娘一人. 阿尼都維那一人. 大書省一人. 少年書省二人.

納三寶爲寺 371) 宜委正法司。斜正僧法之司 372) 別選二宿德。編籍爲常住。薦祉 373) 于冥路。則有以見居上位王位 374) 者。375) 無幽不察。結大緣者。金元良 376) 有感必通。自是鳧鍾考工記. 黄帝命鳧氏造鍾 377) 吼沈寥。沈音穴. 宋玉九辨. 沈寥兮天高. 註. 沈. 曠蕩也. 寥. 空也 378) 龍鉢壇經云. 曹溪寶林寺前潭中. 有一龍常出沒. 現形甚巨. 師叱之曰. 爾不能現小身耶. 龍乃小身躍出. 師展鉢曰. 爾入老僧鉢. 龍乃入鉢. 師至堂. 爲龍說法. 龍乃蛻去. 故云龍鉢耶. 又龍所獻鉢歟 379) 飫香積。維摩經云. 淨名居士過上方四十二恒河沙世界. 至香積世界. 借一鉢飯. 供養一萬文殊 380) 唱導 381) 則六時玉振。

州統九人. 郡統十八人.’(芝／東)

369) 〔비고〕 ‘田地.’(高Ⅱ)

370) 〔비고〕 ‘轉而納三寶也.’(高Ⅰ)

371) 高Ⅱ

372) 全·國 〔참고〕 ‘即一國僧法所在之處. 如國之禮曹.’(成·延Ⅰ·奎·桂)
‘禮曹.’(芝·東) ‘或禮曹. 或堂司.’(高Ⅰ) ‘禮曹. 或本司.’(高Ⅱ)

373) 〔비고〕 ‘音止. 福也.’(延Ⅰ·奎·桂·成)

374) 成·國·延Ⅰ·高Ⅱ·奎·桂

375) 〔비고〕 ‘王自稱’(全)

376) 全·成·國·延Ⅰ·高Ⅱ·芝·奎·桂

377) 全·成·國·延Ⅰ·芝·奎·桂／高Ⅰ·高Ⅱ·東

378) 全·國／成·延Ⅰ·高Ⅰ·高Ⅱ·東·芝 〔참고〕 ‘沈音穴, 宋玉九辨云, 沈遼
兮天高而氣清. 註. 沈遼. 曠蕩而虛靜也. 猶蕭索無雲氣也. 秋天沈遼. 夜
沈遼. 年光沈遼.’(奎·桂)

379) 全·成·國·延Ⅰ 〔비고〕 ‘刊定記云. 過去維衛佛涅槃後. 龍王將在宮中供
養. 釋迦成道後. 龍王送之海水上. 四天王以奉如來. 此紺琉璃石鉢. 持用
乞食也.’(芝·東·奎·桂)

380) 成·全·國·延Ⅰ·奎·桂 〔참고〕 ‘維摩經云. 上方世界有國. 名衆香. 佛
號香積. 其食香氣周流十方無量世界. 彼佛與諸菩薩. 方共坐食. 誰能致
彼佛飯. 時化菩薩到衆香界. 致敬. 無量願得所食之餘. 香積如來. 以衆香
鉢. 盛滿香飯. 與化菩薩. 時化菩薩. 旣受鉢飯. 須臾之間. 至維摩詰舍.
時維摩詰語諸聲聞. 仁者可食如來甘露味飯. 四海有竭. 此飯無盡. 於是.
鉢飯悉飽衆會. 猶故不弭.’(芝·東)

381) 〔비고〕 ‘爲國祝釐之聲.’(芝·東) ‘爲君祝壽.’(高Ⅰ)

孟子註云. 八音. 金木土絲竹匏革石. 擊金而始之. 始
條理也. 後擊磬收之. 終條理也. 磬是玉也 382)　　修持則383)　萬劫

具云劫波. 此　珠聯。持戒之法. 如聯
云時分 384)　　　　珠而不絕 385)　偉矣哉。386)　得非尼父所謂

無憂者其惟文王。 父作之。 子述之者耶。父王季. 子
　　　　　　　　　　　　　　　　　　　武王 387)　子 慶曆

唐代無慶曆年號. 或　　　僖宗光啓二年丙午. 丙字.
唐曆. 亦似未瑩 388)　景 午　高宗諱. 故改丙爲景 389)　年春。顧謂下臣

曰。禮不云乎。銘者自名也。以稱其先祖之德。而明著
之後世。此孝子孝孫之心也。先朝締構翊寺
　　　　　　　　　　　　　　　　　　390)　之初。發大
誓願。金純行與若汝也　父392)　肩逸。393)　嘗從事於斯矣。銘
　　　　　　　　391)

---

382) 成・延Ⅰ・奎・桂／全・國・東・芝　[참고] ‘磬也.’（高Ⅱ）

383) 爲國轉經之聲.’（芝／東）

384) 成・延Ⅰ・奎・桂

385) 全・國　[참고] ‘經文如珠騈璧聯也.’（芝）‘珠聯. 璧聯也. 又玉振六時唱
　　導. 鈴磬之響. 琅然如玉之鳴. 珠聯. 萬劫修持誦之聲. 綿綿然如珠之連.’
　　（東）‘心也’（高Ⅱ）‘案. 㲈鍾. 㲈氏造鍾. 指香閣大鍾也. 龍鉢. 龍宮獻
　　鉢. 指獻供佛鉢也. 吼者. 言鍾聲雄壯也. 沆宲. 指秋宵寥廓之時. 特取時
　　靜聲亮之義也. 飰香積. 佛鉢常滿香飯. 尖新闢飣故也. 唱導者. 唱祝先
　　王. 冥導樂邦也. 玉者. 指玉磬也. 禮敬時看香所持小磬也. 玉振者. 取終
　　條理義也. 金大鍾　始玉小磬　終故也. 修持者. 焚修持誦也. 萬劫珠聯者. 念佛
　　數珠. 萬劫相續也. 珠者. 指念珠也. 有云. 玉振者. 六時唱導. 鈴搖鈴　磬小磬
　　之響琅琅然. 如玉之鳴也. 珠聯者. 綿綿修持. 萬劫不斷. 如珠之聯也. 此
　　義尤妙也.’（奎・桂）

386) [비고] ‘歎美之辭.’（成・國・延Ⅰ・奎・桂）

387) 全　[참고] ‘父. 文王. 比景文. 子. 武王. 比獻康.’（奎・桂・成・國・延
　　Ⅰ・芝）‘尼父. 仲尼. 父作. 文王. 子述. 武王也.’（東）

388) 新註

389) 成・國・延Ⅰ・奎・桂／全・高Ⅱ　[참고] ‘僖宗光啓三年……’（高Ⅰ・芝）
　　‘僖宗光啓元年……’（東）

390) 國　[참고] ‘締音滯. 結不解也. 構. 成也.’（奎・桂・成・延Ⅱ）‘締. 結也.
　　寺結構.’（高Ⅱ）

一稱而上下皆得。^{吾與汝俱得孝子之心也} 爾宜譔銘。

臣也浪跡星槎。 偸香月桂。 虞丘永慟。 季路徒榮。 承命震驚。

---

391) 全

392) 田卫 ‘若. 猶也. 即同姓伯季之父.’（成·國·延Ⅰ·東·芝）‘宗親’（高Ⅱ）

393) 田卫 ‘案. 若. 汝也. 肩逸即致遠之父也. 觀下虞丘季路等引據. 自家亦西宦離親. 故援而比之也.’（奎·桂）

394) 全

395) 成·延Ⅰ·奎·桂／全·國

396) 國·成·延Ⅰ·東·芝／高Ⅰ·高Ⅱ 참고 ‘引張騫乘槎. 自喻入中國.’（全）‘杜詩註云. 漢張騫乘浮槎. 泝河源. 至一處. 見一丈夫牽牛. 一美人織錦. 投一石曰. 問成都嚴君平. 騫還如言問之. 君平曰. 某年月日. 客星犯牽牛. 此石. 織女支機石也. ○案. 浪者. 虛浪也. 星槎者. 客星浮槎也. 比孤雲之幼. 從海舶西遊. 竟充信使還歸本國也.’（奎·桂）

397) 成·國·延Ⅰ 참고 ‘…… 即吳剛也. 酉陽雜俎云. 吳剛學仙. 有過. 謫. 令伐月中桂. 事文云. 羿請不死藥於西王母. 姮娥竊之. 奔月. 爲蟾蜍. ○案. 偸香者. 比孤雲西遊登科也. 偸者. 謙云幸叅也. 猶姮娥之偸藥奔月. 如吳剛之斫取桂香也. 月桂. 月中桂樹也.’（奎·桂）‘言乘舟入中原登科.’（高Ⅰ·高Ⅱ）‘陳元老及第詩. 桃花先透三層浪. 月桂高攀第一枝. 比入中國登科’（芝·東）‘言登第也’（全）

398) 國·全·成·延Ⅰ／東·芝 참고 ‘……○案. 此句比孤雲歸國無親. 慟纏終天也.’（奎·桂）‘父母死後. 始得仕宦. 以永其歎. 故自比之也.’（高Ⅱ）

399) 成·延Ⅰ·全·國·芝 참고 ‘…… 其可得乎. 上句. 還國無親. 下句. 不能悅親也.’（東）‘…… 其可得乎. ○案. 此句. 比孤雲西宦. 不能悅親. 徒榮何樂也.’（奎·桂）‘致遠有父母時不得仕. 死後得官. 故比古人云.’（高Ⅰ）

撫400) 躬悲咽。昔於乘桴之時. 父有嚴訓. 今於還錦之日. 父不待養. 季路子皐. 實與我千古同情. 況有君命. 及於父事. 心驚淚咽.

無地措躬401) 竊思西宦日。嘗覽柳氏子珪（江南人402)） 錄東國事之筆。

所述政條。莫非王道。403) 今讀鄉史。404) 完是聖祖大王（即元聖王405)） 朝事蹟。抑又流聞（流聞. 傳聞也. 禮王制. 千里之外曰流. 遠聞也406)） 漢使胡公歸

厚之復命407) 也。飽採風謠。（指吾邦漢詩408)） 白時相曰。自愚已

往。出山西者。（漢書云. 山東出相. 山西出將. 故烈士武夫. 多出涼州409)） 不宜使海東矣。何

則。鷄林多佳山水。東王410) 詩以印之而爲贈。賴愚嘗

學411) 爲綴韻語。412) 强忍愧酬413) 之。不爾爲海外笑必矣。

君子414) 以爲知言。（東國之行王道. 右文學. 中國人習知之415)） 是惟烈祖以四術開

---

400) [비고] '捫也.'(國)

401) 全

402) 高Ⅱ [참고] '中國人也.'(奎·桂)

403) [비고] '王道. 五常之道.'(高Ⅱ)

404) [비고] '東國史記.'(高Ⅱ)

405) 成·延Ⅰ·奎·桂·全·國·高Ⅱ·東·芝

406) 國·奎·桂／全·成·延Ⅰ

407) [비고] '復. 報也. 命. 天子之命.'(高Ⅱ)

408) 新註 [비고] '風俗歌謠.'(成·國·延Ⅰ·奎·桂)

409) 成·延Ⅰ·奎·桂／全·國·東·芝·高Ⅱ

410) '景文王也.'(奎·桂)

411) [비고] '一本有爲字.'(高Ⅱ)

412) [비고] '單出爲聲. 成文爲音. 音圓爲韻. 然唐人賡和. 有次韻依韻用韻之
異. 次韻. 效其次第韻. 依韻. 同在一韻中爾. 用韻. 用彼之韻. 不必次
之. 如昌黎陸渾山火詩之類. 溫公詩話也.'(成·延Ⅰ·奎·桂)

413) [비고] '酬. 答也.'(國)

414) [비고] '君子. 上時相也.'(國)

415) 全

基。武烈大王金春秋統合三韓. 以忠愛無私. 用賢簡能 四術開基 416) 先王417) 以六經詩. 書. 易. 禮記. 春秋. 周禮 418) 化俗。豈非貽厥之力。書. 貽厥孫謀. 貽遺也 419) 能得煥乎其文。420) 則銘無愧辭。世說云. 蔡邕曰. 吾爲人作銘. 常有慙容. 惟爲郭有道碑銘. 無愧耳 421) 筆有餘勇。言若使我贊揚四術六經之化. 則無愧於心. 有勇於文 422) 遂敢窺天以管窺天 423) 酌海。傾蠡酌海 424) 始緝繼續 425) 凡詞。426)

---

416) 新註 〔참고〕 ‘武烈王金春秋統合三韓. 始開詩書禮樂之敎. 一云. 元聖王以三經三史諸子百家. 分上中下而用人.’(全・成・延Ⅰ・高Ⅱ) 〔비고〕 武烈大王金春秋統合三韓. 以詩書禮樂四術開基. ○有云. 元聖大王用人之術. 若讀春秋禮記. 兼明論語孝經者. 爲上讀. 若讀論語孝經者. 爲中讀. 若讀禮記孝經者. 爲下讀. 若讀五經三史諸子百家者. 擢用也. 出羅史.’(國) ‘武烈大王金春秋請天兵. 統合三韓. 讀春秋禮記論語孝經者. 爲上. 讀禮記論語孝經者. 爲中. 讀禮記孝經者. 爲下. 讀五經三史諸子百家語者. 擢用.’(芝・東) ‘武烈王金春秋統合三韓. 用人之術. 若讀詩書春秋禮記. 兼明論語孝經者. 爲上讀. 若讀論語禮記孝經者. 爲中讀. 若讀禮記孝經者. 爲下讀. 若讀五經三史諸子百家者. 擢用也.’(奎・桂) ‘烈祖大王金春秋. 請天兵. 統合三韓. 四術. 詩書禮樂. 若讀左傳春秋禮記文選. 兼明論語孝經者. 爲上. 讀典禮論語孝經者. 爲中. 讀典禮孝經者. 爲下. 若傳通五經三史諸子百家語者. 超擢用之也.’(高Ⅰ)

417) 〔비고〕 ‘景文.’(高Ⅱ・芝)

418) 全・成・延Ⅰ・奎・桂 〔참고〕 ‘詩・書・易・禮記・春秋・孝經也.’(國)

419) 成・國・延Ⅰ・奎・桂／芝・高Ⅰ・東 〔참고〕 ‘貽厥. 子孫.’(高Ⅱ) 〔비고〕 ‘應上峻孫謨. 勸王基祖德.’(全)

420) 〔비고〕 ‘案. 貽厥. 指上經術開化節也. 其文. 即景王之詩文也.’(奎・桂) ‘文. 先王修政之法也.’(高Ⅱ)

421) 奎・桂

422) 全 〔비고〕 ‘左傳. 高固入晉師曰. 欲勇者. 賈予餘勇. 賈. 貿也.’(成・國・延Ⅰ・東・芝) ‘……○案. 上註蔡邕之無愧云者. 非善作文而然也. 凡諸碑銘. 必多溢譽之辭. 至於郭碑. 實行與文. 小無相違故也. 筆有云云. 言文化大行. 遊刃有餘也.’(奎・桂)

423) 成・國・延Ⅰ・高Ⅰ／全 〔참고〕 ‘窺天. 莊子云. 是眞用管窺天. 用錐指地. 言小貌.’(東・芝)

424) 全・國・成・延Ⅰ・高Ⅰ 〔참고〕 ‘班史云. 以管窺天. 以蠡酌海. 以筳撞鍾.’

誰知墜月摧峰。^{獻康王薨. 如
月墜山崩 427)} 俄興永恨。 旋遇定康大王。^{景文
之子.}

^{獻康之
弟 428)} 功成遺礪。^{遺. 餘也. 礪. 石砥也. 言前人礪砥. 後人亦磨.
以成其功. 喻定康大王亦成獻康之餘業也 429)} 韻叶

吹箎。^{伯氏吹塤. 仲氏吹箎.
兄弟皆得王位也 430)} 比 旣嗣守丕圖^{王業也. 丕.
大也 431)} 丕. 將繼成遺

績。⁴³²⁾ 無安厥位。^{書. 伊訓文. 其云. 無輕民事. 惟
難. 無安厥位. 惟危也 433)} 未喪其文。^{喪. 終
也 434)}

(奎·桂) '輔行記云. 大施太子爲國. 民人入海. 採得如意珠. 海神因其
寢臥之時. 奪珠還海. 太子發誓抒海求珠. 以濟衆生. 諸天問之. 乃答天
云. 生生不休. 諸天念其行精進. 故助其神力. 抒大海水. 海水減半. 龍見
水減. 送珠與之. 註云. 抒. 渫水也.'（芝·東）

425) 成·國·延Ⅰ·奎·桂 [비고] '緝. 集也.'（高Ⅱ）

426) [비고] '今撰佛碑. 未免凡詞.'（全）

427) 全·東 [참고] '……擧國皆昏震也.'（成·國·延Ⅰ·奎·桂） '獻康王薨.'
（高Ⅰ·芝·高Ⅱ）

428) 高Ⅰ·高Ⅱ·東·芝

429) 國 [참고] '遺. 字書云. 餘也. 說文云. 經史皆與礪通. 即黑石也. 上林賦
云. 礪功玄礪. 註. 礪音細. 勒功于玄礪. 黑石可用磨也. 言勒功於獻康之
餘石也. 以太山若礪解者. 非也.'（成·延Ⅰ·奎·桂） '以泰山爲礪. 磨
刀之功. 先人刀磨礪而得利. 後人又得利也. 比此王得兄王之功. 共得位
也.'（高Ⅰ·高Ⅱ） '漢高功成之後. 立諸侯. 誓云. 黃河如帶. 泰山若礪.
國以永存. 爰及苗裔.'（芝·東）

430) 高Ⅰ·高Ⅱ／東·芝

431) 成·延Ⅰ·奎·桂／國·東 [참고] '丕音杯. 大也. 圖謀也.'（高Ⅱ）

432) [비고] '王業'（東） '先王之跡. 碑也.'（高Ⅱ） '案. 功成句. 比辭. 旣受
遺礪. 則已成磨釼之功. 旣受王位. 則已成治國之功. 定康履祚極短. 故贊
辭若是也. 韻叶句. 曾與兄王同吹塤箎. 即已叶相應之聲^{易云. 同聲相
應. 同氣相求.}
其不忘前王之事. 可知. 旣嗣云云. 應上遺礪句. 將繼云云. 應上吹箎句.
遺績. 獻康遺績. 只設願堂. 未鐫金石. 而昇遐故也. 旋遇二字. 釋於遺績
下. 言孤雲遇此時也.'（桂·奎）

433) 國·東·芝·奎·桂 [참고] '伊訓文'（全）

434) 國·成·延Ⅰ [참고] '喪. 終也. 文. 德也. 謂未善終其文德也.'（東·芝）
[비고] '案. 喪. 終也. 其文. 願堂碑文也.'（奎·桂） '文. 文彩也.'（高
Ⅱ）

而435)　　遠逐日弟兄。436)　　遽値西山之影。437)　　高憑月妹姊。438)　永流東海之光。〔說文. 東王以日爲兄弟. 以月爲姊妹. 又春秋感精符曰. 人主. 父天母地. 兄日妹月也. 今定康遠逐獻康兄之日. 而共作西山之影. 言其死也. 死而無子. 傳於眞聖妹. 則是憑月流光也〕439) 伏惟大王殿下。〔眞聖女主 440〕 瓊萼聯芳。〔萼音諤. 詩註云. 華下有萼. 萼下有柎. 華萼相承覆. 猶兄弟相順而榮顯意也. 唐玄宗. 兄弟五人. 作華萼聯芳樓 441〕　璇源

---

435) [비고] ‘而. 恐衍也.’(芝)

436) [비고] ‘說文云. 倭王. 以天爲兄. 以日爲弟. 以月爲姊妹. 故夜乃聽政. 日出便停理務曰. 委我日弟. 言王兄弟也. ○春秋感精符云. 人主. 與日月同明. 四時合信. 故父天母地兄日弟月也. 註云. 父天. 於圓丘之禮也. 母地. 方澤之癸也. 兄日. 於東郊. 弟月. 於西郊.’(成·延Ⅰ／高Ⅰ·高Ⅱ)

437) [비고] ‘說文云. 倭王. 以日爲兄弟. 以月爲姊妹. 故夜乃聽政. 晝則停止曰. 委兄弟. 比定康王逐憲康王而崩也. 値影. 値日沒西山之影也.’(芝·東) ‘說文云. 倭王. 以天爲兄. 以日爲弟. 以月爲姊妹. 故夜乃聽政. 日出便停曰. 委我日弟. 今言遠逐而値影者. 比定康隨獻康伯兄速薨也. 以日影于西則沒故. 春秋感精符曰. 人主與日月同明. 四時合信. 故父天母地. 兄日弟月.’(奎·桂) ‘西王升天.’(高Ⅰ) ‘二王死’(高Ⅱ)

438) [비고] ‘眞聖也. 月以陰爲主故也.’(高Ⅰ) ‘定康王傳位于女弟眞聖也.’(東)

439) 全 [참고] ‘說文云. 倭王. 以日爲兄弟. 以月爲姊妹. 故夜乃聽政. 晝則停止曰. 委我兄弟. 又春秋感精符曰. 人主與日月同明. 四時合信. 故父天母地. 兄日妹月也. 今遠逐而値影者. 比定康王直逐獻康伯王速薨. 日影于西山. 則沒也. 高憑月妹者. 比定康無子. 故傳位于眞聖妹主也. 盖月臨東海則光故也.’(國) ‘日影西山則沒. 月臨東海則光.’(成·延Ⅰ·東·芝) ‘眞聖女王’(高Ⅰ) ‘比定康無子. 故傳位于眞聖女妹也. 以月臨東海則光故. ○案. 遠逐高憑. 以定康爲主而說也. 日弟兄者. 言以日爲弟之獻康兄也. 獻康之傳國定康. 如倭王之委政日弟. 日弟則是定康. 故下文遽値云云. 此文日弟兄云者. 專取委政退陟之義也. 月姊妹者. 言以月爲姊之眞聖妹也. 眞聖之垂簾臨朝. 如倭王之待夜聽政. 女主之以月爲姊. 尤妙於倭王之以月爲姊妹也. 光臨海域. 與月無異. 故下文永流云云. 此言月姊妹者. 專取女君聽政之義也.’(奎·桂) [비고] ‘光. 作碑.’(高Ⅱ)

440) 全·國·高Ⅰ·東·芝／高Ⅱ [참고] ‘定康王薨. 無子. 女弟曼立. 是爲眞聖女主.’(成·延Ⅰ·奎·桂)

441) 國·全·成·延Ⅰ·奎·桂 [참고] ‘唐玄宗. 兄弟五人. 共成一樓. 曰華萼

激爽。^{王者本系之譜. 尊稱爲璇源也 442)} 體英坤德。^{相合無間曰體. 草之秀者曰英. 質英合坤之德 443)} 纘懿天倫。^{纘音鑽. 繼也. 懿. 美也. 言繼美之天倫 444)} 諒所謂懷神珠。^{諒音亮. 信也. 即八歲龍女懷珠. 入法華會. 獻珠. 往南方. 成佛也 445)} 鍊彩石。^{事文類抄云. 昔. 女媧鍊五色石. 補蒼天缺. 斷鰲足. 以立四極. 其後. 工共氏. 與顓頊爭爲帝. 怒而觸不周山. 天柱絕. 地維斷. 故天傾西北. 日月星辰就焉. 地不滿東南方. 故百川歸焉 446)} 有虧皆補。無善不修。故得寶雨金言。^{寶雨經云. 爾時. 東方有一天子. 名曰月光. 乘五色雲來. 詣佛所. 退坐一面. 佛告天子言. 我涅槃後. 最後時分. 第五百年中. 法欲滅時. 汝於此瞻部洲東北方摩訶支那國位居阿韓跋致. 實是菩薩. 故現女身爲自在主. 經於多歲正法治化. 養育衆生. 建立塔寺. 常修梵行. 名曰日月爭光天子. 爾時月光天子. 從佛世尊聞受記已退坐一面. 註云. 摩訶此云大. 支那. 此云東震阿. 韓跋致. 此云不退轉. 447)} 焯然授記。大雲玉偈。^{通載云. 唐中宗文明元年甲申七月. 沙門十輩詣闕. 上大雲經. 盛稱則天當即宸極. 則天大悅頒經于天下郡國. 各建大雲寺. 九月. 則天革唐稱周.}

樓. 又唐李義山. 兄弟二人. 共著一集. 曰李氏花萼集. 言萼花下跗. 花萼相承. 如兄弟之相順也.'(東) '唐玄宗初年. 兄弟出閣于積善坊. 同居. 號五王宅. 邸第相望. 環于宮側. 玄宗于興慶宮西南置樓. 題曰花萼相輝之樓. 玄宗時登樓. 聞諸王音樂之聲. 升殿宴笑. 又唐李義山. 與兄弟俱以文章著. 同爲一集. 號李氏花萼集.'(芝)

442) 成·國·延Ⅰ·東·芝·奎·桂＼全

443) 成·延Ⅰ·奎·桂

444) 成·延Ⅰ·奎·桂·東·芝／國 [참고] '懿. 美也.'(高Ⅱ)

445) 成·國·延Ⅰ·東·奎·桂·全 [참고] '龍女獻珠之事.'(高Ⅰ·高Ⅱ) '法華經云. 文殊菩薩自娑竭羅龍宮. 涌出智積菩薩門曰. 頗有衆生. 修行此經. 速得佛不. 文殊言. 有娑竭羅龍王女. 年始八歲. 智慧利根. 能至菩提. 智積言. 我見釋迦如來. 於無量刼成道. 不信此女須臾頃成道. 言論未訖. 龍女現前. 龍女有一寶珠. 持以上佛. 佛即受之. 龍女謂智積舍利弗言. 我獻寶珠. 世尊納受. 是事疾不. 答言. 甚疾. 女言. 以汝神力. 觀我成佛. 復速於此. 時龍女變成男子. 往南方無垢世界. 坐妙蓮花. 成等正覺. 普爲衆生. 演說妙法. 時大衆見女成佛. 心大歡喜.'(芝)

446) 延Ⅰ·成·國·高Ⅰ·奎·桂／東·芝 [참고] '女媧氏鍊五彩石. 以補其天也.'(高Ⅱ) '女媧補天事.'(全)

447) 芝·東·成·延Ⅰ·奎·桂／全·國·高Ⅱ [참고] '則天武后之事'(高Ⅰ)

則天皇帝比眞
聖女主也 448)　完若合符。且以文考成佛宮。康王施僧供。**449)**

已峻琉璃之界。寺也 450)　未刊琬琰之詞。曲禮. 典瑞現圭. 以治德結好. 註. 琬圭九寸. 繡以象德. 琬猶

圜也. 琰音鹽. 說文云. 璧上
起美色. 又圭之銳上者 451)　申命瑣才。瑣. 玉屑. 言才少也. 申. 重也.
先王既命. 今王重命之 452)

俾搖柔翰。翰. 筆也. 柔. 無力也.
言不如長杠巨筆也 453)　臣雖池慚變墨。羲之洗硯. 池
色變黑 454)　而

筆忝夢椽。忝. 辱也. 王珣. 字坦之. 夢. 人與大筆.
如椽. 人曰. 當有大手筆. 如言 455)　竊比張融不恨

無二王之法。齊張融善草書. 高帝曰. 恨卿無二王書法. 答曰. 臣非
恨無二王法. 亦恨二王無臣法. 二王. 羲之獻之 456)　庶幾

曹操或解有八字之褒。邯鄲淳撰曹娥碑云. 孝順第一曹娥碑. 蔡邕
陰題云. 黃絹幼婦外孫薤臼. 曹操解 457)　設

使灰撲塡池。漢武帝鑿昆明池. 得灰. 問東方朔. 不知. 藏之府庫.
後有西來胡僧曰. 此乃天地撲滅時. 劫灰也 458)　塵飛

---

448) 芝・東 〔참고〕 ‘大雲寶雨. 俱是經名也. 大雲未見.’（成・延Ⅰ・奎・桂）‘大
雲. 經名. 未詳. 而偈亦然. 見玄談荒.’（國）‘亦經名.’（全）‘大雲. 經
名. 或人名也.’（高Ⅱ）

449) 〔비고〕 ‘上南畝. 以資供施也..’（國）

450) 全・東・芝・國

451) 〔비고〕 ‘……○案. 已峻云云. 應前成宮施僧意也. 琬琰. 本周廟寶玉. 此則
皆指碑石也.’（奎・桂）‘碑文也.’（全）‘琬琰. 玉石也. 即碑也.’（國／
東・芝）‘見上鳳巖註.’（成・延Ⅰ）

452) 全 〔참고〕 ‘瑣. 玉屑. 言才小也.’（國／成・延Ⅰ・高Ⅱ・芝・奎・桂）

453) 奎・桂・成・延Ⅰ・國・全 〔참고〕 ‘細筆’（芝）

454) 全／成・國・延Ⅰ・高Ⅰ・高Ⅱ 〔참고〕 ‘晋張芝. 得羲之字帖. 臨池學之.
池水盡黑. 註云. 洗筆硯於池中. 水盡黑也. 李白草書歌行. 墨池飛出北溟
魚. 筆峰殺盡中山兔.’（芝・東）‘晋書云. 張芝先書帛. 後練之. 臨池學
書. 池水盡墨. 世寶其書. 人謂草聖.’（奎・桂）

455) 國・成・延Ⅰ・全・高Ⅰ 〔참고〕 ‘晋王珣爲桓溫椽. 嘗夢. 人以大筆如椽者
與之. 既覺曰. 當以大手筆事. 俄而武帝崩. 哀册諡議. 皆珣書.’（東・芝
／奎・桂）

456) 成・國・延Ⅰ・高Ⅰ・高Ⅱ・東・芝・奎・桂／全

457) 東 〔참고〕 ‘黃絹等事.’（高Ⅰ）‘見無染註’（芝・奎・桂）

458) 全・成・國・延Ⅰ・高Ⅱ・東／奎・桂 〔참고〕 ‘漢武鑿昆明池. 得灰而問西

漲海。[列仙傳云. 麻姑自言. 見東海三爲桑田. 向到蓬萊. 水又淺於往者. 豈將復還爲陵陸乎. 王方平曰. 聖人皆言. 海中. 行復揚塵也 459)] 本枝460) 蔚矣。齊若木而長榮。[淮南子曰. 灰野之山. 有樹. 名曰若木. 日入處也 461)] 豐石[豐. 厚也. 石. 碑也 462)] 巋然。[巋音奎. 獨貌. 莊子云. 巋然有餘 463)] 對沃焦而卓立。[十佳毘婆娑云. 南海有石. 其名沃焦. 萬流至此皆焦. 故海水不增. 取久遠之義 464)] 齎誠拜手。[首至手而不至地也. 出書註中 465)] 扠涕[思先王之命. 自然流涕 466)] 援毫。追蹤華[蹤迹之華麗也 467)] 而獻銘曰。

迦衛慈王。[具云迦維衛. 此云赤澤也 468)] 嵎夷太陽。[嵎夷. 日出處 469)] 現于西土。[西土.] 佛生處 470) 出自東方。[東方. 日出處 471)] 無遠不照。[日也 472)] 有緣者昌。[佛不度無緣衆]

來羅漢. 曰此刧灰. 註云. 世界燒壞之時燒刧灰也. 勉學篇云. 羅漢雖聖. 赤鹽不知. 方朔雖賢. 刧灰罔辨.'(芝) '昆明池也.'(高Ⅰ)

459) 奎·桂·成·國·延Ⅰ·東·芝·全 [참고] '變爲桑田.'(高Ⅱ)

460) [비고] '王子孫也.'(高Ⅰ)

461) 全·成·延Ⅰ·東 [참고] '……○又若木. 在崑崙西極. 其華光照下地.'(國) '……日所出處也.'(奎·桂) '灰野之山有樹. 名曰若木. 日所出處. 生崑崙山鳥鼠山同穴山. 西南曰崦嵫. 日所入山也. 離騷經云. 飮余馬於咸池兮日浴處也. 揔余轡乎扶桑其下. 折若木以拂日兮在西極也. 聊逍遙以相羊.'(芝) '海東日出之木. 扶桑.'(高Ⅰ) '若木在西極. 其光照於下也.'(高Ⅱ)

462) 全·國

463) 奎·桂

464) 全·成·延Ⅰ·國·東·芝 [참고] '文選註. 扶桑東. 有一石. 方圓四萬里. 厚四萬里. 海水注者. 無不焦盡. 故名曰沃焦. ○案. 本枝. 指王之後裔也. 豐石. 指銘之鑴石也. 皆取久遠爲譬. 而贊美也.'(奎·桂) '焦. 沃焦也.'(高Ⅱ) '卓. 高也. 立. 特也.'(成·延Ⅰ)

465) 國·奎·桂·成·延Ⅰ

466) 全 [참고] '洗泪也'(東) '應上若父句. 即孤雲之露餘感也.'(奎·桂)

467) 全·國·東·芝·成·延Ⅰ·奎·桂 [참고] '先王之蹤.'(高Ⅰ·高Ⅱ)

468) 成·國·延Ⅰ·奎·桂 [참고] '……此云赤津'(全) '……此云赤光'(東·芝) '西域國名'(高Ⅱ)

469) 全·成·國·延Ⅰ·奎·桂 [참고] '嵎峓. 日出處. 山名. 太陽. 日也.'(芝·東·高Ⅱ)

生也473) 功崇淨利。474)寺也 福蔭冥藏。475)陵也 烈烈英祖。476)元聖王 德符命禹。477)指大舜 納于大麓。舜典云. 納于大麓. 烈風雷雨弗迷. 註云. 史記曰. 堯使舜入山林川澤. 暴風雷雨. 舜行不迷478) 奄有下土479)天下也 保我子孫。 爲民父母。 根深桃野。480)東方 派遠桑浦。481)東海 蜃緋龍輴。蜃. 似蛇而大. 蜃緋. 謂其長如蜃也. 輴. 喪輿也. 龍輴. 謂喪輿

470) 東 <u>참고</u> '佛也.'(芝) <u>비고</u> '書泰誓云. 唯我文考. 若日月之照臨. 光于四方. 顯于西土.'(奎·桂)

471) 東 <u>참고</u> '日也.'(芝) <u>비고</u> '詩云. 日居月諸. 東方自出.'(奎·桂)

472) 成·國·延Ⅰ·東·芝

473) 奎·桂 <u>참고</u> '佛也.'(成·國·延Ⅰ·東·芝)

474) 全·國·東·芝

475) 全·國·東·芝 <u>참고</u> '冥. 冥間. 裝. 王墓.'(高Ⅱ) <u>비고</u> '案. 長行中小心下八字. 引用周詩. 經始勿亟. 即作靈臺之事也. 彼引意. 以周文比景文. 以作臺比建寺也. 銘中顯于下四句. 引用泰誓文. 初句全引彼文. 二句釋其日月二字. 三句釋其照臨下六字. 以無不照. 比佛智. 四句斜擧周文名昌字. 直顯景文事也. 功崇二句. 釋崇福二字. 銘初贊景文建利功德. 影取周文事. 潤色之也.'(奎·桂)

476) 全·國·高Ⅱ·東·芝·成·延Ⅰ

477) 全·國·東·芝·高Ⅱ·成·延Ⅰ

478) 芝·東 <u>참고</u> ', 書. 舜典曰. 納于大麓. 烈風雷雨不迷. 蘇氏曰. 洪水爲害. 堯使舜入山林. 相視原濕. 雷雨大至. 衆懼失常. 而舜不迷. 其度量有絶人者. 而天地鬼神. 或有相之歟. 麓. 山足也.'(成·延Ⅰ·國) '書云. 舜在大麓中. 烈風雷雨不迷. 何則. 嘗王命故也.'(高Ⅱ) '舜典云. 愼徽五典. 五典克從. 宅于百揆. 百揆時叙. 賓于四門. 四門穆穆. 納于大麓. 烈風雷雨不迷. ○案. 德符. 元聖之德符于景文也. 舜之命禹. 允執厥中等八字. 景文夢中元聖亦告也. 納于句. 出德符所以. 元聖以族爲君. 景文以壻受位. 銘中畧引舜事, 以明元聖之歷試諸難, 配彼長文中景文之受禪盛德也. 又云德符句. 元聖之德同于帝舜. 景文夢中所命. 即舜所命禹也. 納于句. 納麓以從. 舜有天下. 以比元聖之國. 天大雨. 奄有東土也.'(奎·桂)

479) 東·芝

480) 芝·東 <u>참고</u> '東方稱桃梨之野.'(高Ⅱ)

481) 芝·東/高Ⅱ·國·全 <u>참고</u> '十洲記云. 扶桑在碧海中. 樹長數千丈. 一

之上刻畫爲龍也 482) 山園保眞。(莊子云. 已返其眞. 而我猶爲人猗. 死而無分別. 謂之眞無分別者. 體魄是也 案古人指 483) 幽堂(墓也 484) 闕隧。(墓道也. 上有負土成墳. 掘地通道. 以納棺也 傍 485) 聳塔遷隣。(移寺 486) 萬歲哀禮。(陵也 487) 千生淨因(寺也 488) 金田厚利。(寺也 489) 玉葉長春。(聖子神孫. 謂之玉葉 490) 孝孫淵懿。(淵. 深. 懿. 美 491) 昭感天地。 鳳翥龍躍。(說文云. 飛. 擧也. 言子孫如鳳 飛龍躍也 492) 金圭合瑞。(此二句. 言子孫英傑. 世世顯榮. 金圭. 諸侯所執之信. 圭. 上圓下方. 瑞. 信也. 五等諸侯. 各有所執. 公執

千餘圍. 兩幹同根. 更相依倚. 是以名扶桑. 此國近日出處. 故謂桑浦.' (奎·桂·成·延Ⅰ)

482) 新註 〔참고〕 蜃. 灰也. 綍. 喪車索. 龍. 墓前十二獸之一. 輴. 喪輴. 以此四物保眞. (芝·東) '蜃. 蜃炭. 左傳. 宋文公卒. 始厚葬. 用蜃炭也. ○綍. 引柩索也. ○龍. 墓前十二獸之一也. ○輴載柩車. 音春也. 言以此四物. 保於先王眞身體也.' (國) '綍. 大索. 左傳云. 宋文公卒. 厚葬. 用蜃灰. 綍. 引柩索也. 龍輴. 喪輿也. 載棺車.' (高Ⅱ) 〔비고〕 '蜃似蛇而大. 紅髮. 腰以下鱗盡逆. 左傳. 宋文公始厚葬. 用蜃灰. 言施蜃灰. 棺下禦濕也. 綍. 引柩索也. 檀弓. 吊于葬者. 從柩及壙. 皆執綍. 龍. 墓前十二獸之一. 輴. 下棺車也. 言以四物. 保眞於寺之遺址也.' (成·延Ⅰ) '……皆執綍. 禮記註云. 天子之殯. 用輴車載柩. 而畫轅爲龍. ○蜃綍. 又周禮云. 遂師大喪. 以幄帟先道. 及窆. 共丘籠〔註. 丘籠取土器.〕 及蜃車之役〔註. 蜃車. 柩路也. 柩車之行. 有似於蜃.〕 因取名焉. (桂·奎)

483) 〔비고〕 '……案. 蜃灰能安體魄於始終. 綍與龍輴能致玉匣於園所. 三物所用雖殊. 而皆有保護眞體之功也.' (奎·桂) '山園. 寺基.' (高Ⅱ)

484) 成·延Ⅰ·奎·桂·國

485) 成·國·延Ⅰ·奎·桂 〔참고〕 '治陵'(全) '墓道'(高Ⅱ) '陵也.'(芝)

486) 全／國·高Ⅱ 〔참고〕 '遷. 爾雅云. 徙也. 言徙塔於近隣.' (成·延Ⅰ·奎·桂) '寺也.'(芝)

487) 成·國·延Ⅰ·芝·奎·桂·東

488) 成·國·延Ⅰ·芝·東·奎·桂

489) 東·芝 〔참고〕 '須達布金所買. 故云金田.'(成·延Ⅰ·奎·桂)

490) 奎·桂·成·國·延Ⅰ 〔비고〕 '陵也.'(東·芝)

491) 成·延Ⅰ·奎·桂 〔참고〕 '平和貌'(高Ⅱ) '孝孫. 下單明墓事也.'(東)

492) 成·國·延Ⅰ·芝 〔참고〕 '說文云. 飛擧也.'(奎·桂) '龍鳳. 子孫盛.'(東) 〔비고〕 '翥. 飛也. 筆也. 龍躍旋也. 言去中原.'(高Ⅱ)

桓圭. 侯執信圭. 伯執躬圭. 子執穀璧. 男執蒲璧也. 言以王之金圭. 符合于天子之冒. 周禮. 天子執冒. 以朝諸侯. 冒. 鎭圭也. 以德覆冒天下 [493] 乞靈 [494] 不昧。 徵(微音要. 也) [495] 求福斯至。 [496] 欲報之德。(先祖之德) [497] 克隆法事。(造寺) [498] 妙選邦傑。(俗三良. 二傑) [499] 僧嚴敦國工。(工. 也. 匠) [500] 伺農之隙。成佛之宮。彩檻攢鳳。 [501] 雕樑架虹。 繚(繚音了. 也) [502] 纏墉(墉. 垣也) [503] 雲甍。 繢(繢音會. 彩以畫) [504] 壁霞融。盤基爽塏。(爽. 高明也. 塏. 高燥也) [505]

---

493) 全／國·東·芝 [비고] ‘圭. 上圓下方……男執浦璧. 五等諸侯. 執之以合符於天子. 以驗其信否也. 周禮. 天覆冒天下也. 諸侯始命於天子. 錫以圭頭斜銳其冒. 下斜刻. 大小長短廣狹如之. 諸侯來朝. 天子以刻處冒其圭頭. 有不同者. 辨其僞也. 金. 以王之金圭. 合於天子之冒. 辨其信否.’（成·延Ⅰ） ‘……辨其信否. ○案. 鳳翥. 指飛鳳筆大文. 龍躍. 指降龍旋大文. 金圭句. 比辭. 言上下交際. 如圭合瑞也. 又當景文嗣服之初. 告使受命. 應有以圭合瑞之䂓例也.’（奎·桂） ‘金圭. 魚帶. 合瑞. 封爵也.’（高Ⅱ）

494) [비고] ‘靈’ 元聖也.’（高Ⅱ） ‘乞靈. 修祖墓也.’（東）

495) 成·國·延Ⅰ·東·芝·奎·桂 [비고] ‘微音圭. 邀也. 循也.’（高Ⅱ）

496) [비고] ‘乞靈. 左傳云. 願乞靈臧氏. 徵福. 左傳云. 秦西乞術. 來聘魯. 襄仲曰. 君不忘先君好. 照臨魯國. 重之以大器. 寡君敢辭玉. 賓曰. 寡君願徵福於周公. 不腆先君之敝器. 使下臣. 敢致執事. 以爲瑞節. 要結好命. ○案. 乞靈. 指代謁玄局也. 不昧. 指聖祖撫告也. 徵福斯至. 指若佩九齡也.’（奎·桂）

497) 全·成·國·延Ⅰ·奎·桂 [비고] ‘欲報下. 明建刹也.’（東）

498) 奎·桂·延Ⅰ [참고] ‘造寺.’（國）

499) 成·國·延Ⅰ·芝·奎·桂 [참고] ‘俗三良. 邦二傑.’（全）

500) 全·成·國·延Ⅰ·奎·桂

501) [비고] ‘攢. 挿也.’（高Ⅱ）

502) 成·國·延Ⅰ·奎·桂 [참고] ‘繚. 與繞同也.’（高Ⅱ）

503) 高Ⅱ [참고] ‘墉音容. 城也.’（成·國·延Ⅰ·奎·桂）

504) 成·國·延Ⅰ·奎·桂 [참고] ‘繢音會. 畫也.’（高Ⅱ）

505) 成·延Ⅰ [참고] ‘塏. 高也.’（高Ⅱ） ‘左傳云. 景公欲更晏子之宅曰. 子之宅近市. 湫溢囂塵. 不可以居. 請更諸爽塏者. 註. 爽. 明也. 塏. 燥也.’

觸境蕭灑。藍[506] 岶交聳。蘭泉(味甘香也)[507] 迸瀉。花娓(美也)[508] 春巖。月高秋野。[509] 雖居海外。獨秀天下。陳稱報德。(陳後主.爲高祖創報德寺)[510] 隋號興國。(隋文帝創興國寺)[511] 孰與家福。[512] 興之國力。[513] 堂聒妙音。[514] 厨豊淨食。嗣君(定康王)[515] 遺化。萬劫無極。於鑠娟后。(詩云.於鑠王師.註云.於.歎辭.鑠.盛也.娟后.眞聖女君)[516] 情敦孝友。(孝於父母.友愛於兄弟也)[517] 致嫩雁行。(嫩.與美同.鴈飛有次第.故比兄弟也)[518] 愼徽龍首。(愼.脩也.徽.美也.龍首.指陵上也)[519] 詞悉腐毫。(悉音六.慚也.毫.筆.腐.謙辭)[520] 書慚掣肘。(掣.引也.肘.臂節也.說苑云.)

(奎·桂)

506) [비고] '藍. 靑也.'(高Ⅱ)

507) 奎·桂 [참고] '蘭. 芳也.'(高Ⅱ)

508) 成·國·延Ⅰ·奎·桂

509) [비고] '野疑夜字.'(高Ⅱ)

510) 全·成·國·延Ⅰ·東·芝·奎·桂 [참고] '陳. 國名.'(高Ⅱ)

511) 全·成·國·延Ⅰ·東·芝·奎·桂 [참고] '隋. 國名. 報德興國. 皆寺名.' (高Ⅱ)

512) [비고] '金元良.'(全) '與. 愈也.'(高Ⅱ)

513) [비고] '景文移建. 獻康改榜.'(全)

514) [비고] '聒. 擾也.'(高Ⅱ)

515) 全·成·國·延Ⅰ·高Ⅱ·奎·桂

516) 成·國·延Ⅰ·芝·奎·桂／東 [참고] '於音烏. 鑠. 光也. 美也. 娟后. 眞聖眞德女君也.'(高Ⅱ)

517) 國·東·芝·奎·桂 [참고] '兄弟交愛之情.'(成·延Ⅰ·高Ⅱ)

518) 成·國·延Ⅰ·奎·桂 [참고] '嫩. 美也.'(高Ⅱ) '記云. 兄之齒鴈行. 註云. 齒. 年也. 年與兄相若. 鴈行. 言序行而漸進也.'(東)

519) 成·延Ⅰ·國·全 [참고] '……○案. 群龍之首. 比祖先也. 易曰. 見群龍. 無首. 吉.'(奎·桂) '龍首. 景文陵也.'(高Ⅱ) '陵首.'(芝) '龍首者. 易曰. 見群龍. 無首. 吉. 言先祖之陵如龍首也.'(東)

520) 成·延Ⅰ·奎·桂·全·國／高Ⅱ [참고] '左思欲作三都賦. 構思十稔. 筆

魯使宓子賤爲單父宰. 子賤恐魯君聽讒而不得便其政. 請於魯君之近史善寫者. 俱
與之官. 使之寫書. 傍坐. 掣其肘. 書醜則怒. 更欲善書. 則又掣. 書者歸告魯

公. 魯公不會其意. 問于孔子. 孔子曰. 不齊. 君子也. 意者. 以 **鰌壑雖渴。**
此爲諫乎. 公悟以從之. 單父大治也. ○不齊. 子賤之名也 521)

鰌壑. 鰌魚所在之壑. 即東海也. 鰌音秋. 長 **龜珉不朽。** 珉. 美石. 即龜上
千餘丈. 入穴則潮水退. 出穴則潮水進 522) 所豎之碑也. 世傳

言. 龍生九子. 不成龍而各有所好. 一曰贔屭. 形似龍而好負重. 故碑下趺是也.
二曰螭吻. 形似獸. 性好望. 故今之屋上獸頭是也. 三曰蒲牢. 形似龍而好吼. 今
之鍾上紐是也. 四曰狴犴. 形似虎. 有威力. 故立于獄門是也. 五曰饕餮. 性好飲
食. 故立于鼎盖是也. 六曰蚣蝮. 性好水. 故立于橋頭是也. 七曰睚眦. 性好殺.

故立于刀環是也. 八曰金猊. 形似獅. 性好烟. 故立于香鑪是
也. 九曰椒圖. 形似螺蚌. 性好閉. 故立于門鋪首是也 523)

毛腐敗. 賦成. 京師紙貴也.’(芝・東)

521) 國・全・成・延Ⅰ・東・芝・高Ⅰ・高Ⅱ [참고] ‘掣. 引也. 肘. 臂節也.
說苑云. 魯使宓子賤爲單父令. 子賤借善書者二人. 又從傍引其肘. 書醜則
怒之. 欲書則又引之. 書者辭歸. 以告魯君. 魯君曰. 子賤若我擾之. 不得
施善政. 命無徵發.’(奎・桂)

522) 國 [참고] ‘鰌音秋. 長千餘丈. 入穴則潮進. 出穴則潮退. 壑. 指其所居之
海.’(全) ‘鰌音秋. 生下田淺淖中別有海鰌. 長十餘丈. 大者穴居海底.
入穴則海溢爲潮.’(成・延Ⅰ) ‘鰌壑者. 爾雅云. 鰌之大者. 數十里. 穴
居海底. 入穴則海溢爲潮.’(東・芝・奎・桂)

523) 全・成・國・延Ⅰ・東 [참고] ‘……○李白云. 鑱珉錯彩爲鯨爲螭. 古詩云.
碑高三尺. 字如手. 負以靈龜蟠以螭(奎・桂)‘龜負碑石. 碑石曰貞珉也.’
(芝) ‘龜珉. 美石碑也.’(高Ⅱ)

제3부 譯文

智異山雙谿寺眞鑑禪師大空塔碑

대개 도(道)는 사람을 멀리하지 않고, 사람은 나라에 따라 다른 것이 아니다. 그러므로 우리나라 사람이 인도의 교(敎)를 믿어 불자(佛子)가 되기도 하고, 중국의 글을 배워 유자(儒者)가 되기도 한다. 반드시 서쪽으로 대양(大洋)을 건너 몇나라 말의 통역을 거치면서 학업에 종사하는데, 목숨은 배에 의지하고 마음은 보배로운 땅에 걸어두어 빈속으로 갔다가 가득 채워 돌아와, 처음엔 어려웠지만 뒤에 많은 것을 얻는 것이다. 마치 옥을 캐는 사람이 곤륜산(崑崙山)의 험준함을 꺼리지 않고, 진주를 탐색하는 사람이 여룡(驪龍)의 동굴의 깊음을 사양하지 않는 것과 같이 해야만 마침내 불타(佛陀)의 지혜로운 횃불로써 빛이 오승(五乘)[1]을 융합하고, 선유(先儒)의 아름다운 반찬으로 맛있게 육경(六經)[2]에 배부를 수 있다. 그래서 모든 사람들로 하여금 다투어 선(善)에 들게 하고, 온 나라로 하여금 능히 인(仁)을 일으키게 한다.

그런데 배우는 자가 혹 말하기를,

---

1) 오승(五乘): 해탈의 경지에 이르는 다섯 가지 敎法. 즉 人乘, 天乘, 聲聞乘, 緣覺乘, 菩薩乘.
2) 육경(六經): 유가의 여섯 가지 고대의 경전. 즉 『詩』『書』『禮』『樂』『易』『春秋』.

불타(佛陀)와 공자(孔子)가 설립한 교(敎)는 두 개의 흐름과 상이한 체
재로서, 둥근 구멍에 모난 자루를 끼우듯 상호모순된 채 한 귀퉁이만을 지
키고 있다.

라고 한다.

시험삼아 이를 논해보리라.

시(詩)를 설명하는 사람은 문(文)으로써 사(辭)를 해치지 말고 사(辭)
로써 지(志)를 해치지 말라고 하였다. 『예기(禮記)』에 이른 바와 같이, "말
[言]이 어찌 한갈래일 뿐이리오? 무릇 각각 해당되는 바가 있는 것"이다.
까닭에 여봉(盧峰)의 혜원(慧遠)[3]은 논(論)을 지어,

석가여래(釋迦如來)와 주공(周公)·공자(孔子)는 출발은 비록 다르나 귀
착한 곳은 하나이다. 지극한 이치를 체득함에 있어서 양자(兩者)에 겸응
(兼應)하지 못하는 것은, 모든 물(物)이 두 가지를 겸하여 받아들일 수 없
기 때문이다.

라고 하였다. 심약(沈約)[4]은 이르기를, "공자(孔子)는 그 단초를 계발하였
고, 석가는 그 극치를 다하였다"고 하였으니, 진실로 그 대체(大體)를 아
는 사람이라고 이를 만하며, 비로소 지극한 도(道)를 함께 이야기할 만하
다고 하겠다.

불(佛)이 심법(心法)을 말함에 이르면, 현묘하고 또 현묘해서 이름 짓
고자 해도 이름 지을 수 없으며, 설명하고자 해도 설명할 수가 없다. 비록
달[月]을 얻고 달을 가리킨 손가락은 잊게 된다 하더라도 마침내 바람을

---

3) 혜원(慧遠): 東晉 때의 승려, 속성은 賈. 潯陽 匡山의 盧峰에 거처하였으며, 鳩摩羅
   什과 불교에 대해 토론한 것으로 유명하다.
4) 심약(沈約): 441~513. 중국 남조시대의 유명한 학자로 특히 음운학에 조예가 깊었다.

잡아묶는 것 같으며 그림자처럼 붙잡기 어렵다. 그러나 먼 곳에 오르자면 가까운 데로부터 시작하는 것이니, 비유를 취한들 무슨 잘못이 있으리오? 또 공자(孔子)가 문제자(門弟子)들에게 이르기를, "나는 말을 않고자 하노라, 하늘이 무슨 말을 하던가!" 하였다. 이는 곧 정명(淨名)이 문수(文殊)에게 말없이 대함이요[5], 불타(佛陀)가 가섭(迦葉)에게 말없이 전함이니[6], 수고롭게 혀를 놀리지 않고도 능히 마음을 전하는 데 들어맞은 것이다. 하늘은 말을 하지 않는다고 했지만, 이것[말]을 놓아두고서 무엇을 좇아 나아가리오?

그런데 능히 멀리 현묘한 도(道)를 전해 널리 우리나라를 빛냈던 이가 어찌 다른 사람이겠는가? 선사(禪師) 이 분이시다.

선사의 법휘(法諱)는 혜소(慧昭)이고, 속성(俗姓)은 최씨이다. 그의 선조는 한족(漢族)으로 산동(山東) 지방의 벼슬아치 집안이었다. 수(隋)나라 군대가 요동(遼東)을 정벌하다가 많은 사람이 예맥(濊貊)에서 죽게 되자, 그중에 뜻을 굽히고 우리 백성이 된 자들이 있었는데, 당(唐)나라 때에 이르러 사군(四郡)이 통일됨에 [선사의 집안은] 지금의 전주(全州) 금마인(金馬人)이 되었다.

그 부친은 이름이 창원(昌元)으로 가정에 있으면서 출가의 수행을 하였다. 모친 고씨(顧氏)가 일찍이 낮에 설핏 잠이 들었다는데 꿈에 한 범승(梵僧)이 이르기를 "저는 아미(阿㜷)[7]의 자식이 되기를 원하옵니다" 하였다. 이에 유리항아리에 의탁하였는데, 오래지 않아 선사를 잉태하게 되었

---

5) 정명(淨名)이……대함이요: 『淨名經』에 나오는 내용이다. 文殊가 維摩(淨名)에게 묻기를 '무엇이 不二法門인가?'라고 하자 淨名은 묵묵히 있으면서 응대하지 않았다. 그러자 문수는 찬탄하며 '좋고도 좋도다. 언어문자가 없는 경지에 이르러 곧바로 불이법문에 들었도다'라고 말하였다.
6) 불타(佛陀)가……전함이니: 불타가 靈山의 모임에서 꽃을 들어 대중에게 보이니 가섭만이 미소를 지었다.
7) 아미(阿㜷): 방언에 '어미'를 이르는 말.

다. 선사는 태어나면서 울지 않았으니, 이는 일찍부터 소리를 낮추고 말을 잘하지 않는 좋은 싹을 보인 것이다.

나중에 치아를 갈 나이가 되자, 노는 데에도 반드시 나뭇잎을 태워 향을 삼고 꽃을 꺾어 공양을 삼았다. 간혹 서쪽을 향해 무릎을 꿇고 앉아, 해 그림자가 옮아가도록 한번도 움직이질 않았다. 이는 좋은 자질[善本]이 정녕 백천겁(百千劫) 이전에 심어진 것임을 알 수 있으니, 보통사람이 발돋움을 해서 미칠 수 있는 것이 아니었다.

땋은 머리 아이 적부터 관을 쓴 어른이 되도록, 그 뜻이 부모님의 은혜 갚는 데 간절해서 잠시라도 잊지 않았다. 그러나 집에는 한말의 곡식도 없고, 또 한뙈기의 땅도 없어 농사지을 방법이 없었다. 음식으로 봉양하는 것을 오직 노력 그것에 의지하였으니, 이에 생선을 판매하여 조석(朝夕) 봉양을 마련하는 업으로 삼았다. 손은 그물을 엮는 데에 수고롭지 않고도 마음은 벌써 물고기를 잡는 일을 깨달아서, 능히 음식 지공(支供)의 자료(資料)를 풍성케 하여 진실로 효성을 다하는 옛노래에 들어맞았다.

부모의 상(喪)을 당함에 이르러, 흙을 져다가 무덤을 이루어놓고 이에 말하기를,

길러주신 은혜는 힘으로 갚아야 하지만, 오묘한 진리를 어찌 마음으로 구하지 않으리오? 내 어찌 매달린 조롱박처럼 한창 나이에 발자취를 묶어 두겠는가?

하였다.

드디어 정원(貞元) 20년(804)에, 세공사(歲貢使, 冬至使)에게 나아가 뱃사람이 되기를 구하여 서쪽으로 가는 항해에 발을 붙였는데, 여러가지 비천한 일에 능하였으며 험로를 평지같이 보았다. 자비의 항로에 노를 저어 고통의 바다를 건너 피안(彼岸, 중국)에 도착함에 미쳐 우리 사신들에게

고하기를, "사람마다 각각 뜻이 있으니, 여기서부터 헤어질 것을 청하옵니다"라고 하였다.

이에 떠나가 창주(滄州)에 이르러, 신감대사(神鑑大師)[8]를 뵙고 몸을 던져 절을 반쯤 하였을 때 대사가 반가운 듯, "어쩌다 이별한 지 오래지 않았는데 기쁘게도 다시 서로 만났구려" 하였다. 즉시 머리를 깎고 승복을 입게 함에, 그 자리에서 곧 인계(印契)를 받으니, 마치 불길이 마른 쑥에 붙고 물살이 낮은 언덕으로 흐르는 듯하였다. 승도(僧徒)들이 서로 이르기를, "동방(東方)의 성인(聖人)을 여기서 다시 뵙누나!" 하였다.

선사(禪師)의 얼굴이 검었던 탓에 무리들이 이름을 부르지 않고 지목하여 '흑두타(黑頭陀)'라고 하였다. 이는 곧 현묘함을 찾고 묵묵함에 처하여 참으로 칠도인(漆道人)[9]의 후신이라고 하겠으니, 어찌 읍중에 살던 얼굴 검은 자한(子罕)[10]이 능히 뭇사람들의 마음을 위로했던 일에 비교될 뿐이겠는가? 영원토록 붉은 수염의 불타(佛陀)·파란 눈의 달마(達摩)와 더불어 색상으로 드러내 보일 만하다.

원화(元和) 5년(810), 숭산(嵩山)의 소림사(少林寺) 유리단(瑠璃壇)에서 구족계(具足戒)를 받았으니, 곧 어머니의 지난날 꿈과 부절(符節)을 합친 듯이 완전히 들어맞았다. 이미 계율의 구슬을 빛내고 다시 학사(學舍)에 돌아옴에, 하나를 들으면 열을 알아서 강색(絳色)이 천초(茜草)보다 붉고 청색(靑色)이 남초(藍草)보다 푸르듯이 스승보다 더 뛰어났다. 그러나 비록 고요한 물같이 맑은 마음을 가졌지만 조각구름같이 떠다니는 신세

---

8) 신감대사(神鑑大師): 唐代의 선승. 馬祖道一(709~88)의 제자인 鹽官齊安의 제자였다.
9) 칠도인(漆道人): 東晉 불교의 중심이었던 道安(312~85)을 가리킴. 도안법사는 얼굴이 검은색이어서 '흑두타' 또는 '칠도인'이라 불렸다고 한다. '印手菩薩'이라고도 불린다.
10) 얼굴 검은 자한(子罕): 공자의 제자였던 자한은 얼굴이 검었다. 宋皇國父가 平公을 위해 臺를 쌓느라 백성들을 동원한 일이 있었는데, 자한은 농한기에 백성들을 동원해야 한다고 주장하여 민심을 위로하였다.

였다.

한편 신라의 승(僧) 도의(道義)가 먼저 중국 땅에 도(道)를 찾아왔었는데, 우연히 서로 만나 뜻에 맞았으니 서·남에서 벗을 얻은 것[11]이었다. 사방으로 멀리 찾아다니면서 불타(佛陀)의 지견(知見)을 밝혀보다가 도의가 먼저 고국으로 돌아감에, 선사는 곧바로 장안(長安)의 종남산(終南山)에 들어갔다. 만길이나 되는 높은 봉우리에 올라가 송실(松實)을 먹으면서 망상을 잊고 만유(萬有)의 진리를 관조하며 고요히 3년을 지냈다. 그런 뒤에 자각봉(紫閣峰)에서 나와 사방으로 통하는 길에 이르러 짚신을 삼아서 널리 베풀었다. 바쁘게 또 3년을 지냈다. 이에 고행(苦行)은 이미 닦였으며 다른 지방도 또한 벌써 유람한 터였다.

비록 만유(萬有)가 공(空)임을 보았다고 하지만 어찌 근본을 잊으리오? 이에 태화(太和) 4년(830) 고국으로 돌아왔다. 선사께서 크게 깨우친 대승(大乘)의 진리가 인역(仁域, 우리나라)을 비추자 흥덕대왕(興德大王)께서 어필(御筆)을 써서 맞이하며 위로하시면서,

도의선사(道義禪師)가 지난번에 돌아왔는데 선사(禪師, 上人)가 뒤이어 이르니 두 보살이 되었구려. 옛날에 흑의(黑衣)를 입은 두 호걸[12] 이야기를 들었는데, 지금은 누더기옷을 입은 두 영재를 보는도다. 하늘 가득한 자비로운 위엄에 온 나라가 기뻐 의지하니, 과인은 장차 마땅히 우리 계림(雞林)의 땅으로 길상(吉祥) 가득한 삶의 터를 이룩하리라.

하였다.

---

11) 서·남에서 벗을 얻은 것:『주역』'坤卦'에 "서쪽과 남쪽에서 벗을 얻고 동쪽과 북쪽에서 벗을 잃는다(西南得朋, 東北喪朋)"는 말이 있다.
12) 흑의(黑衣)를 입은 두 호걸: 남조 齊나라 武帝가 法獻과 玄暢을 불러 僧主가 되게 하였는데 당시 사람들은 이 둘을 '黑衣二傑'이라 불렀다.

처음에 상주(尙州)의 노악산(露嶽山) 장백사(長栢寺)에서 기거함에, 명의(名醫)의 집에 병자가 많듯이 찾아오는 이가 구름 같았다. 방장(方丈)이 비록 넓었으나 물정(物情)이 저절로 좁게 여겨서, 드디어 걸어서 강주(康州, 진주)의 지리산에 이르렀다. 두어 마리의 호랑이가 있어서 으르렁거리면서 앞길을 인도하였는데, 위험한 길은 피하고 평탄한 길로 가니 길 잡아 주는 사람과 다름없었다. 따르던 사람들도 두려워하는 바가 없이 가축이나 다름없이 여겼다. 이는 즉 선무외삼장(善无畏三藏)[13]이 영산(靈山)에서 하안거(夏安居)[14]를 틀 때 맹수가 앞에서 길을 인도하여 산의 동굴로 깊숙이 들어가 석가모니의 입상(立像)을 본 것과 사적(事跡)이 완연히 같다. 저 축담유(竺曇猷)[15]가 졸고 있는 호랑이의 머리를 두드려 불경소리를 듣게 한 것 또한 승사(僧史)에 유일하게 아름다운 사적은 아니다. 이에 화개곡(花開谷)에 있는 옛날 삼법화상(三法和尙)[16]이 세운 절의 옛터에 당우(堂宇)를 다듬어 꾸미니 엄연히 화성(化城, 寺院)이 되었다.

개성(開成) 3년(838)에 이르러, 민애대왕(愍哀大王)이 갑자기 보위에 올라 그윽한 자비에 깊이 의탁하고자, 새서(璽書)를 내리고 재비(齋費)를 주어 따로 발원하는 것을 보기를 구하였다. 선사는 "선정(善政)을 부지런히 닦는 데 달려 있거늘, 무엇 때문에 따로 발원하리오?"라고 말하였다. 사신이 왕에게 복명하자, 왕은 이를 듣고 부끄러워하며 뉘우쳤다. 선사는 색(色)·공(空)이 둘 다 해소되고 정(定)·혜(慧, 惠)가 함께 원융(圓融)하였으므로, 왕은 사신을 보내 '혜조(慧照)'라는 호를 하사했는데 성조(聖祖)의 묘휘(廟諱)인 '조(照)'자를 피하여 조(照)를 소(昭)로 바꾸었다.

---

13) 선무외삼장(善无畏三藏): 637~735. 인도 출신의 고승. 당나라 玄宗이 國師로 대우하였다.

14) 하안거(夏安居): 불가에서 여름 90일 동안 밖에 나가지 않고 정진하는 수행.

15) 축담유(竺曇猷): 東晉 시절 서역 康居國 출신의 고승.

16) 삼법화상(三法和尙): 義湘大師의 제자로 중국에 유학을 갔다가 慧能의 頂上을 가져와 쌍계사에 봉안하였다고 한다.

이에 대황룡사(大黃龍寺)에 적을 두게 하고 서울로 오도록 불러 사신들이 오고가는 것이 고삐가 길에서 교차하듯 하였지만, 산처럼 우뚝 서서 그 뜻을 바꾸지 않았다. 옛날 승조(僧稠)가 원위(元魏)의 세 번 부름을 거절하면서[17], "산에 있으면서 도(道)를 행해도, 대도(大道)에 어긋나지 않는다"라고 하였는데, 그윽한 곳에 처해서 고상함을 기른 것은 시대가 다르지만 똑같은 취지이다.

수년을 거처함에 배우고자 하는 사람들이 벼·삼[稻麻]처럼 열을 이루어 거의 송곳조차 꽂을 땅이 없었다.

드디어 기이한 곳을 두루 찾아보다가 남령(南嶺) 기슭땅을 얻으니, 상쾌하여 거처하기에 매우 알맞았다. 선방(禪房)을 지음에 뒤로는 노을 진 멧부리에 의지하고, 아래로는 구름 덮인 간수(澗水)를 내려다보았다. 시야를 맑게 해주는 것은 강 건너의 먼 산이요, 귀뿌리를 시원스럽게 해주는 것은 돌 틈에서 솟아 흐르는 물줄기였다. 봄날 시냇가에 핀 꽃, 여름 산길에 우거진 소나무, 가을밤 계곡에 뜬 달, 겨울 산마루를 덮은 눈 같은 것이 사철 형태를 바꾸고, 만상이 빛을 나누며, 온갖 자연의 소리가 화음을 이루고, 수많은 바위들이 다투어 빼어났다. 일찍이 중국을 유람했던 사람들이 이곳에 이르러서는 모두 놀라 바라보며 말하기를,

혜원(慧遠)의 동림사(東林寺)가 우리 땅[海表]에 옮겨온 듯하다. 연화세계(蓮花世界)를 범상한 상상으로 비겨볼 수 없지만, 항아리 속에 있는 별천지[18]라는 말은 믿을 만하다.

---

17) 승조(僧稠)가……거절하면서: 승조(480~560)는 北齊 때의 禪師. 北魏의 孝明帝가 세 번 불렀으나 응하지 않았다.

18) 항아리 속에 있는 별천지: '壺中天'을 말한다. 東漢의 費長房이란 사람은 市掾이었다. 저자에 약을 파는 노인이 있었는데 그는 한 항아리를 가게에 걸어두었다가 장시가 파하면 그 속으로 들어가는 것이었다. 장방이 그 모습을 보고 다음날 그 노인과 함께 항아리 속으로 들어가보니 별천지가 있었다고 한다.

라고 하였다.

대나무를 걸쳐서 물길을 끌어다가 계단을 둘러 사방에 흐르게 하고는 비로소 '옥천(玉泉)'으로 사호(寺號)를 삼았다.

법통(法統)을 손꼽아본즉 선사는 혜능(慧能, 曹溪)의 현손이었다. 이에 육조(六祖, 혜능)의 영당(影堂)을 세우고 흰 담장을 채색으로 장식해서, 중생을 인도하고 깨우치는 데 널리 이바지하도록 하니 『법화경(法華經)』에 '중생을 기쁘게 하기 위한 까닭에 여러 상(像)에 색을 섞어서 그렸다'는 말과 같았다.

대중(大中) 4년(850) 정월 9일 새벽녘에 문인에게 고하기를,

만법(萬法)이 다 공(空)이니, 나는 장차 떠나리라. '한마음[一心]'이 근본이니, 너희들은 힘쓸지어다. 탑을 세워 내 형체를 간직치 말고, 명(銘)을 지어 내 행적을 기록치 말도록 하라.

하였다. 말을 마치고 앉은 채로 돌아가시니, 속세의 나이로는 77이요, 승(僧)이 된 지 41년 만이었다.

이때 하늘에는 솜털구름 한점 없었는데 바람과 우레가 홀연히 일어나고, 범·이리가 울부짖고 삼나무와 향나무가 변하여 시들었다. 잠시 후에, 자줏빛 구름이 하늘을 가리더니 공중에서 손가락 튕기는 소리가 있었는데, 장례를 치르기 위해 모인 사람들이 누구 할 것 없이 모두 그 소리를 들었다. 이로 보면, 『양사(梁史)』에 실려 있는 바 시중(侍中) 저상(褚翔)이 일찍이 승(僧)에게 청하여 어머니의 병을 위해 복을 빌다가 공중에서 손가락 튕기는 소리를 들었다고 한 것은 성신(聖神)이 감동하고 명귀(冥鬼)가 감응한 것이므로, 어찌 속이는 말이라고 하겠는가? 무릇 도(道)에 뜻을 둔 사람들은 소식을 전해서 조문하고, 정을 잊지 못한 이들은 슬픔을 머금고 울었다. 하늘과 사람이 애통해하고 추도하고 있음을 단연코 알 만하였다.

관곽(棺槨)과 수도(隧道)를 미리 준비해서 갖추도록 했었기에, 제자 법량(法諒) 등이 울부짖으며 시신을 받들어 하루를 넘기지 않고 동쪽 봉우리의 무덤으로 장사를 치렀으니, 그의 유명(遺命)을 따른 것이었다.

선사(禪師)는 성품이 질박함을 흩어버리지 아니하고 말씀은 기교를 부리지 아니하였으며, 헌 솜옷이나 삼베옷을 따뜻이 여겨 입었고 겨나 싸라기를 달게 여겨 먹었다. 상수리와 콩을 섞은 밥에 나물반찬도 두 가지를 넘지 않았다. 귀인·달인이 때때로 찾아왔지만, 일찍이 찬을 달리하지 않았다. 문인(門人)들이 먹기에 힘들다 하여 바치기를 어려워하면, 곧 “마음이 있어서 여기에 온 것이니, 비록 거친 밥인들 무엇이 해로우랴?” 하였으며 높은 사람이나 낮은 사람, 늙은 사람이나 어린 사람을 대접하는 데 한결같이 하였다. 매양 왕사(王使)가 역마(驛馬)를 타고 명을 전하면서 멀리서 법력(法力)을 기원하면 곧,

무릇 왕토(王土)에 살면서 불일(佛日)을 머리 위에 인 자로, 어느 누가 호념(護念)에 마음을 기울여 임금을 위해 복을 모으려 하지 않겠습니까? 그런데 또 하필이면 마른 나무·썩은 등걸 같은 저에게 외람되게도 멀리 윤음(綸音)을 전하십니까? 역마(驛馬)를 타고 온 사람이 배고파도 먹지 못하고 목이 말라도 물을 마실 수 없으니, 아! 염려할 일이로다.

라고 하였다.

혹 호향(胡香)을 선물하는 사람이 있으면, 곧 질그릇에 화롯불을 담아 환(丸)을 짓지 않고 사르면서, “나는 이것이 무슨 냄새인지 알지 못한다. 마음을 정성되게 할 뿐이로다” 하고, 또 한명(漢茗)을 바치는 사람이 있으면, 곧 땔나무로 돌솥에 불을 지펴 가루로 만들지 않고 끓이면서, “나는 이것이 무슨 맛인지 알지 못한다. 뱃속을 적실뿐이다”라고 하였다. 참된 것을 지키고 습속을 거스름이 모두 이와 같았다.

평소에 범패(梵唄)를 잘하였는데, 그 소리가 금옥(金玉)과 같았다. 곡조를 빗겨서 소리를 날리면 상쾌하고 슬프고 완곡하기도 하여, 능히 천상계의 모든 신불(神佛, 諸天)로 하여금 기쁘게 하고, 길이 먼 지방에까지 흘러 전해지매 배우고자 하는 사람들이 당(堂)에 가득 찼는데, 가르치기를 게을리하지 않았다. 오늘날까지 우리나라에서는 어산(魚山)의 묘음(妙音)[19]을 익히고자 하는 자들이 다투어 코를 가리듯[20] 옥천사(玉泉寺)의 진감선사(眞鑑禪師)가 남긴 소리를 본받고자 한다. 이 어찌 성문(聲聞)으로써 그들을 제도(濟度)하는 교화가 아니겠는가?

선사의 열반은 문성대왕조(文聖大王朝)에 해당하는데, 임금이 마음에 측은하여 장차 맑은 시호로 은총을 표하려다가, 선사의 유언을 듣고 나서는 부끄러워 그만두었다. 36년이 지난 뒤, 문인들이 강산이 변할까 염려하며 불법(佛法)을 흠모하는 많은 제자들에게 불후(不朽)의 인연을 청함에, 내공봉일길간(內供奉一吉干) 양진방(楊晉方)과 숭문대(崇文臺)의 정순일(鄭詢一)이 두 마음 굳게 합쳐 비명(碑銘)을 새길 것을 건의하였다. 헌강대왕(獻康大王)이 지극한 덕화(德化)를 넓히고 참된 종지(宗旨)를 우러러 '진감선사(眞鑑禪師)'라고 추시(追諡)하고, 대공령탑(大空靈塔)에 전자(篆字)를 새길 것을 허락하여 영원히 영예로 마치게 하였다.

아름다워라! 태양은 양곡(暘谷)에서 솟아나와 으슥한 곳을 비추지 않음이 없고, 해안에 향을 묻으매 오래될수록 더욱 향기롭구나!

어떤 이가 말하길,

선사(禪師)께서 명(銘)을 짓지도 탑을 세우지도 말라는 훈계를 내리셨거

---

19) 어산(魚山)의 묘음(妙音): 曹操의 아들 曹植이 魚山에서 노닐다가 신묘한 소리를 들고 그것을 흉내내어 범패를 만들어냈다고 한다.
20) 코를 가리듯: 晉의 謝安은 코에 병이 있어 노랫소리가 탁했는데 사람들은 그 소리를 좋아하여 코를 막고 흉내를 내었다.

늘, 뒷날 제자들에 이르러 스승의 뜻을 확실하게 받들지 못하니, 임금에게
요구한 것인가, 아니면 임금께서 주신 것인가. 결국 흰 구슬[白珪]에 흠집
이 되는 것이다.

라고 한다.

슬프다! 비난하는 자 또한 틀렸도다. 이름을 가까이하지 않아도 이름이
빛나는 것은, 대개 정력(定力)[21]의 남은 결과다. 재처럼 타서 없어지고 번
개처럼 사라지는 것이, 어찌 할 수 있는 일을 할 수 있는 때에 하여, [선사
의] 명성이 대천세계(大千世界)에 울릴 수 있도록 하는 것과 같겠는가?

그런데 귀부(龜趺)가 아직 비석을 등에 이기도 전에 왕이 갑자기 승천
하셨다. 금상(今上, 定康王)이 이어 즉위하여, 훈(塤)·지(篪)가 서로 응답
하듯[22] 부탁한 일에 뜻이 맞아 좋은 일을 그대로 따랐다.

이웃 산의 절 가운데 옥천사(玉泉寺)라고 부르는 것이 있어, 이름이 중
복되어 뭇사람들의 귀에 혼란을 일으켰다. 장차 같은 이름을 버리고 다른
이름에 나가고자 한다면, 마땅히 옛 이름을 버리고 새 이름을 따라야 했
다. 그래서 사람을 시켜 그 절이 위치한 곳을 살피게 하니, 절의 문이 두
줄기 간수(澗水)에 임해 있다고 대답하였다. 이에 '쌍계사(雙溪寺)'라고
이름을 지어 하사하셨다.

그리고 거듭 이 하신(下臣)에게 명하기를, "선사께서는 행적으로 이름
이 났고 그대는 문장으로 벼슬에 나왔으니, 마땅히 명(銘)을 짓도록 하라"
하셨다. 나 치원(致遠)은 배수(拜手)하면서, "예, 알겠습니다"라고 대답하
였다.

---

21) 정력(定力): 번뇌와 망상을 없애는 禪定의 힘을 가리키는 佛家의 용어.

22) 훈(塤)·지(篪)가 서로 응답하듯: 훈과 지는 모두 악기의 이름이다. 『시경』의 「小
　　雅」 '何人斯'에 "형님이 훈을 부니, 아우가 지를 부네(伯氏吹壎, 仲氏吹篪)"라는 구
　　절이 있다.

물러나 생각해보니, 지난날 중국에서 이름을 얻어 장(章)·구(句) 사이에서 살진 것을 씹고 기름진 것을 맛보았으나, 성인(聖人)의 도(道)에 흠뻑 취해보지는 못했으니 오직 깊숙이 우물 안의 깨어진 벽돌 사이에서 뛰어노는 개구리 같아 부끄럽다. 하물며 불법(佛法)의 진리는 문자를 떠난지라, 말을 붙일 만한 곳이 없다. 굳이 혹 말한다 해도 북으로 향해야 할 수레가 남쪽의 영(郢)땅으로 가는 격이다. 다만 국왕의 외호(外護)와 문인(門人)들의 대원(大願)이 문자가 아니면 여러 사람들 눈에 밝게 드러날 수 없으므로, 드디어 감히 명(銘)을 짓고 쓰는 두 가지 일에 종사하여 날다람쥐처럼 없는 재주나마 힘써본다. 비록 돌은 혹 믿을 만하지만 가히 부끄럽고 가히 두려우며, 도(道)란 억지로 이름한 것이니 무엇이 옳으며 무엇이 그르리오? 붓자루를 멈추고 붓끝을 감추는 것을 신이 어찌 감히 할 수 있겠는가?

거듭 앞서 말한 뜻을 펼쳐, 삼가 명(銘)을 엮는다.

입 다물고 고요히 명상하며, 불타(佛陀)에게 마음을 돌렸네.
근성(根性)이 보살에 익숙했으매, 오직 한평생 불법(佛法)만을 넓혀왔네.
용감하게 호랑이굴을 더듬었고, 멀리 고래 물결 건넜도다.
가서 비인(秘印)을 전해받고, 와서는 사라(斯羅, 新羅)를 교화시켰네.
깊숙한 곳 찾아가 승경(勝景)을 골라서, 바위 비탈에 절을 지었도다.
물과 달을 보고 심회(心懷)를 맑게 하고, 구름과 샘물에 흥을 부쳤네.
산(山)은 성품과 더불어 고요하고, 곡(谷)은 범패(梵唄)와 함께 응답했네.
외경(外境)에 부딪쳐 막힘이 없으니, 기심(機心)을 없앤 것 이로써 증명되네.
도(道)로써 다섯 임금[23] 돕고, 위엄으로 많은 요괴 꺾었도다.

---

23) 다섯 임금: 憲德, 興德, 僖康, 神武, 文聖 다섯 임금을 가리킨다.

말없이 자비의 그늘 드리우고, 임금의 아름다운 부름 분명히 거절했네.

바닷물이 저절로 물결쳐 움직이나, 산이 어찌 동요하리오.

사념이 없고 심려가 없어, 깎아내지도 않고 아로새기지도 아니했네.

음식에 두 가지 반찬 없었고, 복장은 반드시 갖추려 하지 않았네.

비바람·그믐밤 같은 속에서도, 처음과 끝이 일치했네.

지혜의 가지가 바야흐로 뻗어나는데, 법계(法界)의 기둥 별안간 무너졌
도다.

동학(洞壑)은 처량하고, 연라(煙蘿)[24]는 초췌해졌네.

사람은 갔으나 도(道)는 남았으니, 끝끝내 잊을 수 없으리.

상사(上士)가 소원을 개진하니, 대왕께서 은혜를 베푸셨네.

등(燈)은 해역(海域)에 길이 전하고, 탑은 돌로 높이 솟았네.

수천겁의 세월이 흘러도, 송문(松門, 절)에 길이 빛나리라.

光啓 三年(887) 七月 日에 세움

僧 奐榮 글자를 刻함.

---

24) 연라(煙蘿): 초목이 우거져 수련하기에 적합한 곳을 가리키는 말이다.

萬壽山聖住寺朗慧和尙白月葆光塔碑

당(唐)제국이 무력으로 난을 진압하고[1] 문덕(文德)으로 연호를 바꾼 해
(888)의 창월(暢月, 11월) 달이 이지러진 뒤 7일, 해가 함지(咸池)[2]에 잠길
무렵 해동(海東) 양조(兩朝)의 국사(國師)[3] 선화상(禪和尙)이 목욕을 마
치고 가부좌를 하고 입적하였다. 온 나라 사람들이 두 눈을 잃은 듯한데,
하물며 문하(門下)의 여러 제자에게 있어서랴!

아아! 동방에 태어난 지 89년이요, 서방의 불계(佛戒)를 받은 지 65년이
라. 세상을 떠난 지 사흘이 지났어도 승좌(繩座)에 기대어 엄연히 낮빛이
살아 있는 듯하였다. 문인 순예(詢乂) 등이 울부짖으며 유체(遺體)를 받들
어 선실(禪室) 안에 임시 빈소를 마련하였다. 임금께서 소식을 듣고 몹시
슬퍼하며, 파발꾼을 보내어 글로 조문하고 곡식으로 부의(賻儀)하였으니,
정결한 공양을 돕고 죽은 이의 명복을 넉넉히함이라. 2년 뒤에 돌을 다듬

---

1) 당(唐)제국이……진압하고: 당나라 말기 王仙芝·黃巢 등이 일으킨 일련의 반란을
   진압한 것을 가리킨다.
2) 함지(咸池): 해가 진다고 하는 서쪽의 큰 못.
3) 양조(兩朝)의 국사(國師): 景文王과 獻康王 두 왕이 낭혜화상을 국사로 인정한 것을
   가리킨다.

어 층층의 탑을 쌓았는데, 소리가 임금이 계신 서울까지 들렸다. 보살계제자(菩薩戒弟子)인 무주(武州, 光州) 도독(都督) 소판(蘇判)[4] 일(鎰)과 집사시랑(執事侍郎) 관유(寬柔), 패강(浿江, 大同江) 도호(都護) 함웅(咸雄), 전주별가(全州別駕) 영웅(英雄)은 모두 왕손인데, 둘린 성처럼 임금의 덕을 보좌하면서 험한 길에서 스승의 은혜에 힘입었으니, 어찌 반드시 출가한 뒤라야 입실(入室)[5]할 수 있으리오. 드디어 문인인 소현대덕(昭玄大德) 석통현(釋通賢)과 사천왕사(四天王寺) 상좌(上座) 석신부(釋愼符)와 더불어 의논하여 말하기를,

대사(大師)께서 돌아가시매 임금께서도 서러워하였거늘, 어찌 우리들이 차마 마음을 사그라트리고 입을 다물어서 스승에게 보은할 일을 빠트리리오.

라고 하였다. 이에 문인들이 서로 호응하여, 시호와 명탑(銘塔)을 내려줄 것을 청하였는데, 임금께서 '좋다'고 하교하고, 곧 왕손인 병부(兵部)의 제이경(第二卿) 우규(禹珪)에게 명하여 계원(桂苑)의 행인(行人)[6]이며 시어사(侍御史)인 최치원(崔致遠)을 불렀다. 최치원은 봉래궁(蓬萊宮)에 이르러, 화려한 나무들을 곁으로 하고, 인하여 아름다운 계단을 올라서, 주렴 밖에 꿇어앉아 명을 기다렸다. 임금께서 말씀하기를,

고인이 된 성주대사(聖住大師)는 진정 한분의 부처가 세상에 나심이라.

---

4) 소판(蘇判): 신라 17등 官階 중 제3등의 관계. 迊飡·迊判이라고도 하였다.
5) 입실(入室): 『論語』「先進」편의 "由는 升堂은 했지만 아직 입실은 못한 것이다(由也升堂矣未入於室也)"라는 구절을 염두에 둔 말로, 여기서는 불제자로서 일정한 경지에 달한 것을 말한다.
6) 계원(桂苑)의 행인(行人): 최치원이 당나라에서 역임한 직함을 가리키는 듯하다.

지난날 경문왕(景文王)과 헌강왕(憲康王)이 모두 스승으로 섬겨서 국가를 복되게 함이 오랜 세월이었다. 내가 처음 뒤를 이어 우리 선세(先世)의 뜻을 잇고자 했으나, 하늘이 굳이 남겨두지 않았으니 더욱 내 마음을 애닯게 한다. 나는 큰 행적이 있는 이에게 큰 이름을 주어야 한다고 여기는 까닭에, 시호를 추증하여 '대낭혜(大朗慧)'라 하고, 탑을 '백월보광(白月葆光)'이라고 하노라. 너는 일찍이 중국에서 벼슬을 하고 출세하여 귀국하였다. 돌아보건대, 경문왕께서는 국학(國學)의 학생으로 뽑아 너를 공부하도록 명하셨고, 헌강왕께서는 국사(國士)로 여겨 정중히 대우하셨으니, 너는 마땅히 국사의 명(銘)을 지어 그것을 보답하도록 하라.

고 하였다. [신이] 사례하며,

황공하옵니다. 전하께서는 벼에 쭉정이가 많음을 용서하시고 계수나무에 남은 향기가 넉넉히 있는 줄로 여기시어, 글로써 은덕에 보답하라 하시니, 진실로 하늘이 내린 행운임을 감사히 여깁니다. 다만 대사(大師)께서는 인위적인 것으로 가득 찬 속세에서 인위적이지 않은 신비한 종지(宗旨)를 펼쳤는데, 소신이 유한한 조그만 재주로 무한히 큰 행적을 적는 것은 약한 수레에 무거운 짐을 싣는 것이요, 짧은 줄의 두레박으로 깊은 우물물을 끌어올리는 것이니, 혹시 돌이 다른 소리를 하거나 거북이 잘 돌보아주지 않는다면,[7] 결코 산이 빛나고 냇물이 아름답도록 하기가 어렵고, 도리어 수풀이 부끄러워하고 간수(澗水)가 창피하게 여김만 남게 할 것이니 글 짓는 길

---

7) 혹시 돌이……않는다면: 『左傳』昭公 8년에 晉侯가 무리한 공사를 일으키자 돌이 백성들의 원망을 대변하여 말을 한 일이 기록되어 있고, 『世說新語』에는 孔愉가 풀어준 거북이 은혜를 갚아 관직에 등용되도록 돌봐준 일이 있다. 여기서 돌은 碑石을 가리키고 거북은 비석을 없는 龜趺를 가리키는데, 졸렬한 문장을 지을 경우 비석과 귀부도 달갑게 받아들이지 않을 것임을 비유한 것이다.

을 피하고자 합니다.

라고 말하였다. 임금께서 말씀하시기를,

　　사양하기를 좋아하는 것은 우리나라의 풍속이라 좋게 보면 좋을 따름이
지만, 진실로 능히 이 일을 할 수 없다면 황금방(黃金牓)[8]에 이름을 올린 것
이 무슨 의미가 있는가. 너는 그것에 힘쓰도록 하라.

라고 하며, 얼른 서까래만한 크기의 글 한편을 내어 환관을 시켜 주고받게
했는데, 곧 문제자(門弟子)가 바친 행장(行狀)이었다.

　다시 생각건대, 중국에 유학한 것은 대사(大師)와 내가 모두 같이하였
는데, 스승이 되는 자는 누구이며 글 짓는 역(役)이 된 자는 누구인가. 아
마 심학자(心學者)는 높고 구학자(口學者)는 수고로운 것인가. 그러므로
옛날의 군자는 배우는 것을 신중히했다. 그런데 심학자(心學者)는 덕을
세우고 구학자(口學者)는 말을 세우는 것이니, 저 덕이란 것은 혹 말에 의
지하여야 가히 일컬어질 수 있으며, 이 말이란 것은 혹 덕에 기대어야 썩
지 않고 오래도록 전할 것이다. 가히 일컬어질 수 있다면 마음이 능히 멀
리 후래자(後來者)에게 보일 것이며, 썩지 않고 오래도록 전한다면 말 또
한 옛사람에게 부끄럽지 않으리라. 가히 할 만한 일을 가히 할 만한 때에
하는 것이니 다시금 어찌 감히 글 짓는 일을 굳게 사양하겠는가.

　비로소 서까래만한 행장을 풀어보니 대사께서 중국에 유학하고 신라로
돌아온 해, 불계(佛戒)를 받고 선리(禪理)를 깨우친 인연, 공경과 재상들
이 귀의하여 우러러본 일, 상전(像殿)과 영당(影堂)을 개창한 일 등은 고
(故) 한림랑(翰林郎) 김입지(金立之)가 지은 성주사비(聖住寺碑)에 자세

---

8) 황금방(黃金牓): 과거 합격자의 명단을 적어 게시한 牓.

히 서술되어 있고, 부처를 위하고 불손(佛孫)을 위하는 덕화(德化), 임금을 위하고 스승을 위하는 성가(聲價)와 세속을 진정시키고 마적(魔賊)을 항복시킨 위력, 붕새처럼 드러냈다가 학처럼 돌아온 동식(動息)은 증태부(贈太傅) 헌강대왕이 손수 지은 심묘사비(深妙寺碑)에 갖추어 기록되어 있다. 돌아보건대, 부유(腐儒)가 이제 짓는 글은 마땅히 우리 대사께서 열반에 나아간 시기와 우리 임금께서 솔도바(窣堵婆, 浮圖塔)의 호를 높이신 것을 나타내는 데 그칠 따름이다.

내 입이 장차 손과 의논하여 맡은 일을 형편에 맞도록 하려 했는데, 이때 수제자인 필추(苾芻, 比丘)가 와서 글을 재촉하기에 이러한 뜻으로 말했다. 그가 곧 말하기를,

　김입지(金立之)의 비는 세운 지 오래되어, 수십년 동안 남기신 아름다운 행적이 오히려 빠져 있으며, 태부왕(太傅王)이 신묘한 필치로 기록한 것은 대개 특별한 만남을 드러내 보여준 것일 뿐입니다. 그대는 입으로 성현의 글을 저작(咀嚼)하였고, 면전에서 현(現) 임금의 명을 받았으며, 귀로는 국사(國師)의 행적을 실컷 들었고, 눈으로 문생(門生)이 지은 행장을 취하도록 보았으니, 마땅히 널리 기록하고 갖추어 말하여서 반드시 그것을 후생(後生)에게 남기어, 시초를 찾고 종말을 살피도록 해야 할 것입니다. 중국으로 가는 자가 혹 비문(碑文)을 소매에 넣고 가서 중국인의 비웃음을 면하게 한다면 심히 다행입니다. 제가 감히 그 이상의 것을 구하겠습니까. 부디 번거로움을 꺼리지 말아주십시오.

라고 하였다. [최치원]이 광노(狂奴)의 남은 태도[9]로 문득 대답하여,

---

9) 광노(狂奴)의 남은 태도: 嚴光이 司徒 侯霸에게 관직을 사양하며 도덕정치를 거론한 편지를 보내자, 그와 어린시절 친구였던 光武帝는 "狂奴의 옛 태도가 남았구나"라고 웃어넘겼다는 기록이 『後漢書』에 있다. 여기서는 비문 쓰는 것을 마뜩지 않아하는

나는 이엉을 엮듯이 간략히 적으려는데, 스님은 채소를 팔듯이 글의 분
량을 늘리려 합니까.

라고 말하였다.

마침내 갈피를 못 잡는 마음을 붙잡아 억지로 붓을 움직이다가『서한서
(西漢書)』유후전(留侯傳)을 생각했는데 그 말미에 이르기를,

장량(張良)이 임금과 더불어 조용하게 천하의 일을 말한 것이 매우 많았
으나 천하의 존망(存亡)에 관한 것이 아니므로 드러내 적지 않는다.

라고 하였으니, 곧 대사의 평생 동안의 사적 중에서 탁월한 것이 별처럼
많으나 후학에게 깨우침이 되는 바가 아닌 것은 또한 기록하지 않는다. 반
고(班固)의『서한서(西漢書)』에서 그 일반(一斑)을 엿본 것으로 스스로를
인정하고 이에 기록하여 말한다.

빛이 성대하고 알차서 팔굉(八紘)을 밝게 하는 바탕으로는 아침해보다
고른 것이 없으며, 기가 따뜻하고 무르녹아 만물을 기르는 공으로는 봄바
람보다 넓은 것이 없다. 오직 준풍(俊風, 봄바람)과 욱일(旭日, 아침해)은
모두 동방으로부터 나오는 것인데, 하늘이 이 두 여경(餘慶)을 모으고 산
악이 한 신령스러운 성품을 내리어, 군자국(君子國)에서 탄생하여 범왕가
(梵王家)에 우뚝이 서게 한 것이 우리 대사(大師) 그분이다.

법호(法號)는 무염(無染)으로 원각조사(圓覺祖師, 達磨)에게 십세손(十
世孫)이 되며 속성(俗姓)은 김씨로 무열대왕(武烈大王)이 팔대조(八代
祖)가 된다. 할아버지 주천(周川)은 품(品, 骨品)이 진골(眞骨)이고 위(位,
官等)가 한찬(韓粲)[10]이었으며 고조와 증조가 모두 장수와 재상직에 드나

최치원 자신의 태도를 비유한 말이다.
10) 한찬(韓粲): 신라시대 한찬의 관등을 자세히 알 수는 없으나, 신라의 관제를 본받은

든 것을 집집마다 알고 있다. 아버지 범청(範淸)의 대에 일족이 진골로부터 일등급 강등되어 '득난(得難)'[11]이라고 했는데 그는 만년에 조(趙)나라 문왕(文王)의 일[12]을 본받았다.

어머니 화씨(華氏)가 꿈속에서 긴 팔을 지닌 천인(天人)이 내려와 연꽃을 주는 것을 보고 이로 인하여 임신을 했다. 얼마 지났을 때 거듭 꿈에서 서역(西域)의 도인(道人)이 스스로 법장(法藏)이라 칭하면서 십호계(十護戒)를 주어 태교에 충당하게 했으며, 1주년을 넘겨 대사(大師)를 낳았다.

아이 적에 걷거나 앉을 때 반드시 손을 합장하고 가부(跏趺)를 하여 마주앉았으며, 여러 아이들과 노는 데 이르러서는 벽에 그림을 그리고 모래를 모으는 데도 반드시 불상과 불탑의 모양으로 하였다. 그러면서 차마 하루도 부모 슬하를 떠나지 못하였다. 아홉살에 비로소 학당(學堂)에서 글 공부를 하였는데 눈으로 본 것을 입으로 반드시 외우니 사람들이 '해동신동(海東神童)'이라고 일컬었다.

열두살을 넘기면서 구류(九流)[13]를 좁게 여기는 뜻이 있어서, 불도(佛道)에 들어가기 위해, 먼저 어머니께 사뢰니 어머니는 이전의 꿈을 생각하고는 울면서 "그렇게 해라"라고 하였고, 뒤에 아버지께 아뢰니 아버지는 이미 늦게 깨달은 것을 후회하고 흔쾌히 "좋다"고 하였다.

드디어 설악산(雪嶽山) 오색석사(五色石寺)에서 머리를 깎고 승복을 입고서, 입으로는 약을 맛보는 데(經義의 탐미) 정밀했고, 힘으로는 하늘을 기울[補天] 만큼 날래었다. 법성선사(法性禪師)라는 분이 있었는데 일

고려시대 초기의 한찬은 九品官等의 여섯째 등급에 속하였다.

11) 득난(得難): 신라 골품제에는 聖骨·眞骨·六頭品·五頭品·四頭品 등의 품등이 있었는데, 득난은 얻기 어려운 지위라는 뜻으로 六頭品을 가리킨다.

12) 조(趙)나라 문왕(文王)의 일: 劍術을 가리킴. 『莊子』에 조 문왕이 검술을 좋아하여 그를 찾아온 검객이 삼천명이었다는 것이 기록되어 있다.

13) 구류(九流): 儒家·道家·陰陽家·法家·名家·墨家·縱橫家·雜家·農家 등 중국의 전통적 학문 분류를 가리킨다.

찍이 중국에서 종가문(驟伽門, 小乘法)을 두드린 분이다. 대사께서 스승으로 섬긴 지 수년에 탐색하여 조금도 남김이 없자, 법성선사(法性禪師)가 감탄하여,

> 빠른 발로 달리면 뒤에 떠나더라도 앞서 도착한다는 것을 나는 그대에게서 체험했노라. 나는 만족한다. 내가 그대에게 팔 수 있는 남은 용기가 없으니 그대와 같은 사람은 마땅히 중국으로 가야 한다.

고 말하니, 대사께서 "예"라고 했다.

밤중에 새끼줄은 뱀으로 현혹되기 쉽고, 공중의 가느다란 실은 구분하기가 어려우며, 물고기는 나무에 올라서 가히 구할 수 있는 것이 아니며, 토끼는 그루터기를 지켜서 가히 기다릴 수 있는 것이 아니다. 그런 까닭에 스승이 가르쳐준 것과 자기가 깨달은 것에는 서로 보탬이 되는 것이 있다. 진실로 구슬과 불, 이것이 수중에 들어온다면 조개와 부싯돌은 가히 버릴 수 있는 것이다. 무릇 도에 뜻을 둔 사람에게 어찌 일정한 스승이 있으리오.

이윽고 옮겨가서 부석산(浮石山) 석등대덕(釋燈大德)에게 화엄(華嚴)을 물었다. 하루에 서른 사람의 몫에 필적하니 석등대덕[藍茜]이 얼굴빛이 변하며, 요당(坳堂)과 배수(盃水)의 비유[14]를 들어 말하기를

> 동쪽으로 낯을 돌려 바라보면 서쪽의 담을 보지 못한다. 저쪽 언덕[中國]이 멀지 않은데 어찌 반드시 고토(故土, 新羅)만을 생각하리오.

---

14) 요당(坳堂)과 배수(盃水)의 비유: 여건이 구비되지 않은 곳에서 목적을 이룰 수 없다는 말.『莊子』「逍遙遊」편에 "잔의 물을 堂 가운데 우묵 패인 곳에 부으면 겨자는 배가 되어 뜨지만, 거기에 잔을 놓으면 땅에 닿는다. 배는 큰데 물이 얕기 때문이다"라는 구절에서 연유하였다.

라고 하였다. 대사는 문득 산에서 나와 바다를 따라서 서쪽으로 배를 타고 갈 기회를 엿보았다. 마침 국사(國使)가 서절(瑞節)을 가지고 천자의 궁궐로 가거늘, 발을 의탁하여 서쪽[중국]으로 향하였다. 대양(大洋) 가운데 이르러, 풍도(風濤)가 갑자기 사납게 일어 큰 배가 사람들을 떨어뜨려 다시 정신을 차릴 수가 없었다. 대사는 심우(心友) 도량(道亮)과 함께 외쪽 판자에 걸터앉아 업풍(業風)[15]에 맡겼다. 밤낮으로 보름 정도를 표류하다가 검산도(劍山島)[16]에 이르렀다. 무릎으로 기어 거친 언덕으로 가서 실의하여 한탄하며 한동안 있다가,

물고기 배 속에서 다행히 몸을 빼내었고, 용의 턱 아래에 거의 손을 들이밀었지만, 나의 마음은 [구르는] 돌이 아니니 어찌 물러서리오.

라고 말하였다.

장경(長慶, 821~24) 초에 이르러 조정사(朝正使) 왕자 흔(昕)[17]이 당은포(唐恩浦)[18]에 배를 대거늘, 함께 타고 가기를 청하여 허락받았다. 지부산(之罘山)[19] 기슭에 도달한 뒤에 처음에 어려웠고 나중에 쉬웠던 것을 돌이켜보고서는 해신(海神)에게 읍하며, "잘 있거라 고래 물결, 잘 싸워라 바람의 악마여!"라고 말하였다.

그곳을 떠나가다가 대흥성(大興城) 남산의 지상사(至相寺)[20]에 이르러,

---

15) 업풍(業風): 善惡의 업에 따라 사람을 輪回하게 하는 바람.
16) 검산도(劍山島): 흑산도를 말함. 섬의 지형이 매우 험하여 '劍山'이라는 이름이 붙었다고 한다.
17) 왕자 흔(昕): 803~49. 무열왕의 9대손으로 시중 璋如의 아들이며, 金陽(字 魏昕)의 종형이다. 헌덕왕 14년(822) 사신으로 당나라에 다녀왔다.
18) 당은포(唐恩浦): 통일신라 시대 지명으로 지금의 경기도 南陽에 있던 포구.
19) 지부산(之罘山): 중국 산동성 福山縣 동북쪽에 있는 산.
20) 지상사(至相寺): 중국 섬서성 長安의 終南山에 있던 절.

화엄(華嚴)을 설법하는 사람을 만나 부석산(浮石山)에 있을 때와 같이했다. 얼굴 검은 한 노인이 이끌어 말해주기를, "멀리 사물에서 취하고자 하는 것보다 그대 마음속의 부처를 인지(認知)하는 것이 어떠한가?"라고 하였는데, 대사는 언하(言下)에 크게 깨달았다.

이로부터 필묵을 놓고 여러 곳을 다니다가 불광사(佛光寺)에서 여만(如滿)에게 도를 물었다. 여만은 강서(江西)의 인(印)을 찼으며, 향산(香山) 백상서(白尙書) 낙천(樂天)과 공문(空門, 佛門)의 벗이 되는 사람인데[21] 응대를 하다가 부끄러운 빛을 띠며,

내가 사람 겪기를 많이 하였으나, 이 신라 젊은이와 같은 이는 거의 없었다. 뒷날 중국이 선(禪)을 잃으면 장차 동이(東夷)에게서 그것을 물어야 할 것인가.

라고 말하였다.

마곡(麻谷) 보철화상(寶徹和尙)[22]을 가서 뵙고, 일을 근면하게 하여 가리는 것이 없으며 사람들이 어려워하는 일을 자기는 반드시 쉽게 하니, 여러 사람들[衆目]이 말하기를 "선문(禪門)의 유검루(庾黔婁)[23]와 같은 이행(異行)이다"라고 하였다. 철공(徹公)이 대사의 고절(苦節)을 어질게 여겨, 일찍이 하루는 일러 말했다.

---

21) 여만(如滿)은······사람인데: 江西는 당나라의 선승 馬祖道一(709~88)을 가리킨다. 如滿(752~842 이후)은 馬祖道一 문하의 승려로, 속성은 陸氏이다. 洛陽의 嵩山 佛光寺에 머물렀으므로 佛光和尙으로도 불린다. 백거이는 여만을 스승으로 받들며 각별한 교분을 유지하였는데, 會昌 2년(842)에는 화공을 시켜 91세 여만의 초상을 그리게 하고 직접 「佛光和尙眞贊」을 짓기도 하였다.

22) 보철화상(寶徹和尙): 馬祖道一 문하의 선승으로, 山西省 蒲州 麻谷山에 駐錫하며 도를 닦았다. 그에 관한 단편적 기록이 『祖堂集』『景德傳燈錄』『五燈會元』 등에 보인다.

23) 유검루(庾黔婁): 梁나라 때의 이름난 효자로, 아버지의 위중한 병세를 살피기 위해

옛날에 나의 스승이신 마화상(馬和尙)께서 나에게 유언하기를 "봄꽃이 번성하고 가을의 열매가 적은 것은 보리수[道樹]를 오르는 사람이 슬퍼하고 탄식하는 바이다. 이제 너에게 인(印)을 줄 것이니 뒷날에 배우는 무리들 가운데 기이한 공이 있어 가히 봉할 만한 자가 나타나거든 봉하여서 인(印)이 뭉크러지게 하지 말라"라고 하였으며, 다시 이르기를, "불법이 동쪽으로 흐른다는 이야기[24]는 대개 예언에서 나온 것인즉, 저 해 뜨는 곳 선남자(善男子)의 근본이 거의 성숙되었을 것이다. 만약 네가 동방의 사람을 얻어서 가히 목어(目語)[25]할 자가 있거든 잘 이끌어라[䀏導之]. 혜수(惠水)가 바다 귀퉁이에 널리 젖어들게 하면 덕이 얕지 않으리라"라고 하였는데, 스승의 말씀이 귀에 남아 있다. 나는 네가 온 것을 기뻐하며, 이제 인(印)을 주어 동토(東土)에서 선후(禪侯)의 으뜸이 되게 하리니 가서 정성껏 할지어다. 그러면 나는 지난날 강서(江西)의 대아(大兒)요, 후세에 해동의 대부(大父)가 되는 것이니, 선사(先師)에게 부끄러움이 없게 되리라.

얼마 안 있어 스승[寶徹和尙]이 돌아가매 흑건(黑巾)을 머리에 썼다. 이에 말하기를, "대선(大船)이 이미 버려졌는데 소주(小舟)가 어찌 매여 있으리오"라고 하였다. 이로부터 바람부는 대로 유랑을 하였는데, 기세를 가히 막을 수가 없었고, 뜻을 가히 빼앗을 수가 없었다. 이에 분수(汾水)를 건너고 곽산(崞山)을 오르며[26], 고적(古跡)이라면 반드시 찾아보고 진승(眞僧)이라면 반드시 나아갔다. 무릇 그가 머무는 곳은 인가(人家)와 멀

그 대변의 맛을 보았다고 한다.
24) 불법이……이야기: 六祖 慧能(638~713)이 입적할 때 남긴 말로, 70년이 지나 동방에서 두 보살이 와서 자신의 법통을 이을 것이라 하였다. 『六祖壇經』「付囑品」에 관련 기록이 보인다.
25) 목어(目語): 눈빛의 以心傳心을 통해 도를 전하는 것.
26) 분수(汾水)를……오르며: 汾水는 곧 汾河로 山西省에서 발원하여 황하로 흘러들어 간다. 崞山은 山西省 崞縣에 있는 산이다.

리 떨어져 있는데, 대개 그 위태함을 편안하게 여기고 그 괴로움을 달게 여기며, 사체(四體)를 수고로이 하기를 노로(奴虜)같이 하고 일심(一心)을 받들기를 군주처럼 하는 데 뜻이 있었던 것이다. 이러한 가운데에도 위독한 고질병자를 돌보고 고아와 홀아비를 구휼하는 일을 자기의 임무로 삼았으며, 큰 추위와 지독한 더위가 오고, 또한 가슴이 답답하고 열이 나거나 혹은 손발에 동상이 드는 경우에도 일찍이 게으른 모습을 하지 않았다. 명성을 들은 사람들은 저도 모르게 멀리서 예를 갖추게 되고 떠들썩하게 동방(東邦)의 대보살(大菩薩)이라고 하였는데, 그 삼십여 년 행한 일이 이와 같았다.

회창(會昌) 5년(845)에 신라로 돌아왔는데 황제의 명령[27]이었다. 나라 사람들이 서로 기뻐하며, "연성벽(連城璧, 대사)이 다시 돌아왔다. 하늘이 실로 그렇게 한 것이니 땅도 다행히 여기리라"라고 말했다.

이로부터 배우기를 청하는 사람들이 대사가 이르는 곳마다 벼와 삼같이 빽빽이 모여들었다. 왕성(王城)에 들어가서 어머니를 뵈오니 크게 기뻐하여,

돌이켜보면 내가 옛날에 꾼 꿈은 곧 우담발라수(優曇鉢羅樹)가 한번 꽃 핀 것이 아니겠느냐. 내세를 제도(濟度)하기를 바라며, 나는 다시는 문에 기대어 기다리는 생각에 흔들리지 않겠다. 이제 그만이다.

라고 말하였다.

이에 북쪽으로 가서 눈으로 직접 여생을 몸 붙일 곳을 고르려 하였다. 때마침 왕자 흔(昕)이 벼슬을 그만두고 산중재상(山中宰相)이 되어 있었는데, 우연히 만나 바라는 바가 합치되어 대사에게 일러 말했다.

---

27) 황제의 명령: 당나라 武宗이 일으킨 會昌 연간의 불교 탄압을 말한다. 도교에 빠진 무종이 측근 道士들을 선동하여 사원을 파괴하고 승려를 환속시켰다.

대사와 나는 함께 용수을찬(龍樹乙粲)[28]을 조상으로 하는데, 대사는 내외로 용수(龍樹)의 영손(令孫)이 되었으니,[29] 참으로 나는 멍하니 뒤진 채 따라잡을 수 없는 분입니다. 그러나 창해(滄海) 밖에서 소상(瀟湘)의 옛일을 밟았으니[30] 곧 친구의 인연이 진실로 얕지 않습니다. 한 절이 웅천주(熊川州, 公州) 서남 모퉁이에 있는데 이는 나의 할아버지 임해공(臨海公)[31]이 봉지(封地)로 받은 곳입니다. 그 사이에 큰 불이 재앙으로 번져 사원(寺院)이 반쯤 재가 되었으니 자애롭고 밝은 분이 아니면 누가 능히 없어진 것을 일으키고 끊어진 것을 이을 수 있겠습니까. 가히 억지로라도 쓸모없는 이 몸을 위하여 주지의 자리를 맡아주시겠습니까.

대사는 답하기를, "인연이 있으면 머물게 되겠지요"라고 말했다.

대중(大中, 847~59) 초에 비로소 나아가 머물고 또한 그것을 정제하여 꾸미니 얼마 안되어 도가 크게 행해지고 절이 크게 이루어졌다. 이로 말미암아 사방 멀리서 이 절을 찾는 무리들이 천리를 반걸음같이 여기니 그 수를 헤아릴 수 없을 만큼 엄청난 인원이었다. 대사는 종(鐘)이 타종을 기다리고 거울이 비춤에 피곤함을 잊은 것같이 하였다. 찾아온 사람들은 혜소(慧炤)로써 자신들의 눈을 이끌고, 법희(法喜)로써 자신들의 배를 기쁘게

---

28) 용수을찬(龍樹乙粲) : 龍樹는 太宗武烈王의 이름이고, 乙粲은 무열왕이 즉위 전에 맡았던 伊湌職을 지칭한다. 대사는 태종의 8세손이고 김흔은 9세손이 되므로 '함께 龍樹乙粲을 조상으로 한다'고 말한 것이다.
29) 내외로……되었으니 : 대사가 혈연상으로는 龍樹(太宗)의 후손이고, 法系로는 菩薩 龍樹의 孫에 해당됨을 말한다.
30) 창해(滄海)……밟았으니 : 瀟湘의 옛일이란 '瀟湘逢故人'이란 시구에서 연유하여 아름다운 만남을 가리킨다. 김흔이 당나라로 사신 갈 때 대사가 배에 함께 타고 간 일을 떠올린 것이다.
31) 임해공(臨海公) : 왕자 昕의 조부 金仁問을 가리킨다. 고구려를 정벌한 공으로 당나라로부터 臨海郡公에 봉해졌다. 나당 연합군을 조직하여 백제와 고구려를 통합하는 데 큰 기여를 하였다.

하지 않는 이가 없어서, 도를 깨치려는 간절한 발걸음을 이끌어주고 어리
석고 무지한 풍속을 변화시켰다. 문성대왕(文聖大王)이 그의 운용(運用)
작위(作爲)가 모두 왕의 교화에 보탬이 된다는 것을 듣고, 그를 매우 존중
하여 수교(手敎)를 급히 보내 넉넉히 위로하고 또한 대사가 산상(山相, 왕
자 흔)에게 대답한 네 글자[32]를 중히 여겨서 절의 이름을 바꾸어 성주(聖
住)라 하고 인하여 대흥륜사(大興輪寺)에 편록(編錄)시켰다. 대사께서 사
자(使者)에게 응답하기를,

　절이 '성주(聖住)'로 이름을 삼은 것은 절로서는 실로 영광스러운 바이지
만 용렬한 승(僧)을 지극히 총애하여 높은 지위에 외람되게 불러올리니, 진
실로 바람을 피한 새[33]에게 견줄 만하고 안개에 숨어 있는 표범[34]에게 부끄
러울 만합니다.

라고 하였다.
　이때에 헌안대왕(憲安大王)이 시주(施主)이며 서발한(舒發韓)[35]으로
추서(追序)된 위흔(魏昕)과 남북상(南北相)이 되어 있었는데[36], 멀리서

---

32) 네 글자: "有緣則住(인연이 있으면 머물게 되겠지요)"를 말한다.
33) 바람을 피한 새: 『莊子』에 나오는 고사이다. 새가 바람을 피해 魯郊에 앉으니 魯侯
　는 성찬을 차려 새에게 주었으나 새는 근심스레 바라보기만 하고 먹지 않다가 결국
　사흘 만에 죽고 말았다고 한다. 여기서는 왕의 대우가 너무 지나치다는 뜻을 나타내
　고 있는 것이다.
34) 안개에 숨어 있는 표범: 『烈女傳』에 나오는 고사이다. 陶答子라는 인물은 명예를 지
　킬 줄 몰랐다. 그의 처가 간언하며 안개 속에 숨은 표범이 자신의 털을 윤택하게 하
　여 무늬를 완성하듯이 은인자중하라고 하였으나, 陶答子는 듣지 않았다. 얼마 뒤에
　陶答子는 죽임을 당하고 말았다.
35) 서발한(舒發韓): 신라시대 관직 명칭의 하나.
36) 남북상(南北相)이……있었는데: 左相, 右相처럼 양쪽에서 왕을 보필했다는 뜻으로,
　즉위 전의 憲安王과 魏昕(金陽)이 文聖王을 받들었던 일을 말한다.

제자의 예를 펴고 향과 차로써 폐백을 드리어 사자(使者)가 오지 않는 달
[月]이 없었으며, 명성이 동국(東國)에 젖어들도록 하는 데 이르렀으므로
사류(士流)로서 대사의 선문(禪門)을 알지 못하는 것을 일세의 수치로 생
각하게끔 되었다.

　대사의 발 아래에 예를 올린 사람들은 물러나와서는 반드시 탄성을 내
어, "직접 뵙는 것이 귀로 듣는 것보다 백배나 낫다. 대사의 말씀이 입으로
나오기도 전에 마음속에 이미 들어와 있다"라고 말했다. 또한 조급하고
포악하기로 으뜸가는 사람들도 그 조급함을 삭이고, 그 포악함을 고치어
다투어 좋은 길로 달렸다.

　헌안왕(憲安王)께서 왕위를 이어받음에 미쳐, 글을 내려 말씀을 구하니
대사는 대답하기를, "주례(周禮)에 노공(魯公)에게 대답한 말[37]이 깊은 뜻
을 지니고 있습니다. 예경(禮經)에 실려 있으니, 청컨대 자리 곁에 새겨
두십시오"라고 하였다.

　증태사(贈太師) 선대왕(先大王)[38]께서 즉위함에 미쳐, 대사를 공경하
고 중히 여김이 선조(先朝)의 뜻과 같아, 날로 더욱 두터웠다. 무릇 시행
할 일이 있을 때에는 반드시 사람을 보내 자문을 구한 뒤에 행하였다.

　함통(咸通) 12년(871) 가을에 교서(敎書)를 날려 역마로 불러올리면서,
"산림은 어찌 가깝게하면서 성읍은 어찌 멀리합니까?"라고 말했다. 대사

---

37) 주례(周禮)에 …… 대답한 말: '周禮'는 搨本에 '周豊'으로 되어 있다. 그러나 '周禮'
　라는 것을 누구나 알 수 있으므로, 碑에 새길 때 간략히하여 '禮'자를 '豊'으로 한 것
　으로 보인다. 따라서 이 구절을 "주례(周禮)에 노공(魯公)에게 대답한 말"이라고 풀
　이하였다. 다만 『禮記』에 나오는 문구를 예로 들면서 '周豊'이라는 인물이 魯公에게
　忠義에 대해 말했다고 해석하는 경우도 있다. 『禮記』「檀弓」(下)에 魯나라의 현인
　周豊이 哀公에게 "진실로 禮義, 忠信, 誠慤의 마음 없이 백성을 다스리면 비록 굳게
　단속하더라도 백성들이 흩어지지 않겠습니까?(苟無禮義忠信誠慤之心, 以涖之, 雖
　固結之, 民其不解乎)"라고 말한 기록이 있다.
38) 증태사(贈太師) 선대왕: 景文王 金膺廉을 말한다. 진성여왕 때 이 비문을 지었기 때
　문에 선왕인 경문왕을 '선대왕'이라 칭한 것이다.

께서 생도에게 일러 말하기를,

> 문득 백종(伯宗)[39]에게 명령을 내리니 깊이 원공(遠公)[40]에게 부끄럽다. 그러나 도가 장차 행해지려면 때를 가히 잃어버릴 수 없어, 국왕(國王) 대신(大臣)에게 불법(佛法) 유통에 관한 도움을 부탁하기 위하여 나는 갈 것이다.

라고 하였다. 어느덧 도성에 이르러 알현하니, 선대왕이 면복(冕服)을 하고 절하여 국사(國師)로 삼았다. 왕비, 세자 및 태제상국(太弟相國)[41] 그리고 여러 공자(公子) 공손(公孫)들이 빙 둘러 우러르기를 한결같이 했는데, 마치 옛 가람(伽藍) 그림 벽면에 서방의 여러 나라 군장(君長)들이 불타(佛陀)를 대접하는 모양을 그려낸 것 같았다.

임금께서 말하기를,

> 제자가 재조(才操)는 없으나 어려서부터 글짓기를 좋아하여, 일찍이 유협(劉勰)의 『문심조룡(文心彫龍)』을 살펴보았는데, 거기에 다음과 같은 말이 있습니다. "유(有)에만 집체(執滯)하고 무(無)만을 지키는 것은 한갓 예리하기만 하고 편벽하게 이해할 뿐이다. 참된 근원에 나아가고자 하면 반

---

39) 백종(伯宗): 춘추시대 晉나라의 大夫. 진나라의 梁山이 무너졌을 때 晉侯는 이 사태를 수습하기 위해 伯宗을 급히 불렀다. 백종이 이에 의견을 말했더니, 진후가 그대로 따랐다고 한다.(『春秋左氏傳』成公5年)

40) 원공(遠公): 東晉의 승려 惠遠을 말한다. 진나라 安帝가 潯陽에 이르러 廬山에 머물던 혜원을 세 차례 불렀으나 혜원은 병을 핑계대며 나아가지 않았다. 안제는 九江 태수로 하여금 해마다 혜원에게 쌀을 보내게 하였는데, 혜원은 삼십년 동안 여산에 머물며 발걸음이 그곳을 벗어난 적이 없었다.(『梁高僧傳』卷6, 「釋惠遠傳」)

41) 태제상국(太弟相國): 경문왕의 아우로, 惠成大王에 추존된 金魏弘을 말한다. 경문왕 때부터 진성여왕 초까지 角干 등의 요직을 맡았으며, 『三代目』편찬에 참여하기도 하였다.

야(般若)의 절경(絶境)이라야 한다"[42]했으니 경(境)의 절(絶)한 것을 가히 들을 수 있겠습니까.

라고 하니, 대사는 대답하기를,

경(境)이 이미 절(絶)했음에 이(理) 또한 무(無)입니다. 이 인(印)을 묵묵히 행할 따름입니다.

라고 하였다. 임금께서 말하기를, "과인은 진실로 조금 더 나아가기를 청합니다"라고 하니, 이에 무리 가운데 뛰어난 자들에게 명하여 차례로 질문을 하게 하고는, 매 질문마다 그 질문에 알맞은 정확한 답변을 해주었는데, 막힌 것을 트고 번잡한 것을 깨끗이 떨어버리기를 가을바람이 어두침침한 안개를 잘라내듯 하였다. 이에 임금께서 크게 기뻐하고 대사를 늦게 만나보게 된 것을 한탄하며,

몸을 공손히하고 임금자리에 있는 사람에게 남종(南宗)을 알게 해주니, 순(舜)은 어떤 사람이며 나는 어떤 사람인가.

라고 말하였다.

이미 [궁을] 나왔으나 경상(卿相)들이 다투어 영접하여 더불어 의논하기에 겨를이 없고 사서인(士庶人)들이 달려와 떠받드니, 가고자 해도 갈 수 없었다. 이로부터 국인(國人)들이 모두 옷 속의 진주[43]를 인식하게 되

---

42) 유(有)에만……절경(絶境)이라야 한다: 이 구절은 『文心彫龍』 卷4 「論說」편의 한 대목을 인용한 것으로, 본래의 원문은 "滯有者, 全繫於形用. 貴無者, 專守於寂寥. 徒銳偏解, 莫詣正理, 動極神源, 其般若之絶境乎"이다.

43) 옷 속의 진주: 마음속에 품고 있는 진리를 가리킨다. 어떤 사람이 술에 취해 친구의

고 이웃의 장로(長老)들이 행랑의 보배를 엿보는 짓[44]을 하지 않았다.

얼마 안 있어 새장 속에 있는 듯 괴로워하여 곧 도망가듯 떠나갔다. 임금께서 억지로 붙들 수 없음을 알고, 이에 손수 글월[芝檢]을 내리어 상주(尙州)의 심묘사(深妙寺)가 서울에서 멀지 않으니 참선하는 별관으로 삼으라고 청하였다. 사양을 했으나 허락을 얻지 못하여 가서 거처하였는데, 하루를 머물지라도 반드시 집을 수리하여 엄연히 화성(化城, 절)이 되게 하였다.

건부(乾符) 3년(876) 봄에 선대왕(先大王)께서 편치 않으셨는데, 근시(近侍)에게 명하기를, "급히 우리 대의왕(大醫王)을 맞아오도록 하라"고 하였다. 사자(使者)가 이름에, 대사(大師)가 말하기를,

산승(山僧)의 발이 왕문(王門)에 미치는 것이 한번도 심한 것이니, 나를 아는 사람은 성주(聖住)를 무주(無住)라 할 것이며, 나를 알지 못하는 사람은 무염(無染)을 유염(有染)이라고 하지 않겠는가. 그러나 돌이켜보면, 우리 임금과는 향화(香火)로써 맺은 인연이 있고, 도리(忉利)의 행차[45]가 기일이 있으니, 어찌 나아가 한번 고별을 하지 않겠는가.

집에 가서 자게 되었는데, 친구가 공무로 밖에 나가면서 자고 있는 사람의 옷 속에 귀한 진주를 달아주었다. 그 사람은 그것을 모르고 술이 깨자 친구의 집을 떠나 다른 곳을 떠돌아다니느라 몹시 고생하고 굶주렸는데 훗날 다시 친구를 만나게 됨에 친구가 이야기를 해주자 그제야 진주의 존재를 깨달았다. (『法華經』)

44) 이웃의……엿보는 짓: 남의 보배를 탐하는 것을 가리킨다. 위나라의 어떤 농부가 밭에서 한 척이 넘는 寶玉을 주웠는데, 이웃 노인이 그것을 탐내어 怪石이라고 속였다. 농부가 그 옥을 행랑방에 두니 밤에 그 옥에서 화려한 빛이 나와 방을 가득 비추었다. 이에 더욱 괴이하게 여겨 들에 내다버리니 이웃 노인이 주워 魏王에게 바치고 상으로 천금과 上大夫의 녹을 받았다. (『尹文子』)

45) 도리(忉利)의 행차: 忉利는 불교에서 極樂을 지칭하는 忉利天이다. 여기에서는 임금의 승하를 뜻한다.

라고 하며, 다시 걸어서 임금의 거처에 이르러서 약언(藥言)과 잠계(箴戒)를 베푸니 병이 잠시 나아서 온 나라가 기이하게 여겼다.

이미 장사를 치르고 헌강대왕(憲康大王)이 익실(翼室)에 거처할 때에 울면서 왕손 훈영(勛榮)에게 명하여 [대사에게] 뜻을 알려 말했다.

내가 어려서 부상(父喪)을 당하여 정치를 잘 알지 못하지만, 임금에게 충성을 다하고 부처를 받들어 많은 사람을 구제하는 것과 오직 그 몸만을 잘 다스리는 것은 같이 말할 수 없습니다. 바라건대, 대사는 멀리 가지 마십시오. 거하실 곳은 선택하시는 대로 따르겠습니다.

[대사가] 대답하기를,

옛 스승으로는 육경(六經)이 있고, 오늘날의 보필(輔弼)로는 삼경(三卿)이 있습니다. 늙은 산승(山僧)이 무엇 하는 자인데, 앉아서 계수(桂樹) 같은 땔나무와 옥 같은 쌀밥[桂玉][46]을 좀먹고 있겠습니까. 다만 세 글자로써 남겨드릴 것이 있으니, '능관인(能官人)'[47] 그것입니다.

라고 하였다.

이튿날 산장(山裝)을 이끌고 새처럼 떠나갔는데, 이로부터 역마의 왕래와 하문(下問)의 전달이 연이어 바위계곡에 이어졌다. 역졸들은 가는 곳이 성주사(聖住寺)라는 것을 알면, 곧 모두 뛸듯이 기뻐하여 손을 모으고 말고삐를 고쳐잡고는 왕명을 받고 가는 길이 조금이라도 지체될 것을 염

---

46) 계수(桂樹) …… 쌀밥[桂玉] : 戰國時代 蘇秦이 楚王에게 유세하기를, "쌀은 옥보다 귀하고 땔나무는 계수보다 귀합니다(米貴於玉, 薪貴於桂)"라고 하였다. (『戰國策』 卷16)
47) 능관인(能官人) : 능히 사람을 잘 골라서 벼슬을 주는 것을 말한다.

려하여 지척의 거리와 같이 달렸다. 이로 말미암아 기상시(騎常侍)들은 급한 교지를 받아도 쉽게 거행할 수 있게 되었다.

건부제(乾符帝)가 헌강대왕의 즉위를 승인하는 사절을 보내온 해(878)에 국내의 유식자(有識者)들 중 가히 말할 만한 사람들로 하여금 '흥리제해(興利除害)'의 계책을 바치게 하는 한편, 별도로 우리나라의 종이(蠻牋)를 사용하여 대사(大師)에게 편지를 내리면서 천자(天子)의 후의(厚意)를 입은 것은 그 까닭이 있다고 말하고, 잇달아 나라에 보탬이 될 일을 물어왔다. 대사는 하상지(何尙之)가 송문제(宋文帝)에게 진언[獻替]했던 말[48]을 인용하여 대답했다. 태부왕(太傅王)이 살펴보고 아우인 남궁상(南宮相)[49]에게 일러 말했다.

삼외(三畏)[50]는 삼귀(三歸)[51]에 견줄 수 있고 오상(五常)은 오계(五戒)와 같다. 능히 왕도(王道)를 실천하면 이는 곧 불심(佛心)에 부합하는 것이니 대사의 말씀이 지극하다. 나와 너는 마땅히 일념으로 받들어 행해야 한다.

중화(中和) 원년(881) 건부제가 서쪽으로 피난(黃巢의 난) 갔던 해 가을에, 임금이 측근인에게 일러 말하기를, "나라에 큰 보주(寶珠)가 있는데, 평생토록 독 속에 감추어둔다면 그것이 옳겠는가?"라고 하니, [측근인이] 말하기를, "옳지 않습니다. 때때로 한번 나오게 하여 만백성의 눈을 뜨게

---

48) 하상지(何尙之)가 …… 말: 하상지는 남북조시대 宋나라의 재상이다. 宋文帝가 나라를 태평하게 다스릴 방도에 대해 묻자 하상지가 온 나라를 불법으로 교화시켜나가면 태평성세를 이룰 수 있음을 역설하였다. (『弘明集』卷11, 「答宋文帝讚揚佛教事」)
49) 남궁상(南宮相): 南北相 중의 하나인 南相을 말한다.
50) 삼외(三畏): 孔子가 말하길 "군자는 세 가지 두려워하는 것이 있으니, 곧 천명을 두려워하고, 대인을 두려워하며, 성인의 말을 두려워하는 것이다(君子有三畏 畏天命 畏大人 畏聖人之言)"라고 하였다. (『論語』「季氏」)
51) 삼귀(三歸): 佛·法·僧의 三寶에 귀의함을 말한다.

하고 사방 이웃들의 마음을 취하도록 쏠리게 함이 좋겠습니다"라고 하였
다. [임금이] 말하기를,

　　나에게는 '말니(末尼)'[52]라는 상품(上品)의 보배가 있는데, 빛을 감추고
숭암산(崇巖山)에 있다. 만약 비밀의 광을 연다면 마땅히 삼천세계를 비추
어 환하게 할 것이니 수레 십이승(十二乘)을 비추는 구슬[53] 따위야 어찌 족
히 말할 것이 있겠는가. 우리 경문왕(景文王)께서 간절하게 맞이하여 일찍
이 두번 나타난 바 있다. 옛날에 찬후(鄼侯, 蕭何)는 한왕(漢王, 漢高祖)이 대
장(大將)을 임명할 때 어린아이 부르듯 한 것을 기롱했는데,[54] 능히 상산
(商山)의 네 노인[四皓]을 초청해 오지 못한 것[55]도 이 때문이었다. 이제 듣
건대, 천자가 피난을 갔다 하니, 달려가서 천자의 여러 신하들[官守]을 위
문하도록 재촉할 작정인데, 피난 간 천자를 근왕(勤王)하는 데에 정성을 더
하려면 부처에 귀의하는 것이 먼저 할 일이라. 장차 대사(大師)를 맞이하여
반드시 여론(輿論, 外議)에 부응하려는 것이지, 내가 어찌 감히 그 하나[임
금의 벼슬]를 빙자하여 그 둘[年齒와 德望]을 업수이여김이랴.

라고 하고, 이에 그 사자(使者)를 정중히 대하고 그 말씀을 낮추어 대사

---

52) 말니(末尼): 摩尼라고도 하는데 如意珠를 말한다.
53) 수레 …… 구슬: 전국시대 齊威王과 魏惠王이 회동했을 때, 위혜왕이 제위왕에게 위
　　나라에는 수레를 앞뒤로 각각 12乘을 환히 비출 수 있는 徑寸의 구슬이 10枚나 있다
　　고 하니, 제위왕이 자신은 훌륭한 신하들을 보배로 여길 뿐, 구슬을 보배로 여기지
　　않는다고 대답하였다. (『史記』卷46, 「田敬仲完世家」)
54) 찬후(鄼侯, 蕭何)는 …… 기롱했는데: 한고조가 韓信을 대장으로 삼으려 할 때 소하
　　가, "왕께서는 평소에 무례하시어 대장을 제수하심에 마치 어린아이를 부르듯 하시
　　니 이것이 한신이 떠난 까닭입니다"라고 하였다. (『前漢書』卷34, 「韓彭英盧吳傳」)
55) 상산(商山)의 …… 못한 것 : 상산의 네 노인이란 秦나라 말기에 난리를 피해 상산에
　　은거한 東園公, 綺里季, 夏黄公, 甪里先生을 가리키는데, 漢高祖가 일찍이 그들을
　　초빙하려고 수년 동안이나 찾았지만, 그들은 깊이 숨어버리고 나오지 않았다.

(大師)를 부르시니, 대사가 말하기를,

　외로운 구름이 산에서 나오는 것이 어찌 무슨 마음이 있어서이리오. 대
왕의 풍(風)에 인연이 있는 것이니, '고집함이 없는 것'이 곧 상사(上士)의
도리이리라.

라고 하고는, 드디어 와서 알현하였다. [임금이] 선조(先朝)의 예와 같이
대해주었으되, 예를 더한 것으로 명백히 손가락을 꼽을 수 있는 것으로는
마주보고 음식을 베푼 것이 첫째요, 손수 향(香)을 전한 것이 둘째요, 삼
례(三禮)를 세 번 한 것이 셋째요, 작미로(鵲尾爐)[56]를 잡고 생생세세(生
生世世)의 인연을 맺은 것이 넷째요, 법호를 더하여 '광종(廣宗)'이라고
한 것이 다섯째요, 이튿날 일반 벼슬아치들[振鷺]에게 명하여 대사(大師)
의 숙소[鳳樹]로 쫓아가 기러기처럼 열을 지어 하례(賀禮)토록 한 것이 여
섯째요, 국중(國中)에 육의(六義)를 연마하는 자[57]를 명하여 송별의 노래
를 짓게 하니, 재가제자(在家弟子)로서 왕손인 소판(蘇判) 의영(嶷榮)이
먼저 창(唱)을 하여 거두어 두루마리를 만들고, 시독(侍讀)이며 한림의
재자(才子)인 박옹(朴邕)이 인(引)을 지어서 떠날 때 증정한 것이 일곱째
요, 거듭 장차(掌次)[58]에게 명하여 정결한 방을 베풀어 작별을 청한 것이
여덟째라.

　고별에 임하여 묘결(妙訣)을 구하니 이에 종자(從者)에게 눈짓하여 진
요(眞要)를 들어 말하게 하였는데, 순예(詢乂)·원장(圓藏)·허원(虛源)·

---

56) 작미로(鵲尾爐): 자루가 긴 향로를 말한다. 옛날 費崇先이란 사람이 불경의 설법을
　　들을 때마다 항상 작미로를 무릎 앞에 놓고 향을 피웠다.
57) 육의(六義)를 …… 자: 시를 잘 짓는 사람을 말한다. 六義란 『詩經』에서 詩體를 구분
　　하는 기준인 風·雅·頌과 賦·比·興을 말한다.
58) 장차(掌次): 궁중의 여러 행차를 전담하는 관원.

현영(玄影)과 같은 네 사람의 스님 중에 청정함을 얻은 자가 있어, 그 지혜를 실 뽑듯이 하고 그 종지(宗旨)를 세밀히 표출하여 뜻을 기울여 태만함이 없었고, 임금의 마음을 흠뻑 젖게 하니 임금이 매우 기뻐하여 두 손을 모아 절하며,

　　지난날 선고(先考)께서는 증석(曾晳)과 같은 위치에 있었는데 지금의 나는 증삼(曾參)의 처지가 되었구나.[59] 뒤를 이어서 공동(崆峒)의 가르침을 얻었고[60] 가슴에 간직하여 혼돈(混沌)의 근원을 열었도다. 그런즉, 저 위수(渭水) 가의 노옹(老翁, 姜太公)은 진실로 명예를 낚은 자이며 이상(坦上)의 유자(孺子, 張良)도 대개 [노옹의] 자취를 밟은 것으로, 비록 왕자(王者)의 스승이 되었으나 한갓 세치 혀를 희롱했을 뿐이니,[61] 어찌 나의 스승의 말과 같이 일편심(一片心)을 은밀히 전하였겠는가. 받들어 행하여 감히 실추하지 않겠습니다.

라고 말했다.
　태부왕(太傅王)은 본래 중화(中華)의 글을 잘하여 금옥(金玉) 같은 그 음

---

59) 선고(先考)께서는 …… 되었구나: 공자가 제자들에게 각자 가지고 있는 뜻을 이야기해보라고 했을 때 曾晳이 비파를 타던 손을 놓고 소박한 자신의 뜻을 이야기하자 공자가 기뻐하였고, 曾子가 공자를 모시고 앉았을 적에 공자가 선왕시대의 도를 이야기하자 증자는 不敏한 자신이 감히 알 수 없는 바라며 겸양하였다. 여기에서는 曾晳·曾參 부자가 다같이 孔子의 제자였듯 景文王과 獻康王이 다같이 大師의 제자가 되었음을 비유한다. (『論語』『孝經』)
60) 공동(崆峒)의 …… 얻었고: 공동은 崆峒山이다. 옛날에 黃帝가 천자가 된 뒤 廣成子라는 신선이 공동산의 石室에 은거하고 있다는 말을 듣고는 찾아가서 도를 물었다.
61) 위수(渭水) …… 뿐이니: 渭水 가의 老翁은 위수에서 낚시질 하다가 文王을 만나 세상을 평정한 姜太公을 가리키고, 坦上의 유자란, 한나라 張良이 下邳에 있는 坦橋 위에서 黃石公이라는 노인을 만나 『太公兵法』을 전수받은 일을 말한다. 강태공이나 장량이 각기 문왕과 한고조를 도와 세상을 평정했지만 이는 단지 자신의 명예와 이익을 구한 일이었을 뿐 도를 알아 진정한 왕의 스승이 된 것은 아니라는 뜻이다.

성으로 뭇 사람이 시끄럽게 떠드는 것도 관계치 않고 능히 입을 열면 사륙
변려(四六騈儷)의 어구를 이루어서 평소에 미리 구성해놓은 것과 같았다.

　대사는 다 마치고 물러나와 또한 왕손 소판(蘇判) 김일(金鎰)의 초청에
응하여 몇차례 말을 나누고 곧 감탄하여,

　　옛날에 임금들 중에는 원체(遠體)[62]는 있으면서 원신(遠神)[63]이 없는 자
　가 있는데, 우리 임금은 [둘 다] 갖추었고, 옛날에 신하들 중에는 공재(公
　才)는 있으면서 공망(公望)은 없는 자가 있는데, 그대는 [둘 다] 온전히 가
　졌으니, 나라가 잘되어나갈 것이오. 마땅히 덕을 좋아하고 스스로를 아끼
　시오.

라고 말했다.

　[산으로] 돌아감에 모든 것을 사절했다. 이에 [임금이] 사자(使者, 輶軒)
를 보내어 방생장(放生場)[64]의 경계를 표시하니 곧 조수(鳥獸)가 기뻐하
였고, 어필을 들어 성주사(聖住寺)의 제액(題額)을 쓰니 곧 용사(龍蛇)가
살아 있는 듯하였다. 성사(盛事)가 끝나자 좋은 시절이 어느덧 다하였다
(憲康王이 승하함). 정강대왕(定康大王)이 왕위에 오르매 양조(兩朝)의 은
총에 넘친 대우를 좇아서 그대로 행하였다. 승려와 속인을 거듭 사자로 하
여 대사(大師)를 맞아들이게 하였으나, [대사는] 늙고 병들었다 하여 사양
하였다.

　태위대왕(太尉大王, 定康王)께서 나라에 선정(善政)을 베풀게 되면서
높은 산처럼 [대사의] 덕을 우러러보아, [임금이] 자리를 이은 지 석 달에

---

62) 원체(遠體): 멀고도 장엄한 體度를 말한다.
63) 원신(遠神): 멀리 내다볼 줄 아는 神智를 말한다.
64) 방생장(放生場): 출입을 금하는 표지를 세워 獵士가 들어오지 못하게 만든 구역을
　　말한다.

말을 달려 안부를 묻게 한 것이 열차례나 되었다. 얼마 되지 않아서 [대사가] 요통(腰痛)으로 고생한다는 말을 듣고 즉시 국의(國醫)에게 명하여 가서 치료하도록 하였다. [국의가 대사에게] 이르러서 아픈 상태를 물으니 대사가 엷게 웃으며, "노병(老病)일 뿐이니 치료할 필요가 없다"고 말하고, 미음 두끼를 반드시 종소리를 들은 뒤에 내어오라고 하였다. 그 문도(門徒)는 식력(食力)이 떨어질까 염려하여 종채를 맡은 사람에게 몰래 고하여 거짓으로 자주 치게 하였더니, [대사는] 바라지문 쪽으로 눈짓을 하며 미음 상을 거두라고 명하였다.

장차 돌아가시려 할 때는 곁에서 시중드는 이에게 명하여 많은 사람들에게 유훈(遺訓)을 일깨우라고 하며,

이미 80[中壽]을 넘어 죽음[大期]을 피하기 어렵다. 나는 멀리 떠나니 너희들은 잘 있거라. 강(講)하기를 한결같이하며 지켜서 잃어버리지 말도록 하라. 옛 관리도 오히려 이와같이 하였으니 오늘날의 선승(禪僧)은 마땅히 힘써야 할 것이다.

하고 말하였다. 유언의 말이 겨우 끝나자 그대로 돌아가셨다.

대사(大師)는 성품이 공손하고 경건하며 말씀이 화기(和氣)를 상하게 하지 않았으니 『예기(禮記)』에 이른 바, "몸은 겸손한 듯하며 말은 나직하고 느린 듯하였다"는 것일진저!

학승(學僧)들을 반드시 선사(禪師)로 대우하였으며 빈객을 접할 때 일찍이 신분의 높고 낮음에 따라 공경함을 달리하지 않았다. 까닭에 방에는 자비가 가득 넘쳤고 뭇 무리들이 기뻐하며 따랐다. 닷새를 주기로 하여 배움을 구하러 온 사람들에게 의심난 것을 묻도록 하였고, 생도들을 타이를 때에 말하기를,

마음이 비록 몸의 주재(主宰)이기는 하지만 몸은 마땅히 마음의 스승이 되어야 한다. 너희들이 생각하지 않는 것이 걱정이지 도가 어찌 너희에게서 멀리 있겠느냐. 설령 농부라 하더라도 능히 속세의 얽매임에서 벗어날 수 있다. 내가 달리면 곧 마음도 달릴 것이다. 도사(道師) 교부(敎父)가 따로 종자(種子)가 있겠는가.

라고 말했다. 또 말하기를,

저 사람이 마신 것이 나의 갈증을 해소하지 못하며 저 사람이 먹은 것이 나의 배고픔을 구하지 못하는데, 어찌 힘써 자기 스스로 마시고 자기 스스로 먹지 않겠는가. 혹자가 교종(敎宗)과 선종(禪宗)을 일러 같은 것이 없다고 하는데 나는 그 종지의 다름을 보지 못했고, 말이 본래 많지만 내가 아는 바 아니다. 대략 같아도 허여하지 않고 달라도 비난하지 않으며 조용히 앉아서 기심(機心)을 삭히는 것, 이것이 일반승(一般僧)에 가까운 것이다.

라고 하였다. 그 말은 명백하면서 도리에 맞고 뜻은 오묘하면서 신실한 까닭에 능히 심상(尋常)을 무상(無相)으로 삼아, 도를 닦는 사람으로 하여금 근면하게 행하게 하여 갈림길 속에 갈림길이 있음을 보지 못하게 할 수 있었다.

장년에서부터 노년에 이르도록 스스로 낮추는 것을 기본으로 하였으며, 식사는 양식을 달리하지 않았고 옷은 반드시 균일하게 입었다. 무릇 짓거나 수리할 경우에는 수고로움이 뭇 사람보다 앞섰다. 매양 말하기를, "조사(祖師, 迦葉祖師)께서도 일찍이 진흙을 이기셨거늘 내 어찌 잠시라도 편안히 있겠는가"라고 하였으며, 물을 나르고 땔나무를 지는 일에 이르러서도 혹 몸소 친히 하였다. 또 말하기를, "산이 나를 위하여 더럽혀졌는데 내가 어찌 몸을 편안히할 수 있겠는가?"라고 하였다. 자기를 다스리고 사물에 힘씀이 모두 이와 같았다. 대사는 어려서 유가(儒家)의 책을 읽어서 그 남은 맛이 입술에 젖어 있었으므로 응답할 때에 운어(韻語)를 많이 썼다.

　문제자(門弟子)로 가히 이름을 부를 만한 사람이 거의 2천인이요, 외롭게 살며 도량(道場)에 앉아 있다고 일컫는 사람은 승량(僧亮)·보신(普愼)·순예(詢乂)·심광(心光)이다. 여러 불손(佛孫)이 많고 그 무리가 번성하니, 실로 가히 마조(馬祖)가 용자(龍子)를 길러서 동해(新羅)가 서하(西河, 중국)를 덮었다고 이를 말한다.

　논하여 말한다.『춘추(春秋, 麟史)』에 말하지 않았던가. "공후(公侯)의 자손은 반드시 그 처음으로 돌아간다"[65]고. 옛날 무열대왕(武烈大王)이 을찬(乙粲)으로 있을 적에 예맥(濊貊)을 무찌르기 위해 원군(援軍)을 얻을 계획으로 진덕여왕(眞德女王)의 명령을 받들어 소릉황제(昭陵皇帝, 唐太宗)를 섬돌 아래서 뵈옵고, 면전에서 정삭(正朔)을 받들고 복장(服章)을 바꾸기를 원한다고 말하니, 천자께서 가상히 여기고 허락을 하여 궁정에서 중국식 복장을 내리고 특진의 벼슬을 주었다.

　하루는 여러 번방(藩邦)의 왕자를 초대하여 잔치를 했는데 술자리를 차리고 보화를 쌓아두고서 마음껏 하고 싶은 대로 흡족히 하게 하니, 이에 무열왕(武烈王)은 술 드는 일은 예로써 난망(亂妄)함을 방지하였고 아름다운 비단의 경우는 지혜로 많이 얻었다. 하직의 말씀을 드리니 문황(文皇)이 눈을 돌리어 감탄하며, "국기(國器)로다"라고 말하였다.

　신라(新羅)로 돌아옴에 미쳐 황제가 친히 글을 짓고 쓴 온양(溫陽)·진

---

65) 공후(公侯)의 …… 돌아간다: 공후의 자손은 언젠가 다시 공후가 된다는 뜻. 이는『春秋左傳』閔公 元年의 傳에 보이는데, 魏나라의 선조로 알려진 畢萬이 얻은 점괘를 풀이하면서 나온 말이다. 필만은 周 文王의 15번째 아들인 畢公의 후예로 晉獻公이 魏國을 정벌할 때 종군하여 공을 세웠는데, 진헌공은 새로 얻은 魏國의 땅을 필만에게 하사하고 대부에 봉했다. 후에 韓나라 趙나라와 함께 魏나라가 晉國을 멸하고, 위나라를 건국하여 제후의 지위에 올랐기에 필만이 얻은 이 점괘가 징험되었다고 한다.

사(晉詞) 두 비(碑) 및 친히 저술한 진서(晉書) 한 부를 내려주었다. 그때 봉각(蓬閣, 校書官)에서 이 진서를 베껴 겨우 두 본(本)을 마쳤는데 황제가 하나는 태자(儲君)에게 주고 하나는 우리에게 주었다. 다시 화자관(華資官)[66]에게 명하여 청문(靑門) 밖에서 길제사를 올리게 하니, 총애의 넉넉함과 예(禮)의 도타움은 설령 지혜에 귀먹고 눈먼 사람일지라도 또한 귀와 눈을 놀라게 하기에 족한 것이었다. 이로부터 우리나라가 한번 변하여 노(魯)나라처럼 되었고, 팔세(八世) 뒤에 대사(大師)가 중국에서 배우고 신라에서 교화함에 한번 더 변하여 도에 이르렀으니, "더불어 더 큰 자가 없다"는 그 말은 우리를 제쳐놓고 누구를 일컬을 것인가.

거룩하도다. 선조(先朝)께서는 두 적국을 평정하여 사람들에게 겉 복장을 바꾸게 하였고 대사(大師)는 육마적(六魔賊)을 항복시켜 사람들에게 내면의 덕을 닦도록 하였다. 그러므로 천승(千乘)의 임금이 양조(兩朝)에 걸쳐 절하고 섬겼으며, 사방의 백성이 만리 먼 길에 달려와서, 움직이면 반드시 그들을 쉽게 부렸으며, 조용히 있을 때에도 속으로 비방하는 사람이 없었으니, 어찌 오백년에 응하여 대천세계(大千世界)에 몸을 드러낸 것이 아니겠는가. '처음으로 돌아간다'는 말에 또한 어찌 유감이 있겠는가.

저 문성후(文聖侯, 張良)는 한고조(漢高祖)의 스승이 되어서 만호(萬戶)에 봉해지고 열후(列侯)의 위(位)에 오른 것을 크게 자랑하여, 한상(韓相)의 자손으로는 최고의 일로 여겼으니, 비루하도다. 가령 그가 선도(仙道)를 배움에 있어 끝까지 했더라면 과연 능히 대낮에 하늘로 올라갈 수 있었겠는가. 중도에 그쳤으니 학(鶴) 등 위의 한 환상(幻像)의 몸이 되었을 뿐이다. 또한 어찌 우리 대사(大師)가 처음에 범속(凡俗)을 벗어나고 중도에 대중을 구제하고 말경에는 자기 몸을 깨끗이한 것과 같겠는가.

성덕(盛德)을 아름답게 형용하는 것으로 옛날에는 송(頌)을 숭상했는

---

66) 화자관(華資官): 화려한 자리를 지닌 벼슬아치를 뜻함.

데, 송은 게(偈)의 유(類)이다. 허적(虛寂)의 세계를 두드려 명을 지으니
그 글은 다음과 같다.

가도(可道)를 상도(常道)로 삼음은 풀 위의 이슬을 꿰는 것과 같고,
즉불(卽佛)로 진불(眞佛)을 삼음은 물속의 달을 잡아올리는 것과 같다네.
도의 떳떳함과 불(佛)의 참다움을 얻은 이 해동의 김상인(金上人)이니,
그의 본 가지는 성골(聖骨)에 뿌리를 두었고, 상서로운 연꽃은 보신(報
身)[67]에 이바지하였네.
오백년에 땅을 골라 태어나고, 십삼세에 속세의 티끌을 떠났다네.
잡화(雜花, 華嚴)가 붕로(鵬路)[68]로 이끌고, 관목(窾木, 배)으로 경진(鯨
津, 바다 즉 서해)을 건너갔네. [其一]

중원의 햇빛 아래 관광하면서 큰 뗏목을 모두 능히 버렸다네.
고승(先達)들이 모두 감탄하며, "고행에는 미칠 사람이 없다" 하였네.
불교가 도태를 당하려 하매 동으로 흘러오니 하늘이 내린 복이로다.
마음의 구슬은 마곡(麻谷, 寶徹和尙)에게 통했고 눈 거울은 도야(桃野, 우
리나라)를 비추었네. [其二]

이미 봉황이 와서 거동을 함에 뭇 새들이 다투어 따라왔다네.
시험삼아 용의 변화를 보라, 범인(凡人)의 마음으로 어찌 헤아려 알겠
는가.
우리나라에 방편을 보이고, 성주사(聖住寺)에 억지로 주지하였네.
송문(松門, 절)에 두루 석장(錫杖)을 걸어놓으매, 바위 길엔 입추의 여지

---

67) 보신(報身): 實智를 갖추고 태어날 몸.
68) 붕로(鵬路): 鵬은 한번에 구만리를 난다는 전설상의 큰 새로 鵬路는 먼 길, 즉 구도
  의 길을 뜻함.

가 없었네. [其三]

나는 삼고(三顧)를 기다리지 않았고, 나는 칠보(七步)로 마중하지 않았네.[69]

때가 나갈 만하면 또 나가니, 부처님의 부촉(付囑)의 인연을 위한 까닭이라.

두 임금이 하풍(下風)에서 절하였고, 온 나라가 감로(甘露)에 젖어들었네.

학(鶴)이 나오니 깊은 골 하늘의 가을이요, 구름이 돌아가니 먼 바다 산

이 저물었네. [其四]

나와서는 엽룡(葉龍)[70]보다 귀하였고, 돌아가서는 명홍(冥鴻)보다 고상

하였다네.

물을 건너매 소부(巢父)를 편협하게 여겼고, 골짜기에 들어가매 낭공(朗

公)을 초월하였네.

한번 도외(島外, 중원)에서 돌아와서부터 세 차례 궁중(宮中, 壺中)에서

노닐었네.

여러 미혹한 이들이 부질없이 시비[臧否]를 말하나, 궁극에 이르면 어찌

같고 다름이 있겠는가. [其五]

---

69) 나는 …… 않았네: 北齊의 文宣王이 稠禪師를 만나볼 때 조선사는 자리에 앉지도 않
고 일어나 맞이하지도 않았다. 그 무리 가운데 왕을 영접하기를 권하는 자가 있자,
조선사가 말하길 "예전에 賓頭盧 존자가 阿育王을 영접하여 자리에서 일어나 일곱
걸음을 갔는데, 왕이 칠년 만에 나라를 잃은 적이 있다. 내가 비록 덕이 부족하지만
왕이 복을 받도록 하고자 함이다"라고 하였다 한다. (『佛祖歷代通載』卷9)

70) 엽룡(葉龍): 형식적으로만 예우하고 진정으로 좋아하지 않음을 비유하는 말. 子張
이 魯나라 哀公을 만났을 때 애공이 자장을 예우하지 않자, 자장이 떠나가면서 말하
길 "임금께서 선비를 좋아함은 葉公과 같습니다. 葉公이 용을 좋아하여 집에 용 그
림을 아름답게 그려놓았는데, 어느 날 진짜 용이 하늘에서 내려와 바라지문에 머리
를 들이밀고 마루에 꼬리를 늘어뜨리자 葉公이 혼비백산했다고 합니다. 이는 진정
으로 용을 좋아한 것이 아니고, 용 비슷하지만 용 아닌 것을 좋아한 것입니다"라고
했다고 한다. (『說苑』)

이 도는 담박하여 맛이 없으나, 모름지기 힘써 먹고 마셔야 한다네.

다른 사람이 마신 술이 나를 취하게 하지 못하며, 다른 사람이 먹은 밥이 나를 배부르게 하지 못하네.

대중을 경계하여 마음을 억제케 하는 것이 무엇이리요, 명성을 겨처럼 대하고 이익을 쭉정이처럼 대함이라.

풍속을 권면하여 몸을 닦게 하는 것이 무엇이리요, 인(仁)을 갑옷처럼 여기고 의(義)를 투구처럼 여김이라. [其六]

퍼올리고 당김에 버리고 빠트림이 없었으니, 그는 실로 천인사(天人師)로다.

지난날 세간에 계실 적 온 나라가 유리세계(琉璃世界)를 이루더니, 적멸(寂滅)의 저승으로 돌아간 후 닿는 곳마다 가시풀만 돋는도다!

이원(泥洹, 열반)이 어찌 그리 빠른가, 금인(今人)과 고인(古人)이 함께 슬퍼하는 바이라. [其七]

돌을 꾸미고[建塔] 다시 돌에 새김에[竪碑], 형제는 감추어졌지만 자취는 드러났네.

곡탑(鵠塔)은 푸른 산에 점찍은 듯 있고, 귀비(龜碑)는 푸른 벽을 고이었네.

이것이 어찌 본래의 마음이리요, 헛되이 문자를 보는 일에 수고로우리.

후인에게 지금을 알게 하고자 하니, 현재에서 과거를 보는 것과 같은 것이라. [其八]

임금의 은혜는 천년토록 깊고, 대사(大師)의 교화는 만대(萬代)의 흠모를 받으리라.

누가 자루 있는 도끼를 잡을 것이며[71], 누가 줄 없는 거문고[72]에 의지할

---

71) 누가 …… 것이며: 『詩經』에 "伐柯伐柯, 其則不遠(자루를 깎음이여, 자루를 깎음이여, 그 법칙이 멀리 있지 않도다)"라는 구절이 있으니 도끼자루를 깎을 때는 손에 쥐

것인가.

　선경(禪境)을 비록 지킬 이 없으나, 객진(客塵)을 어찌 침입케 하리오.

　계봉(鷄峯)에서 기다리는 미륵의 강생(降生)[73], 장차 다름아닌 동쪽 계림(鷄林)에 있으리라. [其九]

고 있는 도끼를 기준으로 삼는다는 말이다. 『中庸』에서는 이 구절을 인용하여 사람을 다스릴 때는 사람을 기준으로 삼는다고 하였다.

72) 줄 없는 거문고: 陶淵明은 줄 없는 거문고를 어루만지며 "다만 거문고의 정취를 얻을 뿐이니, 어찌 수고롭게 거문고 소리를 내는가"라고 말했다.

73) 계봉(鷄峯)에서 …… 강생(降生): 迦葉이 제자를 모아 불법을 전하고 난 뒤에 바리 때와 가사를 가지고 鷄足山에 들어가며 미륵불이 세상에 나오기를 기다릴 것이라 하였다 한다. (『付法藏傳』)

曦陽山鳳巖寺智證大師寂照塔碑

서(叙)하여 말한다.

오상(五常)을 방위로 나누어 동방(東方, 動方)에 해당된 것을 '인(仁)'이라 하고, 삼교(三敎)가 이름을 세움에 정역(淨域)을 나타낸 것을 '불(佛)'이라 한다. '인심(仁心)'이 곧 불(佛)이니, 불(佛)을 능인(能仁)[1]이라 함은 당연한 이치이다. 해 돋는 땅[郁夷]의 유순한 성원(性源)을 인도하여, 천축(天竺, 迦衛)의 자비로운 교해(敎海)에 이르게 함은, 진실로 돌을 물에 던지듯, 비가 모래를 모으듯 수월한 일이다. 하물며 동쪽 제후로서 외방(外方)을 지키는 자는 우리보다 큰 나라가 없으며, 산천의 영(靈)이 이미 호생(好生)으로 근본을 삼고, 풍속 또한 교양(交讓)으로 선무(先務)를 삼았음에랴. 화락한 태평의 봄이요, 은은한 상고(上古)의 교화로다.

더욱이 성품은 석씨(釋氏)의 종족에 통하여, 편두(遍頭)로서 매금(寐錦)의 존귀함에 거하고,[2] 언어는 범음(梵音)과 비슷하여 혀를 굴리면 다

---

1) 능인(能仁): 석가모니를 '능인'이라 한다.
2) 편두(遍頭)로서 …… 거하고: 편두는 삭발을, 매금은 왕을 가리키는 듯하다. 진흥왕은 말년에 중이 되어 法雲이라 自號하였고, 그 왕비 또한 비구니가 되어 永興寺에 거주하였다.

라(多羅)의 글자[3]에 이을 수 있다. 이는 곧 천창(天彰, 하늘의 맑음)이 서쪽으로 돌아보고, 해인(海印)[4] 이 동쪽으로 흐르게 된 것이니, 의당 군자의 고장에 법왕(法王, 부처)의 도가 젖어듦이 나날이 깊어지고 또 깊어질 것이다.

또한 노(魯)나라에서 운성(隕星)이 비처럼 쏟아진 것[5]을 기록하고, 한(漢)나라에서 금인(金人)이 목덜미에 일륜(日輪)을 띠고 있는 것[6]을 징험함으로부터, 상(像)의 자취는 모든 냇물이 달을 머금은 듯하고, 법(法)의 말씀은 온갖 소리가 바람에 부르짖는 것 같으니, 혹 아름다운 덕을 비단에 엮기도 하고, 혹 어여쁜 꽃을 옥돌에 새기기도 하였다.[7] 그런 까닭에 낙택(洛宅)에서 발원(發源)이 되고[8], 진궁(秦宮)에서 거울을 단 듯한 사적(事蹟)[9]이 분명하여 마치 해와 달(合璧)을 걸어놓은 듯하니, 진실로 말재주

---

3) 다라(多羅)의 글자: 불경을 가리킨다. 다라는 서역에 있는 나무로, 그 잎이 길고 넓으며 정갈하고 희어서 經文을 적기에 적합하였다. '貝多羅'라고도 한다.

4) 해인(海印): 불교에서 진리를 가리킨다. 바다가 만상을 비춤을 진리에 비유하여 이른 말이다.

5) 노(魯)나라에서 …… 쏟아진 것:『春秋』에 魯나라 莊公 7년 4월 신묘일 밤에 恒星이 나타나지 않고, 운성이 비처럼 쏟아졌는데, 주역점을 쳐보니 이는 서역에 銅色人이 출현하였기 때문이었다는 기록이 있다. 부처의 출현을 말하고 있는 것이다.

6) 한(漢)나라에서 …… 띠고 있는 것: 漢나라 明帝 永平 3년에 황제가 꿈에 金人을 보았는데, 목덜미에 圓光을 두르고 궁전의 뜰을 날아다니며 흔연히 기뻐하는 것이었다. 다음날 아침 황제가 여러 신하들에게 '이는 어떤 神이냐'고 묻자, 傳毅가 말하길, "신이 듣건대, 天竺에 '佛'이라고 하는 도가 있는 자가 있다고 하는데, 아마 그 神일 것입니다"라고 하였다. 황제는 이에 서역에 사람을 보내어 불법을 구해오도록 하였다. (『弘明集』)

7) 아름다운 덕을 …… 새기기도 하였다: 부처의 덕을 비단에 기록하고 부처의 모습을 옥에 새김을 비유한다.

8) 낙택(洛宅)에서 발원(發源)이 되고: 낙택은 洛陽을 가리킨다. 佛法이 처음 낙양에 도래한 일을 말한 것이다.

9) 진궁(秦宮)에서 거울을 단 듯한 사적: 진시황 때 외국 승려들이 불경을 가지고 온 일이 있었다. 진시황은 이들을 옥에 가두었는데, 밤에 얼굴에 거울을 매단 듯한 장육금신이 나타나 옥을 부수고 이들을 빠져나오게 하였다. 이에 진시황은 깜짝 놀라 사죄

에 능하고[三尺喙] 글재주가 비상하지[五色毫] 않으면, 어찌 능히 그 사이에 문사(文辭)를 만들어 후세에 언설(言說)을 전할 수가 있었겠는가.

나라로써 나라를 봄에 나아가고, 고을을 좇아 고을에 이르는 것을 상고해보면10), 바람이 유사(流沙)와 총령(葱嶺)11)으로부터 전해오고, 물결이 동해바다 모퉁이에 미쳐오기 시작하였다.

옛날 우리나라가 솥발처럼 셋으로 나뉘어 대치하던 시절에, 백제(百濟)에 '소도(蘇塗)'라는 의식이 있었는데, 마치 감천궁(甘泉宮)에서 금인(金人)에게 제사하는 것12)과 같았다. 그후 서진(西晉)의 담시(曇始)가 맥(貊)땅에 들어온 것은, 섭등(攝騰)이 동으로 후한(後漢)에 들어간 것과 같았으며, 고구려(高句麗)의 아도(阿度)가 우리 신라에 건너온 것은, 강승회(康僧會)가 남으로 오(吳)에 간 것과 같았다.

때는 곧 양(梁)나라 보살제(菩薩帝)가 동태사(同泰寺)에 간13)지 한해만이요, 우리 법흥왕(法興王)이 율령의 조문(條文)을 마련한 지 여덟해째였다(528). 또한 이미 우리 바닷가 나라[海岸]에 즐거움을 주는 자애(慈愛)의 뿌리를 심었으며, 우리 해뜨는 고장[日鄕]에 늘어나고 자라는 신심(信心)의 보배를 빛냈으니, 하늘이 선원(善願)에 융합해주시고, 땅이 승인(勝因)을 솟구쳐주었다. 이에 가까운 귀신(貴臣, 中貴)이 제 몸을 버리

하였다고 한다.

10) 나라로써 …… 상고해보면: 나라와 나라, 고을과 고을을 거쳐 불교가 전파되는 과정을 말하는 듯하다.

11) 총령(葱嶺): 파미르고원을 가리킨다. 天山과 崑崙 등 산맥이 일어나는 敦煌 서쪽 8천리 지점의 준령 이름이다.

12) 감천궁(甘泉宮)에서 …… 제사하는 것:『魏書』「佛老志」에 이르기를, "武帝 때 霍去病이 서역에서 돌아오면서 渾邪王과 키가 한 丈쯤 되는 金人 1軀를 획득해오자, 무제가 이것을 大神이라고 여겨 감천궁에 안치해두고 향을 사르며 예불을 드렸다"라고 하였다. 이는 佛道가 점점 흥성한 것이다.

13) 양(梁)나라 …… 동태사(同泰寺)에 간: 梁武帝 大通 元年(527) 3월 辛未에 동태사에 행차하여 몸을 의탁하였다.

기도 하고, 지존(至尊)의 임금(上仙)이 머리를 깎기도 하였으며, 비구승 (比丘僧)이 서쪽으로 가서 배우고, 아라한(阿羅漢)이 동쪽으로 와서 노닐 었다.

이로 인하여 혼돈(混沌)의 상태를 능히 개벽하였으며, 사바세계가 두루 교화되어, 산천의 좋은 경개(景槪)를 가리어, 토목의 기이한 공력을 다하 지 아니함이 없었다. 수도(修道)할 집을 꾸미고, 수행할 길을 밝히니, 신심 (信心)이 샘물처럼 솟아나고, 혜력(慧力)이 바람처럼 드날렸다. 과연 공이 [杵]를 떠내리던 전쟁[14]에서 재앙을 들어 없애고, 화살을 곳집에 넣어두는 평화로 경사를 칭송케 하니, 옛날에는 조그맣던 세 나라가, 이제는 장하게 도 한 집안이 되었다. 탑[雁刹]이 구름처럼 벌어져 장차 극지(隙地)가 없 게 되고, 큰 북[鯨桴]이 우레같이 진동하여 제천(諸天)에서 멀지 않았으 니, 널리 물들어감에 여유가 있었고, 그윽히 구함에 싫증이 없었다.

그 교(敎)가 흥성함에 있어, 소승교(小乘敎, 毘婆娑)가 먼저 이르자 사군 (四郡)[15]에 사체(四諦)[16]의 바퀴를 달렸고, 대승교(大乘敎, 摩訶衍)가 뒤에 오자 일국(一國)에 일승(一乘)의 거울을 빛냈다. 그리하여 능히 의학(義 學)에 밝은 용이 구름처럼 뛰어오르게 하고, 율학(律學)에 밝은 호(虎)가 바람처럼 끓어오르게 하였으며, 학해(學海)의 파도를 용솟음치게 하고, 계림(鷄林)의 가엽(柯葉)들을 무성하게 하여, 도가 모두 끝없는 데에 융합 하고, 정(情)은 때로 마음속에 통하였다. 또한 고요한 물이 일렁이는 물결 을 잠재우고, 높은 산이 떠오르는 햇빛을 띤 듯한 자가 대개 있었을 것이 나, 세상에서는 미처 알지 못하였다.

장경(長慶, 821~24) 초에 이르러, 도의(道義)[17]라는 승려가 서쪽으로 바

---

14) 공이[杵]를 떠내리던 전쟁: 피가 많이 흘러 공이가 떠다닌다는 표현이다.
15) 사군(四郡): 樂浪·臨屯·玄菟·眞蕃을 가리킨다.
16) 사체(四諦): 苦·集·滅·道를 가리킨다.
17) 도의(道義): 신라말기의 禪僧. 법호는 明寂·元寂. 선덕왕 5년(784), 당나라에 가서

다를 건너 중국에 가서 서당(西堂)[18]의 오지(奧旨)를 체인(體認)하여, 지혜의 빛이 지장(智藏)과 비등해져 돌아왔는데, 처음으로 현계(玄契)를 말한 사람이다. 그런데 원숭이의 마음에 사로잡힌 무리들이 남쪽에 뜻을 두면서 북쪽으로 달리는 잘못을 감싸고, 메추라기의 날개를 자랑하는 무리들이 남해를 날아가는 대붕(大鵬)의 큰 뜻을 나무랐으며, 이미 외우는 말에만 마음이 쏠려, 다투어 마어(魔語)라고 비웃기만 했다. 이런 까닭에 빛을 무하(廡下)에 숨기고, 종적을 호중(壺中)에 감추어 동해의 동쪽에 갈 생각을 그만두고, 북산(北山)의 북쪽에 마침내 은둔하였으니, 『주역(周易)』에서 말한 "세상을 피해 살아 근심이 없다"는 것과, 『중용(中庸)』에서 말한 "세상에서 알아주는 이 없어도 후회하지 않는다"는 것이 아니겠는가. 그러나 솔이 겨울 산마루턱에 빼어나, 선정(禪定)의 숲에서 향기를 풍기매, 개미가 누린내 나는 고기를 따르듯 덕을 사모하는 자[螘慕者]가 산에 가득하고, 매가 비둘기로 변하듯 교화를 입은 자[鷹化者]가 골짜기에서 나왔으니, 도(道)는 가히 폐할 수 없으며, 때가 온 연후에 행해지는 것이다.

흥덕대왕(興德大王)께서 왕위를 잇고, 선강태자(宣康太子)께서 태자의 직무를 맡게 됨에 이르러, 사악한 일을 버려 나라를 다스리고, 선한 일을 즐겨하여 집안(백성의 생활)을 살찌게 하였다. 이때 홍척대사(洪陟大師)[19]라는 이가 있었는데, 서당(西堂)에게 가서 심인(心印)을 증득(證得)

寶壇寺에서 계를 받고, 江西省 開元寺에 가서 智藏의 법맥을 이어받았다. 821년 귀
　국하여 禪法을 펼치고자 하였으나, 당시 사람들이 經敎만을 숭상하자, 설악산 陳田
　寺에서 칩거하다가 廉居에게 南宗禪을 전하고 입적하였다. 우리나라에 중국의 南宗
　禪을 처음으로 전했으며, 體澄에 의해 迦智山派의 개조로 추앙받았다.
18) 서당(西堂): 西堂先師(735~814)는 虔州 사람으로, 속성은 廖씨요, 법명은 智藏이
　다. 佛迹庵에서 교화를 떨치고 있던 馬祖道一의 문하에 들어가 그의 법을 이었다.
19) 홍척대사(洪陟大師): 신라말기의 선승. 호는 洪直, 시호는 證覺. 탑명은 凝寥. 實相
　和尚, 혹은 南韓祖師라고도 일컬어진다. 헌덕왕 때 당나라에 유학하여 智藏의 불법
　을 배워 흥덕왕 1년(826)에 귀국하였다. 그는 南嶽(지금의 지리산)에 머물러 수도하
　면서 實相寺를 세우고, 우리나라의 九山 禪宗 가운데 처음으로 實相山門을 개창하

하고, 남악(南岳)에 와서 발을 쉬고 있더니, 별면(鷩冕, 임금)이 하풍(下風)에서 순종하겠다는 청을 베풀고, 용루(龍樓, 太子)가 운무(雲霧)를 열고 나온 때를 경하하였다. 드러내 보이고 은밀히 전하매, 아침에 범부(凡夫)가 저녁에는 성인(聖人)이 되니, 울연(蔚然)히 변하는 것 같지 않다가 발연(勃然)히 일어나게 되었다.

시험삼아 그 종취(宗趣)를 엿보아 비교해보면, 수행에 수행을 거듭하면서도 수행함이 없는 듯하고, 증득(證得)에 증득을 거듭하면서도 증득이 없는 듯하여, 그 고요히 있을 때는 산이 서 있는 듯하고, 그 움직일 때는 골짜기가 응하는 듯하여, 무위(無爲)의 익(益)으로 다투지 않고도 이겼으니, 이에 우리 동인(東人)의 마음의 경지[方寸地]가 신령스럽게 되었다. 능히 정리[靜利]로써 이 땅[海外]을 이롭게 하였으면서도, 그 이롭게 한 바를 말하지 않았으니, 위대하다고 하겠다.

이로부터 배도화상(盃度和尙)이 잔으로 하수(河水)를 건너고[觴騫河], 도의(道義)스님은 도(道)에 융합하였으니[筌融道], 그 조상을 생각지 않으랴. 진실로 그 무리 번성하였도다. 혹은 검(劍)이 연진(延津)에 떨어지듯 득도 후 돌아오지 않았으며[劍化延津][20] 혹은 보주(寶珠)가 합포(合浦)에 돌아오듯 득도 후 돌아왔는데[珠還合浦][21] 거벽(巨擘)이 된 사람들을 가히 손꼽아 셀 만하다.

서토(西土)에서 천화(遷化)한 사람으로는 정중사(靜衆寺)의 무상(無

___

였다. 그의 문하에 片雲·秀澈 등의 제자가 배출되었다.

20) 검이 …… 않았으며: 晉나라 張華와 雷煥이 龍泉劍과 太阿劍을 소유하고 있었는데, 그들이 죽고 나서 두 보검이 절로 延平津 속으로 날아 들어가서 두 마리 용으로 바뀐 채 유유히 모습을 감췄다는 전설이 있다. (『晉書』 卷36 「張華列傳」)

21) 보주(寶珠)가 …… 돌아왔는데: 후한 때 合浦郡은 곡물이 생산되지 않아 바다에서 나는 진주가 가장 중요한 물산이었다. 그런데 수령들이 탐학하여 진주를 마구 끌어 모으자, 백성들은 그 고통을 견디지 못하였고 진주가 마침내 인접한 交趾郡으로 가버려서 더이상 합포군에서는 생산되지 않게 되었다. 그러다가 孟嘗이 수령으로 부임하여 예전의 폐단을 고치고 善政을 베풀자 진주가 다시 돌아왔다. (『後漢書』 「孟嘗傳」)

相)과 상산(常山)의 혜각(慧覺)이니, 『선보(禪譜)』에 익주 김(益州金)과 진주 김(鎭州金)으로 되어 있는 사람이 바로 이들이다.

고국에 돌아온 사람으로는, 앞에서 말한 북산(北山)의 도의(道義)와 남악(南岳)의 홍척(洪陟), 그리고 조금 내려와서 태안사(太安寺)의 혜철(惠徹), 국사(國師)인 혜목사(慧目寺)의 육(育), 지력사(智力寺)의 문(聞), 쌍계사(雙溪寺)의 혜소(惠昭), 신흥사(新興寺)의 충언(冲彦), 용암사(涌巖寺)의 체(體), 진구사(珍丘寺)의 각휴(覺休), 쌍봉사(雙峯寺)의 혜운(惠雲), 고산사(孤山寺)의 품일(品日), 양조국사(兩朝國師)인 성주사(聖住寺)의 무염(無染), 보리사(菩提寺)의 광종(廣宗) 등인데, 덕의 두터움은 중생의 아버지가 되고, 도의 높음은 왕자(王者)의 스승이 되었으니, 옛날에 이른 바 "명예를 회피해도 명예가 나를 따르며, 소문을 회피해도 소문이 나를 좇는다"는 것이었다. 그런 까닭에 모두 항하사(恒河沙)처럼 많은 중생에게 교화가 입혀졌고, 행적은 높직한 부도(浮屠)와 비석에 전하였으며, 착한 형제를 두었고, 그 자손을 잘되게 하였다. 선정(禪定)의 숲으로 하여금 계림(鷄林)에서 두드러지게 빼어나게 하고, 지혜의 물로 하여금 접수(鰈水)[22]에서 편안하게 흐르게 하였다. 따로 지게문을 나서거나 들창으로 내다보지 않고서도 대도(大道)를 보며, 산에 오르거나 바다에 들어가지 않고서도 상보(上寶)를 얻었으니, 조용히 의념(意念)을 잠재우고, 담담히 세간의 맛을 잊게 되었다. 피안(彼岸)에 가지 않아도 이르게 되고, 이땅은 엄하게 하지 않아도 다스려진다. 칠현(七賢)[23]에 누구를 비유로 취하겠으며, 십주(十住)[24]에 위계를 정하기 어려운 이가 현계산(賢溪山)

---

22) 접수(鰈水): 우리나라 江河를 가리킴. 우리나라 東海에서 가자미가 많이 잡히므로 이런 명칭을 썼다. 鰈域이라고도 한다.

23) 칠현(七賢): 불교에서 깨달음의 단계를 가리킨다. 大乘佛敎에서는 初發心人·有相行人·無相行人·方便行人·習種性人·性種性人·道種性人을 七賢이라하고, 小乘佛敎에서는 五停心觀·別相念住·總相念住의 三賢의 단계와 煖·頂·忍世·第一法의 네 개의 善根을 七賢이라 한다.

지증대사(智證大師) 바로 그분이다.

처음 대성(大成)할 적에, 범체대덕(梵體大德)에게서 몽매함을 깨우쳤고, 경의율사(瓊儀律師)에게서 구족계(具足戒)[25]를 받았으며, 마침내 상달(上達)할 적에, 엄군(嚴君) 혜은(慧隱)에게서 현리(玄理)를 탐구하였고, 영자(令子) 양부(楊孚)에게 묵계(墨契)를 주었다.

법(法)의 계보를 보면, 당나라의 사조(四祖) 도신(道信, 580~651)[26]을 오세부(五世父)로 하여, 동으로 이 땅에 전하여왔는데, 흐름을 따라 이를 헤아려보면, 사조(四祖) 쌍봉(雙峰, 道信의 호)의 자(子)는 법랑(法朗)이요, 손(孫)은 신행(愼行)이요, 증손은 준범(遵範)이요, 현손은 혜은(慧隱)이요, 내손(來孫)이 대사(大師)이다.

법랑대사(法朗大師)는 사조(四祖) 대의(大醫, 道信의 시호)의 대증(大證)을 따랐는데, 중서령(中書令) 두정륜(杜正倫)이 찬(纂)한 대의선사(大醫禪師)의 명(銘)을 살펴보면, 그 서(叙)에 이르기를, "원방(遠方)의 기사(奇士)요 이역의 고인(高人)으로, 험도(嶮途)를 꺼리지 않고 진소(珍所)에 와 다다랐도다"라고 하였으니, 바로 보물을 움켜쥐고 돌아간 이가 법랑대사가 아니고 누구이겠는가. 다만 아는 사람은 말하지 않으므로, 다시 은밀한 곳에 감추어져 있었는데, 오직 신행대사(愼行大師)만이 이를 찾아내었다. 그러나 때가 이롭지 못함이여, 도가 미처 통하지 못하였도다. 이에 바다를 건너갔는데 천자에게 알려졌다. 숙종황제(肅宗皇帝)께서 총애

---

24) 십주(十住): 보살이 수행하는 五十二位 단계 가운데 제11위에서 제20위까지의 단계. 즉 發心·治地·修行·生貴·具足·正心·不退·童眞·法王子·灌頂의 단계를 가리킨다.
25) 구족계(具足戒): 새로 출가한 사람이 최고 단계의 승려위계인 비구 또는 비구니가 되고자 할 때 반드시 받아 지녀야 하는 불교 계율. 비구는 250계, 비구니는 348계가 있다. 사미 또는 사미니가 받는 10계와 비교하여 계품이 완전하게 갖추어져 있다는 뜻에서 구족계라고 한다.
26) 사조(四祖) 도신(道信): 중국 禪宗의 4대 祖師.

하여 시를 내리되, "용아(龍兒)가 바다를 건너면서 뗏목에 힘입지 않고, 봉자(鳳子)가 하늘을 날면서 달에 눈 돌리지 않았구나!"라고 하였다. 이에 신행대사가 '산조(山鳥)'와 '해룡(海龍)'[27]의 두 구로써 응대하였으니, 참으로 깊은 뜻이 담겨 있다. 우리나라에 돌아와 삼대(三代)를 전하여 대사에게 이르렀으니, 필만(畢萬)[28]의 후대가 크게 되리라는 말이 이에 증험된 것이다.

대사(大師)의 세속 인연을 상고해보면, 왕도인(王都人)으로 김씨 성의 자손인데, 호는 도헌(道憲)이요, 자는 지선(智詵)이다. 아버지는 찬괴(贊瓌)이며 어머니는 윤씨(伊氏)로서, 장경(長慶) 갑진년(甲辰年, 824)에 세상에 나와서, 중화(中和) 임인년(壬寅年, 882)에 입적하니, 자좌(恣坐)[29]한 지 43년이요, 귀전(歸全)[30]으로는 59년이었다.

그의 구체(具體)를 보면, 키가 일곱자 남짓하였고, 얼굴이 한자쯤이었으며, 의상(儀狀)이 장대하고 빼어났으며, 어언(語言)이 웅장하고 맑았으니, 참으로 이른바 '위엄이 있으면서도 사납지 않은' 사람이었다.

---

27) 산조(山鳥)와 해룡(海龍): 산은 새를 가리지 않아도 새는 능히 산을 가리며(山不擇鳥 鳥能擇山), 바다는 용을 가리지 않아도 용은 능히 바다를 가리는 것(海不擇龍 龍能擇海)을 말하는데, 즉 산과 바다로 왕을 비유하고 새와 용으로 자신을 비유한 말이다.

28) 필만(畢萬)의 …… 말: 대사가 여러 祖師의 전통을 이어받아 크게 진작시켰음을 말한다. 畢萬은 주문왕의 15번째 아들 畢公의 후예다. 춘추시대 때 필만은, 晉獻公이 魏國을 정벌할 때 종군하여 공을 세웠다. 이에 진헌공이 새로 얻은 魏國의 영토를 필만에게 하사하고 대부에 봉했다. 당시 太卜官이었던 偃은 "필만의 후손이 반드시 크게 될 것이다"라고 하였는데, 뒤에 魏斯가 제후가 되어 진나라를 삼등분하여 차지하였다. (『左傳』, 閔公 元年)

29) 자좌(恣坐): 夏安居의 마지막 날을 가리키는데, 여기서는 출가하여 수행한다는 의미로 쓰였다.

30) 귀전(歸全): 曾子가 한 말로 부모가 주신 몸을 죽을 때까지 온전히 보존하는 것을 말한다. 증자가 임종할 때 그 문인과 처자에게 이르기를, "내 손과 발을 펴보아라. 내 몸은 부모에게 의탁하였으니, 내가 태어 날 때의 몸을 손상시키지 않고 온전하게 돌아간다(啓予手足見之, 我身托於父母, 所生之身, 不壞而歸全)"라고 하였다.

잉태할 당시로부터 입적할 때까지의 기이한 행적과 숨겨진 이야기는, 신출귀몰한 듯하여 붓으로는 이루 다 기록할 수 없겠으나, 이제 사람의 귀를 쫑긋 세우도록 한 여섯 가지의 기이한 감응과, 사람의 마음을 놀래어 깨우치게 한 여섯 가지의 옳은 지행(志行)을 가려뽑아, 이를 나누어 나타낸다.

처음 어머니의 꿈에 한 거인(巨人)이 나타나 고하기를, "저는 과거의 비파시(毘婆尸) 불(佛)[31]로서, 말법(末法)의 세상에 중이 되었는데, 진에(瞋恚, 분노) 때문에 오래도록 용이 되는 업보를 받았으나, 업보가 이미 다 끝나 이제 마땅히 법손(法孫)이 될 것이오니, 이런 연고로 묘연(妙緣)에 의탁하여, 자비로운 교화를 널리 펴고자 원하옵니다"라고 하였다. 이내 임신하여 거의 4백일이 지난 관불회(灌佛會)[32] 날 아침에 태어났는데, 일이 이무기의 부생고사(復生故事)[33]에 징험되고, 꿈이 마야부인(摩耶夫人)의 태몽고사(胎夢故事)[34]에 부합되어, 패위자(佩韋者)[35]로 하여금 더욱더 삼가게 하고, 옹취자(擁毳者)[36]로 하여금 정성껏 수도(修道)하게 하였으니,

---

31) 비파시(毘婆尸) 불(佛): 원문은 '勝見佛'으로서, 과거 七佛 중의 하나이다.
32) 관불회(灌佛會): 석가가 탄생한 날을 기념하기 위하여 음력 4월 8일에 향수나 차로 佛像을 목욕시키는 의식이다. 浴佛會라고도 칭한다.
33) 이무기의 부생고사(復生故事): 이무기가 과거의 죄를 참회하여 다시 인간으로 태어난 고사를 지칭한다. 漢나라의 승 安淸은 신이한 행적이 많았는데, 그의 同學 중 진노를 잘 내는 자가 있어 충고하였지만 20년 동안 끝내 고치지 않았다. 안청이 그와 결별하면서 후생에 흉악한 형체를 지니고 태어날 것이며, 그때 자신이 구제하겠다고 예언하였다. 훗날 안청이 䢼亭湖의 廟에서 흉악한 모습을 한 이무기로 변한 그를 만났는데, 천필의 비단과 보물로 佛寺를 건립하여 속죄하게 해달라는 부탁을 받고 그의 뜻을 이루어주니, 이무기의 형체를 벗고 한 소년으로 변하였다고 한다. (『高僧傳』)
34) 마야부인(摩耶夫人)의 태몽고사(胎夢故事): 마야부인이 석가를 낳을 때, 大聖人이 여섯 개의 상아를 지닌 코끼리를 타고 하늘에서 내려오는 태몽을 꾸었다는 탄생신화를 가리킨다.
35) 패위자(佩韋者): 西門豹라는 인물이 성격이 급하여 부드러운 가죽을 차고 다니며 스스로를 경계하였다는 고사를 가리킨다. (『韓非子』「觀行」)
36) 옹취자(擁毳者): 毳衣는 袈裟로서, 가사를 입고 수행하는 승을 지칭한다.

탄생의 기이함이 그 첫째이다.

태어난 지 여러 날이 되도록 젖을 빨지 않고, 짜서 먹이면 곧 울면서 토해내려고 하였는데, 홀연히 어떤 도인(道人)이 문 앞을 지나가다 깨우쳐 말하기를, "아이가 울지 않도록 하려면, 훈채(葷菜)와 어육(魚肉)을 참고 끊으시오"라고 하였다. 어머니가 그 말을 따르자, 마침내 아무런 탈이 없게 되었는데, 젖을 먹이는 자로 하여금 더욱 조심하게 하고, 고기를 먹는 자로 하여금 부끄러움을 품게 하였으니, 숙습(宿習)[37]의 기이함이 그 둘째이다.

아홉살에 아버지를 여의고 거의 훼멸(毀滅)할 만큼 수척하였는데, 추복승(追福僧)[38]이 이를 가련히 여기고 깨우쳐 말하기를, "덧없는 몸은 사라지기 쉬우며, 장한 뜻은 이루기 어렵다. 옛날 부처님께서 보은(報恩)하신 데에 큰 방편이 있었으니, 그대는 이를 힘쓰라"고 하였다. 그 말로 인해 느끼고 깨달아 울음을 거두고, 어머니께 불도(佛道)에 귀의할 것을 사뢰었는데, 어머니는 그가 어린것을 애처롭게 여기고, 다시 또 집안을 보전할 사람이 없는 것을 염려하여, 굳게 허락하지 않았다. 이에 부처님이 성(城)을 넘어 출가하신 고사를 듣고, 곧 도망해 빠져나가 부석산(浮石山)으로 나아가 배웠다. 문득 하루는 마음이 놀라 자리를 여러 번 옮겼는데, 얼마 뒤에 어머니가 병이 났다는 말을 듣게 되어, 급히 고향으로 돌아가 뵙게되자 병도 따라서 나았으므로, 당시 사람들이 그를 완효서(阮孝緒)[39]에 견

---

37) 숙습(宿習): 前生의 습성이란 뜻으로, 여기서는 지증대사가 전생에 부처로서 훈채
　와 어육을 먹지 않았음을 뜻한다.
38) 추복승(追福僧): 아버지의 장례를 집전한 승을 지칭한다. '追福'은 죽은 자의 명복
　을 비는 것을 뜻한다.
39) 완효서(阮孝緒): 梁武帝 때 인물로 열여섯살에 부친을 여의어 居喪중 이상한 생각
　이 들어 집에 돌아오니 과연 모친의 병이 위중하였는데, 蔘으로 고칠 수 있다고 하였
　다. 삼을 찾아 終南山에 들어갔는데, 사슴 한마리가 그를 인도하기에 따라가 그곳에
　서 산삼을 얻어 모친의 병을 고쳤다고 한다.(『梁書』「阮孝緒傳」)

주었다.

집에 얼마 있지 않아 대사(大師)가 고질(痼疾)에 전염되었는데, 의원에게 보여도 효험이 없는지라, 여러 곳에 점을 쳐보매 모두 말하기를, "마땅히 부처님(大神)께 이름을 예속시켜야 할 것이오"라고 하였다. 어머니가 지난번의 태몽을 돌이켜 생각하고서, 우선 가사(袈裟)로 몸을 덮어주고 울면서 맹세해 말하기를, "이 병에서 만약 일어나게 된다면, 부처님께 아들로 삼아 달라고 빌겠습니다"라고 하였는데, 이틀 밤을 자고 난 뒤에 과연 씻은 듯이 나았다. 우러러 어머니의 자애를 깨닫고, 마침내 본디의 뜻을 이루었는데, 지독자(舐犢者)[40]로 하여금 할애(割愛)케 하고, 음사자(飮蛇者)[41]로 하여금 의심을 풀게 했으니, 효감(孝感)의 기이함이 그 셋째이다.

열일곱살에 이르러 구족계(具足戒)를 받게 되어 비로소 수계(受戒)의 단(壇)에 나아갔는데, 소매 속에 빛이 반짝이는 것을 깨닫고 이를 더듬어 한 계주(戒珠)[42]를 얻었으니, 어찌 마음을 두고서 구한 것이겠는가. 곧 다리가 없이도 이른 것이니, 참으로 육도경(六度經)에서 비유한 바로다.[43] 굶주려 부르짖는 자로 하여금 스스로 배부르게 하고, 취해 누워 있는 자로

---

40) 지독자(舐犢者): 소가 자신의 새끼를 혀로 핥는다는 말로 자식에 대한 부모의 사랑을 뜻한다. 漢나라 때, 太尉 楊彪의 아들 楊修가 曹操에게 살해되었는데, 양표는 金日磾처럼 자신의 아들을 먼저 죽이지 못함을 후회하였다고 한다. 金日磾는 한나라 昭帝 때의 신하로서, 그의 아들이 어려서 소제의 총애를 받았는데, 장성하여서도 자중하지 않고 궁인과 놀아나자, 때마침 그 모습을 본 김일제가 바로 아들을 죽였다고 한다.(『前漢書』「金日磾傳」)

41) 음사자(飮蛇者): 술잔 속에 있는 활 그림자를 뱀으로 착각하고 병을 얻은 자를 지칭한다. 晉나라 때 樂廣이 河南尹을 맡고 있을 때, 친한 객이 전날에 따라준 술잔에 뱀이 있어서 병이 걸렸다고 생각하였는데, 술잔 속의 뱀이 벽에 걸린 활의 그림자임을 보여주자 병이 씻은 듯 나았다고 한다.(『晉書』「樂廣傳」)

42) 계주(戒珠): 불가의 계율을 상징하는 구슬로서 염주를 지칭하기도 한다.

43) 육도경(六度經)에서 비유한 바: '육도경'은 금강경 또는 능엄경, 법화경이라는 설이 있으며, 비유한 바란 『妙法蓮華經』譬喩品의 "계율을 지키는 청정함이 마치 맑은 명주와 같다(持戒淸淨, 如淨明珠)"는 구절을 가리킨다.

하여금 능히 깨어나도록 하였으니, 여심(勵心)의 기이함이 그 넷째이다.

하안거(夏安居)를 마치고 장차 다른 곳으로 가려 하는데, 밤 꿈속에서 보현보살(普賢菩薩)이 머리를 어루만지고 귀를 끌어당기며 말하기를, "고행은 행하기 어려우나 이를 행하면 반드시 이루리라"고 하였는데, 꿈에서 깨어나자 오한이 드는 듯하였다. 묵묵히 살과 뼈에 아로새기어, 이로부터 다시는 명주옷과 솜옷을 입지 않았고, 수선의 실은 반드시 삼[麻]이나 닥나무에서 나온 것을 취하였으며, 어린 양가죽으로 만든 신발도 신지 않았으니, 하물며 깃털부채나 털깔개를 사용하였겠는가. 삼베옷을 입은 자로 하여금 눈뜨게 하고, 명주옷을 입은 자로 하여금 부끄럽게 여기도록 하였으니, 율신(律身)의 기이함이 그 다섯째이다.

유년시절부터 노성(老成)의 덕을 배불리 섭취하였고, 더욱이 계주(戒珠)를 밝혔으므로, 후생(後生)들이 다투어 상종하면서 배우기를 청하였다. 대사는 이를 거절하면서 말하기를, "사람에게 있어서 큰 폐단은 남의 스승이 되기를 좋아하는 데 있다. 혜택을 베풀 수가 없는데도 억지로 혜택을 베풀려고 하며, 그 본보기를 줄 수 없는데도 본보기가 되려고 해서야 되겠는가. 하물며 큰 바다에 뜬 지푸라기 제 자신도 건널 겨를이 없음에랴. 나의 그림자를 좇아서 필시 남에게 웃음거리가 될 일이 없게 하라"고 하였다. 뒤에 산길을 가는데, 어떤 나무꾼이 앞길을 막으면서 말하기를, "선각(先覺)이 후각(後覺)을 깨치게 하는 데에, 어찌 덧없는 몸을 아낄 필요가 있겠습니까"라고 하였다. 그에게로 나아가자 문득 보이지 않았는데, 이에 부끄러워하면서도 깨닫게 되어, 와서 배우고자 하는 이들을 막지 않았으니, 계람산(鷄藍山) 수석사(水石寺)[44]에 대나무와 갈대처럼 빽빽하게 들어찼다. 얼마 후에 다른 곳에 땅을 정하여 집을 짓고 말하기를, "매여 있지 않기를 생각하고 있음에, 능히 옮겨가는 것이 좋은 일이다"라고 하

---

44) 계람산(鷄藍山) 수석사(水石寺): 『崔文昌侯全集』 등의 주석에는 "連山의 開泰寺이거나 혹은 尙州 龍興寺라고 하는데, 미상이다"라고 하였다.

였다. 책의 글자만 보는 이로 하여금 삼성(三省)[45]케 하고, 살 곳을 마련하는 이로 하여금 구사(九思)[46]케 했으니, 수훈(垂訓)의 기이함이 그 여섯째이다.

태사(太師)에 추증된 경문대왕(景文大王)께서는 마음으로 삼교(三教)에 융합한 분이었는데, 심히 대사(大師)를 만나보고자 하였다. 멀리서 그에 대한 생각을 깊이 하고, 자신에게 다가와주기를 바랐다. 이에 서한을 부쳐 말하기를, "이윤(伊尹)은 나아가는 데 거리낌이 없었고[大通][47], 송섬(宋纖)은 보여줌이 드물었습니다[小見].[48] 유(儒)로써 불(佛)을 비유하자면, 가까운 곳으로부터 먼 곳에 닿은 것이니, 왕도(王都) 주위의 암거(巖居)에도 자못 아름다움 곳이 있어, 새가 가히 가려 앉을 만한 나무일 것입니다.[49] 봉황의 내의(來儀)를 아끼지 마십시오"[50]라고 하였다. 근시(近

---

45) 삼성(三省): 하루 동안 자신의 행실에 대하여 세 가지를 반성한다는 뜻이다. 『論語』 學而 편에 "증자가 말하길, 나는 하루에 세 번 내 자신을 살핀다. 남을 위해 일을 도모함에 내 마음을 다하였는가, 붕우와 사귐에 믿음을 주지 않았는가. 전수받을 것을 익히지 않았는가(曾子曰, 吾日三省吾身, 爲人謀而不忠乎, 與朋友交而不信乎, 傳不習乎)"라고 하였다.

46) 구사(九思): 군자가 지녀야 할 아홉 가지 생각을 지칭한다. 『논어』 季氏 편에 "공자께서 말하길, 군자는 아홉 가지 생각을 한다. 볼 때는 밝게 볼 것을 생각하고, 들을 때는 총명할 것을 생각하고, 표정을 지을 때는 온화할 것을 생각하고, 자세를 취할 때는 공손할 것을 생각하고, 말을 할 때는 진실할 것을 생각하고, 일을 할 때는 경건할 것을 생각하고, 의문이 생길 때는 질문할 것을 생각하고, 분할 때는 닥쳐올 재난을 생각하고, 이득을 얻을 때는 정의를 생각해야 한다(孔子曰, 君子有九思, 視思明, 聽思聰, 色思溫, 貌思恭, 言思忠, 事思敬, 疑思問, 忿思難, 見得思義)"라고 하였다.

47) 이윤(伊尹)은 ……거리낌이 없었고: 이윤이 出仕할 때 군주를 가리지 않았음을 뜻한다.

48) 송섬(宋纖)…… 드물었습니다: 송섬은 晉나라 隱士로 酒泉의 남산에 은거하였는데 제자 삼천여명이 따랐다고 한다. 여러 차례의 徵辟은 물론 주천 태수들이 방문하여도 만나주지 않아, 馬岌은 "이름은 들을 수 있으나, 몸을 볼 수 없고, 덕은 앙모할 수 있으나 그 모습을 볼 수 없으니, 나는 오늘 이후에야 선생이 사람 가운데 용이라는 것을 알았다(名可聞而身不可見, 德可仰而形不可覩, 吾而今而後知先生人中之龍也)"라고 탄식하였다고 한다. (『晉書』「宋纖傳」)

侍) 가운데 훌륭한 인물을 잘 골라 뽑았는데, 원성왕(元聖王)의 곤손(昆孫, 宗孫)인 김립언(金立言)으로 사자를 삼았다. 이미 교지를 전하는 일이 끝나자, 이내 제자로서의 예를 갖추었다. 대사가 대답해 말하기를, "자신을 닦고 남을 교화시킴에 있어, 고요한 곳을 버리고 어디로 나아가겠습니까. 새가 나무를 가려 앉을 수 있다는 분부는 저를 위하여 잘 말씀해주신 것이오니, 바라옵건대 지금 이대로 있게 해주시어 제가 다른 곳으로 피해 가지 않도록 해주십시오"라고 하였다. 경문대왕(景文大王)께서 이 말을 듣고, 대사를 더욱 진중히 여기었다. 이로부터 대사의 명예는 날개 없이도 사방을 날았으며, 대중은 말없이도 변화되었다.

함통(咸通) 5년(864) 겨울에, 단의(端儀) 벼슬의 장옹주(長翁主)[51]가 '미망인'이라 일컫고, 당래불(當來佛)[52]에 귀의하였다. 대사를 공경하여 자신을 '하생(下生)'이라 이르고, 상공(上供)을 두텁게 하였으며, 옹주(翁主)의 봉지(封地)로 받은 현계산(賢溪山) 안락사(安樂寺)가 천석(泉石)의 아름다움을 많이 가지고 있다 하여, 원학(猿鶴)의 주인[53]이 되어 달라고 청하였다. 대사가 이에 그의 문도들에게 말하기를, "산의 이름이 현계(賢溪)이고 땅은 우곡(愚谷)이 아닌데다가, 절의 이름이 안락(安樂)이니 중으로서 어찌 주지(住持)하지 않으리오"라고 그 말을 좇아 옮겨갔고, 그곳

---

49) 새가…… 나무일 것입니다: 공자가 위나라의 정치에 실망하고 떠날 때 그를 만류하는 孔文子에게 "새가 나무를 택할 수 있지, 나무가 어찌 새를 택할 수 있겠는가(鳥能擇木, 木豈能擇鳥乎)"라고 하였다고 한다. 여기서는 공자의 말을 인용하여 지증대사가 거처할 만한 곳임을 말한 것이다. (『史記』「孔子世家」)
50) 봉황의 …… 마십시오:『尙書』益稷 편의 "簫韶 아홉 곡을 마치니, 봉황이 내려와 容儀를 갖춰 춤춘다(簫韶九成 鳳凰來儀)"라는 經文에 의거하여 지증대사를 봉황에 비유하여 와줄 것을 요청한 것이다.
51) 장옹주(長翁主): 景文王의 누이이다.
52) 당래불(當來佛): 미래에 올 부처라는 뜻으로 과거, 현재, 미래의 三世佛 가운데, 彌勒佛을 지칭한다.
53) 원학(猿鶴)의 주인: 원숭이와 학이 사는 산림의 주인이라는 뜻.

에 주거하자 백성들이 교화되었다. 산을 좋아하는 이로 하여금 더욱 고요
하게 하고, 땅을 가리는 이로 하여금 신중히 생각하게 하였으니, 행장(行
藏)의 옳음이 그 첫째이다.

어느날 문인에게 일러 말하기를, "고인(故人)이 된 한찬(韓粲) 김의훈
(金嶷勳) 공이 나를 승적(僧籍)에 넣어 중이 되게 하였으니, 공에게 불상
(佛像)으로써 보답하겠노라" 하고는, 이내 일장(一丈) 육척(六尺)의 현금
상(玄金像)을 주조하여, 거기에 광채나는 금물을 입혔는데, 이로써 절을
진압하고 명로(冥路)[54]를 인도하였다. 은혜를 베푸는 이로 하여금 날로
돈독하게 하고, 의리를 중히 여기는 이로 하여금 바람처럼 따르게 하였으
니, 지보(知報)의 옳음이 그 둘째이다.

함통(咸通) 8년(867) 정해년(丁亥年)에 이르러, 시주(施主)인 옹주(翁
主)가 여금(茹金) 등을 시켜 절에 바칠 토지 및 노비문서를 가지고 대사에
게 주어, 가사(袈裟)를 전해주는 전사(傳舍)[55]로 삼게 하고 길이길이 바꿀
수 없게 하였다. 대사(大師)가 이로 인하여 염두에 두었던 바를 말하되,
"왕녀께서 법희(法喜)에 의뢰하심이 오히려 이와 같거늘, 불손(佛孫)인
내가 선열(禪悅)을 맛봄이 어찌 한갓 그것뿐이겠는가. 내 집이 가난하지
않은데, 친척족당이 모두 죽고 없으니, 나의 재산을 길가는 행인의 손에
떨어지게 놔두는 것보다는, 차라리 문제자(門弟子)의 배를 채워주리라"
하고, 드디어 건부(乾符) 6년(879)에 장(莊) 십이구(十二區) 전(田) 오백
결(五百結)을 희사하여 절에 예속시켰다. 누가 '밥주머니'라는 기롱을 할
것인가, 이제 죽 먹는 일을 솥의 명(銘)으로 새길 만하다.[56] 민천(民天)[57]

---

54) 명로(冥路): 혼백이 다니는 길, 즉 저승의 길을 뜻한다.

55) 전사(傳舍): 원래는 행인을 위한 숙소나 旅館, 飯店을 지칭하는데, 『崔文昌侯全集』
　　등의 각주에는 노비나 거마를 두는 곳이거나 혹은 가사를 수선하는 곳이라고 하였다.

56) 누가 '밥주머니'라는 …… 만하다: '밥주머니'는 한나라 시대 禰衡이 曹操의 신하들을
　　일컬어 술동이와 밥주머니라고 조롱한 것을 지칭하며, '솥의 銘'은 공자의 선조인 正
　　考父가 매우 공손하여 솥에 죽을 쑤어 먹는다는 내용을 묘당의 鼎銘으로 새긴 것을

으로 이에 힘입어, 불토(佛土)를 가히 기약할 수 있었다. 그런데 비록 내 땅이라 하더라도, 또한 왕토(王土) 안에 있는 것이기에, 처음에 왕손인 한찬(韓粲) 계종(繼宗)과 집사시랑(執事侍郎) 김팔원(金八元)·김함희(金咸熙) 및 정법대통(正法大統) 석현량(釋玄亮)에게 자문을 구했는데, 구고(九皐)의 학 울음소리가 천리에 메아리쳤다.[58] 태부(太傅)에 추증된 헌강대왕(獻康大王)께서 가상히 여겨 이를 허락하고, 그해 9월 남천군(南川郡) 통승(統僧)인 훈필(訓弼)을 시켜 별서(別墅)를 표시하고, 정장(正場)을 구획하게 하였다. 이 모두가 밖으로는 군신이 땅을 늘리도록 도와주고, 안으로는 부모가 천계(天界)에 태어나도록 이바지한 것이다. 백성으로 하여금 인(仁)을 흥하게 하고, 재물을 과도히 쓰는 이로 하여금 과오를 뉘우치게 하였으니, 단사(檀捨)[59]의 옳음이 그 셋째이다.

건혜(乾慧)의 경지[60]에 있는 사람이 있었는데, 이름을 심충(沈忠)이라고 하였다. 대사(大師)의 칼날은 선혜(禪慧)에 여유가 있고, 감식은 건곤(乾坤)을 투시하며, 뜻은 담란대사(曇蘭大師)[61]처럼 확고하고, 술(術)은 안름대사(安廩大師)[62]처럼 정밀하다는 말을 듣고서, 찾아가 만나뵙는 예

지칭한다. (『後漢書』「禰衡傳」;『左傳』昭公 7年)

57) 민천(民天) : 왕이 하늘로 여기는 백성과 백성이 하늘로 여기는 곡식을 뜻한다.

58) 구고(九皐)의 …… 메아리쳤다: 천리 밖에서 호응이 있음을 뜻한다. 『詩經』의 「小雅」 '鶴鳴' 편에 "학이 九皐에서 우니 그 소리 하늘에서 들린다(鶴鳴於九皐, 聲聞於天)" 라고 하였다.

59) 단사(檀捨): 施主의 喜捨, 즉 布施를 뜻한다. 불가에서 사찰을 檀林, 시주를 檀主라고 한다.

60) 건혜(乾慧)의 경지: 불가의 수행의 경지에는 10단계가 있는데, '乾慧地'는 初地, 즉 첫단계에 해당한다.

61) 담란대사(曇蘭大師): 晉나라의 고승, 불경 三十萬言을 외웠는데, 太元연간에 始豊 赤城山에서 거처하였을 때, 神人과 異形禽獸가 위협해도 굴복하지 않으니, 이들이 무릎을 꿇고 예배하여 그 땅을 봉헌하였다는 고사가 전한다. (『太平御覽』卷656,「異僧下」)

62) 안름대사(安廩大師): 南朝시대의 고승. 강학에 뛰어나 梁武帝, 陳文帝, 宣帝로부터

를 마친 뒤에 사뢰어 말하기를, "제자에게 남은 땅이 있는데, 희양산(曦陽山) 중턱에 있습니다. 봉암(鳳巖)과 용곡(龍谷)의 형상이어서 경개가 사람의 눈을 놀라게 하니 바라옵건대 선궁(禪宮)을 지어주십시오"라고 하였다. 대사가 천천히 답해 말하기를, "내가 능히 분신(分身)하지 못하거늘, 어찌 이를 사용하겠는가"라고 하였으나, 충(忠)의 청이 워낙 간절하고, 더욱이 산령(山靈)이 갑기(甲騎)를 전추(前騶)로 삼는 기이함이 있어,[63] 이에 석장(錫杖)을 짚고 나무꾼이 다니는 샛길을 더듬어올라 자세히 살피었다. 바야흐로 산이 병풍처럼 사방을 에워싸고 있음을 보니, 곧 자봉(紫鳳)의 날개가 구름 속에 치켜든 듯하고, 물이 백겹으로 띠를 두른 듯한 것을 보니, 곧 규룡(虯龍)의 허리가 돌에 누워 있는 듯하였다. 아연히 놀라고 또 감탄해 말하기를, "이 승지(勝地)를 얻게 된 것이, 어찌 하늘의 돌보심이 아니겠는가. 청납(靑衲, 승려)의 거처가 되지 않는다면, 황건(黃巾, 도적)의 소굴이 될 것이다"라고 하였다.

드디어 대중에 솔선하여 후환을 방비할 터로 삼았는데, 기와 올린 처마를 네 기둥에 일으켜 지세를 진압하고, 쇠로 만든 불상(佛像) 두 구(軀)를 주조하여 절을 호위케 하였다. 중화(中和) 신축년(辛丑年, 881)에 이르러, 전(前) 안륜사(安輪寺) 승통(僧統)인 준공(俊恭)과 숙정대(肅正臺)의 사(史)인 배율문(裴聿文)을 보내 절의 경계(境界)를 표정(標定)케 하고, 잇따라 절의 패액(牌額)을 '봉암(鳳巖)'으로 내렸다.

대사(大師)가 입주한 지 수년이 되어, 산에 사는 백성으로서 들도적이 된 자가 있었는데, 처음에는 감히 당랑(螳蜋)이 수레를 막아서듯 법륜(法

지극한 예우를 받으며 설법을 행하여 남조 불교의 진작에 크게 공헌하였다.

63) 산령(山靈)이 …… 기이함이 있어: 甲騎는 갑옷을 입은 기병을, 前騶는 말을 호위하는 인부나 병사를 지칭한다. 산의 신령이 기병을 바꾸어서 호위하는 인부나 병사로 만들어버리는 기세를 지니고 있다는 뜻인 듯하다. 이 때문에 뒤의 글에서 도적의 소굴이 될 것이라고 예견한 것이다.

輪)에 항거했으나, 필경에는 마치 올빼미가 오디를 먹고 호음(好音)을 들
려주는 듯하였으니[64] 능히 깊이 정수(定水, 맑은 물)를 떠서, 미리 마산(魔
山)에 물댄 큰 힘이 아니겠는가. 지세를 옳게 살핀 이로 하여금 의리를 드
러내게 하고[65], 꼬리를 파묻은 도적들로 하여금 광기를 자제케 하였으니[66],
개발(開發)의 옳음이 그 넷째이다.

태부대왕(太傅大王)께서는 중화(中華)의 풍속으로 폐풍(弊風)을 일소하
고, 지혜의 바다로 마른 백성을 적셔주었다. 평소 영육(靈育)의 이름[67]을
흠경(欽敬)하고, 간절히 법심(法深)의 강론[68]을 경청코자 한지라, 이에 계
족산(鷄足山)[69]에 마음을 기울여, 학두서(鶴頭書)[70]를 보내 부르며 말하

---

64) 부엉이가 …… 듯하였으니: 『詩經』「魯頌」의 泮水 편에서 淮夷가 참회하여 스스로
    찾아와 많은 보물을 바치는 것을 올빼미가 오디를 먹고 좋은 소리를 내는 것에 비유
    하였다.
65) 지세를 …… 하고: 西晉의 名臣 羊祜가 자신의 묏자리를 고친 고사를 지칭한다. 관
    상을 보는 자가 양호의 묏자리가 제왕의 기운이 있다고 하자, 양호가 역신이 될 것을
    두려워하여 산허리를 파서 그 기운을 스스로 끊었다. 그러자 관상을 보는 자가 팔이
    부러진 三公이 될 것이며, 후손이 없을 것이라고 예언하였는데, 후에 그의 예언대로
    되었다고 한다. (『晉書』「羊祜傳」)
66) 꼬리를 …… 하였으니: 기존의 주석에는 唐나라 玄宗 때 반란을 일으킨 安祿山이 궁
    전의 龍尾에서 오래도록 흘겨보았다는 고사와 당나라 含元殿 앞의 굽은 길이 용꼬
    리와 같은데, 이것이 들도적을 지칭한다는 해설 등이 전한다. 한편 梁武帝 때 반란을
    일으켰다 곧 멸망한 侯景을 예언한, "꼬리를 문은 개는 스스로 발광하여, 죽든지 살
    든지 사람을 물어 상처를 입히고 찰나의 순간에 스스로 멸망할 것이다(掘尾狗子, 自
    發狂, 當死未死噛人傷, 湏臾之間, 自滅亡)"(『釋寶志』)라고 한 도참설 또한 참고할
    만하다. 인용 고사를 정확히 상고할 수 없으나, 『桂苑遺香』과 『文昌集』의 주석에는
    "꼬리를 파묻은 자라고 운운한 것은 謀叛을 일으킨 자가 도리를 벗어난 과오를 바로
    잡는다는 것으로, 꼬리를 파묻은 자는 野寇를 지칭한다(掘尾云云, 矯其不軌之過, …
    掘尾者, 指野寇也)"라고 하였다.
67) 영육(靈育)의 이름: 靈育은 중국 北魏의 高僧으로 그의 이름은 '玄高'이다.
68) 법심(法深)의 강론: 法深은 東晉의 名僧 竺潛(또는 竺道潛)의 字.
69) 계족산(鷄足山): 迦葉尊者가 수도했던 인도의 산 이름. 여기서는 賢溪山(曦陽山)
    을 가리킨다.

기를, "밖으로 소연(小緣)을 보호하다가, 잠깐 사이에 삼제(三際, 1년)를 넘겨버렸으니, 안으로 대혜(大惠)를 닦을 수 있도록 청컨대 일래(一來)하시길 바랍니다"라고 하였다. 대사가 낭함(琅函, 御書)에 언급되어 있는 바, '좋은 인연이 세상에 두루 미침은, 진속(塵俗)에 섞이어 중생과 어울리기 때문이다'라는 말에 감동하여 옥을 품고 산에서 나오자, 말고삐가 베를 짜듯 연이어 길에서 맞이하였다. 선원사(禪院寺)에서 다리를 쉬게 하고, 석장(錫杖)이 편안히 이틀을 묵자, 인도하여 월지궁(月池宮)에서 '심(心)'에 대해 물었다. 바로 그때는 가느다란 새삼풀에도 바람 한점 없고 온실(溫室)의 나무[71]에 바야흐로 밤이 드는 순간이었다. 때마침 달[金波]의 그림자가 맑은 못 가운데 뚜렷이 비친 것을 보고서, 대사가 고개를 숙여 엿보고 고개를 들어 아뢰어 말하기를, "이것[水月]이 곧 이것[心]이니, 더이상 할 말이 없습니다"라고 하였다. 임금께서 아무런 의혹도 없이 흔쾌히 묵계(墨契)하고 말하기를, 부처[金仙]님이 연꽃을 들어 미소의 눈을 보내셨거니와,[72] 전하신 바 운치[風流]가 진실로 여기에 합치되는도다"라고 하였다. 드디어 경의를 표하여 '망언사(忘言師)'로 삼았다.

대사가 궁궐을 나설 즈음에, 임금께서 충직한 신하로 하여금 비지(豐

---

70) 학두서(鶴頭書): 漢代에 詔書를 학의 머리와 방불한 鶴頭書體로 쓴 데서 임금의 詔書를 가리킨다.

71) 온실(溫室)의 나무: 溫室은 漢武帝 때 長樂宮 안에 세운 溫室殿을 말함. 황제들이 가장 좋아하는 전각이어서 三公이 정사를 의논하는 장소가 되었다. 溫室樹란 漢成帝 때의 孔光의 고사에 나오는데, 어떤 사람이 "溫室殿 앞에는 어떤 나무들이 있습니까?"라고 묻자, 공광은 묵묵부답이었다고 한다. 이후 溫室樹는 至密之所, 또는 직무상 기밀을 잘 준수하는, 입이 무거운 관료를 칭송하는 말이 되었다.(『漢書』 卷81, 「孔光傳」)

72) 부처님이 …… 보내셨거니와: 摩訶迦葉의 고사를 가리킴. 석가모니가 靈山會上에서 '蓮花를 따서 대중에게 보였을 때(拈花示衆), 대중이 모두 침묵을 지키는 가운데 오직 迦葉만이 破顏微笑를 짓자, 석가가 "나에게 있는 正法眼藏, 涅槃妙心, 實相無相, 微妙法門, 不立文字, 敎外別傳을 마가가섭에게 附囑하노라" 하였다.(六祖大師『法寶壇經』)

旨)로써 잠시 머물러주기를 청케 하니, 대사가 대답해 말하기를, "소로써 금롱(金籠)을 이는 소[牛戴牛]가, 값나가는 바 얼마나 되겠습니까.[73] 새의 본성에 따라 새를 기르신다면 은혜로움이 헤아릴 수 없겠습니다. 여기서 작별하기를 청하오니, 이를 굽히시면 부러지고 말 것입니다"라고 하였다. 임금께서 이를 듣고 안타까워하더니, 운어(韻語)로써 탄식하여 말하기를, "붙잡아도 이내 머물지 않으니, 불문(佛門)의 등후(鄧侯)[74]로다. 대사는 지둔(支遁)이 놓아준 학(鶴)[75]이나, 나는 조(趙)나라의 구조(鷗鳥)[76]가 아니로다"라고 하였다. 이에 십계(十戒)를 받은 불자(佛子)인 선교성부사 (宣敎省副使) 풍서행(馮恕行)에게 명하여, 대사가 산으로 돌아가는 것을 도와 호송케 하였다. 토끼를 기다리는 이로 하여금 그루터기를 떠나게 하고, 물고기를 탐내는 이로 하여금 그물 만드는 것을 배우게 하였으니, 출처의 옳음이 그 다섯째이다.

---

73) 소로써 …… 되겠습니까: 梁나라의 隱者 陶弘景의 고사를 가리킴. 도홍경이 梁武帝의 부름을 받자, 소 두 마리를 그려 出山하지 않을 뜻을 보였다. 곧 한 마리는 金籠을 쓰고 곡식을 배불리 먹고 있는 그림이고, 다른 한 마리는 고삐 없이 파란 풀 위에 한가로이 누워 있는 그림이었다. 무제는 "이 사람의 뜻이 이와 같으니 데려올 수 있겠는가?" 하였다. (『南史』卷76, 「陶弘景傳」)

74) 등후(鄧侯): 중국 晉나라 때의 淸白吏였던 鄧攸를 가리킴. 자는 伯道. 효자로 이름이 높았으며, 벼슬은 尙書左僕射에 이르렀다. 吳郡 太守로 있을 때 食水 이외는 어느 것도 백성에게서 취하지 않았다고 한다. (『晉書』卷90, 「鄧攸傳」)

75) 지둔(支遁)이 놓아준 학(鶴): 支遁은 晉 哀帝 때의 高僧. 자는 道林. 어떤 사람이 鶴을 주었더니 그는 학을 날려 보내면서 "이 하늘로 솟구치는 물건을 어찌 이목을 완상하는 것으로 하겠는가(爾冲天之物, 寧爲耳目之翫乎?)"라 하였다. (『梁高僧傳』卷4, 「支道林傳」)

76) 조(趙)나라의 구조(鷗鳥): 중국 五胡十六國 때 後趙의 임금 石虎를 가리킴. 석호의 자는 季龍. 승려 佛圖澄을 섬겨 조석으로 문안하자, 支遁이 듣고는 "季龍이 澄公을 갈매기[鷗鳥]로 여기는가?" 했다 한다. 이 말은 『列子』「黃帝」편에 "옛날 누가 무심히 강변에 있으니 갈매기들이 무릎까지 가까이 왔다. 그의 아버지가 보고서 '갈매기를 잡아오라' 하였다. 이 말을 듣고 잡으려는 마음[機心]을 갖자 갈매기가 다시 오지 않았다"는 고사를 가리키는 것이다.

대사가 세간에 있을 적에 멀거나 가깝거나 평탄하거나 험하거나를 가리지 않고 걸어다녔고 일찍이 말이나 소에게 수고로움을 대신케 하지 않았으니, 산으로 돌아감에 미쳐 얼음과 눈이 넘고 건너는 것을 막으므로, 이에 임금께서 종려나무 보여(步轝)를 내려 총행(寵行)하니, 대사가 사자(使者)에게 사례하여 말하기를, "이것이 어찌 정대춘(井大春)이 말한 바 '사람수레'[77]가 아니겠습니까. 훌륭한 군자[井大春]도 사용치 아니한 바이거늘, 하물며 삭발한 중[形毀者]이야 말할 나위가 있겠습니까. 그러나 왕명이 이미 이르렀으니, 이를 받아 행보의 괴로움을 구제하는 도구로 삼겠습니다"라고 하였는데, 병으로 안락사(安樂寺)에 옮겨가고 나서, 석장(錫杖)을 짚고서도 능히 일어날 수 없을 때에야, 비로소 그것을 사용하였다. 병을 병으로 여기는 이로 하여금 공(空)을 깨닫게 하고, 어진 이를 어진 이로 여기는 이로 하여금 집착에서 떠나게 하였으니, 용사(用捨)의 옳음이 그 여섯째이다.

동(冬) 십이월 기망(旣望)의 이틀 뒤에 이르러, 가부좌(跏趺坐)를 하고 서로 말을 나누는[晤言] 즈음에 조용히 세상을 떠났다[無常]. 아아! 별은 저 하늘로 돌아가고, 달은 큰 바다에 졌도다. 종일토록 부는 바람이 골짜기에 울부짖으니, 그 소리가 마치 호계(虎溪)물이 오열하는[78] 듯하였고, 쌓인 눈이 소나무를 꺾으니, 그 색깔이 마치 곡수(鵠樹, 娑羅樹)[79] 같았다.

---

77) 정대춘(井大春)이 … 사람수레: 井大春은 後漢 光武帝 때의 隱士 井丹을 가리킴. 大春은 그의 字. 陝西省 眉縣 사람. 五經에 精通하고 談論을 잘하여 당시 洛陽에서 '五經紛綸井大春'이라 일컬었다고 한다. 좌우에서 가마를 대령할 때면 사람수레가 人道에 어긋남을 말했다고 한다. (『後漢書』卷83,「井丹傳」)
78) 호계(虎溪)물이 오열하는: 虎溪는 중국 廬山에 있는 시내 이름. 晉의 高僧 惠遠이 여산 東林寺에 있을 때 손을 전송하되 절 문밖에 있는 虎溪를 지나지 않는 不文律을 엄수하였는데, 만일 거기를 지나면 범이 으르렁 소리를 질렀고, 입적할 때는 호계물이 오열하는 것 같았다고 한다.
79) 그 색깔이 … 곡수(鵠樹): 석가모니가 열반에 들어갈 때 雙林(沙羅雙樹)의 색이 白鶴色으로 변했다고 한다.

외물(外物)의 감응함도 이렇듯 극진하였으니, 사람의 슬픔이야 헤아릴 만
하리라. 이틀밤을 지나 현계산(賢溪山)에 가빈(假殯, 草殯)하였다가, 일
년 뒤에 희야(曦野, 曦陽山)로 옮겨 폄장(窆葬)하였다.

태부왕(太傅王)께서는 의원을 보내 문병하고, 파발마[駃]를 내려 재
(齋)를 지내도록 하였다. 편피(偏陂)함이 없는지 헤아릴 겨를을 두지 않
았으니, 생전·사후의 예우가 능히 한결같다고 할 만하다. 보살계(菩薩
戒)를 받은 불자(佛子)요, 건공향(建功鄉)의 영(令)인 김입언(金立言)에
게 특별히 명하여, 여러 제자들[諸孤]을 위면(慰勉)케 하고, 시호를 내
려 지증선사(智證禪師)라 하였으며, 탑호(塔號)를 내려 적조(寂照)라 하
였다. 이어 비석 세우는 것[勒石]을 허락하고, 행장(行狀)을 적어 아뢰라
하니, 문인(門人)인 성견(性蠲)·민휴(敏休)·양부(楊孚)·계휘(繼徽) 등
은 모두 글재주가 있는 사람[鳳毛]들인지라, 여기저기 묵은 자취들을 거
두어 바쳤다.

국민(國民) 가운데 유도(儒道)를 매개하여, 제향(帝鄉)으로 가서 이름
이 월계(月桂)에 걸리고, 관직이 시어사(侍御史, 柱下)에 오른 이가 있으
니, 최치원(崔致遠)이라고 한다. 한후(漢后, 唐帝)의 조서(詔書, 龍緘)를
받들고, 회왕(淮王)[80]의 의단(衣緞, 鵠幣)을 가져왔으니, 비록 봉새가 나
는 것에 비하기는 부끄러우나, 자못 학이 돌아온 것[81]에는 비길 만하리라.
을사년(885)에 이르러, 임금[獻康王]께서 신신(信臣)으로서 불자(佛子, 淸
信者)인 도죽양(陶竹陽)에게 명하여, 대사의 문인들이 쓴 행장을 치원(致
遠)에게 주도록 하고, 수교(手敎)를 내려 말하기를, "누갈(縷褐)을 걸친
동국(東國)의 선사(禪師)가, 서방(西方)으로 천화(遷化)함을 처음 슬퍼하
였으나, 수의(繡衣)를 입은 서토(西土)의 사자가, 동국으로 귀환함을 심

---

80) 회왕(淮王): 淮南節度使를 지낸 高騈을 가리킴.
81) 학이 돌아온 것: 중국 한나라 때 遼東 출신의 丁令威가 靈虛山에 은거하여 神仙術을 배
  우고 鶴으로 화하여, 8백년 만에 다시 요동으로 돌아왔다는 고사가 있다.(『神仙小傳』)

히 기뻐하노라. 불후(不朽)하게 할 일[碑文]에 인연이 있어 이르렀으니, 외손(外孫)의 가작(佳作)[82]을 아끼지 말고, 대사(大士, 菩薩·智證禪師)의 자비에 장차 보답케 하라”고 하였다.

신이 비록 무인(武人, 東箭)의 재목이 아니기도 하지만, 문인(文人, 南冠)이 된 것은 그래도 다행이라. 바야흐로 마음껏 재주를 펴보이던[運斧] 차에, 갑자기 주상(主上)의 승하(昇遐, 號弓)를 당하였다. 하물며 나라에는 불서(佛書)를 중히 여기고, 집집마다 승사(僧史)를 잘 간직하고 있으며, 법갈(法碣)이 서로 바라보고, 선비(禪碑)가 가장 많은지라, 두루 색사(色絲, 妙辭)를 열람하고, 시험삼아 잔금(殘錦, 殘文)도 찾아보았던바, ‘무거무래(無去無來)’의 말이 다투어 말[斗]로 헤아릴 정도요, ‘불생불멸(不生不滅)’의 이야기가 걸핏하면 수레에 실을 지경이었지만, 일찍이 노사(魯史, 『春秋』)에서와 같은 신의(新意)가 없었고, 간혹 주공(周公)에게서 나온 주례(周禮) 구장(舊章)만을 쓸 뿐이었다.

이로써 돌이 능히 말하지 못함을 알았고, 도(道)가 멀다고 이르는 것을 더욱 체험하였다. 오직 한스러운 일은, 대사께서 화거(化去)하신 것이 일렀고, 신(臣)이 귀래(歸來)한 것이 더디었다는 것이니, ‘애체(靉靆)’라는 두 글자[83]로 누가 전인(前因)을 알려줄 것이며, ‘소요원(逍遙園)’에서 설법[84]한 진결(眞訣)을 들을 길이 없구나. 매양 손을 다칠까 걱정만 하고, 주

---

82) 외손(外孫)의 가작(佳作): 매우 뛰어난 시문을 뜻함. 東漢의 蔡邕이 曹娥碑에 ‘黃絹幼婦外孫韲臼’라고 써두었는데, 삼국시대 曹操의 主簿 楊脩가 이를 보고 破字하여 “黃絹은 ‘색이 있는 실[色絲]’이므로 絶字가 되고 幼婦는 少女이므로 妙字가 되고 外孫은 ‘딸의 자식[女子]’이므로 好字가 되고 韲臼는 ‘매운 것을 받아들이는[受辛]’ 것이므로 辭字가 된다. 따라서 ‘絶妙好辭’이란 뜻이 된다”고 풀이하였다.(『世說新語』 「捷悟」)

83) ‘애체(靉靆)’라는 두 글자: 옛날에 한 沙彌가 『法華經』을 通習하는데, 항상 ‘靉靆’라는 두 자를 잊으므로 그 스승이 꾸짖었다. 하루는 스승의 꿈에 한 스님이 나타나 “사미가 前生에 受持하던 『법화경』에 그 두 글자를 좀벌레가 먹었기 때문에 항상 잊는 것이다”라고 하였다.(『法華經』 「靈驗傳」)

먹을 펴보임을 깨닫지 못하였으니,[85] 때의 늦음을 탄식하자면 이슬이 지나가고 서리가 다가와, 문득 근심어린 귀밑머리를 마르게 하고, 도의 심원함을 애기하자면 하늘같이 높고 땅처럼 두터워, 겨우 뻣뻣한 붓털을 썩힐 뿐이다. 장차 한만(汗漫)의 노님[86]에 어울리고자, 비로소 공동(崆峒)의 아름다움[87]을 서술한다.

문인(門人) 영상(英爽)이란 이가 있어, 와서 글[受辛, 辭의 破字]을 재촉하였을 때, 금구(金口, 緘口無言의 故事)로 이에 힘을 입어, 석심(石心)을 더욱 굳혔더니, 견디어내는 것은 뼈를 깎아내는 것보다도 고통스러웠고, 지어달라는 요구는 몸을 새기는[刻] 것보다도 심하였다. 그리하여 등불 아래 그림자는 여덟 해 동안을 함께하였으며, 지을 때의 말은 세 번 되풀이하여 뇌었던 것에 의지하였다. 저 육이(六異, 여섯가지 기이함)와 육시(六是, 여섯가지 옳음)의 일로 글 지은 것이 용력(勇力)을 과시하며 여유있는 자에 비해 부끄러움이 없었던 것은, 실로 곧 대사가 안[心]으로 육마(六魔)를 소탕하고, 밖으로 육폐(六蔽)를 제거하여, 행하면 육도(六度)를 포괄하고, 좌(坐)하면 육통(六通)을 증험하였기 때문이다. 사적(事迹)은 꽃향기를 캐는 것과 비슷하고, 글월은 초고(草藁)를 깎아내기 어려워서, 마침내 가시나무와 잡목이 송백(松栢)에 섞여 있는 것 같고[榛楛勿翦], 겨와 쭉정이가 앞에 있는 것 같아[糠粃在前] 부끄럽다.

자취가 '난전(蘭殿)에서의 공유(共遊)'[88]를 뒤따랐으니, 누구인들 '월지

---

84) 소요원(逍遙園)에서 설법: 逍遙園은 중국 陜西省에 있는 禪院으로, 인도의 學僧 鳩摩羅什이 불경을 번역한 곳으로 유명하다. 일찍이 구마라집이 長安에 왔을 때, 後秦의 임금 姚興이 여러 沙門과 함께 이곳에서 구마라집의 설법을 들었다고 한다.

85) 주먹을 … 못하였으니: 奢耶多尊者는 태어나 어른이 될 때까지 항상 왼손 주먹을 쥐고 있었는데, 獅子尊者가 보고서 주먹을 펴게 하니 粒珠 한 알이 있었다. 獅子가 그 宿因을 풀이하고 출가를 권했다고 한다.(『傳燈錄』)

86) 한만(汗漫)의 노님: 세상 밖을 벗어나서 신선처럼 한가히 노니는 것을 말한다.

87) 공동(崆峒)의 아름다움: 崆峒은 중국 薊州에 있는 산 이름. 이 산에 黃帝 때의 神仙인 廣成子의 궁전이 있었는데, 훌륭하고 아름다워 이루 표현할 수 없었다고 한다.

궁(月池宮)에서의 가대(佳對)'를 우러르지 않으리오. 게(偈)는 백량(栢梁)의 작품[89]를 본받았으니, 바라건대 해 뜨는 이 땅[日域]의 고담(高譚)으로 높이 오르라.

그 사(詞)에 말한다.

> 인성(麟聖)은 인(仁)에 의지하고 이에 덕에 의거하였으며,[90]
>
> 녹선(鹿仙)은 백(白)을 알면서도 능히 흑(黑)을 지키었네.[91]
>
> 두 교(敎)만이 천하의 법식(法式)으로 일컬어지니,
>
> 석가(釋迦, 螺髻眞人)의 가르침은 힘겨루기 어려웠네.
>
> 십만리 밖 서역(西域)의 거울이 되었고,
>
> 일천년 뒤 동방의 촛불이 되었네.
>
> 계림(鷄林)의 지경(地境)은 오산(鼇山)의 곁에 있어서,
>
> 예로부터 선유(仙儒)에 기특(奇特)한 이가 많았네.
>
> 어여쁠손 희중(羲仲)[92]은 직무에 게으르지 않아,

---

88) 난전(蘭殿)에서의 공유(共遊): 梁武帝와 達摩가 양나라 蘭殿에서 서로 문답했던 이야기가 여러 불교 전적에 전한다. 達摩는 중국 禪宗의 1대 祖師로 일컬어진다.

89) 백량(栢梁)의 작품: 七言詩를 가리킴. 漢武帝가 신하들과 함께 栢梁臺에서 七言聯句를 읊은 데에 유래하여 栢梁體는 칠언시를 통칭하기도 한다.

90) 인성(麟聖)은 … 의거하였으며: 麟聖은 孔子를 가리킴. 공자가 태어나기 전에 그 마을에 麒麟이 玉書를 토했다는 전설이 있으며(王嘉 撰『拾遺記』), 공자가『春秋』를 저술하던 중 기린을 잡았다(獲麟)는 소식을 듣고 눈물을 흘리며『春秋』를 絶筆하였다. 그리고『論語』「述而」편에 "공자께서 말씀하시기를 '道에 뜻을 두며, 德을 굳게 지키며, 仁에 의지하며, 藝에 노닐어야 한다(志於道, 據於德, 依於仁, 游於藝)' 하셨다"라 하였다.

91) 녹선(鹿仙)은 … 지키었네: 鹿仙은 老子를 가리킴.『燉煌實錄』에 의하면 노자의 아버지 韓虔이 日精이 들에 흩어지는 가운데 사슴을 탄 仙人이 방에 들어오는 꿈을 꾼 뒤, 노자를 잉태했다고 한다. 또『老子』제28장에 "그 백을 알고, 그 흑을 지키면, 천하의 법이 된다(知其白, 守其黑, 爲天下式)"라 하였다.

92) 희중(羲仲): 堯임금 때 四時를 주관하던 관리. 해를 맞이하고 보내는(賓日餞日) 일을 맡았다.(『書經』「堯典」참조)

다시금 불일(佛日)을 맞아 공색(空色)을 분변(分辨)하였도다.

이로부터 교문(敎門)이 여러 층위로 나누어졌으며,

그로 인하여 말의 길[言路]이 여러 물줄기[溝血]을 다스렸네.

몸은 토굴(兎窟)에 의지했으나 마음은 쉬어 두기 어려웠고

발은 양기(羊岐)[93]에 내디뎠으나 눈은 도리어 의혹스럽기만 했네.

법해(法海)가 순탄하게 흐를 지 참으로 헤아리기 어려워,

심전안결(心傳眼訣)이 진극(眞極)을 감싸 안았도다.

득(得) 중의 득은 망상(罔象)의 득주(得珠)와 같은 것이나,

묵(黙) 중의 묵은 한선(寒蟬)의 적묵(寂黙)과는 다른 것이로다.

북산(北山)의 도의(道義) 홍곡(鴻鵠)의 날개를 드리우고,

남악(南岳)의 홍척(洪陟) 대붕(大鵬)의 날개를 펼쳤네.

해외에서 때맞춰 돌아오매 도는 누르기 어려웠고,

멀리 뻗는 선(禪)의 물줄기 막을 수가 없었네.

다북쑥을 삼대 속에 맡기매 저절로 곧을 수 있었고,

구슬을 옷 안에서 찾으매[94]

이웃에서 빌리는 일 그만두었네.

담연자약(湛然自若)한 현계산(賢溪山)의 선지식(善知識)이여!

십이인연(十二因緣)이 허식(虛飾)이 아니로다.

무엇하러 참바[絅]를 잡고 말뚝[杙]을 박아 건너가겠으며,

---

93) 양기(羊岐): 羊腸山의 구불구불한 險路. 『明一統志』에 "羊腸嶺은 蘇州府 天平山 남
쪽에 있는데, 염소 창자같이 구불구불하므로 이름이 되었다" 하였다.

94) 구슬을 … 찾으매:『法華經』「五百弟子授記品」에 나오는 비유. 친구의 집을 방문한
어떤 사람이 술에 취해 잠이 들었는데, 이때 친구는 공무로 멀리 떠나게 되었다. 친
구는 잠든 사람이 깨어나면 돈이 필요하리라고 생각하고, 값비싼 진주를 잠든 사람
의 옷 속에 달아주고 떠났다. 그러나 잠에서 깨어난 그 사람은 그것을 모르고 떠돌아
다니며 몹시 고생했는데, 훗날 다시 옛 친구를 만나 비로소 자기 옷 속에 든 보석의
존재를 알게 되었다고 한다.

무엇하러 붓을 훑게 하고 먹물을 머금게 하여 문자를 빌리겠는가.

저들은 혹 멀리서 배우고 고생을 하며 왔지만,

나는 능히 조용히 앉아서 마적(魔賊)을 항복시켰도다.

'의(意)'의 나무를 잘못 심어 기르지 말고,

'정(情)'의 밭에다 잘못 씨뿌려 거두지 말며,

항하(恒河)의 모래를 두고 만억(萬億)을 논하지 말고,

외로운 구름을 두고 남북(南北)을 정하지 말라.

덕행의 향기는 사원(四遠)에 치자꽃처럼 번져나갔고,

자혜로운 교화는 일방(一方)으로 사직(社稷)을 편안케 했네.

낮으로 천화(天花, 御札)를 받들어 누더기[縷絏]가 나부꼈고,

마음으로 수월(水月)을 빙의하여 선식(禪拭)을 드리었네.

훌륭한 후사(後嗣)로 부유한 처지[篤嗣佳綿]에서 누가 가시밭길에 들 것인가.

부유(腐儒)의 어둠속 지팡이는 지향 없는 걸음이 부끄럽도다.

발자취가 보당(寶幢, 塔)을 빛내어 이름을 새길 만한데,

재주는 금송(錦頌)을 따르지 못해 글월 짜내기가 어렵도다.

속된 구복(口腹)으로 선열(禪悅)의 공양에 배부르고자 하거든,

이 산중으로 와서 전각(篆刻)을 볼지어다.

初月山大崇福寺碑銘 并序

　　신이 듣건대 왕자(王者)가 조종(祖宗)의 덕을 기초로 하여 후손에 대한 모유(謀猷)를 높임에 있어서, 정치는 인(仁)으로써 근본을 삼고 예교(禮教)는 효(孝)로써 우선을 삼는다 하니, 인(仁)으로써 대중을 구제하려는 정성을 넓혀가고 효(孝)로써 어버이를 높이는 법도를 거행하되, '치우침이 없는 것[無偏]'은 홍범(洪範)에서 체득해야 하고, '효성이 끊이지 않는 것[不匱]'은 주시(周詩)를 따르지 않으면 안된다. 조상의 덕을 스스로 닦음에 있어 실속이 없다는 비난을 제거하고, 제사를 받드는 데 있어 조촐한 제수(祭需)를 정결히 올림으로써 은혜가 백성에게 고루 젖게 하며 덕의 향기가 하늘에 높이 닿게끔 한다.

　　그러나 애를 태우며 더위먹은 자에게 부채질을 해주고[1] 죄지은 이를 보고 울어주는 것[2]이 어찌 중생들을 크게 미혹(迷惑)한 데에서 건져주는 것만 할 것이며, 힘을 다하여 하늘과 상제에게 배향하는 것이 어찌 높으신

---

1) 더위……해주고: 周 武王이 더위먹은 사람을 나무 그늘 밑에 옮겨놓고 부채질을 해주었다고 한다. (『淮南子』「人間訓」)
2) 죄지은 …… 울어주는 것: 우(禹)임금이 길을 가다가 죄수를 보고서 타고 있던 수레에서 내려서 울었다고 한다. (『說苑』「君道」)

혼령을 열반세계에 받드는 것만 하겠는가. 이로써 구친(九親)을 돈목(敦睦)하는 길이 실로 삼보(三寶)[3]를 계승하여 높이는 데 있음을 알겠거니와, 하물며 옥호(玉毫)[4]의 빛이 비치는 바와 금구(金口)[5]의 말씀이 전해지는 것이 서역의 백성들에게만 사사롭게 되지 않고 이에 동방세계에 미침이 있어서랴.

우리 태평승지(太平勝地)는 사람들의 성품이 이에 유순하고, 기(氣)는 만물의 발생에 마땅하여, 산림에는 수도하는 승려들이 많아 인(仁)으로써 벗을 모으고, 강해(江海)는 조종(朝宗)하는 형세[6]에 일치해서 선(善)을 좇는 것이 물 흐르는 것 같았다. 이런 까닭에 군자의 기풍을 격양(激揚)해서 부처의 도에 젖어들게 함이 마치 인주(印朱)가 옥새(玉璽)를 따르고 쇠가 용광로에 있는 것 같아서, 임금과 신하들은 삼귀(三歸)에 뜻을 비추고 사(士)와 서인(庶人)들은 육도(六度)[7]에 정성을 기울이게 되었다. 이에 국도(國都)까지도 아낌없이 개방되어 능히 탑묘(塔廟)가 즐비하게 되기에 이르렀으니, 우리나라가 비록 섬부주(贍部州)[8]의 먼 바닷가에 있으나 어찌 도솔(兜率)의 하늘 위의 세계에 대해 부끄러워할 것인가. 뭇 오묘한

---

3) 삼보(三寶): 세 가지 보배라는 뜻으로 불교에서 佛寶(부처)·法寶(불경)·僧寶(승려)를 이르는 말.
4) 옥호(玉毫): 부처의 미간에 있는 흰 털. 그 털에 神通力이 있다고 함.
5) 금구(金口): 부처의 입.
6) 강해(江海)는 …… 형세: 『尚書·禹貢』 "江漢朝宗于海"의 주석에 "봄에 뵙는 것을 朝라 하고 여름에 뵙는 것을 宗이라 하니, 朝宗은 諸侯가 天子를 알현하는 명칭이다. 江·漢이 荊州에서 합류하니, 바다와 거리가 아직 멀다. 그러나 물길이 이미 안정되어 막히거나 멋대로 터지는 피해가 없었다. 비록 바다에 이르지는 않았으나 그 형세가 이미 바다로 달려가니, 마치 諸侯들이 王에게 朝宗(朝會)함과 같은 것이다"라고 했다
7) 육도(六度): 깨달음의 세계에 이르기 위해서, 닦아야 할 여섯 가지 法度를 이름. 布施·持戒·忍辱·精進·禪定·智慧.
8) 섬부주(贍部州): 불교에서 수미산의 동서남북에 대륙이 하나씩 있다고 하는데, 그 중 남쪽에 있는 대륙을 말한다.

것 가운데 오묘한 것이니 무슨 이름으로써 이름 붙일 수 있겠는가.

금성(金城)의 남쪽 해돋이를 볼 수 있는 산기슭에 숭복사(崇福寺)라는
절이 있으니 곧 우리 경문대왕(景文大王)께서 왕위를 이어받으신 첫 해
(861년)에 열조(烈祖)인 원성대왕(元聖大王)의 원릉(園陵)에 대한 추복
(追福)의 장소를 받들기 위해 중수한 것이다. 옛 절의 기원을 상고하고 새
절이 완성된 내력을 살피기로 한다. 옛날 파진찬(波珍湌) 김원량(金元良)
이란 사람은 소문왕후(昭文王后)의 큰 외숙이요, 숙정왕후(肅貞王后)의
외조부였다. 그는 몸은 비록 귀공자였으나 마음은 실로 참다운 옛사람이
었다. 처음에는 사안(謝安)이 동산(東山)에서 마음껏 즐긴 것[9]처럼 엄연
(儼然)하게 가당(歌堂)과 무관(舞館)을 지었다가, 나중에는 혜원(慧遠)이
함께 서방정토(西方淨土)에 가기를 기약[10]한 것과 같이 그것을 희사(喜
捨)하여 불전(佛殿)과 경대(經臺)로 삼으니, 당시의 피리와 거문고 소리
는 오늘날에 금종(金鐘)과 옥경(玉磬)의 소리가 되었다. 때에 따라 바꾸어
진 것은 출세의 인연이었다.

절이 자리한 곳에 고니[鵠] 모양의 바위가 있어, 인하여 절의 이름으
로 삼았다. 능히 좌우의 익랑(翼廊)을 값지게 하고 길이 정전(正殿)을
빛나게 하였으니, 저 바라월(波羅越)의 형상[11]과 굴린차(崛恡遮)의 명칭

---

9) 사안(謝安)이 …… 즐긴 것: 東山은 산의 이름. 浙江 上虞縣의 서남쪽에 있다. 晉나라
謝安(320~85)이 초년에 王羲之, 支遁 등과 교유하며 여기에서 노닐었고 또 臨安 金
陵에도 동산이 있었는데 여기도 사안이 놀던 곳이라고 전해온다.(『晉書』「謝安傳」)
10) 혜원(慧遠) …… 기약: 東晉의 고승 慧遠이 西方 極樂世界에 往生하기를 원하여 廬
山의 東林寺에서 劉遺民·雷次宗 등 名儒를 비롯하여 僧俗의 18賢과 함께 念佛結社
를 맺었다. 동림사의 연못에 白蓮이 있었기 때문에 白蓮社라고 일컬어졌다.(『蓮社
高賢傳』「慧遠法師」)
11) 바라월(波羅越)의 형상: 서역의 達親國에 옛 가섭불의 가람이 있었는데 큰 石山을
파서 만들었다. 오층 건물이었는데 최하층에는 코끼리의 형상의 석실오백 칸을 만
들었고 제2층에는 사자형상의 사백 칸을 만들었고 제3층에는 말 형상의 삼백 칸을
만들었고 제 4층에는 소 형상의 이백 칸을 만들었다. 제 5층에는 비둘기 형상의 백

[12]이 어찌 천리를 나는 것으로써 비유를 취하고 두 그루의 사라수(娑羅樹)가 희게 변한 것[13]으로 절 이름을 창시한 것과 같을쏘냐. 다만 이 땅은 위세가 영취산(靈鷲山)[14]보다 낮고 지덕(地德)은 용이(龍耳)의 형국처럼 높아서 절터로 획정(劃定)하기보다는 마땅히 왕릉을 마련해야 할 것이었다.

정원(貞元) 무인년(戊寅年, 798) 겨울에 이르러 원성대왕(元聖大王)이 그의 묻힐 곳에 대한 유교(遺敎)를 내렸고 인산(因山)을 이때에 명함에 땅을 가리기가 더욱 어려웠는데, 이에 절 자리를 지목하여 거기에 유택(幽宅)을 삼고자 하였다. 이때 다른 의견을 제기하는 자가 말하되,

옛날 유씨(游氏)의 사당[15]과 공자(孔子)의 저택을 모두 끝내 허물지는 못하여[16] 사람들이 지금껏 칭송하거늘, 절터를 빼앗으려 한다면 그것은 곧 수달다(須達多)가 크게 희사(喜捨)한 마음[17]을 저버리는 것이 아니겠습니까.

칸을 만들었다. 窓牖에 빛이 통하여서 석실 안은 밝았다. 절의 이름은 바라월사였다.
12) 굴린차(崛悷遮)의 명칭: 굴린차는 매를 이르는 것으로 바위가 매의 형상과 같아서 절의 명칭으로 삼았다.
13) 두 그루의 …… 희게 변한 것: 석가모니가 열반할 때 사방에 한쌍씩 서 있었던 沙羅樹. 동쪽의 한쌍은 常住와 無常을, 서쪽의 한쌍은 眞我와 無我를, 남쪽의 한쌍은 安樂과 無樂을, 북쪽의 한쌍은 淸淨과 不淨을 상징한다. 석가의 열반 때 沙羅雙樹가 그 슬픔으로 꽃의 색이 희게 변했고, 그후 여러가지 색의 꽃이 춤을 추며 내렸다고 한다
14) 영취산(靈鷲山): 고대 인도 摩竭陀國의 왕사성 북동쪽에 있는 산. 석가모니가 법화경과 무량수경을 강(講)하였다는 곳이다.
15) 유씨(游氏)의 사당: 『說文』에 "정성공이 유씨의 사당을 헐어서 苑囿를 넓히고자 하니 자산이 '유씨의 어짐으로도 오묘의 무덤도 지킬 수 없는 것인가'라고 하니 정성공이 드디어 그쳤다"고 했다.
16) 공자(孔子)의 …… 못하여: 『漢書』에 "景帝의 中子가 魯恭王이 되었는데 공자의 구택을 헐어 宮을 넓히고자 했는데 金石絲竹의 소리를 듣고 곧 그치고 헐지 않았다"고 한다. 이때 舊宅을 헐다가 그 벽 속에서 『古文尙書』『禮記』『論語』『孝經』 등을 얻었다고 한다.
17) 수달다(須達多)가 …… 마음: 수달다는 석가모니 부처님에게 祇園精舍를 지어준 여

여기 장례를 치를 경우에 땅은 복된 곳이기는 하나 하늘이 허물할 것이 온
즉 서로 도움이 되지 않을 것입니다.

라고 하였다. 그러나 당국자가 나무라며 말하기를

　절이라 하는 것은 자리하는 곳이 반드시 교화되어, 가는 곳마다 화합하
게 되기 때문에, 능히 화(禍)의 터전을 변화시켜 복(福)의 마당으로 바꾸어
백억겁 동안 그 위태로운 세상을 구제하는 것이요, 무덤이라 하는 것은 지
맥을 굽어 살피고 천심을 우러러 헤아려서 반드시 사상(四象)[18]을 구원(九
原)[19]에 모아서 천만대(千萬代)에 여경(餘慶)을 보전시켜주는 것이다. 곧
불법(佛法)은 머물러야 함이 없고 장례에는 행할 시기가 있으니 땅을 바꾸
어 자리함이 하늘의 이치에 따르는 것이다. 다만 청오자(靑烏子)[20]가 옳게
보았으면 되는 것이니 어찌 백마(白馬)가 슬피 울 필요가 있겠는가.[21] 또
이 절을 조사해보니 본시 임금의 인척에 딸렸던 것이라, 진실로 낮음을 버
리고 높은 것에 취하며 옛것을 버리고 새것을 도모함이 마땅하다. 그리하
여 능으로 하여금 해역(海域)의 웅지(雄地)를 점거하게 하고 절로 하여금

　자이다. 정사를 지어 바친 후에도 자주 석가와 제자들을 집으로 청하여 공양하였으
며, 재산이 다한 후에는 鬻으로라도 보시하려고 애썼다.
18) 사상(四象): 음양의 네 가지. 春夏秋冬, 金木水火, 太陽·少陽·太陰·少陰등을 말
한다.
19) 구원(九原): 춘추시대 晉의 卿大夫의 묘를 이르는 말로 후대에 묘지의 범칭이 되
었다.
20) 청오자(靑烏子): 彭祖의 제자로 華陰山에 들어가서 도를 배워 신선이 되었고, 지리
술에 정통하였다. 『葬書』를 저술한 곽박(郭璞)의 스승이라는 설이 있다. 여기에서는
地官을 지칭하는 말로 쓰였다.
21) 백마(白馬)가 …… 있겠는가: 옛날 외국의 왕이 절을 모두 헐려고 하였는데 오직 招
提寺만 미처 헐지 못하였다. 밤에 백마 한마리가 탑을 돌면서 슬프게 울어 곧바로 왕
에게 啓聞하니 왕이 이에 헐기를 멈추었다. 그리하여 초제사를 白馬寺라고 바꾸었
다. 이 이야기는 「梁高僧傳」에 전한다.

운천(雲泉)의 아름다움을 독차지하게 하면, 우리 왕실의 복산(福山)이 높이 솟을 것이요 저 후문(侯門)의 덕해(德海)가 순탄하게 흐를 것이다. 이렇게 하는 것을 일러 '알고는 하지 않을 수 없고 각각 그 제자리를 얻었다'고 할 수 있으니, 어찌 정자산(鄭子産)의 작은 은혜나 노공왕(魯恭王)이 중도에 그만둔 일과 같은 자리에 두고 논할 것인가. 마땅히 점괘가 협종(協從)하는 것을 듣게 될 것이요, 용신(龍神)이 기뻐하는 것을 볼 수 있을 것이다.

라고 하였다. 드디어 정사(精舍)를 옮기고 현궁(玄宮)을 창설하니 두 가지 역사(役事)에 인부가 모이고 백공(百工)들이 일을 준비하였다.

그 절을 개창(改創)할 적에 인연이 있는 무리들이 서로 이끌고 오니, 그 펼쳐진 소매에 바람이 일지 못하고 송곳 꽂을 만한 땅도 없을 지경이었다. 무시(霧市)가 오리(五里)에 급히 내닫는 듯하고[22], 설산(雪山)[23]은 일시에 어울려 만나는 듯하였다. 기와를 걷고 서까래를 뽑을 때에 이르러서는, 불경(佛經)을 받들고 불상(佛像)을 모심에 차례로 서로 주고받아 다투어 정성으로 이루니, 역부(役夫)가 반걸음도 옮기지 않아서 스님들의 수양할 곳이 이미 지어졌다.

왕릉을 이룩함에 있어서는 비록 왕토(王土)라고는 하지만 또한 공전(公田)이 아니어서 이에 무덤 주변을 일괄(一括)해서 모두 후한 값으로 구하여 산판(山坂) 일백여결을 사서 보태었는데 값으로 치른 벼가 모두 이천 섬이었다. 곧 일을 맡은 사람에게 명하여 기내(畿內)의 고을 사람들과 더불어 길에 우거진 잡목을 함께 치고 묘역에 소나무를 나누어 심었다. 그리

---

22) 무시(霧市)가 …… 듯하고: 霧市는 배우려는 사람들이 모이는 곳에 대한 비유적인 말이다. 後漢 때의 사람 張楷가 弘農山에 은거할 때 도술을 부려 주위 五里에 안개를 일으키니 이를 배우려는 사람들이 많이 모여들어 시장과 같았다는 데서 유래한 말이다.
23) 설산(雪山): 석가모니가 成佛하기 전 苦行한 히말라야의 산이다. 인하여 불교의 성지 또는 승려가 머무는 곳을 뜻하는 말이 되었고 석가모니를 설산동자 혹은 설산대사로 부르기도 한다.

하여 소소(蕭蕭)로운 슬픈 바람이 불어 춤추는 봉(鳳)과 노래하는 난(鸞)새의 생각을 격발시키고[24], 울창한 가지 사이로 햇빛이 비쳐 용이 서리고 범이 걸터앉은 듯한 산세의 위엄을 도와주었다. 또 그곳을 보니 땅은 하구(瑕丘)와 다르나 경계는 양곡(暘谷)에 연해 있고, 절터의 남은 향기가 아직 사라지지 않았으나 왕릉의 아름다운 기운이 더욱 무르익었다. 수놓은 듯한 봉우리는 사방 멀리에서 서로 조회(朝會)하는 것 같고 마전[25]한 천과 같은 개[浦]는 한줄기가 눈앞에 바라보이니, 실로 교산(喬山)이 빼어남을 잉태하고 필맥(畢陌)이 기이함을 표방하였다고 이를 것이요, 금지(金枝)[26]는 계림(鷄林)에서 더욱 무성하게 하고 옥파(玉派)[27]는 접수(鰈水)[28]에서 더욱 깊이를 더하게 한다 할 것이다.

처음에는 절을 옮길 때에 비록 땅에서 솟아나온 것이나 한가지로 빨랐지만 아직 제대로 절 모양을 갖추지 못하고, 겨우 가시덤불을 쳐내어서 산등성이와 봉우리를 알아볼 수 있고, 띠풀로 지붕을 덮어 비바람을 피하게 되었다. 겨우 70여년을 넘기는 사이에 급작스럽게 아홉 임금을 겪느라 여러 번 전복을 당하면서 미처 잘 꾸밀 겨를이 없었는데, 삼리(三利)[29]의 좋은

---

24) 춤추는 봉(鳳)과 …… 격발시키고: 魏나라 武帝 曹操가 운명할 때 유언하기를 "婕妤와 妓女들을 모두 銅雀臺에 두라. 동작대에는 팔척의 牀을 두고 繐帳을 치고 아침저녁으로 脯와 건량을 올리라. 그리고 너희 첩여와 기녀들은 때때로 동작대에 올라 나의 西陵을 바라보라"고 하였다. (『文選』卷60, 陸機 弔魏武帝文序) 여기에서는 춤추는 봉과 노래하는 난새로 선왕의 궁녀를 비유하여 선왕을 그리워한다는 뜻을 표현하였다.

25) 마전: 생피륙을 삶거나 빨아 볕에 바래는 일.

26) 금지(金枝): 제왕의 자손을 이르는 말.

27) 옥파(玉派): 왕의 외손을 이르는 말.

28) 접수(鰈水): 우리나라 江河를 가리킴. 가자미 모양으로 생긴 지역이라는 뜻 또는 가자미가 많이 난다 하여 이르던 말이다. 鰈域이라고도 한다.

29) 삼리(三利): 헌안왕이 자식이 없어서 응렴을 사위를 삼고자 말하기를, "원컨대 郎은 자중자애하라, 朕에게 女息이 있으니 薦枕(천침, 同居)을 시키려 한다"고 하였다. 왕은 다시 酒宴을 베풀고 함께 마시며 조용히 말하기를, "나에게 두 딸이 있는데,

인연이 기다리고 있었으니 천년의 보운(寶運)이 어그러짐이 없게 되었다.

엎드려 생각하건대 선대왕(先大王)[30]께서는 홍저(虹渚)에 빛을 떨치고 오산(鰲山)에 자취를 내리셨다. 처음에는 화랑단(花郞團)에서 이름을 날려 유별히 풍류도(風流道)를 떨치시더니, 얼마 뒤에 높은 지위에 올라 모든 관직을 통제하시어 우리나라의 습속을 정화(淨化)하시었다. 임금이 될 자리에 있으면서 덕을 심으시고, 궐내에 살면서 마음을 기름지게 하시었다. 말씀을 하시면 곧 어진 이가 백성을 편안히하는 것이 되었고, 정치를 영위함에 있어 이에 도(道)로써 인도하시었다. 여덟 가지의 중요한 권병을 모두 집행하시고 네 벼리의 실추된 실마리를 이에 펼치셨다. 모든 난관을 차례로 시험해보니 이로움이 가는 바가 있었다. 그러던 중 갑자기 임금이 돌아가시고 보위가 비게 되는 우환이 생기자 비록 왕위 쟁탈이 각축장[逐鹿之原]이 되지는 않았지만 그래도 왕위가 누구에게 돌아갈지 모르는 상황[集烏之苑]이었다. 그렇지만 기질이 현명하고 유순한데다가 또 크고 어진 덕을 지녀서 백성들에게 추대되었으니 나[景文王]를 두고 어디 가랴. 이에 대저(代邸)에서 입신을 하시고 불문(佛門)에 뜻을 기울이셨으니, 조선(祖先)의 수치가 될까 염려하여 불사(佛事)를 일으키기를 발원(發願)하였다. 그리하여 분황사(芬皇寺)의 승(僧) 숭창(崇唱)을 청하여 절을 개수하여 받들겠다는 뜻을 부처에게 아뢰도록 하고, 다시 김순행(金純行)으로 하여금 조선(祖先)의 업적을 높이 펼치겠다는 성심을 종묘에

형은 금년 20세, 아우는 19세니 郞은 마음대로 娶하라"고 하니, 膺廉은 사양할 수 없어 일어나 謝禮한 후, 곧 집으로 돌아와 부모에게 고하였다. 부모는 말하기를, "왕의 두 딸의 容色을 듣건대 형은 아우만하지 못하다 하니 부득이 취하게 되면 그 아우를 취하는 편이 좋다"고 하였으나, 오히려 주저미결하여 興輪寺 僧에게 물었다. 승려는 말하기를, "형을 취하면 세 가지 利益이 있고 아우를 취하면 이와 반대로 세 가지 損이 있으리라" 하였다. 膺廉이 이에 왕께 말하기를, "臣은 감히 自斷할 수 없사오니 왕이 명하시는 대로 좇겠습니다"고 하여, 이때 왕의 長女를 출가시켰다. 응렴은 경문왕이다. (『삼국사기』 卷11, 신라본기 제11, 헌안왕 참조)
30) 선대왕(先大王): 경문왕. 僖康王의 증손이다.

고하게 하였으니, 『시경(詩經)』에 이른 바 '화락(和樂)한 군자(君子)여,
복(福)을 구함이 사특하지 않도다'라 한 것이요, 『서경(書經)』에 이른 바
'상제께서 이를 흠향하시며 아래백성이 공경히 따른다'라고 한 것이다. 그
러므로 능히 지극한 정성은 신의 감응이 있고, 착한 의욕은 모든 사람이
잘 따르며 경사대부(卿士大夫)의 뜻의 시귀(蓍龜)[31]에도 합치되었으니,
빛나는 동방의 나라에 임금으로 임하시게 되었도다.

이에 사신을 보내어 헌안왕(獻安王)이 돌아가셨음을 고하고 금상(今
上)이 사위(嗣位)하심을 아뢰게 하니, 드디어 함통(咸通) 6년(865)에 천자
가 섭어사(攝御史) 중승(中丞) 호귀후(胡歸厚)를 사신으로 삼고, 우리나
라 사람으로서 전에 진사(進士)였던 배광(裵匡)을 허리에 금어대(金魚袋)
를 채우고 머리에 표관(豸官)을 씌워 부사로 삼아, 왕인(王人) 전헌섬(田
獻銛)과 함께 보내 명을 전하여 말하기를 "선왕의 뒤를 이어받고부터 중
국의 교화를 받들어, 잘 계승하였다는 이름을 드러내고 지극히 공정한 조
치에 진실로 합하였도다. 이런 까닭에 그대를 명하여 신라국(新羅國)의
왕으로 삼고 이에 교검태위겸지절충영해군사(檢校太尉兼持節充寧海軍
使)의 직함을 내리노라"고 하였다. 지난날에 제(齊)나라를 변화시켜 빼어
남을 나타내고 노(魯)나라의 경지에 이르러 향기를 드날리지 않았던들 천
자가 조서를 보내 외역(外域)의 제후를 총애하고 지절(持節)의 직함을 내
려 대사마(大司馬)로 봉해주는 것이 어찌 이와 같았겠는가.

또한 이미 영광스럽게도 천자의 은택을 입었으니 반드시 몸소 선왕의
능에 참배하여야 할 것이지만, 천승(千乘)[32]의 행차를 갖추자니 십가(十
家)의 재산이 소모될 것이라, 드디어 상국(相國)인 태제(太弟)[33]에게 명하
여 종묘에 재(齋)를 올리고 대신하여 능에 배알토록 하였다. 아름답도다,

---

31) 시귀(蓍龜): 점을 칠 때 쓰는 蓍草와 거북의 배딱지[龜腹甲]를 이른다.
32) 천승(千乘): 天子는 萬乘이요 諸侯는 千乘이다.
33) 태제(太弟): 뒤에 惠成大王으로 追封된다.

계림(鷄林)에 전례(典禮)가 잘 갖추어지고 형제간이 모두 창성하도다. 많은 세월이 흘러서도 길이 밭 갈던 코끼리를 생각하게 되고[34], 시절이 화평하니 소가 헐떡이는 까닭을 물을 필요가 없었다. 찬란한 행렬이 들과 시내를 지나가자 구경하는 사람들이 구름같이 모여들었다. 이에 복어처럼 등이 주름진 늙은이와 고니처럼 눈썹이 흰 중이 손뼉을 치며 서로 기뻐하고 크게 하례하며 말하기를

귀개제(貴介弟)[35]의 이번 행차로 거룩하신 천자의 은광(恩光)이 드러나고 우리 임금의 효도가 이루어졌습니다. 예의를 잘 지키는 우리나라 풍속이 넉넉하게 여유가 있어서 드디어 바다 물결을 잠재우고 변방에 난리가 나지 않게 하였으며, 사시(四時)가 고르고 곡식이 남아돌게 하였습니다. 이제 뒤를 이어서 절을 중수하고 능을 돌보는 것은 지금이야말로 적당한 때이니 이때를 버리고 어느 때를 기다리겠습니까.

라고 하였다. 이에 효성이 널리 퍼지고 생각과 꿈이 서로 부합하게 되었다. 이에 원성대왕(元聖大王)이 현몽(現夢)하여 어루만지면서 말하기를

나는 너의 선조이니라. 네가 불상(佛像)을 세우고 내 능역(陵域)을 꾸며 보호하고자 하는데, 조심하고 삼가며 경영(經營)을 서두르지 말라. 부처의 덕과 나의 힘이 네 몸을 보호할 것이니, 진실로 그 중도(中道)를 잡으면 하늘의 복록이 영원할 것이니라.

---

34) 밭 갈던 …… 생각하게 되고: 순임금의 아버지는 완악하기로 유명한데, 순은 모든 것을 참으면서 부모님에게 효도를 극진히 하여 이러한 순의 행동이 하늘의 신을 감동시켜 밭에서 일할 때는 코끼리가 밭가는 것을 도왔으며 새들이 씨뿌리는 것을 도왔다고 한다.
35) 귀개제(貴介弟): 군주의 큰 동생을 말한다.

라고 하였다. 그리고 나서 물시계에서 소리가 맑게 울려 잠에서 깨어나니 길흉을 점쳐보지 않아도 꿈이 그대로 이루어질 것 같았다. 급히 담당자에게 명하여 경건히 법회를 베풀었다. 화엄대덕(華嚴大德)인 승(僧) 결언(決言)이 임금의 뜻을 받들어 곡사(鵠寺)에서 오일 동안 경을 읽었으니 곧 효심을 아뢰어서 명복을 빌어드리려는 까닭이었다. 이에 하교(下敎)하여 말씀하시기를

그 어버이를 사랑하지 않는 것은 경전에서 경계한 바이다. '네 조상을 생각하지 않느냐'라고 한 시 구절을 어찌 잊을쏘냐. 우리나라를 돌보아주시는데 절을 중수하려고 하니 꿈에서 감응이 이루어져 마음이 떨리고 두렵도다. 삼년 동안 하는 일 없이 지낸 것은 이미 부끄러운 일이지만 하루를 머물러도 반드시 집을 수리한다는 것을 깊이 생각하였다. 백관(百官)과 어사(御史)들은 이해득실(利害得失)을 어떻다고 할 것인가. 비록 자식을 팔고 아내를 전당잡혔다는 꾸지람이 없으리란 것을 보장하나, 혹시라도 귀신이 원망하고 사람을 수고롭게 한다는 말이 있을까 염려가 되니, 옳은 것은 진언(進言)하고 그른 것을 교체하는 데에 그대들은 소홀함이 없게 할지어다.

라고 하였다. 종신(宗臣)인 계종(繼宗)과 훈영(勛榮) 이하가 협의하고 아뢰기를 "묘원(妙願)이 신명을 감동시키어 조상의 신령이 꿈에 나타나시었으니 진실로 임금의 뜻이 먼저 정해짐으로 해서 뭇 사람들의 의논이 모두 같아지게 될 것입니다. 이 절이 이루어지면 구족(九族)에 큰 기쁨일 것입니다. 다행히 농한기를 맞았으니 목공(木工)의 일을 일으키십시오"라고 하였다. 이에 예조(禮曹)에서 특출한 사람을 가리고 지율원(持律院)에서 승상(僧象)을 천거(薦擧)하였다. 그리고 종실의 세 어진 신하인 단원(端元)·육영(毓榮)·유영(裕榮)과 불가(佛家)의 두 인재인 현량(賢諒)·신해

(神解), 그리고 찬도승(贊導僧)이 숭창(崇唱) 등에게 명하여 그 일을 독려하게 하였다. 또 임금이 시주(施主)가 되고 나라에서 훌륭한 사람이 담당자가 되니 역량도 여유가 있는데다 마음도 게으르지 않게 되었다. 장차 작은 것을 더 크게 하는데 어찌 새 건물을 옛 건물과 뒤섞이게 하는 것이 마땅하겠는가마는, 절을 지으려는 숙원이 무너질까 두렵고 절을 지었던 사람들의 전공(前功)을 해치지나 않을까 하여 옛집의 재목을 가려 모아 높은 대지에 옮겨놓았다. 이에 별을 점치고 날을 헤아려 웅장한 규모를 넓게 열고, 흙을 이기고 쇠를 녹여 다투어 묘한 솜씨를 보여주었다.

높다란 사닥다리는 수(倕)[36]의 목재로 위험을 무릅쓴 채 가설하였고, 하얀 흙벽은 기(攭)[37]의 백토(白土)에 향을 묻혀 바른 것이다. 바위기슭을 깎아 흙을 돋우어 담을 만들고 골짜기 시냇물을 누른 듯 문을 높이 터놓았다. 거친 계단은 쇠장식 한 섬돌로 바꾸고 누추한 곁채는 아로새긴 행랑으로 변모시켰다. 위아래 층 불전(佛殿)은 용처럼 서렸는데 가운데에 비로사나불(毘盧舍那佛)[38]을 주인으로 모셨고, 층층의 다락은 봉황처럼 우뚝 섰는데 그 위에 수다라(修多羅)[39]로 이름하였다. 범종(梵鐘)을 높이 설치하고 아름다운 난간을 마주보게 하였다. 수초(水草)를 그린 천정은 꽃이 모여 차례지어 있고, 단청을 한 들보는 서까래들이 옹위(擁衛)하여 서로 맞물려 있는데, 날개를 펼친 것이 날아갈 듯하여 눈을 돌려보기만 해도 아찔하였다. 그리하여 더 높이고 고쳐 지은 것은 초상화를 모신 영당(影堂)과 중들이 거처할 요사(寮舍)와 음식을 헤아려주는 식당, 새벽에 밥을 짓는 향적전(香積殿) 등이었다. 거기에 새기고 다듬음에 기교를 다하고 채

---

36) 수(倕): 黃帝때 뛰어난 기교를 가진 장인의 이름.
37) 기(攭): 옛날 도자기를 만드는 장인을 가리킴.
38) 비로사나불(毘盧舍那佛): 원문은 '盧舍那'인데 梵語로 태양이라는 뜻이다. 佛智의 광대무변함을 상징하는 화엄종의 本尊佛을 가리킴.
39) 수다라(修多羅): 범어로 경전을 뜻함.

색을 하는 데 정밀의 극치를 보였으니, 바위골짜기와 함께 맑으며 안개 노을과 서로 찬란하였다. 당간지주(幢竿支柱)에 봉래산(蓬萊山) 밖 바다의 달이 걸리니 두 떨기의 서리 같은 연꽃이요, 금방울에 소나무 우거진 골짜기의 바람이 부딪치니 사시사철 자연의 음악이었다.

나아가 좋은 경치를 보니 벽지(僻地)에 뛰어난 곳이었다. 왼쪽으로 솟은 산봉우리는 닭발이 구름을 당기는 듯하고, 오른쪽의 들판은 용비늘이 햇빛에 번득이듯 하였다. 앞으로 다다라보면 메기 같은 산이 검푸르게 버티고 있고, 뒤를 돌아보면 봉황 같은 등성이가 고리처럼 연해 있다. 그래서 멀리서 바라보면 험준하고 기이하지만, 다가가서 살펴보면 툭 터지고 아름답게 되었으니, 가히 낙랑(樂浪)[40]의 선경(仙境)은 참으로 낙방(樂邦)이요, 초월(初月)의 명산(名山)은 곧 초지(初地)[41]라고 할 만하다.

잘 건설하여 일은 능히 두루 갖추었고 부지런히 닦아서 복은 헛되이 버리지 않았으니 반드시 크게 인방(仁方, 우리나라)을 비호하고 위로 임금의 천수(天壽)에 이바지할 것이다. 삼천세계(三千世界)를 망라하여 사방의 경계를 삼고 오백세(五百歲)를 헤아려 한 해로 삼았거늘, 어찌 알았으랴? 번잠(樊岑)의 표범사냥으로 꼬리를 세울 것을[42] 기뻐했더니, 형산(荊山)에 용을 탐에 문득 수염이 떨어짐(임금이 죽은 것)을 슬퍼할 줄을.[43]

---

40) 낙랑(樂浪): 본래 四郡의 하나인데, 여기서는 慶州를 가리킴.

41) 초지(初地): 불교어로 수행과정 10단계중의 제1단계를 가리키는데, 大乘菩薩은 十地 중 歡喜地를 初地라고 하였다.

42) 번잠(樊岑)의…… 세울 것을:『叢譜符命篇』에, "孫權이 樊岑에서 표범사냥을 할 때, 한 노파가 묻기를, '오늘 어떤 짐승을 잡으셨습니까?'라고 하자, '표범 한마리를 얻었네'라고 하였다. 노파는 '어찌 꼬리를 세우지 않습니까?'라고 하더니 갑자기 보이지 않았다. 이에 神嫗廟를 세웠다"라고 하였는데, 그 註에 '꼬리를 세우는(竪尾) 것은 태자를 세우는 것이다'라고 되어 있다.

43) 형산(荊山)에……슬퍼할 줄을: 黃帝가 荊山 아래 호숫가에서 솥을 주조하였는데, 솥이 완성되자 용이 이르렀다. 황제는 신하와 궁녀 72인과 용을 타고 승천하려는데, 백성들이 용의 수염을 부여잡자 수염이 끊어지고 황제는 활을 떨어트렸다. 이에 백성

헌강대왕(獻康大王)은 젊은 나이에 덕이 높으시고 건강한 몸에 정신이 맑으셨다. 우러러 부왕(父王)의 침전(寢殿) 문 앞에서 환수(宦竪)에게 안부를 물었던 것을 아파하고[44], 굽어 익실(翼室)에서 거상(居喪)하는 법도를 준수하였다.[45] 등문공(滕文公)이 예를 다하여 거상(居喪)함으로써[46] 끝내 사욕(私欲)을 잘 극복하였고, 초장왕(楚莊王)이 때를 기다려 정사를 닦음으로써 실로 사람을 놀라게 한 것처럼 하였다.[47] 하물며 다시 성품이 중화(中華)의 기풍을 답습하고 몸은 부처의 지혜로운 이슬에 젖어 조종(祖宗)을 높이는 의리를 드높이고 부처에 귀의하는 정성을 격발하였음에랴.

중화(中和) 을사년(乙巳年, 885) 가을에 하교하시기를

선왕(先王)의 그 뜻을 잘 계승하고 선왕의 그 일을 잘 서술하여 너희들에게 길이 물려주는 것은 나에게 달려 있을 뿐이다. 선왕대에 세운 곡사(鵠寺)는 명칭을 바꾸어 대숭복사(大崇福寺)라 하는 것이 좋겠다. 그 불경을 관리하는 보살과 기강을 바로잡는 승관(僧官)은 전담으로 공양과 보시에 이바지하여 한결같이 봉은사(奉恩寺)의 전례에 의거하라. 고(故) 파진찬(波珍飡) 김원량(金元良)이 희사한 땅의 산물(産物)은 옮기는 일이 쉽지 않으니 정법사(正法司)에 맡기는 것이 좋겠다. 그리고 따로 덕망이 있는 스님

들이 그 활을 안고 울었다는 데에서, 경문왕이 승하한 것을 비유한 것이다.
44) 우러러……아파하고: 文王이 세자 시절에 그 부친 王季가 병이 있었는데, 닭이 처음 울면 곧 寢門으로 나아가 宦竪에게 안부를 물었던 사실을 말한다.
45) 굽어……준수하였다: 翼室은 좌우의 작은 방으로, 제왕은 거상시 정전에 거처하지 않고 익실에 옮겨 거처한다.
46) 등문공(滕文公)은……거상(居喪)함으로써: 등문공은 세자 때 然友를 시켜 居喪의 예를 맹자에게 물어 장사지내는 예를 극진히 하였다.(『孟子』「滕文公」上)
47) 초장왕(楚莊王)은……하였다: 초나라 언덕의 새가 삼년 동안 날지 않고 울지 않았는데, 한번 날면 하늘에 닿고 한번 울면 사람들을 놀라게 할 것이라는 말로, 초장왕이 오랫동안 때를 기다린 끝에 정사를 닦자 실로 사람들을 놀라게 한 것을 가리킨다.(『呂氏春秋』「重言篇」)

두 사람을 뽑아 명부(名簿)에 편입시켜 상주(常住)하면서 그[金元良]의 명로(冥路)에 복(福)을 드리면 왕위에 있는 나는 어느 구석도 살피지 않음이 없다는 것과 큰 인연을 맺은 자는 감응이 있어서 반드시 통하게 된다는 것을 보여줄 수 있을 것이다.

라고 하였다. 이로부터 종소리는 공중에 울리고 바리때는 향적세계(香積世界)의 일만문수(一萬文殊)를 배부르게 하였다.[48] [중생들을] 이끌어주는 것은 육시(六時)에 옥경(玉磬)을 울리듯 하고[49], 도를 닦고 계율을 지키는 것은 일만겁(一萬劫) 동안 구슬이 이어지듯 하였으니, 위대하도다! 공자(孔子)가 말씀한 바 "근심 없는 자는 오직 문왕(文王)일진저, 아버지는 일으켜주었고 아들은 이어받았도다"[50]라고 한 것이 아니겠는가?

경력(慶曆) 병오년(丙午, 886) 봄에 [임금께서] 하신(下臣, 崔致遠)을 돌아보고 말씀하셨다.

예(禮)에 이르지 않았더냐. 명(銘)이란 스스로 이름하는 것이니 그 선조의 덕을 칭송함으로써 후세에 밝게 드러나게 하는 것은 효자 효손의 마음이다. 선왕대에 절을 짓던 처음에 큰 서원(誓願)을 발원하였는데 김순행

---

48) 바리때는……배부르게 하였다: 『維摩經』에 이르기를, "淨名居士가 上方의 42 恒河沙 세계를 지나가다가 香積世界에 이르러 의발 하나를 빌려 一萬文殊를 공양했다"라고 하였다.

49) 육시(六時)에……울리듯 하고: 불교에서 하루는 晨朝·日中·日沒·初夜·中夜·后夜의 육시가 되며, 『孟子』「萬章」下에서, "集大成也者, 金聲而玉振之也"라고 하여 맹자가 공자의 聖德을 음악에 견주어 찬양하였는데, 그 註에 "八音은 金木土絲竹匏革石으로, 종(金)을 쳐서 그 소리를 시작하고 마지막에 경을 쳐서 그 운을 거두어 주악을 끝낸다"라고 하였다.

50) 근심없는……이어받았도다: 『中庸』18장에서, "공자께서 말씀하시기를, '근심 없는 자는 문왕일진저. 왕계를 아버지로 삼고 무왕을 자식으로 삼았으니, 아버지는 일으켜주었고 아들은 이어받았도다'(子曰 '無憂者其惟文王乎! 以王季爲父, 以武王爲子, 父作之, 子述之)"라고 하였다.

(金純行)과 너의 아비 견일(肩逸)이 일찍이 이 일에 종사하였으니, 명(銘)
을 지어 한번 일컫게 되면 나와 네가 모두 효성을 다하는 게 될 테니 너는
마땅히 명을 지어야 할 것이다.

나는 중국에 건너가서 갑과(甲科)에 급제하였으나, 그동안에 아버지가
돌아가시니 효도를 하지 못하고 헛된 영화만 누렸는데, 명(命)을 받고 보
니 놀랍고 떨리어 몸둘 바를 모르겠고 슬픔에 목이 메인다. 가만히 생각해
보건대 중국에서 벼슬할 적에 유자규(柳子珪)가 우리나라의 일을 적은 글
을 본 적이 있는데, 거기에 서술한 정사(政事)에 관한 조목들이 왕도(王
道) 아닌 것이 없었다. 이제 우리 국사(國史)를 읽어보니 그것은 완전히
성조(聖祖) 원성대왕(元聖大王)의 사적(事蹟)이었다. 또 전해듣자니 중국
의 사신 호귀후(胡歸厚)가 복명할 때에 우리나라의 한시를 많이 채록하였
는데, 당시의 재상에게 아뢰기를 "저 이후로는 무부(武夫)를 해동(海東)
에 사신으로 보내는 것은 좋지 않겠습니다. 왜냐하면 계림(鷄林)에는 아
름다운 산수가 많은데 동국(東國)의 임금이 시를 모아 인쇄한 책으로 주
기에 저는 전에 시 짓는 것을 배웠던 덕분으로 억지로 부끄러움을 참고 화
답하였지만, 그렇지 않았더라면 해외의 웃음거리가 되었음이 틀림없었을
것입니다"라고 하니 식자(識者)들이 옳은 말로 여겼다. 이는 생각건대 열
조(烈祖) 무열대왕(武烈大王)이 사술(四術)로써 터를 닦고[51] 선왕(先王)
이 육경(六經)으로 풍속을 교화하였으니 어찌 후손을 위해 힘쓰심이 아니
겠는가? 능히 그 문물(文物)을 빛나게 하셨으니 명(銘)에 낯부끄러운 말
이 없을 것이요, 글에 넘치는 용기가 있을 것이다.

드디어 감히 하늘을 엿보고 바다를 잔질하여 범용한 글을 엮기 시작하

---

51) 열조(烈祖)······터를 닦고: 武烈大王 金春秋가 삼한을 통합할 때 처음으로 詩書禮樂
  의 가르침을 열었다.

였는데, 달이 떨어지고 산이 무너져[52] 갑자기 긴 회한을 일으킬 줄을 뉘 알았으리. 곧이어 정강대왕(定康大王)이 즉위하였으니 헌강대왕(獻康大王)의 여업(餘業)을 이어 형제가 왕위를 승계하였다. 왕위를 이어받으시고 나서는 그 끼친 업적을 계속해서 이루려고 하여, 임금자리를 편안히 여기심이 없고 그 문물을 잃지 아니하였다. 그러나 멀리 형을 좇아 갑자기 승하하고 높이 누이[眞聖女王]에게 의뢰하여 길이 보위(寶位)를 전하였다.

엎드려 생각건대 대왕전하[眞聖女王]께서 형제의 영화를 이어 왕가(王家)의 계통이 뚜렷하며, 빼어난 여왕의 덕을 체득하고 아름다운 천륜(天倫)을 계승하였으니, 참으로 이른바 신주(神珠)를 품은 용녀(龍女)가 성불(成佛)하듯 하고[53] 채석(彩石)을 단련한 여와씨(女媧氏)가 하늘을 깁듯이 하였으며[54], 이지러진 데는 모두 보수하고 선행은 닦지 않음이 없었다.

그러므로 『보우경(寶雨經)』의 말처럼[55] 분명히 예견되었고 『대운경(大雲經)』의 글귀처럼[56] 완벽히 부합되게 되었던 것이다. 또 경문대왕(景文

---

52) 달이……무너져: 獻康大王이 죽은 것을 말한다.

53) 신주(神珠)를……하고: 8세된 龍女가 구슬을 안고 法華會에 들어가 구슬을 바치고 南方으로 가 부처가 되었다고 한다. (『法華經』)

54) 채석(彩石)을……하였으며: 上古때 共工氏가 顓頊과 싸우고 이기지 못하자 노하여 머리로 不周山을 들이받아 하늘을 받치는 기둥이 부러지고 땅을 묶어둔 밧줄이 이지러졌다. 그런데 이때 伏羲氏의 누이로서 복희씨의 뒤를 이어 임금이 된 여와씨가 오색의 돌을 갈아서 하늘을 깁고 자라의 발을 잘라서 四極을 세우자 땅이 평정되고 하늘이 완전하게 되었다 한다. (『淮南子』「覽冥訓」)

55) 『보우경(寶雨經)』의 말처럼: 『寶雨經』에 "月光이라는 동방의 한 천자가 오색구름을 타고 와서 부처가 있는 곳으로 나아가더니 물러나 한쪽에 있었다. 부처가 천자에게 이르기를, '내가 열반한 후 오백년 안에 법이 사라지려 할 때 贍部洲 동북방의 摩訶와 支那國에 女身이 나타나, 스스로 왕의 지위에 올라 羣生을 교화하고 양육할 것이다'라고 하였다.

56) 『대운경(大雲經)』의 글귀처럼: 『通載』에 이르기를, "唐 中宗 文明 元年 甲申 7월에 승려 10명이 대궐에 나아가 대운경을 바치고 측천무후가 마땅히 황제의 지위에 나아가야 함을 주창하자, 측천무후는 크게 기뻐하여 천하에 대운경을 반포하고 大雲寺를 건립하였다. 9월에 측천무후는 唐을 고쳐 周라 칭하였다"라고 하였다.

王)께서 절을 이루시고 헌강대왕이 스님들의 공양을 베푸시어 이미 절의
기반을 높여놓았는데 아직 비문[琬琰之詞]을 새기지 못하였기로 재주도
보잘것없는 나에게 거듭 명하여 힘없는 붓을 놀리게 하셨다.

　신(臣)은 비록 못물이 벼루를 씻어 검게 될 만큼 글씨를 쓰지 않았고[57]
꿈에 서까래만한 붓을 받아 명필이 되지는 못하였으나[58], 가만히 장융(張
融)이 왕희지(王羲之)·왕헌지(王獻之)의 필법이 없음을 한탄하지 않은
데에[59] 비겨보고, 조조(曹操)가 풀이했던 대로 절묘한 좋은 문장이라는
찬사를 듣게 되기를 바란다.[60] 설령 천지가 끝날 때의 겁회(劫灰)가 못을
메우고[61] 티끌이 날아 바다에 넘칠지라도, 임금의 후예는 무성하여 약목
(若木)[62]과 가지런히 길이 번영하고 두터운 비석은 우뚝 서서 옥초(沃

---

57) 못물이……않았고: 晉의 張芝가 王羲之의 字帖을 얻어 글씨를 배웠는데 붓과 벼루
　　를 연못에서 씻어서 연못의 물이 모두 검어졌다고 한다.

58) 꿈에……못하였으나: 晉의 王珣이 桓溫의 관리가 되었을 때, 사람들이 서까래처럼
　　큰 붓을 그에게 주는 꿈을 꾼 적이 있다. 깨고 나서 말하기를, ‘마땅히 큰 문장을 지
　　을 일이 있을 것이다’라고 하였는데, 곧 황제가 죽어 哀冊과 謚議를 모두 왕순이 지
　　었다고 한다.

59) 장융(張融)이……않은 데에: 齊의 張融은 초서를 잘 썼는데 高帝가 말하기를, “그대
　　에게 二王(王羲之와 王獻之)의 필법이 없음이 한스럽구나”라고 하자, 장융이 대답
　　하기를, “신은 二王의 필법을 지니지 못한 것이 한스럽지 않습니다. 다만 二王이 신
　　의 필법을 가지지 못한 것이 한스럽습니다”라고 하였다.

60) 조조(曹操)가……바란다: 『世說新語』에, “魏武帝가 曹娥碑 밑을 지나다가, 비 후면
　　에 ‘黃絹幼婦外孫薑臼’라는 여덟 글자가 씌어 있는 것을 보고, 수행한 楊修에게 ‘이것
　　을 알겠느냐?’고 묻자 ‘안다’고 하니, 무제가 ‘말하지 말고 내가 생각해내기를 기다리
　　라’ 하고서, 삼십리를 가는 동안 해득하게 되자 ‘말해보라’ 하니, 양수가 ‘黃絹은 色絲
　　이니, 색사는 ‘絶’자이고, 幼婦는 小女이니 소녀는 ‘妙’자이고, 外孫은 딸의 아들[女子
　　]이니 딸의 아들은 ‘好’자이고, 薑臼는 受辛이니 수신은 ‘辭’자이다’ 하였는데, 이것
　　이 소위 ‘絶妙好辭’라는 것이다” 한 데서 온 말로, 비문의 훌륭함을 칭찬한 것이다.

61) 천지가……메우고: 漢 武帝가 昆明池를 파다가 재를 얻어 東方朔에게 물어보니 알
　　지 못하여 창고에 보관해두었다. 후에 서역에서 온 胡僧이 말하기를, “이것은 곧 천
　　지가 끝날 때의 劫灰입니다”라고 하였다.

62) 약목(若木): 『淮南子』에 “灰野의 산에 나무가 있는데 若木이라 이름하니, 해가 들어

焦)[63]를 대한 채 높이 설 것이다. 정성스럽게 두 손 모아 절하고 눈물을 지우며 붓을 당겨 빛나는 발자취를 좇아 명(銘)을 지어 바친다.

> 가위자왕(迦衛慈王)[64]과 우이(嵎夷)[65]의 태양이
> 서토(西土)에서 나타나고 동방에서 돋으셨네.
> 먼 곳까지 비추지 않음이 없어 인연 있는 자들이 창성하였으니
> 정찰(淨刹)에 공(功) 높았고 왕릉에 복(福) 두터웠네.

> 열렬(烈烈)하신 원성대왕(元聖大王)의 덕은 순(舜)임금과 합하여서
> 대록(大麓)에 들어가서[66] 문득 천하를 차지하였네.
> 우리 자손들을 보호하고 백성들의 부모 되시어
> 뿌리는 깊이 도야(桃野, 東方)에 내렸고 갈래는 멀리 동해에 뻗치었네.

> 신불(蜃綍, 喪輿의 줄)과 용순(龍輴, 상여)으로 산원(山園)에서 체백(體魄)을 보존하였으며
> 유택(幽宅)의 묘도(墓道)를 열고 절은 이웃에 옮기었으니,
> 능은 만년토록 갈 것이요, 절은 일천 중생의 터전이 될 것이라.
> 금전(金田, 절)에도 이로움이 많을 것이요 옥엽(玉葉, 왕의 자손)은 길이 봄을 누릴 것이다.

가는 곳이다"라고 하였다.
63) 옥초(沃焦): 『十住毘婆娑』에 "남해에 돌이 있어 沃焦라고 하며, 모든 시냇물이 여기에 이르면 모두 타기 때문에 바닷물이 더해지지 않으니, 久遠의 뜻을 취한 것이다"라고 하였다.
64) 가위자왕(迦衛慈王): 天竺의 迦維衛國을 이름. 赤澤이라고도 한다.
65) 우이(嵎夷): 고대 山東의 동부 바닷가로, 해가 나오는 곳을 가리킨다.
66) 대록(大麓)에 들어가서: 『書經』「舜典」에 "큰 산기슭에 들어가게 하시니 열풍과 뇌우에 혼미하지 않으셨다(納于大麓, 烈風雷雨弗迷)"라고 하였으니, 堯가 舜을 시켜 산택에 들게 하니 폭풍과 뇌우에 설 길을 잃지 않았다는 것을 말한다.

효손이 매우 아름다워 천지신명을 밝게 감동시키니
자손이 봉(鳳)처럼 날고 용처럼 뛰어 금규(金圭)로 서옥(瑞玉)에 맞추었네.
밝으신 신령님께 빌어 복(福)을 구하면 곧 이르렀으니
선조의 덕을 갚고자 하여 불사(佛事)를 잘 일으켰네.

나라의 인재를 잘 가리고 일국(一國)의 명공(名工)을 엄히 권면하여
농사일의 틈을 엿보아 부처의 궁전을 이루셨네.
채색 난간은 봉황이 모이는 듯, 아로새긴 들보는 무지개가 걸렸으며
둘러친 담장에선 구름 피어오르고 단청 올린 벽에는 노을이 어울리네.

편안한 터전은 환하게 트였고 부딪치는 경계는 말쑥하고 깨끗하다.
쪽빛 멧부리는 어울려 솟아 있고 달큰한 샘물은 용솟음쳐 나온다.
꽃은 봄동산에 아름답게 피어나고 달은 가을 벌판에 높이 걸렸으니
비록 해외에 있지만 천하에 홀로 빼어났네.

진(陳)나라는 보덕사(報德寺)라 칭하고 수(隋)나라는 흥국사(興國寺)라
하였으니
무엇인들 가복(家福)이 국력을 일으키는 것만 하겠는가.
불당(佛堂)에선 묘음(妙音)이 요란하고 주방에는 정결한 음식이 풍성하니
정강대왕(定康大王)의 끼친 교화 일만겁에 끝없으리.

아아! 거룩하신 우리 여왕[眞聖女王]은 효도와 우애의 정이 돈독하사
아름답게 형제의 뒤를 이어, 조선(祖先)의 능을 삼가 빛나게 하셨다.
글은 썩은 붓을 놀린 것 같아 부끄럽고 글씨는 팔을 잡아당긴 것같이 엉
망이나
동해가 비록 마를지라도 이 귀부(龜趺)와 비신(碑身)은 영원하리라.

416

李佑成 著作·共編 書目

著書(李佑成 著作集 所收)

『韓國의 歷史像——李佑成歷史論集』創作과批評社 1982

『韓國中世社會硏究』一潮閣 1991

『韓國古典의 發見』한길사 1995

『實是學舍散藁』創作과批評社 1995

『新羅四山碑銘 校譯』亞細亞文化社 1995

『高陽漫錄——韓國學의 底邊』景仁文化社 2005

『碧史館文存』창비 2005

共編書

『實學硏究入門』一潮閣 1973

『李朝漢文短篇集』(3冊) 一潮閣 1973, 1978

『韓國의 歷史認識』(2冊) 創作과批評社 1976

『韓國學硏究入門』知識産業社 1981

『韓國의 傳統思想과 文學』서울대출판부 1982

『密陽地名考』密陽文化院 1984

『密陽誌』密陽文化院 1987

『李晦齋의 思想과 그 世界』大東文化硏究院 1992

『陶山書院』한길사 2001

『退老里誌』正進文化社 2003

실시학사에서 소장연구자들을 지도하여 함께 번역, 출판한 책

經學硏究會

『茶山의 正體傳重辨』한길사 1995

『茶山과 文山의 人性論爭』한길사 1996

『茶山과 石泉의 經學論爭』한길사 2000

『茶山과 臺山·淵泉의 經學論爭』한길사 2000

『茶山의 經學世界』한길사 2002

『茶山 詩經講義』(5冊) 사암 2008

古典文學硏究會

『里鄕見聞錄』민음사 1997; 글항아리 2008(재판)

『趙熙龍全集』(5冊) 한길아트 1999

『譯註 李鈺全集』(3冊) 소명출판사 2001

『卞榮晚全集』(3冊) 성대출판부 2006

『二十一都懷古詩』푸른역사 2009

『完譯 李鈺全集』(5冊) 휴머니스트 2009

『熱河紀行詩註』휴머니스트 (근간)

이우성 저작집 7
신라사산비명 교역

초판 1쇄 발행 2010년 1월 11일

지은이 | 이우성
펴낸이 | 고세현
책임편집 | 부수영
디자인·조판 | 디자인시
펴낸곳 | (주)창비
등록 | 1986년 8월 5일 제85호
주소 | 413-756 경기도 파주시 교하읍 문발리 513-11
전화 | 031-955-3333
팩시밀리 | 영업 031-955-3399 · 편집 031-955-3400
홈페이지 | www.changbi.com
전자우편 | human@changbi.com

ⓒ 이우성 2010
ISBN 978-89-364-8255-8 93080
ISBN 978-89-364-7976-3(전8권)